De Merise à UML

CHEZ LE MÊME ÉDITEUR

Sur UML et les processus associés

P.-A. MULLER, N. GAERTNER. – **Modélisation objet avec UML**.
N°9122, 2e édition, 2000, 520 pages + CD-Rom PC.

G. BOOCH, J.RUMBAUGH, I. JACOBSON. – **Guide de l'utilisateur UML**.
N°9103, 2000, 500 pages.

A. COCKBURN. – **Rédiger des cas d'utilisation efficaces**.
N°9288, 2001, 320 pages.

P.ROQUES. – **UML par la pratique**. *Études de cas et exercices corrigés.*
N°9280, 2001, 312 pages.

P.ROQUES, F. VALLÉE. – **UML en action**. *De l'analyse des besoins à la conception en Java.*
N°9127, 2000, 380 pages + CD-Rom PC + poster.

T. QUATRANI. – **Modélisation UML avec Rational Rose 2000**.
N°9173, 2000, 272 pages.

J. CONALLEN. – **Concevoir des applications Web avec UML**.
N°9172, 2000, 320 pages.

I. JACOBSON, G. BOOCH, J.RUMBAUGH. – **Le Processus unifié de développement logiciel**.
N°9142, 2000, 487 pages.

P. KRUCHTEN. – **Introduction au Rational Unified Process**.
N°9104, 2000, 282 pages + poster.

B. MEYER. – **Conception et programmation orientées objet**.
N°9111, 2000, 1223 pages.

Sur la modélisation des systèmes d'information

J.-L. LUCAS. – **Une architecture Internet pour le système d'information de France Télécom**.
Comment l'une des premières entreprises françaises reconstruit son système d'information en misant sur le tout-Internet pour se rapprocher de ses clients.
N°11003, 2001, 288 pages.

P6

RoP

De Merise à UML

Nasser KETTANI

Dominique MIGNET

Pascal PARÉ

Camille ROSENTHAL-SABROUX

Quatrième tirage 2001

Eyrolles

ÉDITIONS EYROLLES
61, Bld Saint-Germain
75240 Paris Cedex 05
www.editions-eyrolles.com

Cet ouvrage a fait l'objet d'un reconditionnement à l'occasion de son 4e tirage :
nouvelle couverture et suppression du CD-Rom d'accompagnement. Le texte de l'ouvrage reste inchangé par rapport aux tirages précédents. Les modèles UML de l'étude de cas du livre sont désormais disponibles sur le site *www.editions-eyrolles.com*
(taper *Kettani* dans le formulaire de recherche pour accéder à la fiche de l'ouvrage).

Préface d'Hubert Tardieu

La conception des systèmes d'information reste l'un des enjeux fondamentaux pour permettre aux entreprises d'augmenter leur compétitivité et leur réactivité dans un univers économique toujours plus global et concurrentiel.

Depuis l'émergence de méthodes comme MERISE ou SSADM au début des années 80, nous avons assisté à de nombreuses tentatives d'enrichissement qui ont eu pour conséquence de complexifier la démarche sans pour autant réduire les délais ni garantir une éventuelle augmentation de la taille des systèmes à concevoir.

Issues au départ des recherches sur les interfaces hommes-machines, les techniques orientées objet ont ensuite été étendues à la description des architectures techniques puis à la conception des applications techniques en liaison avec l'utilisation de langages structurés de type ADA ou C++.

C'est le mérite de N. Kettani, D. Mignet, P. Paré et C. Rosenthal-Sabroux de nous offrir pour la première fois une approche structurée autour du langage UML qui est venu unifier en 1997 les différents langages de modélisation orientés objet. Disposant d'un solide soutien de l'industrie, le langage UML est en outre formellement décrit et dispose d'une syntaxe et d'un métamodèle dans lequel il peut se décrire. Sur cette base, les auteurs montrent comment on peut construire un système d'information en utilisant UML.

Bien structuré, l'ouvrage distingue fondamentalement l'utilisation d'UML pour décrire les métiers et donc les objets de gestion de l'entreprise, de l'utilisation du même langage pour modéliser les objets techniques qui formeront l'architecture logicielle.

L'une des plus grandes supercheries de certains ouvrages sur la modélisation orientée objet a été de faire croire aux entreprises naïves que la puissance de la technologie à notre disposition permettait aujourd'hui d'utiliser directement les objets métier comme source des objets techniques.

La comparaison avec MERISE permet aux Merisiens de retrouver les formalismes et les modèles qu'ils connaissent redéfinis dans le langage UML à la manière de la pierre de Rosette pour déchiffrer les hiéroglyphes.

Comme pour toute nouvelle méthode, c'est à l'épreuve du temps que la démarche et les types de modèles à utiliser se décanteront et que se construiront des niveaux de représentation plus abstraits autour des notions de paquetages.

On peut penser que c'est dans la description de l'architecture logicielle qu'UML trouvera d'abord son utilisation comme abstraction la plus élevée pour comprendre l'articulation entre les enjeux fonctionnels issus du BPR et les contraintes non fonctionnelles de performance et de résilience.

Souhaitons à cet ouvrage innovant le succès qu'il mérite, c'est-à-dire d'ouvrir sans concession une voie d'unification des méthodes autour d'un langage dont l'usage devrait se généraliser.

Hubert TARDIEU

Directeur général de Sema Group Télécom

Avant-propos d'Ivar Ekeland

Le livre de Camille Rosenthal-Sabroux, Nasser Kettani, Dominique Mignet et Pascal Paré est tout à fait typique de ce que nous cherchons à faire à l'université Paris-Dauphine. À l'interface entre l'homme et la machine, entre le métier et l'informatique, entre la gestion et la technologie, se situe un domaine riche en problèmes théoriques et pratiques, qui ne peuvent être formulés et résolus que par une collaboration étroite de spécialistes de plusieurs disciplines. À propos de problèmes techniques, on est rapidement conduit à se poser des questions de fond qui engagent le modélisateur et l'utilisateur, le théoricien et le praticien, dans un dialogue fructueux.

C'est ce dialogue que l'on doit retrouver également dans un enseignement bien conçu qui prépare non seulement au métier qu'il exercera demain, mais à tous les autres qu'il sera contraint d'exercer, au fur et à mesure de l'évolution des techniques. Le livre que voici a passé ce test, et est exemplaire de notre démarche. Je lui souhaite un plein succès.

Ivar EKELAND

Président honoraire de l'université Paris-Dauphine

Remerciements

Cet ouvrage n'existerait pas sans l'université Paris-Dauphine dans le cadre de laquelle les auteurs se sont rencontrés. L'actualisation continue de l'enseignement diffusé aux étudiants a joué le rôle de catalyseur. Nous remercions Ivar Ekeland dont l'avant-propos reflète l'esprit de l'Université.

Nous remercions tout particulièrement Hubert Tardieu qui a bien voulu relire notre livre, nous donner ses impressions, et nous faire bénéficier de son expérience en systèmes d'information et sur les méthodes.

Nous tenons également à remercier les différentes personnes qui ont accepté de relire le manuscrit et bien voulu prendre sur leur temps pour nous apporter remarques et suggestions. Nous pensons particulièrement à Jean-Luc Adda, Jean-Yves Colin, Jérôme Desquilbet, Jacques Lavielle, Daniel Lefevre, Raymond Letouche, Christophe Longépé, Pierre-Alain Muller, Jean-Pierre Schoch, Bruno Xoual et Manuel Zacklad. Nous n'oublions pas non plus Christine Trybocki dont le travail de relecture a contribué à la qualité de l'ouvrage.

Enfin, nous remercions les membres de nos familles pour leur patience, leur soutien et leurs encouragements durant ce parcours.

Table des matières

PARTIE 2

La démarche

PARTIE 3

De Merise à UML

Annexes

Introduction

La nouvelle problématique de l'entreprise

Les transformations en cours dans le monde se traduisent par des pressions très concrètes sur les entreprises. Cette pression s'exerce en même temps suivant plusieurs axes qui sont l'orientation vers le client, la réduction des délais et l'innovation technologique dont les entreprises cherchent à tirer des avantages concurrentiels.

Orientation client

Pour séduire des clients toujours plus sollicités, l'offre des entreprises s'affine et se complexifie. Ainsi, l'entreprise installe des assemblages complexes de produits et de services, affine le ciblage de ses offres et individualise le produit proposé au client. Ce ciblage fin, cette offre doit accompagner l'évolution de l'environnement économique et s'adapter rapidement aux nouveaux besoins et attentes de ses clients. Cette recherche des attentes des clients s'appuie sur les techniques de datamining et sur le datawarehouse. Seul un système d'information opérationnel convenablement conçu et ayant pris en compte ces besoins pourra alimenter ces outils avec des informations pertinentes.

Réduction des délais

La réduction des délais s'exerce depuis déjà plusieurs années sur l'ensemble des processus de l'entreprise. Elle tend à réduire le temps écoulé entre une demande et la satisfaction de cette demande. Cette pression sur les temps concerne en premier lieu les processus opérants comme celui de livraison d'une commande, dont la diminution a trouvé son illustration dans la vente par correspondance. Chacun a en tête les 48 heures chrono de La Redoute. Appliquée au pilotage de l'entreprise, cette réduction se traduit par une gestion toujours plus serrée de cette dernière. Outre les avantages qu'en retire directement le client, cette diminution est aussi pour l'entreprise une source de réduction de coûts, principalement par diminution des en-cours. Liée à l'orientation client, elle pousse à la redéfinition et l'intégration des processus métier de l'entreprise.

Récemment, le directeur de l'informatique et de l'organisation d'un grand constructeur automobile déclarait, lors d'une conférence, n'avoir à gérer que deux processus métier principaux. Le premier était le mécanisme de gestion des commandes client, et le second celui de conception d'un nouveau véhicule. Le processus de prise de commande a intégré le processus de fabrication. La vente ne s'effectue plus sur stocks. Lors de la prise de commande, le système d'information transmet immédiatement à la fabrication les options, la couleur, la teinte et la sellerie choisies par le client. Cette transformation s'appuie sur une logistique toujours plus performante et sur des moyens technologiques adaptés. Le développement du système d'information ne peut plus se permettre de la bloquer. Le temps de développement d'un système d'information ne peut être tel qu'une fois ce dernier en place, il est déjà obsolète. Il ne faut pas mettre cinq ans pour construire un système qui permet de concevoir un nouveau véhicule en moins de trois ans.

Impact sur les systèmes d'information

Pour réussir cette évolution, les systèmes d'information deviennent eux aussi plus complexes. Outre une meilleure connaissance des clients, ils supposent un catalogue sophistiqué de produits et services, plus souple et plus évolutif. Certaines entreprises ont basé leur compétitivité sur leur système d'information. Ce dernier leur permet d'éviter tout délai lors de la transmission des ordres vers leurs usines ou leurs fournisseurs. Les clients de l'entreprise attendent aujourd'hui un temps de réponse des systèmes qui nécessite une transmission électronique de l'information. Le système d'information doit permettre de traiter rapidement la commande et la transmettre sans délai aux systèmes en aval. Il doit envoyer directement les bonnes informations aux diverses usines comme aux fournisseurs, pour permettre la fabrication du produit vendu. Il fournit au commercial à tout moment le moyen de répondre au client sur l'état de sa ou de ses commandes. Lors des tâches de conception, il doit transmettre à tous les acteurs, et en temps réel, la moindre modification des caractéristiques du produit.

La course aux délais liée à la personnalisation toujours plus poussée des offres implique la mise en place de systèmes d'information plus intégrés, plus complexes, et traitant des informations différentes et en plus grand nombre. Plus complexes car plus fins et plus évolutifs, plus intégrés car plus rapides et faisant partager largement les mêmes informations au sein de ce qu'il convient d'appeler « l'entreprise élargie ». L'augmentation de la complexité, de la taille et de l'intégration des systèmes les rend plus longs et difficiles à développer. Le risque d'échec s'accroît dans les mêmes proportions. Les équipes de développement se trouvent donc devant une situation de blocage où les directions leur demandent de développer toujours plus rapidement des systèmes toujours plus importants et plus enchevêtrés.

Dans ce contexte, la position du directeur des systèmes d'information devient délicate. Il ne peut plus bénéficier d'une vision à long terme qui lui permet de planifier projets et évolutions fonctionnelles et technologiques. Les systèmes dont il a la charge se complexifient et son entreprise lui demande toujours plus de souplesse et d'évolutivité. Par ailleurs, il constate, sur les projets qui lui permettraient d'utiliser de nouvelles technologies plus adaptées, une baisse significative du taux de retour sur investissement. En effet, lors de l'installation de ses applications existantes, l'entreprise a déjà obtenu les gains fonctionnels les plus importants. Elle doit aujourd'hui se contenter, pour justifier ses projets, de gains plus marginaux.

Le système d'information : du métier au système informatique

Face à la complexification des systèmes d'information, la réaction consiste à se forger de nouvelles démarches et de nouveaux outils. Ainsi, ces dernières années l'approche objet a émergé et les principaux courants ont fusionné pour donner UML (Unified Modeling Language). La notation UML est issue des notations des méthodes[1] de Booch, d'OMT (Object Modeling Technique) et d'OOSE (Object Oriented Software Engineering). Sa création s'est faite dans le cadre de l'OMG (Object Management Group) dont un des objectifs est de définir une notation standard utilisable dans le développement des systèmes informatiques basés sur l'objet.

L'approche objet est associée à la modélisation du système d'information en couches qui permet de sérier et hiérarchiser les préoccupations de l'entreprise. Chaque niveau bénéficie des services de la couche inférieure et propose les siens à la couche supérieure. UML permet le découpage du système d'information de l'entreprise en deux : le système métier et le système informatique.

- Le système métier constitue la modélisation de l'activité selon une vision externe et une vision interne. Il décrit les aspects statiques et dynamiques de l'activité à un haut niveau d'abstraction en ignorant les « détails » de l'implémentation technique et donc informatique.
- Le système informatique recouvre la partie du système métier qui donne lieu à automatisation. Il résulte de la concrétisation des choix effectués parmi les possibilités offertes par les technologies. Sa modélisation fournit une image de l'activité des utilisateurs au niveau opérationnel et au niveau physique.

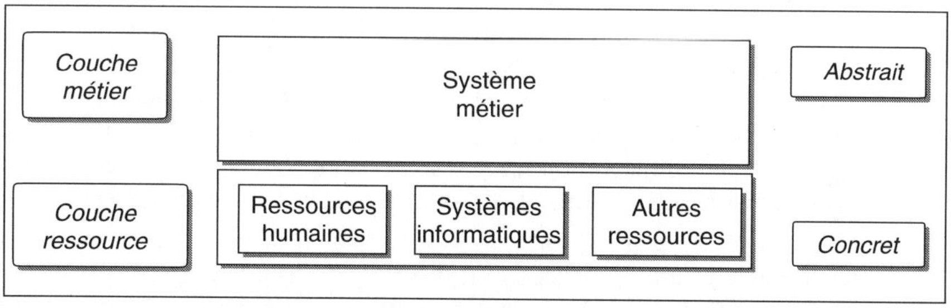

Le concept de couches

Lors du passage du métier au système informatique, on peut établir une relation directe entre les modèles métiers et le modèle du système informatique support par une transformation presque systématique. Dans la réalité, il y a plusieurs trajectoires possibles pour transformer les éléments structurels du métier (les rôles et les entités), leurs activités ainsi que leurs collaborations.

1. D'autres méthodes objet ont contribué à la création d'UML en lui fournissant quelques-uns de leurs éléments.

À qui s'adresse cet ouvrage ?

Cet ouvrage s'adresse aux personnes qui s'intéressent aux méthodes centrées sur l'approche objet et tout spécialement à UML, en particulier aux professionnels qui connaissent déjà un peu UML et qui veulent découvrir la mise en œuvre de la notation dans un contexte de gestion. En plus d'une présentation d'UML, ils trouveront ici les clés de passage qui facilitent la transition d'une méthode fonctionnelle comme Merise à UML enrichie d'une approche *ingénierie de métier* et *processus de développement de système informatique*.

Les étudiants trouveront dans ce livre les éléments nécessaires et suffisants pour comprendre UML, avec une application concrète tirée d'un projet de reconfiguration de processus et de refonte de système informatique.

Plan de l'ouvrage

Le présent ouvrage décrit tout d'abord la notation UML (concepts, formalismes) appliquée au métier et au logiciel, et son utilisation dans la construction de l'architecture. Dans une deuxième partie, il présente son emploi dans le cadre de la reconfiguration du métier de l'entreprise et du développement des systèmes informatiques résultants. Il montre toute l'importance à accorder à l'utilisateur final lors de la définition du système d'information. Enfin, il fait le parallèle avec Merise (méthode fonctionnelle) et fournit les éléments permettant de réussir la transition vers UML.

Partie 1 : UML

- Le *chapitre 1 - UML*. En rupture avec les présentations habituelles et théoriques, nous exposons et illustrons la dernière version d'UML à partir d'un projet réalisé dans le monde de la gestion ; cet exemple est repris dans les chapitres suivants. Après un rappel succinct de la notion d'objet, les fondements d'UML sont présentés ainsi que le découpage du système d'information en système métier et système informatique. Les concepts utilisés dans les différents modèles (objet, procesus...) sont définis et les formalismes associés sont expliqués. Le projet de gestion fournit les éléments d'illustration permettant au lecteur de comprendre concrètement la notation UML et son application. Les concepts et le formalisme employés au niveau métier sont repris et complétés au niveau système informatique. Ainsi, le passage d'un niveau à l'autre se réalise sans rupture.
- Le *chapitre 2 - L'architecture logicielle*. Quand il faut réaliser un système à base de composants et que la pression du monde extérieur impose une évolutivité forte à ce système, il faut s'attendre à ce que chacun des composants évolue, et soit éventuellement remplacé. Le seul élément stable de ce système est alors le système lui-même, ou plus exactement sa structure. L'architecture est l'art de concevoir la structure d'un système, que ce soit un système logiciel ou plus globalement un système d'information. Les considérations précédentes montrent l'importance que revêt l'architecture dans les systèmes modernes : tout un chapitre est donc consacré à ce sujet majeur. Après avoir défini et justifié la notion d'architecture et introduit la notion de modèle d'architecture, nous montrons comment aligner l'architecture logiciel sur le métier de l'entreprise avec UML. Nous mettons de côté les considérations trop techniques, pour nous concentrer sur les éléments qui permettent de concevoir la structure logique du système, d'en définir les composants et d'en brosser la structure technique de déploiement.

Partie 2 : la démarche

- Le *chapitre 3 - Le processus d'ingénierie métier*. Dans sa quête de la rentabilité ou sa lutte pour survivre, l'entreprise se recentre sur ses métiers de base, mais aussi sur les besoins et les attentes des clients qui la font vivre. Elle change la cible de ses travaux d'optimisation et passe de l'amélioration des fonctions de sa structure à la refonte des processus transversaux. Par ses fondements basés sur l'objet, ses concepts et son formalisme, UML fournit de puissants outils d'analyse, de mesure du métier actuel de l'entreprise et de modélisation qui permettent la reconfiguration des processus transversaux. Un des points forts d'UML réside dans la déclinaison sans rupture des modèles métiers des nouveaux processus retenus dans les systèmes informatiques.
- Le *chapitre 4 - Le processus d'ingénierie logicielle*. Ce chapitre fournit une réponse à la problématique de mise en œuvre d'UML au niveau du système informatique. Le processus de développement se base sur une perspective de gestion de projet en quatre phases (étude d'opportunité, élaboration, construction, transition), doublée d'une perspective technique qui enchaîne des itérations fournissant des versions progressives de la cible. La réussite de l'application du processus est conditionnée par un certain nombre de facteurs clés tels que la gestion des risques, les mesures et l'implication des utilisateurs. Le chapitre explore la sous-traitance, les apports et les limites de l'automatisation assurée par des ateliers de génie logiciel.
- Le *chapitre 5 - L'utilisateur au cœur de la démarche*. L'homme s'est toujours adapté à la machine, mais actuellement le phénomène s'inverse : la machine tend à s'adapter à son utilisateur. L'objectif est donc de réaliser cette adaptation. Ce chapitre met l'accent sur l'utilisateur final du nouveau système informatique et sur l'importance de sa place dans le processus de développement de ce système. Après avoir montré l'intérêt de la collaboration de l'utilisateur final dans les différents processus, puis analysé les pratiques actuelles, nous étudions UML et les processus du point de vue de l'utilisateur final. Ensuite, nous présentons le concept d'Interface Homme-Machine (IHM) défini comme le moyen de communication entre le système et l'utilisateur. Aujourd'hui, il est impensable de développer une application sans une interface conviviale et adaptée à l'utilisateur. L'interface du système doit être pensée dès le début de l'analyse. Sur ce sujet, l'ingénierie des connaissances fournit des perspectives. Enfin nous présentons les perspectives de passage de l'ingénierie des Interfaces Homme-Machine à l'ingénierie des Interactions Hommes-Machines.

Partie 3 : de Merise à UML

- Le *chapitre 6 - Merise et UML en parallèle*. L'approche objet étant souvent présentée comme la panacée, tout un chacun est en droit de se demander comment il a pu et peut encore travailler sans. L'objectif de ce chapitre est de fournir aux informaticiens et aux professionnels des systèmes d'information adeptes des méthodes fonctionnelles des éléments leur permettant de démystifier cette approche. Un parallèle est effectué entre la méthode Merise de type fonctionnel (plus exactement Merise/2, version de Merise qui intègre les concepts de l'objet) et la notation UML qui est basée sur l'objet. La comparaison s'effectue sur les fondements, les concepts, le formalisme et la mise en œuvre. Les points forts et les points faibles des deux approches sont mis en évidence.

Les différences fondamentales résident dans la dissociation des informations et des traitements, et l'emploi de modèles différents selon les niveaux d'abstraction.

- Le *chapitre 7 - La transition*. Le dernier chapitre se veut un support de réflexion, issu de l'expérience des auteurs, et destiné à aider les décideurs dans la phase délicate de la transition d'un fonctionnement Merisien à un fonctionnement objet basé sur UML. Nous examinons quelques scénarios de migration et montrons l'importance de la culture de l'entreprise et de la représentation qu'elle a de ses informaticiens. Après avoir décrit quelques écueils, nous mettons en avant les conditions nécessaires pour réussir une transition heureuse et efficace à UML et à un nouveau processus de développement.

Annexes

- Le lecteur trouvera dans les annexes une réflexion plus générale sur la notion de méthode en informatique, sur les caractéristiques que doit présenter une méthode et qui sont autant d'indicateurs d'estimation, de comparaison et de choix. Il apparaît que l'utilisation d'une méthode est fonction de la taille de l'entreprise. Ces dernières années les méthodes de type fonctionnel sont fortement concurrencées par les méthodes objet. Les raisons de ce phénomène sont expliquées dans un résumé sur les apports de l'approche objet. Nous terminons sur les méthodes objet qui ont précédé l'apparition d'UML. Les méthodes citées sont comparées sur la base des modèles utilisés, des niveaux employés, de la démarche préconisée, du formalisme et des langages associés.

Guide de lecture

Cet ouvrage supporte plusieurs grilles de lecture selon les centres d'intérêt du lecteur et selon ses fonctions. Ses objectifs peuvent être le passage de la méthode Merise à une méthode basée sur UML ou l'utilisation d'UML dans le monde de la gestion.

La première grille de lecture proposée croise les responsabilités du lecteur et son objectif de passage de la méthode Merise à UML.

Chapitres	Dirigeant	Responsable fonctionnel	Responsable technique	Développeur	Étudiant
1 Le langage UML	★	★	★	★	★
2 L'architecture logicielle			★	★	★
3 Le processus d'ingénierie du métier	★	★			★
4 Le procesus d'ingénierie logicielle	★	★	★	★	★
5 L'utilisateur au cœur de la démarche		★	★	★	
6 Merise et UML en parallèle		★	★	★	★
7 Réussir la transition	★	★	★		

Grille de lecture - Passage de Merise à UML

La deuxième grille de lecture est axée essentiellement sur la compréhension d'UML et sa mise en œuvre au niveau du système d'information, qu'il s'agisse du système métier ou du système informatique. La grille signale aussi les chapitres indispensables à lire pour avoir une comparaison complète de Merise et d'UML.

Chapitres	UML Ingénierie du métier	UML Système informatique	UML approche complète	Merise /UML approche comparative
1 Le langage UML	★	★	★	★
2 L'architecture logicielle		★	★	★
3 Le processus d'ingénierie du métier	★		★	★
4 Le procesus d'ingénierie logicielle		★	★	★
5 L'utilisateur au cœur de la démarche	★	★	★	★
6 Merise et UML en parallèle				★
7 Réussir la transition				

Grille de lecture - UML et comparaison avec Merise

Un projet de gestion comme fil rouge

Nous illustrons cet ouvrage avec un exemple tiré d'une expérience réelle de mise en œuvre d'un système d'information d'une entreprise. Il s'agit de la refonte du système d'information commercial d'une entreprise mettant en œuvre la méthode Merise. La couverture du cycle de vie est large : de l'étude d'opportunité à la réalisation du schéma directeur. Les informaticiens de gestion retrouveront leurs préoccupations et problématiques quotidiennes selon leur niveau d'intervention. La présentation d'UML est faite sur cette base, ce qui permet de montrer que la notation est adaptée à l'informatique de gestion. Par ailleurs, cet exemple sert de support de comparaison entre Merise et UML, et facilite la compréhension des analogies et des différences, des avantages et des inconvénients des deux méthodes. Si le nom de la société a été changé, les attendus et les diverses orientations n'ont été que peu modifiés. Les paragraphes suivants sont en quelque sorte une synthèse de l'expression de besoins des utilisateurs aux différents niveaux de la hiérarchie de l'entreprise.

Le conseil d'administration de la société nationale d'engrais azotés (SNEA) souhaite remettre à niveau le système d'information actuellement utilisé pour gérer son activité commerciale. Il s'agit de développer un logiciel qui doit répondre aux nouvelles orientations de gestion et d'organisation, et s'intégrer aux autres systèmes d'information de l'entreprise.

La SNEA est une entreprise appartenant à un groupe national à capitaux mixtes (publics et privés). On peut synthétiser les finalités de cette société de la façon suivante :

- la fabrication de produits chimiques et d'engrais ;
- la commercialisation de ces produits.

Les domaines fonctionnels couverts par le système de gestion commerciale sont les suivants :

- la gestion des clients, des produits et des tarifs ;
- la gestion des ventes et des litiges ;
- l'administration de l'application (utilisateurs, confidentialité, travaux à la demande, objectifs commerciaux, prévisions de livraisons, affectations...) ;
- les interfaces avec les autres applications existantes (le contrôle de gestion, les outils de bureautique...).

Les intervenants concernés par le projet sont de deux types :

- les utilisateurs directs dans le service commercial (le réseau et la direction) ;
- les acteurs externes au service commercial ; ils sont soit internes à l'entreprise mais travaillent dans d'autres secteurs (les usines, la comptabilité), soit extérieurs à l'entreprise (les clients dont certains sont connectés directement au système).

Les produits commercialisés sont de deux types : engrais et produits industriels. Ils sont regroupés par familles. Les produits industriels sont en fait des produits intermédiaires dans le processus de fabrication des engrais : par exemple l'urée dans la fabrication des engrais azotés.

Il est à noter que la vente d'engrais est une activité saisonnière tant sur le volume que sur la succession des produits vendus. La campagne de vente se divise en trois périodes de quatre mois chacune : de mai à août (P1), de septembre à décembre (P2), de janvier à avril (P3). En revanche, la campagne de vente des produits industriels correspond à l'année calendaire.

Les clients sont affectés à des secteurs sur lesquels opèrent les ingénieurs commerciaux. Un ingénieur commercial est uniquement en contact avec ses clients ; en revanche, le directeur régional à une vision globale des clients.

Les tarifs sont utilisés pour valoriser les commandes, et facturer les expéditions et les enlèvements. La direction commerciale a la responsabilité des tarifs des produits, des transports, des conditionnements, des majorations et minorations diverses.

Suite aux négociations avec les clients de leur portefeuille, les ingénieurs commerciaux enregistrent des commandes qui traduisent un engagement formel sur un produit, un tonnage, un conditionnement, un transport, un destinataire de principe, des dates approximatives de livraison et une date de validité. Les commandes sont la formalisation d'une négociation et peuvent faire référence à des marchés passés par le client pour qu'il bénéficie de conditions préférentielles. Au-delà des autorisations dont il dispose (rabais sur prix, dépassement de crédit...), l'ingénieur commercial doit soumettre la commande à la direction régionale dont il dépend. Un avis de réception de commande avec le prix de facturation est édité et envoyé au client. Des ordres d'affrètement peuvent alors être enregistrés ; ceci permet de planifier le travail et de gérer des stocks sur les lieux d'expédition. Ils se transformeront en livraison le jour de l'expédition. L'enlèvement sans commande préalable permet à l'acheteur autorisé de venir s'approvisionner à la dernière minute, moyennant un surcoût minime de tarification.

Le marché traduit un engagement du client sur des tonnages de produits (de 1 à 10) ou d'une famille de produits sur une période donnée. En contrepartie, le client bénéficie de rabais. Cette négociation entre le client et l'ingénieur commercial doit être validée par la direction régionale.

En fin de journée, les avis de livraison du jour donnent lieu à l'établissement automatique de factures/avoirs. Sous certaines conditions strictes, il est possible de regrouper des livraisons d'une même commande sur une même facture. Les résultats agrégés sont mis à disposition des directions régionales. En fin de décade, des relevés de facturation sont établis pour certains clients.

Pour que les clients bénéficient d'éventuelles baisses des prix des matières premières sur le marché international, des avoirs automatiques sont émis sur les livraisons d'engrais passées au cours des mois précédents en métropole. Ils sont émis en fin de campagne. Les taux sont fournis par les secteurs, puis contrôlés, parfois modifiés et ensuite validés au niveau de la direction régionale.

Toute contestation d'un acheteur, portant sur une livraison effectuée, donne lieu à un dossier de litige. Après négociation, une décision de règlement est prise par l'usine concernée et confirmée par la direction commerciale. Les données de règlement du litige sont saisies afin de permettre le traitement du litige (création des avoirs, enregistrement et traitement des retours de produits).

Les directions régionales disposent des objectifs de vente et des prévisions mensuelles de livraison. Elles peuvent demander aux ingénieurs de les modifier en fonction de la stratégie de l'entreprise et des directives de la direction commerciale. Les informations agrégées au niveau régional sont validées par la direction commerciale. Tant que la direction commerciale n'a pas donné son accord, on parle plutôt en termes de prévisions d'objectifs. Les comparaisons entre les réalisations, les objectifs et les prévisions sont fournies aux différents niveaux de la structure de vente, sous réserve du respect de la confidentialité.

PARTIE 1

La modélisation avec UML

CHAPITRE 1

Le langage UML

Présenter UML en quelques pages est une tâche difficile. Notre présentation s'adresse à l'utilisateur et non au théoricien ni à l'implémenteur. Ce chapitre ne décrit ni tous les détails ni tous les éléments constituants d'UML ; la majorité des éléments sont introduits pour permettre une utilisation claire et une compréhension dénuée d'ambiguïté. Pour une description formelle du langage, le lecteur se reportera au manuel de référence d'UML, adopté par l'Object Management Group (OMG) ou à l'excellent ouvrage de Pierre-Alain Muller [Muller 97].

Les exemples de modélisation orientée objet proposés dans la littérature restent souvent très théoriques. Nous avons pris le parti de présenter UML à travers un exemple réel, complexe, presque[1] complet ; le lecteur pourra ainsi se faire une idée des avantages et des limites d'UML dans le domaine des systèmes d'information.

Enfin, l'ordre dans lequel les concepts d'UML sont présentés est dicté par l'utilisation pratique et quotidienne, et il est sous-tendu dans l'esprit d'UML[2] ; cet ordre est un sous-ensemble de la vision microscopique du processus de développement (cf. chapitre 4). L'objectif de ce chapitre n'est pas de traiter de la totalité de cette vision microscopique du processus ; reportez-vous, au besoin, aux ouvrages de référence [Rational 97].

Ce chapitre présente d'abord les concepts de base de l'approche orientée objet indépendamment d'UML. La section suivante présente UML, son architecture et les détails de ses concepts. Ensuite la description des concepts et de leur utilisation est établie en deux temps: d'une part pour modéliser des processus métier et des structures organisationnelles d'une société, d'autre part pour modéliser le système informatique (le logiciel) qui supportera les processus métier définis auparavant.

1. L'exemple est tiré d'un projet réel, il faudrait lui consacrer un ouvrage entier pour le traiter dans son ensemble.
2. Les concepts d'UML sont connus et utilisés depuis longtemps, mais l'OMG n'a adopté UML que récemment. UML vient du terrain et non pas uniquement des théoriciens.

Historique d'UML

La fin des années quatre-vingt et le début de la nouvelle décennie ont vu fleurir une pléthore de méthodes orientées objet. L'acceptabilité des langages de programmation orientés objet de type C++ ou SmallTalk a gagné du terrain et les spécialistes en méthodes ont commencé à adapter leurs méthodes aux concepts orientés objet. Certaines des méthodes proposées étaient alors réellement nées des concepts orientés objet, tandis que d'autres méthodes ont été étendues pour prendre en compte ces concepts. La fragmentation ne milite pas vers l'acceptabilité industrielle de ces technologies : plus de soixante-dix méthodes ou variantes existent.

En octobre 1994, G. Booch (père de la méthode Booch) et J. Rumbaugh (principal auteur de la méthode OMT[1]) ont décidé de travailler ensemble pour unifier leurs méthodes au sein de la société Rational Software. Un an après, I. Jacobson (auteur de la méthode OOSE et des cas d'utilisation) a rejoint Rational Software pour travailler sur l'unification. Unified Modeling Language ou UML est né. Les travaux sur ce langage ont continué avec son adoption par de grands acteurs industriels dont HP, Microsoft, Oracle et Unisys. Ce travail a abouti en janvier 1997 à UML 1.0. Le langage a été soumis par Rational Software et ses partenaires à l'OMG comme réponse à un appel d'offres sur la standardisation des langages de modélisation. L'appel d'offres de l'OMG a recueilli un avis favorable, puisque six réponses « concurrentes » sont parvenues à l'OMG. IBM et ObjecTime (méthode ROOM pour les systèmes temps réel réactifs) ont décidé de rejoindre l'équipe UML ; leur proposition était en fait une extension d'UML 1.0. Certains autres auteurs qui ont répondu à l'appel d'offres ont abandonné leur proposition pour rejoindre à leur tour UML. En novembre 1997, UML a été adopté par l'OMG.

UML est le résultat d'un large consensus et tient compte des dernières avancées en matière de modélisation et de développement logiciel. Il est le fruit d'un travail d'experts reconnus.

Figure 1-1
Historique d'UML

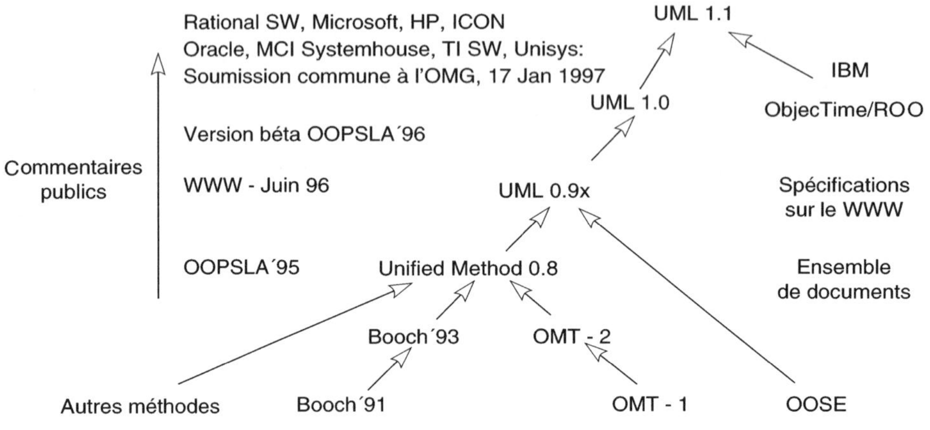

1. Object Modeling Technique.

Concepts de base de l'approche objet

UML est un langage de modélisation fondé sur les concepts orientés objet qui sont nés il y a plus de trente ans ; UML n'est donc pas à l'origine des objets ; néanmoins, il en constitue une étape majeure, dans le sens où il unifie les différentes approches et en donne une définition plus formelle.

Pour bien comprendre le langage, il est donc nécessaire de commencer par un rappel général de ces concepts. Cette présentation est très brève et ne prétend pas couvrir tous les concepts. Seuls les concepts fondateurs sont introduits : *Objet*, *Classe*, *Abstraction*, *Encapsulation* et *Composant*. Le lecteur trouvera dans [Booch 94] une excellente discussion.

Système orienté objet

L'approche orientée objet est fondée d'abord sur le principe suivant : tout système orienté objet est en fait une société d'objets qui coopèrent. Pour coopérer, les objets utilisent des messages qu'ils s'envoient entre eux par divers mécanismes qui dépendent de l'environnement de mise en œuvre.

Tout système au sens large avec un contour bien défini peut faire l'objet d'une modélisation orientée objet. Il peut s'agir d'une entreprise, d'une société quelconque (humaine, animale...), d'un logiciel ou d'un système informatique.

Objet

Un objet est un membre d'un système orienté objet. Un objet possède une identité, un état et un comportement. Ainsi, pour une entreprise, les objets possibles sont les différents salariés définis par leur rôle (`Accueil`, `Commercial`, `Contrôleur qualité`...) ainsi que les entités conceptuelles de leur métier (`Facture`, `Commande`, `Marché`...). Pour un zoo, les objets possibles sont les différents animaux (pensionnaires du zoo), les surveillants, etc. Pour un logiciel de gestion de clientèle, les objets sont les clients, les objets informatiques de manipulation de base de données ou les divers objets de l'interface homme-machine (`Bouton`, `Fenêtre`, `Menu`...). Pour un système informatique, les objets sont non seulement logiciels mais aussi matériels.

Les objets sont donc des éléments d'un système défini par son périmètre dans un domaine particulier et non pas des entités qui existent en dehors de tout domaine. Par exemple, il est difficile de donner une définition précise et cohérente d'escargot en dehors de tout contexte. Le mot « escargot » a un sens pour un éleveur, un autre pour un cuisinier et un troisième pour un zoologiste.

Un objet est donc défini dans son domaine par :

- Une *identité* qui constitue le moyen d'identifier l'objet par rapport aux autres objets du système. Chaque objet dans un système doit avoir une identité.
- Un *comportement* qui définit la manière dont l'objet agit et réagit aux divers messages qui lui parviennent de son environnement.
- Un *état* qui définit l'une des possibilités dans laquelle un objet peut se trouver à un instant donné de sa vie.

Classe

Dans la description d'un problème réel, il est impossible de décrire tous les objets de ce domaine. Les classes sont un moyen pour grouper des objets qui présentent une structure commune et un comportement commun, en un mot des objets qui se ressemblent. Ce regroupement relève de la problématique de la classification qui est particulièrement bien décrite par G. Booch dans [Booch 94]. Une classe est donc une abstraction qui décrit plusieurs objets. La relation qui existe entre une classe et ses objets est appelée « instanciation ».

Ainsi, en reprenant les exemples d'objets donnés plus haut, pour une entreprise, les classes possibles sont les rôles des salariés (`Accueil`, `Commercial`, `Contrôleur qualité`...) et les instances sont les individus eux-mêmes. De même, les entités conceptuelles de leur métier (`Facture`, `Commande`, `Marché`...) sont des classes, les objets sont les instances réelles (`Facture XXX`, `Commande YYY`, `Marché ZZZ`...).

Il y a donc, comme on peut le constater à travers cet exemple, abus de langage. Parler d'objet `Facture` est une erreur car `Facture` est une classe et les objets sont toutes les occurrences de factures possibles qui vont être générées par instanciation de cette classe.

Abstraction

L'abstraction constitue un des piliers de l'approche orientée objet. On peut en donner deux définitions qui se complètent :

- *processus* consistant à identifier une entité en mettant en évidence ses caractéristiques pertinentes du point de vue de son utilisation.
- *caractéristiques* essentielles d'une entité qui la distinguent de tous les autres types d'entités. Une abstraction définit une frontière relative à la perspective de l'observateur.

Le travail essentiel du concepteur consiste donc à appliquer un bon processus d'abstraction pour construire de bonnes abstractions. Cette démarche d'abstraction aboutit à construire des systèmes robustes face aux évolutions ; ce qui en constitue le point fondamental. La voiture pour un mécanicien est considérée du point de vue de sa mécanique, alors que le concessionnaire la considère du point de vue de ses équipements et de son prix. Ainsi, il ne s'agit probablement pas de la même chose ; dans le premier cas on parlera de `Mécanique`, dans le deuxième cas on parle de `Produit`.

Encapsulation

L'encapsulation accompagne l'abstraction. L'encapsulation permet de présenter une abstraction à son observateur (son client, son utilisateur) de manière à ne voir justement que les caractéristiques essentielles et surtout à ignorer les détails de sa réalisation. L'encapsulation permet donc de décrire une abstraction sous forme d'une partie visible appelée « interface » et d'une partie cachée appelée « implémentation », et de s'assurer que le client de l'abstraction ne pourra pas violer le contrat de l'abstraction.

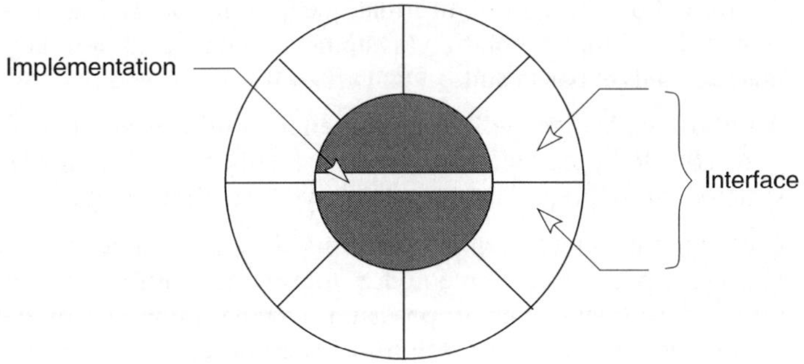

Figure 1-2
Encapsulation

Composants

Développer un système en assemblant des composants existants (comme construire un bâtiment avec du préfabriqué) au lieu de fabriquer chaque brique de base est une idée qui a fait son chemin. Les concepts sous-jacents ne sont pas nouveaux ; il est possible de dire maintenant qu'ils sont opérationnels ; ce qui révolutionne définitivement la manière dont on développe les systèmes logiciels. Cette révolution est équivalente à l'introduction des microprocesseurs dans l'industrie des ordinateurs. Plusieurs facteurs participent à la réalité du développement à base de composants :

- l'*infrastructure* offerte par les fournisseurs de systèmes (COM/DOCM, ActiveX, JavaBeans, CORBA...) qui définit l'interopérabilité ;
- les *concepts objet* qui fournissent le modèle conceptuel de base au support de la description des composants ;
- l'*architecture* qui peut être modélisée et décrire complètement grâce à un langage de modélisation unique UML.

Un composant est un élément binaire qui expose aux autres composants du système (ses clients) une interface qui leur permet de dialoguer avec le composant en question. Cette interface est un contrat qui définit la manière d'utiliser le composant.

Le concept de composant est encore plus riche et plus intéressant que celui de classe car la classe est de plus faible granularité. Le composant implémente plusieurs classes. Un développement plus détaillé sera proposé ultérieurement.

Introduction à UML

UML est un langage

UML (Unified Modeling Language) est un langage de modélisation unifié (ou universel !) et non pas une méthode. UML a été conçu pour permettre la modélisation de « tous » les phénomènes[1] de l'activité de l'entreprise (processus métier, systèmes

1. G. Booch expliquait récemment que le ministère de la Justice américain modélisait les processus pénitencier de New York avec UML.

d'information, systèmes informatiques, composants logiciels...) indépendamment des techniques d'implémentation (système automatisé ou non, langage de programmation...) mises en œuvre par la suite.

Au fil de ce chapitre, le lecteur apprendra à utiliser les concepts d'UML pour modéliser d'un côté les processus métier et l'organisation de l'entreprise, et de l'autre côté le système informatique, support de ce système d'information.

C'est probablement la première[1] fois dans le monde du développement logiciel que plusieurs spécialistes en méthodes, fournisseurs, utilisateurs et organismes de standardisation s'accordent pour proposer un langage unique de modélisation. Cette initiative a reçu un accueil et une adhésion rarement observés ; même les adversaires du début s'y sont finalement ralliés.

UML n'est pas une « méthode »

Certains seront surpris, même déçus, de découvrir qu'UML « n'est pas une méthode ». D'un autre côté combien de « méthodes » orientées objet sont-elles réellement des méthodes et pas simplement des langages ? OMT, qui est certainement la plus utilisée, n'est qu'une « technique » ou un langage de « modélisation ». Ce constat vaut pour presque toutes les « méthodes » orientées objet. Leurs auteurs n'ont jamais nié cette réalité mais ont souvent maintenu, voire alimenté, l'ambiguïté.

Plus qu'un simple langage, une méthode inclut la manière d'utiliser les concepts qu'elle propose, appelée « processus », c'est-à-dire l'enchaînement des étapes et des activités qui mènent à la résolution du problème posé.

Des méthodes orientées objet les plus connues, seules les méthodes OOSE [Jacobson 92] de Ivar Jacobson et Booch [Booch 94] de Grady Booch incluent cet aspect « processus » de manière très explicite et formelle. Ces deux auteurs se sont d'ailleurs toujours démarqués des autres sur ce point.

Est-il possible de standardiser un « processus » ?

Il est évident que la clé de la réussite des projets réside dans l'existence d'un processus bien défini et bien géré. Depuis les débuts du « génie logiciel », plusieurs variétés de processus de développement logiciel ont vu le jour. Par leur nature, les processus doivent être adaptés aux organisations, à leurs domaines d'activité, à leur culture, etc. On ne développe pas de la même manière le système de freinage d'un avion, Microsoft Word™ , un compilateur commercial ou un système propriétaire de gestion de clientèle. Toutefois, si des principes généraux peuvent s'appliquer, il s'agit de processus constituant un cadre général[2] qu'il faut adapter au contexte précis. De ce fait, ni la normalisation ni même la standardisation d'un processus de développement logiciel ne peut faire l'objet d'un consensus international suffisant pour aboutir à un standard acceptable et utilisable.

1. Merise et Euromethod sont deux tentatives précédentes ; malheureusement, elles se sont limitées à la France ou à l'Europe.
2. « framework ».

La standardisation d'un langage de modélisation n'en reste pas moins une tâche essentielle et fondamentale. Le langage de modélisation constitue l'élément clé de l'acceptabilité industrielle des techniques de modélisation orientées objet ainsi que la base de l'industrialisation de ces techniques. En effet, l'émergence d'un standard accepté, reconnu et couvrant tous les aspects de la modélisation est la condition nécessaire à l'existence d'outils interopérables (calcul de métriques, contrôle qualité, génération de code, tests, documentation, simulation...).

Un chapitre complet est consacré aux aspects du processus. Le processus de développement logiciel défini dans le chapitre 4 est général, mais particulièrement adapté aux développements de systèmes d'information et tient compte de leur problématique particulière. Ce processus reprend l'esprit du processus générique sous-jacent à la conception d'UML ; il est itératif et incrémental, guidé par les cas d'utilisation et centré sur l'architecture.

UML est plus qu'une simple notation : un langage de modélisation

UML est un langage de modélisation au sens de la théorie des langages. Il contient de ce fait les éléments constituants de tout langage, à savoir : des concepts, une syntaxe et une sémantique. De plus, UML a choisi une notation supplémentaire ; il s'agit d'une forme visuelle graphique fondée sur des diagrammes. Si l'unification d'une notation est secondaire par rapport aux éléments constituants du langage, elle reste cependant primordiale pour la communication et la compréhension humaine.

Un métamodèle décrit UML

UML est un langage fondé sur un métamodèle lui-même décrit en UML. Le métamodèle d'UML est essentiel, car il donne une vision plus formalisée du langage et il définit toutes les possibilités d'extensibilité de celui-ci. Le métamodèle confirme la puissance d'UML qui peut se décrire en utilisant ses propres concepts et son propre formalisme.

D. Harel, concepteur des machines à états de même nom, a récemment démontré que le langage UML permet de modéliser des systèmes exécutables ; en d'autres termes, UML est lui-même exécutable. Ceci ouvre des possibilités de construction d'outils de simulation et de génération de codes formels.

Architecture d'UML

L'architecture d'UML est présentée en deux volets : d'une part les constituants élémentaires qui forment la structure complète du langage et d'autre part la structure globale du langage.

Constituants d'UML

Les constituants d'UML sont les *éléments de modélisation* et les *diagrammes*.

- Les *éléments de modélisation* représentent toutes les propriétés du langage. Ils ne sont pas limités par le symbolisme graphique utilisé ; cependant, les éléments de modélisation doivent être clairs et précis. Étant donné la nature de la chose modélisée (métiers, systèmes...) et surtout son évolution, il est probable que certains phénomènes ne soient même pas encore connus, et les techniques de modélisation

Figure 1-3
Architecture d'UML

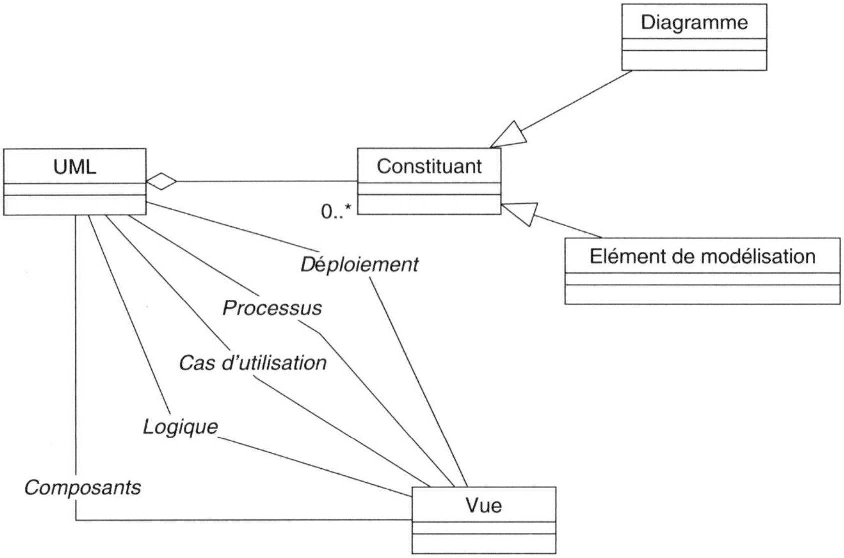

peuvent (et vont) donc évoluer dans les prochaines années. Par ailleurs, les domaines d'application affichent des besoins de modélisation spécifiques. Il y a donc un équilibre judicieux à trouver entre la complétude du langage et sa simplicité. De ce fait, UML définit des mécanismes d'extension qui permettent d'adapter le langage à des utilisations et des domaines particuliers voire de le faire évoluer.

- Les *diagrammes* constituent l'autre composante d'UML. Ils en constituent l'expression visuelle et graphique. Les symboles ne véhiculent pas de sémantique et leur choix est essentiellement une question d'esthétique et d'ergonomie. Il n'y a pas suffisamment de symboles et de formes pour tout représenter. La simplicité et la cohérence doivent rester de mise. Il existe plusieurs concepts sémantiques dans UML qui ne trouvent pas de représentation (notation) graphique. La correspondance entre éléments de modélisation et symboles graphiques n'est pas bijective. La position et l'orientation des éléments est importante dans la mesure où elle facilite la compréhension. UML définit neuf diagrammes[1], chacun permettant de présenter une perspective de l'architecture du système.

Un des aspects fondamentaux d'UML qui déroutent souvent les non-initiés est le fait qu'un diagramme n'est pas un modèle mais une représentation graphique de quelques éléments du modèle. Un diagramme est une projection sur le modèle, une perspective sur le modèle. Un diagramme de classes n'est pas le modèle de classe. Un diagramme de classes ne montre pas toutes les classes avec toutes leurs informations, il deviendrait illisible ; plusieurs diagrammes sont nécessaires pour illustrer le modèle complet.

1. Dans une conférence récente, un orateur a expliqué qu'UML avait beaucoup trop de diagrammes mais en a proposé un dixième !

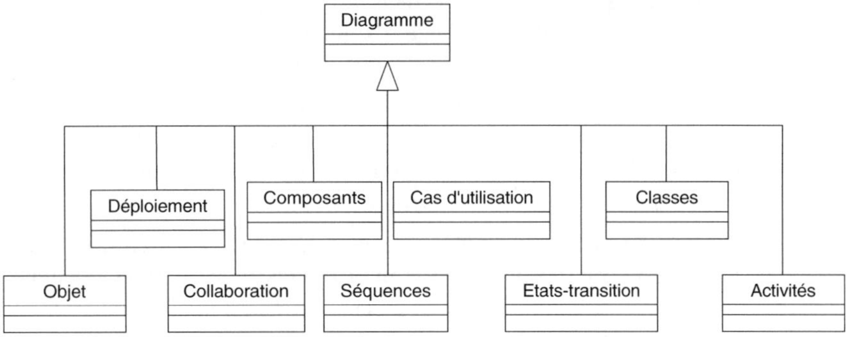

Figure 1-4
Liste des diagrammes UML

Approche 4+1 vues

Pour exprimer les diverses perspectives de l'architecture d'un système informatique, Ph. Kruchten propose 4+1 vues [Kruchten 95]. Cette approche a fortement inspiré la conception d'UML. Ph. Kruchten défend l'idée que l'architecture logicielle doit être une discipline à part entière. Il propose que plusieurs perspectives concourent à l'expression de l'architecture d'un système et il explique qu'il est nécessaire de garantir la séparation et l'indépendance de ces différentes perspectives ; l'évolution de l'une des perspectives ne doit pas avoir d'impact (sinon limité) sur les autres.

- La *vue logique* : cette vue concerne « l'intégrité de conception ». Elle exprime la perspective abstraite de la solution en termes de classes, de relations, de machines à états-transitions, etc. de manière indépendante des langages de programmation et des environnements de développement utilisés pour les mettre en œuvre. Il s'agit ici d'exprimer le domaine du problème de manière suffisamment abstraite. C'est une vue essentielle et qui fait l'objet d'un accord général. Les concepts utilisés incluent les concepts de la majorité des méthodes orientées objet existantes.
- La *vue des composants* : cette vue concerne « l'intégrité de gestion ». Elle exprime la perspective physique de l'organisation du code en termes de modules, de composants et surtout des concepts du langage ou de l'environnement d'implémentation. Dans cette perspective, l'architecte est surtout concerné par les aspects de gestion du code, d'ordre de compilation, de réutilisation, d'intégration et d'autres contraintes de développement pur. Cette perspective dépend fortement de l'environnement d'implémentation ; ainsi, le choix d'un langage de troisième génération (L3G) de type C++ ou d'un langage de quatrième génération (L4G) de type Forté ne donne pas le même résultat. Pour représenter cette perspective, UML fournit des concepts adaptés tels que les modules, les composants, les relations de dépendance, l'interface, etc. Malheureusement, plusieurs utilisateurs et même les méthodologistes ignorent l'importance de cette vue. L'explication se trouve du côté de l'histoire des méthodes de conception orientées objet : elles sont nées pour donner une autre dimension aux langages orientés objet de type Ada ou C++. La majorité des promoteurs de ces techniques a souvent mélangé modélisation visuelle et programmation graphique. Le résultat est une relation un à un entre une classe dans la vue logique et

le module qui l'implémente dans le langage de programmation ; cette restriction, beaucoup trop forte, se révèle absolument inadaptée aux L4G de type Microsoft VisualBasic, Forté ou encore PowerBuilder.

- La *vue des processus* : cette vue concerne « l'intégrité d'exécution ». Elle exprime la perspective sur les activités concurrentes et parallèles (tâches et processus) du système. En particulier, on y retrouve la structure des activités parallèles, et leur communication et synchronisation.
- La *vue de déploiement* : cette vue concerne « l'intégrité de performance ». Elle exprime la répartition du système à travers un réseau de calculateurs et de nœuds logiques de traitement. Cette vue est particulièrement utile pour décrire la distribution d'un système réparti. Elle montre les calculateurs et leurs connexions (réseau).
- La *vue des cas d'utilisation* : cette perspective est particulière en ce sens qu'elle guide et justifie les autres. En effet, Ph. Kruchten explique que la modélisation fondée sur les scénarios constitue probablement ce qu'on sait faire de mieux aujourd'hui. Cette approche fait aussi « d'une pierre, deux coups ». D'une part, les scénarios et par extension les cas d'utilisation constituent certainement l'unique moyen systématique de guider la modélisation, de trouver le « bon » modèle. Vous pouvez regarder avec attention un cahier des charges, discuter et interviewer longuement les experts du domaine pour espérer découvrir les abstractions du domaine (ce qui finit bien par marcher dans certains cas), l'utilisation de scénarios et de cas d'utilisation est plus intéressante, rigoureuse et systématique pour trouver ces abstractions. D'autre part, l'informatique en tant que discipline a une spécificité qui échappe probablement à d'autres disciplines et qui est la nécessité d'expliquer et de justifier ; ceci doit probablement tenir de sa jeunesse. En effet, « dessiner le plan » d'un système informatique n'est malheureusement pas suffisant pour pouvoir le « bâtir » et le maintenir pendant une durée de vie souvent assez longue. Il est nécessaire d'expliquer le système, de justifier les choix qui ont guidé sa conception et son fonctionnement pour pouvoir le construire, le maintenir et le tester. Les scénarios et les cas d'utilisation en constituent l'axe principal. Pour cela, UML offre des concepts adaptés tels que les cas d'utilisation, les scénarios, les collaborations d'objets et les machines à états.

Figure 1-5
Approche 4+1 vues

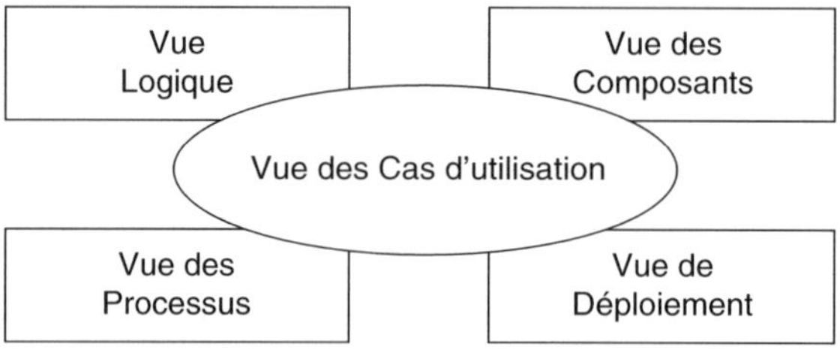

P-A. Muller [Muller 97] a schématisé la relation entre les différentes perspectives de cette approche et les diagrammes UML comme indiqué dans le tableau 1-1.

Tableau 1-1 Diagrammes/vues : emprunté à P-A. Muller [Muller 97]

	Vue des cas d'utilisation	Vue Logique	Vue de composants	Vue des processus	Vue de déploiement
Diagramme de cas d'utilisation	Acteurs Cas d'utilisation				
Diagramme d'objets	Acteurs Objets Liens	Acteurs Classes Objets Liens			
Diagramme de collaboration	Acteurs Objets Liens Message	Acteurs Classes Objets Liens		Classes Objets Liens	
Diagramme de séquence	Acteurs Objets Message	Acteurs Objets Message		Objets Message	
Diagramme de classes		Acteurs Classes Paquetages Relations			
Diagramme d'états-transitions	États Transitions	États Transitions		États Transitions	
Diagramme d'activités	Activités Transitions	Activités Transitions		Activités Transitions	
Diagramme de composants			Composants	Composants	Composants
Diagramme de déploiement					Nœuds Liens

Dimension métier

L'approche 4+1 est une avancée majeure dans le monde de l'architecture des systèmes logiciels. Cependant, il faut davantage mettre en valeur la dimension métier d'un système d'information. Il est nécessaire d'avoir une vision plus générale qui parte du métier, de ses processus et de son organisation avant d'aboutir au système informatique associé. Après tout, l'objectif principal de la construction de systèmes informatiques est de prendre en compte, de faciliter voire de permettre des processus métier. UML offre tous les mécanismes nécessaires pour modéliser les processus métier. Ces mécanismes ne sont pas exclusivement dédiés à la modélisation des métiers ; ils servent aussi à modéliser des phénomènes informatiques. Pour mieux mettre en valeur la prise en compte des métiers et leur modélisation nous introduisons un concept de couches (cf. figure 1-26).

Concepts d'UML, modélisation et processus

Une des grandes différences entre UML et les autres approches (orientées objet ou pas) est l'utilisation de concepts généraux pour décrire différents phénomènes. Même si certains voient en UML un langage complexe, la simplicité a guidé sa conception. En particulier, il n'y a pas de concepts de modélisation spécifiques aux métiers, à l'informatique, à l'analyse et à la conception. Les mêmes concepts simples sont utilisés dans les différentes activités. Cette simplicité déroute le lecteur non initié mais constitue la base de cette approche. À l'interrogation : « quel modèle dois-je utiliser maintenant que je fais de la conception ? » ; la réponse est simple : il n'y a pas un modèle par activité du processus.

Modélisation du métier

La modélisation de métier est une activité dont l'objectif est de construire un modèle de la société étudiée. Ce modèle doit refléter aussi bien les structures statiques organisationnelles de la société que ses processus dynamiques. Pour ce faire, cette section décrit dans le détail, à travers un exemple, les apports d'UML pour modéliser une société. Les étapes de la modélisation incluent :

- l'étude du périmètre et des intervenants extérieurs à l'entreprise ;
- l'étude des processus de l'entreprise ;
- l'étude des travailleurs et des entités de l'entreprise ;
- l'étude des workflows des processus ;
- l'étude des structures organisationnelles.

La modélisation du métier fait partie intégrante d'un processus général d'ingénierie du métier qui est présenté dans le chapitre 3 de cet ouvrage. La modélisation du métier avec UML suppose :

- d'intégrer le processus de développement du système informatique dans le processus d'ingénierie de métier ;
- de construire le système informatique dont le métier a besoin et non l'inverse, c'est-à-dire dériver les besoins fonctionnels et l'architecture générale du système, à partir de la description des processus métier ;
- d'utiliser les mêmes concepts de modélisation pour un métier et pour son système informatique, la technologie objet, ce qui permet d'établir la traçabilité entre les deux et la communication entre les équipes.

I. Jacobson explique qu'une organisation présente différentes perspectives à ses parties prenantes (P.D.G., directeur financier, responsable de processus, membre de processus…) ; chacune a sa propre vision de l'organisation. Il est important de présenter à chaque partie prenante sa propre vision de l'entreprise, l'objectif étant pour chacun de savoir quoi faire, quand le faire et comment le faire.

Figure 1-6
Vues du métier

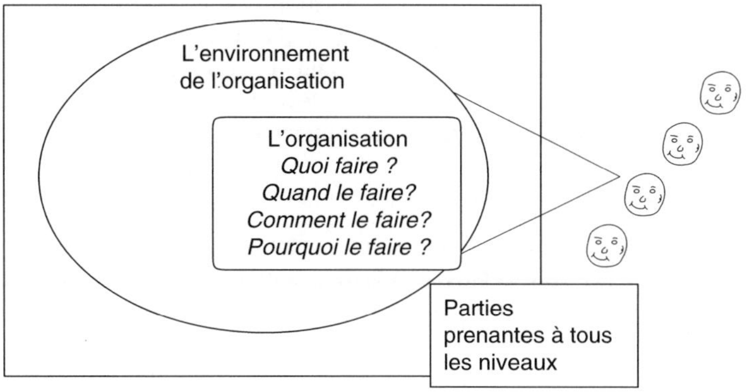

Présenter à chaque partie prenante un modèle particulier de l'organisation exige que tous ces modèles soient maintenus en cohérence parfaite. La solution la plus économique consiste à fabriquer un unique modèle avec plusieurs perspectives (maintenues par construction en cohérence).

Les modèles métier doivent prendre en compte aussi bien les aspects dynamiques, c'est-à-dire les flux d'événements à l'intérieur du métier, que les aspects statiques du métier, c'est-à-dire la structure du métier et son architecture. C'est d'ailleurs un point fondamental de l'ingénierie des métiers. Souvent la seule description d'une organisation se réduit à l'organigramme qui décrit les structures organisationnelles statiques. La description de la dynamique des processus à travers ces structures est souvent absente.

Dans la modélisation du métier, il faut donc décrire les aspects statiques et dynamiques de celui-ci au plus haut niveau d'abstraction, en ignorant les détails de son implémentation. En particulier, cette description ignorera tout des aspects informatiques. Ce point est très important : la modélisation métier s'intéresse uniquement aux modèles d'une organisation et remet à plus tard la discussion sur la technologie.

Périmètre et acteurs

La première étape de modélisation consiste à définir le périmètre du système, en d'autres termes, à définir le contour de l'organisation à modéliser. Ce qui est en dehors de cette organisation et qui interagit avec elle est appelé *acteur* selon UML.

DÉFINITION

Un *acteur* est un type stéréotypé[1] représentant une abstraction qui réside juste en dehors du système à modéliser.

L'identification des acteurs principaux relève de la réponse à la question suivante : à qui est destinée l'organisation (le système) à modéliser ? Dans les faits, il y a plusieurs éléments

1. Il s'agit en fait d'un stéréotype de classe prédéfini (cf. stéréotypes).

qui résident en dehors de l'organisation et qui interagissent avec celle-ci. Ainsi, peuvent être acteurs des personnes, mais aussi du matériel, du logiciel, etc. Il est très important de définir le périmètre du système avant de commencer à le modéliser. Il est important de noter que la recherche des acteurs relève de l'étude du périmètre de l'organisation à modéliser et non des membres et personnes de l'organisation. Le terme acteur peut créer une confusion, cependant, il suffit de se rappeler qu'un acteur est toute chose qui réside en dehors et interagit avec le système modélisé, à savoir ici le système métier (l'organisation).

Pour identifier les acteurs d'une organisation, il faut donc se concentrer sur les rôles joués par les entités extérieures au périmètre. Les personnes ou les utilisateurs sont intéressants uniquement par les rôles qu'ils jouent. Un même utilisateur peut jouer plusieurs rôles et un rôle peut être joué par plusieurs utilisateurs. Il s'agit de modéliser un système métier, c'est-à-dire une organisation ; ses clients, ses fournisseurs, ses autorités de tutelle, ses autorités de contrôle et ses actionnaires font partie de ses acteurs possibles.

Figure 1-7 *Périmètre de modélisation métier*

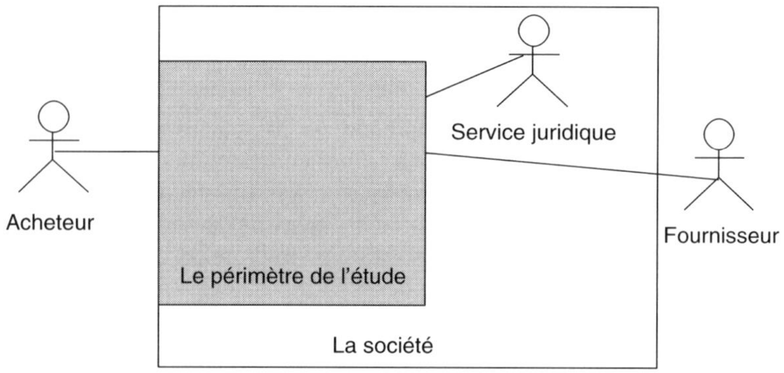

REMARQUE Le mot acteur[1] peut prêter à confusion. Les notions d'acteur interne et d'acteur externe n'existent pas : par définition un acteur est externe au périmètre de l'étude. Il ne s'agit pas nécessairement d'une personne ou d'une société, un système informatique ou du matériel conviennent également.

Dans le cas de l'exemple de la société SNEA, une analyse rapide détermine les acteurs suivants :

- `Acheteur`, `Comptabilité client`, `Contrôleur marchandise` du côté client ;
- `Dépôt`, `Comptabilité SNEA`, `Expert qualité`, `Service juridique`, `Planificateur` qui font partie de la société étudiée mais qui sont en dehors du périmètre de l'étude.

Le lecteur notera que dans les acteurs identifiés, il n'y a pas `Client` mais `Acheteur`, `Comptabilité client`,... qui sont les différents rôles concernés plutôt que le terme générique.

1. Il s'agit du concept défini dans UML et non de la définition du dictionnaire.

Ces acteurs peuvent être présentés dans le diagramme suivant :

Figure 1-8
Diagramme de cas d'utilisation limité aux acteurs

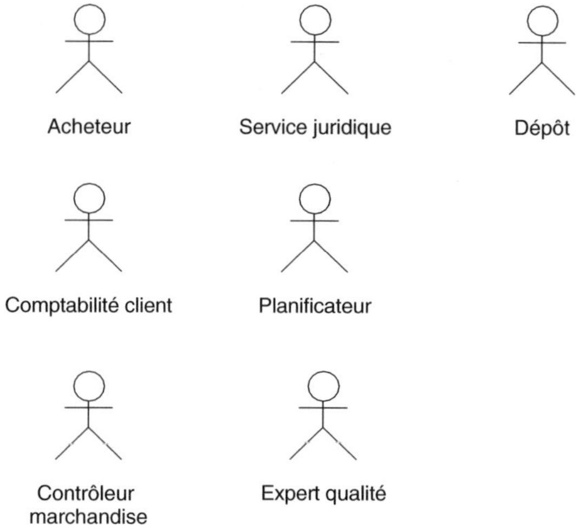

Les acteurs peuvent être représentés dans divers types de diagrammes (de cas d'utilisation, de classes, de séquence...). Le diagramme ci-dessus ne présente pas de relations entre acteurs. En fait, UML définit une seule relation entre acteurs : la *généralisation*. La relation de généralisation (spécialisation) permet de définir des profils d'acteurs. Les relations de communication/interaction entre acteurs ne sont pas pertinentes tant qu'elles ne passent pas par le périmètre de l'étude car elles restent en dehors de celui-ci.

Processus métier

DÉFINITION

Un *processus métier* est l'ensemble des activités internes d'un métier dont l'objectif est de fournir un résultat observable et mesurable pour un utilisateur individuel du métier.

Cette définition suscite plusieurs commentaires. D'abord, elle met « l'utilisabilité du métier » au cœur du choix des processus. Les processus métier sont identifiés en partant des utilisateurs du métier, c'est-à-dire des clients et non du métier ; le métier est là pour satisfaire le client. Cette conception des choses peut constituer une révolution dans certaines entreprises et pour certaines personnes ; mais elle est fondamentale.

De plus, la condition sur le résultat observable et mesurable est nécessaire pour éviter de multiplier les processus ; autrement toute fonction, aussi petite soit-elle (prendre contact avec son ingénieur commercial...), peut constituer un processus.

Enfin, la condition sur l'utilisateur individuel est nécessaire pour éviter d'avoir des processus trop complexes ; autrement, un seul acteur est identifié (client) et un seul processus lui sera défini. Ainsi, `Acheteur`, `Comptabilité client`,... sont des acteurs différents et sont concernés par des processus différents.

Pour modéliser les processus métier, il faut utiliser les cas d'utilisation introduits par I. Jacobson [Jacobson 94]. Un processus est représenté par un cas d'utilisation (et vice versa)[1]. Le terme « processus métier » est préféré à celui de « cas d'utilisation » qui a une connotation plus technique. En partant des acteurs précédents, nous identifions les processus suivants : `Gérer marché`, `Gérer commande`, `Gérer avoirs`.

Le modèle des processus métier est présenté dans un *diagramme de cas d'utilisation* :

Figure 1-9
Vue globale des processus métier

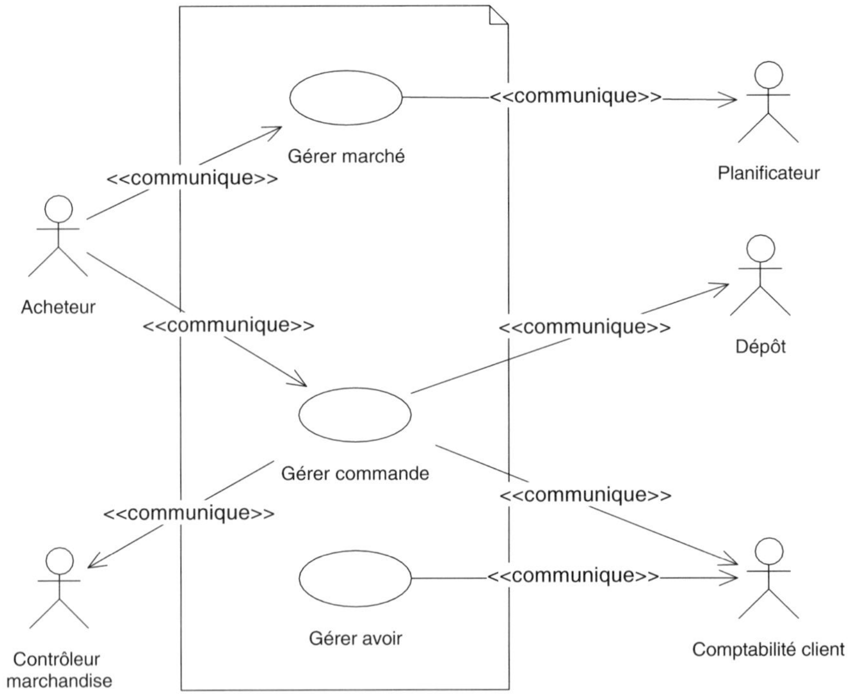

DÉFINITION

Un *diagramme de cas d'utilisation* est un graphe d'acteurs, un ensemble de cas d'utilisation englobés par la limite du système, des associations de communication (participation) entre les acteurs et les cas d'utilisation, et des généralisations entre cas d'utilisation.

Les associations (ou relations) du diagramme de cas d'utilisation sont de plusieurs types :

- les relations entre acteurs illustrent des relations de généralisation/spécialisation permettant de définir des profils d'acteurs ;

1. Un cas d'utilisation = un processus métier.

- les relations entre cas d'utilisation sont de deux types : *Utilise* et *Étend*. La sémantique précise de ces deux relations est présentée plus loin ;
- les relations entre acteurs et cas d'utilisation indiquent des interactions. Ce sont des associations bidirectionnelles sur lesquelles nous reviendrons. La relation d'interaction peut porter un nom.

REMARQUE

Tous les détails de l'interaction entre acteur et processus ne figurent pas dans le diagramme de cas d'utilisation ; l'existence de la relation, éventuellement son nom et sa direction sont les seules informations proposées ; la direction indique le sens du stimulus et non l'échange de données. Ceci a pour avantage de simplifier la vision du modèle. Ce diagramme n'est pas un diagramme de flux. Les détails de l'échange ne sont pas pour autant ignorés, ils font partie de la description du cas d'utilisation. Ceci constitue un changement important par rapport aux autres méthodes.

Typologie des processus

Il est possible de classifier les processus d'une organisation (dans un périmètre donné) selon trois axes :

- Les *processus métier* : ces processus sont directement visibles de l'extérieur de l'organisation (du périmètre) ; ils sont présentés aux clients et sont donc très importants car ils sont visibles. Un exemple de processus métier est `Gérer marché`.
- Les *processus support* : ces processus sont internes à l'organisation et ne sont pas visibles de l'extérieur (du périmètre). Ils fournissent cependant le support nécessaire aux processus métier pour s'exécuter. Un exemple de processus support est `Développer système informatique`.
- Les *processus de gestion* : ces processus sont internes à l'organisation et ne sont pas visibles de l'extérieur (du périmètre). Au lieu d'être des supports des processus métier, ils fournissent les moyens de gestion de ceux-ci. Un exemple de processus de gestion est `Piloter`.

Description d'un processus

La description d'un processus consiste à détailler les activités internes du processus, c'est-à-dire son flux d'événements. Cette description peut aller du moins formel (texte) au plus formel (machines à états de Harel). La description du processus métier sert à expliquer aux intervenants du métier leurs rôles, leur travail et leurs autres activités. Il est nécessaire qu'elle soit compréhensible par tout le monde. L'expérience montre que la description textuelle reste la meilleure, en tout cas dans une première approche. Les critères d'une bonne description textuelle sont les suivants :

- utilisation d'un français rigoureux ;
- construction progressive et référence à un glossaire des termes du domaine ;

- utilisation de phrases courtes et non ambiguës ;
- structuration en flux normal et flux alternatifs ;

Par exemple, la description succincte du processus `Gérer marché` pourrait être équivalente à celle qui suit.

Brève Description

Ce processus consiste à gérer des engagements d'achat sur des produits (ou familles de produit). Ces engagements d'achat courent sur un certain délai.

Flux d'événements

Flux normal

Ouverture du `Marché`

Le processus de gestion de marché commence lorsque l'`Acheteur` émet une `Demande de marché` vers son `Ingénieur commercial local`. Cette `Demande de marché` consiste en une ou plusieurs quantités de produits, une durée et un tarif négocié[1].

L'`Ingénieur commercial local` contrôle l'existence et la solvabilité de l'`Acheteur`. L'`Ingénieur commercial local` transmet alors la `Demande de marché` au `Directeur régional` pour avis. Le `Directeur régional` étudie la `Demande de marché` face au `Plan de fabrication` et la `Politique tarifaire`. Il analyse aussi le `Risque client`.

Il transmet son avis (positif) à l'`Ingénieur commercial local`. Ce dernier envoie une proposition (accusé de réception `ARM`) à l'`Acheteur` pour signature.

Sur signature de l'`Acheteur`, l'`Ingénieur commercial local` active le `Marché`.

Exécution du marché

Le processus de gestion de marché se poursuit au fil des exécutions des `Commandes`.

Lorsque l'`Acheteur` passe `Commande` en faisant référence à ce `Marché`, l'`Ingénieur commercial local`

- vérifie la bonne santé financière du client ;
- vérifie que le `Marché` est en cours ;
- vérifie que les `Produits` commandés sont inclus dans le `Marché` ;
- vérifie que les quantités restant dans le `Marché` sont compatibles avec les quantités commandées ;
- diminue les quantités restant du `Marché` des quantités commandées.

Clôture du `marché`

Le processus de gestion de marché se termine dans les trois cas suivants :

- `Marché` consommé ;

1. On considère que la négociation a été effectuée au préalable.

- échéance atteinte ;
- Incident client.

Marché consommé

Lorsque la quantité restante devient nulle, le Marché est soldé et le processus est terminé.

Echéance atteinte

Lorsque la date d'échéance du Marché est atteinte, le Marché est fermé et le processus est terminé.

Incident client

Sur Incident client (faillite, impayé...) l'Ingénieur commercial local clôture le Marché et les Commandes d'exécution en cours. Le processus est terminé.

Flux alternatifs

Cas d'un avis défavorable

L'Ingénieur commercial local retourne le résultat à l'Acheteur et le processus est terminé.

Cas ou l'Acheteur n'a pas signé

Passé un certain délai, l'Ingénieur commercial local clôt le Marché. Le processus est terminé.

Par ailleurs, il est important de travailler processus par processus ; en d'autres termes, il faut décrire les processus métier indépendamment les uns des autres. Il peut y avoir plusieurs descriptions d'un même processus métier :

- Une description externe qui donne la vision externe du processus du point de vue de l'utilisateur (acteur) du métier. Elle décrit ce que doit faire le processus métier pour « satisfaire » l'acteur. Cette description est probablement le point de départ de toute l'activité de modélisation qui suit.
- Une description interne plus détaillée qui donne la vision des gens du métier. Elle explique comment le processus fonctionne de l'intérieur pour « satisfaire » l'acteur. L'acteur n'a pas accès à cette description.

Ces deux descriptions sont nécessaires et minimales. D'autres descriptions peuvent être développées ; la définition de ces descriptions relève du processus d'ingénierie de métier choisi par l'entreprise.

Descriptions formelles des processus

Les machines à états de D. Harel permettent de décrire de manière formelle les processus métier. Ces machines sont particulièrement intéressantes pour décrire des processus complexes qui reçoivent plusieurs stimuli. La sémantique des machines de Harel est donnée plus loin (cf. page 88).

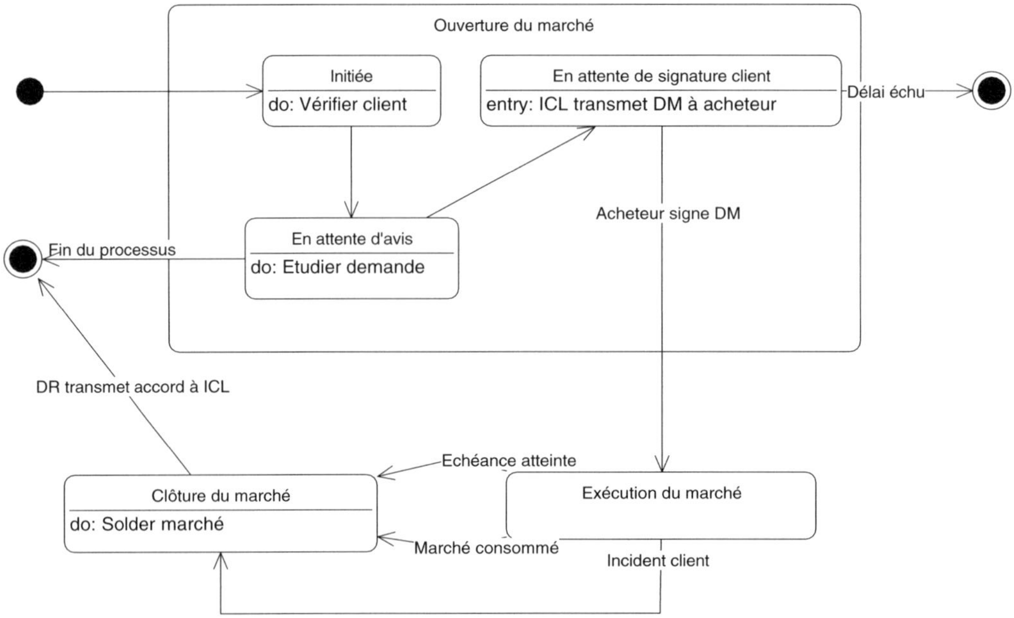

Figure 1-10
Diagramme d'états-transitions du processus Gérer marché

Relations entre processus

- Relation *Utilise* (*Uses*). Lors de la description des processus, il apparaît assez tôt qu'il existe des sous-ensembles communs à plusieurs processus. Pour éviter la duplication, il faut décrire chaque partie commune dans un « sous-processus[1] » et employer la relation *Utilise* (*Uses*) disponible à cet effet. La sémantique associée à cette relation est relativement simple : le processus A *Utilise* le processus B (cf. figure 1-11). Cela signifie que :
  - une instance de A va engendrer une instance de B et l'exécuter ;
  - A connaît B, par ailleurs B ne connaît pas A, c'est-à-dire que A dépend de B ;
  - B n'existe pas tout seul et A n'existe pas sans B.

Figure 1-11
Relation Utilise *entre processus*

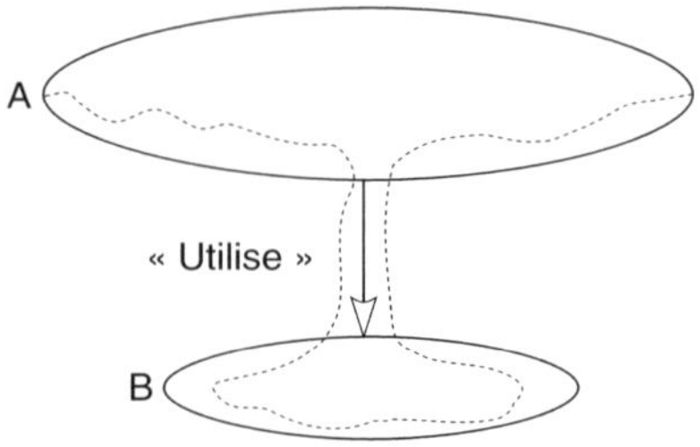

1. Il n'y a pas de sous-processus dans UML.

- Relation *Étend* (*Extends*). Dans la description des processus, certaines parties alternatives, optionnelles ou exceptionnelles peuvent être décrites séparément dès lors qu'elles sont importantes, qu'elles requièrent un savoir particulier ou qu'on a envie de les maintenir séparément. Ces parties sont décrites dans des sous-processus au moyen de la relation *Étend* (*Extends*) disponible à cet effet. Pour comprendre la sémantique associée à cette relation, considérons l'exemple suivant : le processus `B` *Étend* le processus `A` (cf. figure 1-12). Cela signifie que :

Figure 1-12
Relation Étend
entre processus

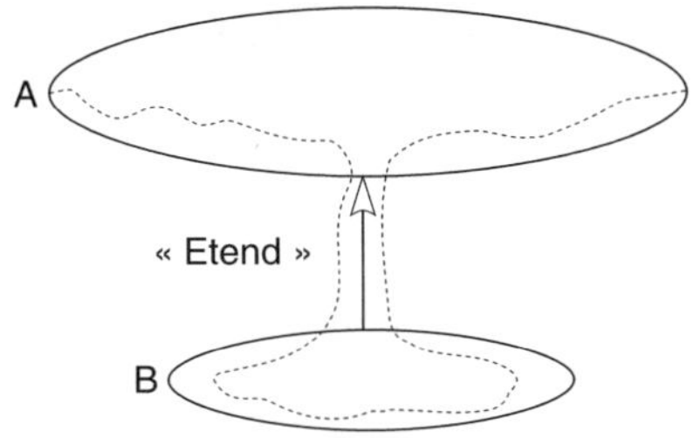

- une instance de `A` va engendrer une instance de `B` et l'exécuter sous certaines conditions. `B` sait où s'insérer dans `A` ;
- `B` connaît `A et` non l'inverse, c'est-à-dire que `B` dépend de `A` ;
- `B` n'existe pas tout seul et `A` existe sans `B`.

Le modèle pour le processus `Gérer commande` devient :

Figure 1-13
Vue sur le processus
Gérer commande

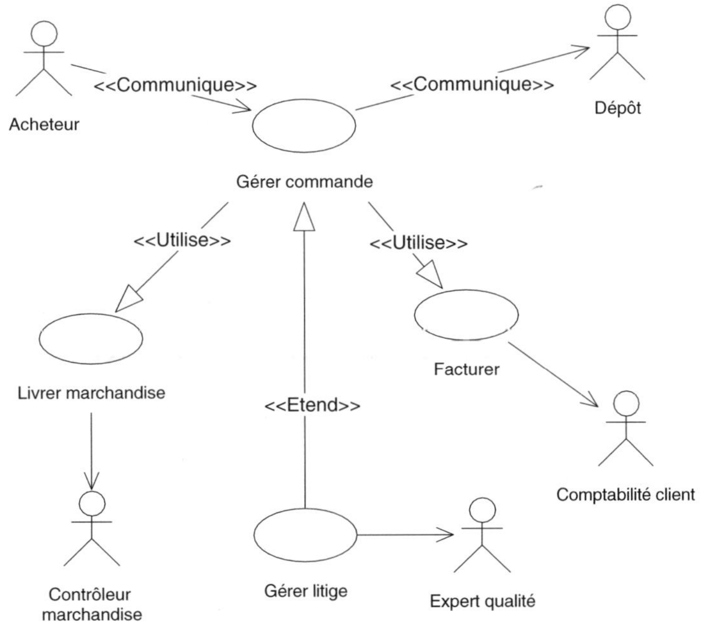

Travailleurs, entités et leurs relations

Travailleurs

Une organisation est un système métier dans lequel des travailleurs interagissent, communiquent et travaillent ensemble pour exécuter les processus métier. En utilisant les objets et les classes pour représenter les travailleurs du métier, vous définissez une organisation « orientée objet ». L'intérêt des objets est qu'ils offrent l'abstraction, l'encapsulation, la stabilité et surtout l'évolutivité. C'est ce dernier point qui milite en faveur de l'utilisation de la technologie objet pour modéliser des processus métier. En effet, l'apport majeur des technologies objet est l'évolutivité et la flexibilité ; ces deux attributs caractérisent les organisations d'aujourd'hui. Ces caractéristiques valent pour la modélisation des systèmes informatiques mais aussi pour des systèmes métier.

Dans un contexte de BPR, c'est-à-dire de reconfiguration des processus métier et de l'organisation, il convient de rechercher de nouveaux rôles pour les travailleurs (d'être réellement créatif) ; dans une démarche de simple description de l'existant, il suffira de décrire les rôles existants.

Figure 1-14
Système métier orienté objet

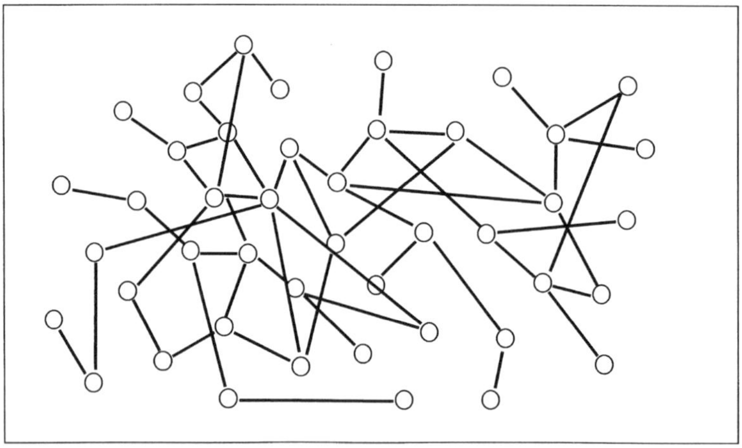

Le schéma ci-dessus montre un système (métier ou pas) orienté objet dans lequel les objets interagissent pour exécuter les processus. Il montre la difficulté à appréhender un système métier de cette manière en raison de sa complexité ; les objets interagissent beaucoup. L'approche par processus (cas d'utilisation) simplifie la tâche ; les groupes d'objets sont considérés processus par processus.

Un des objectifs de la description interne réside dans l'identification des travailleurs qui interviennent dans le métier ainsi que celles des entités qu'ils manipulent, cette description est très détaillée. Les travailleurs suivants sont de bons candidats : `Ingénieur commercial local` et `Directeur régional`. Ces travailleurs manipulent des entités pendant l'exécution de leur métier. Les travailleurs et les entités manipulées sont représentés par des classes dans un *diagramme de classes* :

Figure 1-15
Système métier orienté objet approché par les processus

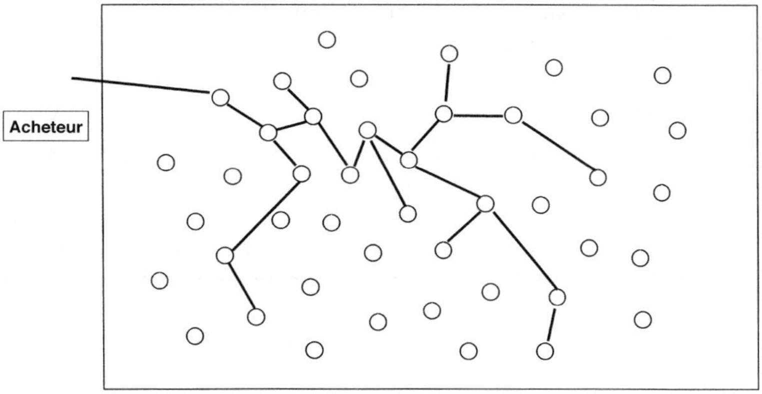

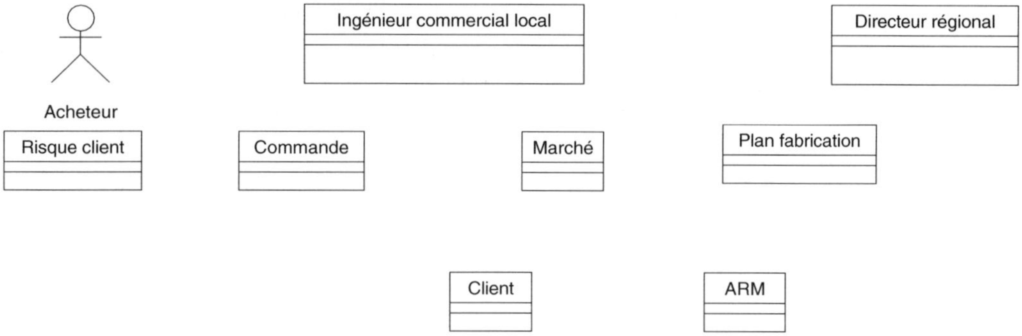

Figure 1-16
Classes candidates du processus Gérer marché

REMARQUE Notez que `Ingénieur commercial local` et `Directeur régional` sont ici des travailleurs et non des acteurs parce qu'ils font partie du périmètre de l'étude qui concerne pour l'instant le métier (le système d'information) et non le système informatique.

DÉFINITION Un *diagramme de classes*[1] est un graphe d'éléments de modélisation. Un diagramme de classes peut contenir aussi des types, des paquetages, des relations et même des instances, tels que des objets et des liens.

Un diagramme de classes permet de représenter des classes et leurs relations. Les relations sont absentes du diagramme ci-dessus, elles seront ajoutées lors de leur étude présentée dans les pages suivantes. L'élaboration des relations entre classes se fait en

1. « Diagramme statique structurel » serait un nom plus approprié.

étudiant le domaine d'application (pour trouver les relations inhérentes au domaine) et les collaborations entre objets.

Stéréotypes

Le diagramme de classes tel qu'il est présenté ne montre pas de différences entre les classes ; elles sont présentées toutes de la même manière. UML introduit la possibilité de classifier les classes[1] selon des critères définis par le développeur (analyste, concepteur...) ; un ensemble de critères de classification est appelé *Stéréotype*. Il est possible de définir ses propres stéréotypes et de leur associer une représentation graphique particulière ou simplement de les distinguer dans le diagramme de classes. UML fournit trois stéréotypes prédéfinis pour la modélisation de métier :

- *Interface worker (Travailleur d'interface)* : ce stéréotype représente un travailleur dans le métier qui est visible du point de vue d'un acteur. L'acteur `Acheteur` dialogue directement avec l'`Ingénieur commercial local`. Cette qualification est attribuée à une personne qui a de bonne capacité de communication, etc.
- *Internal worker (Travailleur interne)* : ce stéréotype représente un travailleur dans le métier non visible du point de vue d'un acteur. Le `Directeur régional` est un travailleur non visible du point de vue de l'`Acheteur`. Cette qualification est attribuée à une personne qui doit coordonner une activité.
- *Entity (Entité)* : ce stéréotype est associé à toute entité manipulée dans le métier par les travailleurs : une réglementation ou des procédures sont des entités candidates. En revanche, le matériel n'est pas représenté en tant qu'entité ; en effet, les aspects techniques ne sont pas pris en compte à ce stade de l'étude.

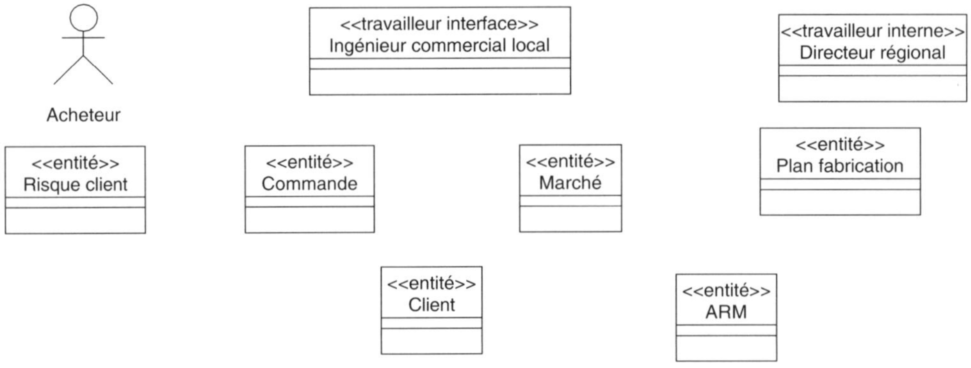

Figure 1-17
Diagramme de classes avec stéréotypes

UML définit une représentation alternative avec les icônes indiquées figure 1-18.

1. En fait, n'importe quel élément de modélisation peut avoir un stéréotype (voir plus loin).

Figure 1-18
Diagramme de classes avec stéréotypes métier prédéfinis d'UML

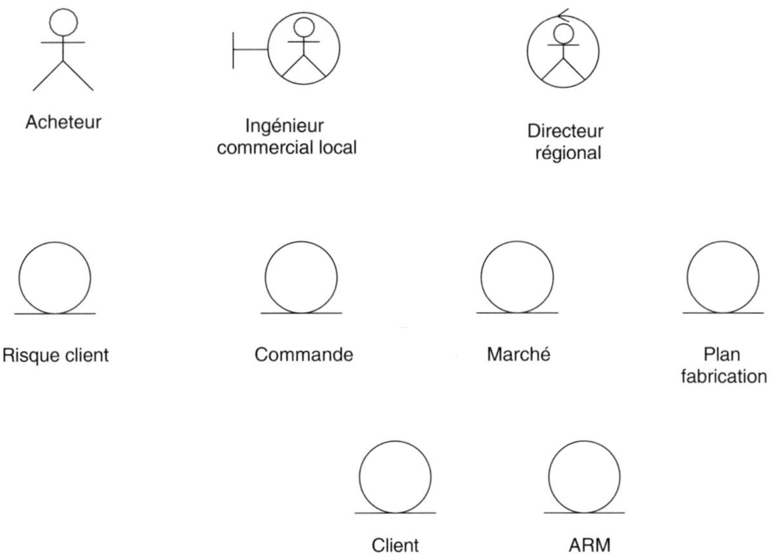

Workflows des processus

Une fois les travailleurs et les entités identifiés (du moins les candidats), il s'agit ensuite de décrire le flux d'événements et les activités des processus en utilisant les objets créés. Le flux d'événements est appelé « workflow ». La description d'un « workflow » est très utile :

- pour montrer le détail des interactions entre les travailleurs ;
- pour identifier les protocoles des travailleurs et des entités ;
- quand des parties d'un processus sont complexes ou manquent de clarté ;
- quand l'exactitude de la séquence d'activités est importante ;
- quand il y a peu de travailleurs, beaucoup d'entités manipulées et également plusieurs activités à réaliser.

La description complète du workflow ne donne pas lieu à un seul diagramme mais à plusieurs : elle est ainsi plus lisible et communicable. À cet effet, le workflow est découpé en sous-flux (qui sont des séquences incomplètes du flux principal) ; on présente chaque sous-flux dans un diagramme d'interaction. Cette technique est particulièrement intéressante pour identifier, représenter et communiquer des « patterns » d'interaction entre objets. UML définit deux diagrammes d'interaction équivalents ; c'est-à-dire fondés sur la même information sous-jacente mais chacun mettant l'accent sur un aspect particulier de l'interaction : il s'agit des diagrammes de séquence et des diagrammes de collaboration.

Figure 1-19
Du cas d'utilisation aux scénarios

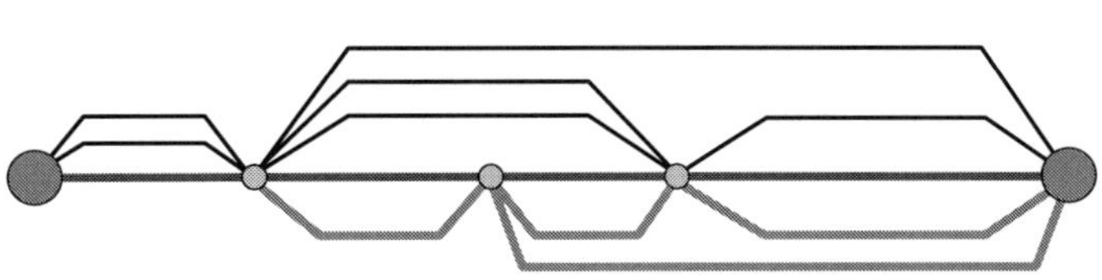

Interactions sous forme de séquences

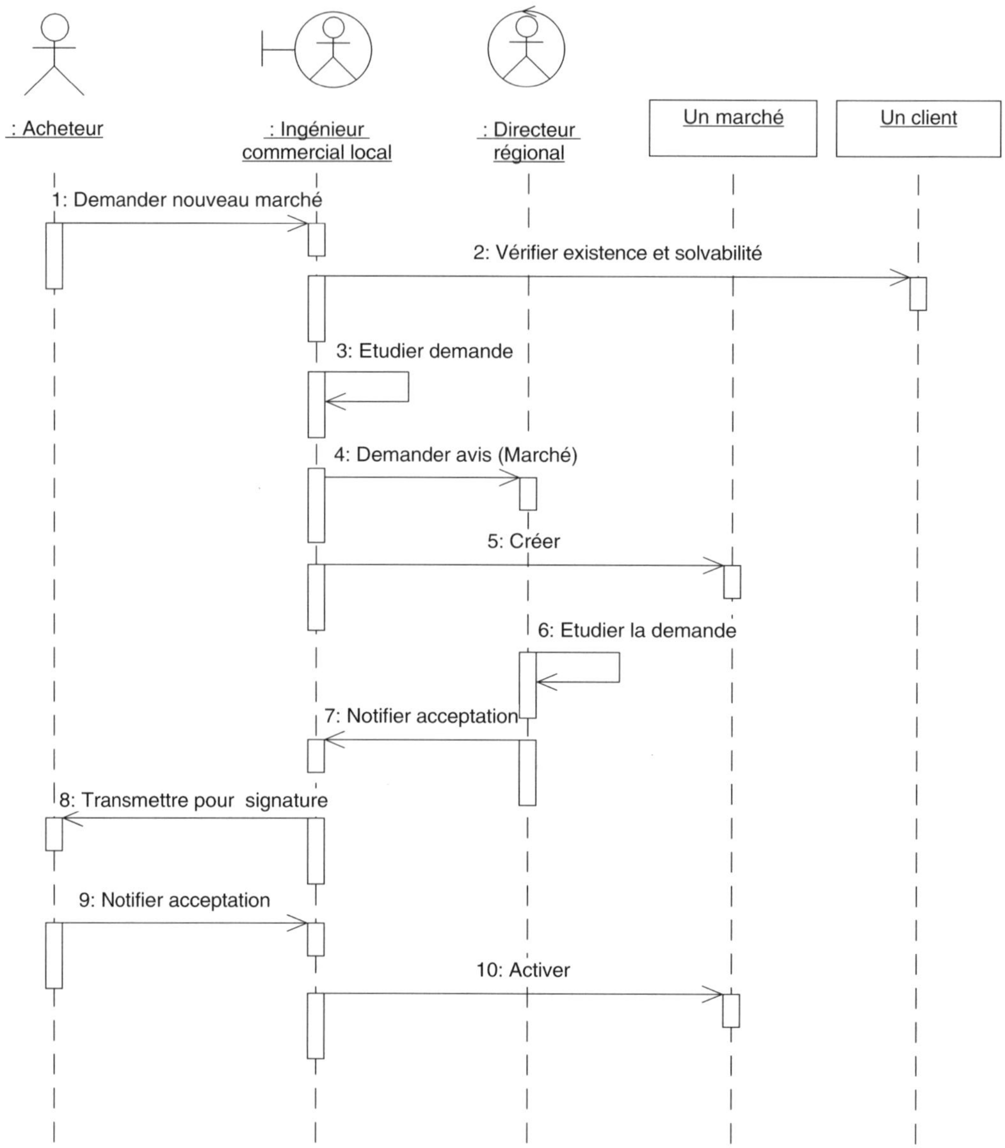

Figure 1-20
Diagramme de séquence pour Ouvrir nouveau marché

DÉFINITION

Un *diagramme de séquence* montre les interactions, entre les objets, arrangées en séquences dans le temps. En particulier, il montre les objets participants dans l'interaction par leur « lignes de vie » et les messages qu'ils échangent ordonnancés dans le temps. Il ne montre pas les associations entre les objets.

Un diagramme de séquence est en deux dimensions : l'axe vertical correspondant au temps tandis que l'axe horizontal recense les objets qui interagissent dans la séquence en question. Une ligne verticale est attachée à chaque objet de la collaboration et montre la « ligne de vie » de l'objet en question. Pour représenter la création ou la destruction d'un objet sur un diagramme de séquence, il faut démarrer ou arrêter sa ligne de vie aux points appropriés ; dans les autres cas de figure, la ligne de vie va du haut en bas du diagramme.

Une *activation* (ou focus de contrôle) se traduit par un rectangle long, étroit, inséré sur une ligne de vie d'un objet. Une activation montre la période de temps durant laquelle un objet exécute une action, soit directement, soit via des sous-procédures.

Une activation est démarrée par un message entrant représenté graphiquement par une flèche horizontale qui indique la direction du message. Un message est l'unique moyen de communication entre deux objets. L'implémentation du message peut prendre plusieurs formes. Une flèche horizontale indique un temps de transmission/réception du message qui est nul. Ceci n'est pas toujours vrai ; par conséquent, UML permet d'associer des marques temporelles (dates) sur l'envoi et sur la réception d'un message, et de représenter le message sur une flèche non horizontale symbolisant un temps de transmission non nul. Par ailleurs, une flèche peut être réflexive pour signifier qu'un objet s'envoie un message ; ce type de flèche permet d'indiquer un point d'entrée ou une activité de plus bas niveau. D'autres éléments de modélisation dans les diagrammes de séquence sont disponibles (synchronisation de message, itération, répétition...) ; ils sont présentés plus loin.

Un message arrivant sur un travailleur indique une responsabilité du travailleur. Pour répondre à ce message, le travailleur exécute une ou plusieurs actions. L'ensemble des responsabilités définit l'interface du travailleur. L'ensemble de l'interface et des actions définissent le profil du travailleur.

Les diagrammes de séquence sont utiles pour comprendre, documenter et expliquer des modèles et non pour les implémenter. Ils doivent être clairs pour faciliter la communication. Les détails non pertinents doivent être évités.

Un diagramme de séquence montre essentiellement la séquence des événements et ignore les détails des collaborations. UML introduit un diagramme équivalent et complémentaire au diagramme de séquence appelé *diagramme de collaboration*.

Interactions sous forme de collaborations

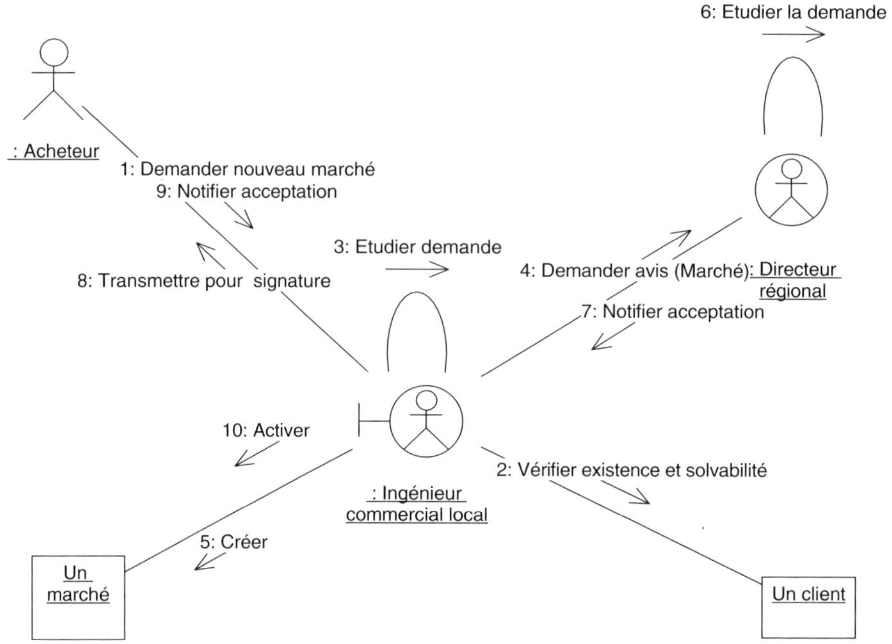

Figure 1-21
Diagramme de collaboration pour le flux Ouvrir nouveau marché

DÉFINITION

Un *diagramme de collaboration* montre les interactions entre les objets et leurs liens. Contrairement au diagramme de séquence, un diagramme de collaboration montre les relations entre les objets. En revanche, un diagramme de collaboration n'intègre pas la dimension du temps.

Le diagramme de collaboration et le diagramme de séquence sont équivalents. Il suffit d'ailleurs de les comparer (cf. Figure 1-20 et Figure 1-21). Le diagramme de collaboration permet de définir les relations entre les classes. S'il existe un message entre deux objets, il existe alors une relation entre leurs classes respectives. Les diagrammes de collaboration véhiculent des informations sur lesquelles nous reviendrons plus loin.

Activités

Les diagrammes d'activités sont des machines à états particulières ; ils sont même équivalents aux diagrammes d'états-transitions dans le sens où les deux reposent sur le même métamodèle. Cette relation entre les deux diagrammes est détaillée plus loin (cf. page 91). Cependant, elle est référencée ici comme un excellent moyen de décrire des activités de métier. En fait, elle a été introduite récemment dans UML principalement dans ce but. Le diagramme suivant n'est pas commenté par souci de simplification ; le lecteur se reportera à la fin de ce chapitre (cf. page 91) pour le détail de la sémantique.

Figure 1-22
Diagramme d'activités

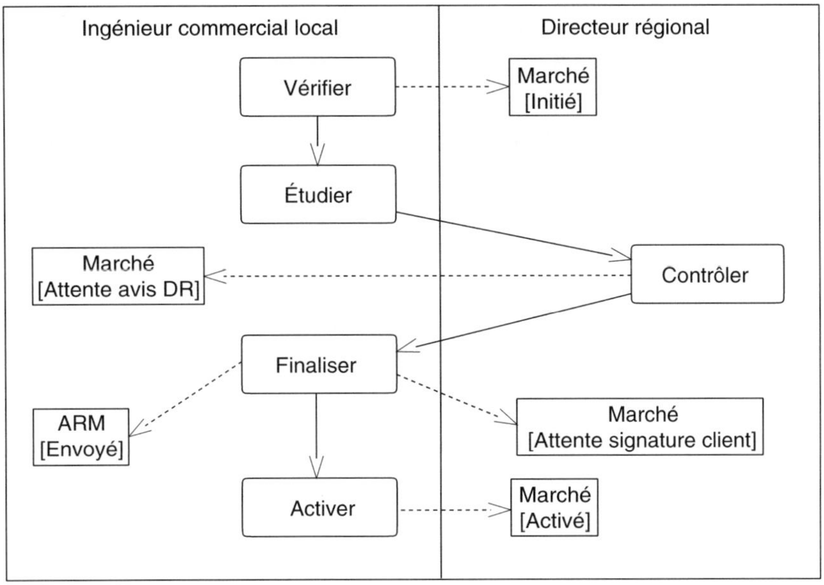

Relations : l'association

Il est possible de déduire des relations entre les classes à partir du diagramme de collaboration. D'autres relations peuvent exister dans le domaine ; elles sont mises à jour au cours de l'analyse de celui-ci.

Figure 1-23
Diagramme de classes des objets participant à la collaboration Ouvrir marché

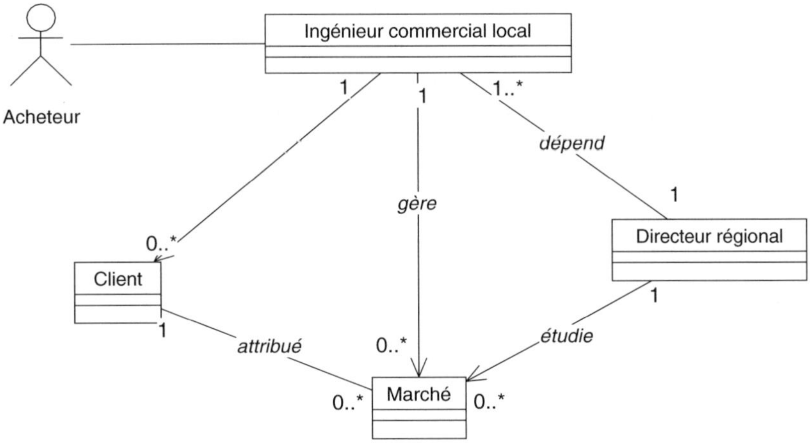

Le diagramme de classes précédent montre les classes qui participent dans le sous-flux (ou collaboration) `Ouvrir marché`. L'analyse plus complète du processus `Gérer marché` fournit le diagramme de classes suivant :

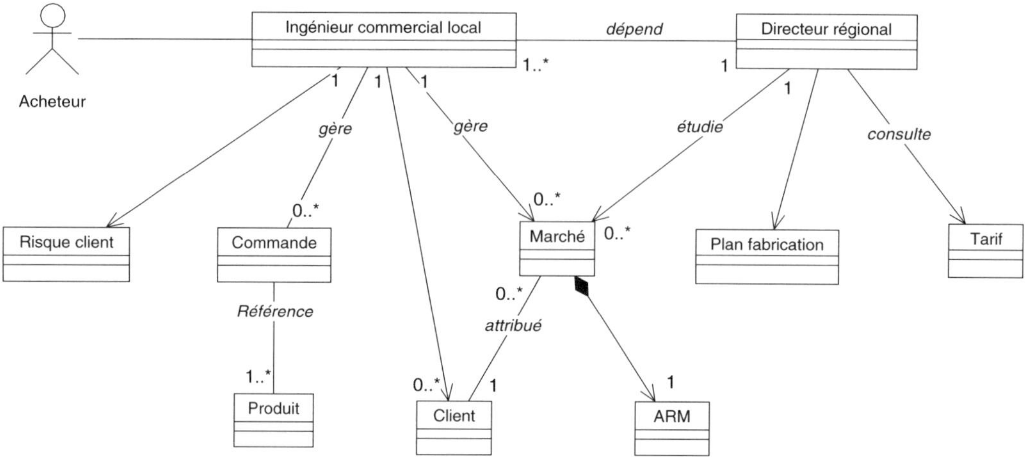

Figure 1-24
Diagramme des classes participantes au processus `Gérer marché`

Ce type de diagramme montre la traçabilité directe entre un processus, ses travailleurs et ses entités (c'est-à-dire entre le cas d'utilisation et ses classes).

UML définit plusieurs types de relations dont l'association est la seule présentée dans le diagramme précédent. Les autres relations sont présentées ultérieurement. Une association est une sorte de relation qui établit une connexion bidirectionnelle entre plusieurs classes. Une association porte éventuellement un nom et possède autant de rôles qui spécifient la participation de chaque classe dans l'association. Le rôle peut avoir un nom et possède plusieurs attributs orthogonaux :

- La *multiplicité* : elle définit le nombre d'instances du rôle qui participent dans une instance de l'association. UML permet d'exprimer toutes les valeurs de multiplicité possibles. Noter que la multiplicité n'est pas dans l'association mais sur chaque rôle. Ainsi un `Marché référence` zéro ou plusieurs `Commande`, et une `Commande` est associée au plus à un `Marché`.
- La *navigabilité* : placée sur une terminaison cible, elle définit si ce rôle est accessible à partir de la source. Pour une instance d'une association, la navigabilité indique s'il est possible en partant de l'instance de la classe opposée au rôle de rejoindre l'instance (ou les instances) attachée(s) au rôle (navigable). Elle se représente par une flèche sur le rôle navigable. Ainsi, un `Directeur régional étudie` zéro ou plusieurs `Marché`. Il ne faut pas confondre la navigabilité avec le sens de lecture du nom de l'association. Le sens se représente éventuellement par une flèche associée au nom de l'association.

- L'*agrégation* : elle introduit la relation de composition ou « partie de ». Ainsi, un `Marché` possède au plus un `ARM`. Bien évidemment, un seul rôle peut avoir l'attribut d'agrégation dans une association.

Architecture du métier

Une fois les processus métier complètement décrits, les travailleurs et les entités découverts avec leurs relations, les travailleurs et les entités (c'est-à-dire les classes UML) deviennent vite trop nombreux pour être appréhendés à ce niveau de granularité. Il faut donc regrouper les travailleurs et les entités en unités organisationnelles. Les regroupements peuvent se faire sur les unités de compétence ou selon les structures organisationnelles, comme les départements, les services, les unités ou les divisions ; cependant, ces regroupements peuvent nécessiter des restructurations internes du métier et tous les projets ne sont pas nécessairement des projets de reconfiguration de métier (cf. chapitre 3).

DÉFINITION

Un *paquetage* est un groupement d'éléments de modélisation. Un paquetage peut contenir aussi bien des paquetages emboîtés que des éléments de modélisation ordinaires. Le système entier peut être pensé comme un unique paquetage de haut niveau comprenant l'ensemble. Tous les éléments de modélisation d'UML, y compris les diagrammes, peuvent être organisés en paquetages.

Une classe qui se trouve dans un paquetage appartient à celui-ci et ne peut être partagée par d'autres paquetages. En revanche, elle peut avoir des relations avec des classes qui appartiennent à un autre paquetage. Elle peut aussi apparaître dans des diagrammes qui appartiennent à d'autres paquetages. Regrouper les travailleurs et les entités en unités organisationnelles (ou de compétence) en utilisant les paquetages signifie qu'un travailleur appartient à une seule unité organisationnelle ; il en est de même pour une entité.

Les paquetages peuvent aussi avoir des stéréotypes (comme les classes). Les deux stéréotypes suivants sont utilisés : *Organisation*, *Entité*. Le premier correspond à un groupement de travailleurs et d'entités gérées par ces travailleurs ; le second à un groupement d'entités utilisées par plusieurs travailleurs.

Le résultat de l'analyse est représenté dans le diagramme de la figure suivante. Il s'agit d'un diagramme de classes même s'il représente des paquetages, car dans UML, il est possible de représenter des paquetages logiques (groupes de classes) dans un diagramme de classes. Le vrai nom de diagramme de classes aurait dû être : « diagramme structurel statique », mais les utilisateurs d'OMT, de Booch, d'OOSE et des autres méthodes auraient été perdus.

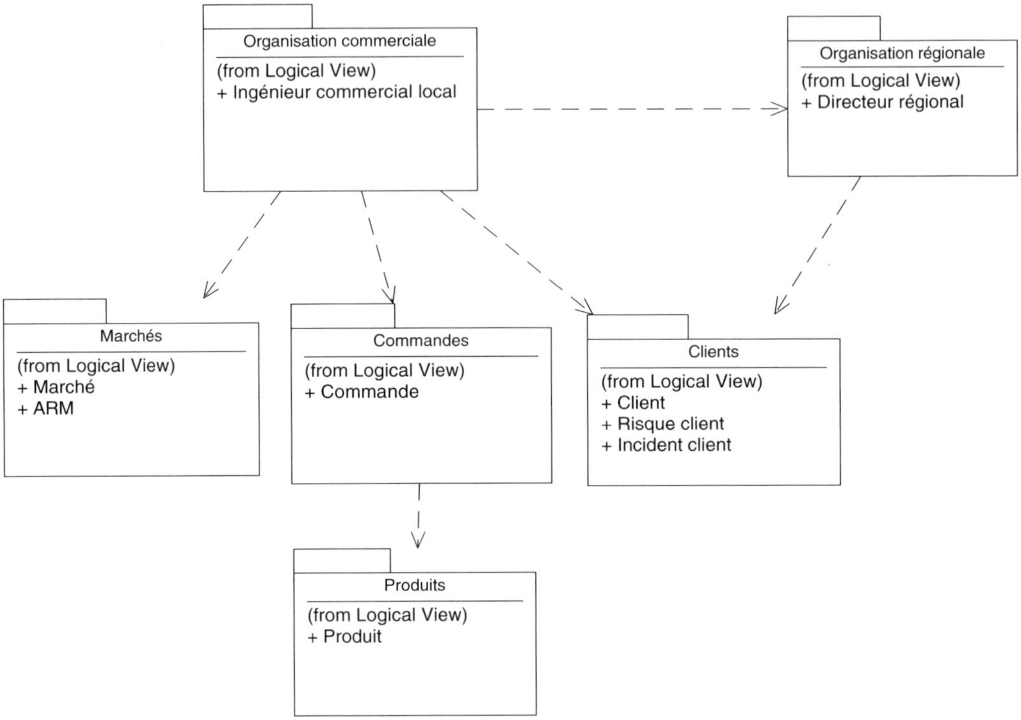

Figure 1-25
Architecture du métier

Du métier au système informatique

Concept de couches

Une fois défini le modèle logique du métier, sa mise en œuvre peut s'effectuer de plusieurs manières.

Le concept de couches rend compte de ce phénomène.

Figure 1-26
Le concept de couches

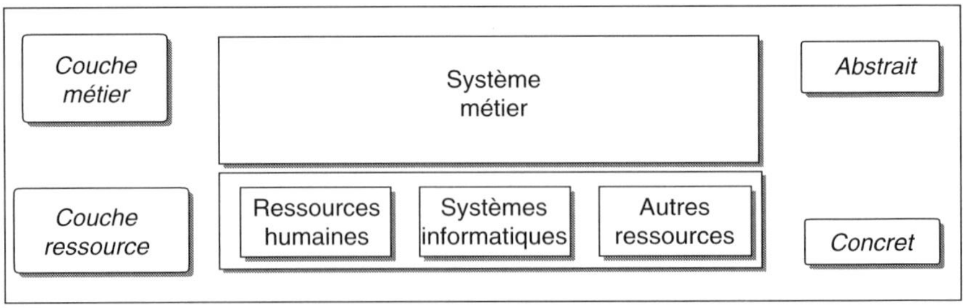

Lors du passage du métier au système informatique, il est possible d'établir une relation directe entre les modèles métier et les modèles du système informatique support par une transformation presque systématique. Dans la réalité, il y aura plusieurs manières de transformer les éléments structurels du métier (les travailleurs et les entités), leurs activités ainsi que leurs collaborations. L'idée est basée sur les principes suivants :

- un travailleur du métier devient un acteur au sens UML (c'est-à-dire un utilisateur au sens courant) du système informatique ;
- ses activités deviennent des cas d'utilisation, c'est-à-dire des processus informatiques ;
- les entités deviennent des objets entités du système informatique.

Figure 1-27
Du métier à l'informatique

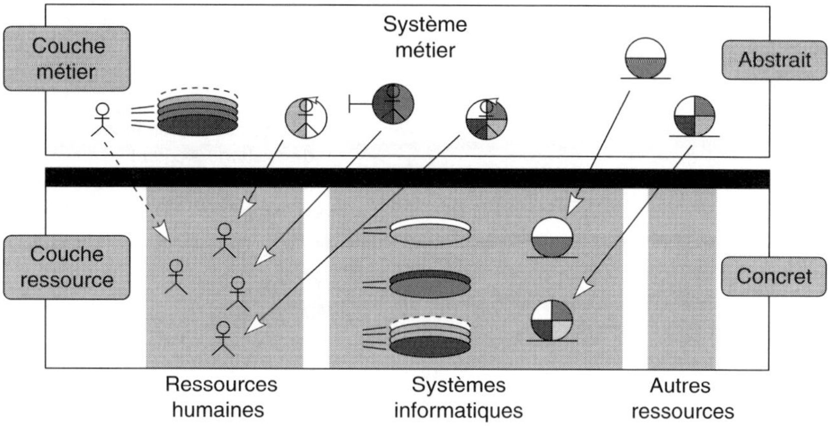

La transformation est dans la réalité plus subtile, car il faut choisir quels travailleurs ont accès au système informatique, quelles entités et communications sont informatisées, etc. La démarche de modélisation de métier et la transformation de modèles opérée vers le système informatique constituent un moyen systématique d'aboutir aux besoins fonctionnels du système informatique. La liste des besoins est cependant loin d'être complète, car il faut prendre en considération les besoins techniques, les aspects de maintenance et d'autres contraintes technologiques et politiques.

Faire du nouveau avec de l'ancien

Dans la plupart des cas, il s'agit de refaire des systèmes existants ou en tout cas des parties de ces systèmes. Il est important de délimiter et de comprendre ce qu'il y a à refaire et la manière de positionner le nouveau système. La figure 1-28 illustre ce problème.

Pour comprendre le système existant, il est nécessaire d'en faire un modèle. En fait, il n'existe souvent aucune documentation ; seul le code est disponible. La démarche convenable consiste à réaliser un modèle de cas d'utilisation et un modèle objet très général. Il ne s'agit pas ici de faire la rétroconception détaillée du système existant mais d'en comprendre suffisamment les grandes lignes pour intégrer le nouveau système, comme cela est illustré dans la figure 1-29.

Figure 1-28
Délimiter ce qu'il y faut changer

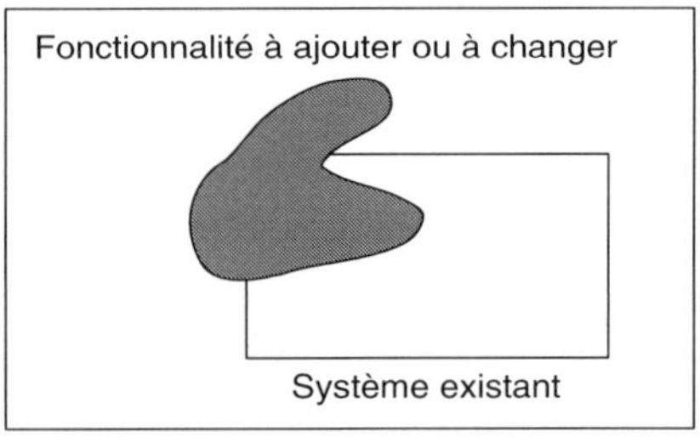

Figure 1-29
Modèle du système existant

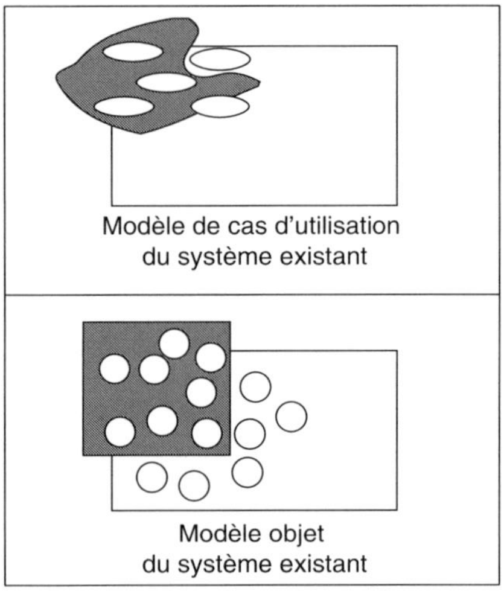

L'analyse de l'existant permet aussi de comprendre et d'imaginer comment intégrer le nouveau système. Une manière de procéder consiste à fournir une interface objet de l'existant. L'interface construite entre le nouveau système et le système existant doit être capable de faire la translation entre les techniques. Elle doit laisser le nouveau système voir l'ancien en termes d'objets, mais aussi laisser l'ancienne partie voir la nouvelle comme si elle était implémentée avec les anciennes techniques.

Figure 1-30
Interface entre les deux systèmes

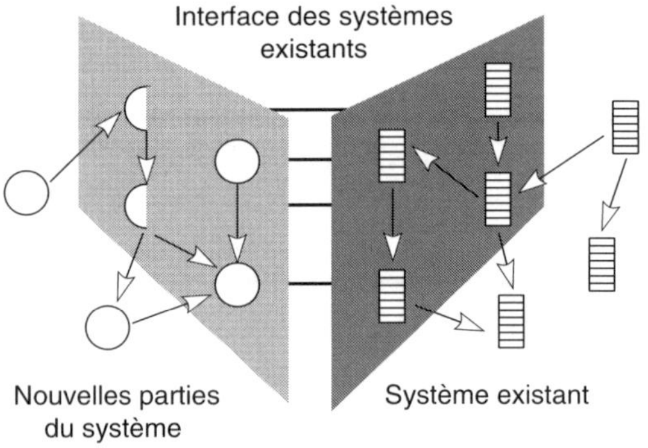

Acquisition du système informatique

Trois alternatives se présentent : développer, acheter sur étagère ou reconcevoir.

Tableau 1-2 Stratégies d'acquisition

Stratégies	Support des processus métier	Adapter les processus	Coût	Risque
Développer	Optimal	Non	Élevé	Élevé
Acheter sur étagère	Oui	Oui	Plus faible	Faible
Reconcevoir	OK	Oui	Élevé	Faible

Le développement constitue probablement l'approche la plus « évidente » pour obtenir un système tout à fait adapté aux processus métier. Dans l'absolu, les processus métier précédemment définis ne devraient pas être modifiés. Cependant, les contraintes technologiques, financières ou les délais obligent certaines adaptations. Cette solution présente cependant l'inconvénient d'être la plus coûteuse et sans doute la plus risquée.

Certaines entreprises font le choix de ne pas développer mais d'acquérir des systèmes sur étagère (des progiciels) ; ils sont paramétrables et nécessitent des adaptations aux besoins et au contexte de l'entreprise. Ces progiciels « imposent » souvent une manière de travailler dans les entreprises ; il faut modifier les processus métier. Ceci est d'autant plus vrai qu'il est tout simplement difficile, voire impossible, de faire un progiciel métier qui soit adaptable à toutes les entreprises. Le choix de ces progiciels est souvent pertinent ; cependant, l'utilisation de ces progiciels n'exclut pas la nécessité de modéliser le métier, pour définir les exigences (en tout cas fonctionnelles) sur le progiciel et avoir un référentiel réel pour évaluer l'impact de l'introduction du progiciel dans le métier. L'acquisition de progiciels constitue dans bien des cas une solution moins coûteuse et moins risquée qu'une solution de développement maison.

La troisième solution consiste à refaire des systèmes informatiques existants ou en tout cas des parties de ces systèmes. En plus des critères de coûts, de délais et d'adéquation aux besoins, le choix du mode d'acquisition doit prendre en compte des aspects de stratégie de l'entreprise.

Modélisation du système informatique

Dans la majorité des cas, malheureusement, les projets ne commenceront pas par appliquer la modélisation métier, car elle sera jugée inutile et le passage à l'informatique sera considéré plus important ou en tout cas plus urgent. Le point de démarrage du projet informatique sera alors différent, car il faut commencer par la définition du périmètre du système informatique, l'identification des acteurs et des cas d'utilisation alors qu'ils constituent un des résultats de la modélisation de métier.

Dans certains cas, commencer directement par la modélisation informatique sera le point de départ efficace ; il s'agit alors du cas où une nouvelle version du système est à développer et que cette version inclut des fonctionnalités non introduites (pour des raisons de délai ou de budget par exemple) dans la version précédente.

Le plan de cette section s'efforce de suivre les étapes de la modélisation informatique ; les concepts UML sont introduits au fur et à mesure des besoins. Cependant, il y a souvent des cas où cette règle n'est pas complètement respectée dans un souci de concision. Les étapes de la modélisation sont (en gros) les suivantes :

- étude du périmètre du système, des acteurs et des cas d'utilisation ;
- description et structuration des cas d'utilisation ;
- sélection et description des scénarios ;
- identification des objets candidats ;
- description des scénarios avec des diagrammes d'interactions ;
- description des classes et de leur relations ;
- description de la dynamique de certaines classes.

REMARQUE

Aussi surprenant que cela puisse paraître, la modélisation du système informatique va utiliser les mêmes concepts de modélisation que ceux qui sont utilisés pour la modélisation du métier. Autrement dit, on va utiliser les concepts d'acteurs, de cas d'utilisation, de classes, etc. UML propose les mêmes concepts pour modéliser ces différents phénomènes.

Capture des besoins

Un des apports majeurs d'UML par rapport aux méthodes traditionnelles et aux autres techniques de modélisation orientées objet réside dans la prise en compte de l'ingénierie des besoins. Ces aspects ont été développés longuement par I. Jacobson [Jacobson 92] et ont été repris plus tard comme un standard de fait de l'ingénierie des besoins.

L'objectif de la capture des besoins[1] consiste à déterminer ce que le système doit faire, c'est-à-dire le « quoi », à fournir aux développeurs une meilleure compréhension des fonctionnalités du système qu'ils doivent développer, à définir les contours du système et enfin à fournir la base de la planification ainsi que le contenu technique des itérations (cf. chapitre 4).

UML fournit un moyen pour capturer les besoins : les cas d'utilisation. Pour atteindre ces objectifs, il faut développer un modèle de cas d'utilisation qui représente une formalisation très riche des besoins. Ce modèle sert de contrat de développement pour toutes les parties prenantes du développement, du client au développeur en passant par l'utilisateur ; il est par ailleurs un guide durant toutes les phases et les activités du développement, de l'analyse aux tests (cf. chapitre 4).

1. Dans ce qui suit, nous utiliserons indifféremment les termes « besoin » et « exigence ».

Le modèle des cas d'utilisation est représenté par des acteurs et des cas d'utilisation (comme pour les processus métier). Chaque cas d'utilisation doit être décrit dans le détail, pour montrer les interactions entre le système, les acteurs et les actions internes au système.

L'application stricte du processus de modélisation de métier fournit un premier modèle de cas d'utilisation de haut niveau et même une première description de l'architecture globale du système. Malheureusement, tout le monde n'applique pas nécessairement la modélisation au métier ; la capture des besoins devient alors difficile.

Analyse et conception

L'analyse et la conception sont des activités (et non des phases du processus de développement cf. chapitre 4) dont l'objectif principal est de décrire la manière dont le système réalise les exigences et les besoins décrits dans le modèle de besoin, à savoir le modèle de cas d'utilisation et les compléments associés. Il s'agit en fait de décrire le « comment » après avoir décrit le « quoi ». L'analyse et la conception doivent définir très tôt une architecture stable qui permette d'éliminer les risques techniques le plus rapidement possible (cf. chapitre 4). Le résultat prend la forme d'une spécification utilisée par les activités ultérieures d'implémentation et de test.

L'analyse et la conception produisent un modèle de conception en se basant sur le modèle de cas d'utilisation et sur le guide d'utilisation de l'environnement de développement cible. En effet, la conception est de plus en plus souvent influencée par les environnements de développement qui fournissent des solutions de haut niveau. La conception contient la réalisation des cas d'utilisation en termes de classes et d'objets participants. Le modèle de conception est une abstraction du code dont il reflète les différentes unités et leur organisation.

Les activités d'analyse et de conception sont centrées sur la notion d'*architecture* ; la production et la validation de cette architecture sont effectuées assez tôt dans le cycle de développement, à savoir durant la phase d'élaboration (cf. chapitre 4) pour éliminer tous les risques techniques liés à l'architecture. L'architecture est représentée par différentes perspectives (approche 4+1 vues). Les perspectives à considérer pour l'analyse et la conception sont les suivantes :

- La *vue logique* constitue la principale vue ; elle contient les classes importantes du modèle de conception, leur organisation en paquetages de services et en sous-systèmes, l'organisation des sous-systèmes en couches ainsi que les réalisations des cas d'utilisation.
- La *vue processus* montre la description des tâches (processus et fils) impliquées, leurs interactions, leurs configurations, et l'allocation des objets et des classes aux tâches. Cette vue est importante quand il y a des activités concurrentes dans le système.
- La *vue déploiement* décrit les divers nœuds physiques pour les configurations de plates-formes les plus typiques et l'allocation des tâches de la vue des processus aux nœuds physiques. Cette vue est particulièrement importante pour les systèmes distribués.

Activités d'analyse et de conception

Les activités d'analyse et de conception couvrent en fait trois aspects :

- *L'analyse et la conception de l'architecture* : une première vue logique est utilisée pour donner l'organisation des classes entités « évidentes », probablement avant de trouver les classes par analyse des cas d'utilisation ; en fait, la vue logique obtenue est utilisée dans la modélisation métier. Une architecture en couches est définie, dans laquelle sont présentés essentiellement les sous-systèmes déterminés lors de l'analyse du métier. À ce niveau, l'architecte doit s'intéresser aux « mécanismes d'analyse » (cf. plus loin). Cette architecture est raffinée avec l'analyse des cas d'utilisation et des objets, en identifiant des sous-systèmes de bas niveau et des paquetages de service ; l'objectif étant de construire un système qui réagit bien aux changements. Les classes sont structurées en paquetages selon les services qu'elles offrent. Le raffinement inclut la dérivation des « mécanismes de conception » nécessaires aux mécanismes d'analyse. Ces mécanismes sont ensuite utilisés durant la conception des cas d'utilisation et des objets.
- *L'analyse et la conception des cas d'utilisation* : pour chaque cas d'utilisation, toutes les classes dont les objets sont utiles pour réaliser le flux d'événements du cas d'utilisation sont recherchées. Il est possible par exemple d'utiliser les stéréotypes *Boundary*, *Control* ou *Entity* et les mécanismes d'analyse disponibles. Pour chaque cas d'utilisation, un diagramme de classes montrant les classes qui collaborent au cas d'utilisation est construit. Pour chaque cas d'utilisation, son comportement est réparti pour clarifier la manière dont le cas d'utilisation est exécuté en termes d'objets et de leurs interactions, ajustés aux mécanismes de conception disponibles. Les interactions d'objets sont décrites dans des diagrammes de séquence. Les responsabilités affectées à chaque objet comprennent des suggestions ou des exigences sur les opérations définies par leurs classes et les mécanismes de conception utilisés par la classe.
- *L'analyse et la conception des objets* : pour chaque classe, toutes les responsabilités, les relations et les attributs nécessaires pour exécuter le flux d'événements du cas d'utilisation sont recherchés. Il faut déterminer en détail comment les mécanismes d'analyse disponibles sont utilisés par chaque classe. Les opérations sont définies sur les classes quand les comportements des cas d'utilisation ont été répartis sur les classes respectives des objets. Les diagrammes de séquence sont étudiés pour décider quelles sont les opérations que les classes doivent définir ; les opérations sont ensuite nommées et décrites en détail. Cette activité inclut aussi la mise à jour des attributs et des relations sur les classes. Quand les opérations ont été identifiées, les diagrammes de séquence sont mis à jour ; il faut y insérer les noms des opérations au niveau des messages.

Mécanismes d'architecture

Un des aspects clés de la conception de l'architecture logicielle réside dans la sélection des mécanismes architecturaux que les concepteurs utilisent pour donner de la « vie » aux objets. La collection de ces mécanismes constitue souvent les couches basses (ou de base) de l'architecture. Le choix et la validation appartiennent à l'architecte, il les impose de manière cohérente pour le reste de la conception du système.

Un mécanisme est une classe, un ensemble de classes ou un pattern qui constitue une solution commune à un problème commun. Un mécanisme n'est pas nécessairement en relation avec le domaine de l'étude, c'est un concept informatique et logiciel. Il fournit un comportement spécifique à une classe du domaine ou correspond à l'implémentation d'une certaine coopération entre classes.

Un mécanisme a des caractéristiques ; une classe client « utilise » un mécanisme en qualifiant ces caractéristiques afin de choisir entre plusieurs conceptions potentielles. Ces caractéristiques sont fonctionnalité, taille et performance. La manière dont une classe client « utilise » un mécanisme dépend de la nature de celui-ci ; par exemple, une classe client peut « utiliser » un mécanisme via des relations telles des associations ou des généralisations avec le mécanisme (si le mécanisme est une classe).

Trois types de mécanismes sont identifiés :

- Les *mécanismes d'analyse* qui ne sont pas contraints par l'environnement d'implémentation, tels que, le langage de programmation, les produits sur étagère, la base de donnée ou la technologie de communication. Un mécanisme d'analyse reflète une solution commune à un problème commun qui concerne l'environnement d'implémentation.
- Les *mécanismes de conception* qui sont contraints par l'environnement d'implémentation, tels que le langage de programmation, les produits sur étagère, la base de donnée ou la technologie de communication.
- Les *mécanismes d'implémentation* qui constituent les implémentations des mécanismes de conception, grâce à un composant, à un ensemble de composants ou à un pattern.

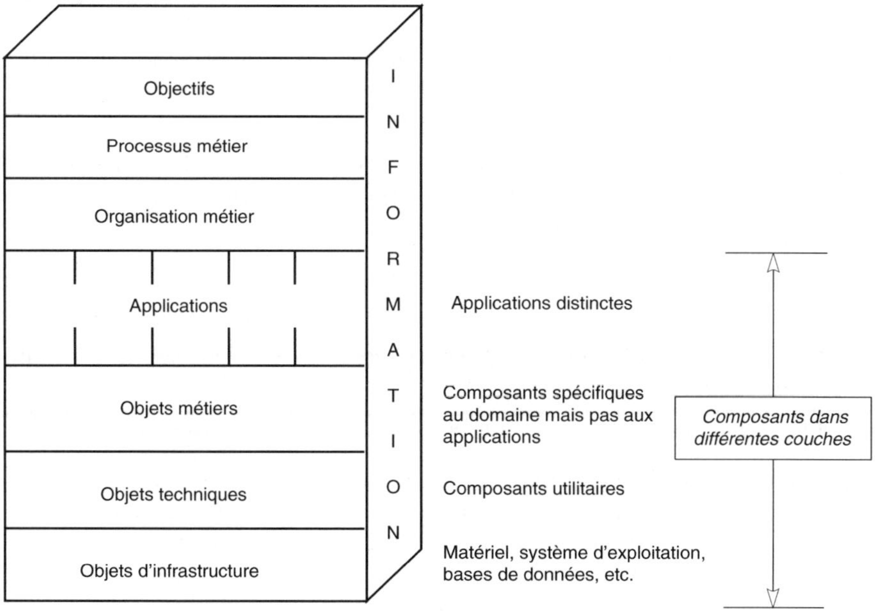

Figure 1-31
Architecture du système d'information en couches

Périmètre et acteurs

Le périmètre et même l'objet de l'étude diffèrent par rapport à ceux de la première partie de ce chapitre (cf. section Modélisation du métier). Il s'agit maintenant de modéliser un système informatique et non une entreprise. Les acteurs du système informatique sont les travailleurs identifiés lors de l'analyse du métier. Les acteurs du métier, c'est-à-dire les utilisateurs du métier (les clients, les fournisseurs...) ne sont pas des acteurs du système sauf si l'accès au système informatique leur est donné.

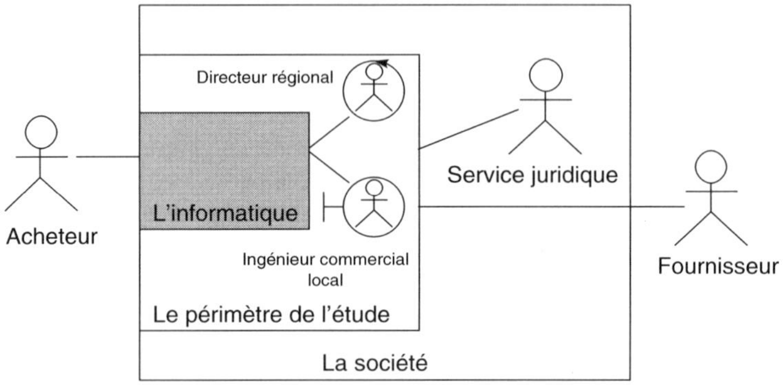

Figure 1-32
Périmètres comparés de l'étude et de l'informatique

Le modèle de cas d'utilisation est le constituant principal de la vue des cas d'utilisation proposé dans l'approche 4+1 d'UML. Cette vue unique illustre les cas d'utilisation et les scénarios qui rendent compte des comportements, des classes ou des risques techniques importants dans l'architecture. Cette vue est affinée et reconsidérée dans chaque itération du processus de développement.

Si le modèle métier n'est pas développé, la première étape consiste à définir le périmètre du système, c'est-à-dire ses acteurs. Déterminer des acteurs du système informatique relève de la réponse aux questions :

- Quels sont les utilisateurs qui ont besoin du système pour réaliser leur travail ?
- Quels sont les utilisateurs qui vont exécuter les fonctions principales du système ?
- Quels sont les utilisateurs qui vont exécuter les fonctions secondaires du système (maintenance et administration) ?
- Est-ce que le système interagit avec du matériel ou d'autres logiciels ?

L'acheteur de la société cliente est considéré ici comme acteur, car il a accès direct au système (via Internet ou EDI). Les quelques acteurs du système informatique dérivés de l'analyse des processus métier donnent le diagramme présenté en figure 1-33.

Figure 1-33
Acteurs du système informatique

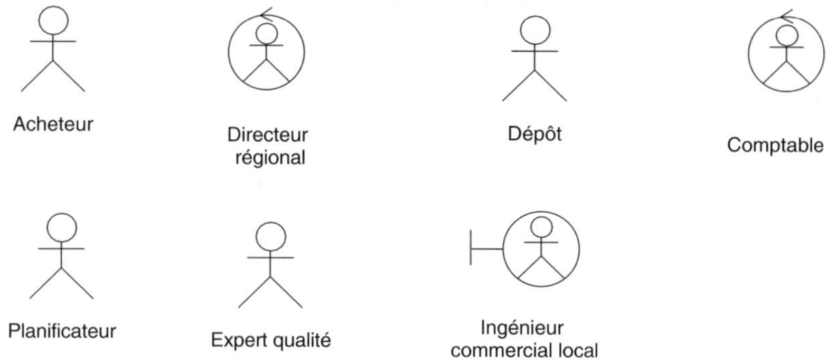

Cas d'utilisation

DÉFINITION

Un *cas d'utilisation* est utilisé pour définir le comportement d'un système ou la sémantique de toute autre entité sans révéler la structure interne de l'entité. Chaque cas d'utilisation spécifie une séquence d'actions, y compris des variantes, que l'entité réalise, en interagissant avec les acteurs de l'entité. La responsabilité d'un cas d'utilisation est de spécifier un ensemble d'instances du cas d'utilisation, où une instance de cas d'utilisation représente une séquence d'actions que le système réalise et qui fournit un résultat observable par un acteur particulier.

Une fois les premiers acteurs déterminés, il faut rechercher les cas d'utilisation du système. La recherche des cas d'utilisation se fait en partant des acteurs identifiés. Ce travail est en fait itératif, dans le sens où l'analyse détaillée des cas d'utilisation permet de reconsidérer les acteurs (en définir de nouveaux, redéfinir leur rôle...). La recherche des cas d'utilisation du système relève des réponses aux questions suivantes :

- Quelles sont les tâches fondamentales (premières) que l'acteur veut faire faire au système ?
- Est-ce que l'acteur crée, modifie, supprime ou consulte des informations dans le système ?
- Est-ce que l'acteur a besoin d'informer le système de changements externes ?
- Est-ce que l'acteur a besoin d'être informé des occurrences survenues dans le système ?
- Est-ce que l'acteur commande le démarrage et l'arrêt du système ?

Les réponses à ces questions représentent les flux d'événements utilisés qui permettent d'identifier des cas d'utilisation candidats. Ils ne constituent pas tous des cas d'utilisation mais peuvent par exemple en représenter des variantes. La description détaillée des flux d'événements lève les doutes qui persistent.

Normalement, le modèle métier, lorsqu'il est développé en amont, pose et répond à ces questions. Dans ce cas, le modèle de cas d'utilisation est dérivé « systématiquement » du modèle métier. Le diagramme suivant illustre un sous-ensemble du modèle de cas d'utilisation complet :

Figure 1-34
Vue du modèle de cas d'utilisation

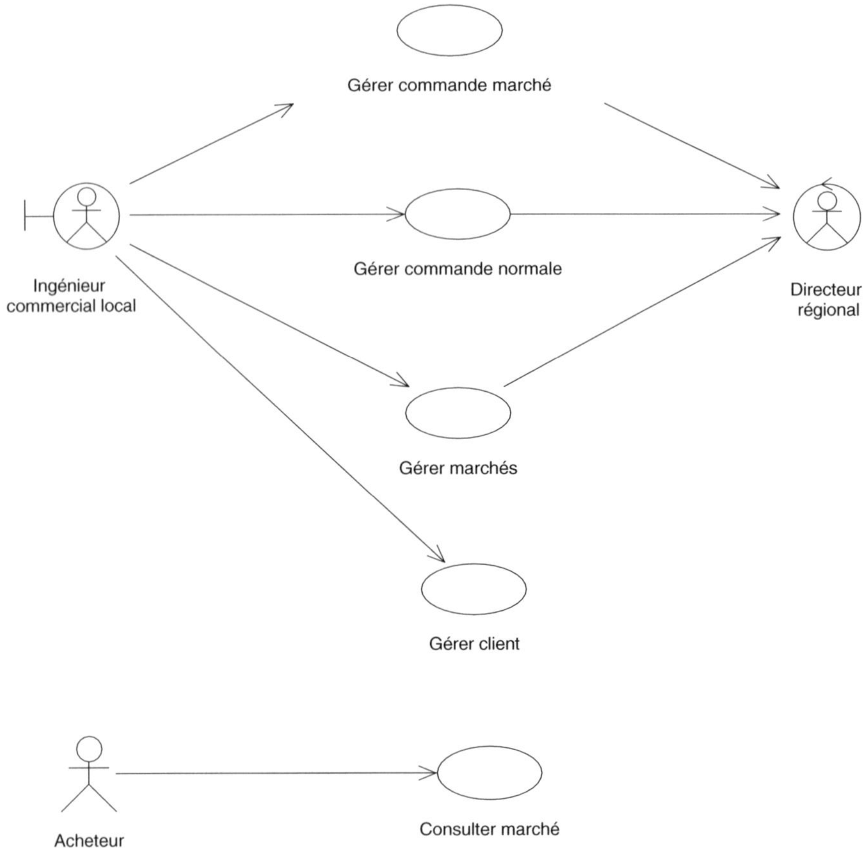

Cas d'utilisation versus fonction

La recherche des cas d'utilisation ne relève pas du développement d'un modèle fonctionnel. Un cas d'utilisation n'est pas une fonction du système mais englobe plusieurs fonctions.

Ceci constitue le point fondamental de l'apport de la technologie des cas d'utilisation. Au lieu de regarder le système de l'intérieur et d'analyser ses fonctions, l'idée consiste à analyser pourquoi l'utilisateur veut utiliser le système.

Par exemple, les fonctions du système étudié ici peuvent être d'identifier le commercial, de lui permettre d'ouvrir un nouveau marché, de consulter un marché existant, d'éditer l'état d'un marché… alors que les cas d'utilisation sont `Gérer marché`, `Gérer commande`… Un cas d'utilisation englobe plusieurs fonctions et met les besoins fonctionnels élémentaires en contexte.

Description des cas d'utilisation

La description d'un cas d'utilisation peut se faire de plusieurs manières, de la plus informelle (textuelle) à la plus formelle (machines à états).

Il faut accorder beaucoup d'attention à la description textuelle car elle correspond au support le plus clair et le plus compréhensible par les non-informaticiens. Cette description est fondamentale et constitue la base du travail de l'analyse des besoins et de la discussion avec les utilisateurs. Il est recommandé de rédiger au moins deux descriptions : une description externe qui donne le point de vue de l'acteur et une description interne qui donne le point de vue du système. La description externe peut aussi se faire en deux étapes : la première est une description allégée initiale réalisée lors de la découverte des cas d'utilisation ; la seconde est plus détaillée que la première. Ceci permet de ne pas décrire complètement des cas d'utilisation pour pouvoir en modifier facilement les orientations fondamentales avant de figer les détails.

`Gérer commande marché`

Brève description

Ce processus est utilisé par l'`Ingénieur commercial local` pour passer et suivre des `Commandes marché`.

Flux d'événements (workflow)

Flux normal

Le processus commence lorsque l'`Ingénieur commercial local` se connecte au système pour authentification comme décrit dans Authentifier l'`Ingénieur commercial local` au système.

L'`Ingénieur commercial local` peut alors :

a) Créer une nouvelle `Commande marché`

b) Modifier une `Commande marché` existante

c) Visualiser une `Commande marché` existante

d) Supprimer une `Commande marché` existante

Créer une nouvelle `Commande marché`

L'`Ingénieur commercial local` demande la création d'une nouvelle `Commande marché`.

Le système vérifie que l'`Ingénieur commercial local` est autorisé à créer une nouvelle `Commande marché`. Le processus se poursuit selon les étapes suivantes :

e) Identification du `Client`

f) Identification du `Marché`

g) Validation de la `Commande marché`

Identification du `Client`

L'`Ingénieur commercial local` sélectionne le `Client` qui a passé la `Commande` en cours.

Le système lui propose de rechercher le Client selon plusieurs critères (numéro, nom, nom incomplet, etc.).

- Le système recherche l'identité du Client et son adresse.
  - Si le Client n'est pas connu, le système affiche un messager d'erreur : « Client non trouvé, élargissez votre recherche » et propose d'élargir la recherche.
- Le système vérifie que le Client n'est pas interdit.
  - Si le Client est interdit, le système affiche le message « Client interdit, pour les raisons xxx...xxx. » et propose un débranchement sur « Consulter client ».
- Le système vérifie que le Client appartient au Portefeuille de l'Ingénieur commercial local connecté.
  - Si ce n'est pas le cas, le système refuse la saisie et affiche le message d'erreur suivant : « Le Client n'appartient pas à votre portefeuille ».

Identification du Marché

Deux possibilités sont ouvertes :

a) L'Ingénieur commercial local liste les Marchés, le système affiche tous les Produits et les quantités associées.

b) L'Ingénieur commercial local sélectionne un Produit, le système liste tous les Marchés qui contiennent ce Produit avec les quantités. L'identification du Produit (engrais ou produit industriel) se fait selon plusieurs critères (nom, liste alphabétique, nom de la famille de produits...).

L'Ingénieur commercial local sélectionne un couple (Marché, Produit).

Saisie de la Commande

La saisie de la Commande en cours se fait ensuite en plusieurs volets : Produit commandé, dates, Livraisons, Transport et Prix.

Produit commandé

- L'Ingénieur commercial local choisit la quantité.
- L'Ingénieur commercial local choisit le mode de conditionnement (sur liste).
- Le système contrôle que la quantité commandée est un multiple de la quantité minimale unitaire proposée par le conditionnement.
  - Si ce n'est pas le cas, le système arrondit la quantité au multiple immédiatement supérieur et alerte l'Ingénieur commercial local avec le message suivant : « Quantité arrondie au multiple supérieur de la quantité minimale unitaire pour le conditionnement choisi. Quantité saisie : xxx ».
- Le système contrôle que la quantité commandée est inférieure à la quantité produit restante dans ce Marché en appliquant une tolérance (de 10 % et < 10 tonnes).
  - Sinon, le système refuse la saisie et affiche le message d'erreur suivant : « La quantité saisie est supérieure à la quantité restant sur le marché : xxx Tonnes ».

Dates

L'Ingénieur commercial local demande la prise en compte des dates.

- L'Ingénieur commercial local saisit la date de la passation de la Commande, le système vérifie qu'elle est supérieure ou égale à la date du jour.
  - Si anomalie, le système refuse la saisie et affiche le message d'erreur suivant : « La date de passation de la Commande doit être inférieure à la date du jour ».
- L'Ingénieur commercial local saisit la date de livraison, le système vérifie qu'elle est supérieure ou égale à la date du jour et différente d'un dimanche et d'un jour férié.
  - Si anomalie, le système refuse la saisie et affiche le message d'erreur suivant en fonction de l'anomalie : « La date de livraison commandée doit être supérieure ou égale à la date du jour » ou « La date de livraison tombe un jour férié » ou « La date de livraison doit être inférieure ou égale à la date limite d'enlèvement du marché : JJ/MM/AAAA ».

Livraison

- Pour la livraison, le système propose par défaut le Client et son adresse. L'Ingénieur commercial local a la possibilité de rechercher d'autres adresses du Client, de rechercher d'autres « Clients » et leurs adresses (même possibilité de recherche que précédemment).
  - Même message d'anomalie que pour la recherche Client.

Transport

Le système propose une liste de modes de transport compatibles avec la destination (code postal) et le conditionnement.

- À partir du code postal de la destination, de la date de livraison et du Produit, le système propose l'origine de l'expédition et l'Ingénieur commercial local fait son choix. Si la proposition ne convient pas à l'Ingénieur commercial local, il peut sélectionner une origine en choisissant dans une liste proposée par le système. Dans ce cas, le système recherche la distance entre l'origine et la destination et s'il n'y a pas de valeur pour la distance, l'Ingénieur commercial local saisit la distance en kilomètres.
  - Si anomalie, le système affiche le message d'erreur suivant : « L'origine d'expédition est obligatoire » ou « La distance kilométrique est obligatoire ».

Prix

Le prix du Produit est fixé par le Marché. Ce prix est affiché par le système et il n'est pas modifiable par l'Ingénieur commercial local.

- Le système affiche le prix du conditionnement (prix applicable au moment de la date de passation de la Commande).
  - Le système affiche le prix du transport (prix applicable au moment de la date de passation de Commande).
- L'Ingénieur commercial local saisit les majorations/minorations :
  - Le choix se fait dans une liste prédéfinie proposée par le système (plusieurs choix possibles).
  - Pour chaque majoration/minoration, le système recherche le montant applicable à la date de passation de la Commande, le montant peut être modifié par l'Ingénieur commercial local.

- Le système affiche le prix HT et le taux de TVA final pour chaque ligne de prix.
- Le système affiche le mode de paiement défini dans le `Marché` ; ce mode n'est pas modifiable par l'`Ingénieur commercial local`.

Validation de la `Commande`

- L'`Ingénieur commercial local` demande la validation de la `Commande`.
- Le système vérifie que les données obligatoires ont été saisies.
  - Si ce n'est pas le cas, le système affiche le message d'erreur suivant : « L'information XXXXXX est manquante ».
- Le système vérifie que le `Client` n'est pas interdit.
  - Si ce n'est pas le cas, le système affiche le message d'erreur suivant : « Client interdit, pour raison xxx...xxx ». Un débranchement sur « Consultation client » est proposé.
- Le système vérifie que le `Marché` est bien encore ouvert.
  - Si ce n'est pas le cas, le système affiche le message d'erreur suivant : « Le `marché` est fermé, veuillez en changer ».
- Le système vérifie que la quantité commandée est inférieure à la quantité restante dans le `Marché`.
  - Si ce n'est pas le cas, le système affiche le message d'erreur suivant : « Quantité saisie supérieure à la quantité restante sur le `Marché` : xxx Tonnes ».
- Le système enregistre la `Commande` et lui affecte un numéro de commande.
- Le système met à jour le `Marché` pour les quantités restant disponibles.
- Si les montants des majorations/minorations sont différents de ceux qui sont proposés, le système envoie la `Commande` au `Directeur régional` pour validation.
- Le système associe la `Commande` à l'`Ingénieur commercial local` qui en a fait la saisie avec les informations de date et de lieu.

Visualiser une `Commande` existante

Cette partie n'est pas décrite.

Modifier une `Commande` existante

Cette partie n'est pas décrite.

Supprimer une `Commande` existante

Cette partie n'est pas décrite.

Commentaires

- Il est possible à tout moment d'arrêter la saisie et d'enregistrer la `Commande` en l'état pour pouvoir la reprendre ultérieurement (il s'agit d'une mise en attente).
- La séquence décrite est celle qui est proposée par défaut mais d'autres séquences sont possibles.

Authentifier l'`Ingénieur commercial local` au système

Il s'agit ici de s'assurer que la personne qui se présente devant le système est bien un `Ingénieur commercial local` autorisé à se connecter et à passer de nouvelles `Commandes`.

- Authentification.
- Contrôle d'habilitation à l'application gestion de `Commandes marché`.

Consulter `Client`

Cette partie n'est pas décrite ici.

Structurer le modèle de cas d'utilisation

Pour décrire correctement le modèle de cas d'utilisation, il est fortement conseillé de le structurer. UML offre plusieurs mécanismes de structuration du modèle de cas d'utilisation.

- *Grouper en paquetages* : le regroupement en paquetages est le premier moyen essentiel de structuration globale du modèle. Il s'agit de regrouper les acteurs, les cas d'utilisation avec leurs descriptions (textuelles et formelles) ainsi que les diagrammes de cas d'utilisation, en d'autres termes, les constituants principaux du modèle de cas d'utilisation. Ce regroupement constitue la base de l'assignation des responsabilités dans une équipe de modélisation. En général, il faut assigner un paquetage à une personne qui a la responsabilité de le décrire en détail. Ceci reste le moyen le plus efficace de travailler en parallèle dans l'équipe de modélisation. Ce regroupement facilite aussi la lecture du modèle. Le regroupement s'avère nécessaire lorsque le nombre d'acteurs et de cas d'utilisation est important ou pour mettre en commun des cas d'utilisation proches. Ainsi, le concept de paquetage introduit initialement dans le modèle de métier pour regrouper des classes (entités et travailleurs) est aussi utilisé pour regrouper acteurs et/ou cas d'utilisation. C'est un mécanisme général et unique de regroupement.
- *Définir les variantes* : il est important de structurer la description textuelle d'un cas d'utilisation. La structuration la plus simple à considérer consiste en une section « flux normal » dans laquelle est décrit le déroulement « normal » du cas d'utilisation et une section « flux alternatifs » dans laquelle sont décrits tous les flux alternatifs, les variantes, les exceptions et les autres cas d'erreur. Quand certains flux sont importants, ils requièrent un savoir-faire particulier ou constituent des extensions du cas d'utilisation normal, ils sont alors décrits séparément dans un cas d'utilisation séparé ; il s'agit d'un autre cas d'utilisation directement connecté comme une variante du cas d'utilisation principal. À cet effet, il faut utiliser la relation *Étend* entre cas d'utilisation qui a été décrite précédemment (cf. page 32). En résumé, il s'agit d'une relation de généralisation avec un stéréotype prédéfini spécifique.
- *Définir les points communs* : la description textuelle de cas d'utilisation fait apparaître des sous-ensembles communs entre cas d'utilisation. Ce sont des sous-flux d'événements identiques entre deux ou plusieurs cas d'utilisation. Pour éviter la redondance et mettre en œuvre la réutilisation des cas d'utilisation, UML offre la possibilité de décrire ces parties communes dans un cas d'utilisation séparé ; comme précédemment, ce cas d'utilisation est directement connecté au cas d'utilisation principal. La relation *Utilise* (cf. page 32) qui est une généralisation stéréotypée prédéfinie assure cette fois la connexion.

Présenter le modèle de cas d'utilisation

Pour illustrer graphiquement le modèle de cas d'utilisation obtenu, UML offre les diagrammes de cas d'utilisation (Cf. figure 1-34). Ces diagrammes se composent d'acteurs, de cas d'utilisation et de relations. Ces représentations graphiques, très utiles pour communiquer le modèle et le documenter, constituent la base initiale de travail des utilisateurs qui valident le modèle. Dans la réalité, en partant du principe qu'il est difficile de représenter dans un diagramme unique tous les cas d'utilisation, plusieurs diagrammes cohérents[1] représentent des perspectives différentes sur le modèle. Les diagrammes peuvent être :

- les acteurs appartenant au même paquetage de cas d'utilisation ;
- un acteur et tous les cas d'utilisation avec lesquels il interagit ;
- les cas d'utilisation utilisés par le même groupe d'acteurs ;
- les cas d'utilisation qui sont souvent exécutés en séquences ;
- un cas d'utilisation avec ses variantes et ses sous-cas d'utilisation ;
- les cas d'utilisation les plus importants. Un tel diagramme offre une perspective globale ou un résumé du modèle complet.

Scénarios

Un cas d'utilisation est une abstraction de plusieurs chemins d'exécution. Une instance de cas d'utilisation est appelée : *scénario*. Un cas d'utilisation est une abstraction, alors que les scénarios en sont les instances. Autrement dit, chaque fois qu'une instance d'un acteur déclenche un cas d'utilisation, un scénario est créé (le cas d'utilisation est instancié) : ce scénario suivra un chemin particulier dans la description du cas d'utilisation. Un scénario ne contient pas de branche du type « si la condition X est vraie alors il faut faire Y », car pendant l'exécution la condition est soit vraie soit fausse, mais elle aura une valeur.

Après la description des cas d'utilisation, il est nécessaire de sélectionner, pour chaque cas d'utilisation, un ensemble de scénarios qui vont servir à piloter l'itération en cours de développement. En effet, les scénarios constituent un excellent moyen pour guider le processus de développement logiciel. Comme le processus est itératif et incrémental (cf. chapitre 4), chaque itération commence par la sélection des scénarios importants qui doivent être implémentés pour cette itération. Le choix des scénarios doit reposer sur l'élimination des risques ; il faut sélectionner les scénarios qui permettent d'éliminer les risques les plus importants. Autrement dit, il faut commencer par le plus difficile.

Tout cas d'utilisation est constitué de plusieurs scénarios et l'exhaustivité est difficile à atteindre ; car, par définition, un scénario est une instance d'un cas d'utilisation et que le nombre d'instances est important voire infini. Les scénarios peuvent être classés en :

- *Scénarios principaux* : un scénario principal est le cas nominal, l'instance principale du cas d'utilisation. Il s'agit souvent du chemin « normal » d'exécution du cas d'utilisation qui n'implique pas d'erreurs.
- *Scénarios secondaires* : un scénario secondaire peut être un cas alternatif (un choix), un cas exceptionnel ou un cas d'erreur.

1. Cette cohérence est définie formellement par UML et doit être assurée par les outils.

Les scénarios sont utiles pour guider les itérations de développement, mais ils s'avèrent très précieux aussi pour :

- *Analyser* et *concevoir* le système : la description du scénario va permettre en effet de mener correctement une réflexion sur la construction de la solution.
- *Justifier* a posteriori les choix d'architecture effectués : une des préoccupations majeures de l'informaticien est la bonne manière de documenter une décision. UML y apporte une réponse directe par le biais des scénarios. En effet, avant UML, le concepteur menait une réflexion qui aboutissait à une solution (certes correcte, voire exceptionnelle), mais il lui était très difficile de garder trace de cette réflexion de manière à justifier la solution à ceux qui venaient par la suite, à savoir développeurs ou mainteneurs.
- *Tester* : les scénarios étant des instances des cas d'utilisation, ils constituent donc le meilleur moyen de spécifier les tests. L'équipe de test doit s'inspirer des scénarios pour planifier le processus de test, organiser les campagnes de test, les scénarios et les procédures de test (cf. chapitre 4).

Les scénarios intéressants du cas d'utilisation `Gérer commande marché`, on trouve :

- `Créer nouvelle commande marché pour un produit existant et un client existant`
- `Consulter une commande marché déjà passée`
- `Annuler une commande marché déjà passée`, etc.

Un scénario étant une instance d'un cas d'utilisation, sa description va être faite en langage naturel[1]. Cette description est appelée : *script*.

Description du scénario

Créer nouvelle commande marché pour un produit existant un client existant et fiable, avec des quantités suffisantes et des dates compatibles

Flux

L'`Ingénieur commercial local` Bertrand se connecte au système pour authentification. Le système vérifie l'identité de Bertrand et le fait qu'il puisse créer une nouvelle `Commande`.

L'`Ingénieur commercial local` demande la création d'une nouvelle `Commande marché`.

Le système vérifie que l'`Ingénieur commercial local` est autorisé à créer une nouvelle `Commande marché`.

Identification du `Client`

L'`Ingénieur commercial local` saisit le nom du `Client` (« Coopérative ») qui a passé la `Commande` en cours. Le système lui propose toutes les possibilités de recherche de `Client`, l'`Ingénieur commercial local` choisit la recherche par nom incomplet. Pour chaque `Client` recherché,

- le système recherche l'identité du `Client` et son adresse,

1. Qu'on se rassure, il ne s'agit pas de faire cela dans le détail pour tous les scénarios, mais les premiers sont très utiles pour s'exercer ; par la suite, cela commence à couler de source et il suffit de passer tout de suite à l'étape suivante (les diagrammes d'interaction).

- le système vérifie que le `Client` n'est pas interdit,
- le système vérifie que le `Client` appartient au `Portefeuille` de l'`Ingénieur commercial local` connecté,
- le système vérifie que le `Client` possède des marchés en cours,
- le système propose la liste des clients trouvés (« Coopérative 1 » et « Coopérative 2 »).
- L'`Ingénieur commercial local` choisit un `Client` (« Coopérative 1 »).

Identification du `Marché`

- Le système affiche tous les marchés en cours associés à ce `Client`, les `Produits` et les quantités associées à ces marchés.
- L'`Ingénieur commercial local` sélectionne un couple (`Marché`, `Produit`).

Saisie de la `Commande`

La saisie de la `Commande` en cours se fait ensuite en plusieurs volets : `Produit` commandé, dates, `Livraisons`, `Transport` et `Prix`.

`Produit` commandé

- L'`Ingénieur commercial local` choisit la quantité (« 100 Tonnes »),
- L'`Ingénieur commercial local` choisit sur liste le `Mode de conditionnement` (« Sac sur palette »),
- Le système contrôle que la quantité commandée est un multiple de la quantité minimale unitaire proposée par le `Mode de conditionnement`,
- Le système contrôle que la quantité commandée est inférieure à la quantité produit restant dans ce `Marché` en appliquant une tolérance (de 10% et < 10 Tonnes).

Dates

L'`Ingénieur commercial local` demande la prise en compte des dates.

- L'`Ingénieur commercial local` saisit la date de la passation de la `Commande`, le système vérifie qu'elle est supérieure ou égale à la date du jour,
- L'`Ingénieur commercial local` saisit la date de livraison, le système vérifie qu'elle est supérieure ou égale à la date du jour et différente d'un dimanche et d'un jour férié.

Livraison

- Pour la livraison, le système propose par défaut le `Client` et son adresse. L'`Ingénieur commercial local` sélectionne cette adresse.

Transport

Le système propose une liste de modes de transport compatibles avec la destination (code postal) et le conditionnement.

- À partir du code postal de la destination, de la date de livraison et du `Produit`, le système propose l'origine de l'expédition et l'`Ingénieur commercial local` fait son choix.

Prix

Le prix du `Produit` est fixé par le `Marché`. Ce prix est affiché par le système et il n'est pas modifiable par l'`Ingénieur commercial local`.

- Le système affiche le prix du conditionnement (prix applicable au moment de la date de passation de la `Commande`),
- Le systèmeaffiche le prix du transport (prix applicable au moment de la date de passation de la `Commande`),
- Le système affiche le prix H.T. et le taux de TVA final pour chaque ligne de prix,
- Le système affiche le mode de paiement défini dans le `Marché` ; ce mode n'est pas modifiable par l'`Ingénieur commercial local`.

Validation de la `Commande`

- L'`Ingénieur commercial local` demande la validation de la `Commande`,
- Le système vérifie que les données obligatoires ont été saisies,
- Le système vérifie que le `Client` n'est pas interdit,
- Le système vérifie que le `Marché` est bien encore ouvert,
- Le système vérifie que la quantité commandée est inférieure à la quantité restant dans le `Marché`,
- Le système met à jour le `Marché` pour la quantité restant disponible,
- Le système enregistre la `Commande` et lui affecte un numéro de commande,
- Le système vérifie que les montants des majorations/minorations ne sont pas différents de ceux qui sont proposés,
- Le système associe la `Commande` à l'`Ingénieur commercial local` qui en a fait la saisie avec les informations de date et de lieu.

Identifier des objets candidats

La description du scénario est une source précieuse pour identifier les objets. L'exécution d'un scénario se fait grâce à l'interaction d'un certain nombre d'objets qu'il faut identifier dans le script. Un objet est tout membre du système (orienté objet) qui possède une identité, un état et un comportement. Un objet est une abstraction qui joue un rôle dans le scénario (et par extension dans le cas d'utilisation et dans le système). La démarche est itérative[1] dans le sens ou plusieurs tentatives sont nécessaires pour trouver les bons objets et surtout les bonnes interactions. L'objectif de la modélisation n'est pas limité à trouver les bons objets ; les bonnes interactions sont au moins aussi importantes. Le résultat de ce travail d'identification est constitué des objets candidats qu'il faut utiliser pour décrire de manière plus formelle le scénario.

Une fois décrit sous forme textuelle, un scénario peut être représenté sous forme graphique par un ou plusieurs diagrammes d'interaction en se basant sur les objets candidats identifiés précédemment. UML offre deux sortes de diagrammes d'interaction[2] : les diagrammes de séquence et les diagrammes de collaboration. Ces deux diagrammes sont équivalents et reposent donc sur le même métamodèle sous-jacent. Ils seront utilisés pour des besoins différents. Un diagramme d'interaction sert à montrer une interaction d'objets.

1. Itératif ici n'a rien à voir avec le processus de développement itératif (cf. chapitre 4).
2. Ils ont déjà été présentés dans la modélisation métier.

Diagramme de séquence

DÉFINITION

Un *diagramme de séquence* montre une interaction présentée en séquence dans le temps. En particulier, il montre les objets (les instances) qui participent à l'interaction par leur « ligne de vie » et les messages qu'ils échangent présentés en séquence dans le temps. Il ne montre pas les associations entre les objets. Une interaction est un ensemble de messages échangés entre les objets participants dans l'interaction.

Les diagrammes de séquence ont déjà été introduits dans la modélisation métier (cf. page 38).

Chaque scénario est représenté sous forme d'un ou plusieurs diagrammes de séquence pour l'illustrer de manière plus formelle en termes d'objets. Il est important de noter que la relation qui lie un scénario à un diagramme de séquence n'est pas un-à-un. Un scénario est représenté par un ou plusieurs diagrammes de séquence. Le diagramme de séquence ne couvre pas nécessairement toute l'exhaustivité du scénario ; il peut en représenter une perspective (une coupe donnée).

Pour illustrer ces aspects, le scénario `Créer nouvelle commande marché pour un produit existant et un client existant` est représenté par cinq diagrammes de séquence correspondant ici aux cinq étapes principales du scénario (identification du client, identification du marché, ...). Ceci n'est qu'un exemple de découpage et ne doit pas être considéré comme une règle absolue.

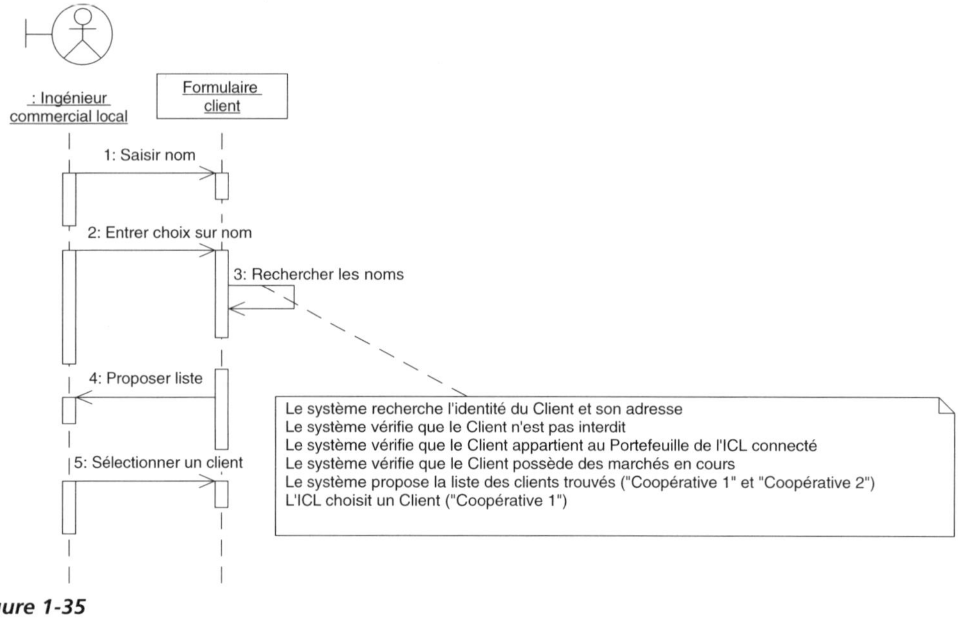

Figure 1-35
Diagramme de séquence Identifier client *du scénario* Créer nouvelle commande marché pour un produit existant et un client existant

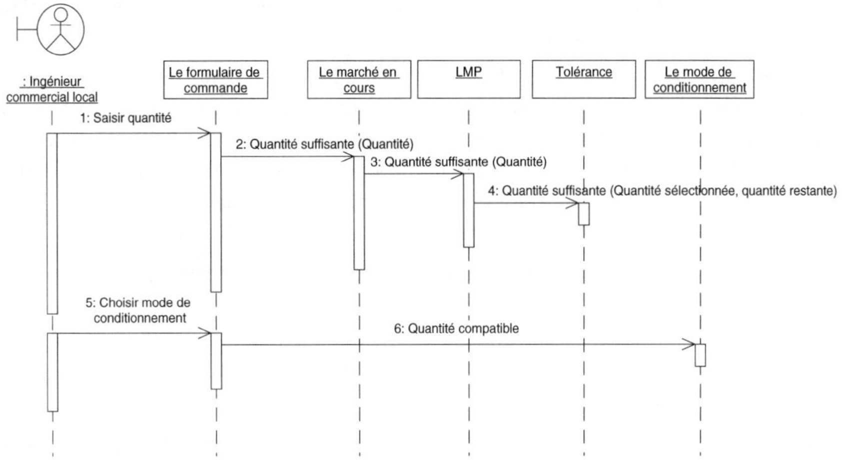

Figure 1-36
Diagramme de séquence Saisir commande *du scénario* Créer nouvelle commande marché pour un produit existant et un client existant

Le premier diagramme de séquence illustre la séquence d'interaction permettant de saisir une nouvelle commande.

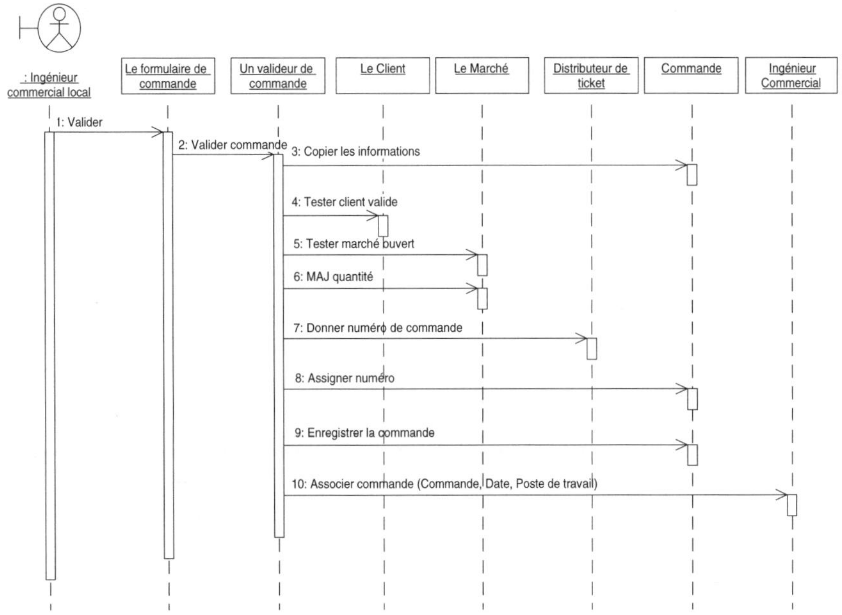

Figure 1-37
Diagramme de séquence Valider commande *du scénario* Créer nouvelle commande marché pour un produit existant et un client existant

Le deuxième diagramme de séquence illustre la séquence d'interaction permettant de valider la nouvelle commande saisie.

Les objets de l'interaction sont déduits de l'analyse du scénario. Décrire un scénario en objets, consiste à répartir la description du scénario (et par extension celle du cas d'utilisation) entre les objets (et par extension les classes) identifiés. Cette approche permet de garantir qu'il n'y a pas de classe dans le modèle qui ne participe à aucun cas d'utilisation (c'est-à-dire qui ne sert à rien), et d'introduire la traçabilité entre le besoin, exprimé sous forme de cas d'utilisation, et son implémentation exprimée sous forme de classes.

La répartition de la description du scénario entre les objets relève aussi de l'analyse des responsabilités des objets participants. Il s'agit donc d'identifier et d'assigner les responsabilités aux bons objets participants dans le scénario. Ce travail relève de la conception fondée sur les responsabilités telle qu'elle est introduite par [Wirfs 90].

Les CRC (Classe Responsabilité Collaborations) [Beck 89] s'avèrent un excellent moyen pédagogique pour analyser les scénarios et répartir les responsabilités sur les classes. Le principe est simple : on utilise des cartes de bristol (une par classe). Sur chaque carte on inscrit le nom de la classe, ses responsabilités (sur la colonne de gauche) et ses collaborateurs (sur la colonne de droite). Il s'agit ensuite de dérouler le scénario et d'attribuer des responsabilités aux classes.

La répartition des responsabilités sur les objets est nécessaire ; autrement, le diagramme de séquence ressemblerait à une simple interaction entre l'acteur et le système (l'acteur fait ceci, le système fait cela) ; ce qui est bien évidemment assez simpliste. Ici, il s'agit d'aller plus loin et de ne pas se limiter à cette simple interaction qui peut par ailleurs être illustrée dans un diagramme de séquence spécifique.

L'analyse des deux diagrammes de séquence montre que des objets ont été introduits :

- `Formulaire de commande` : cet objet est introduit pour assurer l'interface entre l'acteur et le système pour la saisie de la commande. Sans avoir à faire aucune supposition sur la nature de cet objet, il reste nécessaire de prévoir des objets de frontières qui gèrent l'interface entre le système et son environnement. Le plus efficace est de fournir un objet d'interface par acteur.
- `Valideur de commande` : cet objet est introduit pour créer, englober les règles de gestion relatives à la création de commande de marché et pour réaliser un découplage entre l'objet d'interface et le reste du système. Cet objet reçoit la notification de la validation et s'occupe d'enchaîner les actions nécessaires à la validation de la commande.

L'introduction de ces objets ne s'est pas faite suite à une décision ou une contrainte d'implémentation quelconque. Ce sont des règles générales de modélisation qui relèvent du bon sens et de l'esthétisme.

Diagrammes de séquence avancés

UML introduit des mécanismes supplémentaires dans les diagrammes de séquence pour prendre en compte des collaborations sophistiquées entre les objets. Le lecteur peut se reporter au manuel de référence d'UML pour obtenir plus de détail.

- Les *dates* : les instants d'émission et de réception d'un message peuvent être datés de manière à prendre en compte les envois de message qui ne sont pas instantanés. Par défaut, le temps de transmission d'un message est nul (indiqué par une flèche strictement horizontale). Si ce temps est considéré comme non nul (parce que les deux objets sont distants ou bien, pendant l'envoi du message, un autre message peut arriver en sens opposé), la flèche sera oblique. Le marquage de ces deux instants permet ensuite d'exprimer des contraintes temporelles sur ce diagramme : `{A'-A < 1s}`.
- Les *lignes de vie* des objets peuvent matérialiser les actions de création et de destruction des instances pendant le scénario.
- L'*activation* montre la période durant laquelle un objet exécute une action soit directement soit à travers une procédure emboîtée. Elle représente aussi bien la durée de l'action dans le temps que la relation de contrôle entre l'activation et ses appelants. L'activation permet de modéliser aussi bien les appels de procédure prenant en compte les objets appartenant au même fil ainsi que les envois de message entre objets concurrents. Dans ce dernier cas, l'activation montre le temps pendant lequel l'objet est occupé à effectuer une opération.
- Les *branchements* sont un moyen permettant de décrire des scénarios génériques. Il s'agit d'assortir par exemple un message d'une condition de garde qui définit si un message donné est envoyé ou si un autre message donné est envoyé. C'est une évolution intéressante d'UML (par rapport à Booch ou OMT) qui permet de réduire considérablement le nombre de scénarios à développer.

Diagramme de collaboration

DÉFINITION

Un *diagramme de collaboration* montre une interaction organisée autour des objets de l'interaction et de leurs liens. À l'inverse d'un diagramme de séquence, un diagramme de collaboration montre les relations parmi les rôles d'objets. En revanche, un diagramme de collaboration ne montre pas le temps dans une dimension séparée ; ainsi, la séquence des messages et les fils concurrents doivent être déterminés en utilisant les numéros de séquence.

Les diagrammes de collaboration ont déjà été introduits auparavant pour la modélisation métier (cf. page 40).

Les diagrammes de collaboration et les diagrammes de séquence sont équivalents car ils reposent tous deux sur le même métamodèle. Ils sont néanmoins utilisés pour présenter d'autres aspects qu'il est très difficile de montrer dans un diagramme de séquence :

- Les objets *composites* : il arrive souvent que des objets contiennent (soient composés) d'autres objets comme résultat d'une agrégation de leurs classes respectives. Dans ce cas, cette composition d'objets est difficile à montrer dans un diagramme de séquence. Les objets composites sont plus faciles à représenter

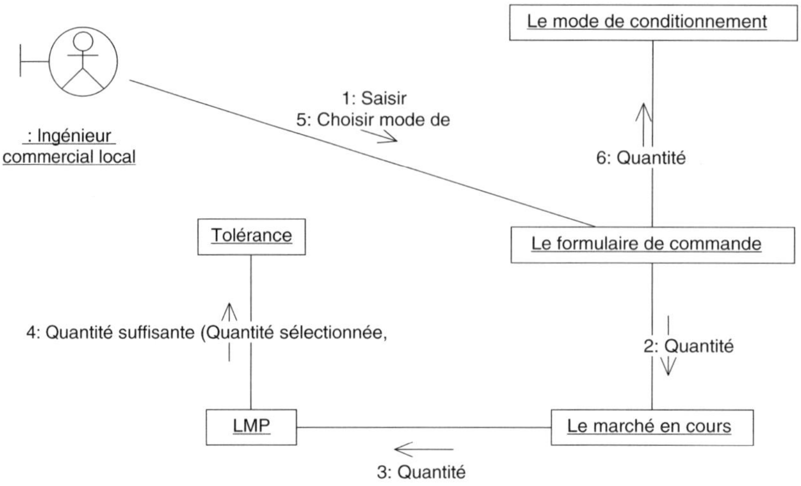

Figure 1-38
Diagramme de collaboration Saisir commande *du scénario* Créer nouvelle commande marché pour un produit existant et un client existant

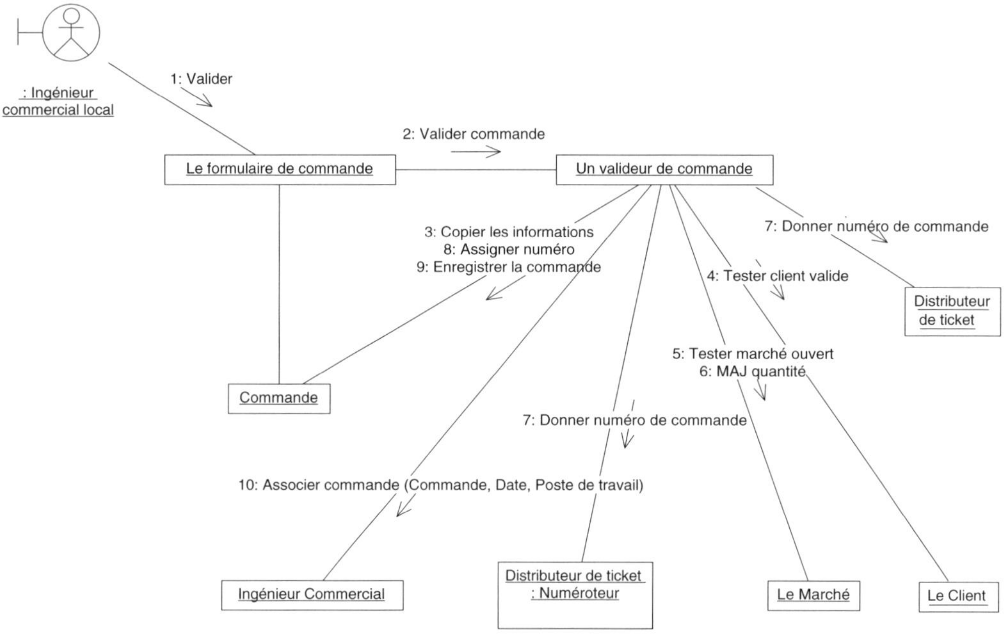

Figure 1-39
Diagramme de collaboration Valider commande *du scénario* Créer nouvelle commande marché pour un produit existant et un client existant

graphiquement dans un diagramme de collaboration ; ceci se fait par imbrication graphique des objets.

- La *concurrence* : conceptuellement, les objets sont parallèles ; chacun mène sa propre vie et communique avec les autres objets par envoi de messages. Dans la réalité, seuls certains objets sont réellement parallèles, c'est-à-dire qu'ils ont leur propre flux de contrôle ; la majorité d'entre eux sont séquentiels par rapport aux autres et partagent un même fil de contrôle à plusieurs. Cette notion de parallélisme est très utile pour exprimer des activités qui se déroulent réellement en parallèle et non de manière séquentielle. Pour illustrer efficacement ce phénomène, le diagramme de collaboration est recommandé. Un objet qui a son propre fil de contrôle est représenté graphiquement par un rectangle dont les côtés sont en traits épais.
- La nature des *messages* : pour communiquer, les objets recourent aux messages comme unique moyen de communication. UML permet de spécifier différentes formes de synchronisation de message :
  - *Simple* : c'est le cas le plus courant ; il correspond au cas ou l'objet émetteur du message attend la réponse de la part du récepteur.
  - *Synchrone* : ce cas est utile quand les objets sont parallèles ; l'émetteur envoie le message, attend que le récepteur le reçoive mais n'attend pas de réponse. La réponse, si elle a lieu, fait l'objet d'un autre message explicite ultérieur. Dans le cas du message synchrone, tout ce passe comme si les deux objets prenaient « rendez-vous » pour communiquer ; le premier arrivé au point de rendez-vous attend l'autre.
  - *Asynchrone* : cette forme de synchronisation est l'inverse de la précédente et est utile quand les objets sont parallèles ; l'objet émetteur envoie le message et n'attend pas que l'objet récepteur le reçoive ; plus encore, il ne se préoccupe pas de savoir si l'objet va réellement le recevoir ; le message peut éventuellement se perdre.
  - *Borné* : cette forme est une variante du message synchrone dans laquelle l'émetteur spécifie un temps d'attente (de réception de message et non de la réponse) au-delà duquel le message est considéré comme perdu si le récepteur ne le reçoit pas.
  - *Dérobant* : cette forme est utilisée pour un envoi de message dans lequel l'émetteur n'attend pas, et le message est annulé (en même temps) si le récepteur n'est pas en train d'attendre. Cette forme est équivalente à un message borné avec un délai d'attente nul.

Organiser une collaboration

Un diagramme de séquence permet de montrer si la collaboration entre les objets est bien définie, si les objets ont les bonnes responsabilités et si le modèle est souple du point de vue des évolutions futures. Un « bon » diagramme de séquence doit avoir une des deux formes suivantes (figure 1-40).

Figure 1-40
Diagramme de séquence avec un objet contrôleur chef d'orchestre

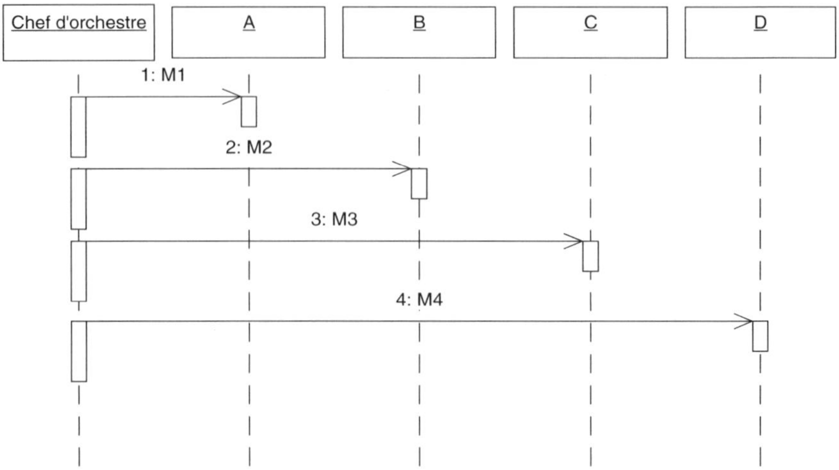

Dans cette collaboration, il existe un objet chef d'orchestre qui répartit les requêtes sur les différents autres objets de l'interaction. Ces objets ne se connaissent pas (au moins dans cette collaboration), ce qui réduit de manière significative le couplage entre eux et donc facilite la modification de la collaboration ou des objets. Le savoir est centralisé chez un seul objet. Cet objet connaît l'ordre dans lequel il faut envoyer les messages et les responsabilités des différents objets de la collaboration.

Figure 1-41
Diagramme de séquence avec délégation

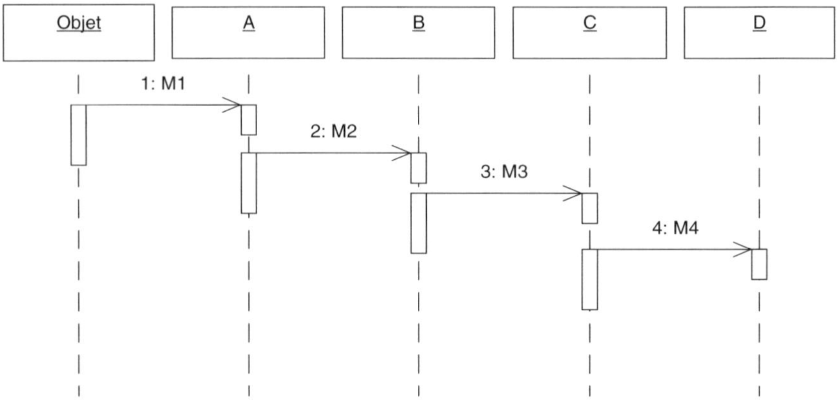

Dans ce schéma, la collaboration est répartie entre les objets au lieu d'être concentrée en un point central. Cependant, chaque objet de la collaboration délègue à un autre objet une partie de l'activité en faisant abstraction de la manière dont l'activité est prise en compte par cet objet : il ne voit que le contrat et ignore l'existence des autres objets. Le couplage, assez lâche, entre les objets garantit une meilleure évolutivité des collaborations.

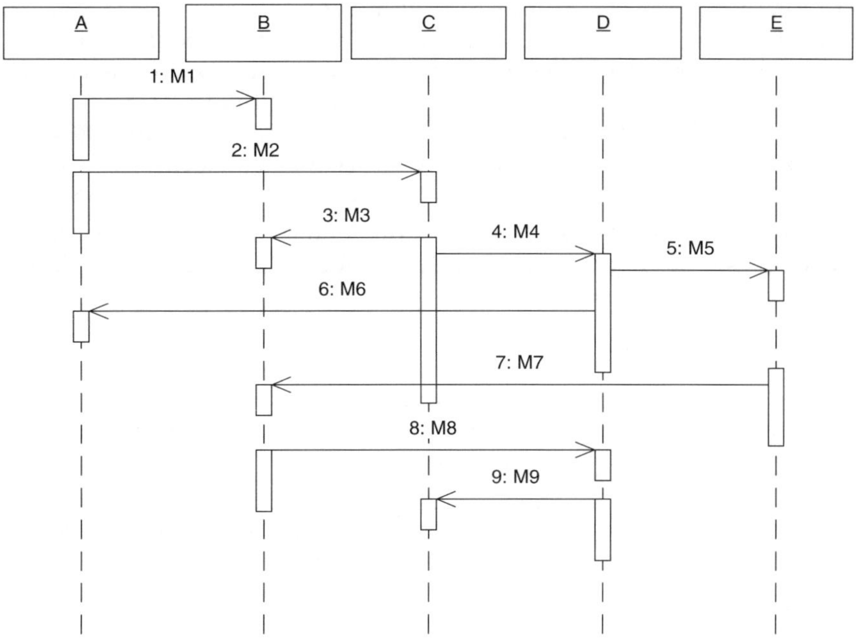

Figure 1-42
Diagramme de séquence à éviter

Ce diagramme est l'exemple type du diagramme de séquence qu'il faut éviter d'obtenir. Le contrôle est complètement réparti et les objets se connaissent tous les uns les autres. L'évolution de ce type d'interaction est tout de suite menacée au vu des très fortes interactions et des couplages.

Classes

DÉFINITION

Une *classe* est un ensemble d'objets qui possèdent une structure, un comportement et des relations similaires. Le nom d'une classe a une portée dans le paquetage dans lequel elle est déclarée ; le nom doit être unique dans son paquetage (parmi les noms de classes).

Dans un système réel, le nombre d'objets est trop important pour pouvoir être appréhendé proprement et facilement. Le concept de classe est introduit pour prendre en compte cette complexité. Une classe est une représentation abstraite des objets. Elle est statique (c'est une description) par rapport à un objet qui est actif et qui participe à l'exécution du système.

La recherche des classes relève de la recherche d'abstractions et de l'activité de classification. Il s'agit de regrouper des objets qui se ressemblent (mêmes propriétés, comportement, sémantique...) d'un certain point de vue. Dans la réalité, la majorité des classes est identifiée facilement.

Pour valider ce travail d'abstraction, les CRC peuvent s'avérer un bon moyen pédagogique pour se familiariser avec la classification. Par la suite, le plus important dans l'identification des classes est l'affectation des responsabilités aux classes. Ce concept de responsabilité trouve une définition (et donc une présence) directe dans UML. La responsabilité est définie comme un contrat ou une obligation d'une classe. Il est même possible de représenter graphiquement les responsabilités d'une classe dans un diagramme de classes. Par exemple, la classe `Compte bancaire` a comme responsabilité de gérer le solde.

Une fois les classes définies, il faut actualiser les diagrammes de séquence (maintenant que les classes des objets sont connues) en affectant les objets à leur classe et il faut construire des diagrammes de classes pour préparer la vue logique.

Diagrammes de classes

Les classes sont présentées graphiquement dans des diagrammes de classes ; ces diagrammes forment les principaux constituants de la vue logique (cf. page 49) de l'architecture du système.

DÉFINITION

Un *diagramme de classes* est une collection d'éléments de modèle (statiques), tels que des classes, des interfaces et leurs relations, connectés entre eux comme un graphe.

Un diagramme de classes montre uniquement des aspects statiques du modèle et fait abstraction des aspects dynamiques ou temporels, même si les éléments du diagramme de classes peuvent avoir un comportement dynamique important.

Dans un projet, il est difficile de construire un diagramme de classes qui montre toutes les classes du problème avec toutes leurs relations ; car il serait tout simplement illisible. La construction d'un diagramme de classes (ou de tout autre diagramme d'ailleurs) relève de la réponse à la question essentielle : « À qui s'adresse un diagramme donné ? Que veut-on lui communiquer comme message dans ce diagramme ? » L'intérêt principal des langages de modélisation à notation graphique est de réduire la complexité d'une information. Un diagramme de classes peut être considéré comme une coupe particulière dans la perspective logique de l'architecture du système.

Dans un projet, plusieurs diagrammes de classes sont construits, chacun montrant une perspective sur le modèle complet. Parmi les diagrammes utiles, on trouve :

- un diagramme montrant les classes qui participent à un cas d'utilisation,
- un diagramme montrant les classes qui participent à un scénario,
- un diagramme montrant les classes internes (privées) d'un paquetage,
- un diagramme montrant les classes externes (publiques) d'un paquetage,
- un diagramme montrant une hiérarchie d'héritage,
- un diagramme montrant le détail (un zoom) sur une classe donnée avec ses relations principales.

Il est très fortement recommandé d'utiliser une convention de nom bien claire pour désigner les diagrammes.

REMARQUE Un diagramme de classes peut contenir aussi des interfaces, des paquetages, des relations et même des instances, tels que des objets ou des liens. Un nom plus approprié aurait été « diagramme structurel statique », mais diagramme de classes est beaucoup plus connu.

Figure 1-43
Diagramme de classes Saisir commande

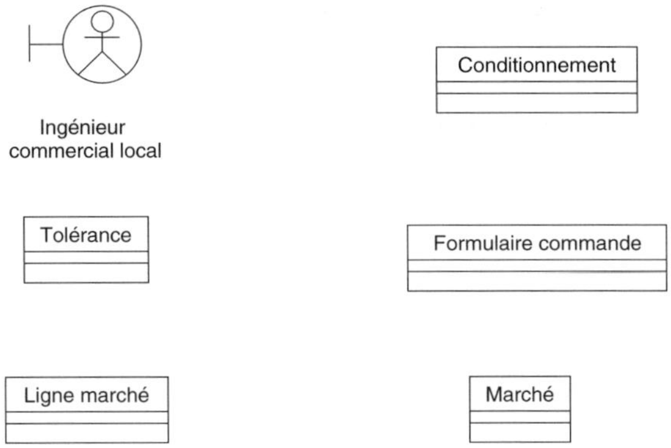

Figure 1-44
Diagramme de classes Valider commande

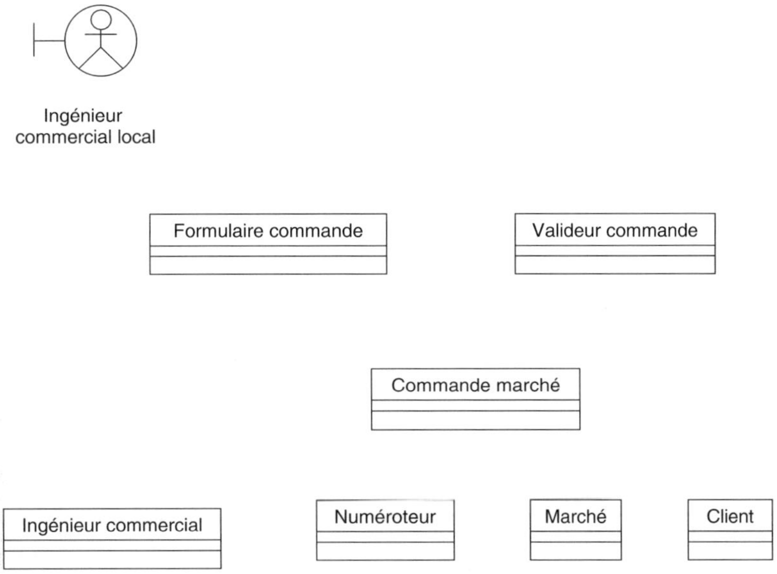

Stéréotypes

I. Jacobson [Jacobson 92], préconise dans le processus OOSE une activité appelée « analyse de la robustesse[1] ». Cette activité consiste à analyser les classes par métaclassifi-

1. Robustness Analysis.

cation ou selon un certain point de vue appelé « stéréotype ». Jacobson propose les stéréotypes suivants, qui sont par ailleurs prédéfinis dans UML (dans l'annexe Objectory) :

- *Boundary* : une classe *Boundary* (ou classe de frontière) est une classe dont les objets sont présentés (visibles) par les acteurs du système. Ces classes se trouvent donc à la frontière du système et fournissent le moyen de communication du système avec l'extérieur. Ces classes peuvent être : des objets graphiques, des objets de protocole de communication (quand l'acteur est un autre système informatique), des capteurs... Dans l'exemple SNEA, la classe `Formulaire commande` est une classe ayant un tel stéréotype car elle sert justement de frontière entre le système et l'acteur pour la saisie d'une `Commande`.
- *Entity* : une classe *Entity* (ou classe entité) représente des phénomènes internes du système qui sont directement liés au domaine de l'étude. Ces classes sont en général (pas nécessairement) persistantes (c'est-à-dire que leurs instances ont une durée de vie supérieure à l'exécution du programme). Dans l'exemple SNEA, les classes `Marché`, `Commande`, `Produit` sont des classes ayant ce stéréotype.
- *Control* : une classe *Control* (ou classe de contrôle) est une classe interne du système qui contrôle le comportement d'un ou plusieurs cas d'utilisation. Ces classes sont souvent intangibles. Elles représentent une activité de contrôle, une règle de gestion, un chef d'orchestre, un moyen de découplage entre des objets, etc. Dans l'exemple SNEA, la classe `Valideur commande` est une classe ayant ce stéréotype.

UML définit les stéréotypes comme un des trois moyens d'extensibilité du langage ; ils sont discutés plus loin (cf. page 95).

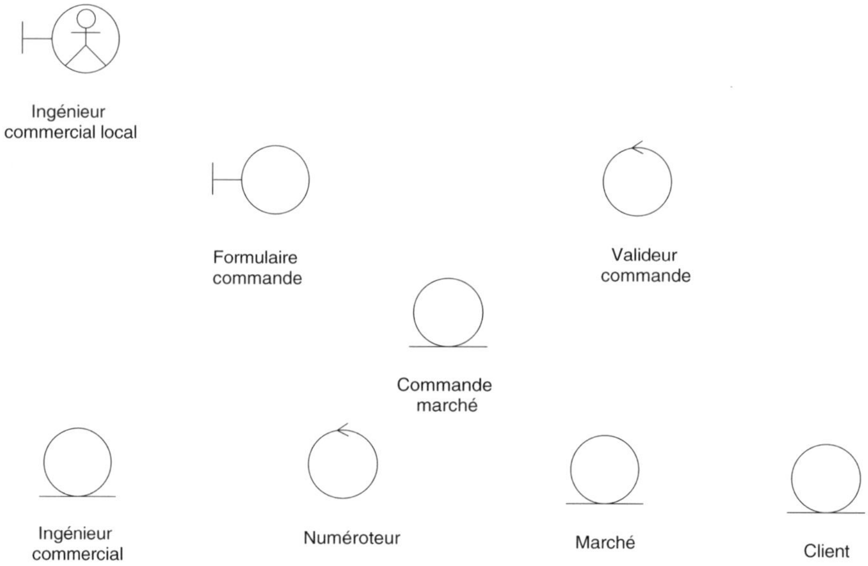

Figure 1-45
Diagramme de classes Valider commande *avec stéréotype*

Opérations

Le comportement d'une classe est décrit par l'ensemble de ses responsabilités. Ses responsabilités sont mises en œuvre par des *opérations*. Il n'y a pas une relation biunivoque entre une responsabilité et une opération. Pour mettre en œuvre une responsabilité, une classe peut offrir une ou plusieurs opérations. Par exemple, pour mettre en œuvre la responsabilité de maintien du solde bancaire, la classe `Compte bancaire` offre les opérations `Fournir solde`, `Retirer`, `Déposer`, etc.

Une opération possède une *signature* qui définit le contrat statique de l'opération. La signature est constituée du type de retour de l'opération ainsi que de la liste des paramètres, chacun avec son type. Aussi bien le type de retour que le type des paramètres sont des types de données (au sens des langages de programmation) et non des classes.

En plus de sa signature, une opération peut spécifier l'effet de son appel en utilisant des pré et des postconditions. Enfin, une opération peut spécifier :

- si elle s'applique aux instances de classe ou à la classe elle-même ;
- si son application modifie l'état de l'instance ;
- si elle est réalisée par une autre méthode dans une sous-classe (si elle est *polymorphique*) ;
- un ensemble de *points d'extension* qui spécifient où un comportement additionnel peut être inséré dans l'opération.

L'analyse des diagrammes d'interaction permet d'identifier les opérations d'une classe. Les messages qui arrivent sur une instance sont candidats pour donner naissance à des opérations. Il n'y a pas nécessairement une relation biunivoque entre un message et une opération, car la prise en compte de plusieurs messages peut être faite par une même opération avec des paramètres différents par exemple. De même, l'envoi d'un message peut faire l'objet de mécanismes complexes qui dépassent le simple appel procédural ; en particulier si les objets sont distribués ou s'ils appartiennent à des fils différents, il faudra alors utiliser des mécanismes de communication sophistiqués pour acheminer les messages plutôt que de simples appels de procédures.

Les opérations doivent représenter une abstraction de service de manière à cacher les détails de leur réalisation aux classes clientes. Par exemple, pour la classe `Compte bancaire` l'opération qui fournit le solde doit être `Fournir solde` plutôt que `Calculer solde` montrant que ce qui intéresse la classe cliente est d'obtenir le solde sans se soucier de savoir s'il est à calculer ou non.

Un équilibre judicieux doit être trouvé, dans la spécification des opérations, entre proposer des opérations primitives (c'est-à-dire élémentaires) et des opérations complexes :

- Dans le premier cas, une classe cliente est exposée à beaucoup de détails de la part de la classe fournisseur et est amenée à gérer l'ordre (et la complétude) des appels ; c'est-à-dire s'assurer que pour effectuer tel travail, il faut appeler dans un certain ordre les opérations `X`, `Y` et `Z`. En contrepartie, les classes clientes ont beaucoup de souplesse de manipulation de la classe fournisseur.

- Dans le deuxième cas, la classe cliente ne dispose que de peu de détail. La souplesse de manipulation est perdue contre une plus grande simplicité (abstraction) d'utilisation. La classe cliente n'a pas besoin de se préoccuper des détails des opérations ; elle n'en voit qu'un minimum.

La vérité se trouve entre les deux. Une classe doit souvent fournir les deux types d'opérations.

Pendant l'activité d'analyse, les opérations qui sont découvertes sont « exportées » par la classe de manière que les autres classes puissent les utiliser ; ces opérations sont dites *publiques*. D'autres opérations vont être découvertes ou inventées au fur et à mesure de l'avancement. Ces opérations sont liées à une solution particulière, à une manière d'implémenter la classe, etc. Certaines de ces opérations sont *privées*.

Figure 1-46
Diagramme de classes avec opérations

Ce diagramme montre la classe `Marché` avec, dans le troisième compartiment, les opérations `Solder()`, `Créer()`, `Valider()`. La classe `Marché` peut posséder d'autres opérations ; il n'est pas nécessaire de les montrer toutes dans le même diagramme. Le lecteur pourra développer un diagramme dans lequel sont présentées les opérations publiques et un autre présentant les opérations privées. L'opération `Solder()` montre que la classe `Marché` fournit une opération unique pour traiter du calcul du solde du marché et de la fermeture de celui-ci.

Attributs

Un attribut est une propriété nommée de classe qui porte un ensemble de valeurs que les instances (objets) de la classe vont prendre. La classe possède des attributs et les instances de la classe (les objets) des valeurs d'attribut. Les valeurs d'attributs sont liées à l'instance ; elle ne les partage pas. Un attribut possède un type[1], une valeur initiale et une multiplicité (comme les rôles des associations) ; grâce à la multiplicité, un attribut peut être multivalué. Un attribut est noté graphiquement à l'intérieur de la classe (dans le diagramme de classes) dans un compartiment d'attributs.

La recherche des attributs est effectuée au cours de l'analyse du domaine d'application, par l'interview des experts, et pendant l'étude détaillée du cahier des charges. Parallèlement, le maquettage constitue un excellent moyen pour déterminer des attributs de classe.

Il faut distinguer deux types d'attributs, même si UML ne fait pas cette distinction à la base : d'une part les attributs du domaine qui relèvent de l'analyse du problème. Ces attributs sont identifiés pendant l'analyse. D'autre part, les attributs de conception qui sont introduits pour répondre aux nécessités d'implémentation.

1. Le type d'un attribut n'est pas une classe.

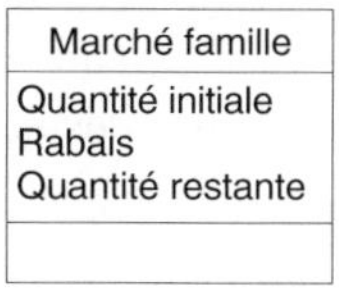

Figure 1-47
Diagramme de classes avec attributs

Ce diagramme montre les classes `Marché famille` et `Ligne marché` avec, dans le deuxième compartiment, les attributs `Quantité initiale`, `Rabais` et `Quantité restante`.

Comme pour les opérations, les attributs disposent de la propriété de visibilité (public ou privé) qui définit leur faculté d'export vers d'autres classes. Même si UML offre cette fonctionnalité, pour des raisons d'orthogonalité et de support des concepts des langages de programmation, il est fortement conseillé de ne pas définir d'attributs publics. En effet, une classe est une abstraction qui par définition ne montre que des caractéristiques pertinentes pour les clients. De même, les instances de classes (les objets) sont considérées responsables du maintien de la cohérence de leur état. Ainsi, rendre publics les attributs suscite le risque de casser l'abstraction et par conséquent la garantie de cohérence ; les clients seront tentés d'utiliser directement les attributs. Il est donc fortement conseillé de fournir des services (c'est-à-dire des opérations) d'accès aux attributs de manière à :

- protéger l'abstraction ;
- protéger les classes d'une mauvaise manipulation de la part des clients ;
- protéger les clients d'une évolution de la classe.

Par exemple, il est préférable que la classe `Compte bancaire` offre l'opération `Fournir solde()` plutôt que rendre l'attribut `Solde` directement accessible. Ainsi, si pour des raisons d'évolution, il est décidé de ne plus avoir cet attribut, de le déporter ou de le rendre calculé, les classes qui ont utilisé directement l'attribut se voient nécessairement modifiées alors que celles qui ont utilisé l'opération `Fournir solde()` sont indépendantes du changement, et il suffit de continuer à leur fournir l'opération.

Relations entre classes

S'il existe des liens entre objets dans les diagrammes d'interaction, cela se traduit nécessairement par des relations qui existent entre leurs classes respectives. Les liens entre objets doivent être considérés comme des instances de relations entre classes. Les relations sont mises en évidence au cours de l'analyse des scénarios d'abord et du domaine ensuite. Il existe plusieurs types de relations entre classes : l'*association* (et l'*agrégation* qui en constitue une variante), l'*utilisation* et la *généralisation*.

Association

L'*association* est la relation la plus courante et la plus riche du point de vue sémantique. Une association est une relation statique n-aire (même si le plus souvent, l'association est binaire) c'est-à-dire qu'elle connecte (relie) plusieurs classes entre elles. Une association possède un *nom* qui rend compte de sa sémantique et qui ne correspond pas au nom d'une opération, d'un message ou d'un tout autre événement montrant une dynamique. L'association existe entre les classes et non entre les instances ; elle est introduite pour montrer une structure et non pas des échanges de données.

Une association n-aire possède n *rôles* qui constituent les points terminaux ou *terminaisons* de l'association ; c'est-à-dire le point où l'association s'accroche à la classe qui se trouve au bout de l'association. Un rôle montre en fait le rôle joué par une classe dans une association. Il est porteur de toute l'information qui relie l'association à la classe. Il possède un nom et plusieurs propriétés dont seules les propriétés suivantes sont présentées :

- Une *multiplicité* définit le nombre d'instances de l'association pour une instance de la classe. La multiplicité est définie par un nombre entier ou un intervalle de valeurs. La multiplicité[1] est notée sur le rôle.
- Une *navigabilité* placée sur une terminaison cible définit si ce rôle est accessible à partir de la source. Pour une instance d'une association, la navigabilité indique s'il est possible en partant de l'instance de la classe opposée au rôle de rejoindre l'instance (ou les instances) attachée(s) au rôle (navigable). Elle se représente par une flèche sur le rôle navigable. La navigabilité n'a rien à voir avec le sens de lecture de l'association.

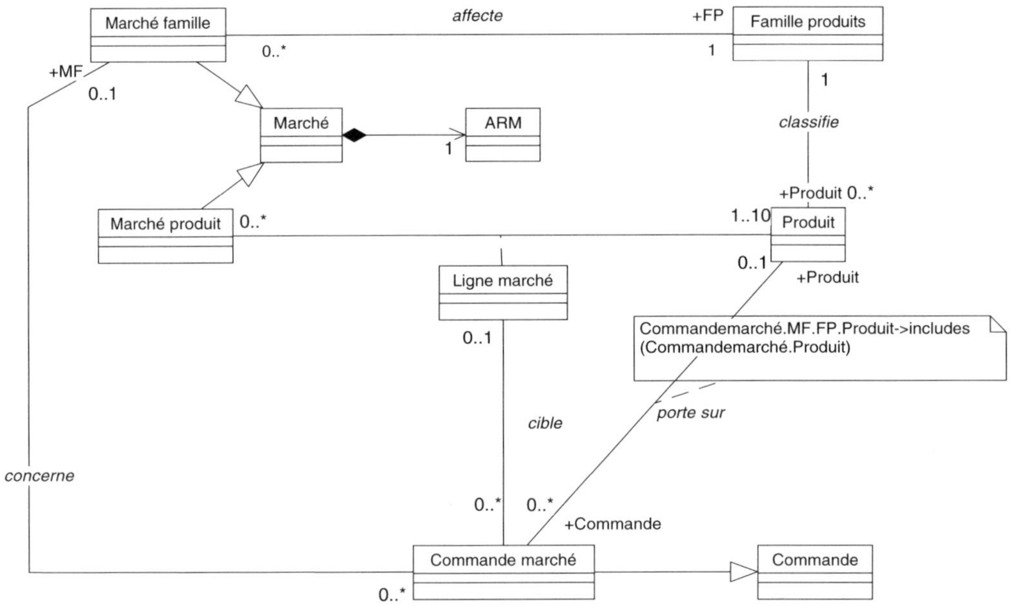

Figure 1-48
Diagramme de classes

Le diagramme de classes (figure 1-48) montre, entre autres, les classes `Produit` et `Commande marché` liées par l'association `porte sur` et les classes `Commande marché` et `Marché famille` liées par l'association `concerne`.

1. La multiplicité est notée à l'envers de la notation Merise.

L'association Porte sur se lit « Commande marché Porte sur Produit ». Le rôle joué par la classe Produit dans cette association est Produit commandé ; le rôle joué par la classe Commande marché est Commande. Les rôles portent les informations de multiplicité et de navigabilité. La multiplicité du rôle Produit commandé est 0..*. Cette notation signifie que plusieurs Produits (de zéro à un nombre non défini) peuvent être commandés lors d'une Commande marché ; cette multiplicité n'est ni fixe ni bornée. De même, la multiplicité du rôle Commande est 0..* ; ceci signifie que le même Produit peut être commandé dans plusieurs Commande marché (de zéro à un nombre non défini).

La flèche collée au nom de l'association donne le sens de lecture de l'association. Elle n'a pas de sémantique et sert à simplifier uniquement la lecture. La position des éléments graphiques n'a pas de sémantique formelle dans UML ; si les classes changent de position dans le diagramme, cela n'a aucun impact sur la sémantique mais il est utile de clarifier le sens de lecture de l'association.

Ce sens de lecture est différent de la navigabilité du rôle. La navigabilité du rôle a une sémantique précise dans UML. Si le rôle Produit commandé est navigable, alors, étant donné une instance de la classe Commande marché, il est possible de retrouver directement, grâce à l'instance de l'association, l'instance de la classe Produit commandé participant dans l'association. Plus simple, étant donné une Commande marché il est possible de retrouver la Commande marché associée.

Agrégation

Dans UML, l'agrégation n'est pas un autre type[1] de relation, mais une variante de l'association ou, plus exactement, un attribut sur un seul des rôles d'une association. L'agrégation[2] définit une relation « partie-de » entre instances de classes.

UML définit deux formes d'agrégation : la composition stricte et l'agrégation partagée. La composition stricte est une forme forte d'agrégation qui requiert qu'une instance appartienne au plus à une instance composée à un instant donné ; cette appartenance peut changer dans le temps. De plus, la composition implique une forme de propagation de sémantique dans laquelle la sémantique est propagée du composite vers le composant ; en particulier, la destruction du composite implique la destruction du composant. Une agrégation partagée est, à l'inverse de la composition, une agrégation qui autorise qu'une instance composante fasse partie de plusieurs objets composites en même temps.

Il est toujours possible d'argumenter sur le bien fondé d'une agrégation ; si c'est une « vraie » ou une « fausse » agrégation. L'étude de l'exemple SNEA suggère qu'il est existe une agrégation entre Marché et ARM dans laquelle le Marché contient son ARM. Cette agrégation se justifie ici du fait qu'il n'existe pas d'ARM sans Marché et que la vie de l'ARM est liée à celle du Marché ; l'ARM est créé bien après la création du Marché pour signaler l'acceptation de celui-ci. L'ARM reste ensuite complètement lié à ce Marché.

1. Elle l'a été dans Booch, OMT et les autres.
2. L'agrégation a été l'un des aspects les plus discutés d'UML.

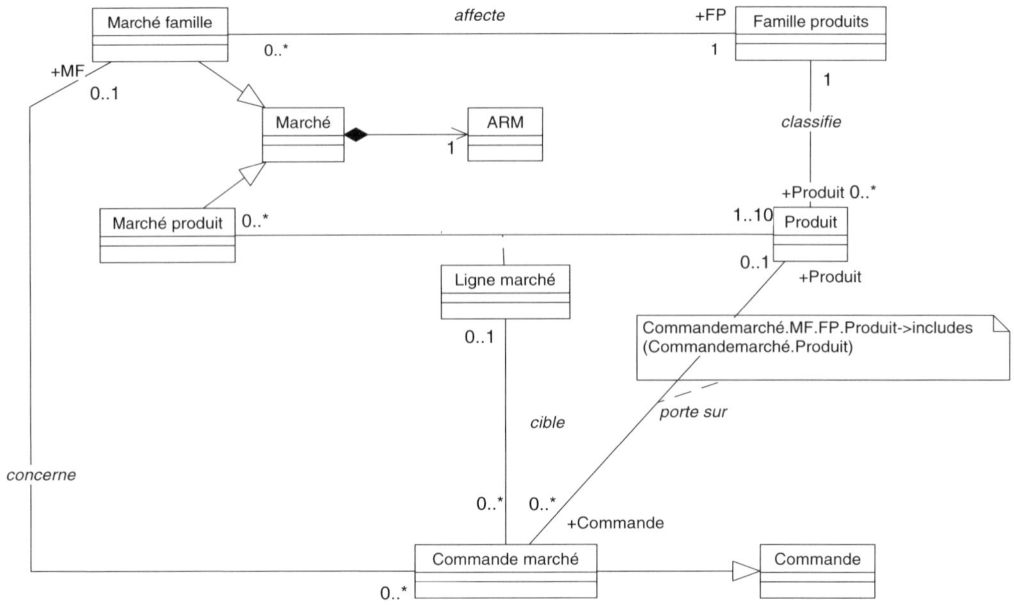

Figure 1-49
Diagramme de classes

Classe-association

La *classe-association* définit une association qui est en même temps une classe. Non seulement elle connecte des classes entre elles mais elle possède aussi un ensemble de fonctionnalités propres qui n'appartiennent à aucune des autres classes mais qui sont liées à l'existence de l'association. La classe-association se comporte comme une vraie classe avec une structure (des attributs), un comportement (opérations) et d'autres relations. La classe-association n'est pas équivalente à une relation ternaire. La multiplicité de la classe-association est implicite dans l'association.

La classe `Ligne marché` est une classe-association. Elle représente l'association entre les classes `Marché produit` et `Produit`. Les attributs `Quantité initiale`, `Rabais` et `Quantité restante` représentent quelques-unes de ses propriétés. Ces propriétés n'existent que dans le cadre d'une `Ligne marché` et ne sont pas liées aux classes `Marché produit` et `Produit`. La classe-association `Ligne marché` possède par ailleurs une association avec la classe `Commande marché`.

Généralisation

La généralisation de classe définit une relation de classification (taxinomie) entre une classe plus générale et une classe plus spécifique. La classe plus spécifique (appelée aussi classe fille, classe dérivée, classe spécialisée, classe descendante…) est cohérente avec la classe plus générale (appelée aussi classe mère, classe de base, classe géné-

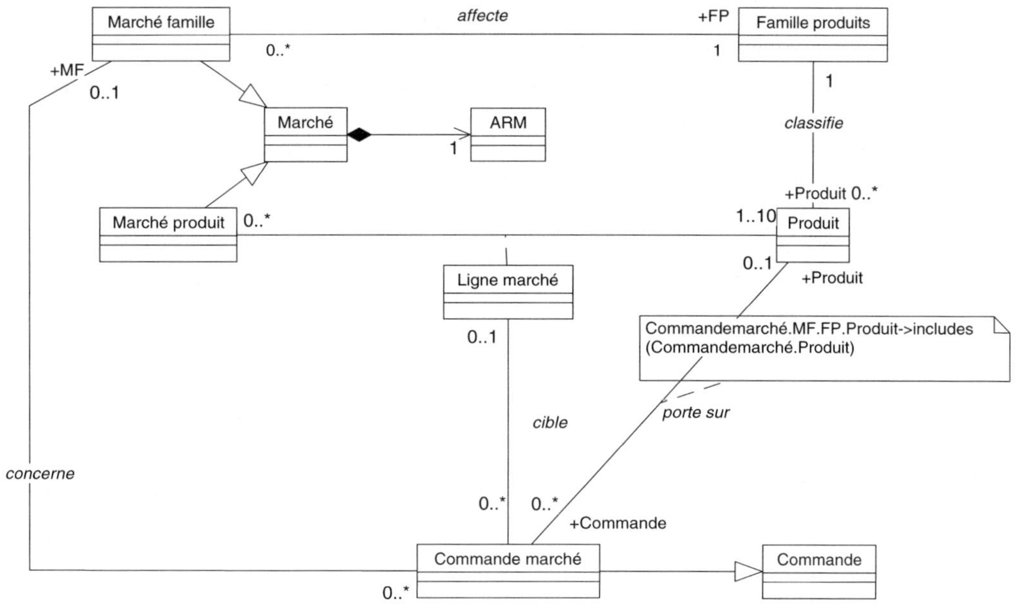

Figure 1-50
Diagramme de classes avec une classe-association

rale…), c'est-à-dire qu'elle contient par *héritage* tous les attributs, les membres, les relations de la classe générale, et peut en contenir d'autres. Si la classe générale est elle-même dérivée d'une classe plus générale, alors la classe spécialisée (petite-fille) contient tous les attributs, les membres et les relations de la classe la plus générale. Cette relation permet de construire une hiérarchie.

La généralisation est définie entre les classes et constitue donc une relation statique ; en d'autres termes, elle existe dans la description statique. La relation de généralisation est essentielle pour la « classification ». Les relations de généralisation peuvent être découvertes de deux manières :

- La *généralisation* : il s'agit de prendre des classes existantes (déjà mises en évidences) et de créer de nouvelles classes qui regroupent leurs parties communes ; il faut aller du plus spécifique vers le plus général.
- La *spécialisation* : il s'agit de sélectionner des classes existantes (déjà identifiées) et d'en dériver des nouvelles classes plus spécialisées, en spécifiant simplement les différences.

Ces deux démarches, même si elles sont fondamentalement différentes, mènent au même résultat, à savoir la constitution d'une hiérarchie de classes reliées par des relations de généralisation.

La relation de généralisation est très puissante car elle permet de construire simplement de nouvelles classes à partir de classes existantes. Cependant, elle est très contraignante dans le sens où elle définit une relation très forte entre les classes. Ainsi, l'évolution d'une classe de base entraîne une évolution de toutes les classes qui en dérivent. Cet effet boule de neige peut avoir des conséquences aussi bien positives (quand c'est l'effet recherché) que négatives.

Pendant les activités de conception, le langage et/ou l'environnement de programmation utilisé peut imposer l'héritage comme unique moyen d'accès aux mécanismes de base du langage. Dans ce cas, il faut considérer la généralisation comme une contrainte imposée par le langage et non comme une règle générale.

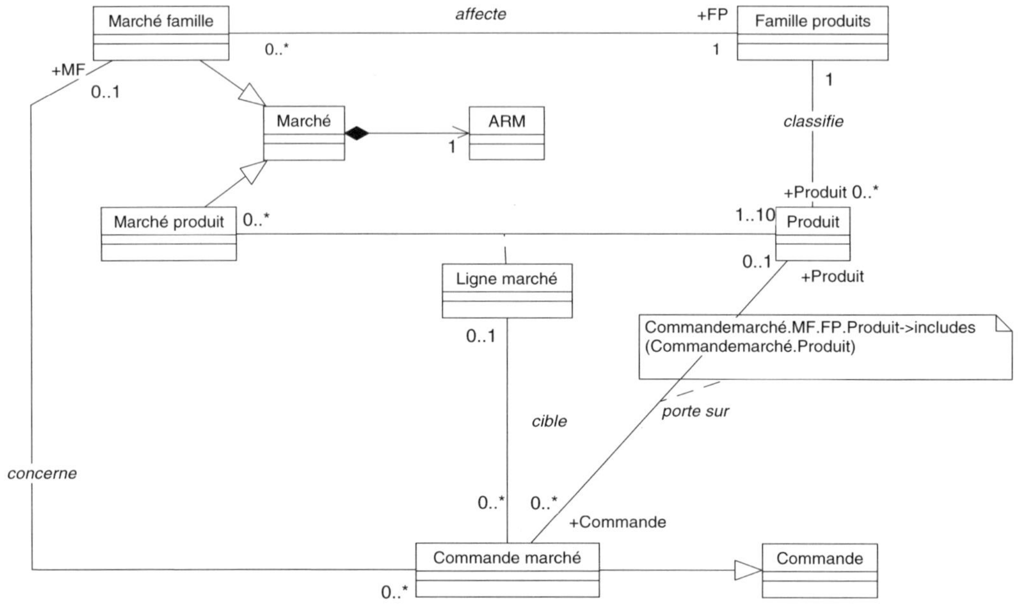

Figure 1-51
Diagramme de classes

L'étude des classes `Marché famille` et `Marché produit` montre que les deux classes partagent des points communs et suggère de créer une abstraction de plus haut niveau dont l'objectif est de factoriser les points communs entre ces deux classes. L'introduction de la classe `Marché` répond directement à ce besoin. Cette introduction permet d'envisager dans l'avenir de nouvelles formes de marchés qui n'auront pas à remettre en question la structure globale du modèle. De même, les classes `Commande marché` et `Commande normale` sont généralisées en la classe `Commande`.

Dépendance

L'association et sa variante, l'agrégation, définissent des relations instanciables ; c'est-à-dire que ces relations donnent naissance à des liens entre les objets des classes qu'elles relient. L'association (et l'agrégation) ont donc une durée de vie réelle. La généralisation est une relation qui ne se matérialise pas au niveau des objets dans le sens où elle ne donne pas lieu à une instance. Toutes les relations entre classes ne sont pas des généralisations ou des associations. Il en existe plusieurs autres.

La *dépendance* est une relation qui existe entre les éléments de modélisation sans nécessairement requérir des instances. C'est une relation unidirectionnelle qui signifie que le changement de la cible peut impliquer un changement dans la source. Plusieurs formes de dépendances sont prédéfinies dans UML :

- *Trace* : cette relation est introduite dans UML pour signifier une connexion historique entre deux éléments de modélisation représentant le même concept à plusieurs niveaux d'abstraction. Cette relation est très intéressante pour représenter par exemple la traçabilité entre un besoin et sa réalisation dans le modèle.
- *Raffinement* : cette relation est une dérivation historique entre deux éléments avec une transformation. Cette relation est intéressante pour raffiner une classe identifiée pendant l'activité d'analyse en plusieurs autres classes avec des relations pendant l'activité de conception. Ceci permet entre autres d'introduire plusieurs modèles (Besoin, Analyse, Conception...).
- *L'utilisation* : cette relation signifie qu'un élément de modélisation nécessite la présence d'un autre élément pour son bon fonctionnement. Par exemple, lorsqu'un objet `A` reçoit un message envoyé par un autre objet `B` avec en paramètre un objet `C` et que l'objet `A` ne fait que transmettre l'objet `C` à un autre objet `D` à l'occasion d'un message, la classe de l'objet `A` n'a pas de relation particulière avec la classe de l'objet `C` et pourtant, elle a besoin (en tout cas l'opération impliquée dans le message en question) de la classe de l'objet `C` pour son bon fonctionnement. Ceci se traduit dans le modèle par une relation d'utilisation de la classe `A` vers la classe `C`.

Figure 1-52
Interaction d'utilisation

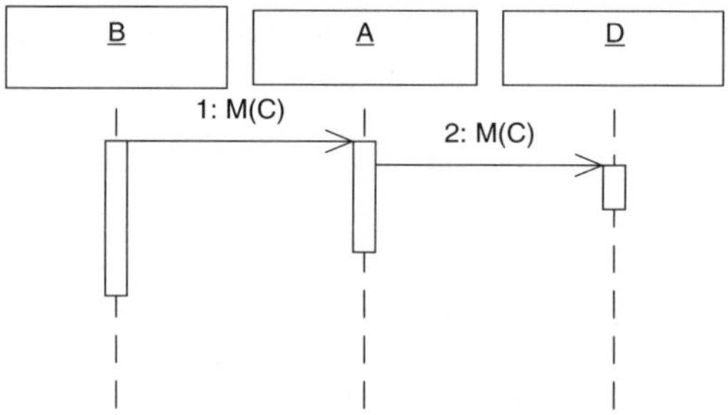

Figure 1-53
Diagramme de classes illustrant l'utilisation

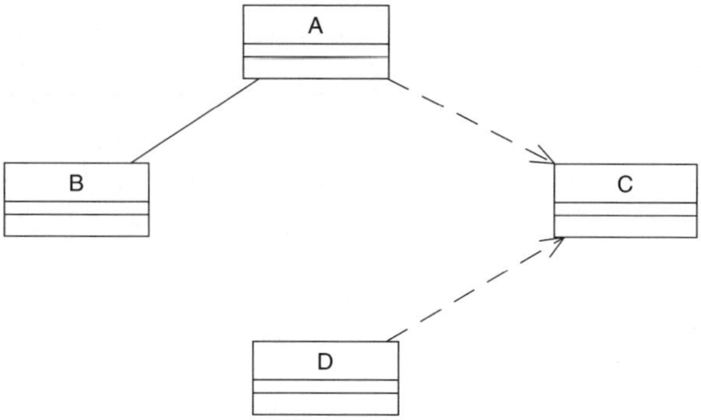

Paquetages

Les éléments de modélisation étudiés jusqu'ici sont de granularité trop fine pour pouvoir servir à prendre en compte des systèmes de grande taille. UML prend en compte ce problème grâce aux paquetages ; ils représentent un moyen de regroupement d'éléments de modélisation. Les paquetages peuvent contenir tous les éléments de modélisation comme les classes, les cas d'utilisation, d'autres paquetages… mais aussi les diagrammes.

Les paquetages possèdent les éléments de modélisation. Chaque élément est la propriété directe d'un paquetage unique, formant ainsi une hiérarchie sous forme d'arbre stricte. Cependant, les paquetages peuvent référencer d'autres paquetages, le réseau d'utilisation est donc un graphe.

Une classe qui appartient à un paquetage ne peut être la propriété d'un autre paquetage. Elle peut être référencée dans un autre paquetage si elle a par exemple une relation avec une classe de cet autre paquetage. Le paquetage forme un espace de nommage ; c'est-à-dire que les noms des éléments qu'il possède sont indépendants des noms des éléments de modélisation des autres paquetages. Ainsi, deux classes (ou deux cas d'utilisation…) peuvent avoir le même nom à condition qu'elles (ou ils) appartiennent à des paquetages différents.

Un paquetage possède un nom, un stéréotype et contient des éléments de modélisation. Les relations qui existent entre paquetages sont :

- La *contenance stricte* : cette relation a déjà été présentée. Un paquetage contient des éléments de modélisation qui peuvent aussi être des paquetages. Cette imbrication de paquetages constitue une hiérarchie. Il s'agit de l'imbrication des paquetages pour former une hiérarchie. Cette relation n'a pas de représentation graphique spécifique.
- L'*utilisation* : c'est la relation la plus courante entre paquetages. Une relation « paquetage `A` utilise paquetage `B` » signifie qu'il existe au moins un élément de modélisation (par exemple une classe) appartenant au paquetage `A` et qui est en relation avec un autre élément de modélisation (par exemple une classe) qui se trouve dans le paquetage `B`. Cette relation se note sous forme d'une flèche pointillée. Il faut noter que cette relation résume toutes les relations qui existent entre les éléments de modélisation des paquetages respectifs ; elle est unique.

Les éléments de modélisation contenus dans un paquetage possèdent à leur tour la propriété de visibilité que possèdent déjà les attributs et les opérations dans les classes. C'est-à-dire, qu'une classe appartenant à un paquetage est soit *publique* soit *privée*. Ceci permet à un paquetage de réduire la visibilité sur les éléments qu'il contient et qu'il met à la disposition des autres paquetages. Seuls les éléments de modélisation *publics* sont accessibles à l'extérieur du paquetage qui les contient et sont donc candidats à posséder des relations avec des éléments de modélisation appartenant à d'autres paquetages.

Le découpage en paquetages est dans les faits réalisé assez tôt dans le projet et non pas à la fin pour regrouper les classes. Le découpage initial est le résultat de l'analyse des processus métier et des structures organisationnelles. Il est assez difficile d'opérer un tel découpage sans avoir au préalable fait une telle analyse. Il est néanmoins nécessaire d'avoir une idée d'un tel découpage au tout début sans connaître l'ensemble des classes du modèle. Les paquetages sont présentés dans cet ouvrage comme le résultat d'une activité de regroupement de classes et non comme le résultat d'un découpage préalable à l'analyse détaillée du modèle par souci pédagogique de présentation des concepts d'UML.

Les paquetages sont ensuite représentés dans un diagramme de classes et non dans un diagramme de paquetage, car il n'en existe pas. UML offre un diagramme général qui aurait dû s'appeler « diagramme structurel statique », pour représenter les aspects statiques de la structure du modèle. Dans un tel diagramme, il est possible de représenter des classes, des paquetages et des interfaces.

Figure 1-54
Paquetages du modèle

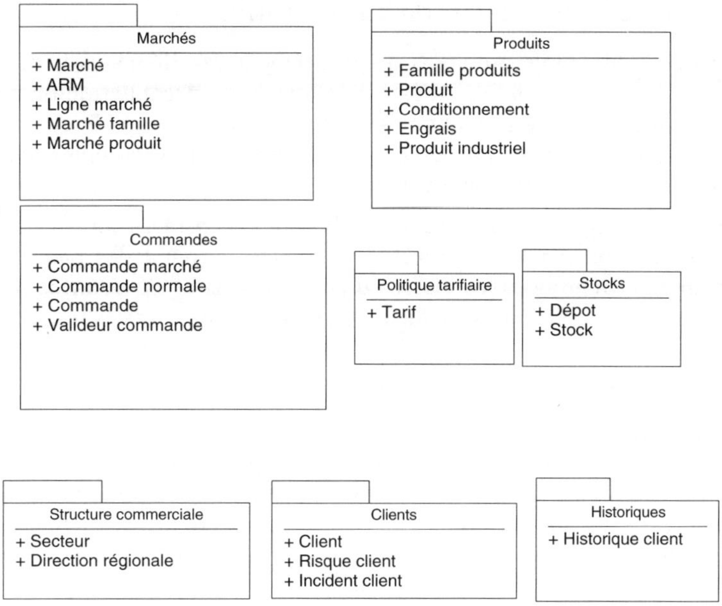

Il est de la responsabilité de l'architecte d'effectuer le bon découpage et de le faire valider dans les premières itérations du développement. Le faire valider consiste à s'assurer que les bons paquetages sont définis, qu'ils ont les bonnes interfaces et qu'ils ont les bonnes relations. L'architecte doit tenir compte des critères techniques du type :

- Regrouper les classes sémantiquement proches. Un paquetage a pour objectif de contenir des classes qui sont liées entre elles et qui forment un tout cohérent. Ce critère est assez vague et difficile à formaliser, mais dans les faits, il est simple à comprendre et à mettre en place (cf. chapitre 2).
- Organiser les paquetages en couches (en niveaux). Les paquetages d'un niveau n'utiliseront que les paquetages du même niveau ou de niveau inférieur. Ceci se rapporte aux techniques d'architecture en couches largement reconnues.
- Éviter les couplages forts entre paquetages. Dans le découpage, il faut s'assurer que tous les paquetages n'utilisent pas tous les autres paquetages, autrement le découpage est suspect. Le rôle d'un paquetage est de former un tout cohérent indépendant et, pour ce faire, il ne doit pas avoir beaucoup de relations avec d'autres paquetages. Autrement, il est difficile à appréhender et surtout à faire évoluer. En particulier, il faudra éviter les dépendances circulaires entre paquetages.

Le chapitre suivant discute davantage des concepts d'architecture. Le découpage en paquetages doit aussi tenir compte de plusieurs autres critères qui constituent le fondement du concept de paquetage, à savoir : les paquetages sont un moyen de structuration, un moyen d'organisation de l'équipe de développement, la base de la gestion de configuration et un bon moyen de réutilisation.

Paquetage comme moyen de structuration

Au-delà du simple problème de groupement des éléments de modélisation, les paquetages constituent en fait un excellent moyen de structuration du modèle. L'organisation des paquetages montre tout de suite l'organisation générale du système. C'est une perspective de haut niveau nécessaire pour appréhender la complexité des systèmes auxquels nous devons faire face aujourd'hui.

Les paquetages s'avèrent aussi idéals pour encapsuler l'infrastructure technologique sur étagère dont dispose le projet. L'architecte introduit des paquetages pour prendre en compte et regrouper les classes d'accès aux bases de données, les classes pour traiter l'accès aux service du système d'exploitation, aux services réseau, etc.

Paquetage comme grain de réutilisation

Les années « Orientées Objet » on vécu sous le signe de la réutilisation. Le leitmotiv des technologies objet a été la réutilisation. Le phénomène de mode est aussi la réutilisation. Sans entrer dans le débat de la réutilisation ici, le bon niveau de granularité à la réutilisation est sans aucune ambiguïté le paquetage. Toutes les tentatives de réutilisation au niveau plus faible (c'est-à-dire des classes) a échoué. D'un côté, une classe n'est jamais utilisée toute seule ; elle est en relation avec d'autres classes du modèle et il est presque impossible de la réutiliser toute seule telle quelle. D'un autre côté, quand cela est réellement possible, le retour sur investissement est trop faible et ne justifie pas l'effort dépensé à concevoir la classe comme réutilisable.

Paquetage comme moyen d'organisation de l'équipe

Les paquetages logiques[1] forment des groupements de classes et les relations entre les paquetages doivent être pensées de manière à réduire leurs couplages et leurs interdépendances (cf. chapitre 2). De même, les paquetages logiques regroupent des classes qui traitent de responsabilités, de domaines ou de préoccupations proches. Ces classes nécessitent souvent une compétence spécifique comme un domaine métier spécifique (les marchés, la facturation, les commandes...) ou un domaine technique particulier (middleware, base de données, IHM...). Utiliser les paquetages pour répartir le travail et les responsabilités entre les équipes de développement s'avère alors être le découpage le plus efficace. Les paquetages ont le bon niveau de granularité ; il est très difficile de répartir les équipes au niveau de la classe. Du fait du découplage entre les paquetages, ils permettent d'opérer un réel travail parallèle dans une équipe ; ce qui constitue un des principaux moyens pour augmenter la productivité des équipes.

1. Cette discussion s'applique de la même manière aux paquetages physiques d'implémentation.

Paquetage comme base de la gestion de configuration

D'aucuns pensent que le bon niveau de gestion de version et de configuration doit être la classe. Ils s'en trouvent même qui prêchent pour l'attribut ou l'opération[1]. Ceci relève de l'utopie. UML définit les paquetages comme des éléments de gestion de configuration, de stockage et de contrôle d'accès. La raison se trouve dans la sémantique des paquetages. Ils sont propriétaires d'éléments de modélisation et ne sont pas de simples vues.

Ainsi, ajouter une association entre deux classes consiste à modifier le paquetage des deux classes concernées (voire un dans lequel cette association est rendue visible). Si la gestion de version et de configuration est faite au niveau de la classe, cette simple adjonction d'association modifie quatre éléments. Ce qui est complètement inacceptable.

Interfaces

Le concept d'interface a été introduit dans UML pour modéliser des techniques de description de composants qu'on trouve aujourd'hui sur le marché.

DÉFINITION

Une *interface* est la déclaration d'une collection d'opérations qui peuvent être utilisées pour définir un service.

Une interface spécifie des opérations visibles d'une classe, d'un composant ou d'un paquetage sans en définir la structure interne. Elle ne spécifie souvent qu'une partie limitée du comportement d'une classe. Les interfaces n'ont ni implémentation ni attributs, ni états, ni associations. Elles peuvent cependant disposer de relations de généralisation. Une interface est en fait une classe particulière (ayant le stéréotype `<<Interface>>`) avec des contraintes sémantiques prédéfinies. Les relations possibles sur une interface sont les suivantes :

- La *fourniture* : cette relation spécifie qu'une classe donnée (y compris un composant ou un paquetage) fournit l'interface à ses clients ; c'est-à-dire que la classe (le composant ou le paquetage) possède cette interface. Une classe peut fournir plusieurs interfaces à ses clients et chaque interface définit un des services de la classe. Cette technique permet de réduire la visibilité sur une classe. En effet, les clients n'utiliseront par la suite que les interfaces qui les intéressent et non toute la classe. Une interface est un excellent moyen de réduire la visibilité sur une classe. En effet, une classe qui expose ses opérations publiques, les expose à toutes les autres classes du modèle. De plus, toutes les opérations publiques sont disponibles à toutes ces classes clientes même si chacune ne souhaite voir dans les faits qu'un sous-ensemble de la classe. Le concept d'interface permet de répondre à ce problème en permettant à une classe de définir plusieurs profils (ou interfaces) en permettant à chaque classe de n'utiliser que le profil qui l'intéresse. Une classe peut ainsi être vue de plusieurs perspectives différentes en fonction de la classe qui la regarde. Cette manière d'utiliser les interfaces augmente la réutilisabilité.

1. Et pourquoi pas le paramètre ou le type du paramètre.

- *L'utilisation* : cette relation concerne toute classe cliente qui souhaite utiliser la classe interface de manière à accéder à ses opérations. C'est la relation d'utilisation `uses` standard.
- La *réalisation* : cette nouvelle relation n'est utilisée que pour les interfaces. Tracée d'une classe `A` vers une interface `B`, elle signifie que la classe réalise (se conforme à) l'interface `B`. La classe `A` fournit une implémentation des opérations définies dans `B`. Il est possible qu'une classe donnée puisse réaliser plusieurs interfaces différentes ; de même une même interface pourra être réalisée par plusieurs classes. Cette extension constitue un excellent moyen de spécifier des composants réutilisables.

Figure 1-55
Exemple d'interface

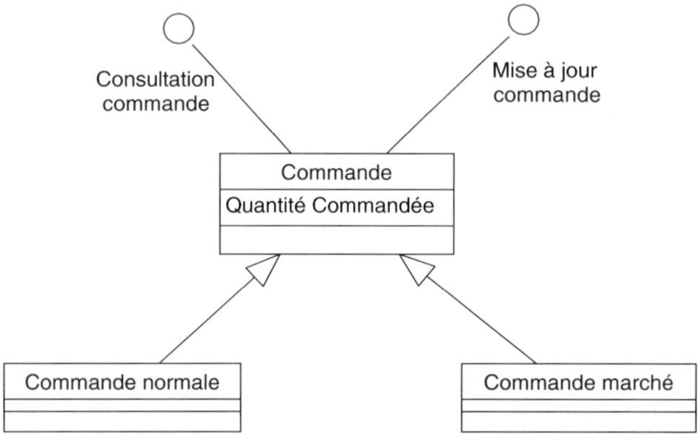

Dans l'exemple précédent, la classe `Commande` définit deux interfaces : `Mise à jour commande` et `Consultation commande`. Ces deux interfaces constituent deux manières différentes d'utiliser la classe `Commande` ; la première définit les services de mise à jour de la classe alors que la seconde définit les services de sa consultation. On réduit ainsi la visibilité de la classe `Commande`. Le chapitre 2 donne des exemples supplémentaires de l'utilisation des interfaces dans le cadre des composants.

Machines à états

Les machines à états ont été introduites par D. Harel pour modéliser de manière formelle la dynamique de systèmes réactifs. Les auteurs d'UML ont choisi de les intégrer pour décrire certains aspects dynamiques, plus précisément les classes et les cas d'utilisation.

DÉFINITION

Une *machine à états* est un comportement qui spécifie les séquences d'états qu'un objet ou une interaction traverse durant sa vie en réponse à des événements, avec les réponses et les actions. Le comportement est spécifié comme l'exécution d'un graphe de nœuds d'états interconnectés par un ou plusieurs arcs de transition joints. Les transitions sont déclenchées par une série d'instances d'événements.

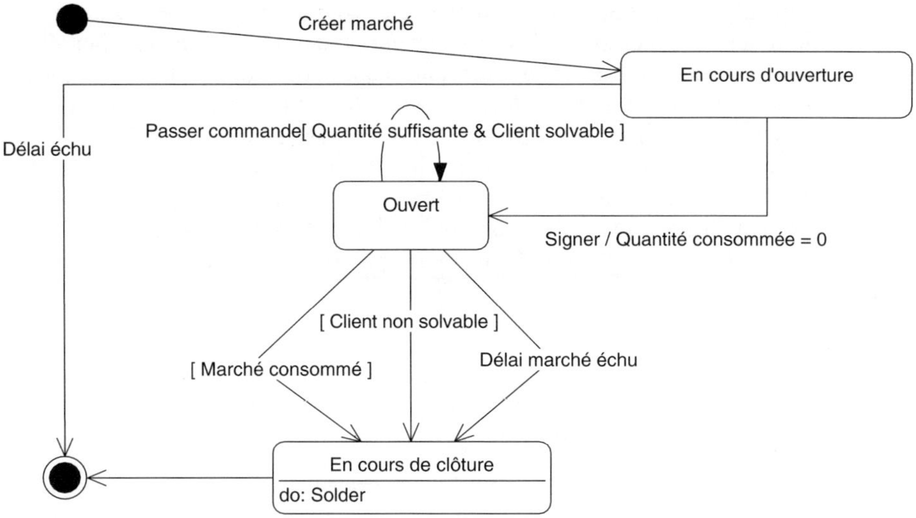

Figure 1-56
Diagramme d'états-transitions de la classe Marché

Les machines à états sont finies, déterministes et connexes. Une machines à états décrit l'espace des états d'une classe (c'est-à-dire tous les états possibles dans lesquels peuvent se trouver les objets de la classe) et les transitions (c'est-à-dire les changements d'états). Une machine à états est associée à une classe (ou un cas d'utilisation) et non à une instance. Les constituants essentiels du modèle d'états peuvent se résumer grossièrement aux concepts suivants :

- *État* : le modèle objet est fondé sur le principe que tout objet possède un état à chaque instant. Un état est par définition une situation stable dans laquelle un objet peut être observé en train d'exécuter une activité. Un état a donc une durée non nulle. Deux états sont prédéfinis : *Start* (noté sous forme de cercle plein noir) et *Stop* (noté sous forme de double cercle demi-plein noir). Le premier définit l'état initial de l'objet ; il est obligatoire et unique. Le second définit l'état final de l'objet ; il est optionnel, et il peut y en avoir plusieurs. Un état est noté sous forme de carré à coins arrondis. Les états possibles de la classe `Marché` sont : `En cours d'ouverture`, `Ouvert`, `En cours de clôture`. L'analyse de l'espace d'état d'une classe relève de l'étude des attributs, des relations et des activités de la classe.

DÉFINITION

Un *état* est une condition ou une situation, dans la vie d'un objet, durant laquelle il satisfait une condition, il effectue une activité ou il attend un événement donné. Un état modélise une situation dynamique dans laquelle une ou plusieurs conditions (implicites ou explicites) peuvent se produire.

- *Événement* : un objet a un comportement qui définit la manière dont il agit et réagit vis-à-vis de son environnement (les autres objets). Durant sa vie, un objet reçoit des événements et réagit en fonction de son état courant, de l'événement et éventuellement d'autres conditions. Il y a plusieurs types d'événements : un *événement d'appel* correspond à la réception d'une requête pour demander l'exécution d'une opération ; un *événement de changement* résulte d'un changement de valeur, d'un attribut ou d'une relation ; un *événement signal* résulte de la réception d'un signal et enfin un *événement temporel* est le résultat d'une échéance temporelle (c'est-à-dire d'un délai). Dans l'état `En cours d'ouverture`, le `Marché` peut recevoir le seul événement `Signer`. Dans l'état `Ouvert`, le `Marché` peut recevoir le seul événement `Passer commande`. Les autres événements qui arrivent sont tout simplement ignorés. Un événement n'a pas de notation spécifique.

DÉFINITION

Un *événement* est la spécification d'une occurrence significative qui a une localisation dans le temps et dans l'espace. Une instance d'un événement peut entraîner l'activation d'une fonctionnalité d'un objet.

- *Transition* : la réaction d'un objet à un événement se traduit en général par une transition (déclenchée par cet événement) qui conduit à un changement d'état. Une transition peut être automatique quand elle n'est provoquée par aucun événement (tout se passe comme s'il y avait un événement interne). Une transition est notée sous forme de flèche et le nom de l'événement apparaît au-dessus de la flèche. Un événement représenté provoque en général une transition qui peut se traduire par un changement d'état (pas nécessairement). Ainsi, `Signer` déclenche une transition avec changement d'état (de `En cours d'ouverture` à `Ouvert`), `Passer commande` déclenche une transition sans changement d'état (l'objet reste dans l'état `Ouvert`). Certaines transitions peuvent être internes et automatiques non provoquées par un événement. Tout se passe comme s'il y avait un événement interne (mais il n'y en a pas). Ainsi, dans l'état `Ouvert`, le `Marché` peut exécuter la transition si le client devient non solvable.

DÉFINITION

Une *transition* est une relation entre un état *source* et un état *cible*. Elle peut faire partie d'une *transition composée*, qui prend la machine à états d'une configuration d'états à une autre, représentant la réponse complète de la machine à états à une instance d'événement particulier pour une configuration d'états source donnée.

- *Condition de garde* : une transition peut être gardée par une condition (une expression booléenne) qui définit si la transition à effectuer est valide. La transition n'est effectuée que si l'expression est vraie. La transition réflexive sur l'état `Ouvert` est gardée par la (double) condition `Quantité restante suffisante & Client solvable`. La transition interne automatique entre `Ouvert` et `En cours de clôture` est gardée par la condition `Quantité restante insuffisante`. La condition est notée sous forme textuelle entre crochets et associée à la transition. L'expression est évaluée quand l'occurrence de l'événement déclenche la transition.

- *Action* : une action peut être associée à une transition. Elle définit un traitement exécuté par l'objet pendant cette transition. Elle peut être élémentaire (par exemple, initialiser une variable) ou consister en l'envoi d'un événement à un autre objet. Sa durée est considérée nulle ; en d'autres termes, il n'est pas possible d'observer un objet en train d'effectuer une transition. Ce point est essentiel dans la sémantique formelle d'UML. Le modèle résultant est exécutable. Deux actions particulières sont associées aux états : *Entry* et *Exit*. *Entry* est une action exécutée en entrée de l'état, tandis que *Exit* est exécutée en sortie de l'état. Ainsi, pendant la transition `Signer`, la quantité consommée du `Marché` est remise à zéro.
- *Activité* : une activité décrit ce que fait un objet quand il est dans un état ; il s'agit d'une activité observable. C'est dans l'activité que sont décrits des comportements qui ont une durée de vie importante et qui font que l'objet est observable. L'état `En cours de clôture` est intéressant de ce point de vue car il a comme activité de `Solder marché`.
- *Hiérarchie des états* : les machines à états sont des machines hiérarchiques dans lesquelles un état (un super-état) peut se décomposer en d'autres sous-états ; dans ce cas, il possède sa propre machine à états. Ceci permet d'appréhender la complexité d'une machine à états et permet de voir une machine à états avec plusieurs niveaux d'abstraction. Un état possède une activité et cette activité peut elle-même être modélisée par une machine à états (cf. figure 1-57).

Il n'est pas nécessaire de définir une machine à états pour chaque classe du modèle. Dans un projet réel, la majorité des classes sont simples du point de vue de leur dynamique et ne nécessitent pas une description formelle aussi avancée. Seules des classes qui présentent une dynamique (un comportement) complexe justifient l'utilisation de cette technique de modélisation.

Diagrammes d'activités

DÉFINITION

Un *modèle d'activité* est une variation d'une machine à états dans laquelle les états sont des activités représentant la réalisation d'opérations et les transitions sont déclenchées par la complétion des opérations. Le diagramme d'activités dans sa globalité est attaché à une classe, à l'implémentation d'une opération ou à un cas d'utilisation.

Les diagrammes d'activités ont été introduits dans UML principalement (et pas uniquement) pour la modélisation de métier ; les concepts de la modélisation métier ont déjà été introduits plus tôt dans ce chapitre (cf. page 41). Lors de l'introduction de ces concepts, nous n'avons pas souhaité développer dans le détail les diagrammes d'activités pour éviter de noyer le lecteur dans des détails un peu trop techniques (cf. figure 1-58).

Les diagrammes d'états-transitions sont utiles pour représenter des machines à états qui sont soumises à (reçoivent) beaucoup d'événements externes. La réaction à un événement externe autorisé sur un état est le déclenchement d'une transition. Les diagrammes d'activités, quant à eux, reflètent des machines à états dont les événements sont internes et les transitions sont déclenchées par la fin des opérations (des actions) internes aux

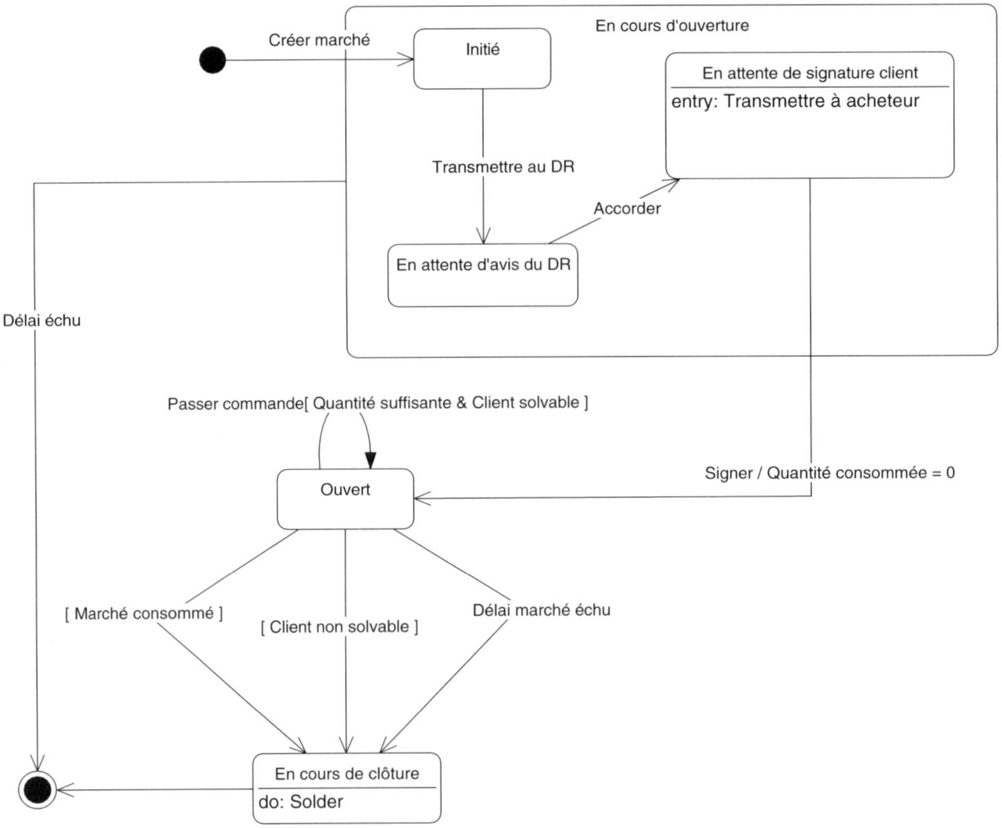

Figure 1-57
Diagramme d'états-transitions hiérarchique

états ; la fin d'une action est un événement interne qui déclenche la transition. Ces diagrammes sont donc intéressants pour représenter des machines à états dans lesquelles il y a beaucoup d'automatisme. Ils seront utiles pour décrire des opérations, des cas d'utilisation ou des objets autonomes ; en particulier, ils seront utiles pour décrire les activités des travailleurs dans la modélisation de métier.

Les diagrammes d'activités se résument aux concepts suivants :

- *État action* : est un raccourci pour un état qui contient une action interne et au moins une transition sortante signifiant la fin de l'action. Cette fin d'action représente un événement implicite ; il ne faut pas placer d'événement sur la transition, mais elle peut contenir une action et même une condition de garde. `Vérifier`, `Étudier` et `Finaliser` sont des exemples d'états action du diagramme précédent.
- *Décision* : lorsqu'un état action peut déclencher plusieurs transitions, il est nécessaire d'accompagner chacune de ces transitions de conditions de garde ; ce sont des expressions booléennes. Les conditions de garde doivent être mutuellement exclu-

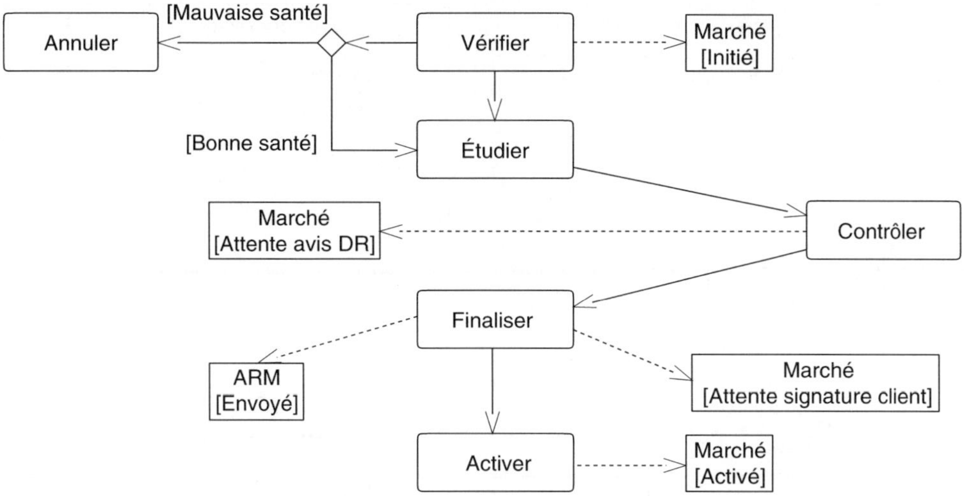

Figure 1-58
Diagramme d'activités pour Ouvrir marché

sives pour assurer qu'un diagramme d'activités est déterministe. Dans le diagramme de la figure 1-58, l'état action `Vérifier` s'achève sur une des deux transitions protégées par des conditions de garde.

- *Partition* : les diagrammes d'activités peuvent être découpés en partitions qui sont présentées sous forme de « couloirs » à l'exemple des couloirs des piscines. Chaque couloir représente une responsabilité de l'activité et sera assigné à un objet. Cette notation est purement visuelle sans sémantique particulière (figure 1-59).

Les deux diagrammes précédents sont équivalents dans le sens où l'adjonction des couloirs ne rajoute pas de sémantique au modèle. Cependant, ce rajout permet de localiser les responsabilités des actions et de montrer la répartition sur les objets participants.

Extensibilité d'UML

UML se veut un langage de modélisation unifié et universel qui prend en compte divers problèmes de modélisation. Sa standardisation est nécessaire car l'unification et l'acceptabilité étaient les buts recherchés.

Cependant, UML est conçu dans une période où les technologies en matière de développement logiciel ne cessent d'évoluer, avec l'apparition de plusieurs langages de programmation, de divers modèles de composants logiciels, de systèmes d'exploitation en évolution, etc. D'autre part, les domaines d'application sont divers et variés, et les cultures d'entreprise et leurs contraintes aussi sont multiples.

Il était donc nécessaire de définir un langage qui s'adapte à toutes ces problématiques tout en restant simple et qui évolue facilement sans avoir à remettre en question le standard. C'est dans ce but qu'UML offre des mécanismes d'extensibilité qui permettent

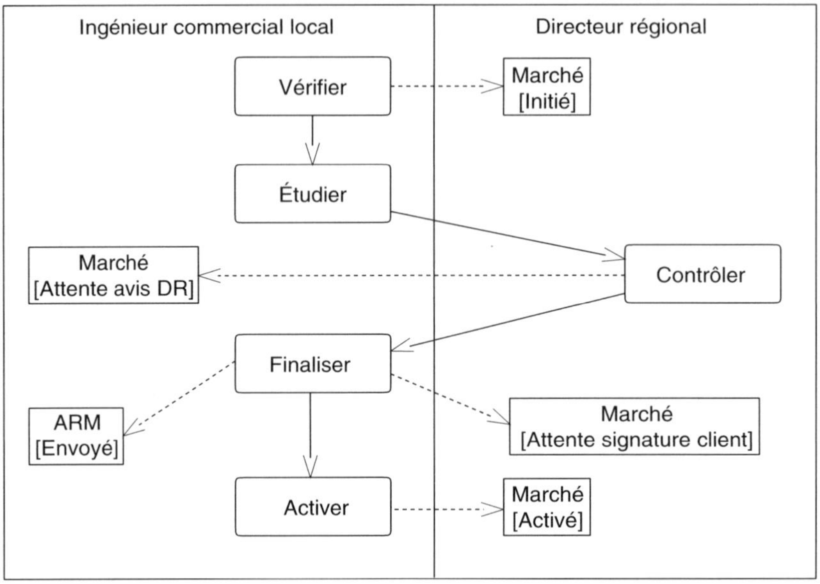

Figure 1-59
Diagramme d'activités avec couloirs

justement de faire évoluer de manière contrôlée et propre le langage, et de l'adapter à divers contextes d'utilisation. Trois mécanismes sont définis à ce titre : les *stéréotypes*, les *listes de propriétés* et les *contraintes*.

Propriétés

Les propriétés des éléments de modélisation ne trouvent pas forcément de représentation graphique dans UML. Ceci permet de simplifier les diagrammes résultants, car il n'est pas nécessaire de tout représenter graphiquement. Dire qu'une classe est persistante ou abstraite, qu'une opération est synchrone ou polymorphique, qu'un attribut est constant, consiste à associer une propriété à une classe, respectivement à une opération ou à un attribut. Ceci vaut pour tous les éléments de modélisation. Ces propriétés sont présentes dans les modèles mais ne se retrouvent pas graphiquement.

UML offre la possibilité aux utilisateurs d'UML de définir leur propre jeu de propriétés grâce aux *valeurs marquées*. Une valeur *marquée* est un couple (propriété, valeur) qui peut être associé à tout élément de modélisation aussi bien graphique que sémantique.

Les propriétés sont très utiles aux outils pour prendre en compte, entre autres, la génération de code. Par exemple, le langage C++ définit les concepts d'attribut constant, d'opération statique ou de relation de généralisation virtuelle. Ces concepts ne trouvent pas forcément d'équivalents dans UML[1]. Un outil pourra offrir à l'utilisateur la possibilité

1. Ni dans tous les langages de programmation.

de spécifier des propriétés spécifiques qui seront utilisées pour la génération de code. C'est la meilleure façon d'être ouvert aux divers environnements de programmation tout en restant conforme à UML.

Stéréotypes

Les stéréotypes ont déjà été introduits à plusieurs reprises dans cet ouvrage. Un stéréotype est un élément de modélisation introduit pendant la modélisation. Il représente une sous-classe d'un élément de modélisation existant avec la même structure, mais avec une intention différente. De manière générale, un stéréotype représente une distinction d'usage. Un élément stéréotypé peut avoir des contraintes supplémentaires que sa classe de base ne possède pas. Les stéréotypes sont aussi très utiles pour spécialiser des utilisations d'UML ou pour générer du code grâce aux outils.

Les stéréotypes fournissent un moyen de classifier les éléments de modélisation. Un stéréotype peut être associé à tout élément de modélisation. Les classes, les opérations, les attributs, les relations, les paquetages, les composants, etc., peuvent tous avoir des stéréotypes. Par exemple, `Interface Worker`, `Internal Worker` ou `Entity` sont des stéréotypes de classes introduits pour la modélisation de métier, `Boundary` et `Control` des stéréotypes de classes introduits pour distinguer les objets informatiques, `Organisation`, `Infrastructure`, `Entité externe` sont des exemples de stéréotypes de paquetage introduits ici pour désigner les différentes couches de l'architecture, etc.

L'unique moyen d'extensibilité graphique de la notation autorisé par UML repose sur les stéréotypes. L'utilisateur d'UML peut définir ses propres stéréotypes et leur associer une représentation graphique spéciale. Ceci n'a pas pour objectif que chaque utilisateur d'UML redéfinisse les icônes de la notation qu'il avait l'habitude d'utiliser. La spécialisation des représentations graphiques pour certains éléments de modélisation stéréotypés permet essentiellement de les reconnaître facilement. Par exemple, l'utilisation des stéréotypes `Interface Worker`, `Internal Worker` ou `Entity` permet de séparer les objets de la modélisation de métier de ceux de la modélisation informatique. De même, comme c'est décrit dans le chapitre 2, les stéréotypes peuvent être associés aux composants ou aux nœuds ; ainsi, un nœud peut être stéréotypé `Imprimante` ce qui permet de lui associer l'icône d'une imprimante au lieu de l'icône de nœud définie dans UML.

Contraintes

Une contrainte est une information sémantique associée à un élément du modèle et qui spécifie les conditions que le modèle doit satisfaire pour être correct. UML définit un langage d'expression de contrainte appelé OCL (Object Constraint Language). Ce langage a été développé comme un langage de modélisation de métier par la division « assurance » d'IBM et trouve son origine dans la méthode Syntropy. Il ne s'agit pas ici d'entrer dans les détails du langage OCL mais simplement de montrer son utilisation dans un contexte concret.

OCL est un langage à expressions. Le résultat d'une expression OCL est une valeur qui n'a aucun effet de bord sur le système ; l'évaluation d'une expression ne change rien au système. OCL n'est pas un langage de programmation, il n'est donc pas possible d'écrire directement des algorithmes en OCL. OCL est langage typé dans le sens où chaque expression possède un type, il n'est pas possible par exemple de comparer un booléen et une chaîne de caractère. OCL est très utile pour :

- pour spécifier des invariants sur les classes dans le modèle de classe,
- pour spécifier des invariants pour les stéréotypes,
- pour décrire des pré et post-conditions sur les opérations,
- pour décrire des conditions de garde,
- comme un langage de navigation,
- pour spécifier des contraintes sur les opérations, etc.

Dans l'exemple SNEA, une contrainte importante sur les commandes de marché est imposée par la société. Cette contrainte consiste à dire que le client qui a un marché à commande ne peut commander que les produits qui sont désignés par le marché et qui appartiennent à la famille de produits du marché. Cette contrainte est difficile à exprimer dans un langage de modélisation (quelconque) sans l'aide d'un langage d'expression de contraintes.

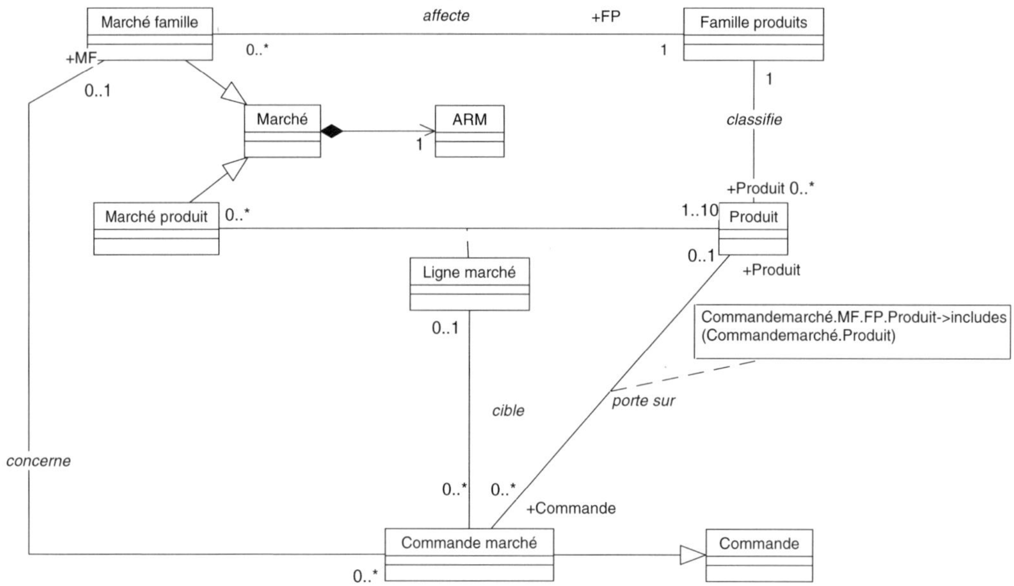

Figure 1-60
Exemple de contrainte

Pour exprimer cette contrainte-là, il s'agit de dire que tout `Produit` commandé dans une `Commande marché` fait partie nécessairement des produits `classifiés` par la `Famille produit affectée` au `Marché famille concerné` par la `Commande marché` du `Produit` commandé. Pour cela, OCL fournit plusieurs possibilités :

```
-1- Commandemarché.MF.FP.Produit->includes(Commandemarché.Produit)
```

Cette expression montre entre autres la navigation symbolisée par le point (`.`) ; elle permet par exemple de naviguer de la `Commande marché` vers le `Marché produit`, ensuite vers la `Famille produit` et enfin vers les `Produits` (`Commandemarché.MF.FP.Produit`). Le résultat est un ensemble sur lequel on applique l'opération prédéfinie *`includes`* qui reçoit en paramètre `Commandemarché.Produit`, qui est le produit commandé. Ainsi, on vérifie si ce produit est *inclus* dans l'ensemble.

OCL définit plusieurs types de collections (*`Set`*, *`Bag`*, et *`Sequence`*). *`Set`* est un ensemble au sens mathématique du terme, c'est-à-dire qu'il ne contient pas de doublons. *`Bag`* est une collection qui peut contenir des doublons. *`Sequence`* est un *`Bag`* ordonné. De plus, OCL définit un ensemble très complet d'opérations de manipulation de ces collections ; *`includes`* en est exemple ; elle permet de vérifier si une collection contient un élément donné en paramètre.

```
-2- Commandemarché.MF.FP.Produit->count(Commandemarché.Produit) <> 0
```

Cette expression est une variante de la précédente dans laquelle on regarde le nombre de fois que l'élément se trouve dans la collection. En l'occurrence, on regarde le nombre de fois où le `Produit` se trouve dans la collection de produits de la `Famille produit` grâce à l'opération prédéfinie *`count ;`* ce compte est ensuite comparé à zéro.

```
-3- Commandemarché.MF.FP.Produit->select(p | p =
Commandemarché.Produit)->size <> 0
```

Cette expression utilise une instruction *`select`* particulière qui consiste à rechercher dans une collection la sous-collection des éléments qui satisfont une condition donnée. Ici, on recherche tous les `Produits` qui sont égaux au `Produit` commandé dans la `Commande marché`.

```
-4- Commandemarché.MF.FP.Produit->select(p | p =
Commandemarché.Produit) ->notEmpty
```

Cette expression est une variante de la précédente où l'on teste si la sous-collection obtenue est vide.

```
-5- Commandemarché.MF.FP.Produit->exists(p | p =
Commandemarché.Produit)
```

Cette expression utilise une instruction *`exists`* particulière qui consiste à vérifier dans une collection s'il existe un élément qui satisfait une condition donnée. En l'occurrence ici, on regarde s'il existe un `Produit` qui soit égal au `Produit` commandé dans la `Commande marché`.

```
-6- Commandemarché.MF.FP.Produit->exists(p | p.partnum =
Commandemarché.Produit.partnum)
```

Cette expression est une variante de la précédente dans laquelle la condition est changée. On introduit l'attribut (la propriété) `Partnum` de l'objet `Produit` qui représente un identifiant unique de produit.

```
-7- Commandemarché.MF.FP.Produit->select(p | p.partnum =
Commandemarché.Produit.partnum)->size <> 0
```

Cette expression est une variante de l 'expression donnée en -4- qui utilise la technique de l'attribut introduit dans -6-.

Toutes ces variantes donnent le même résultat. L'objectif ici n'était pas de montrer qu'OCL permet d'écrire la même chose sous différentes formes mais d'utiliser un même exemple pour illustrer la diversité et la richesse des concepts d'OCL. Le lecteur se reportera au manuel de référence UML [OMG 97] pour plus de détails.

Conclusion

L'objectif de ce premier chapitre était de présenter les grandes lignes d'UML, les concepts de modélisation, leur utilisation dans un « exemple de gestion », c'est-à-dire un système d'information. Il n'a jamais été question de présenter tout UML ni tous les détails de chaque concept présenté.

Plusieurs autres concepts sont définis dans UML tel que *Composant* ou *Nœud ;* ils servent à l'expression des vues d'implémentation d'une architecture. Ces concepts sont introduits dans le chapitre suivant sur l'architecture.

UML est un langage de modélisation orienté objet. Plusieurs soucis ont guidé à sa conception :

- *Prise en compte des besoins de modélisation divers* : UML est langage qui permet de modéliser aussi bien des phénomènes informatiques que des processus métier. En se basant sur les mêmes concepts et en introduisant des concepts spécifiques, les auteurs d'UML ont pris soin de s'assurer que les utilisateurs n'auront pas besoin de recourir à un autre langage pour modéliser les structures organisationnelles et les processus métier. De même, UML permet de modéliser les diverses perspectives du système informatique grâce à l'approche 4+1 vues.
- *Généralité* : UML est conçu pour modéliser divers types de systèmes du plus petit au plus grand pour tous les domaines d'application (systèmes de gestion, systèmes scientifiques et techniques, systèmes temps réel et systèmes embarqués). Ce chapitre a montré l'utilisation des concepts d'UML pour décrire un système d'information de gestion. Plusieurs autres concepts existants dans UML n'ont pas été présentés, ils ne sont pas forcément utiles dans ce type de système.
- *Complétude* : UML est un langage complet qui est le résultat de l'unification des meilleurs concepts qui existent aujourd'hui. Il réutilise les concepts du modèle entité-relation, du meilleur des technologies objets, des technologies à base de composants, des modèles de spécification de la dynamique, des langages formels de contrainte, etc. Les concepts sont correctement intégrés de manière formelle.
- *Prise en compte des variétés des technologies existantes* : UML a été conçu à une époque où l'industrie offre plusieurs solutions technologiques en matière de langages de programmation (Ada, C++, Java, SmallTalk, VisualBasic...), d'environnement de programmation (Centura, Delphi, Developer2000, Dynasty, Forté, PowerBuilder...), de technologies de composants (ActiveX, JavaBeans...), de technologies de distribution (COM/DCOM, CORBA...), de communication Client/ Serveur et Internet, de bases de données (relationnelles, orientées objet ou

mixtes...). De plus, l'ouverture d'UML, grâce à son extensibilité, permet d'envisager la prise en compte de phénomènes technologiques encore inconnus de nos jours.

- *Possibilité d'automatisation* : UML permet de modéliser des systèmes qui utilisent ces technologies et permet l'automatisation de génération de code à partir des modèles vers les langages et les environnements de programmation.
- *Innovation* : UML est le seul langage de modélisation qui prenne en compte de manière complètement intégrée l'ingénierie des besoins. Les cas d'utilisation constituent certainement une très grande avancée et une grande contribution à la modélisation des systèmes et au « Design Rationale » (cf. chapitre 5).
- *Ouverture* : UML n'impose pas de processus de développement logiciel particulier, même si celui qui a sous-tendu la conception du langage est un processus itératif, incrémental et guidé par les cas d'utilisation. Le chapitre 4 présente le processus de développement de systèmes d'information.

Bibliographie

[Beck 89] K. Beck, W. Cunningham, « A Laboratory for Teaching Object Oriented Thinking », *SIGPLAN Notices*, vol. 24(10), octobre 1989.

[Booch 94] G. Booch, *Object-Oriented Analysis and Design with Applications*, 2e édition, Addison-Wesley, 1994.

[Bouzeghoub 95] M. Bouzeghoub, G. Gardarin, P. Valduriez, *Du C++ à Merise Objet,* Eyrolles, 2e édition, 1995.

[Coplien 97] J. Coplien, « Idioms and Patterns as Architecture Literature », *IEEE Software*, vol. 14, N°1, janvier 1997.

[Devlin 97] M.T. Devlin, « New Trends in Software Development », *Actes des conférences SIGS ObjectExpo*, Paris, Novembre, 1997.

[Embley 95] D. Embley, S.N. Woodfield, « OO Systems Analysis : Is It or Isn't It ? », *IEEE Software*, vol. 12, N°4, juillet 1995.

[Garlan 95] D. Garlan, R. Allen, J. Ackerbloom, « Architecture Mismatch : Why Reuse Is So Hard », *IEEE Software*, vol. 12, N°6, novembre 1995.

Jacobson 92] I. Jacobson, M. Christerson, P. Jonsson, G. Overgaard, *Object-Oriented Software Engineering : A Use Case Driven Approach*, Addison-Wesley, 1992.

[Jacobson 94] I. Jacobson, M. Ericsson, A. Jacobson, *The object advantage : Business process reengineering with object technology*, Addison-Wesley, 1994.

[Jacobson 97] I. Jacobson, L. Griss Martin, P. Jonsson, *Software Reuse, Architecture, Process and Organisation for Busines Success,* Addison-Wesley, 1997.

[Kazman 96] R. Kazman, G. Abowd, L. Bass et P. Clements, « Scenario-Based Analysis of Software Architecture », *IEEE Software*, vol. 13, N°6, novembre 1996.

[Kerth 97] N.L. Kerth, W. Cunningham, « Using Patterns to Improve Our Architectural Vision », *IEEE Software*, vol. 14, N°1, janvier 1997.

[Kruchten 95] Ph. Kruchten - « The 4 + 1 View Model of Architecture », *IEEE Software*, vol. 12, N°6, novembre 1995.

[Linden 95]	F.J.V.D. Linden, J.K. Müller, « Creating Architectures with Building Blocks », *IEEE Software*, vol. 12, N°6, novembre 1995.
[Mellor 97]	S.J. Mellor, R. Johnson, « Why Explore Object Methods, Patterns and Architectures », *IEEE Software*, vol. 14, N°1, janvier 1997.
[Monroe 97]	R.T. Monroe, A. Kompanek, R. Melon et D. Garlan, « Architectural Styles, Design Patterns and Objects », *IEEE Software*, vol. 14, N°1, janvier 1997.
[Monroe 97]	R.T. Monroe, A. Kompanek, R. Melton, D. Garlan, « Architectural Styles, Design Patterns, and Objects », *IEEE Software*, février 1997.
[Muller 97]	P.A. Muller, *Modélisation objet avec UML*, Eyrolles, 1997.
[Newcomb 95]	P. Newcomb, « Web-Based Business Process Engineering », *IEEE Software*, vol. 12, N°6, novembre 1995.
[OMG 97]	Object Management Group, *The Unified Modeling Language,* Release 1.1, Reference Manual, 1997.
[Rational 97]	Rational Software Corp., *The Rational Objectory Process*, 1997.
[Rumbaugh 96]	J. Rumbaugh et al., *Object Oriented Modeling and Design*, Prentice Hall, 1991. [Traduction française : OMT – Tome 1 : *Modélisation et conception orientées objet*, Masson, 1996].
[Rumbaugh 96]	J. Rumbaugh, *OMT Insights,* Perspective Modeling from the SIGS JOOP, SIGS Reference Library, 1996.
[Schmid 96]	H.A. Schmid, « Creating Applications From Components : A Manufacturing Framework Design », *IEEE Software*, vol. 13, N°6, novembre 1996.
[Wirfs 92]	R. Wirfs-Brock, B. Wikerson, L. Wiener, *Designing Object Oriented Software*, Prentice Hall, NJ, 1992.

CHAPITRE 2

L'architecture logicielle

« La conception de logiciels fait sans aucun doute appel à l'art dans une large mesure. Mais, en l'absence de règles, l'expression artistique se transforme en une conception chaotique. Pour produire un système ouvert, nous devons utiliser quelques règles bien définies pour gouverner les interactions entre les systèmes et les sous-systèmes. » Maarten Boasson.

Il faut apporter à l'industrie du logiciel les recettes qui ont fait leurs preuves dans les entreprises : concevoir de nouveaux processus de développement de systèmes d'information. Ce travail demande de paralléliser les développements, d'enrichir les tâches des développeurs, de les outiller et de tout mettre en œuvre pour réduire les délais. Cette évolution est envisageable si une architecture adaptée et intelligente du système d'information est établie. Les sous-systèmes résultants doivent dialoguer entre eux et pouvoir évoluer de façon relativement indépendante.

Ce chapitre est centré sur l'architecture du système informatique et sur l'apport d'UML dans ce domaine. Après une introduction rapide des concepts, nous décrivons l'architecture, ses objectifs et la notion de modèle d'architecture. Après un préalable rappelant la nécessité d'aligner l'architecture du système informatique sur le métier de l'entreprise, nous donnons quelques pistes pour concevoir en premier lieu une architecture logique du système, puis une architecture physique aboutissant à un diagramme de déploiement. La question de la migration est abordée très rapidement. Ce chapitre souligne l'importance de l'architecture dans l'évolutivité du système obtenu.

Dans la pratique, le changement au sein d'un système d'information est rarement brutal et général. Il touche telle ou telle partie du système. Il s'agit donc de trouver un découpage qui permette de faire évoluer le système en fonction des pressions qui s'exercent, sans remettre en cause l'ensemble. L'idée est de faire cohabiter des systèmes différents pouvant évoluer ou se bâtir indépendamment. La modularité s'impose aussi pour faciliter la réalisation de systèmes mixtes, composés de progiciels du marché et de systèmes développés spécifiquement pour l'entreprise. Elle favorise aussi les mutations technologiques en rendant au directeur informatique une partie de la maîtrise de ses systèmes et en lui permettant de bâtir des stratégies et des tactiques adaptées aux besoins du moment.

Pour montrer qu'un tel type de découpage est possible et pour illustrer son intérêt, il suffit de prendre l'exemple d'un distributeur de billets. Les sous-ensembles qui composent ce dernier sont, entre autres, un lecteur de cartes à puce, un mécanisme pour donner les billets, une imprimante, un écran, un clavier et un moyen de connexion aux ordinateurs centraux. Le logiciel pilote l'ensemble.

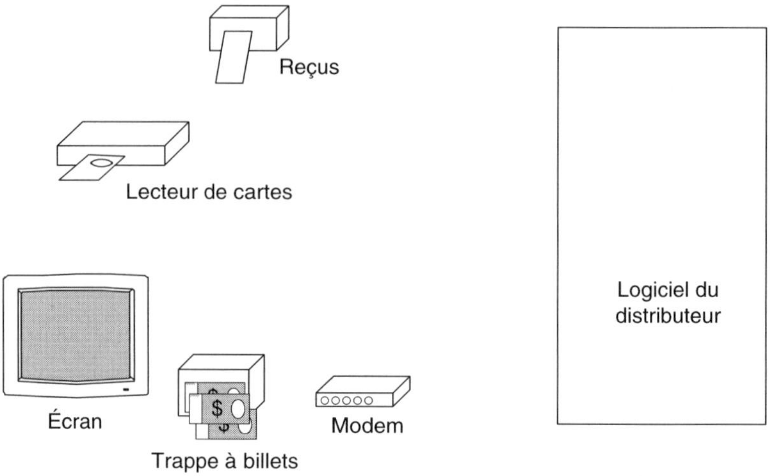

Figure 2-1
Représentation d'un distributeur automatique de billets

Si le logiciel de pilotage de l'automate possède une structure inadaptée, tout changement concernant une des composantes externes, par exemple un changement de type de lecteur de cartes à puce, se répercute a priori sur l'ensemble du logiciel de l'automate. La maintenance correspondante concerne l'ensemble du logiciel ; il faut éventuellement le réécrire en entier.

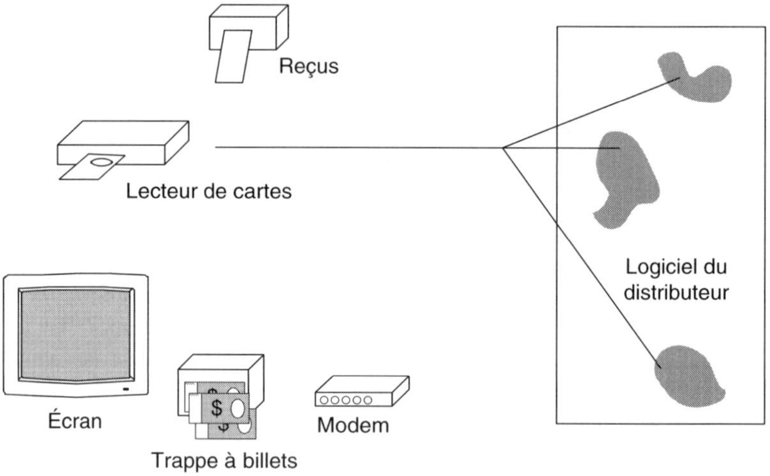

Figure 2-2
Impact du changement du type de lecteur de cartes

Si ce logiciel possède une structure telle que tous les modules dialoguant avec une composante externe sont rassemblés en un seul bloc, le changement a un impact limité. La figure 2-3 illustre le changement de lecteur de cartes et l'impact sur le logiciel de pilotage de l'automate. Ce dernier a, au moins sur ce point, gagné en évolutivité.

Figure 2-3
Réduction de l'impact par une structuration adaptée du logiciel

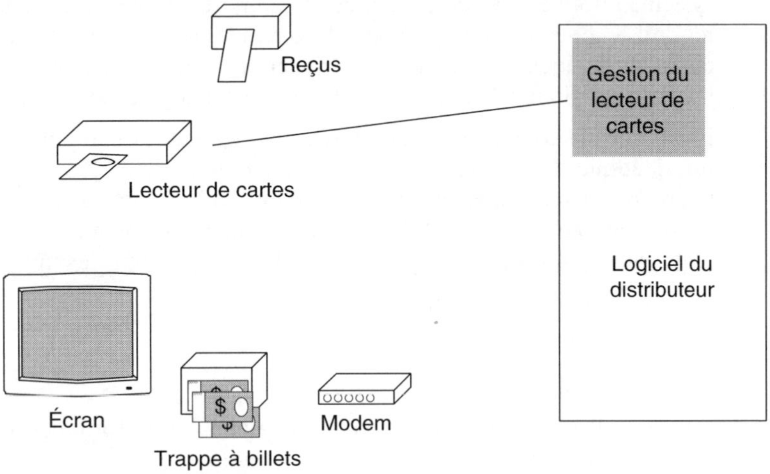

Le logiciel de nos ordinateurs individuels met en œuvre ce principe et permet par exemple de changer d'imprimante et de continuer à exploiter le système : il suffit simplement d'installer le pilote adapté à la nouvelle imprimante.

Il ne faut pas limiter ce raisonnement aux seules interfaces avec les dispositifs matériels. Si le distributeur est initialement conçu pour afficher des messages en français, l'effort que doit fournir le fabricant pour proposer des versions en anglais, allemand et italien risque d'être important, sauf s'il a pris la précaution de regrouper l'ensemble des messages. La mise en place de l'Euro demande de tels aménagements, sans compter ceux concernant le matériel en raison de la modification de la taille des billets. Ainsi, moins les évolutions futures du logiciel sont prévisibles, plus il devient intéressant de systématiser un type de structuration basé sur les objets du monde réel. L'architecture se préoccupe aussi de la mise en place de mécanismes d'échanges standard qui réduisent l'interdépendance entre les sous-systèmes. Les mécanismes facilitant la maintenance du logiciel (gestion des problèmes, des changements de version de logiciels) et assurant la sécurité du système entrent dans le champ de l'architecture.

L'architecture a pour objectif de faciliter l'évolution du système d'information et son adaptation à un environnement changeant. Elle permet ainsi d'augmenter la compétitivité de l'entreprise en la rendant plus souple.

Définition de l'architecture

Un système est un ensemble d'objets qui coopèrent ; il possède une structure et constitue un tout organique. C'est aussi un dispositif formé par une réunion d'organes, d'éléments constituant un ensemble cohérent. La notion de structure est inhérente à celle de système. L'architecture décrit la structure d'un système ; élaborer l'architecture permet de la concevoir.

Les systèmes étudiés dans ce chapitre sont le système d'information et le système informatique. Le système d'information est constitué d'un système organisationnel et d'un système informatique, ce dernier étant composé de logiciel et de matériel. Il est question ici de l'architecture du système informatique et des relations entre l'architecture logicielle, ou logique, et l'architecture matérielle, dite aussi physique. L'accent est mis sur l'architecture logicielle, que les évolutions technologiques en cours rendent prédominante.

L'architecture logicielle décrit la structure globale d'une application ou d'un système informatique. Elle regroupe en sous-systèmes l'ensemble des éléments, en expliquant pourquoi tel regroupement est plus adapté qu'un autre dans un contexte donné. Pour décrire une architecture, il faut identifier chaque élément, sa structure d'appartenance, ainsi que les motivations ayant guidé cette organisation. Ces motivations sont :

- l'évolutivité du système ;
- son intégrité ;
- sa simplicité.

Dewayne Perry et Alexander Wolf ont proposé une formule synthétique pour définir l'architecture [Perry 92] :

Architecture = {Éléments, Structures, Contraintes}

Cette formule met en évidence les contraintes qui permettent d'expliciter les choix faits par l'architecte. La mise en évidence des contraintes, l'explication des choix effectués et la traçabilité de ces choix sont l'apport spécifique de l'architecture à la structure des systèmes.

L'architecture donne une vision globale du système ; elle décrit les choix stratégiques qui découlent des qualités attendues du logiciel telles que la fiabilité, l'adaptabilité et la recherche de performance. Elle ménage des espaces pour les décisions tactiques prises en cours de développement [Muller 97].

Pour être complète et apporter au directeur des systèmes d'information toute la souplesse nécessaire, cette architecture doit s'appuyer sur une infrastructure favorisant l'interopérabilité des systèmes.

Objectifs de l'architecture logicielle

Les premières architectures de systèmes d'information se sont élaborées sous forme de schémas directeurs. L'objectif premier était de déterminer une stratégie informatique à moyen ou long terme pour les entreprises, dans un contexte technologique stable. La préoccupation principale du schéma directeur était le développement du système d'information. Ce travail était de longue haleine, coûteux et planifié. La stabilité de l'environnement technologique permettait alors de mener cette tâche à bien. Dans ce contexte, un découpage en blocs ou en sous-systèmes, accompagné d'un établissement des priorités des applications, permettait de déterminer une stratégie et une politique de développement en fonction du terme choisi. Dans ce sens, l'élaboration d'un schéma directeur demandait la mise en œuvre des techniques d'architecture.

Les travaux sur l'architecture technique ont ensuite vu le jour, justifiés par la possibilité d'utiliser des architectures distribuées pour les systèmes d'information. Des méthodes comme TACT [Alakl 89] ont pu en formaliser le savoir-faire. Le but de l'architecte était d'élaborer une architecture technique qui pouvait déboucher sur une stratégie de migration. Sa préoccupation était principalement technique et aboutissait à un schéma topographique des machines et de leurs connexions.

Aujourd'hui la notion de serveur logique a fait son apparition avec les architectures ouvertes. Il est plus important de déterminer une architecture logique, pérenne et souple qui puisse s'implanter sur de multiples architectures physiques, que de déterminer les matériels à installer. L'objectif le plus important de l'architecture est aujourd'hui de définir l'ensemble des composants logiciels du système et leurs contraintes d'implantation.

L'architecte centrait initialement son architecture sur les coûts et les performances. À présent, il doit en plus la concevoir adaptable et évolutive. Cette architecture doit fournir au directeur informatique les outils favorisant l'élaboration des stratégies de déploiement, mais aussi de développement, de maintenance et de migration. Pour cela, il est nécessaire d'utiliser des concepts qui permettent d'isoler les endroits susceptibles d'évoluer de façon à ce qu'il n'y ait pas d'impact sur le reste du système. Le nouvel architecte doit modifier sa vision du système d'information, quitte à ce qu'il remette en cause quelques principes qu'il croyait acquis.

Par exemple, l'entreprise peut être amenée à changer de technologie de base de données sans pour autant que l'organisation et les règles de gestion en soient modifiées. L'architecture du système doit donc individualiser des niveaux d'abstraction non plus dans la démarche de développement, mais en tant que sous-systèmes distincts.

Chaque sous-système visant à être indépendant, la redondance de l'information peut y être dans certains cas recherchée. Les architectes doivent concevoir des systèmes extrêmement modulaires.

Les quatre objectifs assignés à une bonne architecture des systèmes d'information sont la maîtrise de la complexité, l'évolutivité, la recherche de performance et la fiabilité. L'architecture du système d'information doit apporter un niveau de réactivité suffisant à un coût maîtrisé. La poursuite de ces quatre objectifs peut amener l'architecte à élaborer des compromis, après avoir hiérarchisé ses buts. Pour cette raison, certains auteurs assimilent l'architecture à un art.

Le principe sous-jacent aux règles de l'architecture logicielle est l'encapsulation des interfaces. Tout système cherche la stabilité et l'adaptation à son environnement. Les sous-systèmes extérieurs, les acteurs avec lesquels le système dialogue, exercent les pressions aboutissant à l'évolution de ce système. Isoler un sous-système spécialisé dans le dialogue avec un acteur permet de limiter autant que possible l'impact des évolutions liées à cet acteur sur ce seul sous-système. Identifier correctement les facteurs externes susceptibles d'évoluer devient ainsi un savoir-faire utile lors de l'analyse et de la conception de systèmes. Ce savoir-faire est celui de l'architecte.

- *Maîtrise de la complexité*. La maîtrise de la complexité incite l'architecte à décomposer chaque partie du système en sous-systèmes plus simples dans lesquels les objets communiquent. Cela facilite autant le développement du système que son déploiement. Sur la base d'un schéma servant de modèle, l'architecte structure le système informatique en étudiant le système d'information qu'il supporte. Il étudie ensuite chaque couche de son architecture : celle qui est liée à l'entreprise, celle qui est liée au métier et la couche technique. Il raisonne alors de manière différente suivant les couches. Sur le plan du métier, il réfléchit en termes de finalités, de cycles de vie et de responsabilités. Sur le plan de l'organisation, il intègre la structure de l'entreprise et les postes de travail. Sur le plan technique, il prend en compte les technologies employées. Ces points sont développés plus loin.

- *Évolutivité.* Pour que le système soit capable d'évoluer, l'architecte doit travailler par niveaux d'abstraction. Il est nécessaire de séparer les problèmes liés au métier et aux règles de gestion, les éléments liés à la structure de l'entreprise et à l'organisation de son travail et les éléments liés à la technique informatique. Il est en effet possible de changer de technologie sans transformer a priori les fondements du métier. Les règles de gestion peuvent aussi évoluer sans que l'organisation de l'entreprise, ni la technologie utilisée soient modifiées. Il faut être capable d'adapter les aspects liés à l'organisation et à la structure de l'entreprise sans trop faire évoluer le reste du système. Les niveaux d'abstraction en question sont semblables à ceux de Merise, mais ne correspondent pas à une décomposition de l'analyse ou à une description du cycle de développement ; il s'agit de différents sous-systèmes qui s'appellent les uns les autres.
- *Performance et fiabilité.* La recherche de performance et de fiabilité demande une analyse de l'ensemble des sous-systèmes avec la vision de l'utilisateur, une étude des flux qui relient entre eux les différentes structures et une recherche des proximités et des redondances nécessaires. Il est nécessaire d'établir des compromis entre la pureté des concepts manipulés par le système et leur mise en œuvre.

Les apports de l'objet

L'approche objet autorise maintenant une telle vision des choses. Les caractéristiques de cette approche qui intéressent l'architecture des systèmes d'information sont l'abstraction et l'encapsulation.

- *L'abstraction.* La capacité d'abstraction apportée par l'objet est essentielle en architecture. Il s'agit de la faculté qu'a l'être humain de se concentrer sur l'essentiel et d'oublier les détails ; elle permet de se concentrer sur les caractéristiques pertinentes d'un objet. Cette faculté permet d'isoler un concept de plus haut niveau en rapprochant les éléments communs à un ou plusieurs objets semblables. L'abstraction est particulièrement utile pour généraliser les concepts qui rendent un système plus souple. Il est par exemple possible d'isoler, pour chacun des objets gérés par le distributeur de billets, les messages et les textes (libellés affichés, messages d'erreur...). L'abstraction permet de définir la classe `Message` comme une généralisation de ces objets ; cette classe peut alors évoluer sans impact sur le reste du système. Le constructeur peut ainsi plus facilement rendre son système multilingue.
- *L'encapsulation.* L'encapsulation permet de rendre les structures et les objets indépendants les uns des autres. Chaque objet s'occupe de ses propres « affaires » ; les autres éléments du système n'ont pas accès à sa structure interne. Ceci permet de faire évoluer l'objet et de limiter l'impact sur son environnement. Le système est la résultante d'un assemblage d'objets qui coopèrent et non plus un système global dont il faut maîtriser le comportement dans les moindres détails.

Par ailleurs, l'approche objet intègre naturellement les données et les traitements. Or, toutes les approches existantes d'élaboration d'architecture passent par une phase de croisement entre les données et les traitements. Ce croisement peut prendre plusieurs formes suivant les méthodes ou les pratiques. La méthode TACT utilise la notion de machine logique reprise dans Merise II (cf. chapitre 6). Certaines versions de Merise ou l'IIE de J. Martin mettent en œuvre des matrices données-traitements. Enfin, SSAD/M utilise les modèles fonctionnels (diagramme de flux de données).

L'objet est donc une approche naturelle qui permet de décrire et d'élaborer des architectures, en adéquation parfaite avec le concept de système tel qu'il est généralement défini.

Modèles d'architecture

La pression de changement vient toujours de l'extérieur d'un système. Pour maîtriser les évolutions d'un système, il faut donc isoler la partie du système qui pilote le dialogue avec chaque sous-système externe. Les impacts liés aux évolutions de chaque sous-système externe sont ainsi plus limités. Compte tenu que le système informatique dialogue avec ses utilisateurs et s'appuie sur un ensemble de technologies, il est possible d'isoler immédiatement les trois sous-systèmes suivants : le système encapsulant l'interface utilisateur, qui contient les objets de type « IHM », le système encapsulant les technologies employées, qui contient des objets de type technique et, au cœur du système, ce qu'il est convenu d'appeler les objets métier. Cette décomposition du système informatique permet d'introduire le concept d'architecture en couches.

Figure 2-4
Approche de l'architecture en couches

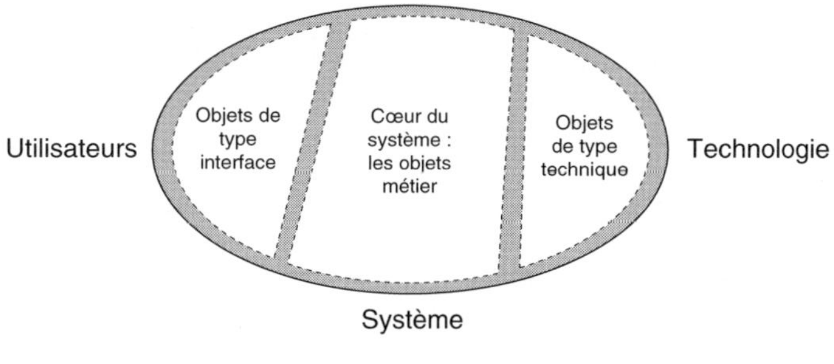

La mise en œuvre d'une architecture d'application s'est rapidement révélée nécessaire pour conduire et réussir les projets objet. Développer des objets en parallèle et de manière itérative nécessite d'avoir un guide, une boussole, qui permette à tout moment de s'assurer du travail de chacun, d'obtenir une cohérence d'ensemble et d'éviter les manques fonctionnels. L'intégration entre les objets composant le système doit être possible à tout moment. Le développement itératif impose que cette architecture soit évolutive. Les premières expériences de projet objet montrent qu'à la base de chaque projet réussi, il y a toujours une bonne architecture.

J. Rumbaugh [Rumbaugh 95] a identifié trois catégories d'objets : les objets du domaine, les objets de l'application et les objets d'implémentation. Les objets du domaine ont un sens pour les experts utilisateurs. Ils correspondent aux objets métier : `Marché` est un exemple typique. Ils sont aussi appelés « entités ». Les objets de l'application sont les éléments visibles par l'utilisateur. Ils correspondent entre autres aux objets d'interface. La fenêtre de saisie des marchés est un exemple d'objet d'interface. Les objets d'implémentation représentent les aspects techniques du système.

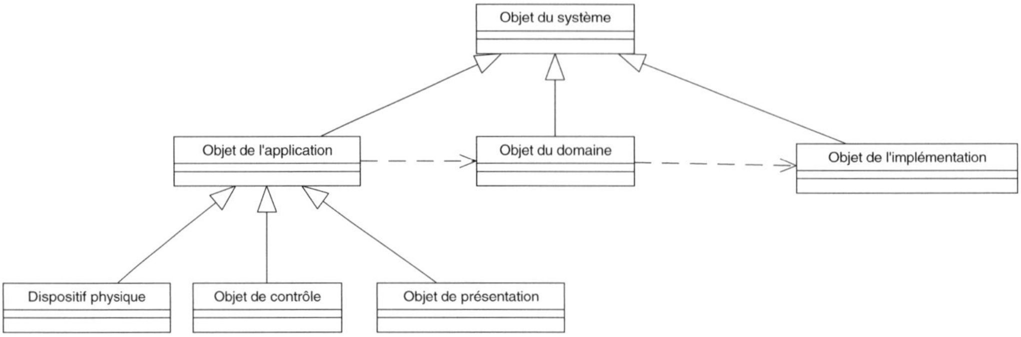

Figure 2-5
Typologie des objets d'après J. Rumbaugh

- *Entités*. Les objets du domaine sont au cœur du système : il s'agit des objets du métier. Ils correspondent aux entités découvertes lors de l'analyse des processus métier et leur étude est à la base du processus d'analyse et de conception. Ces objets sont fondamentaux (cf. chapitre 3 traitant du BPR). Pour mettre en avant leur importance, UML a défini un stéréotype particulier permettant de les représenter : il s'agit de la notion d'« entité ». La figure suivante donne une représentation graphique du stéréotype « entité ». Le `Marché`, la `Commande`, le `Client` sont des exemples d'entités.

Figure 2-6
Représentation UML d'une entité

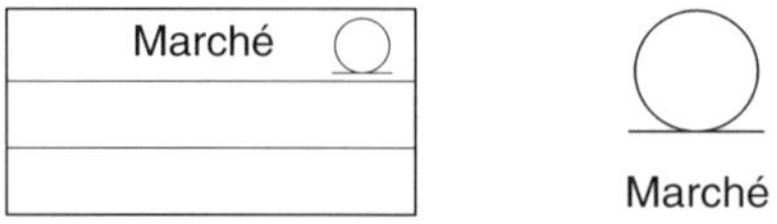

- *Objets de l'application*. Les objets de l'application sont à l'interface entre l'utilisateur et le cœur du système. Ils permettent au système de prendre en compte les sollicitations externes et de faire fonctionner les « entités » précédentes. Parmi les objets d'application, J. Rumbaugh [Rumbaugh 95] distingue les objets de présentation, dits aussi objets d'interface, les objets de contrôle et les dispositifs physiques.
  - *Objets d'interface*. Les objets de présentation se trouvent à l'interface entre le système et ses utilisateurs, et sont ainsi visibles par ces derniers ; ils sont aussi appelés « objets d'interface ». La fenêtre de consultation d'un marché est un objet de présentation, comme la zone qui présente la date de passation du marché. La date de passation du marché énoncée par un synthétiseur vocal à l'adresse d'un utilisateur est aussi un objet d'interface. Étant donné l'importance des objets

d'interface pour le développement des systèmes d'information, les fondateurs d'UML ont défini un stéréotype pour les représenter. Une représentation graphique de ce stéréotype figure dans l'exemple suivant. Le parallèle avec les objets de type `Travailleur d'interface` de I. Jacobson [Jacobson 97] est évident. Dans notre exemple, l'objet d'interface `Fenêtre de saisie` est composé d'autres objets d'interface, à savoir des zones et des boutons.

Figure 2-7
Exemple d'objet d'interface et sa représentation UML

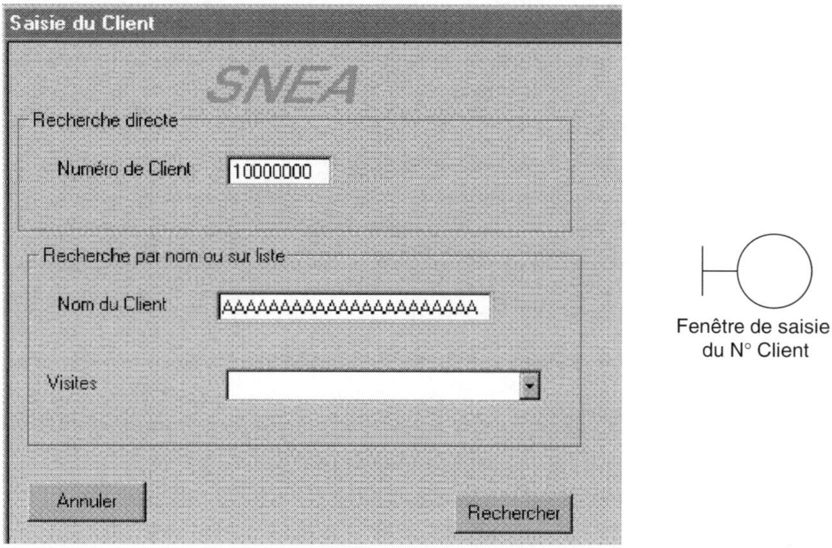

– *Objets de contrôle*. Un objet de contrôle est responsable de la coordination des actions entre les différents objets. Il interprète les événements d'entrée et les transforme en événements internes. Dans l'application de saisie d'une commande liée à un marché, il est en général intéressant d'isoler la partie du logiciel qui contient les contrôles des différents objets de présentation. Il suffit alors de vérifier à un seul endroit les règles de complétude ou de cohérence des données entre les divers objets d'interface qui composent l'application. Cette partie du logiciel contient la dynamique de l'application et rassemble des objets intermédiaires entre la présentation et la logique métier. Les objets de type contrôle étant aussi importants que les objets d'interface, les fondateurs d'UML ont défini un stéréotype pour les caractériser. La figure 2-8 présente un exemple d'objet de contrôle en interaction avec d'autres objets du système.

– *Les dispositifs physiques* sont des objets avec lesquels l'utilisateur interagit. La souris en est un exemple. En général, les objets de contrôle interagissent avec les dispositifs physiques à travers une bibliothèque d'entrées-sorties et les objets du système d'exploitation. La partie correspondante des objets de contrôle est le plus souvent masquée par les outils de développement ; le développeur travaille en fait par référence aux événements internes liés à l'objet de présentation. Ainsi, le

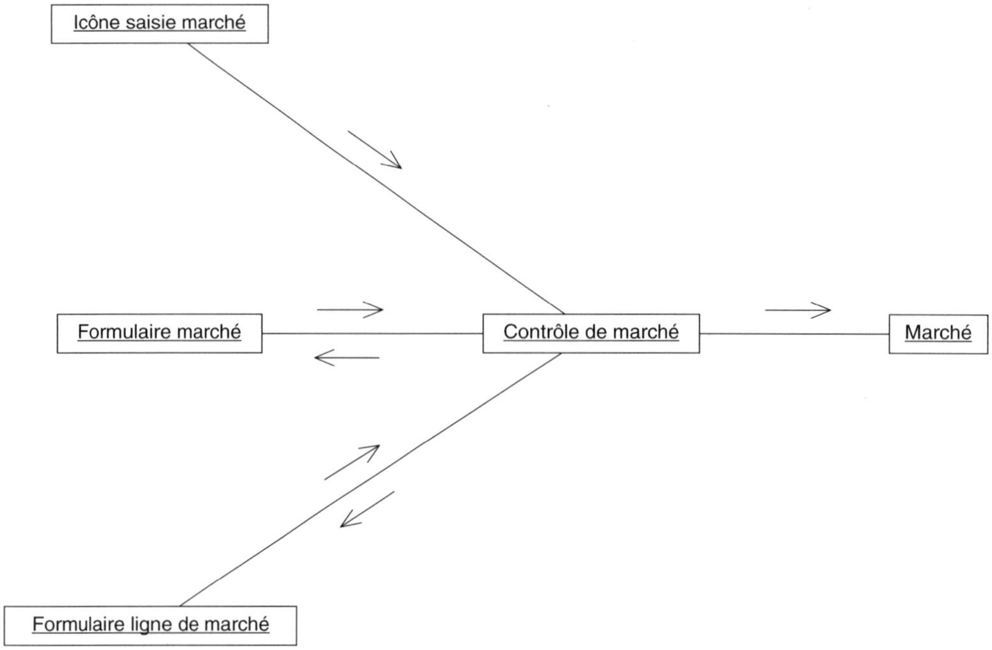

Figure 2-8
Représentation UML d'un objet de contrôle et des échanges avec des objets d'interface

programme est déclenché par un événement (par exemple un clic) sur un objet de présentation (par exemple un bouton). Ces dispositifs n'intéressent pas les développeurs puisqu'ils sont en général cachés par le système d'exploitation ; c'est pourquoi les fondateurs d'UML ne proposent pas de stéréotype particulier.

- *Les objets d'implémentation* représentent les aspects internes du système, liés à la conception technique. Ils peuvent évoluer sans affecter le comportement d'ensemble du système. Les objets liés à la persistance font partie de cette catégorie. La table relationnelle `Table-Marché` est un bon représentant de ce type d'objet.

Ces objets s'utilisent les uns les autres. L'application de gestion des marchés (objet de contrôle) utilise par exemple l'objet-domaine `Marché`. Ce dernier se sert entre autres de la table relationnelle des marchés.

Pour qu'une architecture soit mise en œuvre, les utilisations ou dépendances circulaires entre objets sont strictement prohibées. Aussi J. Rumbaugh préconise-t-il une architecture dite « en peau d'oignon », dans laquelle le développeur construit son application ou son modèle, couche par couche. La couche interne contient les objets du domaine et la couche suivante les objets de présentation. Les deux couches externes rassemblent d'une part les objets de contrôle et d'autre part les interfaces externes, avec en particulier les dispositifs physiques. Au niveau du développement d'applications de gestion, la couche contenant les dispositifs physiques est en général masquée par les outils du marché.

Figure 2-9
Architecture en peau d'oignon

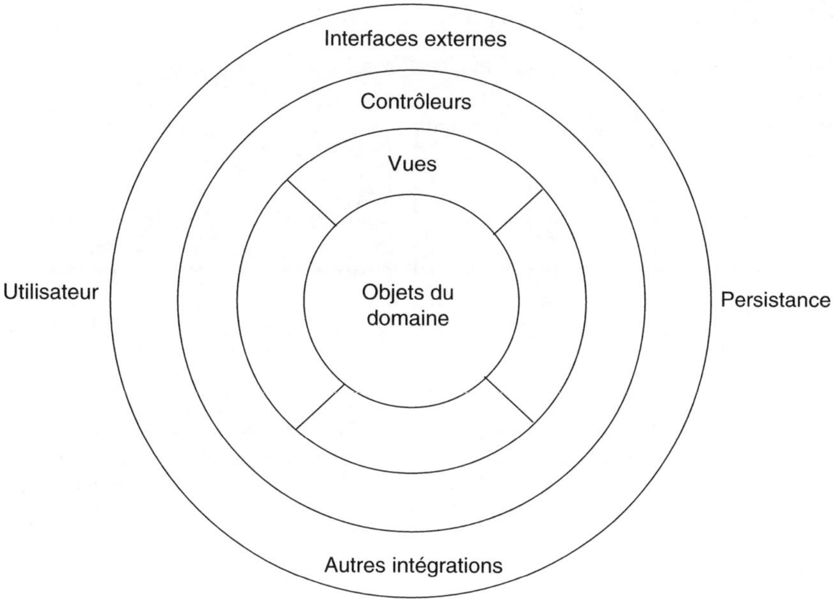

Le schéma précédent est autant un modèle d'architecture qu'un guide pour le développement et la microanalyse d'une application. Cette analyse se fait depuis le centre (étude des objets du domaine) vers la périphérie. Le développeur étudie ensuite les objets de présentation, puis les objets de contrôle dérivés des objets métier. Le modèle d'architecture d'application proposé par Decheim propose le même concept sous une autre forme. L'architecture présente les composants suivants : présentation, dialogue, guidage fonctionnel, noyau applicatif, accès aux données, services. Les services permettent une liaison avec d'autres applications ou correspondent aux interfaces externes de J. Rumbaugh, comme le service d'habilitation ou d'impression. Ce modèle est présenté à la figure 2-10.

P. Negros [Negros 97], quant à lui, préfère définir deux catégories au sein des objets métier. Il s'agit des objets modèles et des objets dits d'usage (cf. figure 2-11). L'objet modèle représente l'objet métier au sens propre du terme. Il encapsule l'ensemble des méthodes, des informations et des règles de gestion liées à l'objet du monde réel. L'objet d'usage correspond à une extraction d'une partie de cet objet modèle ; il est manipulé par les utilisateurs au sein d'une architecture répartie. Le marché géré sur le serveur est un objet modèle. La copie consultable du marché, disponible sur le portable du vendeur et permettant de contrôler la saisie de la commande, est un objet d'usage. La distinction faite entre ces deux objets correspond déjà à un premier niveau de conception technique.

Un modèle d'architecture applicative se définit par les différentes couches d'objets identifiées qui peuvent être réparties sur différents niveaux d'architecture technique. Il est ainsi possible de définir des modèles d'organisation des objets d'une application, génériques et réutilisables ; ces architectures permettent d'obtenir des applications évolutives.

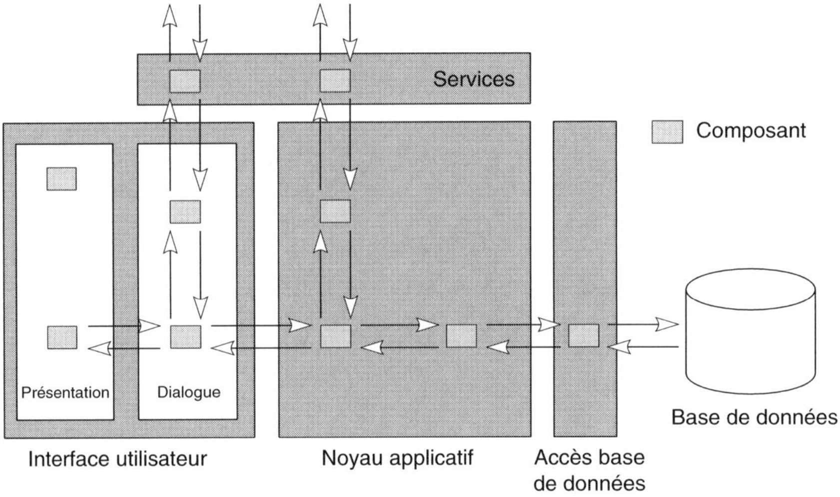

Figure 2-10
Modèle d'architecture proposé par Deeheim

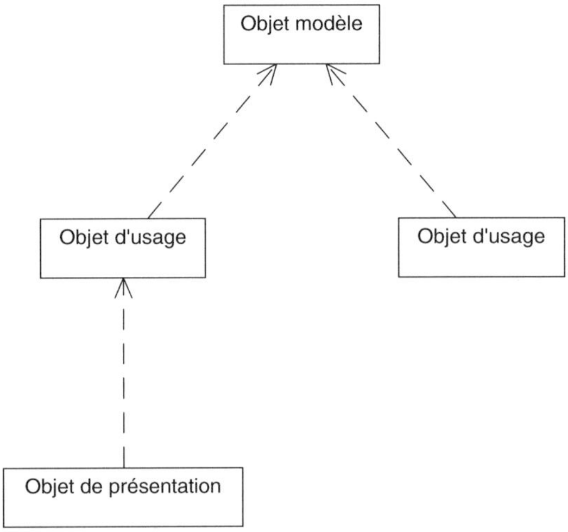

Figure 2-11
Objet modèle et objet d'usage

Le développement d'une application dotée d'une architecture est plus aisé car les utilisations circulaires d'objets y sont impossibles ; par ailleurs, cette architecture sert de guide dans l'analyse et la distribution des tâches.

Le modèle d'architecture proposé dans la figure suivante distingue les applications, les objets du métier, spécifiques au domaine d'étude, les objets techniques et l'infrastructure. Les applications regroupent les objets d'application définis par Rumbaugh et décrits précédemment. Les objets techniques, indépendants du domaine d'étude, regroupent l'ensemble des utilitaires et des composants indépendants du métier de l'entreprise, qui peuvent être réutilisés et sur lesquels les développeurs peuvent s'appuyer. La dernière couche isole l'infrastructure technique sur laquelle le système est construit.

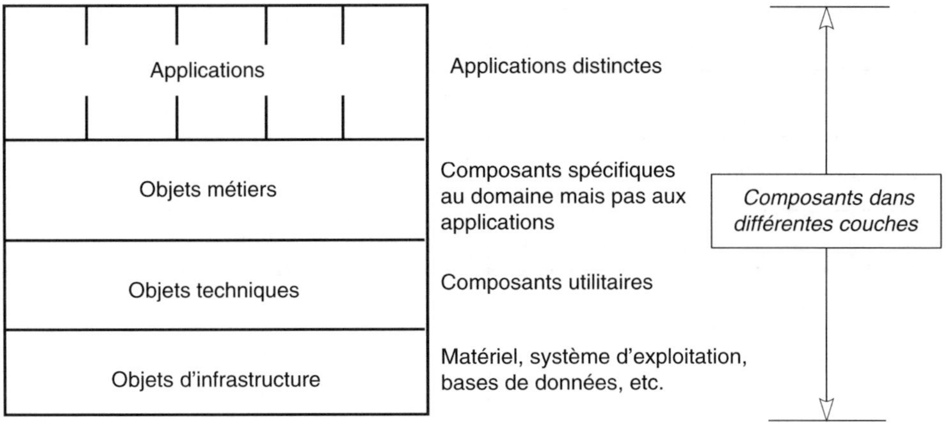

Figure 2-12
Modèle proposé d'architecture en couches

L'expérience montre que la mise en œuvre d'une architecture en couches facilite le développement et la maintenance d'applications. Au niveau d'une entreprise, cette mise en œuvre vise à structurer l'ensemble des applications et prend la forme d'une urbanisation des systèmes d'information. Cette approche facilite grandement les décisions d'affectation des objets sur les sites lors de la mise en œuvre d'une architecture décentralisée. Ce point est développé plus avant et illustré par l'exemple de la SNEA.

En revanche, la mise en œuvre de telles structures peut poser des problèmes de performance. Chaque ajout d'une nouvelle couche, surtout si cette couche est implantée sur un serveur distant, donne lieu à une dégradation des performances. Ainsi, une architecture idéale composée de nombreuses couches interagissant, d'une souplesse maximale, présenterait des performances déplorables. Il est donc important de rechercher un compromis entre les capacités d'évolution du système et la performance souhaitable. Pour cela, il faut se poser quelques questions liées à la stratégie technique de l'entreprise pour utiliser un modèle d'architecture adapté aux besoins de l'entreprise : indépendance souhaitée vis-à-vis du SGBD, vis-à-vis de l'outil de réalisation, volonté de mettre en œuvre une informatique répartie, etc.

Il est possible, dans le cas des systèmes d'information, de proposer un complément au modèle d'architecture. Ce complément étend les composants du système vers le haut, pour tenir compte de l'entreprise, de son métier, de ses objectifs. L'architecte doit prendre en compte l'ensemble de ces couches pour que le système proposé réponde aux besoins de l'entreprise. Les couches hautes de ce modèle sont traitées dans le chapitre 3.

L'élaboration de l'architecture d'un système logiciel consiste à regrouper les classes découvertes en paquetages. Les paquetages sont utilisés dans chacune des vues du système. Pour que le système soit plus évolutif, ces paquetages doivent s'appuyer sur une infrastructure assurant la meilleure interopérabilité entre les objets. Un des rôles des architectes de la direction informatique est de proposer une telle infrastructure. Ces

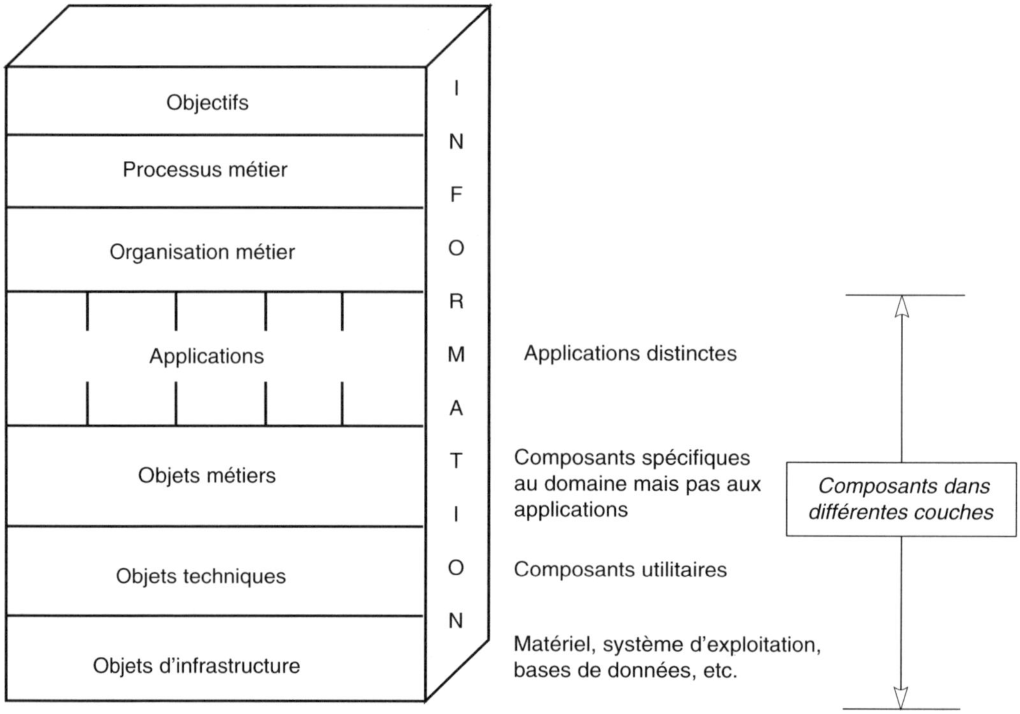

Figure 2-13
Complément à l'architecture en couches dans le cas des systèmes d'information

dernières commencent à être présentes sur le marché ; elles s'appuient sur des normes ou des standards de faits. Il n'entre pas dans le propos de l'ouvrage de développer ce sujet.

Pour faciliter la lecture de ce qui suit, nous définissons deux stéréotypes de paquetages : la catégorie et le sous-système.

La catégorie est définie comme un paquetage de la vue logique. Elle regroupe des classes ; elle permet de décrire la structure logique du système.

Le sous-système est défini comme un paquetage de la vue des composants ; il permet de décrire la structure du logiciel.

Préalable à l'élaboration d'une architecture

Pour élaborer l'architecture d'un système informatique, il est indispensable de déterminer les principaux processus métier du champ de l'étude (architecture du système d'information). L'architecture du système informatique doit s'appuyer sur une idée du système, apportée par une réelle connaissance du métier de l'entreprise. L'architecture du système informatique est en effet assimilable à un art ; elle résulte d'un nombre important de décisions tenant compte de critères et de contraintes tant techniques qu'organisationnelles. Comme dans tout art, une vision forte est toujours à la base des réussites. À chaque processus du métier, il faut associer un ensemble de finalités qui apportent à l'architecte la perception dont il a besoin pour élaborer les futurs compromis.

La modélisation des principaux processus métier permet de déterminer les acteurs du système, leur rôle et de définir les cas d'utilisation. Pour chacun de ces cas, il faut identifier les objets d'interface, les objets métier et les objets technologiques. L'architecte se consacre en premier lieu aux objets métier ; il établit une ébauche de modèle de l'entreprise sur le champ de l'étude.

Il élabore les scénarios principaux qui permettent de connaître l'utilisation de chaque objet. Il se concentre dans un premier temps sur les scénarios se rapportant aux finalités attendues. L'architecte peut évaluer et chercher à améliorer la performance du système en faisant jouer les scénarios sur les structures qu'il a définies et en utilisant des techniques de duplication des objets et de l'information. Les regroupements et les duplications d'objets servent de base pour la définition des composants logiciels. Si les ressources adéquates sont utilisées, ces composants permettent de proposer une architecture technique au système ; la vision nécessaire au déploiement du système est alors complète.

Dans la pratique, si la démarche d'élaboration d'une architecture est itérative et mise en œuvre tout au long de la vie du système, l'effort principal reste à effectuer au début de la conception du système. L'élaboration d'une architecture des systèmes d'information, illustrée ici par l'exemple de la SNEA, n'est pas aussi linéaire qu'il paraît ; elle n'obéit pas à des règles strictes et rigoureuses toutes formalisées. L'expérience de l'architecte est primordiale ; il peut faire intervenir dans ses critères de choix d'autres éléments pertinents face au système qu'il a à bâtir. Sa seule contrainte, outre de s'appuyer sur un modèle d'architecture, est d'expliciter ses décisions en fonction d'éléments connus et rationnels ; il en assure ainsi la traçabilité.

Aligner l'architecture sur les objectifs de l'entreprise

L'élaboration d'une architecture des systèmes d'information nécessite en premier lieu une vision globale et synthétique du système à traiter et en particulier des attentes de l'entreprise vis-à-vis de ce système. Pour avoir cette vision, l'architecte utilise le modèle des cas d'utilisation proposé par UML et particulièrement bien adapté à ce propos. Se situer au niveau du système d'information, dans lequel le client est un acteur, permet à l'architecte de placer le client en question au centre de ses préoccupations de structuration. Il aligne ainsi l'architecture du système à réaliser sur les processus métier de l'entreprise ; il est en adéquation totale avec une possible démarche de BPR concomitante.

Les processus métier relatifs au système de gestion commerciale de la SNEA ont été précédemment décrits. Le diagramme correspondant sert de base à l'exemple développé ici. Contrairement à une démarche Merise où il faut connaître à ce stade l'ensemble des flux, l'architecte se satisfait d'une vision macroscopique des processus métier de l'entreprise.

L'architecte construit son système à partir de la description du métier donnée par les cas d'utilisation et les scénarios. Il lui appartient de déterminer, parmi les éléments précédents, lesquels sont les plus structurants pour le futur système et lesquels présentent le plus de contrainte ; cette question doit être posée dès la première itération d'étude du système, dans la phase d'étude d'opportunité.

Les objectifs du projet, les fréquences d'activation des scénarios, la complexité d'un fonctionnement sont autant de critères permettant de déterminer l'importance à donner à tel ou tel élément.

Le premier élément à prendre en compte concerne les objectifs du projet. L'entreprise lance un projet parce qu'elle en attend des gains qui ont permis de justifier le projet et de débloquer les budgets nécessaires.

Le système à réaliser ne contribue pas uniformément à l'obtention des gains recherchés. Certains processus du système participent à l'objectif même du système à construire. Dans l'exemple du système de la gestion commerciale, c'est le cas du processus `Gérer commande`. D'autres processus peuvent contribuer fortement aux objectifs qui ont justifié le lancement du projet. Le processus `Gérer marché`, dans l'exemple de la SNEA, répond directement au besoin de fidélisation des clients et de fiabilisation du plan de production. Il contribue fortement aux objectifs du projet. L'architecte doit structurer son système autour de ces processus. En revanche, `Gérer avoirs` ne contribue directement à l'obtention d'aucun des objectifs du projet, sa fréquence d'activation n'apporte pas de contrainte particulière. Il ne faut donc pas structurer le système autour de lui.

Chaque cas d'utilisation est décrit par un certain nombre de scénarios, dont l'activation est plus ou moins fréquente et la complexité plus ou moins forte. À chaque scénario est affecté une fréquence d'activation pour une période et une couverture géographique données. L'exploitation de cette fréquence permet de ne retenir que les scénarios pertinents et structurants pour l'architecture, qui s'étudient en fonction du cas normal et suffisamment fréquent. Il faut éviter de structurer le système en fonction du cas rarissime ou non pertinent. Dans l'exemple de la SNEA, le scénario d'incident client du cas d'utilisation `Gérer commande` est trop peu fréquent pour être structurant. L'architecte ne le prendra en compte que lors des itérations ultérieures d'élaboration de l'architecture.

Les critères indiqués ci-dessus de choix des cas d'utilisation et des scénarios pour la première itération d'élaboration de l'architecture peuvent être rapprochés de la notion, utilisée par Merise dans la phase d'étude préalable, de sous-ensemble représentatif. Ils servent aussi lors de l'établissement des processus métier. Le chapitre 3 reprend et approfondit ces notions, pour les appliquer à l'étude de l'organisation. Les critères étant les mêmes, l'architecture se trouve naturellement alignée sur l'organisation de l'entreprise.

Prendre en compte les choix technologiques

Il faut dresser la frontière du système informatique à l'intérieur du système d'information. Les choix d'automatisation ou les choix technologiques concernent chaque objet et chaque événement du processus métier. Ils sont effectués en suivant les orientations données par la direction, éventuellement parallèlement à une réingénierie des processus concernés. Les choix effectués dans le cadre de l'élaboration du système d'information commerciale de la SNEA sont les suivants :

- Le plan de fabrication disponible sur tableur peut être envoyé à chaque directeur régional via la messagerie du groupe. Il est donc en dehors du système à étudier.

- Le risque client peut être évalué par Minitel grâce à un abonnement à une base de données externe.
- Le flux de transmission des marchés entre l'ingénieur commercial local et le directeur régional peut suivre des voies bureautiques, au travers par exemple d'un outil de workflow.
- Le directeur commercial a demandé l'étude des différentes possibilités pour tout client d'accèder au système, en utilisant les possibilités de l'EDI ou d'Internet.
- L'ingénieur commercial local doit être équipé d'un portable pour pouvoir négocier les commandes et les marchés directement avec le client.

Ces choix permettent de faire une partition du système d'information. En faisant la part des techniques d'organisation et de la bureautique, il est possible de déterminer le périmètre du système à traiter. Le graphique suivant représente les objets et les flux du système d'information relatifs au système de gestion commerciale à bâtir.

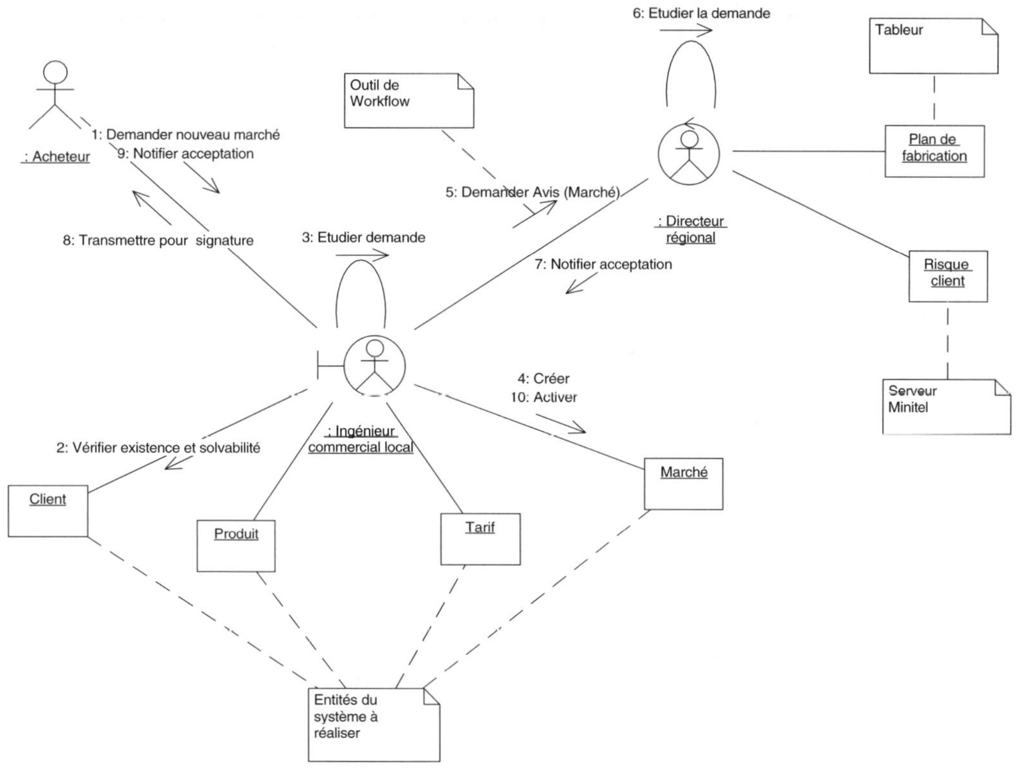

Figure 2-14
Matérialisation des choix technologiques (extraits)

Cette démarche permet ainsi de déterminer les entités du système à réaliser et de mettre en évidence les utilisateurs de ce futur système. Sur la base du diagramme précédent et en première analyse, les entités gérées par le système à réaliser sont le Client, le Produit, le Tarif et le Marché. Ce schéma identifie l'Ingénieur commercial local comme un utilisateur du système.

Il est possible de décrire le système informatique à l'aide du formalisme UML. L'`Ingénieur commercial local` devient alors un acteur de ce système. Les cas d'utilisation ne se déduisent pas directement des messages de l'acteur vers chaque entité, mais réclament une étude de l'organisation de son poste et de ses habitudes de travail. Dans l'exemple de la SNEA, l'Ingénieur commercial local doit pouvoir interroger la solvabilité et l'historique de ses clients avant chaque visite, voire en modifier certaines caractéristiques. Il considérera ce traitement comme un processus en soi (cas d'utilisation `Gérer client`). En revanche, les interrogations concernant les produits, les tarifs et les créations ou modifications de marchés forment un ensemble cohérent qui ne peut être dissocié ; il s'agit donc d'un cas d'utilisation du système informatique (`Gérer marchés`). Dans le diagramme suivant, `Gérer commande normale` et `Gérer commande marché` ont été considérés comme deux cas d'utilisation distincts du système informatique.

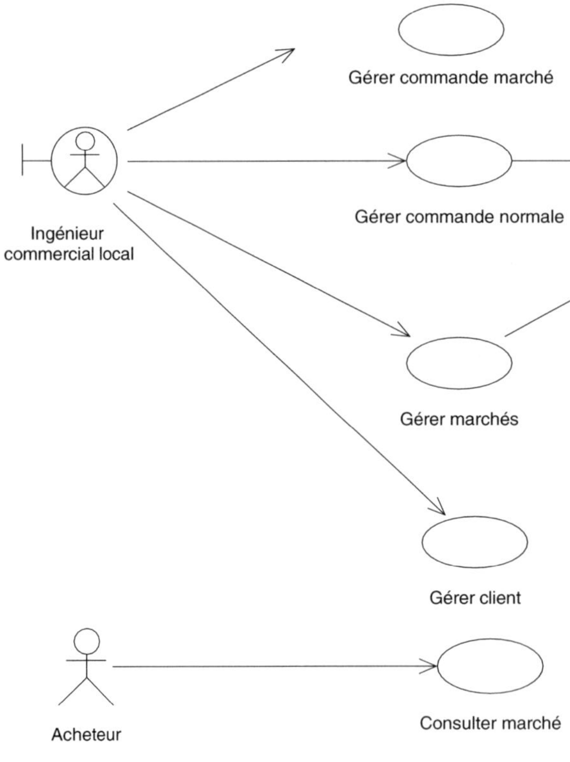

Figure 2-15
Cas d'utilisation du système informatique

Structuration logique du système

Il faut passer de la vision du système d'information à celle du système informatique. Le diagramme des cas d'utilisation relatifs au système à traiter (limité pour l'exemple à la gestion des marchés) est donné dans le premier chapitre.

L'analyse a permis par ailleurs de déterminer les premiers objets manipulés. Ils ont été représentés dans un ou plusieurs diagrammes de classes limités aux objets du métier.

Pour structurer le système informatique, il faut suivre le modèle d'architecture décrit précédemment. L'architecte étudie donc en premier lieu les paquetages de la gestion des objets métier (les entités), puis deux de la gestion des objets d'interface et enfin ceux de la gestion de la persistance. La notion de catégorie, précédemment définie, est utilisée à ce niveau de l'analyse. La catégorie est un stéréotype de paquetage et est représentée comme telle.

Structuration des objets métier

Le diagramme de classe d'UML sert de base à la structuration du domaine opérationnel contenant les objets métier. Prenons comme exemple le diagramme de classes relatif à la gestion des marchés. À ce stade, l'architecte dispose des premiers diagrammes établis sur les cas d'utilisation retenus. Cette analyse, menée éventuellement en parallèle avec une étude d'organisation, permet de mettre en évidence les objets manipulés tels que les `Clients`, les `Marchés`, les `Tarifs`, les `Produits`.

La décomposition du domaine métier en paquetages contenant des objets métier homogènes a pour principal objectif de faciliter la maintenance et l'évolution du système, tant au niveau des objets manipulés que des règles de gestion correspondantes. Pour cela, ce domaine sera découpé en catégories homogènes pouvant évoluer relativement indépendamment les unes des autres. Certaines parmi les catégories obtenues seront particulièrement stables, d'autres seront plus évolutives. La gestion des tarifs évolue fréquemment dans beaucoup d'entreprises, alors qu'une structure bien conçue d'un fichier des produits est en général plus pérenne.

Les catégories à mettre en évidence pour structurer le domaine doivent avoir certaines qualités. Elles doivent être :

- homogènes vis-à-vis des finalités ; elles correspondent à des attentes uniques des utilisateurs ;
- homogènes vis-à-vis des évolutions ;
- homogènes vis-à-vis de la couverture géographique ou organisationnelle ;
- homogènes vis-à-vis du cycle de vie des objets contenus ;
- adaptées à la réalisation et à la maintenance du système. Elles sont donc :
  - ni trop importantes pour pouvoir être développées et maintenues par une équipe réduite ;
  - ni trop petites pour éviter la dilution des responsabilités et pour garder un sens à l'architecture ;
  - suffisamment indépendantes pour être développées en parallèle.

Première structure du métier

Si l'on représente le système d'information au niveau 6 de la description d'une organisation suivant K.E. Boulding et J. L. Le Moigne [Le Moigne 76], on constate que ce système est en contact avec les systèmes ou sous-systèmes suivants :

- les divers systèmes externes avec lesquels dialogue l'entreprise ; il s'agit ici des clients, des fournisseurs, mais aussi de tout tiers amené à échanger des informations avec le système ;
- le système opérant qui représente le métier de l'entreprise, à travers l'activité de ses usines, de ses dépôts, de sa logistique ;
- le système de pilotage nécessaire à la direction de l'entreprise.

Figure 2-16 Représentation du système d'information au sein de l'entreprise

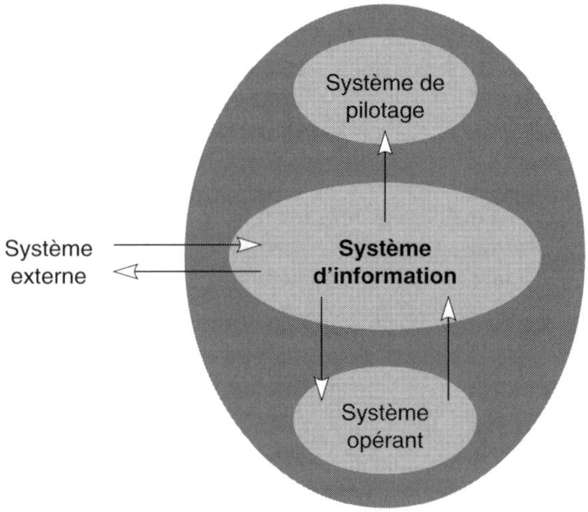

Il faut isoler au sein du système les éléments en contact avec un élément externe, source potentielle de changement ; une structure se dégage contenant les objets métier. Cette structure est composée de trois catégories d'objets :

- *Entités externes*. Le premier paquetage est en relation avec les entités externes à l'entreprise. Il contient les entités qui permettent d'une part de mémoriser les caractéristiques des partenaires de l'entreprise, d'autre part de tracer leurs interactions avec le système. On trouve ainsi les objets `Client`, `Prospect`, `Commande`, `Livraison`, `Facturation`, etc., et les objets tels que les `Tarifs`, les `Produits` et `Services` etc. Ces derniers constituent la vitrine que l'entreprise veut offrir à l'extérieur.
- *Entités opérantes*. Il s'agit des entités représentant le savoir-faire de l'entreprise, son fonctionnement interne. Les `Nomenclatures techniques`, les `Ordres de fabrication`, les `Stocks`, les `Plans de fabrication` font partie de cette catégorie.
- *Entités de pilotage*. Cette catégorie regroupe les objets nécessaires au pilotage de l'entreprise. Les objets comptables, de gestion du personnel et liés au contrôle de gestion y côtoient les indicateurs nécessaires au pilotage transversal de l'entreprise.

Les utilitaires ne sont pas décrits ici. Il s'agit de l'ensemble des objets communs présentant un degré important de réutilisabilité ; ils constituent les objets techniques indépendants du domaine décrits dans le modèle d'architecture précédent (figure 2-13).

L'infrastructure technologique (la base de données, le middleware, le système d'exploitation) est une partie intégrante de l'architecture. Elle n'est pas incluse dans la description du métier.

Figure 2-17
Principaux paquetages à prendre en compte dans une architecture des objets du métier

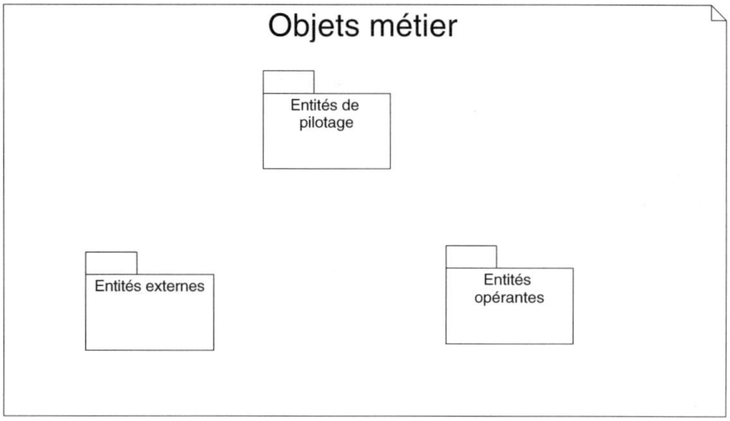

Cette structure peut être utilisée comme guide pour l'élaboration de systèmes complexes couvrant une grande partie de l'entreprise. Le cas de la SNEA est quasi exclusivement situé au sein du paquetage groupant les entités externes. Dans la suite de l'ouvrage ainsi que dans l'exemple, cette structure sera représentée sous forme de stéréotypes. Les classes du métier sont ainsi classées en trois stéréotypes d'entité qui sont les entités externes, opérantes et de pilotage.

Regroupement en paquetages

Lors de la structuration du domaine métier, quelques règles guident l'attribution des objets aux catégories. Ces règles consistent à regrouper au sein d'un même paquetage les classes reliées par une association d'agrégation, celles qui répondent à la même attente vis-à-vis des utilisateurs et les classes simples dont l'une peut être interprétée comme une caractéristique de l'autre et qui sont fortement connexes.

Les associations d'agrégation conduisent l'architecte à placer dans la même catégorie les classes associées. Par exemple, le fait qu'un Marché soit composé de Lignes de marché incite à placer ces classes dans une catégorie commune des `Marchés`.

En général, les objets qui répondent à la même attente des utilisateurs ont un cycle de vie équivalent ou lié, et dépendent d'une même responsabilité géographique ou fonctionnelle. La relation de composition entre `Direction régionale` et `Secteur` donne un autre exemple de ce type de regroupement. La direction régionale regroupant l'ensemble des secteurs, la probabilité qu'une modification portant sur une classe se répercute sur une autre est grande (chiffre d'affaires par exemple). De plus, une évolution fonctionnelle a des chances de toucher les deux classes ; on pense par exemple à une évolution de la

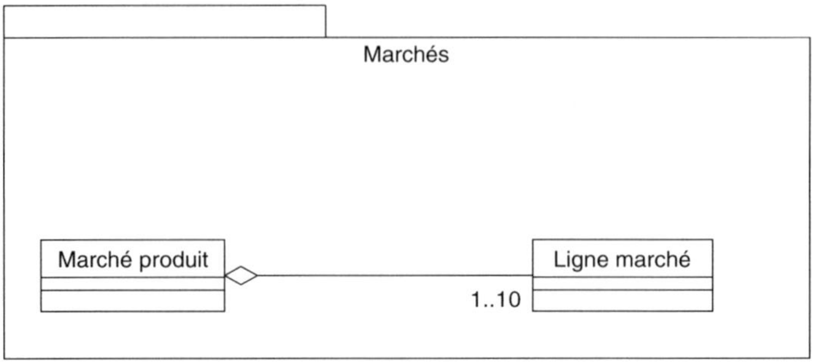

Figure 2-18
Regroupement lié à une association d'agrégation

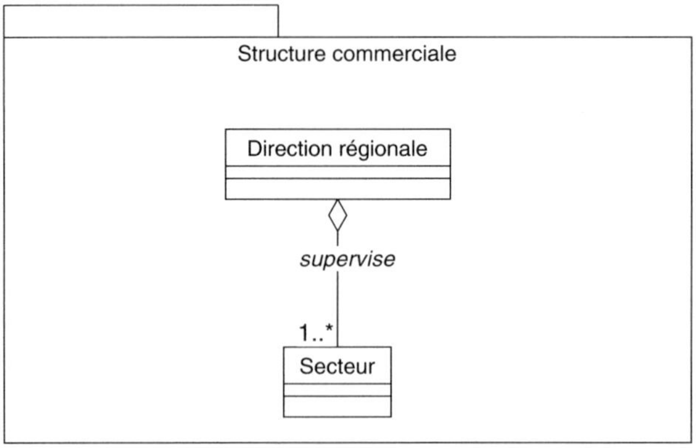

Figure 2-19
Association entre direction régionale et secteur

structure commerciale de l'entreprise. Pour ces raisons, il faut installer ces deux classes dans une même catégorie.

Toutes les agrégations n'ont pas été systématiquement matérialisées. Pour diverses raisons, l'association entre les Marchés et les Lignes de marché a éventuellement été représentée d'une autre manière, sans mettre en avant la notion d'agrégation. La figure 2-20 signifie par exemple que la Ligne de marché n'existe que si le Marché et le Produit existent. L'agrégation doit donc être recherchée à travers les associations classiques.

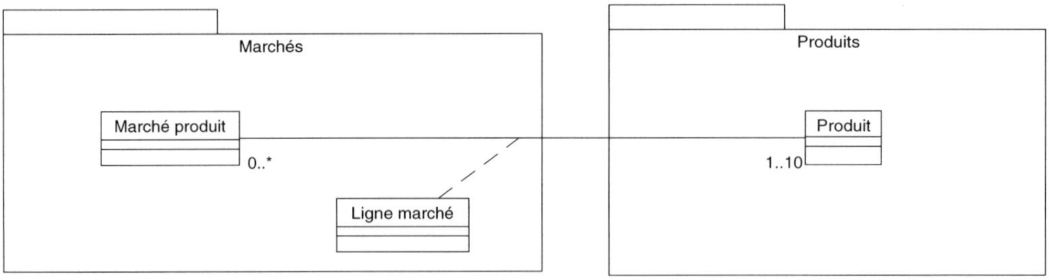

Figure 2-20
Association d'agrégation non matérialisée

L'architecte associe à une classe et regroupe dans la même catégorie les classes simples qui sont directement reliées à la classe en question. Elles peuvent être interprétées comme des caractéristiques de la classe initiale à condition qu'ellesne possèdent pas de règle complexe de gestion propre et qu'elles soient relativement déconnectées des autres classes. Dans l'exemple de la SNEA, toute `Famille produits` est reliée à un `Produit`. Une `Famille produits` ne fait pas l'objet d'une gestion particulière. La `Famille` appartient à la même catégorie que la classe `Produits` (Cf. figure 2-21).

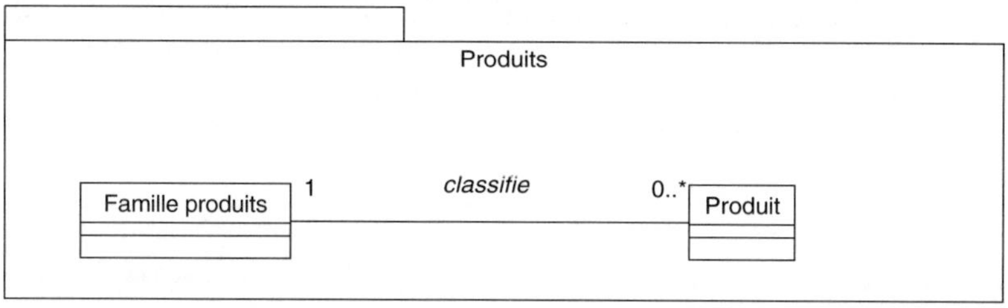

Figure 2-21
Association ARM Marché à regrouper dans la même catégorie

Homogénéité des finalités

L'architecte cherche à obtenir des ensembles qui répondent aux attentes uniques des utilisateurs. Considérons les classes Client et Historique `client` qui sont sémantiquement proches. La classe `Client` a de toute évidence un objectif principalement opérationnel, lors de la prise de commande ou de l'enregistrement d'une demande de marché : elle sert à vérifier la solvabilité du client, à connaître son adresse, les lieux de livraison, son secteur de rattachement.

L'`Historique client` contient les chiffres d'affaires par famille de produit et par année ; il est utilisé lors de la passation d'un marché et permet de vérifier la cohérence entre le marché demandé et les volumes habituels commandés par le client lors des années antérieures. Il est aussi utilisé pour des raisons d'ordre statistique ou de marketing. Les finalités étant différentes, les deux objets sont placés dans des catégories différentes. La figure 2-22 montre l'association entre le client et son historique, ainsi que leur installation dans des catégories différentes.

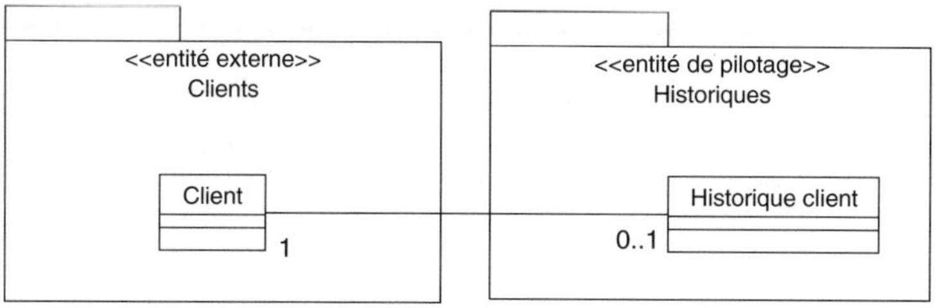

Figure 2-22
Découpage en catégories guidé par l'analyse des finalités

Homogénéité vis-à-vis des couvertures géographiques et organisationnelles

Les objets sont considérés ici comme des ressources à partager ou à distribuer entre différents acteurs du système informatique. Si par exemple les clients et les commandes sont de la responsabilité des commerciaux (les clients sont rattachés à des secteurs et les ingénieurs commerciaux passent les commandes), les tarifs sont eux partagés entre l'ensemble des acteurs. Ils sont identiques sur l'ensemble du territoire. Ils évoluent sous la responsabilité de leur direction commerciale propre (engrais et produits industriels).

Il existe deux types de stocks : les stocks de produits fournis par les usines régionales sont gérés au niveau de la région, les stocks issus des usines nationales le sont au niveau central ; ils constituent une ressource partagée par l'ensemble des acteurs.

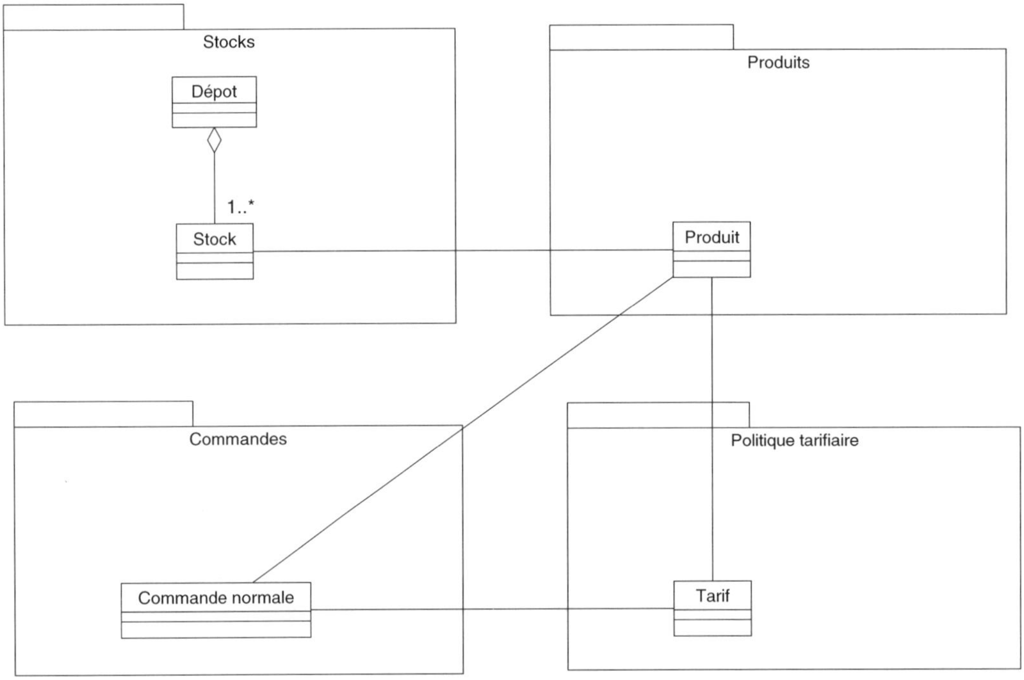

Figure 2-23
Découpage en catégories liées à l'analyse des couvertures géographique et organisationnelle

Les trois classes `Commande normale`, `Tarif` et `Stock` appartiennent ainsi à des catégories différentes.

Homogénéité vis-à-vis du cycle de vie

Les objets ne vivent pas tous à la même vitesse. Il est judicieux de séparer les objets ayant un cycle de vie différent car leurs besoins en termes d'exploitation sont différents. Les classes `Commande` et `Ligne de marché` illustrent notre propos.

Figure 2-24
Découpage en catégories guidé par l'analyse des cycles de vie

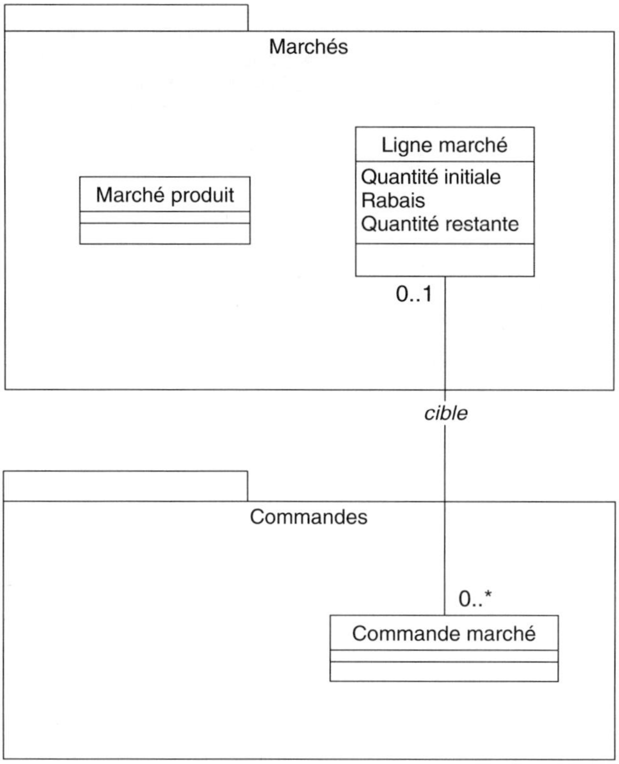

Un marché vit entre un trimestre et une année, entre l'enregistrement de la demande et la réalisation du marché. La commande a un cycle de vie beaucoup plus court, entre une journée et deux semaines (durée entre la prise de commande et la livraison). L'architecte place donc les classes correspondantes dans des catégories différentes.

Cas particulier des relations de généralisation

Il n'y a pas de règle simple concernant les relations de généralisation. Cependant, deux cas de figure peuvent se présenter.

Dans le premier cas, la sous-classe correspond à une catégorisation particulière (de type cas particulier de gestion) et n'implique pas de gestion complexe. C'est le cas des classes `Marché`, `Marché produit` et `Marché famille` (figure suivante). Les sous-classes de `Marché` sont utilisées pour quelques données ou règles de gestion particulières simples.

Ces classes sont par ailleurs homogènes en termes de couvertures fonctionnelle et géographique, de cycle de vie et de finalités ; elles sont regroupées dans un même paquetage.

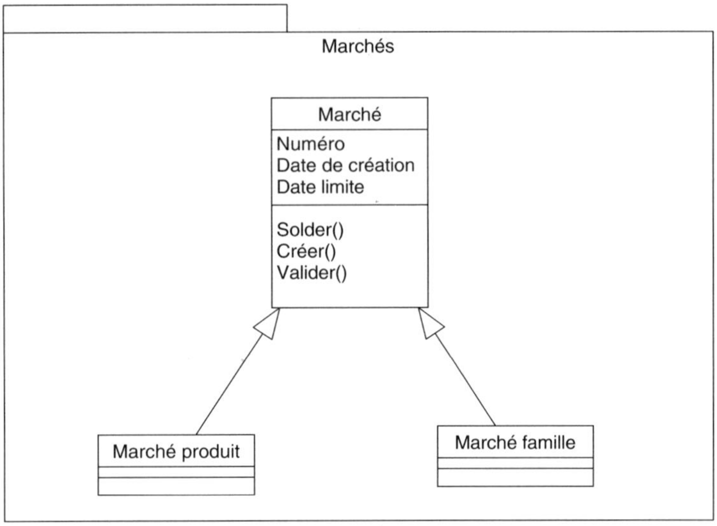

Figure 2-25
Classe et sous-classes à installer dans la même catégorie

Dans le deuxième cas, la notion de sous-classe permet d'éclater une superclasse en différentes classes d'utilisation, pouvant mettre en œuvre des règles de gestion éloignées les unes des autres et soumises à des dépendances fonctionnelles variables. C'est le cas des classes `Tiers`, `Client` et `Fournisseur`. La surclasse et les sous-classes sont placées dans des catégories différentes.

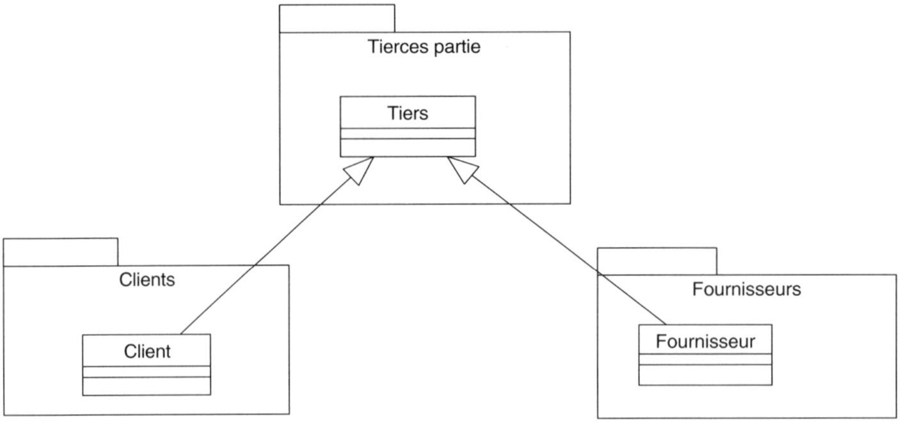

Figure 2-26
Sous-classes à installer dans des catégories différentes

La figure suivante correspond au modèle statique global de la SNEA. Il rend compte des paquetages et de la partition du domaine opérationnel métier.

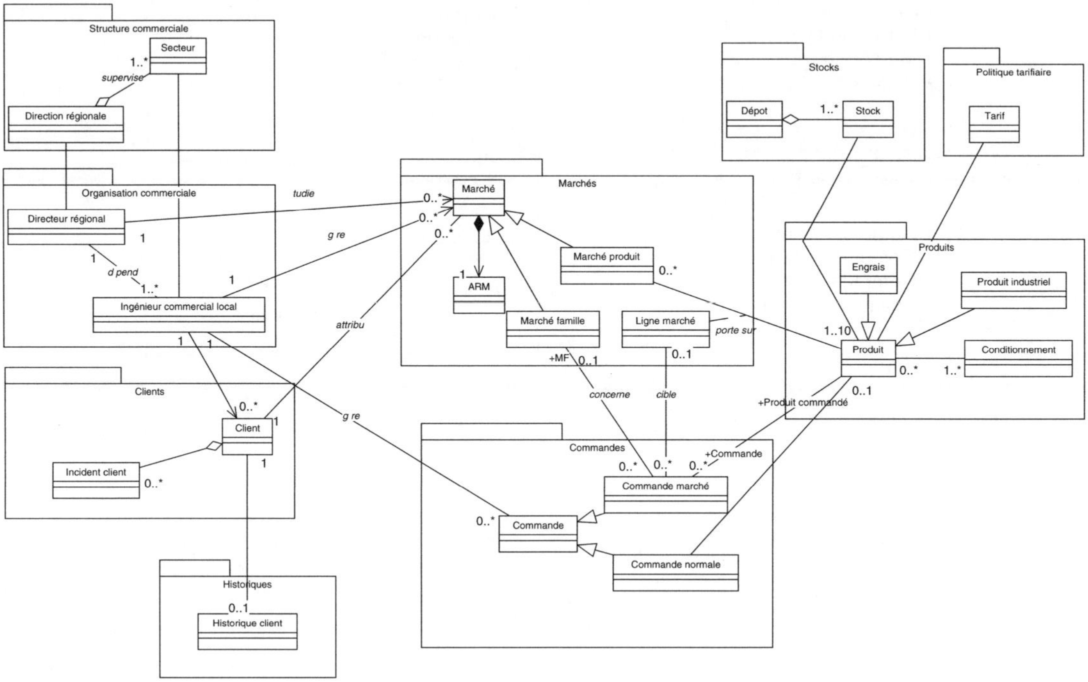

Figure 2-27
Partition du modèle de classes métier

Les catégories structurent le domaine métier en établissant une partition entre les classes du domaine. Chacun de ces paquetages logiques peut être décrit en utilisant les formalismes proposés par UML (modèle statique, modèle des cas d'utilisation, scénarios...). La figure suivante représente la structuration en catégories du domaine métier du système, déterminée à partir de la partition précédente.

La structure du domaine métier proposé appelle les remarques suivantes. Il est en général utile de prévoir une catégorie particulière ; cette catégorie contient les classes communes présentant un degré particulièrement important de réutilisation. Ces classes, appelées utilitaires, appartiennent à la couche technique indépendante du domaine de l'étude.

Une classe Adresse (pour les adresses postales par exemple) est un cas fréquent de classe commune réutilisable ; elle sert aussi bien pour les clients que pour les dépôts et pour les ingénieurs commerciaux. Les classes réutilisables sont l'un des grands avantages de l'approche objet. Néanmoins, elles sont difficiles à mettre pratiquement en œuvre.

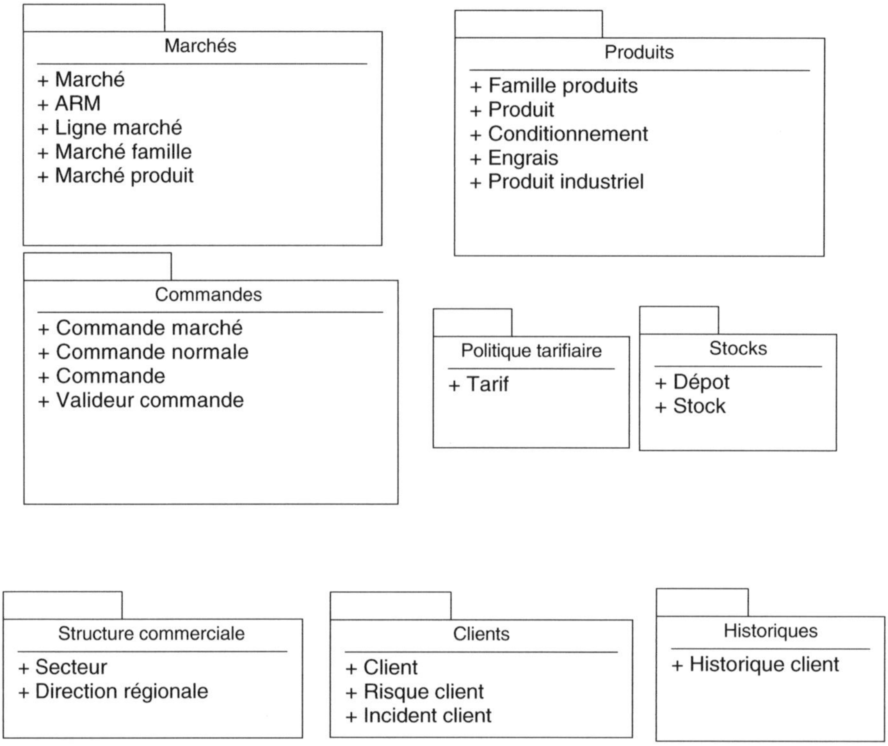

Figure 2-28
Représentation des catégories métier de l'architecture

Structuration des objets d'interface et des objets d'infrastructure

Les objets d'interface sont en contact avec l'utilisateur. S'appuyant sur la couche métier, ils pilotent le dialogue avec l'utilisateur, affichent les informations nécessaires et réagissent à ses sollicitations. Ces objets s'appuient sur des bibliothèques de classes disponibles sur le marché ou livrées avec l'outil de développement. Les classes de ces bibliothèques sont par exemple les `Fenêtres` ou les `Boutons`.

Les objets d'infrastructure sont les objets techniques invisibles de l'utilisateur avec lesquels les objets métiers dialoguent et qui s'appuient sur une technologie particulière. Le SGBD y côtoie les objets permettant les impressions (ou Imprimeurs), ainsi que les interfaces vers d'autres systèmes. Le système EDI de l'entreprise fait partie de l'infrastructure.

Deux critères sont à prendre en compte lors de la structuration des objets d'interface et des objets d'infrastructure :

- l'homogénéité vis-à-vis de la structure de l'entreprise et des différents acteurs du système ;
- l'homogénéité vis-à-vis de la technologie employée.

Ces caractères sont en adéquation avec les règles d'ergonomie que doivent respecter les interfaces homme-machine. Ces règles sont liées à la technologie employée : l'apparence et les outils disponibles en client-serveur sont différents de ceux qui sont proposés dans le cadre d'une application transactionnelle classique, voire d'un jeu. Elles dépendent aussi des besoins d'organisation du travail ; en répondant à ces besoins, on augmente l'efficacité de chaque poste de travail.

Les classes contenues par ces paquetages sont les outils employés par les différents acteurs pour exécuter leurs tâches. Le paquetage relatif au directeur régional contient par exemple une classe `Formulaire Marchés`, déterminée après étude du diagramme de collaboration relatif à la validation des marchés par cet acteur.

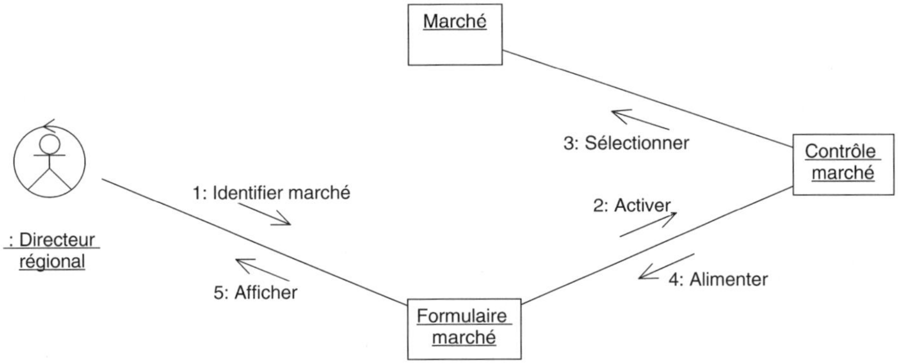

Figure 2-29
Diagramme de collaboration Étude de la demande de marché

Les objets d'interface ne sont pas représentés ici, d'une part parce que les éléments ne sont pas toujours disponibles lors de la première itération d'élaboration de l'architecture, d'autre part parce que le choix des outils de réalisation n'est pas fait. Or il est préférable de faire ce choix avant de déterminer les objets d'interface. Aujourd'hui, de nombreux outils permettent de dessiner directement les objets d'interface. Il est donc inutile de représenter ces objets dans des diagrammes UML. Les aspects liés à la conception des objets d'interface font l'objet du chapitre 5.

Homogénéité vis-à-vis des différents acteurs du système

Prenons l'exemple d'un projet de gestion commerciale de vente de publicité, dans lequel les règles de gestion appliquées par les vendeurs sur le terrain et par la vente par téléphone sont les mêmes. Les modes opératoires, l'organisation du travail et la présentation des différents arguments de vente sont par contre largement différents. La tentative d'installer dans le service de la vente par téléphone un outil élaboré en fonction des besoins des vendeurs de terrain se solde par un échec ; il faut construire un outil adapté aux modes opératoires et au fonctionnement propre au vendeur par téléphone.

Chaque acteur de l'entreprise possède ainsi ses propres modes opératoires. Les outils modernes d'interface homme-machine sont devenus suffisamment riches et complexes, et doivent être adaptés à ces différents modes.

Dans le cas SNEA, les paquetages représentent la structure de l'entreprise (limitée ici au domaine commercial et aux dépôts).

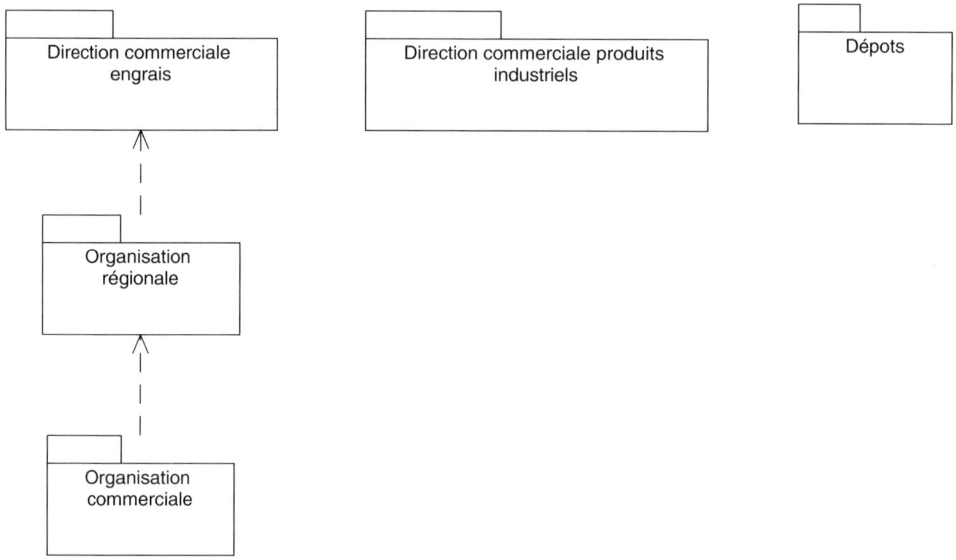

Figure 2-30
Représentation UML de la structure de l'entreprise

Chaque paquetage représente une structure de la SNEA et peut être affecté à un site. Un paquetage repose sur les notions du modèle statique d'UML, à savoir les acteurs du système informatique et les relations de dépendance entre ces acteurs. La figure suivante donne la représentation UML de la structure d'une direction régionale.

En première approximation, l'architecte fait correspondre à chaque acteur un paquetage particulier ; ce paquetage représente la partie interface homme-machine de l'ensemble des outils mis à disposition.

Ensuite, l'architecte recherche les acteurs qui utilisent les mêmes outils, dont les modes opératoires sont suffisamment proches pour appartenir à une seule catégorie. Ainsi, les outils de l'ingénieur commercial local et ceux de son assistante peuvent être les mêmes, les tâches qu'ils accomplissent étant identiques avec le même mode opératoire sur le groupe de secteur. L'architecte établit alors une seule catégorie. En revanche, le directeur régional et son assistante n'ont ni les mêmes tâches, ni les mêmes responsabilités. Les paquetages correspondant aux objets d'interface sont donc différents.

Les paquetages des directions commerciales « produits industriels » et « engrais » peuvent aussi être confondus. En effet, les tâches qu'ils accomplissent sont les mêmes

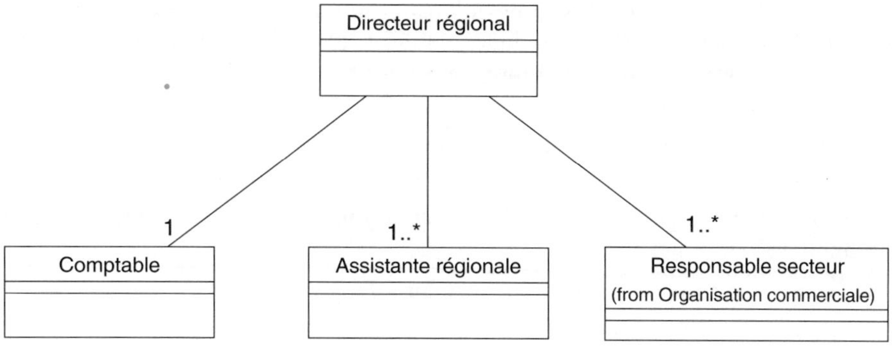

Figure 2-31
Représentation de la structure d'une direction régionale

(création et modification des tarifs). Les modes opératoires peuvent varier, mais la fréquence d'utilisation de l'outil est insuffisante pour justifier une étude fine de l'ergonomie de chaque poste. Une ergonomie « standard » mais correcte est jugée satisfaisante, en accord avec les utilisateurs.

Certaines classes plus utilitaires sont employées peu fréquemment par un ensemble de postes différents. L'architecte a la possibilité de regrouper ces classes suivant des critères fonctionnels. C'est le cas par exemple de la mise à jour de l'adresse d'un client ou d'un prospect ; cette fonction doit être indépendante au niveau des postes de travail de la direction régionale et du secteur. Cette recherche de réutilisations possibles relève du travail de l'architecte.

Homogénéité vis-à-vis des technologies employées

Lorsque les modes opératoires des utilisateurs dépendent de la technologie ou que les outils de développement sont différents et demandent des compétences particulières, il est nécessaire de regrouper les objets partageant les mêmes caractéristiques dans des paquetages homogènes. On ne travaille pas de la même manière en mode client-serveur ou en mode transactionnel. De plus, la technologie évolue ; il est nécessaire d'intégrer dans la réflexion du concepteur d'autres médias de transfert de l'information que ceux qui sont proposés par une interface homme-machine classique. Si les serveurs d'impression peuvent compter parmi ces médias, une imprimante est un dispositif d'interface avec l'homme au même titre qu'un écran, des serveurs téléphoniques équipés de système de synthèse vocale ou des serveurs de télécopies font partie de l'univers quotidien. Demain, il sera question de reconnaissance vocale, voire de cybercasques.

Il est généralement intéressant d'isoler dans un paquetage adéquat les services d'impression, voire de routage des courriers pour des raisons technologiques ou économiques. Les exemples suivants illustrent cet intérêt.

Une entreprise envoie de nombreux courriers graphiques à ses clients, sous forme de confirmation de commandes, de factures, de bons à tirer. Elle a fait le choix d'installer un serveur d'impression qui transforme en Postscript les courriers à envoyer et les transfère de nuit à un sous-traitant. Ce dernier se charge de l'édition, de la mise sous pli et du routage. Les confirmations de commandes journalières parviennent ainsi au client sous 24 à 48 heures.

Les banques gagnent en général à assembler les divers courriers destinés à un même client ; elles effectuent ainsi un seul envoi et diminuent les coûts postaux.

La stratégie technique définie par la direction informatique de la SNEA fait appel aux technologies suivantes :

- le système emploie la technologie client-serveur ;
- l'ingénieur commercial local peut travailler en étant déconnecté (saisie de la commande ou du marché chez le client sur son portable) ;
- l'acheteur du client peut suivre les réalisations de ses marchés sous Internet ;
- les entreprises équipées sont en mesure de passer leurs commandes par EDI.

Les paquetages issus de ces orientations sont :

- les outils de l'acheteur (utilisant Internet pour consulter ses marchés) ;
- prise de commande EDI ;
- serveur d'impression.

Les deux derniers paquetages appartiennent à la couche « infrastructure ». Représentons les paquetages obtenus lors de la structuration des objets d'interface et des objets techniques (seule la partie marché est étudiée ici). La figure suivante (2-32) respecte les couches du modèle d'architecture proposé.

Gestion de la persistance

Un mécanisme technique est absolument nécessaire : il consiste à permettre à certains objets d'exister, de persister, pendant une période suffisamment longue pour les besoins du système, même en cas d'arrêt de ce dernier. Le `Client Dupont` doit par exemple exister dans le système un certain nombre d'années. Ce phénomène est appelé persistance des objets. Dans le monde de l'informatique de gestion, ce besoin est fondamental ; les mécanismes en question ont été développés très tôt : il s'agit des systèmes de gestion de fichiers et des bases de données. En raison de l'importance de la gestion de la persistance et de la mémorisation des données dans le monde de l'informatique de gestion, il est essentiel d'isoler les objets techniques assurant la persistance dans un paquetage particulier. Les objets relatifs à la gestion de la persistance font partie des objets de type technique.

Chaque paquetage possède ses objets persistants :

- Dans les catégories correspondant aux objets métier, une bonne partie des objets doivent être mémorisés pour une utilisation ultérieure, opérationnelle ou statistique. Il est nécessaire de conserver les marchés toute la durée de leur vie, pour des besoins évidents de fonctionnement et ultérieurement, pour des besoins statistiques et de recherche d'information.

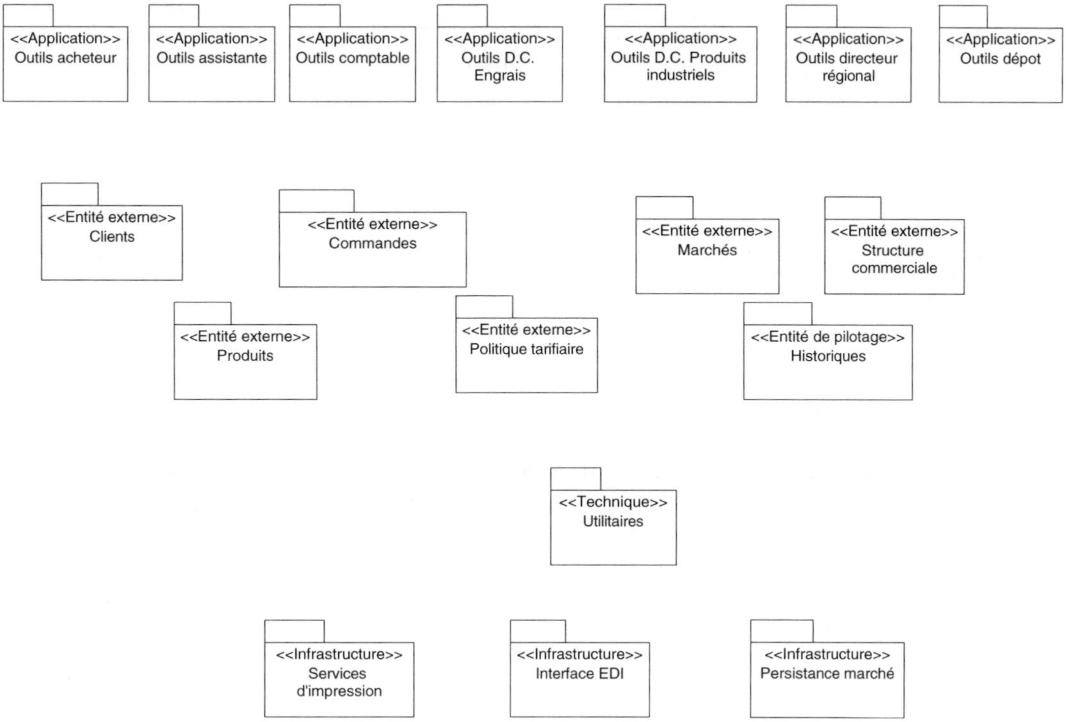

Figure 2-32
Paquetages structurant les objets d'interface

- Dans les catégories correspondant aux objets d'interface, il faut mémoriser certains objets, comme les mots de passe ou les paramètres de positionnement de telle fenêtre ou d'autres paramètres de personnalisation d'application. L'utilisateur désire parfois se reconnecter au système et retrouver les travaux en cours dans l'état dans lequel il les avait laissés. Il est alors nécessaire d'organiser la persistance des objets d'interface en question.

Nous nous intéressons ici à la gestion de la persistance des objets métier. L'objectif est d'isoler la partie de l'application relative à la base de données utilisée. L'entreprise gagne ici en indépendance vis-à-vis du fournisseur de SGBD, mais aussi vis-à-vis de la structure de la base de données.

Le principe utilisé est simple. À chaque classe métier persistante, il faut systématiquement faire correspondre une classe permettant de gérer la persistance de cet objet. La structure du paquetage permettant de gérer la persistance peut ensuite évoluer en fonction des contraintes induites par l'utilisation des objets en question. La figure suivante illustre cette démarche à partir de la catégorie `Marchés`.

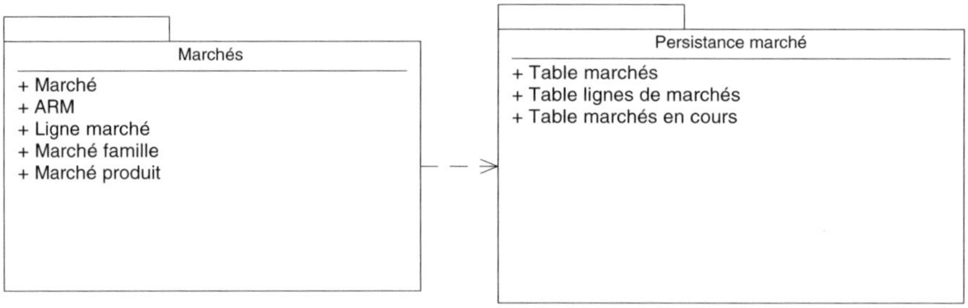

Figure 2-33
Gestion de la persistance liée à la gestion des marchés

Le principe mis en œuvre permet d'isoler les classes persistantes du modèle logique. Ces classes sont alors transformées en tables correspondant à l'outil choisi. Les règles de transformation dépendent du type de SGBD cible. Dans le cas des bases de données relationnelles, les règles de passage du niveau conceptuel au niveau logique des données proposées par Merise conviennent parfaitement ; elles ne sont pas reprises ici. La plupart des outils proposent une fonction qui permet de générer les tables relationnelles. Il n'y a cependant aucune relation biunivoque entre la classe métier et la table relationnelle, les raisons en sont détaillées dans les paragraphes suivants.

Une transformation ultérieure de ces classes (une dénormalisation) est en général nécessaire ; elle permet de gagner en efficacité et en temps de réponse. Le modèle « base de données » peut alors être transformé, certaines classes étant confondues, d'autres découpées, en fonction des opérations effectuées sur les données. Ce travail est celui d'un spécialiste : l'administrateur de base de données.

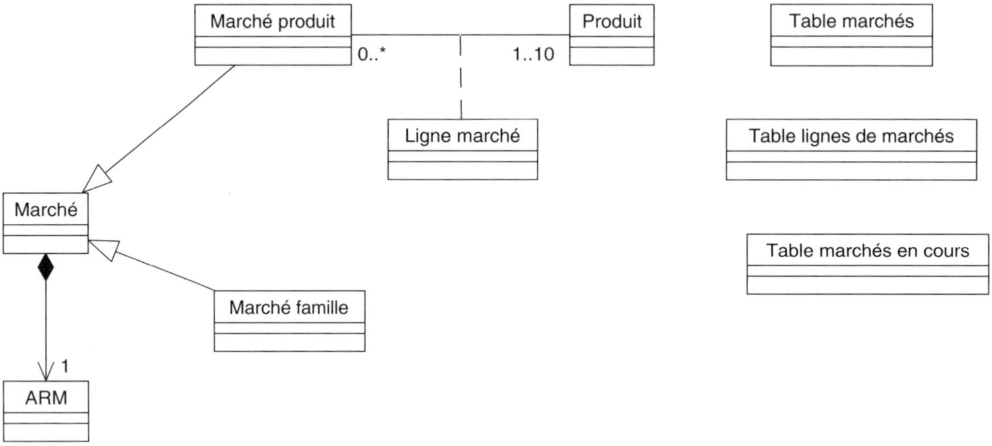

Figure 2-34
Les classes persistantes de la gestion des marchés et tables relationnelles correspondantes

Observons le modèle statique précédent et les opérations à effectuer sur les classes. L'administrateur de la base de données a la possibilité d'introduire des redondances d'information, de décomposer des classes et en général d'effectuer toutes les transformations permettant d'obtenir le meilleur compromis entre l'efficacité du système (temps de réponse) et son évolutivité. Il peut par exemple décider de fusionner les classes `Marché` et `ARM`, car leur utilisation est souvent conjointe et les échanges de messages entre ces deux classes très fréquents ; cette technique permet d'optimiser les entrées-sorties physiques. Pour ces mêmes raisons, il peut rassembler les données du `Marché` et de ses deux sous-classes en une seule table. Les transformations mises en œuvre, spécifiques au métier d'administration de base de données, sont les mêmes que celles opérées lors de l'optimisation des modèles logiques de données Merise et de la création du modèle physique. Il n'entre pas dans l'objectif de ce livre de les détailler.

Compte tenu des outils disponibles et de la puissance des matériels actuels, une simple transposition dans la base de donnée des catégories métier, sans démarche d'optimisation supplémentaire, semble suffisante. Cette solution paraît garantir la souplesse générale du système à réaliser. Certains projets se sont élaborés ainsi. Malheureusement, l'expérience montre que l'usage des technologies modernes n'est pas forcément une garantie de performance. La mise en œuvre d'une démarche d'optimisation de la gestion de la persistance, donc de la base de données, est en fait nécessaire dans la majorité des cas. La mise en œuvre de systèmes de gestion de bases de données relationnels permet aujourd'hui de gérer la persistance de systèmes objets ; cette technique impose l'utilisation d'une couche spécifique permettant de faire dialoguer les modes de fonctionnement objet et relationnel.

Composants et déploiement du système

Les différents employés sont en général répartis dans plusieurs établissements ou sites dont l'ensemble constitue la structure géographique de l'entreprise. L'architecte doit déterminer les matériels et leur localisation, et les logiciels qui y sont implantés. Il définit ainsi l'ensemble des composants (unités de réalisation) et le modèle de déploiement du système.

Les paquetages précédemment définis sont répartis sur un ou plusieurs sites, en fonction des choix techniques et d'implantation décidés par l'entreprise. Grâce aux techniques modernes, il est possible de définir des serveurs dit serveurs logiques, puis d'installer ces serveurs sur des machines. La configuration obtenue peut alors évoluer, sans que les applications soient modifiées. L'exemple suivant illustre notre propos.

Dans une entreprise de vente de services, deux filiales utilisent les mêmes logiciels, sur leurs segments de marché propres et sur des machines du même type. La direction décide de l'absorption d'une des filiales par l'autre ; les deux applications sont installées sur deux serveurs d'une machine plus importante de type équivalent. Le premier serveur doit mourir peu à peu, avec le déclin du portefeuille de clients de la filiale absorbée, tandis que le deuxième serveur doit se développer à son rythme. L'ensemble de l'opération, convenablement préparée, s'effectue en un week-end ; les équipes de développement n'ont pas à intervenir.

L'architecte définit ainsi une architecture « logique », relativement indépendante de la machine sur laquelle elle est implantée. Une telle architecture totalement décentralisée peut être implantée sur un seul site. Une banque française a ainsi totalement décentralisé son système sur le plan logique en ayant défini des serveurs d'agence. Cette banque a ensuite regroupé l'ensemble des machines départementales sur un site unique au siège pour en faciliter l'administration et la sécurité. Comme le montre cet exemple, ce type d'architecture est plus stable et plus structurante que l'architecture physique ; elle apporte à la direction informatique un degré de liberté qui est nécessaire à sa réactivité.

Revenons à l'exemple de la SNEA. Chacun des paquetages définis précédemment est homogène vis-à-vis de la couverture géographique et organisationnelle de l'entreprise. Chaque paquetage a ainsi un site d'implantation « naturel ». L'architecte installe systématiquement chaque catégorie métier sur les sites fonctionnels ou géographiques naturels.

Les gestions des tarifs et des produits relèvent de la responsabilité des directions commerciales. Les catégories correspondantes sont ainsi a priori installées au niveau le plus haut. La gestion des marchés se fait sous la responsabilité du directeur régional ; c'est donc à ce niveau que l'architecte la situe. Le tableau suivant représente les différents paquetages installés au niveau géographique « naturel ».

Tableau 2-1 Répartition des paquetages par types d'établissement

Type d'établissement	Paquetages d'application	Paquetages métiers	Paquetages d'infrastructure
Siège	Outils DC engrais Outils DC produits Industriels Outils acheteur	Tarifs Produits Structure commerciale	Interface EDI Base de données
Dépôt	Outils dépôt	Stocks	Base de données
Direction régionale	Outils DR Outils comptable Outils de l'assistante	Clients Marchés Historiques	Impression Base de données
Secteur	Outils de l'IC Outils de l'assistante	Commandes	Base de données

Une telle architecture pose par expérience des problèmes de temps de réponse et de charge réseau. L'architecte doit la remanier pour augmenter les performances, tout en évitant de la rendre trop complexe et trop peu évolutive. À cet effet, il étudie systématiquement les échanges de messages entre les objets et se pose les questions relatives :

- à la synchronisation des liens d'utilisation ;
- à la fraîcheur des informations utilisées ;
- aux économies d'échelle à réaliser ;
- aux aspects liés à la sécurité et à l'exploitation.

Synchronisation des messages

Les Outils de l'ICL envoient des messages simples aux Commandes ; en d'autres termes, les commandes sont enregistrées en temps réel. Les Commandes font de même avec les Tarifs, ce qui revient à dire qu'elles y accèdent immédiatement, en temps réel.

En revanche, les Commandes ou les Marchés envoient aux Services d'impression des messages en mode synchrone. Les Marchés envoient une demande d'édition d'ARM vers le service d'impression, mais n'attendent pas le résultat pour continuer à s'exécuter.

L'architecte cherche à éviter autant que possible les utilisations simples entre objets appartenant à des paquetages installés sur différents sites. Les utilisations synchrones entre objets de différents paquetages permettent à l'architecte d'implanter ces derniers sur des serveurs différents.

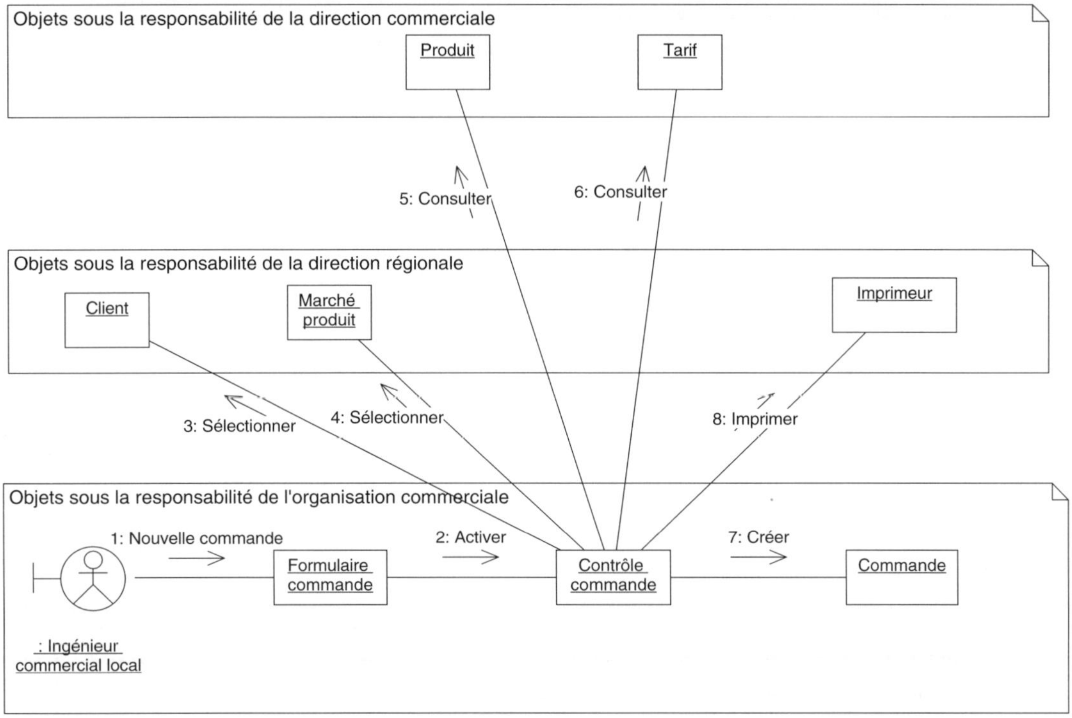

Figure 2-35
Représentation des échanges de messages entre objets rapportés à l'implantation des paquetages de ces objets

Fraîcheur des informations utilisées par les paquetages

Si les Commandes envoient des messages simples vers les Tarifs, ce dernier paquetage est particulièrement stable et peu volatil. La faiblesse de l'évolution du catalogue des produits de la SNEA est telle que l'ingénieur commercial peut se permettre d'utiliser un catalogue vieux d'une semaine, voire d'un mois, l'important étant d'avoir les derniers tarifs en cours. L'architecte peut alors scinder les `tarifs` en plusieurs paquetages :

- un paquetage de gestion, destiné à la mise à jour des objets modèles ;
- un ou plusieurs paquetages d'utilisation, situés sur les sites où le catalogue est utilisé ; il contient les objets d'usage.

Chaque paquetage d'utilisation (ou proxy) s'alimente régulièrement (chaque semaine ou sur demande) auprès du paquetage de gestion, pour prendre en compte la dernière version des prix. Les échanges de messages entre ces deux paquetages sont asynchrones.

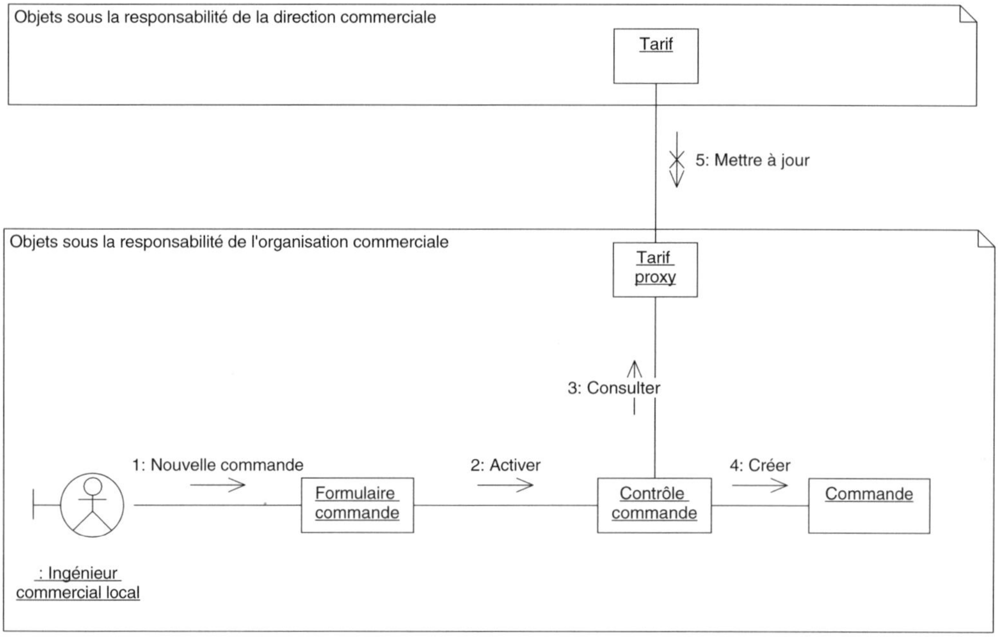

Figure 2-36
Duplication de la gestion des tarifs pour une utilisation locale

Recherche d'économies d'échelle

Prenons l'exemple du serveur d'impression de la SNEA ; l'architecte le situe au niveau de la direction régionale pour ce qui est des envois de masse (commandes, ARM, factures). Une négociation efficace avec un routeur (sous-traitant qui édite, met le courrier sous pli et le poste) conduit à une réduction des coûts de routage en fonction des volumes de courrier édités par l'entreprise. Dans ce cadre, la centralisation du serveur d'impression, directement connecté chez le routeur, s'impose. L'économie faite peut être chiffrée simplement. Les impressions locales ponctuelles restent bien entendu possibles.

Le serveur EDI peut lui aussi être centralisé. Les clients utilisateurs de l'EDI sont de gros acheteurs de produits industriels vendus sur tout le territoire et traités par un secteur spécialisé à Paris. L'établissement parisien est donc le premier utilisateur des fonctions EDI.

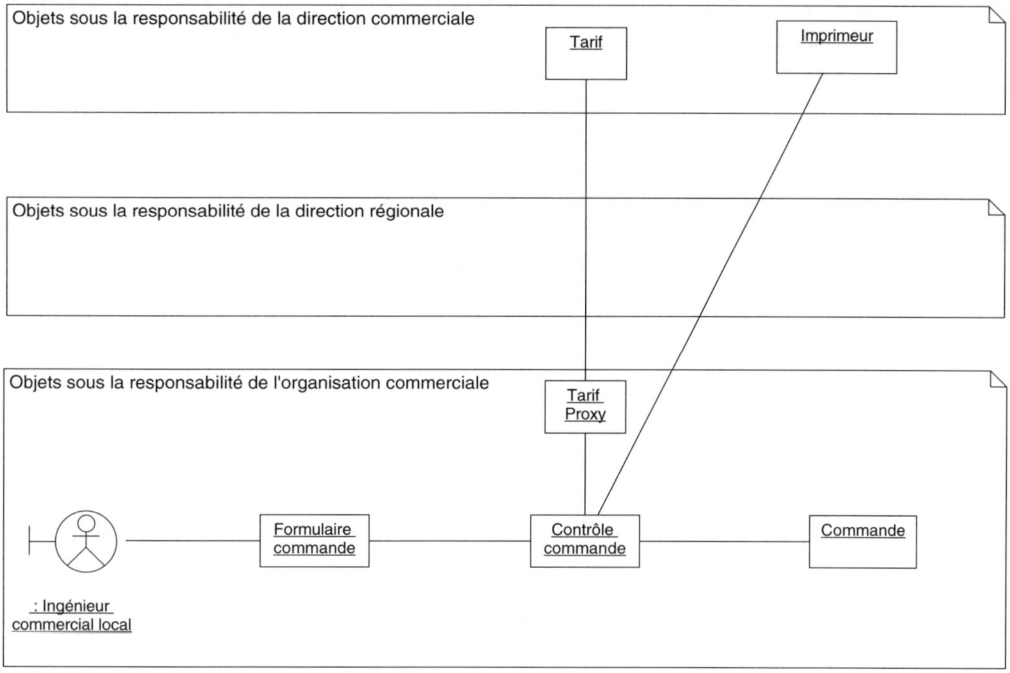

Figure 2-37
Centralisation du serveur d'impression

Prise en compte des aspects liés à la sécurité et aux paramètres d'exploitation

Le serveur permettant de consulter les marchés sur Internet utilise le paquetage des Marchés. La direction de l'entreprise souhaite interdire l'accès Internet au système de gestion et décide de centraliser la partie consultable des marchés sur le site central, pour éviter aux consultations des acheteurs de perturber les serveurs régionaux. La solution consiste à mettre en place un serveur de Marchés sur Internet, alimenté par la catégorie des Marchés. L'architecture mise en place est une architecture trois-tiers : les outils de l'acheteur deviennent un composant d'interface Internet ; les classes métier des `Marchés` sont implantées sur ce serveur et forment un composant qui s'exécute sur place. La base de données contenant la partie consultable des marchés est située sur le site central.

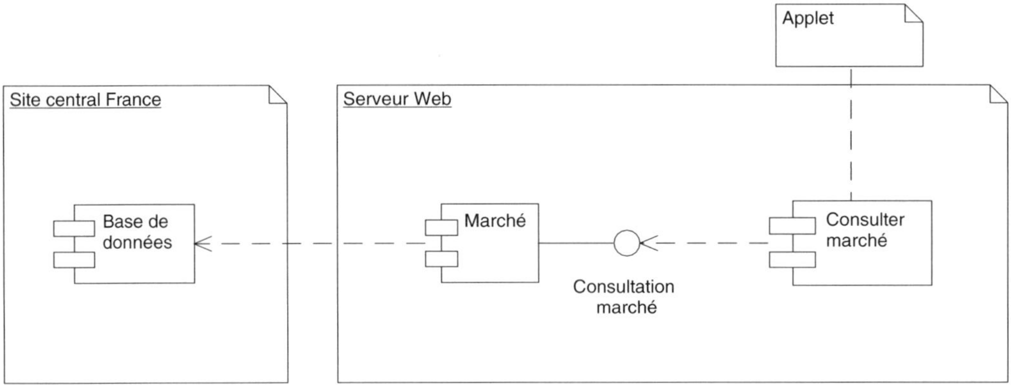

Figure 2-38
Diagramme de composants pour les outils de l'acheteur

Le paquetage des Commandes, situé au niveau du groupe de secteur, ne permet pas d'assurer automatiquement une administration convenable du site et les sauvegardes de données souhaitées. Ainsi, les serveurs de `Commandes` du groupe de secteur sont installés dans chaque direction régionale.

Des paquetages logiques aux composants : les choix de réalisation

Il faut maintenant étudier l'architecture du point de vue des contraintes liées au développement et à la maintenance des différents sous-systèmes. L'entreprise est en mesure de mettre en place un certain nombre d'outils de développement sur les sites.

L'évolution des technologies informatiques actuelles et la diversité des besoins des utilisateurs interdisent que le système d'information soit développé avec un seul et même outil. Plusieurs types d'outils de développement doivent coexister, avec chacun ses avantages et ses types d'utilisations propres. On pense par exemple au L3G, au générateur d'application, à des outils sophistiqués d'interrogation et de mise en forme des informations. L'entreprise peut à l'occasion utiliser plusieurs L4G, l'un très simple, réservé aux développements rapides de petites applications locales non stratégiques et un autre destiné au développement industriel d'applications stratégiques avec des équipes importantes. Par ailleurs, les technologies et les outils évoluant rapidement, il faut prévoir un recouvrement de ces outils. Le premier servira finalement à la maintenance des applications existantes, l'autre permettra le développement de nouveaux systèmes.

De nombreux outils de développement sont disponibles sur le marché. Il faut porter une attention particulière à leur choix. Ce dernier ne peut s'effectuer sur les seules qualités intrinsèques de l'outil. Il est en premier lieu nécessaire de développer une stratégie technique. Le choix se fait ainsi en fonction du ou des systèmes d'exploitation visés, du ou des SGBD à mettre en œuvre et du degré d'indépendance que l'entreprise souhaite avoir vis-à-vis de ces outils. Ces contraintes limitent parfois le nombre d'outils utilisables. Tel outil n'offre peut-être pas en standard un certain type d'objet d'interface. L'ajout d'un objet d'interface particulier dans la bibliothèque de l'outil est difficile et sa maintenance ardue. Une fois l'outil choisi, il est préférable de se limiter aux objets standard qu'il offre. Si les acteurs demandent une interface spécialisée, il est possible d'utiliser un L3G pour réaliser les paquetages d'interface homme-machine correspondants.

La réalisation spécifique des composants n'est pas la seule solution pour mettre en œuvre un système ; les composants peuvent être achetés ou sous-traités. L'architecte doit alors prendre en compte dans sa démarche les contraintes apportées par le logiciel ou le mode de développement choisi. Par exemple, l'étude du serveur central de la SNEA montre que si les gestions des produits, des tarifs et des stocks peuvent fonctionner sur le système existant, le serveur EDI peut être acheté à l'extérieur. Il est possible de baser le système de pilotage sur un produit de datawarehouse. Par ailleurs, une entreprise de services peut se charger du serveur Internet des marchés. L'architecte doit connaître les interfaces proposées par les composants du fournisseur et intégrer leurs contraintes dans sa démarche d'élaboration. Des bibliothèques de classes métier commencent à être disponibles sur le marché. Connaître l'offre de composants fait partie du rôle de l'architecte.

Un ensemble d'outils de développement est ainsi en charge de chaque paquetage. Il est alors possible de passer de la structure logique du système à la structure dite de construction. Chaque catégorie se transforme a priori en composant ; ces derniers sont regroupés en sous-systèmes. Chaque sous-système doit correspondre à un environnement de développement. Si les classes d'une catégorie doivent être développées dans deux environnements, il faut réaliser deux sous-systèmes différents. Les modules composants ces sous-systèmes regroupent un ensemble de classes ou d'objets provenant de la catégorie logique source. Le regroupement de classes en composants dépend, d'une part de considérations techniques liées aux outils de développement, d'autre part de la répartition des tâches dans les outils de développement. Chaque composant, qui peut contenir plusieurs classes, doit être une unité de réalisation et de maintenance.

La manière de travailler, les contraintes apportées par les outils de développements, tant au niveau des interfaces homme-machine que des opérations sur les classes, conduisent à prendre en compte cet aspect des choses très tôt lors de l'élaboration de l'architecture.

Ainsi, l'approche du développeur pour analyser, concevoir et réaliser l'application sur le portable du vendeur est nettement différente de celle qu'il adopte pour effectuer les mêmes tâches sur site central. Les possibilités de l'outil et l'existence ou non des composants influencent le logiciel produit.

Chaque paquetage est ainsi confronté sur les sites aux divers outils de développement possibles ou choisis par l'entreprise. Il faut veiller soigneusement à l'adéquation de l'outil de développement avec les contraintes du logiciel à réaliser. Il faut veiller à garder un maximum d'éléments logiciels réutilisables.

Par exemple, l'architecte du système de la SNEA a décidé que l'outil permettant de développer le paquetage `Clients` sur le serveur régional doit pouvoir fournir le code correspondant aux fonctions disponibles sur le portable du vendeur ; cette décision permet de réutiliser le code produit en respectant les diverses contraintes du système. L'architecte détermine de cette manière les composants du système (unicité de site et d'outil de développement) pour obtenir la vue des composants à développer. Chaque composant ou module est issu d'une ou plusieurs classes, suivant les choix techniques d'implantation relatifs à l'outil utilisé. Ces composants sont regroupés en sous-systèmes équivalents aux catégories ou paquetages du modèle logique initial. Un sous-système est développé pour un site sur un outil de développement ; les ressources de développement sont parfaitement délimitées.

La stratégie technique adoptée par la SNEA se traduit par la mise en place d'un outil de développement client-serveur ; cet outil permet aux développeurs de générer les modules clients et serveurs à leur guise.

Le composant permettant la prise de commande en mode déconnecté nécessite un développement avec un L3G. Les raisons mises en avant sont d'une part le soin particulier à apporter à l'ergonomie de l'interface et d'autre part le temps de réponse quasi immédiat à obtenir. L'interface homme-machine, visible par le client, véhicule l'image de l'entreprise, il doit comporter une aide à la vente que n'ont pas les autres parties du système. Les objets graphiques standard ne peuvent suffire ici.

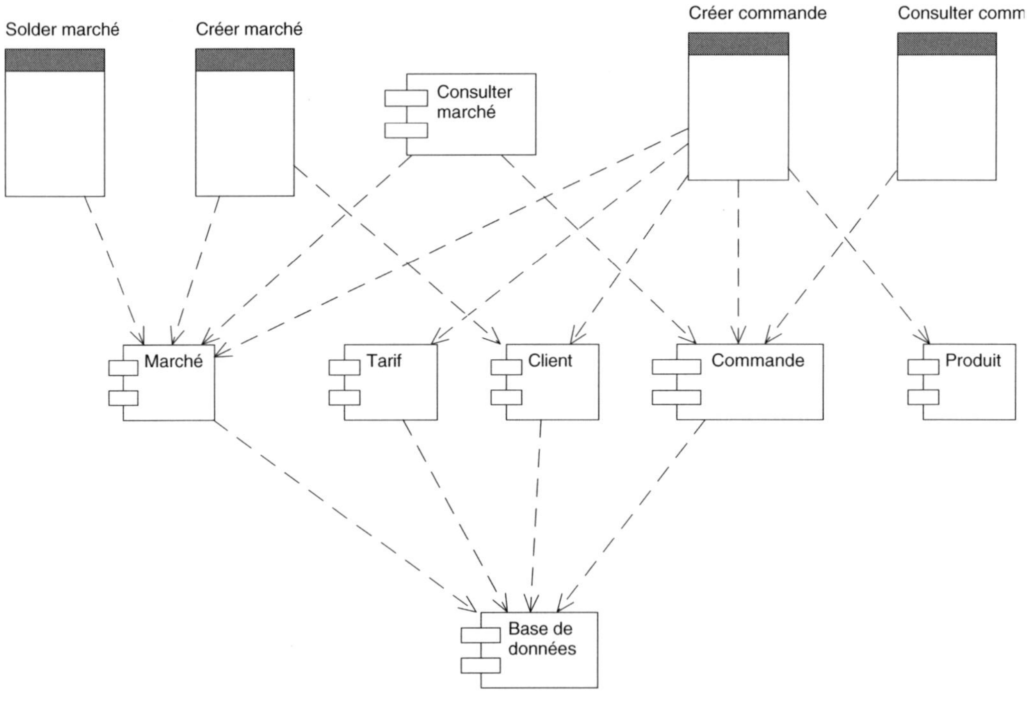

Figure 2-39
Modèle de construction du portable de l'ingénieur commercial

Les modules liés à la gestion des marchés, des catalogues produits développés pour les serveurs de la direction régionale peuvent être réutilisés et installés sur le micro-ordinateur choisi. Les modules correspondant à la création et à la gestion des `Commandes` doivent être développés indépendamment et ne peuvent être réutilisés.

Structure de déploiement

L'architecture matérielle est représentée par un diagramme de déploiement. À chaque processeur, l'architecte assigne un ensemble de traitements qui correspondent aux principales opérations. Les modules, composants et programmes principaux, ainsi que les fonctions de persistance permettent à l'architecte de définir les ressources et les matériels nécessaires. La figure suivante présente le modèle de déploiement concernant la SNEA, ainsi que les composants implantés sur certains nœuds.

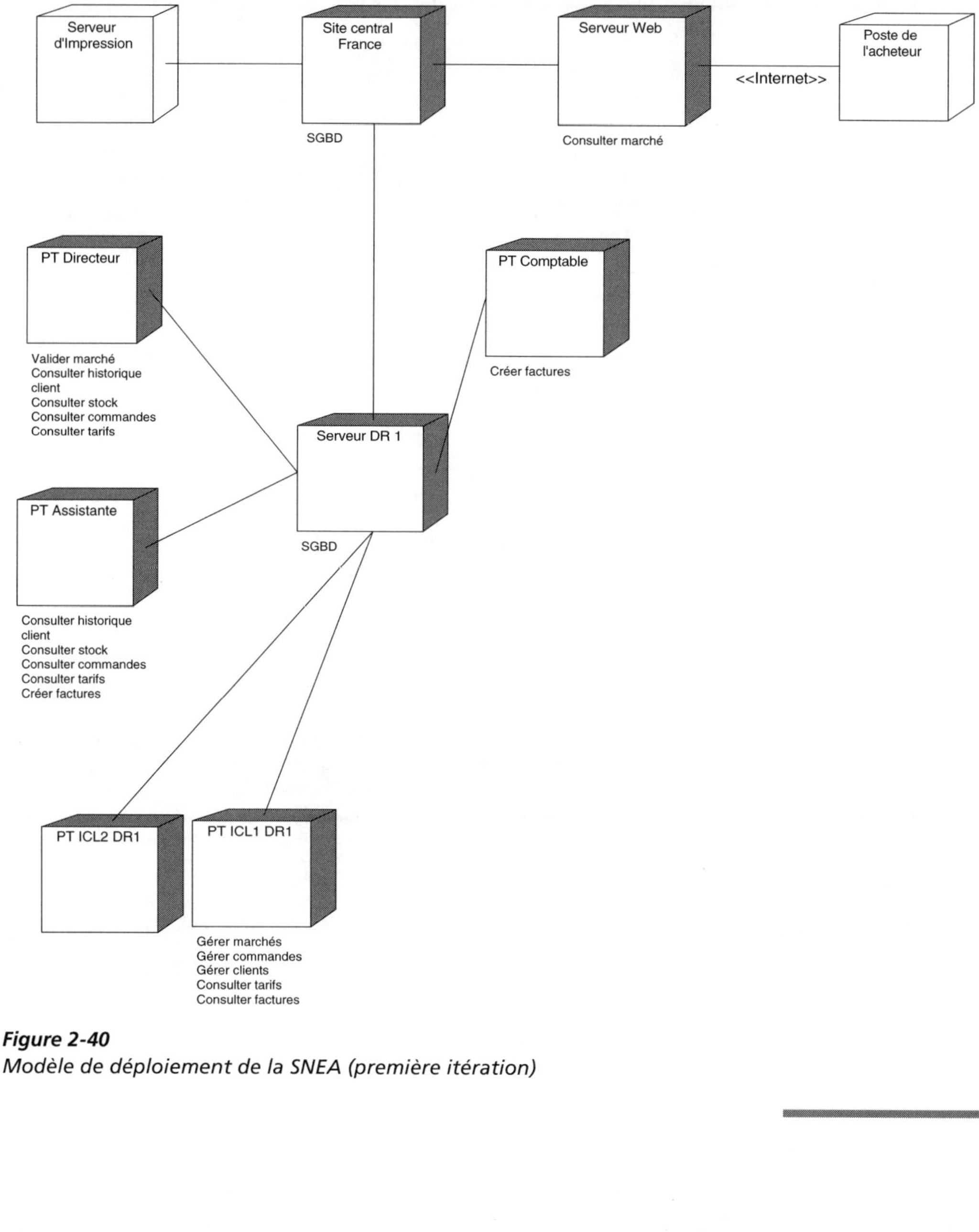

Figure 2-40
Modèle de déploiement de la SNEA (première itération)

Les serveurs définis peuvent être exploités sur une ou plusieurs machines suivant les options d'architecture physique choisies sur des critères d'exploitation.

L'architecte établit une première version de l'architecture du système. Cette architecture évolue et s'affine en fonction de l'analyse de nouveaux scénarios. Les marchés non consommés ne sont pas pris en compte dans cette première analyse du système. En fait, l'impact de ce scénario sur l'architecture est faible. Il concerne principalement le paquetage métier relatif aux `Marchés`, géré sur le serveur de la direction régionale. Il est normal que les scénarios écartés en première analyse, conformément aux critères énoncés au début du chapitre, n'aient qu'un impact limité sur l'architecture.

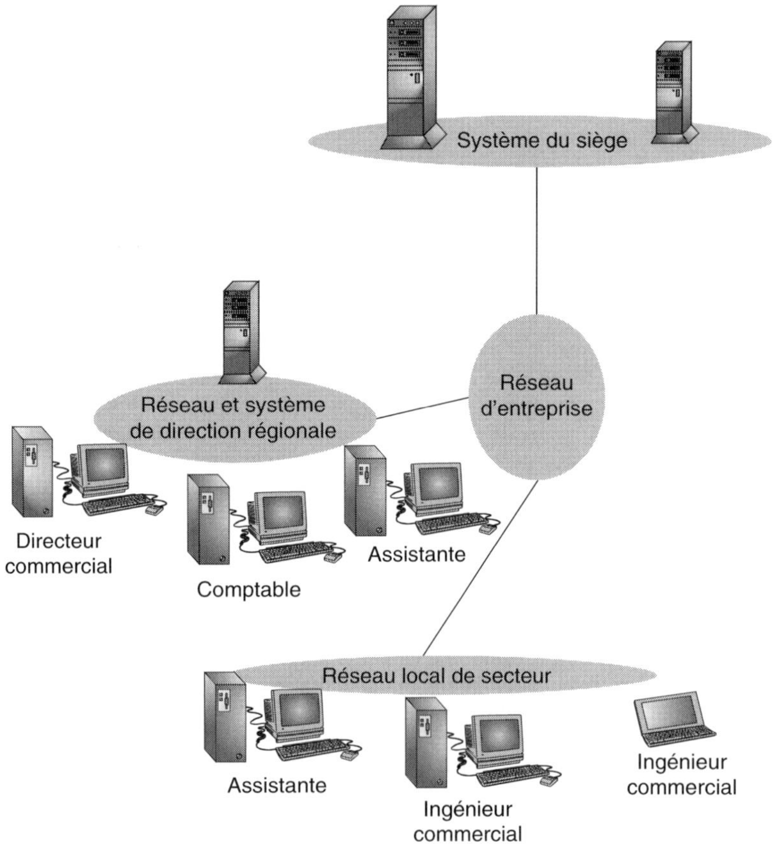

Figure 2-41
Représentation de l'architecture cible SNEA

Une architecture présente un intérêt dans la mesure où elle est mise en place. Il est donc nécessaire d'étudier la transition du système actuel de l'entreprise vers le système défini.

Étude de la transition

Lors de la transition du système actuel vers le futur système, il faut assurer la continuité du service rendu aux utilisateurs et à l'entreprise. Cette étape doit être menée comme un projet. Il est donc important de vérifier que chaque état intermédiaire du changement de système est un état stable qui apporte une plus-value à l'entreprise. Nous nous intéressons ici aux seuls changements techniques ; l'étude des changements concernant les métiers, les structures et les cultures n'entrent pas dans le propos de cet ouvrage.

L'expérience montre que les risques d'échec des projets sont liés à la complexité, au management et au changement. Les risques liés à la complexité sont fonction de l'état de l'existant technique, qui peut être peu documenté, volumineux en nombre de lignes de code et très intégré. Il est aussi fonction du champ de l'applicatif, qui peut intégrer de nombreux sites et de multiples services utilisateurs. Les technologies utilisées sont parfois anciennes et les savoir-faire afférents en voie de disparition. Par conséquent, les technologies en place sont mal maîtrisées et les données peu connues.

Il existe encore dans certaines entreprises des applications complexes, écrites en assembleur, maîtrisées par un personnel extrêmement réduit, peu documentées et dont les programmes sources sont partiellement perdus. Il faut maîtriser ce type de risques. Il est impossible de faire l'économie d'une étude des systèmes existants. Dégager la structure du système actuel permet à l'architecte d'analyser et de comprendre l'existant, d'identifier les niveaux de services rendus, de définir les priorités et d'assurer une vision cohérente des systèmes actuels et futurs. Il peut ensuite définir les projets et établir leurs priorités.

Une étude du Gartner-Group a mis en évidence quatre scénarios types de migration des systèmes traditionnels vers les technologies nouvelles. Il s'agit du scénario « agree to disagreee », du scénario de rupture, de la transition progressive et de l'encerclement.

Le premier scénario peut être utilisé lorsque l'entreprise regroupe de farouches défenseurs de l'architecture centrale et des partisans des systèmes ouverts. La mise en place de fonctions transversales sur le site central et de systèmes ouverts sur d'autres départements de l'entreprise est un compromis acceptable dans la mesure où une stratégie technique est difficile à élaborer. Si l'option des systèmes ouverts s'impose, les nouvelles applications sur le site central risquent d'être à terme un handicap.

Le scénario consistant simplement à enlever l'ancien système pour en installer un nouveau est souvent décrié car il est à hauts risques. Il convient néanmoins dans certains cas. Quand des applications sont à remplacer au cœur du système, il peut être opportun de changer l'infrastructure en même temps. Les gains résultant de la mise en place de nouvelles applications liées au métier de l'entreprise permettent éventuellement un changement de matériel.

Le scénario de transition progressive est le plus souple, car son délai de mise en œuvre peut être adapté en permanence. Les systèmes centraux sont figés avec les anciennes applications. Les nouvelles applications sont installées sur la nouvelle infrastructure adaptée. La condition essentielle de succès de ce scénario est la suivante : il faut découpler les liaisons des terminaux pour que ces derniers, à travers des connexions logiques, puissent accéder au site central comme aux nouveaux serveurs applicatifs. La mise en place d'une stratégie destinée à supprimer l'ancien système est également importante ; l'out-sourcing peut être une réponse.

Le scénario de l'encerclement est le seul qui travaille sur la base de modules d'application. Remplacer des applications complètes est parfois une tâche difficile, longue et coûteuse. L'ajout d'une couche supplémentaire de nouvelles fonctions peut satisfaire la majorité des besoins des utilisateurs. Le risque de cette stratégie est qu'elle peut contribuer à masquer des défauts dans les applications centrales. L'économie d'un changement de système se paie alors par un travail sans fin et une maintenance complexe.

UML facilite la transition entre les deux systèmes : il est possible de représenter les architectures des anciens et des nouveaux systèmes avec le même formalisme.

Pour minimiser les risques, il faut organiser la migration technique par phases. Les découpages applicatif, géographique et technique peuvent se combiner et permettent d'élaborer des stratégies de migration de l'ancien vers le nouveau système.

Figure 2-42
Fractionner la migration pour limiter les risques

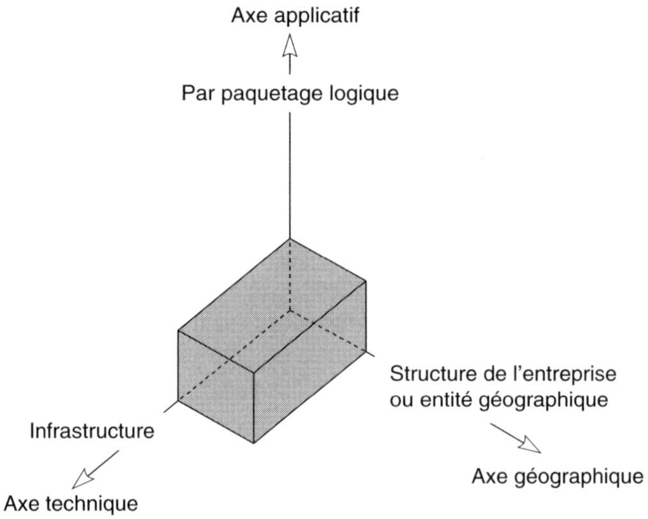

Le découpage applicatif est relatif aux paquetages mis en œuvre. Il s'agit par exemple de développer la gestion des marchés et les outils correspondants de l'ingénieur commercial et du directeur commercial. Cet axe peut facilement être relié aux objectifs de l'entreprise et aux enjeux liés au projet. L'architecte classe sans difficulté les composants à réaliser selon leur priorité. Les scénarios de mise en œuvre relatifs à ce découpage doivent respecter les règles qui suivent : les processus doivent être complets, il faut respecter les contraintes d'utilisation entre les différents paquetages et la chronologie d'enchaînement des processus. Ce découpage sert de base pour construire les scénarios de migration. Le schéma suivant montre les contraintes de succession liées aux contraintes d'utilisation des paquetages. Il est bien sûr possible de se connecter sur une partie du système existant (le fichier client actuel par exemple), sous réserve de réaliser l'interface correspondante.

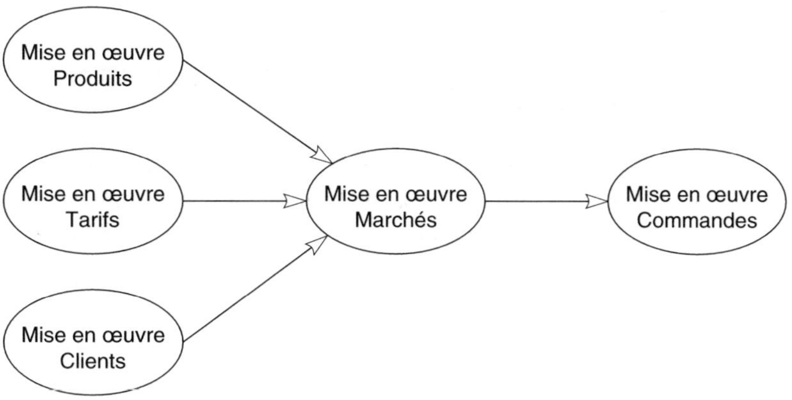

Figure 2-43
Contraintes de succession liées aux contraintes d'utilisation

Le découpage géographique est lié à la structure de l'entreprise, qu'elle soit fonctionnelle ou géographique. Il s'agit par exemple d'identifier les traitements du siège ou de la direction commerciale. Il est possible de relier cet axe aux enjeux, en fonction des volumes ou des flux traités par chaque élément de la structure. Le secteur commercial de Chartres fait le plus gros chiffre d'affaires ; il est donc le mieux placé pour développer des marchés pour les engrais. C'est éventuellement le site pilote ou le premier site à mettre en place. D'autre part, la géographie de l'entreprise, ses orientations stratégiques et la coordination éventuelle avec d'autres projets de l'entreprise induisent parfois certaines contraintes.

L'axe technique est lié aux matériels utilisés. Il s'agit par exemple de mettre en place le matériel des directions régionales, puis le portable de l'ingénieur commercial. La mise en place de l'architecture matérielle répond à un ordre et à des délais liés à la disponibilité de l'infrastructure et au calendrier de mise en œuvre du réseau. Ce découpage est nécessairement pris en compte dans l'étude de la migration.

Chacun de ces découpages traduit des contraintes spécifiques, au niveau des utilisations des divers paquetages, des enchaînements de processus, des priorités et des objectifs de date. Il s'agit d'en tenir compte lors de l'étude de la migration.

L'architecte peut donner des priorités aux projets en mettant en adéquation les paquetages, la structure de l'entreprise et l'infrastructure technique. Il projette ensuite le scénario de déploiement sur le schéma obtenu.

La disponibilité des ressources humaines, le degré de maîtrise des technologies cibles, la réceptivité des utilisateurs sont d'autres critères permettant de choisir un scénario. Il faut bien entendu vérifier la disponibilité des moyens financiers et tenir compte de l'état des contrats en cours sur les matériels et les logiciels utilisés. L'ensemble de ces éléments permet à l'architecte d'évaluer les scénarios et d'éclaircir la prise de décision.

Si l'environnement actuel de l'entreprise est instable, il est préférable d'opter pour un scénario de migration souple. Il ne s'agit ainsi pas de définir un chemin à suivre de manière rigoureuse et obligatoire mais d'identifier la succession des décisions à prendre au cours du projet, compte tenu des enjeux, des risques et des coûts liés à ces décisions.

Conclusion

Nous avons montré la nécessité de mettre en œuvre une vision d'architecture des systèmes d'information. Cette vision aide les informaticiens à sortir de l'impasse où ils se trouvent ; elle autorise un découpage du système et une parallélisation des tâches qui leur permettent de maîtriser la complexité des systèmes et la rapidité de développement. Elle doit redonner au responsable informatique la possibilité de maîtriser son système d'information et lui apporte la souplesse qui est aujourd'hui absolument nécessaire.

Jusqu'à présent l'architecture revêtait essentiellement un aspect technique. Aujourd'hui grâce à l'objet, elle prend ses lettres de noblesse et apporte aux systèmes l'évolutivité qui leur manque. Elle deviendra rapidement le critère majeur d'élaboration et de mise en place des systèmes modernes.

Nous avons justifié et défini l'élaboration UML de l'architecture, rappelé les objectifs de cette démarche et présenté la notion de modèle d'architecture. Au travers d'un exemple, nous avons montré la façon d'aligner l'architecture du système sur le métier de l'entreprise. L'exemple de la SNEA nous a permis d'illustrer la conception d'une architecture logique, la mise en évidence des composants logiciels et l'établissement de l'architecture physique représentée par le diagramme de déploiement.

Plus qu'une technique supplémentaire, l'architecture apporte à terme une nouvelle vision des systèmes d'information, celle d'un ensemble d'objets qui coopèrent et dont il faut maîtriser l'assemblage et le fonctionnement global. Utiliser un modèle pour bâtir une architecture apporte aux concepteurs et aux développeurs le cadre de référence qui leur permet de développer en équipe des projets importants.

UML leur apporte l'ensemble des outils qui leur permettent de concevoir, de représenter l'architecture des systèmes d'information ; l'élaboration du système est centrée sur l'architecture, analysée dans le cycle de vie du système et centrée sur le métier de l'entreprise. Les développeurs en tiennent compte lors de l'analyse et de la conception du logiciel.

Bibliographie

[Alakl 89] N. Alakl, J.C. Lalanne, *Architecture technologique des systèmes d'information, La méthode TACT*, Les Éditions d'Organisation, 1989.

[Benard 95] P. Benard, A. Dang Van Mien, *L'architecture des services,* Addison-Wesley France, juillet 1995.

[Boasson 95] M. Boasson, « The Artistry of Software Architecture », *IEEE Software*, novembre 1995.

[Desfray 96] P. Desfray, *Modélisation par objets*, Masson, 1996.

[Kruchten 95] P.B. Kruchten, « The 4 + 1 View Model of Architecture », *IEEE Logiciel*, novembre 1995.

[Le Moigne 76] J.L. Le Moigne, *La théorie du système général*, PUF, 1976.

[Monroe 97] R.T. Monroe, A. Kompanek, R. Melton, D. Garlan, « Architectural Styles, Design Patterns, and Objects », *IEEE Software*, février 1997.

[Morejon 94] J. Morejon, *Merise* : *vers une modélisation orientée objet*, Les Éditions d'Organisation, 1994.

[Muller 97] P.A. Muller, *Modélisation objet avec UML*, Eyrolles, 1997.

[Negros 97] P. Negros, « Architecture générique : l'ère de la réutilisation *», Génie Logiciel,* mars 1997.

[Perry 92] D.E. Perry, A.L. Wolf, « Foundations for the study of software architecture », *ACM Sofware eng*. Notes, octobre 1992.

[Rumbaugh 96] J. Rumbaugh et al., *Object Oriented Modeling and Design*, Prentice Hall, 1991. [Traduction française : OMT – Tome 1 : *Modélisation et conception orientées objet*, Masson, 1996].

[Tardieu 83] H. Tardieu, A. Rochfeld, R. Colletti, *La méthode Merise, principes et outils,* Les Éditions d'Organisation, 1983.

[Jacobson 97] I. Jacobson, L. Griss Martin, P. Jonsson, *Software Reuse*, Addison-Wesley, 1997.

PARTIE 2

La démarche

Chapitre 3 – Le processus d'ingénierie métier

- Business process reengineering (BPR)
- UML dans l'approche BPR
- Mise en œuvre d'UML dans le BPR

Chapitre 4 – Le processus d'ingénierie logiciel

- Analyse et adaptation du processus de développement
- Processus moderne
- UML dans le processus
- Processus de sous-traitance
- Apports et limites de l'automatisation

Chapitre 5 – L'utilisateur au cœur de la démarche

- Implication de l'utilisateur final
- Interface homme-machine
- Ingénierie des connaissances

CHAPITRE 3

Le processus d'ingénierie du métier

L'entreprise est un système complexe. Pour le comprendre, vous devez disposer d'une vue d'ensemble, d'une vue globale qui reflète les réseaux, les flux d'information et de matière, les interactions dynamiques avec leurs périodicités rapides ou lentes. L'entreprise peut être considérée comme un système vivant dont la structure permet les échanges et qui ne survit que par les échanges. À une approche de nature anatomique qui décrit les structures statiques, il faut ajouter une approche de type physiologique qui modélise le fonctionnement; cette seconde approche suppose que les bases de la première soient comprises.

Il y a quelques années le travail du manager consistait à gérer une croissance qu'il prévoyait par l'extrapolation du présent. La structure pyramidale de l'organisation des entreprises correspondait aux besoins de contrôle, de prévision et s'adaptait à la croissance ; les nouvelles ramifications respectaient les principes de base de construction de la structure. Aujourd'hui, la croissance ne semble plus aussi simple ; il est difficile de prévoir un développement prévisible. Les clients, les fournisseurs, les produits, les technologies et les autres composantes du management deviennent importants [Hammer 93].

La relation vendeur-acheteur a tourné à l'avantage du client (qu'il s'agisse d'une entreprise ou d'un particulier). Le pouvoir économique est passé entre les mains du consommateur qui exige choix, qualité, prix et service. Avec la libéralisation des échanges, les concurrents viennent de l'étranger avec des produits et des savoir-faire qui captent les faveurs du consommateur, remettent en cause les règles existantes et en imposent de nouvelles. Non seulement les produits et les services changent rapidement mais aussi les technologies ; ce renouvellement impose un éveil de tous les instants puisqu'il s'agit de détecter et d'anticiper les innovations.

La complexification des systèmes et de leur management alimente une demande de méthode et d'outils nouveaux qui permettent aux acteurs de mieux comprendre l'entreprise. UML par son approche objet permet une meilleure maîtrise des systèmes complexes, car les critères de découpage sont plus naturels et plus logiques. Les objets qui regroupent les données et leurs traitements permettent de mieux structurer les applications. UML constitue un support pertinent pour les actions de business process reengineering (BPR). UML permet de définir les métiers et l'organisation, et facilite le passage au développement du système informatique sans rupture en termes de concept et de formalisme.

Dans un premier temps, nous décrivons succinctement le business process reengineering. Dans une deuxième partie, nous établissons les points communs avec UML. Une troisième partie présente la mise en œuvre d'UML dans une démarche de BPR. Les composants du BPR présentés dans ce chapitre sont tirés de l'expérience de projets et des ouvrages cités dans la bibliographie fournie en fin de chapitre. Pour comprendre ce chapitre, vous devez maîtriser la notation UML (cf. chapitre 1).

Business process reengineering (BPR)

Objet du BPR

Le business process reengineering trouve son origine dans les travaux de Michael Hammer et James Champy [Hammer 93]. En 1990, ils réfléchissaient sur la mise au point d'une nouvelle logique d'analyse dans un contexte de crise économique et de concurrence vive avec les entreprises japonaises. Les responsables d'entreprises américaines ont été sensibles à leur approche innovante qui est basée sur l'idée de « si c'était à refaire comment vous y prendriez-vous ? » et sur le constat que l'informatique ne résout pas toutes les difficultés de l'entreprise. L'organisation met en œuvre les techniques et constitue donc un des principaux leviers de la rentabilité de l'entreprise.

Le business process reengineering propose de réinventer les entreprises et non pas de pallier leurs problèmes. Le paradigme du BPR repose sur l'abandon d'une organisation par fonctions centrée sur l'entreprise au profit d'une organisation par processus transversaux orientés vers l'obtention de la satisfaction du client. Il faut donc réinventer l'entreprise en faisant émerger les processus, en y associant des critères de mesure et en y affectant des responsables [Hammer 93]. En effet, reconfigurer signifie se débarrasser des systèmes anciens pour repartir de zéro et réinventer une meilleure façon de faire son métier [Hammer 93]. Le business process reengineering se veut une « approche de reconception radicale et fondamentale des processus métier pour obtenir des améliorations importantes de performances en termes de coût, de qualité et de délai » (Hammer et Stantaon, 1995). Le BPR nécessite une vision intelligente de l'opération globale : le « quoi », le « comment » et le « pourquoi ».

On distingue le BPR et le business improvement (BI). Il s'agit d'une amélioration marginale et continue que les Japonais appellent « kaizen » [Immai 97]. Le BPR et le BI ont des points communs : ils partent du besoin du client pour reconfigurer le processus. Cependant, l'objectif du BI est de mieux faire ce que l'on fait déjà. Mais surtout, le business process reengineering et le business improvement se différencient sur l'étendue du projet, la périodicité de mise en œuvre et la prise en compte de l'existant.

Les deux techniques ne sont pas exclusives. Au contraire, elles sont employées en parallèle. Dans les deux cas il s'agit d'incorporer des changements dans l'entreprise avec un minimum d'effets négatifs au niveau des hommes, des matériels et du système d'information.

Selon la position de l'entreprise sur le marché, l'objectif du BPR peut être différent :

- *correction* : il s'agit de réparer des dysfonctionnements ou de rattraper un retard dans le cas d'une stratégie de défense ;

Tableau 3-1 Comparaison entre BPR et BI

	Business process reengineering	Business improvement
Étendue du projet	Globalité d'une activité	Ponctuelle sur une fonction
Périodicité	Discontinue	Continue
Position par rapport à l'existant	Innovation Changement radical	Prise en compte de l'existant et des tendances
Risques	Risque important au niveau des hommes et de la culture de l'entreprise	Risque de renforcement des dysfonctionnements Limitation dans les solutions

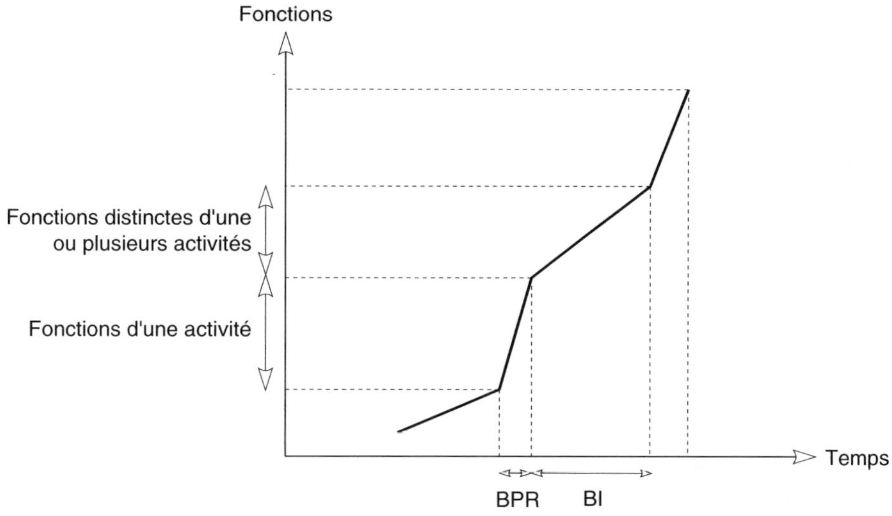

Figure 3-1
Complémentarité entre BPR et BI

- *prévention* : il s'agit d'identifier les prochaines évolutions du marché et les dysfonctionnements à venir pour conforter une position vis-à-vis des concurrents ou consolider des avantages acquis ;
- *anticipation* : dans le cas d'une stratégie de conquête, il s'agit de renforcer une position de leader ou d'acquérir une avance.

Points clés du BPR

L'objectif ultime de l'entreprise reste sa pérennité en dépit des multiples événements de nature structurelle et conjoncturelle inhérents à son environnement ou à son activité, ou grâce à eux. Cet objectif constitue la finalité du BPR comme des nombreuses autres démarches d'organisation qui l'ont précédé. L'originalité du BPR réside dans le changement des points de vue (externe, transversal) et des moyens à mettre en œuvre (les hommes et la technologie de l'information). L'entreprise doit être orientée client. Pour parvenir à ce but, il faut abandonner l'organisation verticale au profit des processus transversaux.

Satisfaire le client

Ces dernières années ont révélé le couplage fort entre la fidélisation du client et la rentabilité de l'entreprise. L'optimisation des processus de fabrication et de l'organisation ne suffit plus pour que l'entreprise reste compétitive. L'expansion de l'entreprise est conditionnée par le degré de satisfaction ressentie par le client. Il faut accroître ce dernier sous réserve de conservation du niveau atteint par les autres facteurs d'expansion, et de satisfaction des contraintes vitales de l'entreprise. Aujourd'hui, le marché est tiré par la demande. Le client ne recherche pas seulement un bien mais très souvent des services associés et personnalisés. Il attend en plus une reconnaissance.

Par ailleurs, les études effectuées auprès des entreprises montrent que les clients fidèles sont les plus rentables [Dumoulin 94]. D'un côté, la conquête de nouveaux clients coûte, de l'autre, la perte de client conduit à un manque à gagner. Il faut retenir les bons clients et augmenter leur rentabilité, mais aussi en sélectionner de nouveaux et redynamiser les inactifs.

L'orientation client de l'entreprise constitue un avantage concurrentiel de première grandeur. Elle demande de mieux connaître le client et ses attentes, de concevoir des produits et des services associés en correspondance, et d'adapter l'entreprise et son personnel. L'intégration de la relation client dans le temps se décline selon trois axes : l'axe client, l'axe produit/service, l'axe entreprise.

Figure 3-2
Mécanisme de la satisfaction client

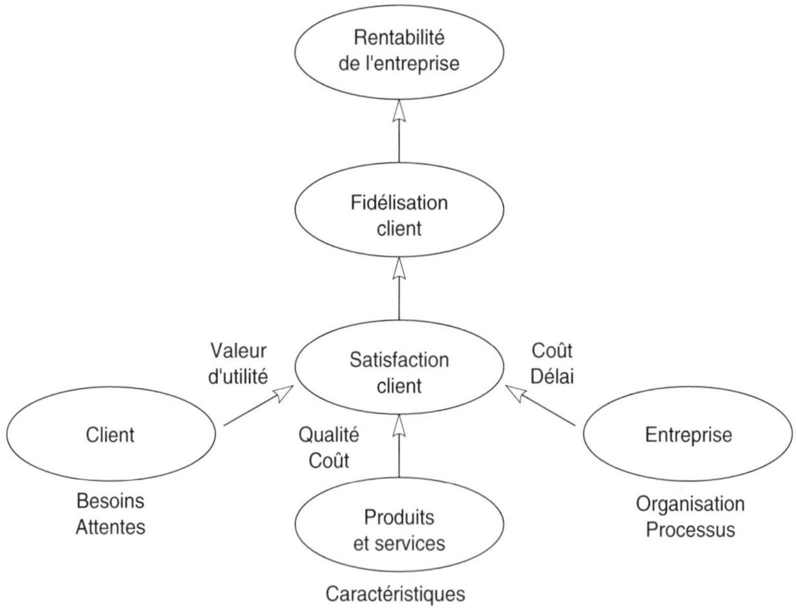

L'entreprise se doit de connaître les besoins et les attentes du client qui se traduisent dans la valeur d'utilité accordée aux produits/services proposés. Les manques et les superflus qui génèrent l'insatisfaction du client et des coûts inutiles pour l'entreprise doivent être repérés.

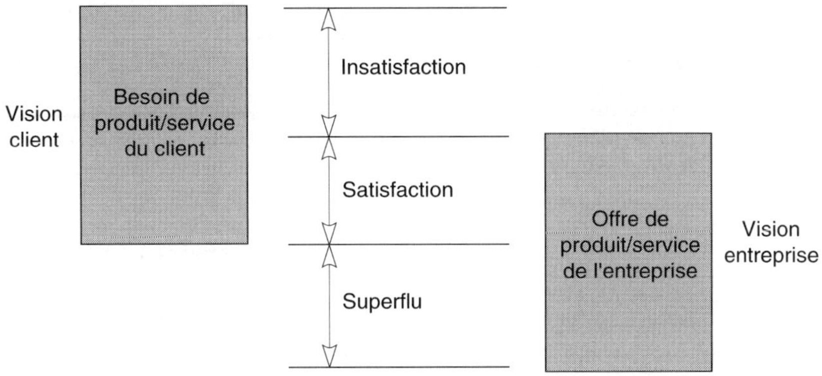

Figure 3-3
Comparaison besoin client / offre entreprise

L'entreprise va maximiser la zone de satisfaction en agissant sur le client, sur les caractéristiques de l'offre (contenu, communication, distribution, prix) et en modifiant les processus en contact avec le client (avant-vente, vente, après-vente) ainsi que son organisation support de ces processus.

La démarche de réingénierie peut aussi être appliquée à la partie de l'organisation de l'entreprise qui s'occupe de la gestion du système d'information et du système informatique. La démarche se conduit comme la réingénierie des utilisateurs finaux. Dans ce cas, les clients sont le personnel de l'entreprise et les clients externes. Les processus à étudier concernent la fabrication des systèmes informatiques. Il faut partir du système d'information ou des processus métier et couvrir les différentes étapes de développement jusqu'à l'exploitation. L'organisation des équipes, les méthodes utilisées, les technologies employées doivent être remises à plat.

Privilégier le processus et non la fonction

L'amélioration de la satisfaction du client a donc un impact direct sur l'organisation et les processus de l'entreprise. Elle s'obtient à la condition de modifier l'organisation, de reconfigurer les processus pour les orienter vers le client. La quasi-totalité des entreprises se présente en décrivant leur organigramme et leurs activités selon la structure organisationnelle hiérarchique. Ce type de description reflète la tendance de l'entreprise à se focaliser sur elle-même, et non sur le client qui la fait vivre et sur les processus qui lui permettent de satisfaire le client et de conforter sa rentabilité.

Voir tableau suivant.

Tableau 3-2 Comparaison entre culture hiérarchique et culture orientée processus

Culture hiérarchique	Culture orientée processus
Des prises de décisions sous-tendues par des considérations issues des préoccupations internes des structures de l'organigramme	Des prises de décisions dominées par la prise en compte des besoins et des processus associés
Des fonctions de l'organigramme peu interactives	Des fonctions de l'organigramme très interactives
Peu de connaissances des clients et des fournisseurs internes	Existence d'un schéma d'ensemble au niveau de l'entreprise connu de toutes les fonctions de l'organigramme Connaissance réciproque de l'activité des fonctions qui collaborent
Concurrence entre les fonctions de l'organigramme	Partenariat entre les fonctions de l'organigramme
Des fonctions de l'organigramme cloisonnées : des prises de décision sans concertation	Performance d'une fonction mesurée dans sa contribution à la satisfaction du client et au bon fonctionnement du système entier
Étude des systèmes lors de l'apparition des problèmes	Amélioration continue des processus

Source : Brunet S., Gardin H. [Brunet 95]

Caractéristiques de la démarche du BPR

La démarche du BPR se caractérise par une remise en cause totale, une reconfiguration radicale sous-tendue par des objectifs ambitieux [Hammer 93].

- *Une remise en cause totale* : l'activité étudiée est l'objet d'un questionnement tant sur les fondements que sur les raisons d'existence. Pourquoi cette activité, quelles sont ses raisons d'être ? Cette remise en cause met en évidence le bien-fondé ou les prétextes fallacieux de l'activité ; en son absence, les questions posées sont relatives à la mise en œuvre des règles de gestion (par quels utilisateurs, dans quelles conditions, avec quels moyens). Il s'agit de renoncer aux présupposés, aux acquis et d'ignorer ce qui est pour se rattacher à ce qui doit être. Dans l'exemple de la SNEA, cette dernière doit s'interroger sur l'intérêt d'une gestion de marché et d'une gestion des distances de transport.
- *Une reconfiguration radicale* : il est question de révolution et non d'évolution. La mise en œuvre de ce changement s'appuie principalement sur deux leviers : les hommes (structure et organisation) et la technologie de l'information. Sur ces deux points, la modification marginale ou le renforcement tendanciel font place à une remise à plat ; cette remise à plat s'accompagne d'une restructuration de l'organisation (disparition de services, redéploiement des hommes, suppression de procédures) et de l'abandon de certaines technologies de l'information. Ainsi, dans le

cadre de la reconfiguration des processus de gestion de marché et de gestion de commande, la SNEA doit redéfinir le poste technique de responsable de dépôt pour en faire un poste technico-commercial de relais de l'action des ingénieurs commerciaux. Ces derniers sont alors dotés de postes nomades leur permettant d'accélérer la transmission des informations entre eux et l'entreprise (Cf. chapitre 2).

- *Des objectifs ambitieux* : la mise en œuvre d'un tel bouleversement ne peut être lancée sans une espérance de gains spectaculaires. Des écarts de l'ordre de 10 % relèvent des actions d'amélioration continue (business improvement). Les objectifs avoués sont importants, à la mesure de la rupture provoquée dans l'organisation, les mentalités et les technologies employées.

Risques du BPR

La majorité des échecs de projets de BPR est due à une mauvaise gestion des risques qui peuvent se décliner sur les plans sociaux, techniques, organisationnels et financiers.

Sur les plans social et humain, le risque consiste en une démotivation, une perte de confiance. Il augmente dans le cas d'un redéploiement des effectifs ou d'une réduction de personnel.

Les risques techniques résident dans le fait que l'entreprise peut retenir des solutions techniques qui ne répondent pas aux attentes. Ce sont des solutions de type gadget qui tiennent de l'effet de mode ou bien elles ne sont pas suffisamment maîtrisées par l'entreprise, ce qui se traduit par des retards voire des abandons.

Les risques organisationnels sont associés au fait que la refonte des processus révolutionne l'organisation en place. L'entreprise s'engage pendant une certaine durée dans une zone de turbulence correspondant à la phase de mise en œuvre des changements décidés.

Les trois premiers risques ont bien sûr des répercussions financières. Le risque financier existe également. Il est lié aux investissements engagés dans le cadre des solutions retenues.

Sources d'échec

Les sources d'échec sont multiples. Les principales sont dues aux hommes qui constituent l'entreprise, à l'organisation de l'entreprise elle-même, à la structure organisationnelle de l'équipe chargée du projet BPR et enfin à la façon dont le fond du sujet est traité. Les sources d'échec sont des facteurs qui se manifestent par leur absence. Leur présence est indispensable mais seule leur absence influe sur le résultat du projet de BPR pour le dégrader.

En ce qui concerne les hommes de l'entreprise, le fait de négliger les mesures d'accompagnement qui vont de l'information à la formation conduit au mieux à l'indifférence vis-à-vis du projet et au pire à son rejet. Il faut garder à l'esprit que transformer des comportements est une chose, modifier des attitudes en est une autre. Négliger dès le démarrage la recherche de l'adhésion du personnel par des stratégies proactives engendre chez ce personnel des attitudes de suspicion et de refus. L'équipe de projet et les promoteurs du projet mettent alors en place des stratégies de rattrapage qui demandent des efforts. Pour démarrer un projet de BPR, les responsables doivent prendre conscience de la nécessité de modifier l'organisation de l'entreprise. L'indifférence ou l'usure provoquée par la campagne des promoteurs du projet auprès des décideurs ne sont pas des motivations convenables de lancement du projet. Le soutien actif des dirigeants est une condition nécessaire ; sans lui, le projet doit être arrêté ou du moins suspendu, sous peine d'un échec.

Si le projet de BPR n'est pas relié à la stratégie de l'entreprise (sous réserve de l'existence d'une stratégie formalisée ou implicite), il est difficile de définir les objectifs du projet et encore plus de les relier à ceux de l'entreprise. Cette absence de coordination peut traduire la peur des dirigeants de s'exposer à des refontes déchirantes ou à des conflits internes ou encore leur désir de privilégier le court terme. Le projet de BPR peut aussi rentrer en compétition avec d'autres programmes d'amélioration. Un nombre excessif de projets concurrents lancés en même temps dans l'entreprise qui dispose de ressources limitées déclenche une concurrence sur les moyens ; cela se traduit par un allongement des délais d'obtention des résultats et par la chute de la dynamique de la mission. Les besoins de l'entreprise sont nombreux alors que ses ressources sont comptées. Les questions de budget doivent être réglées avant tout lancement ou du moins tout accroissement de l'équipe.

Le projet de BPR est l'œuvre d'un certain nombre d'intervenants : les dirigeants, l'équipe constituée d'un chef de mission et de responsables de processus. Chacun doit présenter un profil et certaines compétences pour mener à bien cette tâche. La direction doit montrer sa volonté ; son implication doit être réelle et reconnue dans l'organisation. Souvent les compétences dans l'entreprise sont rares et ne peuvent être dégagées pour le projet. Il faut alors s'appuyer sur des gens de terrain qui n'ont pas de vision à long terme et transversale de l'entreprise. Des ressources externes permettent de pallier ces faiblesses. Ce surcoût est largement compensé par l'enrichissement dû à l'apport d'expérience externe et la volonté de remettre en cause l'environnement.

La conduite du projet de BPR se traduit par un échec si l'ampleur de la mission est mal appréciée ou si des résultats concrets ne sont pas fournis dans des délais raisonnables. Faire coexister des positions inconciliables est également une source d'échec. Si les structures de l'entreprise ne sont pas remises en cause, la refonte des processus se limite à des actions d'amélioration. C'est également vrai si seules des solutions tendancielles sont retenues alors que, par sa nature même, le BPR est une approche de scénario de rupture. Il faut réserver les scénarios tendanciels au business improvement. L'automatisation ou l'informatisation d'un processus sont des concrétisations tangibles des orientations et des choix stratégiques ; on se situe donc au mieux à un niveau tactique. Automatiser un mauvais processus ne le rend pas meilleur et ne résout pas généralement les problèmes humains ou liés à l'organisation. La proposition de solutions marginales renforce le processus en place et décourage les hommes de l'entreprise. Le risque d'échec s'accroît avec les pressions des interlocuteurs qui désirent conserver les avantages acquis ou s'en voir attribuer de nouveaux. Ces pressions sont d'autant plus influentes que le niveau d'indépendance de l'équipe est faible. Dans ce cas, les changements résultant de la reconfiguration sont modifiés dans le but fallacieux de les faire accepter. Sous l'action des futurs utilisateurs, le processus traîne en longueur sans apporter des résultats tangibles. Si l'équipe reste conceptuelle et répugne à s'investir, le résultat est le même : un déroulement de projet lent, non rythmé par l'atteinte rapide de résultats et, pour finir, l'enlisement de la mission.

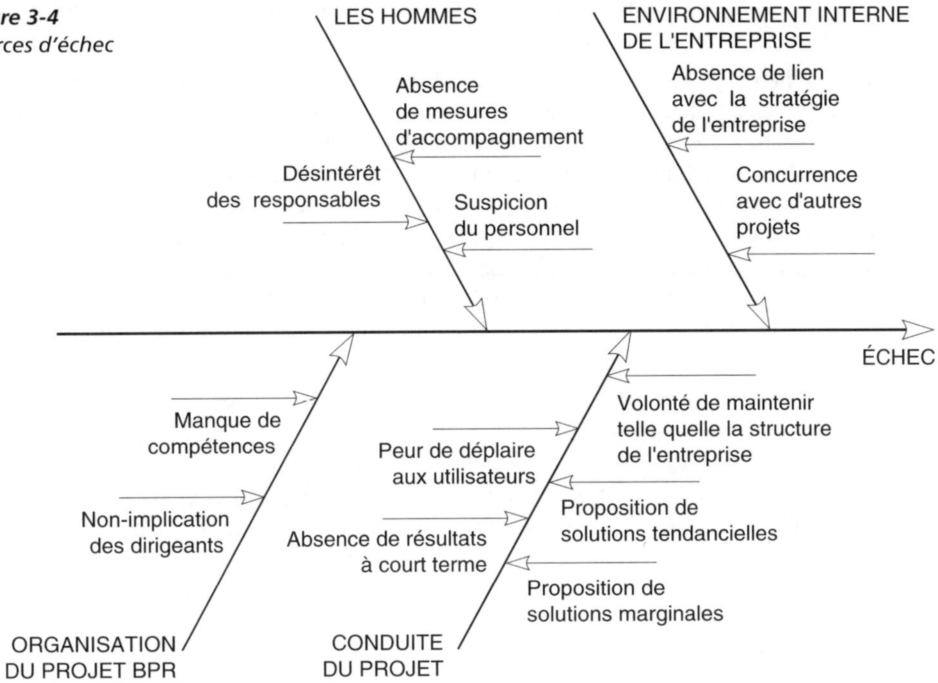

Figure 3-4
Sources d'échec

Facteurs clés de succès

Les facteurs clés de succès se manifestent par leur présence. L'amplitude du succès du projet de BPR est fonction de leur intensité. Ils s'analysent selon une grille analogue à celle qui est utilisée pour les sources d'échec, qui est basée sur les hommes, l'organisation du projet, l'intelligence du fond, avec en plus le recours à des techniques de développement incrémental.

En ce qui concerne les hommes, il s'agit de s'assurer de l'implication des dirigeants, de vérifier régulièrement que les messages d'information émis correspondent à ceux reçus et d'obtenir l'adhésion des collaborateurs les plus proches. Leur participation les conduit à proposer eux-mêmes des solutions : leurs tâches sont revues en termes d'enchaînement pour limiter la parcellisation, et en termes de contenu avec plus de responsabilité et un enrichissement horizontal et vertical. Une participation des clients est fortement conseillée. Ils indiquent leur niveau de satisfaction et traduisent leur perception des relations qu'ils cultivent ou subissent avec les collaborateurs ; ils renvoient une image de l'entreprise par rapport à la concurrence.

Au niveau de l'organisation du projet, les facteurs de succès résident dans la compétence des participants de l'équipe chargée du projet. Le fond du problème peut être obscur, en revanche, les techniques d'interviews, d'entretiens, de réunions, de gestion de projet doivent être maîtrisées. Par ailleurs les idées préconçues sont à bannir. L'appropriation et la personnalisation de la démarche permet de définir des étapes convenables, de trouver un compromis entre le temps et l'argent (investissement, aspect de sécurité) et d'avancer pas à pas. Il faut penser en stratège et agir en primitif.

La compréhension du problème doit être obtenue rapidement. La reconfiguration ne se fait pas de façon nette et ordonnée. La vision d'ensemble se précise, s'affine et se modifie au fur et à mesure. Elle doit faire référence à la stratégie de l'entreprise qui, elle aussi, est évolutive. Il est d'ailleurs possible qu'une boucle de rétroaction se mette en place entre les deux. La modélisation du métier demande d'identifier les processus qui ont le plus grand impact sur la stratégie de l'entreprise qui se décline en termes de satisfaction de la clientèle et des collaborateurs, et d'exigences de gestion. Au niveau du système informatique, des modèles techniques faciles à comprendre et à maîtriser décrivent l'architecture en couches. Les systèmes de composants applicatifs et techniques sont développés sur la base des modèles métier et de l'organisation cible.

Le développement incrémental consistant à procéder par étapes permet de trouver un compromis entre le temps et l'argent (investissement, aspect de sécurité) et constitue une réponse à la gestion des risques. Les processus déclarés les plus importants sont d'abord pris en compte et mis en œuvre en priorité. Toutefois, un découpage trop important oblige à démultiplier les interfaces entre le nouveau système et l'ancien pendant des étapes transitoires, et augmente donc la complexité et les coûts. L'architecture et l'organisation développées de façon incrémentale concourent à diminuer les risques liés à l'introduction du changement.

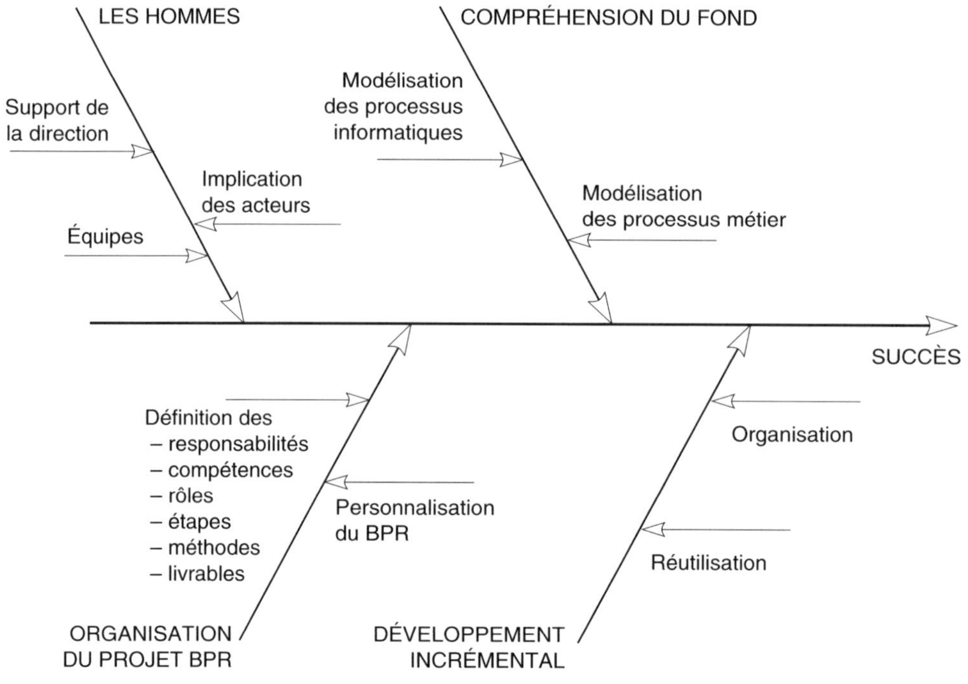

Figure 3-5
Facteurs clés de succès

Déroulement du BPR

Une action de BPR se compose d'une succession d'étapes, elles-mêmes constituées de phases, comme le présente le tableau suivant. Par la suite, les phases sont décomposées en tâches.

Tableau -3 Liste des étapes de l'action de BPR

Étapes	Phases
Lancement de l'action BPR	Naissance de la volonté de l'action Étude d'opportunité Préparation de la logistique de l'action
Existant et bilan	Compréhension de l'existant Élaboration des stratégies
Conception	Conception des processus Planification des actions
Mise en œuvre	Implantation Suivi des processus

- L'*étape de lancement de l'action BPR* explique la nécessité d'une telle démarche et implique la direction de l'entreprise. Il s'agit de définir les buts de l'action avec un vocabulaire qui permet une discussion avec les niveaux de management et opérationnels, d'expliquer la situation de l'activité et les raisons de la refonte du métier. Il s'agit là d'un engagement de la direction.
- L'*étape de modélisation de l'existant* doit fournir la représentation la plus pertinente et la meilleure intelligence de la situation actuelle. L'observation de l'existant d'un point de vue statique et dynamique permet de mettre en évidence des dysfonctionnements. Parallèlement, la collecte d'information à l'extérieur et des travaux de benchmarking permettent de tester des idées et des technologies nouvelles. L'ensemble contribue à élaborer une vision claire des futurs métiers en termes de buts, d'objectifs et de fournir des orientations précises et un haut niveau de description des futurs métiers.
- L'*étape de conception* reprend les résultats de l'étape précédente pour développer de façon incrémentale le(s) nouveau(x) métier(s) et le(s) nouveau(x) système(s) informatique(s). Il s'agit d'un raffinement des nouveaux processus métier en termes d'organisation et de consignes.
- L'*étape de mise en œuvre* doit concerner d'abord les processus pour lesquels la probabilité de succès est la plus forte. Ceci est le résultat des stratégies élaborées au cours de l'étape de conception. Les stratégies fournissent des scénarios qui permettent de sérier les processus métier à reconfigurer. Cette façon de procéder permet de s'approprier la démarche, de diminuer les risques et d'augmenter les conditions de succès.

Les étapes de conception et de mise en œuvre peuvent être itératives et menées en parallèle. Les processus soumis à la démarche de BPR peuvent ainsi être rénovés de façon progressive ou incrémentale.

Figure 3-6 *Itération des étapes dans la démarche de BPR*

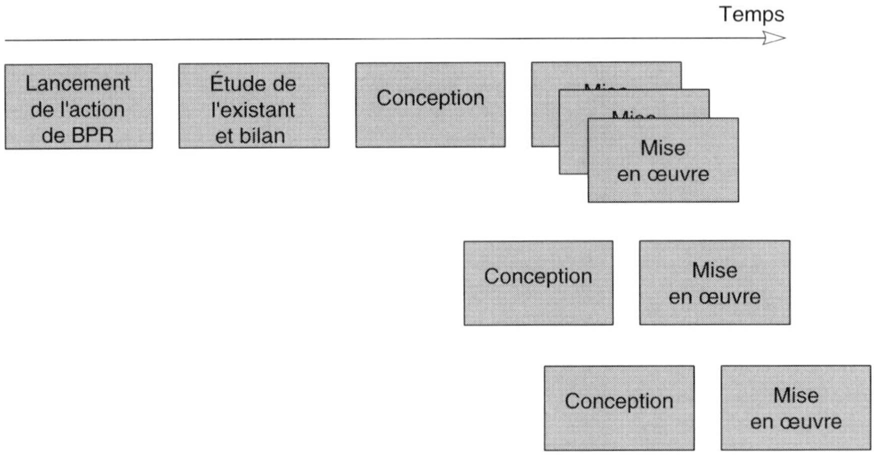

UML dans l'approche BPR

Sur de nombreux plans, UML se rapproche de la démarche de BPR. UML constitue un outil qui permet d'analyser et de reconstruire les processus. UML fournit le support à partir duquel il est possible de mener une réflexion pour remettre en cause et redéfinir des processus opérationnels. Les gains d'UML dans l'approche BPR se mesurent en coûts, en qualité, en délai et en valeur pour le client [Hammer 93]. La notation UML peut aussi être mise en œuvre dans le cas d'un projet de BI. Elle utilise les notions communes de processus et de clients, elle a le souci d'une modélisation compréhensible et propose la mise en place d'une démarche itérative.

Fondements identiques

Le parallèle entre les idées forces du BPR et les concepts d'UML concernent l'analyse des processus et leur mesure, ainsi que la place accordée au client.

Approche basée sur le processus métier

« Les auteurs d'UML reconnaissent une extrême importance à la notion de processus. La présence de processus bien définis et bien maîtrisés constitue un facteur clé de succès et permet de distinguer les projets réussis des échecs. Le processus fournit un guide des activités de l'équipe de projet, indique les points à développer, permet de diriger les travaux des participants individuellement et de toute l'équipe, offre les critères de management et de mesure de l'activité et des résultats du projet » [OMG 97].

Les processus apparaissent lorsque les utilisateurs réalisent qu'ils doivent coopérer pour atteindre les objectifs fixés et donner satisfaction au client. La problématique d'identification des processus est la même : il s'agit d'identifier le début et la fin par les entrées et les sorties. Le processus est transversal et dynamique par rapport à l'organisation hiérarchique de l'entreprise (aspect statique) ; à chaque niveau de l'organisation concerné par le processus correspond une action de ce dernier. La complexité de mise au point des processus croît de façon non linéaire avec leur nombre. Par ailleurs, le processus est rarement indépendant du produit fini dans le sens où les caractéristiques du produit induisent celles du processus.

Figure 3-7
Différentes visions de l'analyse d'un système

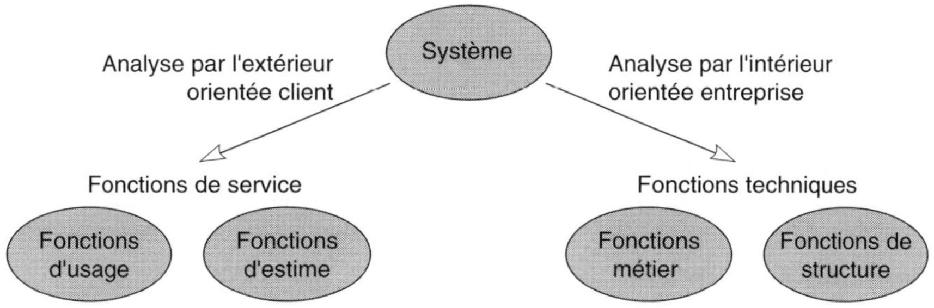

Même notion d'acteur

UML accorde une place importante aux « acteurs ». Cette attention toute particulière correspond à la volonté de déclencher la spirale qui aboutit, en augmentant la satisfaction du client et sa fidélité, à accroître la rentabilité de l'entreprise. Lors de l'analyse des processus, il convient de distinguer :

- le client qui est initiateur du processus et bénéficaire des résultats ;
- le fournisseur qui apporte des informations et des ressources à la demande ou de son propre fait ;
- les participants internes de l'entreprise qui sont des acteurs de processus connexes ; il s'agit de processeurs humains ou de machines externes au domaine étudié.

Ces différentes acteurs apparaissent dans le diagramme de cas d'utilisation. UML pousse plus loin la recherche et distingue :

- le travailleur d'interface qui dialogue avec les acteurs ;
- le travailleur de contrôle qui est sans relation avec les acteurs et effectue des tâches à valeur ajoutée ou de supervision.

Modélisation compréhensible des processus

UML offre un langage commun à l'ensemble des participants du projet de BPR (équipe de projet, utilisateurs, client). Ce langage permet une liaison sans rupture entre le processus métier décrit dans le cadre du projet BPR et celui qui doit être développé dans le système informatique. L'approche par les cas d'utilisation permet aux utilisateurs de modéliser leur activité avec la même notation et les mêmes concepts mis en œuvre pour développer le système informatique correspondant. Ceci permet de résoudre les problèmes de communication et de transfert de savoir. La modélisation des phénomènes complexes implique une intelligence et un esprit de synthèse. Elle permet de faire comprendre ces phénomènes en question aux autres membres du projet et de faire réagir les utilisateurs en levant les ambiguïtés.

UML fournit une notation, un langage qui permet de formaliser les processus existants, de révéler les dysfonctionnements et donc de les reconfigurer. Le diagramme de cas d'utilisation est utile pour présenter les processus vus par le client ou un acteur externe. Les diagrammes d'interaction offrent la vision interne du même processus. Le même formalisme peut être utilisé à différents niveaux. Ainsi les grands processus de l'activité à rénover, présentés dans le diagramme des cas d'utilisation peuvent être repris et détaillés en scénarios. À ces scénarios sont associées les occurrences de diagrammes d'interaction de niveau correspondant.

Il s'agit là d'une vision duale du même phénomène : une vision du processus selon la logique client et une vision selon l'entreprise transversale. Les concepts d'acteurs, de flux, d'objets (travailleurs d'interface, travailleurs de contrôle et entités), de messages entre objets sont sémantiquement simples à comprendre. Le formalisme associé est aisé à manipuler et il peut être personnalisé en fonction du contexte.

Démarche itérative et en parallèle

Le chapitre suivant présente le processus de mise en œuvre d'UML. Il est basé sur la notion de cycle de vie du système d'information (processus métier) d'une entreprise. Un cycle de vie est caractérisé par un changement radical survenant périodiquement, suivi d'améliorations plus ou moins importantes. Le cycle de vie devient un enchaînement de plusieurs cycles de développement ; cet enchaînement n'est pas nécessairement séquentiel. Chaque cycle de développement est caractérisé par des activités qui mènent à la réalisation d'une version du système informatique.

Figure 3-8
Démarche itérative du cycle de vie du processus d'UML

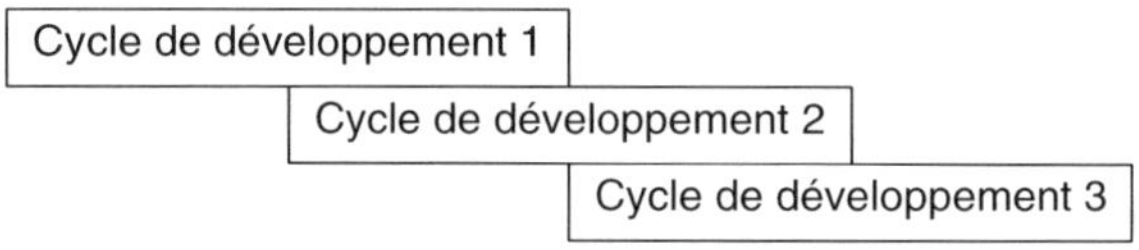

Mesures des processus

Le but de la mesure des processus est de déterminer les processus stratégiques parmi tous ceux de l'entreprise, de fixer les objectifs des processus retenus et d'évaluer la réalisation de ces objectifs après la mise en application des recommandations du BPR (Harrington).

La problématique consiste à trouver quels sont les critères qui permettent d'évaluer au mieux l'atteinte des enjeux et de la stratégie de l'entreprise. L'entreprise disposant de ressources limitées se doit d'optimiser la trajectoire et donc d'articuler gains et coûts. Il ne suffit pas de mesurer les coûts de la démarche de BPR et des travaux engagés dans le cadre de cette démarche. Il faut encore mettre en correspondance les critères mesurant les gains et les coûts.

Tableau 3-4 Les mesures des processus dans les étapes de l'action de BPR

Étapes du BPR	Les mesures des procesus
Existant et Bilan	Mesurer la performance des processus existants
Conception	Évaluer les gains possibles et attendus (scénarios)
Mise en œuvre	Auditer les processus après la mise en œuvre, de façon à s'assurer que les objectifs prévus ont été réalisés

De cette façon, l'entreprise dispose des indicateurs nécessaires pour décider quels processus doivent faire l'objet de réingénierie, pour piloter et évaluer le résultat final du BPR. Les mêmes indicateurs permettent de gérer la prise en compte de contraintes supplémentaires lors du déroulement du projet, de mesurer l'impact de la réduction éventuelle de la cible sur les bénéfices attendus, d'accorder des priorités aux développements. Il s'agit d'estimer ce qu'un surcroît de dépenses non prévues initialement ou le report de telles ou telles fonctionnalités implique comme baisse de gains.

Les critères se déclinent sur les trois axes temps, coût, qualité. Il faut ajouter la valeur perçue par le client et par le personnel de l'entreprise. La dimension du temps est essentielle car les gains en termes de délai et de durée conditionnent et génèrent les autres gains.

Les critères peuvent être identifiables ou quantifiables ou encore valorisables. Les valeurs absolues sont peu souvent significatives, ce qui incite à raisonner en différence entre la situation future et la situation actuelle.

Tableau 3-5 Exemples d'indicateurs de mesures des processus

Axes	Gains / Investissements Comparaison de la situation future par rapport à la situation actuelle
Qualité	Diminution du taux de retours Garantie de pérennité des applications ...
Coût	Gain de trésorerie Réduction des frais financiers Diminution des coûts d'exploitation ...
Temps	Diminution du délai de réponse (en jours) ...
Valeur	Satisfaction du client Amélioration de l'image de marque Enrichissement des tâches pour les utilisateurs ...

Simulation des processus métier futurs

Les modèles de l'existant et les mesures effectuées permettent de mettre en évidence les dysfonctionnements : les goulots d'étranglement, les tâches sans valeur ajoutée. Les diagrammes de cas d'utilisation et d'interaction servent d'instrument de travail non seulement pour comprendre le fonctionnement des processus et rechercher les dysfonctionnements, mais aussi pour élaborer avec les utilisateurs les solutions. Ils constituent des supports de validation renvoyant aux utilisateurs une image fidèle de leurs activités.

Naturellement, les modèles sont repris pour intégrer les orientations de changement retenues, pour obtenir des solutions contrastées en fonction de différentes hypothèses et pour estimer leurs conséquences. Quelques exemples d'orientations sont fournis ci-après :

- la réduction de délais ;
- la redistribution des tâches ;
- l'utilisation de nouvelles technologies ;
- l'enrichissement des postes de travail par intégration de plusieurs tâches ;
- les nouvelles interfaces avec les applications informatiques de l'entreprise.

Avec les mêmes outils, il est possible d'élaborer les nouveaux processus, de les présenter aux participants du projet et de les comparer en termes de résultats estimés avec les mesures réalisées sur l'existant.

Le développement des processus futurs et du système d'information résultant peut être conduit simultanément et donner lieu à des travaux de prototypage permettant de valider les orientations, de corriger les solutions avant de les déployer sur l'entreprise.

Couplage facile entre l'approche métier et le système informatique

Les modèles développés dans une opération de BPR constituent un point de départ excellent pour mieux comprendre les finalités et les besoins de l'organisation (besoins en termes de supports du système informatique), pour définir une architecture, trouver les composants réutilisables et développer des systèmes à forte valeur ajoutée pour les clients.

L'absence de rupture dans la modélisation du processus métier et du système informatique constitue un des points forts et discriminants d'UML.

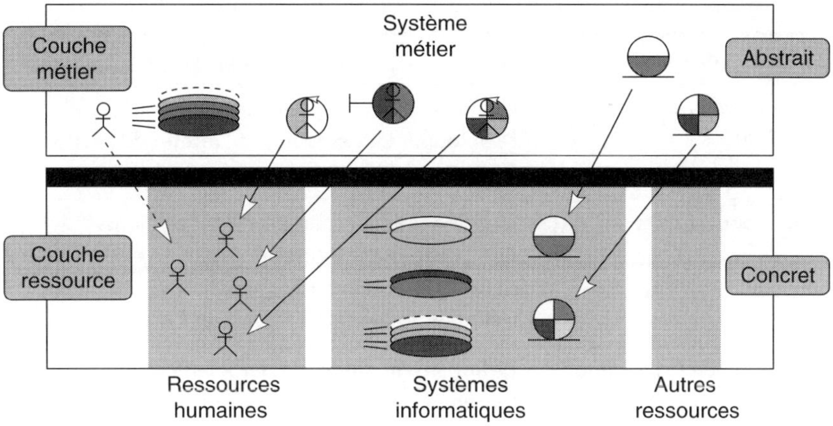

Figure 3-9
Passage du processus métier au système informatique

Mise en œuvre d'UML dans le BPR

Les diagrammes d'UML permettent de modéliser les processus au cours des différentes phases du BPR. Pour illustrer la mise en œuvre d'UML dans le BPR, nous utiliserons l'exemple de la SNEA, en nous concentrant sur l'activité `Gérer l'activité commerciale`.

Lancement du BPR

Avant d'entreprendre un BPR, il est nécessaire de comprendre le bien-fondé de cette opération, de le délimiter, de vérifier l'accueil qu'il reçoit dans l'entreprise, de s'assurer de la disponibilité des ressources et de l'organiser. Le lancement du BPR se découpe en trois phases : la première permet de concrétiser la volonté de mener l'opération, la seconde fournit une première définition et vérifie son intégration dans l'entreprise et son environnement, la troisième se préoccupe d'organiser l'action.

Première phase : naissance de la volonté de l'action

Démarrer un projet de BPR suppose que les intervenants aient une vision claire de ce qui leur est demandé. Il s'agit d'expliciter les attentes effectives des commanditaires.

Comprendre la finalité de la mission

À l'origine de la mission, il y a un besoin plus ou moins formalisé. Il est indispensable de savoir pourquoi le projet est démarré, de connaître le spectre du projet (l'émetteur de l'idée, les commanditaires), mais aussi de se familiariser avec l'organisation en place.

Tableau 3-6 Les trois phases du lancement du BPR

Phases	Tâches principales
Naissance de la volonté de l'action	Comprendre la finalité de la mission Développer les nécessités et l'intérêt de l'action Définir les objectifs du projet
Étude d'opportunité	Identifier l'activité, les produits, les clients Comprendre l'historique de l'activité et de l'organisation Comprendre l'environnement Délimiter le champ de l'étude et l'envergure du projet
Préparation de la logistique de l'action	Définir les modalités de déroulement du projet Rassembler les moyens humains et matériels Planifier le projet

Les responsables de la SNEA ont observé et étudié les nouvelles pratiques commerciales sur le secteur des produits chimiques industriels et semi-finis, et sur des secteurs voisins. Ils ont considéré que l'activité commerciale constitue un enjeu primordial pour le développement de l'entreprise ; son système d'information doit lui permettre d'acquérir un avantage concurrentiel sur le marché national et international. Il s'agit d'une part de mieux travailler avec les clients connus et d'autre part d'attirer de nouveaux clients. Pour fidéliser les clients, il faut augmenter leur satisfaction ; cela ne peut être atteint au détriment de la production. Au contraire, l'augmentation escomptée des ventes doit servir de moteur pour une optimisation de la production en termes de qualité et de délai.

Développer les nécessités et l'intérêt de l'action

Le BPR naît de la volonté de la direction. Ce projet nécessite l'adhésion du personnel de l'entreprise. Il faut donc formaliser les motivations du projet de BPR, informer et convaincre la direction et le personnel de la nécessité et de l'intérêt de réaliser ce projet.

Définir les objectifs et l'envergure du projet

Les objectifs d'une entreprise sont de baisser les coûts et d'augmenter la marge, ou de rechercher de nouveaux marchés ou de nouveaux clients. L'élaboration d'un projet important ou de la refonte d'un système d'information se justifie si les gains augmentent. Le projet peut alors être lancé et les budgets nécessaires débloqués.

Les objectifs la SNEA, sont les suivants :

- fidéliser les clients en étant plus réactif, en augmentant la qualité de la production et en diminuant les litiges qui sont par ailleurs des sources de désorganisation de la production ;
- mieux connaître le client pour d'une part anticiper ses besoins en lui proposant les bons produits au meilleur prix et d'autre part diminuer les risques financiers ;
- fournir des informations fiables à l'activité de fabrication qui peut ainsi organiser la production et les approvisionnements ;

- diminuer les coûts par une optimisation de la production. Cette optimisation peut être obtenue par un effort de développement des marchés, qui augmente la visibilité du plan de production ;
- optimiser la logistique des transports et la gestion des dépôts.

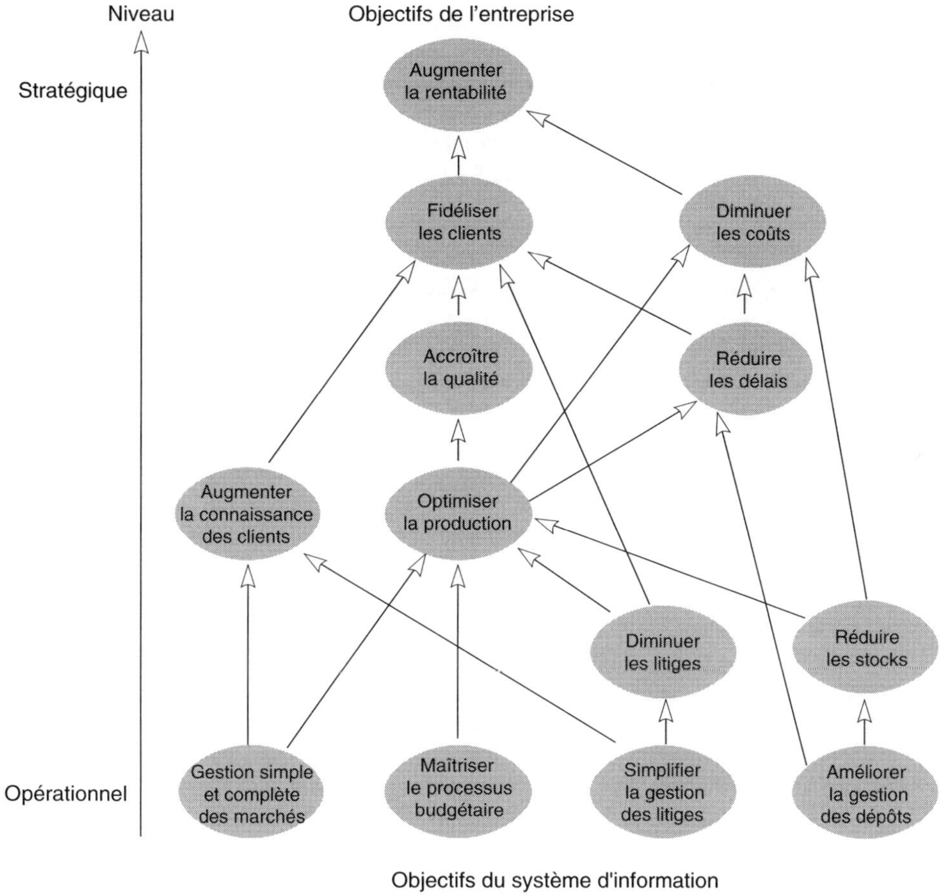

Figure 3-10
Contribution entre objectifs dans le cas SNEA

Dans le cas de la SNEA, la fidélisation des clients passe par une amélioration de la qualité et une diminution des litiges. Les objectifs de vente et les prévisions mensuelles de livraisons fournis par les ingénieurs commerciaux permettent aux usines de planifier leur fabrication et l'approvisionnement des dépôts, et aux gestionnaires de dépôt de gérer efficacement leurs stocks virtuels et réels. L'optimisation de la fabrication peut se faire en développant les marchés. Une fois admis le bien-fondé des marchés, ce qui correspond à offrir un service nouveau au client, la mise en œuvre de ce choix implique une refonte du système de gestion des marchés.

La refonte du système d'information ne peut assurer seule la réalisation de ces objectifs. Il s'agit d'un outil qui facilite la tâche des responsables et leur permet d'atteindre les objectifs de l'entreprise. Il faut donc identifier cette contribution et définir quels objectifs doivent être assignés au système d'information pour que les dirigeants atteignent leurs objectifs. Ainsi, le système d'information doit proposer un suivi des litiges : il faut pouvoir les régler, rechercher les causes du manque de qualité et apporter les remèdes nécessaires. L'augmentation de la rentabilité de l'activité commerciale passe par une amélioration du partage des informations entre la gestion des commandes et des marchés, et la gestion des dépôts et la fabrication. Le diagramme précédent représente les différents objectifs liés au projet et leur contribution à l'objectif final.

Deuxième phase : étude d'opportunité

L'étude d'opportunité constitue un examen préliminaire qui permet d'acquérir une connaissance suffisante de l'entreprise, de délimiter le champ de l'étude, d'identifier les contraintes majeures externes et internes, et de constituer une base de références. Au cours de cette phase, il faut établir un prédiagnostic et déceler les processus ou groupes de processus qui assurent les économies potentielles les plus importantes et les meilleures conditions de succès. Des visites et des entretiens sont programmés pour que les intervenants sentent la nature des problèmes et comprennent les difficultés spécifiques. Ils prennent ainsi contact avec les hommes qui forment l'organisation.

Identifier l'activité, les produits, les clients

Connaître l'activité de l'entreprise (ou du moins l'activité concernée par le projet dans le cas des grandes entreprises), des produits et des clients permet de se familiariser avec le métier.

La société nationale d'engrais azotés (SNEA) est une entreprise qui fabrique et commercialise des produits chimiques de deux types : des engrais et des produits industriels[1]. L'activité de fabrication et de commercialisation d'engrais présente les caractéristiques d'une industrie lourde (matières premières, production, transport...). Les clients sont des sociétés de distribution et des coopératives dont certaines sont connectées directement au système d'information de l'entreprise.

Comprendre l'historique de l'activité et de l'organisation

La connaissance du passé de l'entreprise au niveau de la fabrication, des ventes, de l'organisation, des relations sociales et des finances est indispensable ; elle permet de créer rapidement le contact et de faciliter les échanges avec les personnes de l'entreprise qui sont les interlocuteurs privilégiés du projet. Chaque thème est illustré par des données quantitatives, et les points forts et les points faibles sont recensés.

Au cours de ce tour d'horizon, il faut répertorier les contraintes et les obstacles internes à l'entreprise ; ces informations serviront lors de la délimitation du champ de l'étude et de l'envergure du projet.

1. Les produits industriels sont en fait des produits intermédiaires dans le processus de fabrication des engrais.

Comprendre l'environnement

Pour analyser l'environnement, on peut s'appuyer sur les cinq forces de Porter [Porter 82] : le pouvoir des clients, la rivalité avec les concurrents, la menace des nouveaux entrants, le pouvoir de négociation des fournisseurs, les produits concurrents. Il faut y ajouter les structures de distribution, la réglementation, la technologie et les progrès techniques. Chaque thème est illustré par des données quantitatives. Les menaces et les opportunités sont recensées. Ces informations sont utilisées au cours de la tâche suivante.

Délimiter le champ de l'étude et l'envergure du projet

Au lancement du BPR, il est nécessaire de délimiter le champ de l'étude ; cette tâche est réalisée lors de l'étude d'opportunité. Il est extrêmement important de se situer au niveau du système d'information et non à celui du système informatique. Au niveau du système d'information, les acteurs sont extérieurs à l'entreprise. Il s'agit d'acheteurs chez le client, des fournisseurs, de l'administration, des autorités de tutelle et d'autres activités de l'entreprise.

Les processus métier de l'entreprise susceptibles de faire partie du champ de l'étude sont modélisés dans des diagrammes de cas d'utilisation. Ces diagrammes permettent de déterminer les acteurs, les interfaces et les actions (définition par l'extérieur). Il est possible d'y associer des diagrammes d'interaction entre les objets (travailleurs d'interface ou de contrôle, et entités) pour obtenir une définition par l'intérieur.

Dans l'exemple de la SNEA, le champ de l'étude peut se résumer à la gestion de l'activité commerciale et des dépôts. La figure suivante représente le diagramme des cas d'utilisation relatifs au système de gestion commerciale de la SNEA selon une vision macroscopique des processus métier de l'entreprise. Pour être complet, ce diagramme doit intégrer les processus de la gestion des dépôts (les processus support : `Livrer marchandise`, `Prévoir stocks`...) et le processus de management `Gérer budget`.

Lors des premiers entretiens réalisés au cours de la tâche précédente, les processus candidats, constitutifs de l'activité, sont déterminés et définis. Un premier diagnostic est posé ; il permet de sérier :

- les processus qui posent le plus de problèmes ;
- les processus qui ont le plus d'importance pour le client, qui lui apportent le plus de satisfaction et dont les résultats contribuent à former la valeur d'usage et la valeur d'estime ;
- les processus où le BPR peut être mis en œuvre avec une forte probabilité de réussir.

Plus le champ de l'étude est vaste, plus le prix est élevé, car il faut mettre en œuvre plus de ressources et impliquer davantage de responsables. Des ajustements sont inévitables.

Troisième phase : préparation de la logistique de l'action

Lors de la préparation de la logistique du BPR, il faut organiser le déroulement des étapes suivantes, trouver les ressources nécessaires et planifier le projet.

Figure 3-11
Diagramme global de cas d'utilisation relatifs à l'activité commerciale

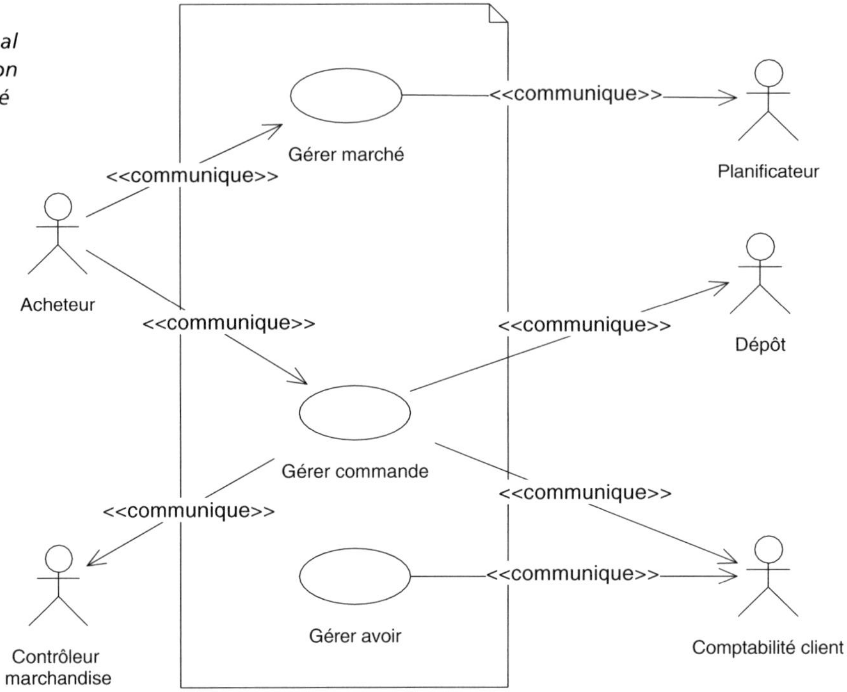

Définir les modalités de déroulement du projet

Définir les modalités de déroulement du projet de BPR consiste à décrire les étapes (objectifs, travaux, résultats), leur enchaînement ainsi que les points de validation. Il faut détailler le plan des livrables. Une structure de pilotage doit être proposée ainsi que des échéances globales pour les étapes. Un plan d'assurance qualité est constitué. Les modalités de management des conflits et blocages possibles durant le déroulement du projet sont arrêtées.

Rassembler les moyens humains et matériels

Il s'agit de rechercher les personnes en interne et/ou en externe, et d'élaborer des fiches de poste.

Planifier le projet

La planification du projet consiste d'abord à ajuster les ressources et les tâches puis à affecter les tâches aux ressources. Ensuite, l'enchaînement des tâches est figé et fixé dans le temps. Parallèlement, il faut détailler la procédure de suivi de projet (suivi des temps) et la tester avec les outils supports.

Existant et bilan

Le projet proprement dit commence à cette étape. Il faut dans un premier temps procéder à l'analyse de l'existant et ensuite diagnostiquer les dysfonctionnements qui alimentent l'élaboration des scénarios.

Tableau 3-7 Les deux phases de l'étape Existant et bilan

Phases	Tâches principales
Compréhension de l'existant	Établir une base référentielle Décrire les processus actuels et modéliser l'activité Évaluer les processus actuels (mesures)
Élaboration des scénarios	Recenser les besoins, les contraintes et les tendances Proposer et arrêter des orientations des scénarios Choisir le scénario

Première phase : compréhension de l'existant

Établir une base référentielle

Une base référentielle permet de comparer les processus de l'entreprise avec ceux des concurrents, mais aussi avec les meilleurs processus d'entreprises d'autres secteurs. Ce référentiel constitue une source d'informations et de suggestions utiles lors de l'élaboration des scénarios, lors de la finalisation des orientations et lors du travail effectif de reconfiguration. Comprendre ce que font les concurrents permet de rester à niveau sans pour autant faire un bond en avant. Pour progresser, il faut ajouter une approche de créativité et travailler avec les meilleurs du monde au-delà du secteur d'activité (notion d'insémination croisée source d'idée nouvelle).

Cette tâche de comparaison, appelée aussi *Benchmarking*[1], consiste à rechercher et à identifier les concurrents ayant les meilleures pratiques dans les domaines que l'on souhaite améliorer. Elle est quantitative mais aussi qualitative car il faut comprendre pourquoi et sous quelles conditions l'entreprise étudiée est plus performante.

Toujours associé à la réduction des coûts, le benchmarking doit avoir une vision de l'entreprise qui soit orientée client. La pratique du benchmarking fait appel à une démarche qui se caractérise par la rigueur et une certaine confidentialité. Le benchmarking est basé sur des échanges avec chaque entreprise partenaire. Après une étape de préparation, la mission de benchmarking se poursuit sous forme de visites et de réunions de travail chez les partenaires. Les résultats des travaux donnent lieu à des comptes rendus, une documentation et des présentations. Les comparaisons avec l'existant de l'entreprise doivent être factuelles, basées sur des analyses objectives. Il faut proposer des orientations conditionnelles.

Décrire les processus actuels et modéliser l'activité

Décrire les processus actuels et les évaluer contribuent à la compréhension des domaines retenus ; cette compréhension est préalable à leur reconfiguration. L'objectif de la modélisation de l'existant dépasse la simple description formelle du fonctionnement de

1. Le *benchmarking* se conçoit comme un échange bilatéral. Il ne faut pas le confondre avec la documentation ou la recherche documentaire, la veille concurrentielle, l'intelligence économique et encore moins avec le tourisme industriel et commercial.

l'entreprise. Il s'agit de discerner les besoins du client, les véritables objectifs de l'entreprise et de mesurer le niveau de réponse apportée par les processus actuels. L'ensemble constitue la base stable qui guide les travaux de l'étape de conception.

L'élément de base est le processus ; il relie les objectifs et les enjeux de l'entreprise à ceux des clients. Il faut donc comprendre les besoins de l'entreprise et ceux des clients, et se mettre, simultanément ou successivement, à la place :

- de *l'entreprise*, pour évaluer la contribution du processus étudié aux objectifs et aux enjeux de l'entreprise ;
- du *client,* pour estimer les écarts entre ses attentes et l'offre de l'entreprise.

Le premier modèle issu de l'étude d'opportunité constitue le point de départ de la tâche. Pour le compléter, il faut l'enrichir avec des détails relatifs aux processus déjà relevés et ajouter les processus qui auraient pu être oubliés. Il s'agit d'une part d'atteindre un niveau de détail suffisant et homogène, et d'autre part d'obtenir autant de points de vue qu'il existe d'interlocuteurs. Chaque modèle obtenu doit obligatoirement être cohérent avec les autres. La problématique de cette phase réside dans la mise en cohérence des différents points de vue ; il faut mettre en évidence ce qui est pertinent au niveau de l'utilisateur. Une attention particulière est apportée aux processus les plus importants de l'activité.

Des critères et des métriques sont associés à chaque processus. Les mesures rendent possible l'évaluation des enjeux[1] et des impacts du projet de BPR. Il est important d'avoir bien formalisé les enjeux et de les avoir évalués à ce stade car les résultats obtenus guident les recherches de solutions et leurs pondérations dans le choix final, en vue d'une amélioration de l'efficacité et d'un renforcement concurrentiel.

Selon les cas, l'interview des clients et des études in situ peuvent s'avérer nécessaires. En effet, les clients disent ce qu'ils croient faire et non pas ce qu'ils font réellement. Ces études in situ permettent de comprendre la façon dont le client perçoit et utilise le processus. En fonction de ces observations, il faudra adapter le processus de manière qu'il apporte plus de satisfaction au client. Au cours de cette tâche d'analyse, il ne faut rien tenir pour acquis ; les assertions recueillies lors des interviews ou dans la documentation mise à disposition doivent être vérifiées.

Dans le cas de la SNEA, le domaine de l'activité commerciale est d'abord modélisé à un niveau global dans le diagramme de cas d'utilisation ; à partir de là, il s'agit d'élaborer une modélisation plus détaillée. Pour chaque cas d'utilisation du processus métier retenu dans la démarche, il faut lister les différents scénarios possibles puis les décrire à l'aide de diagrammes d'interaction. Les scénarios qui le composent sont les suivants :

- le *flux normal*, qui se subdivise en scénarios élémentaires correspondant à la consommation du marché, à l'atteinte de la date d'échéance, à l'apparition d'un incident client ;
- le *cas de l'avis défavorable* ;
- le *cas où l'acheteur n'a pas signé.*

1. Il est possible de distinguer des enjeux fonctionnels (productivité, financiers, qualité de service, conditions de travail) et des enjeux technologiques. La gestion des enjeux donne lieu à une méthode de pilotage de projet. Cette méthode a été élaborée lors d'une étude réalisée par l'État français [CGP 92].

Le tableau suivant correspond au cas d'utilisation `Gérer marché` du système de gestion commerciale de la SNEA. La direction de l'entreprise a estimé à 1 800 le nombre annuel de marchés sur la France. L'exploitation des informations de type statistique et des indicateurs permet de retenir uniquement les scénarios pertinents et structurants pour l'architecture. Il faut prendre comme référence un cas normal et suffisamment fréquent, et éviter de structurer en fonction du cas rarissime ou non pertinent.

Certains scénarios rares peuvent cependant être considérés comme pertinents, sur avis des responsables utilisateurs, parce qu'ils cachent une difficulté particulière ; elle se situe soit au niveau de l'organisation, soit en termes humains, soit au niveau de la gestion.

Tableau 3-8 Caractéristiques des scénarios du processus `Gérer marché`

Scénarios (gestion des marchés)	Fréquence annuelle	%	C.A. unitaire *	Marge commerciale unitaire *
Marché consommé	1440	80%	100	100
Marché non consommé à la date d'échéance	180	10%	130	110
Marché non consommé et incident client	16	1%	98	130
Avis défavorable sur marché	120	6%	95	85
Marché non signé par le client	44	3%	112	115

* base 100 pour marché consommé

Outre ce scénario concernant la gestion des marchés, d'autres scénarios concernant la gestion de la commande sont retenus :

- la passation de commande sur un marché normal ;
- la passation de commande sans marché ;
- la passation d'une commande donnant lieu à un incident client ;
- l'enlèvement direct au dépôt.

Ce dernier scénario, peu fréquent, est considéré comme important par les utilisateurs, car il représente un cas d'organisation particulier (prise de commande au dépôt). Un travail analogue est effectué pour `Gérer budget` et les processus de la gestion des dépôts.

L'analyse permet de décrire chaque scénario retenu à l'aide de diagrammes d'interaction entre objets ; un tel diagramme comporte des objets de différents types : travailleur d'interface (`Ingénieur commercial`), travailleur de contrôle (`Directeur régional`), entités (`Marché`, `Commande`...).

Le diagramme de séquence est souvent préféré au diagramme de collaboration, car il permet de mieux visualiser le fonctionnement dans le temps.

Des zooms sont envisageables dans la mesure où ils permettent d'apporter des informations supplémentaires et capitales pour le diagnostic.

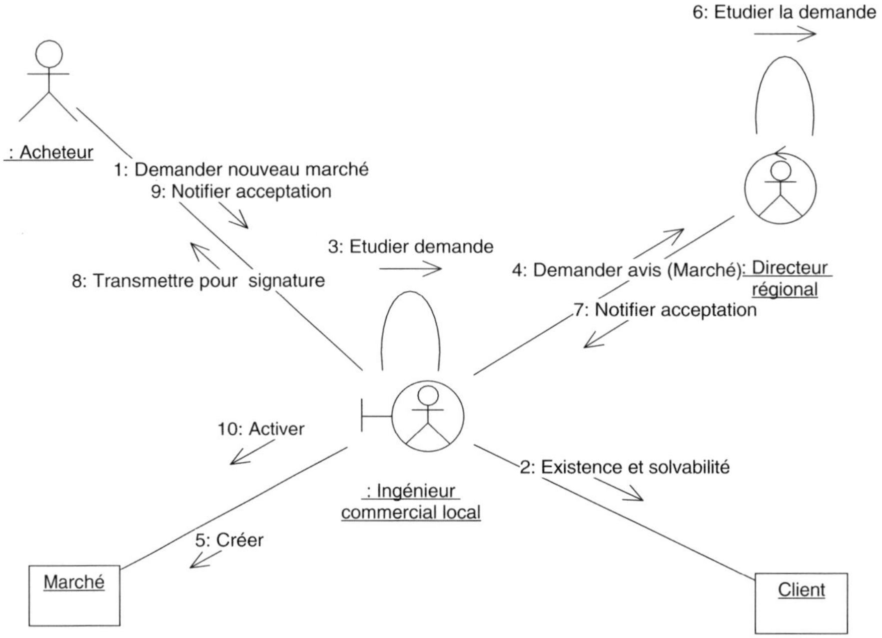

Figure 3-12
Diagramme de collaboration associé au scénario Créer marché *du cas d'utilisation* Gérer marché

Les diagrammes de collaboration et de séquence sont appelés diagrammes d'interaction ; ils présentent une vision interne du processus avec les objets, les messages échangés.

Les diagrammes de classes et d'états-transitions peuvent aussi être utilisés dans cette phase. Seuls les objets de type métier (ceux qui apparaissent dans les diagrammes d'interaction) sont repris. Leur modélisation n'est pas exhaustive : il manque des classes métier, des propriétés et des états-transitions pour les classes métier retenues.

Le diagramme d'activités constitue un excellent moyen pour décrire les processus. Facile d'emploi et de compréhension, il peut être mis en œuvre rapidement par les utilisateurs eux-mêmes et devenir un support privilégié dans les séances de travail, tant pendant l'étape d'existant et bilan que pendant l'étape de conception.

UML fournit les outils d'analyse des processus qui permettent la description de type anatomique (statique) et la description de type physiologique (dynamique). La problématique réside dans le choix du niveau de description considéré comme nécessaire et suffisant à la compréhension.

UML permet de documenter les processus, plus précisément :

- les informations qui entrent, leur nature, leur forme et leurs fournisseurs ;
- les actions entreprises par les travailleurs d'interface et de contrôle ;
- la durée et les délais des actions, les attentes ;

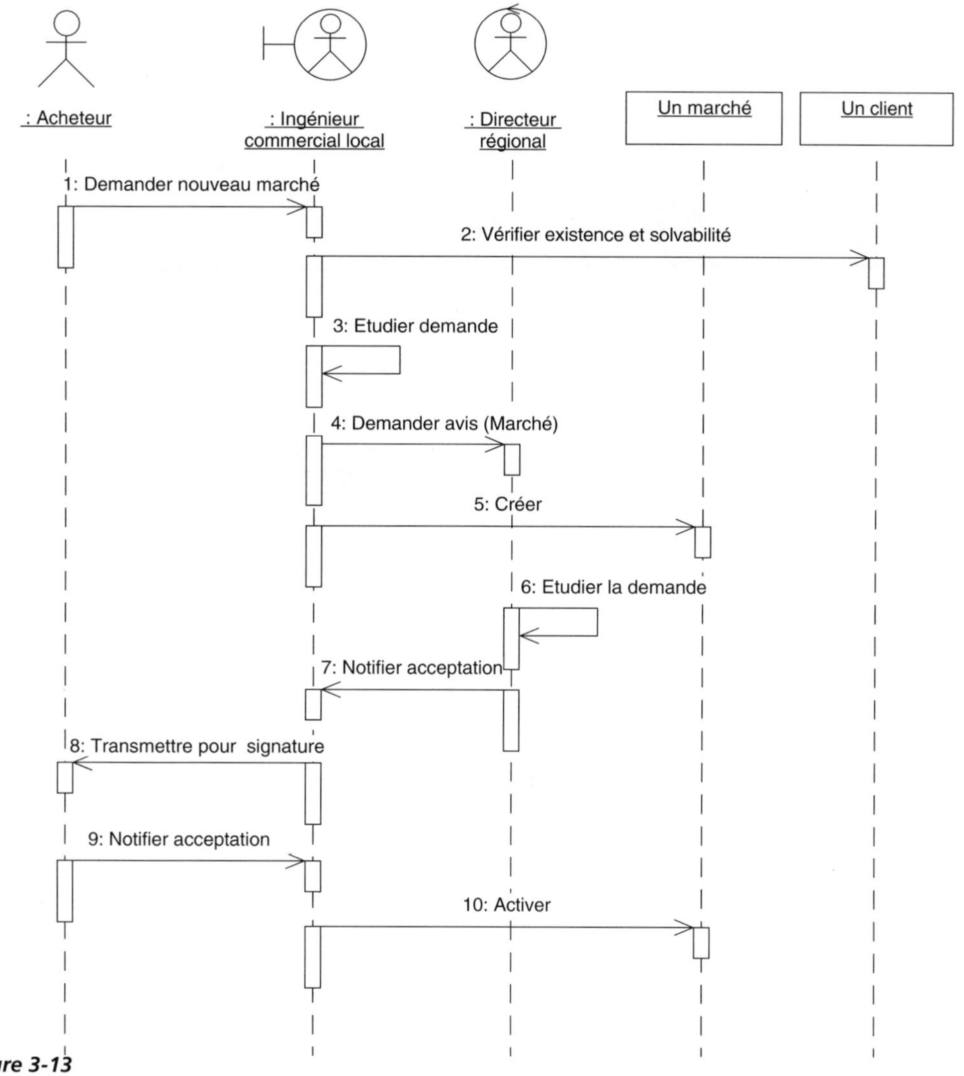

Figure 3-13
Diagramme de séquence du scénario Créer marché *du cas d'utilisation* Gérer marché

- les décisions prises par les travailleurs avec des précisions sur les règles de gestion mises en œuvre, les difficultés rencontrées pour les appliquer, le taux d'erreurs et d'anomalies avec les sources, les impacts en coûts et en délais, et enfin les autres acteurs qui interviennent dans la décision ;
- les supports de prise de décision ;
- les informations qui sortent, leur nature, leur forme et leurs destinataires ;
- l'impact sur les acteurs externes.

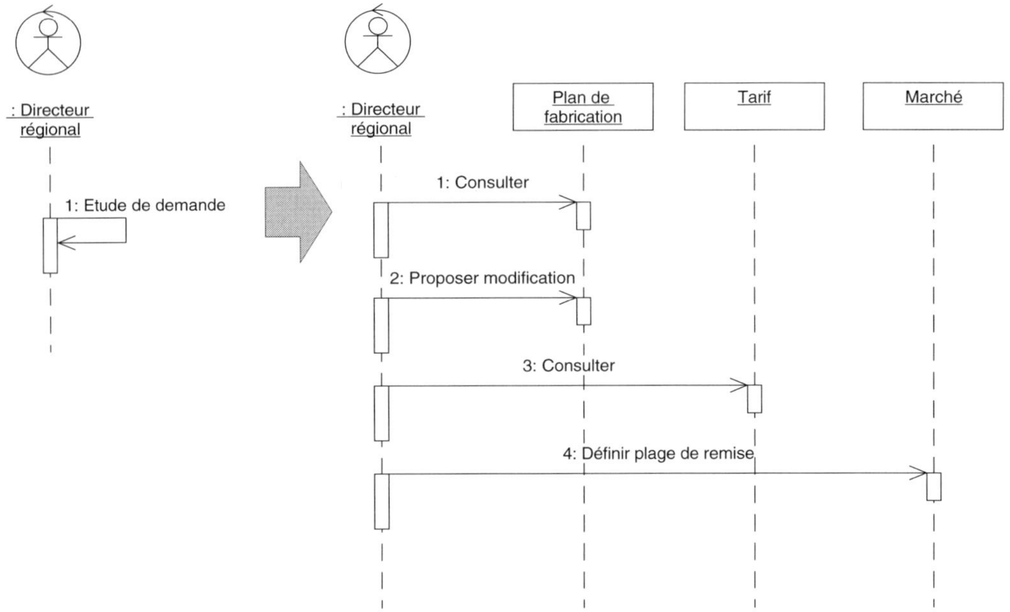

Figure 3-14
Diagramme de séquence du scénario Créer marché *du cas d'utilisation* Gérer marché

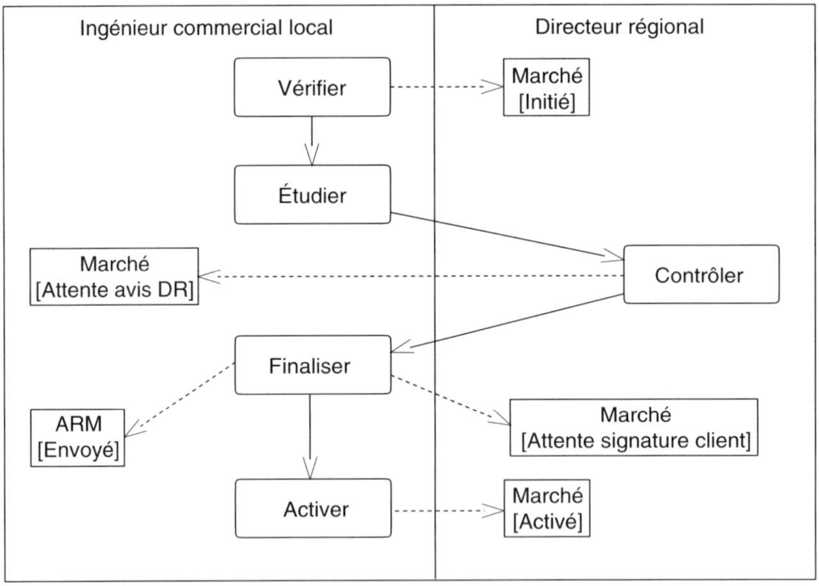

Figure 3-15
Diagramme d'activités du scénario Créer marché *du cas d'utilisation* Gérer marché

Évaluer les processus actuels

Les évaluations des processus passent par l'identification des dysfonctionnements. Il s'agit de lister les points qui déstabilisent le processus (entrée, flux des opérations, redondance, absence, niveau d'exécution faible) :

- *Processus brisés, sectionnés, fragmentés* : ils donnent lieu à des ressaisies de l'information, à des données redondantes et à une circulation intense de l'information. Saisir de nouveau des données est le symptôme d'une activité naturelle fragmentée.
- *Nombre important de contrôles et de vérifications par rapport à la valeur ajoutée* : il faut connaître la valeur ajoutée de l'intervention en se mettant à la place du client. S'ils ne font pas partie intégrante de l'offre de service, les travaux de surveillance ne présentent pas d'intérêt pour le client. En revanche, ils en présentent certainement pour l'entreprise qui détecte ainsi les erreurs et les actions de malveillance.
- *Reprise et itération* : refaire le travail déjà effectué est le symptôme d'un faible niveau de qualité.
- *Complexité, exceptions et cas spéciaux :* ils correspondent à une paralysie lente, insidieuse de processus simples lors de leur conception et de leur première mise en œuvre.
- *Gestion du cas général comme de l'exception.*

Pour faire apparaître d'autres dysfonctionnements, il faut exploiter les travaux comparatifs avec la concurrence.

Cette évaluation doit donner lieu à des mesures sur les axes de coût, de qualité, de délai et de valeur. Le résultat fournit d'une part la formalisation des dysfonctionnements, avec des mesures et des écarts vis-à-vis de la concurrence, d'autre part de l'attente des clients. Le principal risque de cette tâche est de poser un faux diagnostic sur de vrais problèmes.

Seconde phase : élaboration des scénarios

La description du futur nécessite une formulation explicite et chiffrée des visions et des buts ; l'élaboration des scénarios est un point de passage incontournable avant la conception.

Recenser les besoins, les contraintes et les tendances

L'analyse et l'évaluation des processus actuels a permis de formaliser l'existant sous forme de modèles, de listes de dysfonctionnements et de mesures des caractéristiques des processus. Il faut à présent détailler les besoins de changements et les obstacles à la mise en œuvre de chaque processus ainsi que les tendances des technologies

Proposer et arrêter des orientations tactiques

Rassembler les orientations (hiérarchisées, quantifiées, qualifiées) dans des scénarios contrastés permet de présenter des solutions très différentes. Il faut estimer les solutions extrêmes ayant peu de chance d'être retenues et les solutions intermédiaires dont les éléments peuvent être mixés pour constituer le scénario final.

Choisir le scénario

Choisir le scénario revient à figer, à partir des éléments fournis dans les tâches et étapes précédentes, les orientations de gestion et d'organisation, et les choix techniques qui soutiennent l'étape de conception. En fonction des contraintes techniques, matérielles et humaines, il est possible qu'une seule sélection des processus inclus dans l'analyse de l'existant soit l'objet d'une première itération de réingénierie. Les processus à retenir sont :

- ceux qui correspondent à un objectif du système et qui contribuent à la réalisation de l'un des objectifs de l'entreprise ;
- ceux qui apportent une réelle plus-value aux utilisateurs et qui justifient l'existence du système.

Ainsi, l'élaboration d'une première itération de l'architecture du système d'information est réalisée en se basant sur les processus fondamentaux du système. Les caractéristiques de ces processus ont toutes les chances de conditionner l'architecture du système informatique.

Dans le cas de la SNEA, le domaine de l'activité commerciale inclut la gestion des commandes, la gestion des marchés et la gestion des litiges. Avec la gestion des dépôts, ces processus contribuent fortement à l'obtention des objectifs recherchés par l'entreprise. Ils ont justifié le lancement du projet et permettent d'aligner l'architecture du système sur les objectifs de l'entreprise.

Les autres processus, tel `Gérer budget`, sont traités lors des itérations ultérieures de conception et de mise en œuvre. Écartés dans un premier temps, ils sont considérés comme moins structurants que les autres pour l'élaboration de l'architecture du système d'information et de l'architecture du système informatique.

Conception

Au cours de l'étape de conception, les processus sont reconfigurés et des projets pilotes sont planifiés.

Tableau 3-9 Les deux phases de l'étape de conception

Phases	Tâches principales
Conception des processus	Concevoir de nouveaux processus Évaluer les processus futurs et affiner les impacts (mesures) Préciser les facteurs de succès et de risques
Planification des actions	Proposer des scénarios de mise en œuvre et d'implantation Élaborer des projets pilotes et des prototypes Détailler le planning (tâches, ressources et délais)

Première phase : conception des processus

Le degré d'accomplissement de chacune des phases conditionne le succès global de la mission ; toutefois la mise en œuvre des fondements et des principes de la démarche de BPR est plus particulièrement concentrée dans la phase de conception des processus où ces derniers sont reconfigurés, leur performance future évaluée, les facteurs de succès et de risques précisés.

Concevoir de nouveaux processus

À ce stade de réorganisation des processus, les diagnostics posés et les orientations retenues au cours de la phase précédente doivent guider la conception des nouveaux modèles. Les cas d'utilisation qui ont permis à l'utilisateur de décrire les processus et ses besoins avec ses propres termes sont naturellement réutilisés pour concevoir les futurs processus.

La reconfiguration des processus fait appel aux principes du BPR. Les solutions sont radicales dans le sens où elles agissent à la racine des dysfonctionnements. Le travail des utilisateurs de l'entreprise est organisé en fonction des résultats attendus plutôt qu'en fonction des tâches à réaliser.

Les résultats des études de benchmarking fournissent les éléments pour concevoir les processus par rapport à la concurrence. Il s'agit soit de copier, soit d'améliorer les pratiques décrites, voire de proposer l'inverse.

Il faut faire appel au pouvoir-support de la technologie informatique. Les technologies de l'information jouent un rôle de levier dans la tâche de reconfiguration. Toutefois, détecter les potentialités d'une nouvelle technologie est très difficile. Cela nécessite de la part de l'entreprise un éveil permanent pour détecter que l'utilisation de telle technologie naissante lui donnera un avantage concurrentiel, et une bonne dose de volonté. En effet, il faut anticiper une technologie afin de la maîtriser complètement lorsqu'elle est disponible sur le marché.

Les solutions proposées accordent une place centrale au client. Pour chacune, il s'agit de déterminer les valeurs ajoutées en se mettant à la place du client. De façon générale, ces solutions doivent réduire les délais, augmenter la qualité et supprimer ou organiser l'incertitude au sein de l'entreprise (par exemple, le marché implique l'engagement du client, ce qui permet de mieux maîtriser la production).

Le nombre des utilisateurs finaux intervenant dans chacun des processus doit être aussi réduit que possible ; cette réduction favorise l'enrichissement du contenu du travail et la diminution des délais pour le client. Les solutions sont étroitement associées aux acteurs et rapides à mettre en œuvre. Les échanges d'informations avec les autres intervenants nécessitent que les informations soient enregistrées en un seul endroit pour être partagées et que les techniques de workflow soient employées.

Les règles de gestion et d'organisation doivent être simplifiées. Le traitement de l'exception n'est pas appliqué par défaut. Les travaux de surveillance qui permettent d'assurer la survie de l'entreprise (sécurité, lutte contre les erreurs et la malveillance) doivent avoir le minimum d'impact sur le client.

Chacun de ces thèmes donne lieu à des recommandations. Les tableaux suivants présentent quelques exemples ; ils concernent soit le client, soit les utilisateurs de l'entreprise, soit les règles de gestion.

Enfin, il faut tenir compte des conseils suivants :

- Il est difficile de se débarrasser des habitudes et des idées reçues. Par exemple : pourquoi ne pas donner aux commerciaux la possibilité de fixer les conditions des contrats ? Il faut apprendre à sortir des sentiers battus et pousser les idées à leurs extrémités pour vérifier leur faisabilité et leur mise en œuvre.

Tableau 3-10 Thèmes associés au client et solutions associées

Thèmes	Recommandations sur les processus
Perte de vue du client	Conception de processus centrés autour du client
Réduction du nombre des interlocuteurs pour le client	Création du « portefeuille clientèle »

Tableau 3-11 Thèmes associés à l'utilisateur et solutions associées

Thèmes	Recommandations sur les processus
Augmentation de la responsabilisation des utilisateurs	Enrichissement des tâches des utilisateurs dans les processus
Suppression des activités dénuées de valeur ajoutée	Estimation de la valeur ajoutée de chaque tâche
Suppression de la redondance des activités et des résultats	Concentration des activités sur quelques utilisateurs et renforcement des échanges (par exemple au sujet du déroulement du processus)
Limitation des boucles entre les objets d'interface et les objets de contrôle	Regroupement des tâches dans les mêmes unités de temps pour chaque poste de travail Augmentation du parallélisme entre les activités du processus

Tableau 3-12 Thèmes associés aux règles de gestion et solutions associées

Thèmes	Recommandations sur les processus
Limitation des contrôles internes aux seuls contrôles vitaux	Renforcement de la conscience du rôle joué et développement des échanges (par exemple, à propos du déroulement du processus)
Restriction des traitements d'exception aux seules exceptions	Formalisation et localisation des traitements d'exception dans des processus particuliers Traçage des traitements des exceptions
Suppression des automatisations inefficaces	Réactualisation du système informatique sur les nouvelles orientations

- Être un néophyte peut présenter des avantages dans le sens où ceci permet de poser des questions sans idées préconçues ou bien de ne pas être limité ou bridé par l'existant. En revanche, le travail en équipe est capital car il s'agit d'étudier des processus transversaux à l'organisation hiérarchique de l'entreprise : ils nécessitent l'adhésion de tous.
- Les techniques qui ont réussi pour une entreprise sont en partie réutilisables pour une autre. En effet, il existe un certain niveau de récurrence. Les bonnes techniques

de modélisation réduisent les risques, mais après chaque réunion de travail avec des utilisateurs, les modèles doivent être remis à niveau.

Dans l'exemple de la SNEA, le réaménagement du processus de `Gérer marché` se réalise dans le cadre d'une redéfinition du concept de marché en termes d'informations (tarif, conditions financières...), de traitements associés et d'argumentation vis-à-vis du client. Le nouveau processus défini permet d'augmenter la réactivité de l'ingénieur commercial en lui permettant de proposer directement les conditions de vente au client. Les échanges avec le directeur régional se limitent à une information de façon systématique. Si le cas dépasse les « droits » de l'ingénieur, ce dernier demande alors l'avis du directeur. Ainsi, les responsabilités de l'ingénieur commercial sont accrues et le nombre de cas particuliers de marchés qui nécessitent l'avis du directeur régional diminue. L'application de ces orientations dans le cadre du scénario `Créer marché` est présentée dans le diagramme de séquence ci-dessous.

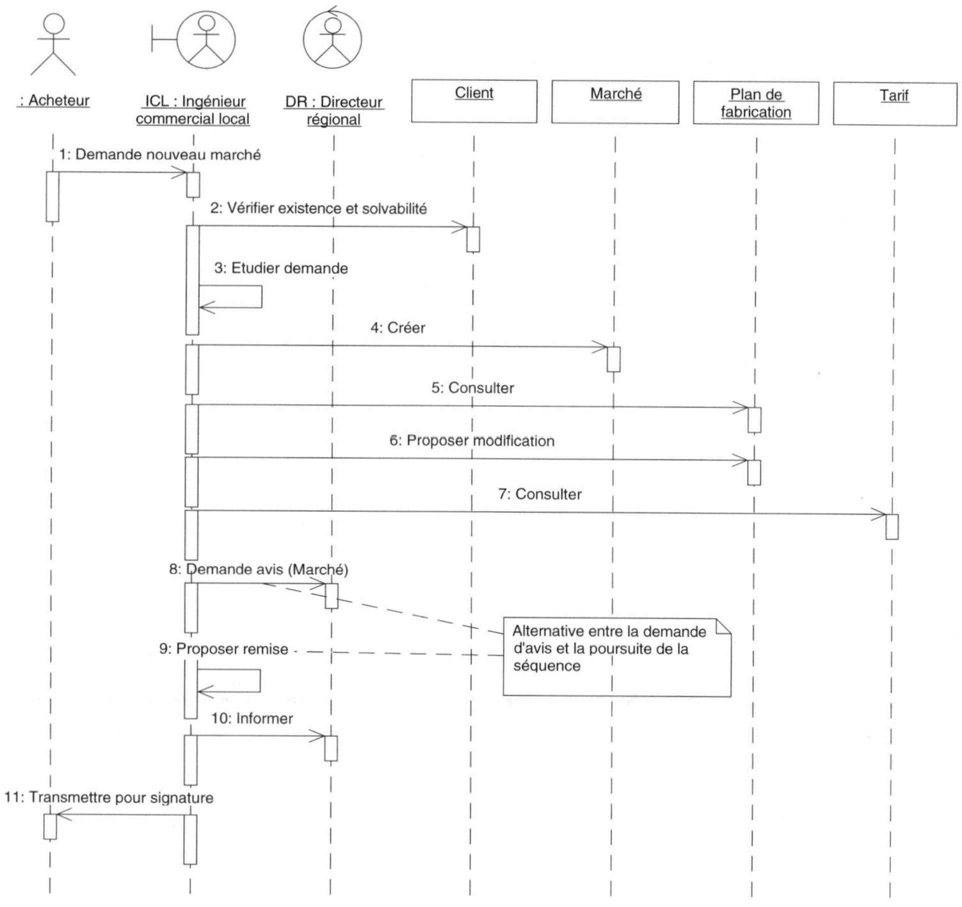

Figure 3-16
Diagramme de séquence du scénario Créer marché *après reconfiguration*

Le diagramme d'états-transitions fournit une vision globale du cycle de vie de l'objet `Marché` et un autre éclairage du ou des processus transversaux qui gèrent cet objet. Dans le cas présent, le scénario `Créer marché` correspond à la première moitié du diagramme états-transitions présenté ci-après. En fonction de l'importance accordée au processus, les autres scénarios doivent être détaillés.

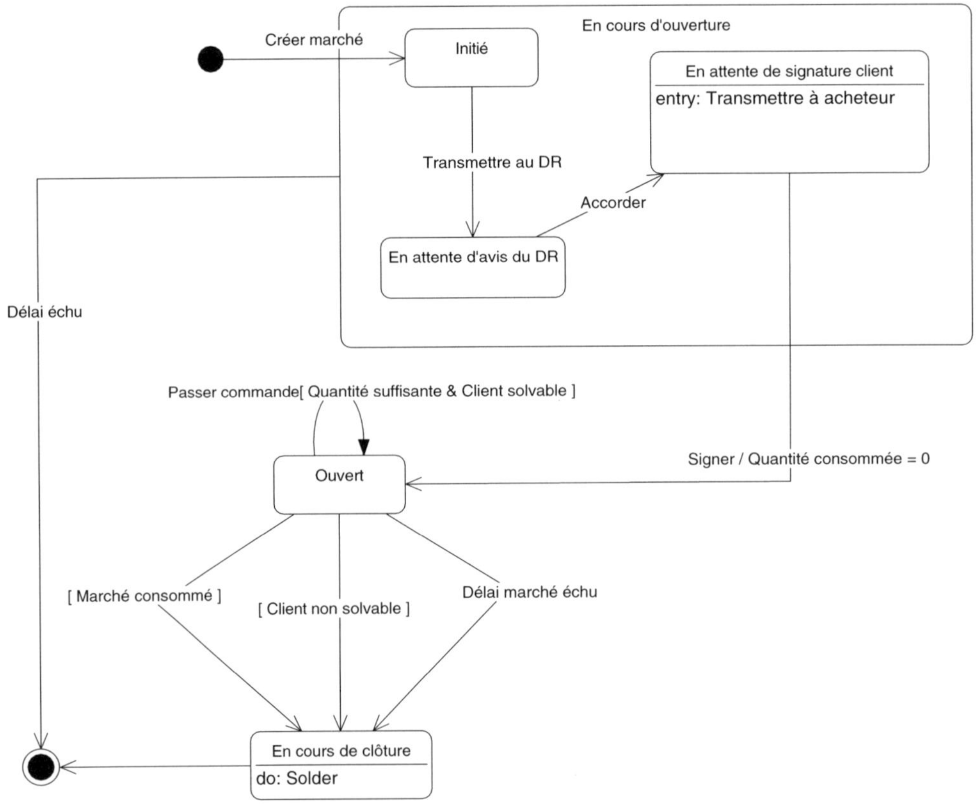

Figure 3-17
Diagramme états-transitions de l'objet Marché

Deux autres exemples nous permettent d'illustrer la démarche de BPR. Le premier correspond au scénario de `Passer commande sans marché`, le deuxième présente le scénario `Gérer litige avec retour produit`.

Premier scénario : *`Passer commande sans marché`*

Existant : la description du cas d'utilisation `Passation de commande sans marché met en évidence les points de blocage suivants :`

- l'absence d'arc kilométrique est résolu par l'administration des ventes ;
- les prix absents sont fournis par la direction régionale ;

- les rabais trop élevés et les prix non conformes sont bloqués par la direction régionale ;
- une affectation de commande à un dépôt qui n'est pas conforme est débloquée par l'administration des ventes.

Les dysfonctionnements proviennent du traitement séquentiel des anomalies qui se traduit par des allongements de délai.

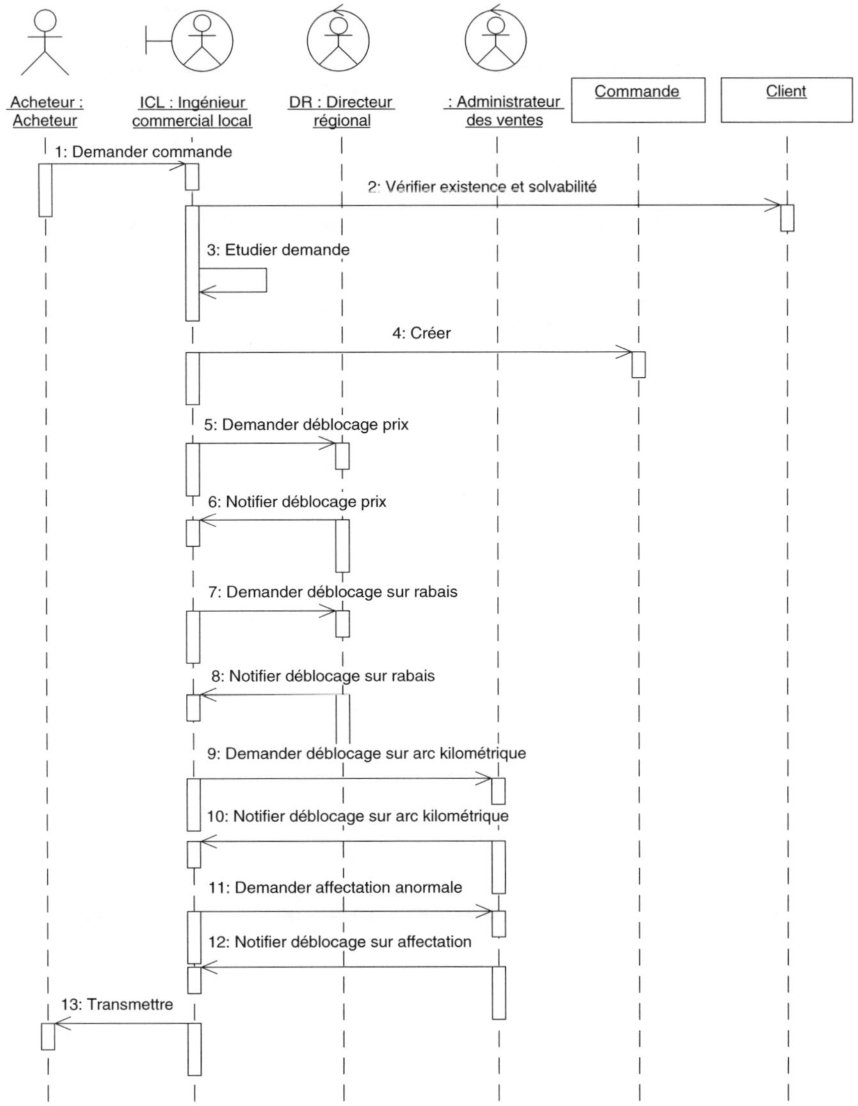

Figure 3-18
Diagramme de séquence du scénario Passer commande sans marché *avant reconfiguration*

Les principes utilisés pour la reconfiguration de ce cas d'utilisation sont les suivants :

- ne pas gérer le cas général de la même façon que l'exception ;
- limiter les contrôles internes aux seuls contrôles vitaux ;
- augmenter la responsabilisation des utilisateurs ;
- limiter les boucles entre les travailleurs d'interface et les travailleurs de contrôle ;
- faire appel au pouvoir-support de la technologie informatique.

De *nouvelles règles de gestion* sont adoptées :

- En l'absence de prix, un message de demande de déblocage rapide est envoyé au `Directeur régional` ;
- Le `Directeur régional` est informé d'une attribution de rabais. Si le rabais dépasse les droits de l'ingénieur commercial, un message de demande de déblocage rapide est envoyé au `Directeur régional` ainsi que l'ensemble des informations relatives à la commande ;
- En l'absence d'arc kilométrique, il est demandé de saisir le nom de la localité la plus proche connue dans le système ainsi que le nombre de kilomètres en plus ou en moins par rapport à cette localité ;
- En cas d'affectation à un dépôt non conforme, la commande n'est pas bloquée mais une information est envoyée à l'administration des ventes.

Les *incidences technologiques* sur le travail des ingénieurs commerciaux sont les suivantes : ils se voient progressivement attribuer des postes nomades pour enregistrer les commandes sur place. Ces postes sont dotés d'un outil de simulation qui permet à l'ingénieur commercial de rechercher les meilleures combinaisons concernant les transports, l'origine d'expédition, mais aussi le choix du conditionnement, du mode de paiement etc.

Les *indicateurs de mesures* retenus sont les suivants :

- délai : durée entre la demande de commande et sa transmission ;
- qualité : ensemble des indicateurs concernant les différents types de marchés (fréquence, chiffre d'affaires unitaire moyen, marge unitaire moyenne) ;
- valeur pour le client : degré de satisfaction sur la rapidité de service.

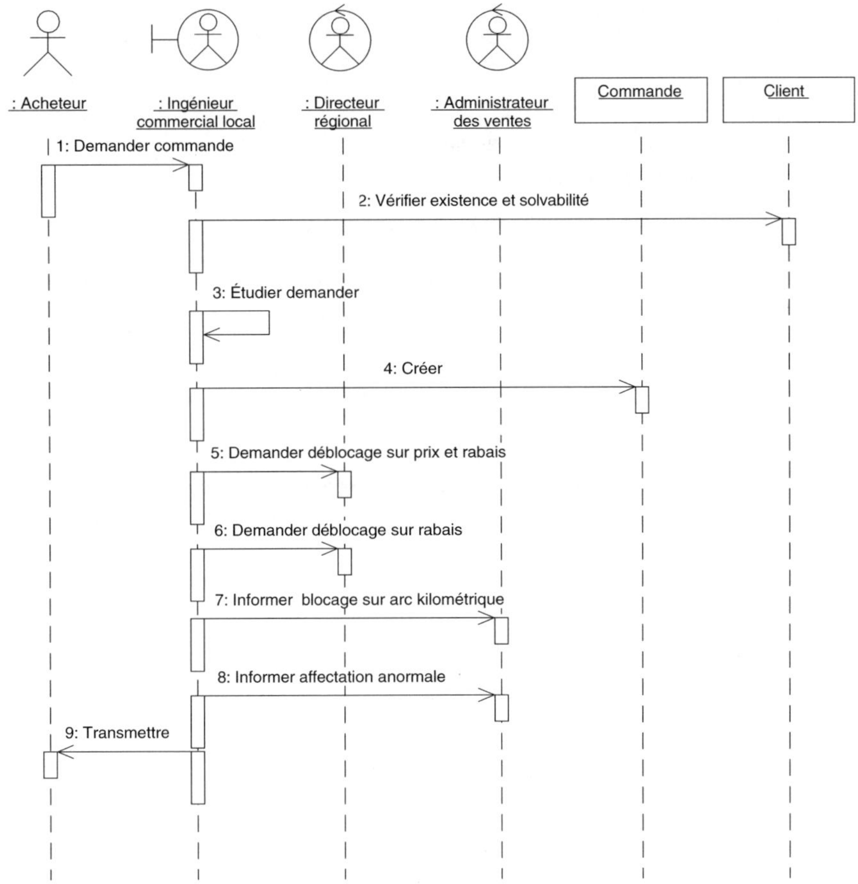

Figure 3-19
Diagramme de séquence du scénario Passer commande sans marché *après reconfiguration*

Deuxième scénario : `Gérer litige avec retour produit`

Existant : la description du scénario `Gérer litige avec retour produit` révèle que des marchandises sont retournées à un autre dépôt que celui de départ et acceptées sans référence au bon de livraison de départ. En l'absence d'orientation de gestion interne, le responsable de dépôt ne se sent pas concerné, subit ces retours et gère les litiges à ses moments « libres ».

Le même scénario est présenté sous forme d'un diagramme d'activités en se limitant aux travailleurs d'interface et au travailleur interne.

Les principes utilisés pour la reconfiguration de ce cas d'utilisation sont les suivants :

- accélérer le processus pour le client ;
- partager des informations enregistrées à un seul endroit et les mettre à disposition des autres intervenants ;

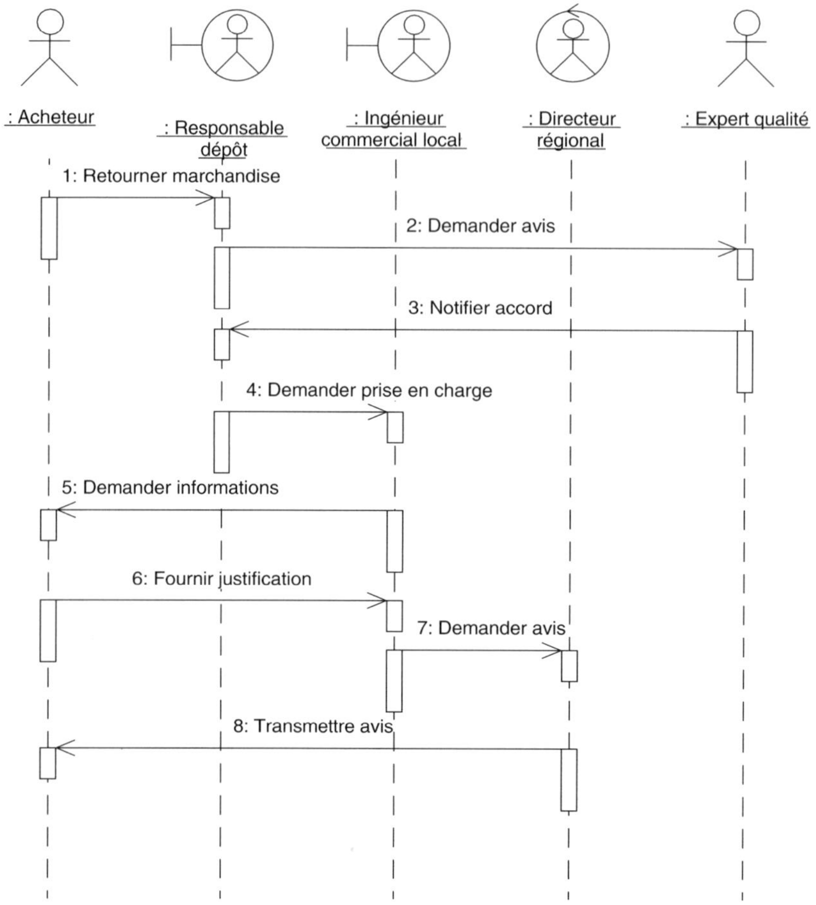

Figure 3-20
Diagramme de séquence du scénario Gérer litige avec retour produit *avant reconfiguration*

- les travaux de surveillance qui assurent la survie de l'entreprise (sécurité, lutte contre les erreurs et la malveillance) doivent avoir le minimum d'impact sur le client ;
- concentrer les activités sur quelques utilisateurs et renforcer les échanges (par exemple, des informations concernant le déroulement du processus) ;
- réduire le nombre d'interlocuteurs qui s'adressent au client..

De *nouvelles règles de gestion* sont adoptées :

- refus de retour sans présence du bon de livraison associé ;
- l'ingénieur commercial est le seul interlocuteur vis-à-vis du client ;
- le `Directeur régional` est appelé par exception pour débloquer la situation.

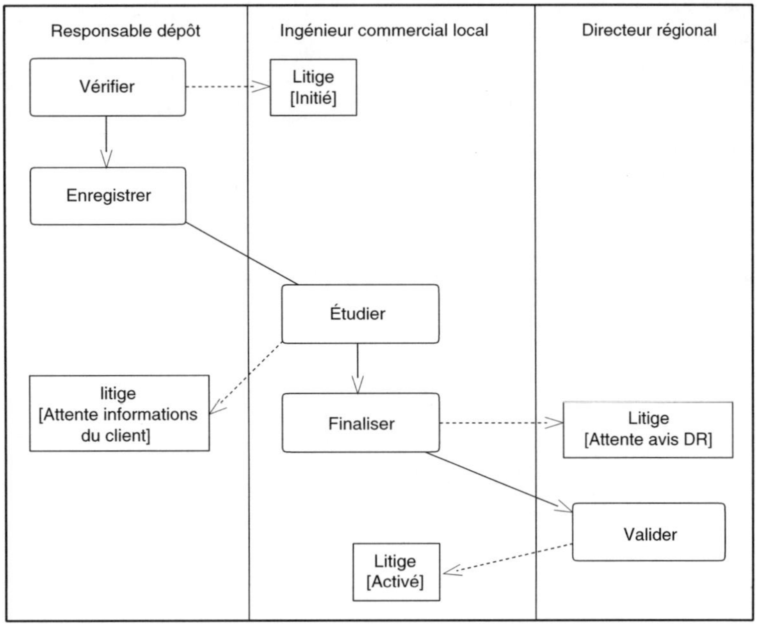

Figure 3-21
Diagramme d'activités du scénario Gérer litige avec retour produit *avant reconfiguration*

La simplification de la gestion des litiges apparaît aussi de façon claire dans le diagramme d'activités correspondant et présenté ci-après.

Les *incidences technologiques* à retenir sont la mise en place d'un workflow pour avertir l'ingénieur commercial et l'ingénieur qualité.

Les *indicateurs de mesures* sont les suivants :

- délai : passage d'un délai moyen de plusieurs mois à quinze jours ;
- coût : montant moyen des retours ;
- qualité : nombre de retours ;
- valeur pour le client : rapidité de la décision de remboursement.

Évaluer les processus futurs et affiner les impacts (mesures)

Comme les processus étudiés au cours de l'analyse de l'existant, les processus reconfigurés donnent lieu à une évaluation. Il faut décrire les objectifs auxquels ils répondent. La reconfiguration fournit de nouvelles valeurs aux indicateurs des processus (coût, qualité, délai et valeur). Elles concrétisent les performances attendues des processus (écarts vis-à-vis de l'existant) et constituent la référence à laquelle sont comparés les résultats observés une fois les nouveaux processus implantés.

Préciser les facteurs de succès et de risque

Lors de l'élaboration des nouveaux processus, les conditions de mise en place et de fonctionnement sont recensées et décrites pour chacun d'eux. Les facteurs de succès et de risques associés aux mesures précédentes permettent de planifier la mise en œuvre des processus.

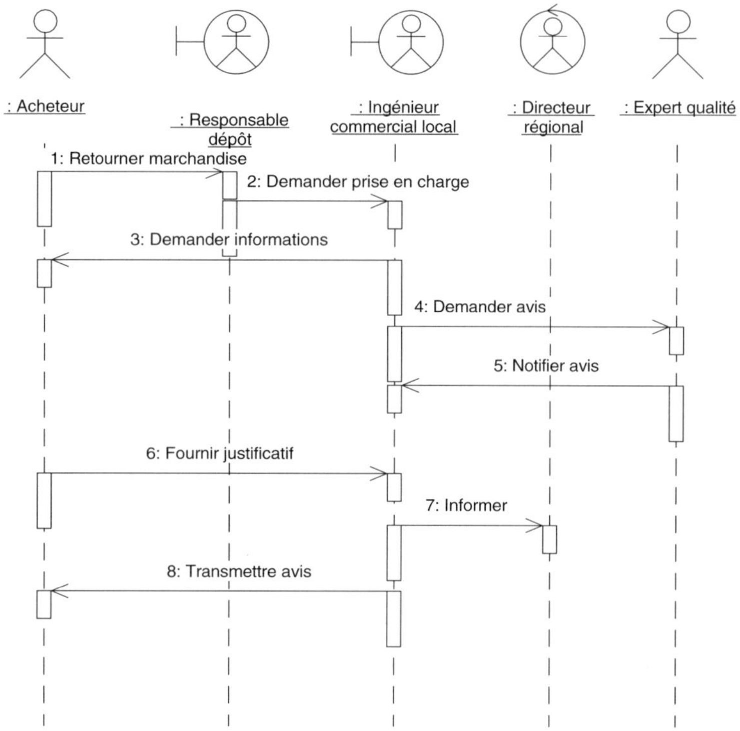

Figure 3-22
Diagramme de séquence du scénario Gérer litige avec retour produit *après reconfiguration*

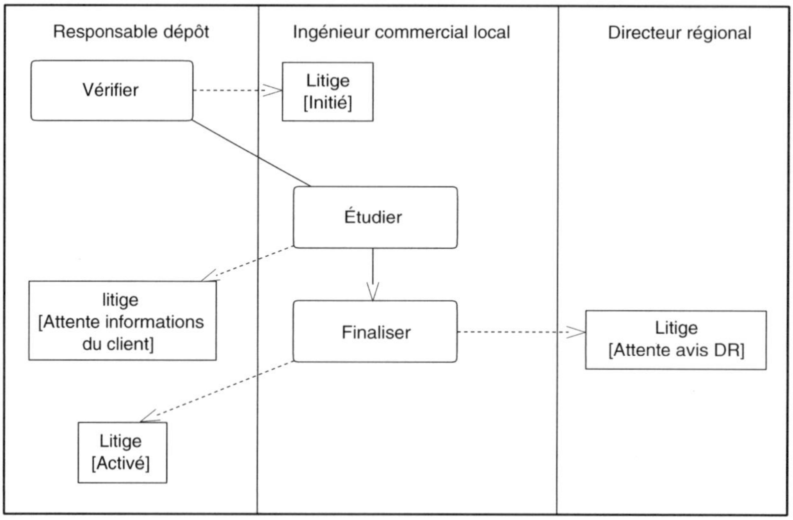

Figure 3-23
Diagramme d'activités du scénario Gérer litige avec retour produit *après reconfiguration*

Seconde phase : planification des actions

La planification des actions consiste à orchestrer la transition au cours de laquelle l'entreprise passe du système actuel au système futur. Cette phase est importante car elle fait le lien entre l'action de BPR et le processus de développement du système informatique. Les scénarios et la planification doivent subir un processus de validation et de choix au niveau de la direction de l'entreprise.

La trajectoire pour atteindre la cible constituée par le système futur fait l'objet de scénarios qui précisent les processus, les sites et les échéances. Des projets pilotes et des prototypes sont proposés. L'ensemble est consigné dans le cadre d'une tâche de planification.

Proposer des scénarios de mise en œuvre et d'implantation

Au cours de cette tâche, il s'agit de repérer les actions immédiates à performance forte, les actions à moyen terme à performance faible, et de sérier les cas. Certains scénarios rares peuvent cependant être considérés comme pertinents, sur avis des responsables utilisateurs, parce qu'ils cachent une difficulté particulière, soit au niveau de l'organisation, soit en termes humains, soit au niveau de la gestion.

Les scénarios précisent les modalités d'implantation sur les différents sites de l'entreprise (en une fois ou de façon progressive). Chaque scénario doit préciser les conditions de faisabilité en termes humains, matériels, techniques, et financiers. Il faut indiquer les risques et les bénéfices qualitatifs et quantitatifs, et proposer une stratégie de migration.

Dans l'exemple de la SNEA, seul le scénario de passation des marchés consommés est retenu. Le scénario concernant les marchés non consommés à date d'échéance est mis de côté dans un premier temps, il sera intégré dans la démarche lors d'une itération ultérieure ; il permettra à l'architecte de vérifier la viabilité de l'architecture pour procéder aux aménagements nécessaires. Ce scénario n'est pas suffisamment fréquent pour structurer fortement le système. Par ailleurs, il ne présente pas de difficulté ni de risque particulier. Il en est de même pour les autres scénarios de la gestion des marchés ayant donné lieu à une réingénierie : `Marché non consommé` et `Incident client`, `Avis défavorable sur marché`, `Marché non signé par le client`.

Outre le scénario concernant la gestion des marchés, d'autres scénarios concernant la gestion de la commande sont retenus :

- la passation de commande sur un marché normal ;
- la passation de commande sans marché ;
- la passation d'une commande donnant lieu à un incident client ;
- l'enlèvement direct au dépôt.

Ce dernier scénario peu fréquent est considéré comme important par les utilisateurs, car il représente un cas d'organisation particulier (prise de commande au dépôt).

Élaborer des projets pilotes et des prototypes

Dans certains cas, il est judicieux de tester les propositions de solutions par l'emploi de projets pilotes et/ou de prototypes, pour en vérifier la justesse, pour les ajuster avant de les généraliser à l'ensemble de l'entreprise. Ces projets pilotes doivent être en concordance avec les orientations de départ. Dans le cas contraire, ils permettent d'amender ces dernières. Leur mise en œuvre doit s'insérer dans le cadre général des scénarios. Il en est de même pour les prototypes de nature technique.

Détailler le planning (tâches, ressources et délais)

Il s'agit des travaux de planification des actions de mise en œuvre correspondant au plan de transition.

Mise en œuvre

L'étape de mise en œuvre finalise l'action de BPR. Il s'agit de mettre en place l'organisation des actions contenues dans le scénario retenu, en particulier les actions de refonte des systèmes informatiques, et d'accompagner les nouveaux processus reconfigurés.

Tableau 3-13 Les deux phases de l'étape Mise en œuvre

Phases	Tâches principales
Implantation	Finaliser le plan de mise en œuvre Mettre en place un système de management des processus reconfigurés Suivre le développement des systèmes informatiques Préparer et suivre le déploiement
Suivi des processus	Mesurer Optimiser

Première phase : implantation

La phase d'implantation des processus à reconfigurer permet de finaliser le plan de mise en œuvre des actions d'organisation et des développements des systèmes informatiques décrits dans le scénario choisi. Les tâches opérationnelles relatives à ces actions et aux développements sont conduites dans le cadre de projets précis. L'action de BPR se poursuit parallèlement avec des tâches de supervision :

- *Finaliser le plan de mise en œuvre.* Il s'agit de mettre en place la logistique du plan de mise en œuvre, ce qui recouvre la définition des modalités de déroulement, la mobilisation des moyens humains et matériels, et l'ajustement de la planification de l'ensemble.
- *Mettre en place un système de management des processus reconfigurés.* L'objectif est de vérifier le bien-fondé des mesures de reconfiguration et de pouvoir les ajuster. Il faut nommer des propriétaires de processus, des responsables de mise en œuvre et

mettre en place un système de suivi des résultats ; ce système doit contenir un tableau de bord constitué par les indicateurs retenus lors de l'analyse de l'existant. À chaque indicateur sont associés des objectifs (pour apprécier la performance) et des standards (normes).

- *Suivre le développement des systèmes informatiques.* Il faut démarrer le plus tôt possible les travaux de maquettage et de prototypage, développer d'abord l'infrastructure, l'expérimenter sur site pilote puis la généraliser avec le déploiement des nouveaux processus. Ces tâches sont l'objet du chapitre 4.
- *Préparer et suivre le déploiement.* Ceci inclut la gestion de la communication et le développement d'un plan de formation.

Seconde phase : suivi des processus

Avec la phase de suivi, le BPR se termine pour laisser place aux actions de business improvement.

- *Mesurer.* Une fois en place, les processus reconfigurés font l'objet périodiquement de mesures, le but est d'informer les dirigeants de ce qui se passe, de mesurer la performance des processus, de comparer les résultats à l'ancien système d'information et d'identifier les écarts par rapport aux objectifs fixés.
- *Optimiser.* Ces actions se poursuivent par la recherche et la mise en œuvre de solutions correctives. L'idée est d'optimiser les processus reconfigurés (lien avec le business improvement ou Kaizen).

Conclusion

En résumé, le tableau suivant présente l'utilisation des diagrammes d'UML dans les phases de l'action de BPR. Le caractère « E » indique qu'il s'agit d'une ressource, le caractère « S » d'un livrable. Une majuscule signale que la modélisation est complète, une minuscule qu'elle est partielle.

Au cours des étapes du BPR qui étudient les processus métier pour les reconfigurer, la notation UML fournit les concepts et le formalisme adéquats qui permettent de modéliser les nouveaux processus et de préparer la déclinaison des choix sur le système informatique.

Tableau 3-14 Utilisation des diagrammes d'UML dans les différentes phases

Étapes /Phases	Diagrammes d'UML					
	Util.	**Coll.**	**Séq.**	**Clas.**	**E/T**	**Act.**
Lancement de l'action BPR						
Naissance de la volonté de l'action						
Étude d'opportunité	s	s				
Préparation de la logistique de l'action						
Existant et bilan						
Compréhension de l'existant	e/S	e/S	s	s	s	s
Élaboration des stratégies	E/S			E/S		
Conception						
Conception des processus	E/S	E/S	e/S	E/S	e/S	e/S
Planification les actions	E/S			E/S		
Mise en œuvre						
Implantation	E/S			E/S		
Suivi des processus	E/S					

Util - Cas d'utilisation, Coll - Collaboration, Séq - Séquence, Clas. - Classe, E/T - Etats-Transitions, Act. - Activités

Bibliographie

[Bartoli 96] J.A. Bartoli, J.L. Le Moigne, *Organisation intelligente et système d'information stratégique*, Économica, 1996.

[Booch 91] G. Booch, *Analyse et conception orientées objets,* Addison-Wesley, 1991.

[Brunet 95] S. Brunet, H. Gardin, *Pratiques du reengineering,* ESF éditeur, Paris, 1995.

[BTE 91] Bureau de Transfert d'Expertise (BTE), *Maîtriser la conception par l'analyse de la valeur,* Édition BTE - conseil formation, 1991.

[CGP 92] « L'informatique de l'état, évaluation du développement de l'informatique et de son impact sur l'efficacité de l'administration » - Premier ministre - Commissariat général du plan, Comité interministériel de l'évaluation des politiques publiques, *Documentation française,* avril 1992.

[Dumoulin 94] J.L. Dumoulin, *Clients satisfaits, entreprise gagnante,* Les Éditions d'Organisation, 1994.

[Hammer 93] M. Hammer, J. Champy, *Le reengineering,* Dunod, 1993.

[Immai 97] M. Immai, Gemba Kaizen, *L'art de manager avec bon sens,* Éditions JVDS, 1997.

[Jacobson 94] I. Jacobson, M. Ericsson, A. Jacobson, *The object advantage : Business process reengineering with object technology,* Addison-Wesley, 1994.

[Jacobson 97] I. Jacobson, L. Griss Martin, P. Jonsson, *Software Reuse, Architecture, Process and Organisation for Busines Success,* Addison-Wesley, 1997.

[Muller 97] P.A. Muller, *Modélisation objet avec UML,* Eyrolles, 1997.

[OMG 97] Object Management Group, *The Unified Modeling Language,* Release 1.1, Reference Manual, 1997.

[Peaucelle 90] J.L. Peaucelle, « Le vrai coût des méthodes informatiques professionnelles », *Informatique professionnelle,* N° 89, décembre 1990.

[Peter 85] T. Peter, N. Austin, *La passion de l'excellence,* InterÉditions, Paris, 1985.

[Porter 82] M. Porter, *Choix stratégiques et concurrences : techniques d'analyse des secteurs de la concurrence dans l'industrie,* Économica, Paris, 1982.

[Porter 86] M. Porter, *L'avantage concurrentiel. Comment devancer ses concurrents maintenir son avance,* InterÉditions, Paris, 1986.

[Scott 97] M.S. Scott Morton, *L'entreprise compétitive au futur,* Les Éditions d'Organisation, 1997.

[Tardieu 91] H. Tardieu, B. Guthmann, *Le triangle stratégique,* Les Éditions d'Organisation, 1991.

[Wisemann 87] C. Wiseman, *L'informatique stratégique, nouvel atout de la compétitivité,* Les Éditions d'Organisation, 1987.

CHAPITRE 4

Le processus d'ingénierie logicielle

Ce chapitre présente le processus de développement logiciel adapté à la problématique de l'informatique de gestion. Ce processus se veut moderne et se démarque de certaines habitudes de développement qui ne tiennent pas compte de la réalité des entreprises et de leurs contraintes. Le processus défini ici constitue en fait un cadre général qu'il faut adapter au contexte. Nous analysons dans un premier temps les raisons de l'échec des différents processus existants. Nous décrivons ensuite le processus de développement adapté à UML et la relation de ce processus avec UML. Nous proposons un processus de sous-traitance réformé et adapté au processus de développement et analysons enfin le rôle et les limites de l'automatisation.

Analyse et adaptation du processus de développement

L'IEEE (Institute of Electrical and Electronical Engineers) définit le génie logiciel de la façon suivante : « L'application au développement, à la mise en œuvre et à la maintenance du logiciel d'une approche systématique, disciplinée et mesurable ; en fait, l'application des méthodes de l'ingénieur au logiciel ».

Ainsi, une des clés de la réussite des projets logiciels réside dans la capacité à appliquer un processus adapté qui permet de contrôler, de décider et de mesurer le développement du logiciel. G. Booch [Booch 96] ajoute qu'un bon processus doit permettre, voire encourager, la créativité individuelle. Le processus prescrit dérive du processus générique sous-jacent à UML et est adapté aux besoins de l'informatique de gestion. La forme générale du processus est décrite largement ([Booch 96], [Booch 93], [Muller 97], [Kruchten 96], [Boehm 88], [Boehm 96], [Rational 97]).

À l'aube du XXI siècle, le génie logiciel est à un tournant ; demain, les informaticiens ne développeront plus le logiciel de la même manière qu'aujourd'hui. Dans la majorité des systèmes commerciaux, ils assembleront des composants au lieu de développer ex nihilo. Des signes indiquent que « l'industrie du logiciel » arrive à un stade de maturité.

Raisons de l'échec des processus existants

Illusions

Depuis très longtemps, un seul mot d'ordre s'impose à l'entreprise : « moins cher, meilleur et plus vite ». Pour répondre à cela, les techniques et technologies n'ont cessé d'évoluer, elles créent des illusions puis se démodent.

Les progrès ont été considérables du côté du matériel (plus performant, moins cher), des langages de programmation (de haut niveau) et des méthodes formelles (pour éviter les ambiguïtés). Des méthodes de conception (pour élever le niveau d'abstraction), des processus de développement (pour mieux contrôler), des outils de conception (pour appréhender la complexité et pour mieux communiquer) ont vu le jour et avec eux, le concept de réutilisation (pour éviter de refaire).

Il est admis aujourd'hui que ces progrès n'ont pas tous tenu leurs promesses de réduire de manière substantielle les coûts de développement, d'augmenter de manière significative la productivité ou de réduire les échecs. Les services informatiques évaluent les bénéfices apportés par l'utilisation d'un outil. L'erreur est de croire qu'il suffit d'agir sur un seul paramètre (tout en omettant les autres) pour améliorer les fonctionnements de façon significative. La seule utilisation d'un outil, aussi sophistiqué soit-il, ne réduit pas de façon significative les coûts de développement. Seule la conjugaison d'un ensemble d'actions permet d'obtenir des résultats probants.

Dans certains systèmes, le coût de test dépasse 50 % du coût global ; dans d'autres, le coût de la documentation représente 45 %, etc. L'analyse des différentes situations montre que les activités les plus coûteuses restent les activités manuelles. Ainsi, fonder ses investissements sur la génération automatique de code est une illusion car le coût du codage ne représente qu'une faible partie du coût global de développement et, de toutes façons, il n'est pas possible de générer automatiquement 100 % du code. Le langage de programmation reste l'outil le plus performant pour couvrir une gamme étendue de problèmes, par exemple, pour dire à une machine que C:= B + A (rien ne vaut cette expression).

Promesses non tenues

Le début des années 90 a vu fleurir de nombreux standards internationaux, comme ISO 9000 ou ISO SPICE, et des standards nationaux comme SEI/CMM aux États-Unis. ISO 9000 est une famille de normes très orientées qualité et destinées à définir des cadres d'évaluation de la qualité dans les entreprises. SEI/CMM est un système développé aux États-Unis à l'initiative du ministère de la défense ; l'objectif est de contrôler les sous-traitants de l'administration américaine. Contrairement à ISO 9000, SEI/CMM est dédié au développement de logiciels. ISO SPICE est une norme issue de ISO 9000 et de SEI/CMM ; elle est aussi destinée au développement logiciel.

Nous ne nous attarderons pas sur ces normes. Il est admis qu'elles ne définissent en rien un processus de développement logiciel ; elles proposent en fait un cadre d'évaluation des processus. Ces standards sont essentiellement guidés par la qualité et non par le produit, ce qui est probablement le plus grand reproche qu'on puisse leur faire. Ainsi, rien ne prouve qu'une société certifiée ISO 9000, SEI/CMM ou ISO SPICE réussira systématiquement tous ses projets de développement logiciel, ni que son processus de développement sera optimal. Être certifiée ISO signifie, pour une société, qu'elle dispose d'un processus et qu'elle l'utilise.

Dans un article intitulé « Est-ce que des tuyaux propres peuvent produire de l'eau sale », J. Voas [Voas 97] explique que ces standards sont concernés plus par l'obtention de la qualité que par sa mesure, alors que les standards orientés produit incluent des métriques logicielles.

Ces standards sont un bon moyen de mettre des protections aux frontières des pays. CMM/SEI est l'approche adoptée par l'administration américaine pour protéger son industrie du développement logiciel ; ISO 9003 est la réponse européenne. Il faut savoir que moins de 5 % des entreprises certifiées ISO 9000 pour le logiciel sont américaines.

Échecs

Vous avez certainement entendu parler d'un projet de développement logiciel qui n'a jamais été livré, qui a été abandonné, qui est arrivé trop tard, qui a coûté trop cher, qui n'est pas utilisé ou qui a nécessité des refontes importantes pour « tomber en marche ». Les échecs sont malheureusement trop nombreux dans cette « industrie ». Une enquête sur le développement de systèmes informatiques aux États-Unis montre que 50 % des projets sont abandonnés et 25 % aboutissent dans les délais. Les autres ont des retards importants ou demandent des modifications significatives.

Plusieurs études très sérieuses viennent conforter ces résultats. Il est très rare que de telles études soient menées (en tout cas publiées) en Europe, comme si dans cette partie du monde, il n'y avait pas de problème de développement logiciel. Une enquête du Standish Group montre que les sociétés américaines ont dépensé, en 1995, 81 milliards de dollars sur des projets logiciels abandonnés, ce qui représente 31 % des projets. De plus, 52,7 % des projets ont coûté 189 % de leur estimation initiale.

Figure 4-1
Les projets logiciels US en 1995

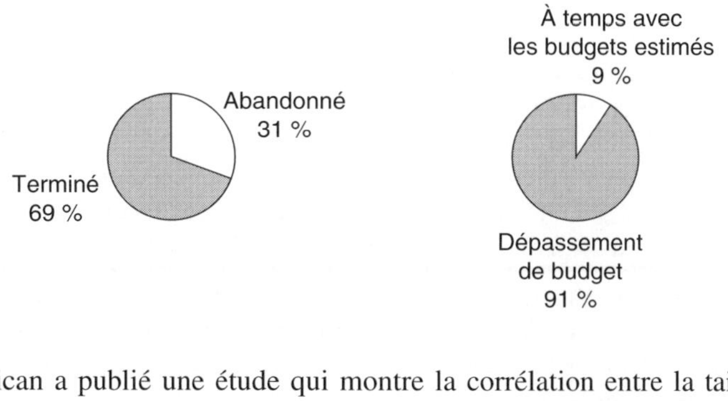

Le Scientific American a publié une étude qui montre la corrélation entre la taille des projets et le taux d'échec. Les résultats sont alarmants : plus la taille augmente, plus le risque d'échec est grand ; ainsi, pour les projets de très grande taille (> 10 000 points de fonction[1]), le risque d'échec est de 50 %.

1. Le point de fonction est une unité de mesure de la taille des logiciels.

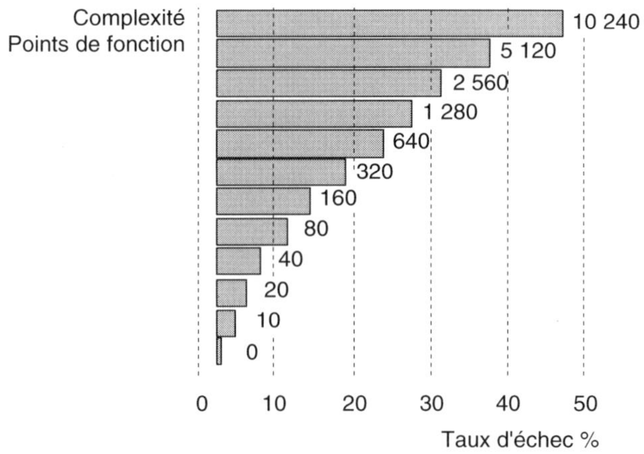

Figure 4-2
Relation entre taille et taux d'échec de projets logiciels

Les exemples d'échecs sont nombreux ; s'il est plus facile d'en trouver aux États-Unis, c'est probablement parce qu'on a du mal à évoquer ce sujet à l'intérieur de nos propres frontières. Parmi les échecs les plus sensationnels, on relève celui du système de trafic aérien américain (AAS) qui a été abandonné en cours de réalisation ou encore le système de livraison de bagages du nouvel aéroport de Denver qui est arrivé beaucoup trop tard (un an après l'ouverture de l'aéroport).

L'analyse détaillée des échecs montre l'absence d'un processus adéquat, le manque d'implication de l'utilisateur, une mauvaise prise en compte des risques du projet, une intégration logicielle très tardive, l'absence d'une architecture démontrée et validée ou enfin un aveuglement par les technologies.

Mise en évidence du processus

Les études menées sur l'impact des changements technologiques et la gestion de ces changements au sein des entreprises montrent que tout changement technologique ne peut apporter seul les gains escomptés. En d'autres termes, la mise en place de nouvelles technologies au sein de l'entreprise n'est pas nécessairement synonyme de gain. Pour obtenir un résultat tangible, il faut que le personnel de l'entreprise s'approprie les nouvelles organisations du travail issues de ces technologies. En effet, une simple automatisation d'un existant n'apporte pas de gain substantiel à l'entreprise.

Le développement des systèmes d'information est une activité qui obéit aux même règles que les autres. L'intégration de nouvelles technologies informatiques est intéressante à condition que les modes de travail liés au développement de systèmes d'information soient modifiés.

L'utilisation d'un processus de développement adapté, la réhabilitation de l'architecture au rang de discipline à part entière, l'utilisation des outils pour augmenter l'automatisation des tâches et enfin le développement à base de composants constituent les ingrédients qui permettront de révolutionner le développement logiciel.

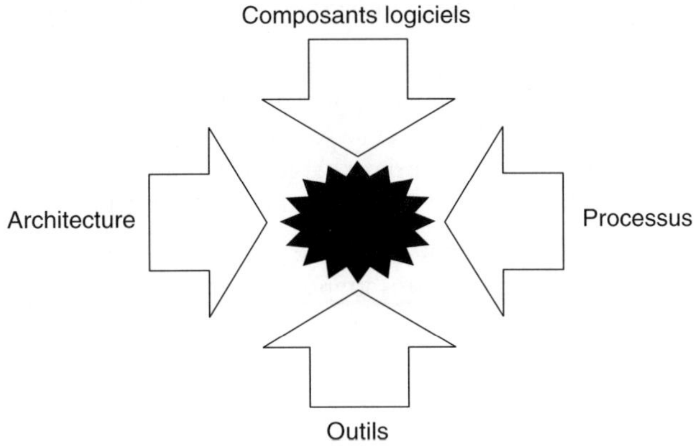

Figure 4-3
Ingrédients du développement logiciel (emprunté à Ph. Kruchten)

Évolution du processus de développement

Il faut changer le processus de développement, car il est au cœur de chacune des solutions que l'on peut proposer pour résoudre la crise du logiciel. Il est aujourd'hui indispensable de le remettre à plat. Les métiers auxquels répondent les systèmes d'information sont de plus en plus complexes ; ils doivent s'adapter à des clients exigeants, à des réglementations mouvantes, à des marchés concurrentiels et à une compétitivité accrue.

Le système d'information est le système nerveux de l'entreprise, la réactivité de celle-ci se mesure à la capacité d'adaptation de son informatique. Le temps de mise sur le marché d'un nouveau produit (bancaire ou d'assurance par exemple) est directement lié au temps de développement de l'informatique qui le supporte.

La problématique majeure à laquelle les entreprises doivent faire face est la construction de systèmes d'information adaptables et évolutifs.

Remise en cause du processus

Le processus en cascade (ou en V) est le processus le plus formalisé disponible et utilisé à ce jour. Il doit être remis en question parce que plus personne ne l'utilise dans l'état. Il est souvent cité, bien que chacun connaisse ses faiblesses. Les origines de son échec sont multiples :

- la confusion entre le cycle de développement et le cycle de vie ;
- la confusion entre les phases du cycle et les activités d'ingénierie ;
- le rôle primordial de la documentation et l'absence de l'ingénierie ;
- l'intégration tardive ;
- l'importance et l'influence des besoins ;
- l'absence de la vision métier pour lequel le système est développé et le manque d'implication des utilisateurs.

Il est nécessaire de proposer un processus alternatif standard, pour qu'il puisse servir de référence et faciliter les comparaisons.

Nécessité de différencier cycle de vie et cycle de développement

Le cycle de vie d'une application et son cycle de développement sont fondamentalement différents. Le cycle de développement d'un système informatique débute avec l'élaboration du cahier des charges et se termine avec la livraison du système. Le cycle de vie va de l'élaboration du cahier des charges jusqu'à la « disparition » du dernier utilisateur du système ; entre temps, le système subit plusieurs modifications.

Les entreprises se voient confrontées au problème suivant : le temps de développement d'un logiciel est souvent très long ; elles ne peuvent se permettre d'attendre. Le délai plus que la complétude est devenu l'axe critique.

Confondre les deux cycles revient à dire qu'il faut fabriquer des logiciels « jetables ». Ce type de logiciel se justifie dans plusieurs situations, il faut cependant être conscient qu'un mouchoir en papier usagé ne peut devenir un mouchoir en tissu qu'on lave et qu'on repasse. Ce constat vaut pour un logiciel.

Distinguer les deux cycles revient à considérer le cycle de vie comme une succession de cycles de développement ; on élimine ainsi la fameuse maintenance évolutive. Seule la maintenance corrective a lieu d'être ; elle doit être vue comme une activité de développement qui consiste à apporter des corrections aux erreurs. En fait, dans certains cas, il ne s'agit pas d'une simple succession de cycles, mais de cycles qui se chevauchent.

Confusion entre phase et activité

Une des erreurs importantes communément commises dans la définition du cycle de développement linéaire est la confusion entre phase et activité. Pour des raisons liées au pilotage du projet et pour en assurer la visibilité par les responsables de l'entreprise, tout projet doit être décomposé en phases. L'existence d'activités différentes au cours du développement d'un système d'information est évidente. Il n'y a cependant aucune raison de faire coïncider les phases et les activités, contrairement à l'habitude actuelle. En fait, cette pratique trouve son origine du côté du processus de sous-traitance de systèmes logiciels.

Cette confusion est dommageable. L'expérience montre qu'il est impossible de terminer « complètement » l'analyse sans y revenir pendant la conception, comme il est impossible de terminer la conception sans la retoucher pendant le codage. Les critères qui permettent de décider que l'activité est terminée ne sont pas aussi évidents à formaliser.

Les documents servent à mesurer l'avancement

Le processus de sous-traitance actuel est basé sur le fait que les livrables contractuels qui servent à mesurer l'avancement sont les documents issus des activités du projet. Ainsi, l'analyse fournit les documents d'analyse, la conception fournit les documents de conception, etc.

Ce processus simple à formaliser ignore les réalités de l'ingénierie logicielle et crée souvent des relations conflictuelles entre contractants. Dans la réalité, il est difficile de procéder ainsi sous peine d'augmenter les coûts de développement de manière significative.

Aussi sophistiquées que soient les méthodes utilisées pour développer un projet logiciel, il est dangereux de mesurer son avancement à la seule livraison de documents. Le contenu de ces documents change en effet au fur et à mesure de l'avancement du projet, rendant caduc l'outil de mesure. Une utilisation sérieuse de ce système amène par exemple à figer les résultats de l'analyse, à reporter toute demande d'évolution ou de correction en fin de projet, et à livrer un système après la réalisation d'avenants plus ou moins coûteux. La documentation, indispensable dans un projet, n'est tout simplement pas l'outil adéquat pour mesurer l'avancement. L'intérêt de la documentation n'est pas remis en question ici ; il s'agit simplement de savoir le poids qu'il faut lui accorder pour mesurer l'avancement du projet.

La conception n'est pas au cœur du processus

De telles pratiques donnent un poids très fort aux documents issus des phases de conception. Il est difficile de les valider correctement ; ils sont supposés corrects par défaut. Les phases suivantes, qui concrétisent la conception, peuvent faire apparaître des défauts de conception importants ; ces défauts ne peuvent pas être mis en évidence dans un dossier. La conception logicielle est considérée comme innocente et correcte jusqu'à preuve du contraire.

La validation de documents est une activité difficile, qui demande un effort d'abstraction important, du recul, une très bonne connaissance du métier, et un esprit suffisamment puissant pour pouvoir relever d'éventuelles incohérences entre deux dossiers différents. Son résultat est d'autant plus aléatoire que le temps disponible est limité et qu'il faut faire intervenir des compétences différentes.

Par ailleurs, les documents à valider ne font apparaître aucune contrainte de mise en œuvre technique. Les documents sont validés et peuvent posséder une valeur contractuelle, sans pour autant que le système soit réalisable. Le maître d'ouvrage s'en remet au maître d'œuvre.

L'intégration logicielle est tardive

De tels cycles de développement se caractérisent par une intégration tardive du système. L'intégration se déroule pratiquement à la veille de la livraison. Il est alors trop tard pour corriger d'éventuels problèmes de conception fonctionnelle ou technique, en tout cas dans les règles de l'art et dans les délais. Le résultat est souvent désastreux. Le maître d'œuvre utilise alors toute sorte de moyens pour « faire tomber le monstre en marche » ; l'unique objectif est de livrer à temps. Ce bricolage de dernière minute aboutit à un logiciel non évolutif. La moindre tentative de modification ou d'extension provoque l'écroulement de l'édifice.

Le processus est dirigé par les besoins

Ce processus est complètement influencé par les besoins au point que l'architecture reflète souvent directement les besoins fonctionnels.

L'objectif d'un projet est-il de fournir un système qui réponde à tous les besoins ou de fournir un système dont les utilisateurs ont besoin ? La réponse à cette question est

Figure 4-4
Architecture guidée par les besoins

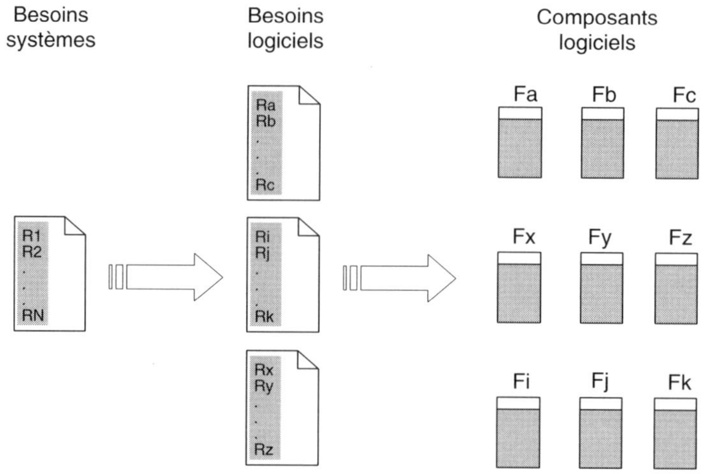

complexe. Les techniques de spécification de besoins sont souvent inefficaces et leur expression est très souvent ambiguë et incomplète. Il est donc dangereux d'appuyer la structure d'un système sur de telles bases.

Le processus ne prend pas en compte les processus métier

Les processus de développement logiciel proposés aujourd'hui sont soit très techniques, et prennent en compte uniquement les aspects technologiques du développement du logiciel, soit trop technocratiques, dirigés essentiellement par la paperasserie et les formalismes administratifs lourds de la gestion de projet. Il est extrêmement rare de voir des processus de développement logiciel inclure ou prendre en compte la dimension métier de l'entreprise, à savoir les processus du métier.

Un système informatique est un système à la disposition des processus ; son objectif est de supporter, de faciliter voire simplement de permettre le déroulement des processus métier. En clair, un système informatique est au service des processus du métier. Il est donc plus que jamais critique que la construction de systèmes d'information inclue complètement les processus métier des entreprises. Plus encore, comme le décrit I. Jacobson, « un processus formel de ré-ingénierie des entreprises doit inclure le processus de développement du système informatique », en d'autres termes, il faut mener les deux processus dans le cadre d'un même projet. Un vrai système informatique intégré et efficace est celui qui est développé en parallèle avec les (nouveaux) processus métier, et en même temps influence la conception de ces processus et est influencé par eux.

Il ne s'agit pas simplement de corriger les erreurs passées, mais de construire un processus d'ingénierie alternatif prenant en compte les contraintes des métiers (et de leurs processus), qui soit répétable et surtout mesurable.

Processus moderne

Ingénierie des métiers

Un processus moderne est d'abord et avant tout un processus d'ingénierie de métier qui inclut le développement du système. Le processus de développement logiciel est une composante d'un processus plus important qui est le processus d'ingénierie des métiers.

Pour I. Jacobson [Jacobson 94], l'ingénierie métier est composée de la ré-ingénierie (reconfiguration ou BPR) suivie d'une série d'améliorations (appelées aussi Business Improvements). La figure suivante expose le cycle de vie des processus métier. Ils subissent une refonte totale (ré-ingénierie) et des améliorations/évolutions. Dans la vie de l'entreprise, ces processus métier évoluent et sont l'objet d'améliorations entrecoupées par des phases de refonte.

Figure 4-5
Cycle de vie des processus métier

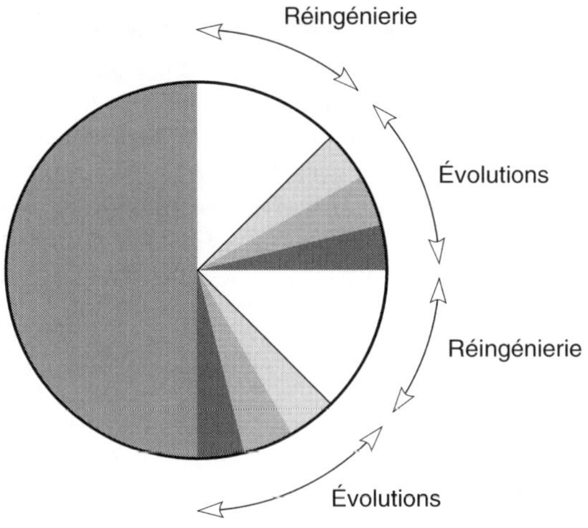

La figure suivante présente la forme globale du processus emprunté à I. Jacobson. Il n'est pas question ici d'entrer dans le détail des activités de l'ingénierie des métiers. Nous nous limiterons à la description du processus de développement du système d'information.

Figure 4-6
Processus d'ingénierie métier

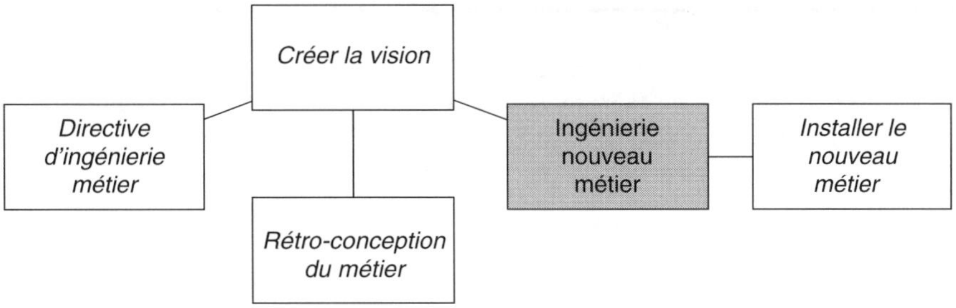

- Directive d'ingénierie métier : cette phase consiste à rédiger les besoins du projet de refonte des processus métier. Il s'agit ici d'une directive de très haut niveau, écrite par les responsables de l'entreprise de manière à montrer l'engagement et le soutien des équipes dirigeantes. Son but est de définir les raisons essentielles du projet et la direction stratégique.
- Rétro-conception du métier : décrire le métier tel qu'il existe à travers ses processus et son organisation de manière à pouvoir analyser le métier pour l'améliorer.
- Créer la vision : cette phase consiste à collecter des informations sur le métier, à analyser le métier existant (les résultats de la phase de rétroconception) et à créer la vision ou le cahier des charges du « nouveau métier ».
- Ingénierie nouveau métier : cette phase est la plus importante ; l'objectif est justement de définir et d'implémenter complètement le nouveau métier.
- Installer le nouveau métier : l'objectif est d'installer la nouvelle organisation avec son système d'information.

L'étape qui nous concerne le plus ici est « l'ingénierie du nouveau métier ». Il faut construire le nouveau système d'information ; il est constitué des femmes et des hommes, des procédures métier et du système informatique support. Il ne s'agit pas uniquement de créer mais d'utiliser aussi l'existant, de le faire évoluer en l'adaptant aux nouvelles réalités de la vie économique de l'entreprise. Cette étape contient fondamentalement deux activités presque parallèles : la construction du métier et la construction du système informatique support. Ces activités sont parallèles, parce que les processus métier guident et conditionnent les systèmes informatiques et inversement.

Figure 4-7
Développement du système d'information

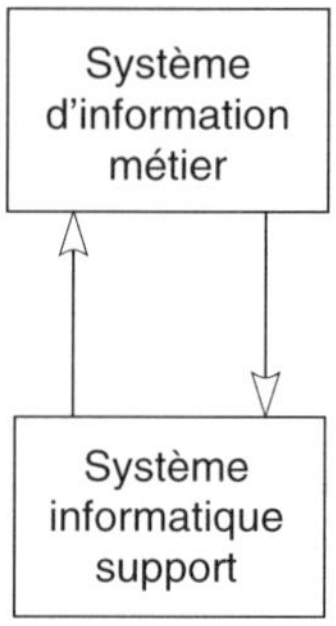

Processus de développement logiciel

Le processus de développement logiciel est le processus qui consiste à développer un système à partir de besoins soit nouveaux (cycle de développement initial) soit changeants (cycle évolution).

Figure 4-8
Processus

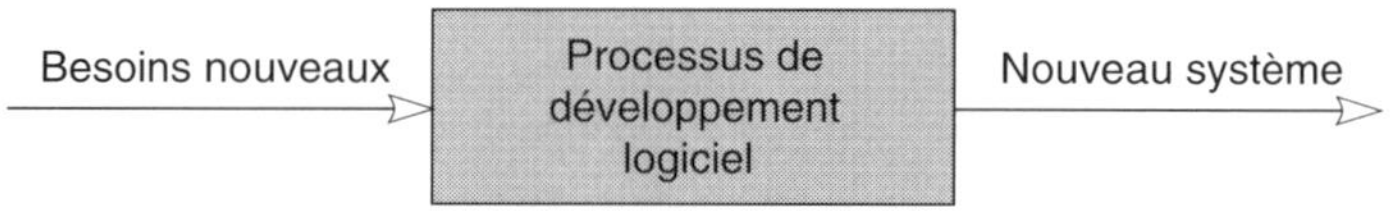

Topologie du cycle de vie

Le système informatique fait partie du système d'information de l'entreprise et constitue le support des processus métier. Le cycle de vie du système informatique est directement lié au cycle de vie des processus métier.

Le système d'information d'une entreprise est très rarement bouleversé dans sa totalité. Son cycle de vie se compose d'un changement radical suivi d'améliorations plus ou moins importantes. Une génération de système se définit comme un cycle de vie complet. Le cycle de vie rend compte de la vie du logiciel depuis la naissance de la première idée jusqu'au remplacement du système.

Génération = Développement important + plusieurs développements d'évolution.

Figure 4-9
Cycle de vie du système informatique

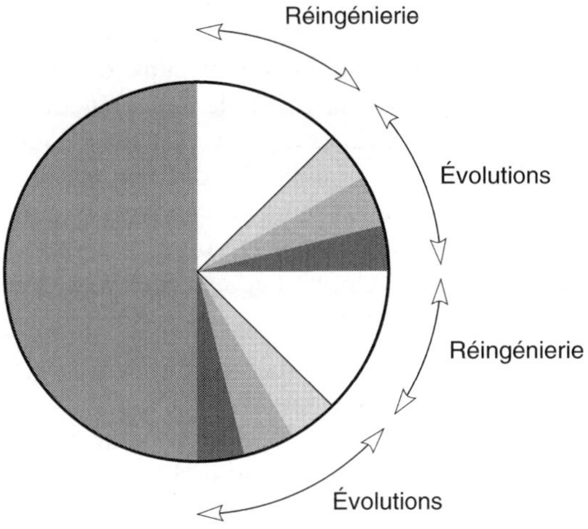

L'enchaînement des activités et des phases qui mènent à la réalisation d'une version du logiciel s'appelle « cycle de développement ». Le cycle de vie est un enchaînement de plusieurs cycles de développements non nécessairement séquentiels.

Figure 4-10
Forme de cycle de vie

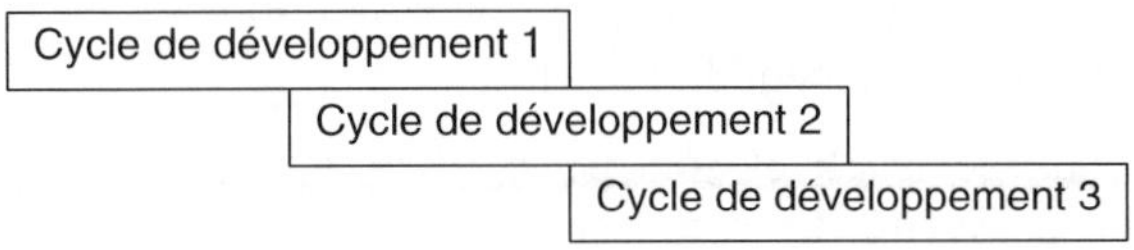

L'exécution d'un cycle de développement fournit en résultat une version opérationnelle du système. Elle est opérationnelle dans le sens où elle doit être déployée chez les utilisateurs. La durée d'un cycle de développement doit être courte. Le développement de la première version ne doit pas dépasser dix-huit mois ; un an est préférable. Le développement des versions suivantes ne doit pas quant à lui dépasser un an. Il s'agit d'introduire de manière progressive le système chez les utilisateurs. Il faut accepter de rompre une fois pour toutes les développements trop longs. Autrement, on s'expose à l'obsolescence des technologies, des besoins, des marchés et des processus métier qui évoluent très vite.

Topologie du cycle de développement

Le cycle de développement d'un système est en fait la résultante de deux visions orthogonales du processus. La première est une vision macroscopique ; elle répond au besoin de pilotage du projet.

La seconde est une vision microscopique ; elle représente l'enchaînement des activités élémentaires qui se déroulent dans le cadre d'une itération. Ces deux visions et leur synchronisation sont décrites dans les paragraphes suivants.

La vision macroscopique apporte la vision nécessaire à la gestion du projet. Elle définit la topologie du cycle de développement en termes de phases et d'itérations, d'enchaînement de ces phases et de ces itérations, ainsi que les relations phases-itérations. Le fait qu'il ne coïncide pas avec la vision de l'enchaînement des activités techniques de développement est essentiel. En cassant une fois pour toutes la relation directe entre les activités à réaliser et les phases du développement, cette description du cycle de développement laisse la possibilité d'élaborer des prototypes (activité de réalisation) dès l'étude d'opportunité, et autorise l'évolution des spécifications fonctionnelles en phase de construction. Il apporte la souplesse nécessaire au développement logiciel et tient compte de la réalité des projets.

La vision macroscopique elle-même doit être considérée selon deux perspectives : la perspective gestion et la perspective technique. La perspective gestion voit le cycle comme une succession de phases ; chacune a un ensemble d'objectifs et de livrables clairement définis. Elle concerne la gestion des aspects financiers et commerciaux du projet. La perspective technique s'occupe de l'ingénierie. Il est donc nécessaire de séparer le rôle du chef de projet de celui de l'architecte. Après tout, on n'a jamais vu un architecte de bâtiment gérer le budget du chantier.

La perspective technique perçoit le processus de développement comme une succession d'itérations ; chacune fournit une version intermédiaire du logiciel. La rupture ici vient de l'introduction de l'intégration régulière comme le moyen de validation et de mesure de l'avancement. Le logiciel lui-même remplace la documentation comme base des mesures d'avancement du projet.

Ces deux perspectives sont nécessaires, l'absence de l'une ou de l'autre conduit à un dérapage. Aucun des processus décrits lors des dix dernières années n'offre ces deux aspects. Ils sont soit techniques, soit financiers. Cette faiblesse suffit parfois à expliquer les problèmes survenus dans certains projets.

La vision microscopique représente l'enchaînement des activités élémentaires du développement, qui se déroulent dans le cadre d'une itération. Elle en définit le cycle de développement. Elle concerne entre autres l'utilisation directe des concepts d'UML depuis l'analyse jusqu'aux tests. L'enchaînement des activités de la vision microscopique peut être décrit de manière linéaire même si, dans la réalité, il présente une certaine souplesse.

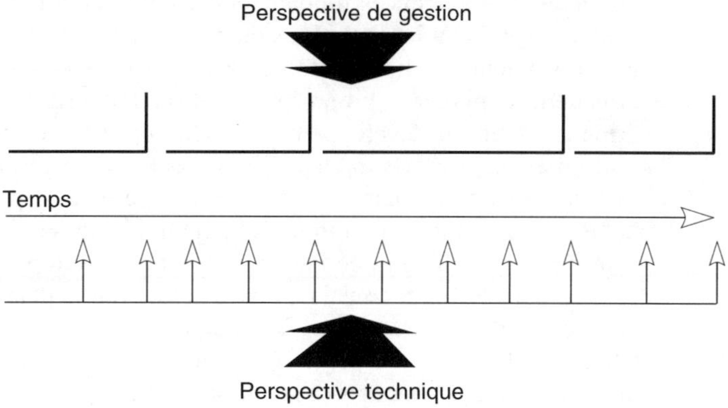

Figure 4-11
Les deux perspectives de la vision macroscopique du cycle de développement

Perspective gestion de projet de la vision macroscopique

La perspective gestion de projet doit être de la responsabilité du chef de projet ; ce dernier a la charge du bon déroulement du projet, des ressources humaines et des relations avec la direction (ou les services commerciaux et marketing). Cette perspective décrit le cycle comme une succession de quatre phases : Étude d'opportunité, Élaboration, Construction, Transition. Les noms de phases ont été choisis de manière à ne pas créer de confusion avec des noms déjà utilisés par ailleurs. Un cycle de développement est l'exécution successive de chacune des quatre phases de la vision microscopique.

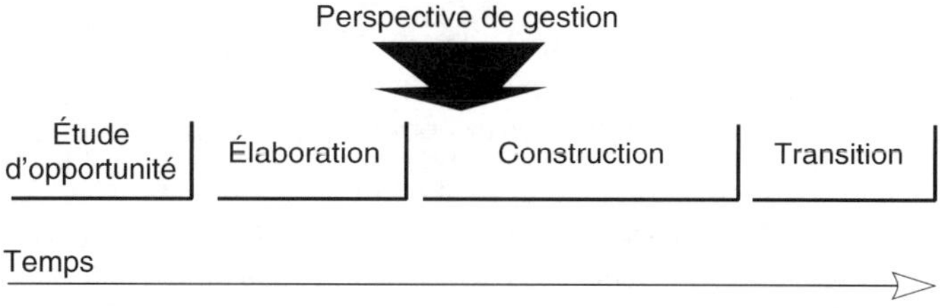

Figure 4-12
Les quatre phases du cycle de développement

Ce découpage tient compte de la gestion de risque, d'une bonne politique de sous-traitance (qui est exposée plus loin) et de la volonté clairement affichée d'aboutir au retour sur investissement. La description de chaque phase répond au plan suivant : définition, livrables, durée, équipe et discussion.

Étude d'opportunité

- *Définition* : cette phase prend acte de la naissance du projet et définit sa portée. L'objectif réel est de prendre la décision de faire ou de ne pas faire le projet sur la base d'orientations générales claires.
- *Livrables* : il faut fournir une formalisation des exigences (besoins) fondamentales, les critères de succès, un plan de risque initial ainsi qu'une première estimation des

ressources. Les exigences fondamentales définissent la portée globale du système à développer et fixent les ambitions du projet. Il est question des exigences fondamentales, essentielles et non de toutes les exigences (100 %). Les critères de succès permettent de piloter le projet lorsque des choix critiques doivent être opérés et de vérifier à la fin du développement si les objectifs ont été atteints. Les critères de succès doivent être mesurables ; il faut donc mettre en place les outils et les conditions de mesure. Le plan de risque initial permet de poser clairement les risques majeurs du projet qu'il faut traiter et qui guident les choix de développement. Enfin, il est nécessaire d'avoir une idée générale de l'enveloppe budgétaire, des charges et des durées de développement de manière à définir le plan de financement et le calcul du retour sur investissement. Cependant, cette étape ne cherche en aucun cas à établir un planning très précis (avec une découpe en tâches élémentaires) ni un budget très détaillé. Durant cette phase, une maquette est développée pour prouver la faisabilité de la solution lorsque des doutes subsistent, que des éléments technologiques nouveaux sont introduits ou que certains besoins ne sont pas très évidents à définir. Cette maquette est, comme son nom l'indique, jetable et ne doit pas servir à la construction du logiciel final. Elle ne tient pas compte de tous les critères de qualité requis pour le projet final. Les outils de maquettage et de développement rapide (appelés aussi outils RAD[1]) sont très adaptés à ce type de développement.

- *Durée* : la forme et la durée de cette première phase peuvent être très différentes selon qu'il s'agit de la construction d'une nouvelle version ou d'une nouvelle génération. Elles dépendent aussi des discriminants du projet (Cf. Discriminants du processus). Cette phase doit être de très courte durée (de l'ordre d'un mois pour un projet d'un an).
- *Équipe* : elle doit être assez réduite et comprendre l'architecte du projet, quelques développeurs, des experts du domaine ainsi qu'un représentant des utilisateurs. À ce stade, il ne faut pas constituer complètement l'équipe projet.
- *Discussion* : dans le cycle linéaire traditionnel, les exigences complètes sont énoncées dans la première phase. Le passage aux phases suivantes est effectif si « tous » les besoins sont définis. Dans la phase d'étude d'opportunité décrite ici, les exigences de haut niveau (fondamentales) comme la portée, la taille, la capacité, les performances, les bases technologiques sont définies. Il faut donc admettre que certains besoins changeront ou se rajouteront ; les critères d'évaluation des itérations serviront à compléter les besoins manquants. Ceci est acceptable dans la mesure où 20 % des besoins sont les besoins structurants et guident 80 % de la solution. Cependant, il faut qu'il y ait accord général sur les besoins fondamentaux ; par exemple, s'il est question de faire un système de gestion de clientèle, il ne s'agit pas de le transformer au milieu du développement en un système de comptabilité. L'objectif de la maquette doit être clair et limité : elle ne doit en aucun cas servir au développement ni faire partie du système final. Ceci va à l'encontre des idées acquises récemment concernant le RAD. Il faut seulement profiter des apports des techniques du RAD pour développer des maquettes quand cela se justifie.

1. RAD : Rapid Application Development.

Élaboration

- *Définition* : cette phase est comparable à une activité de recherche et développement (R&D) dans le monde industriel. Son objectif est multiple :
  - finaliser l'analyse du problème ;
  - construire l'architecture du système (cf. chapitre 2) ;
  - traiter les risques majeurs du projet ;
  - et finaliser le plan de développement.
- *Livrables* : l'analyse est presque complète à l'issue de cette phase. Il est cependant possible que moins de 20 % des aspects non structurants soient encore à l'étude. L'architecture à produire est plus une architecture exécutable qu'un document papier. Il faut en effet implémenter les constituants de l'architecture et s'assurer qu'elle répond aux objectifs de performance, de fiabilité et de qualité requis par le projet. Il est important de démontrer par des prototypes fonctionnels (non pas des maquettes) que l'architecture permet d'implémenter les fonctions du système. Un plan de risque est élaboré, dans lequel les risques majeurs du projet ont été traités. Si des risques majeurs persistent, il est nécessaire de dérouler une autre itération pour les traiter avant de déclarer la phase d'élaboration terminée. En définitive, le but de cette phase est simple : il faut faire en sorte que la phase suivante de construction s'exécute sans problème majeur. Le plan de développement définitif est obtenu à l'issue de la phase d'élaboration. Il fixe budgets, ressources, tâches, durées, charges et nombre d'itérations nécessaires à l'exécution des phases de construction et de transition.
- *Durée* : la durée de cette phase dépend des risques qu'il faut traiter, de la complexité de la solution et des ambitions de la société en matière de capitalisation (réutilisabilité d'architecture ou de composants, optimisation du processus…). Cette durée varie aussi selon qu'il s'agit du premier cycle de développement ou d'un cycle d'évolution. Cette phase est la plus critique lorsqu'on développe une nouvelle ligne de produits ou un nouveau système censé fournir une infrastructure de réutilisation de composants logiciels ; son objectif est justement d'élaborer cette infrastructure et de la valider. L'expérience montre que pour un développement d'une durée d'un an, cette phase varie entre deux et quatre mois.
- *Équipe* : l'équipe chargée de cette phase est constituée de l'équipe intégrée de développement, du groupe de support en matière d'environnement de développement et du groupe d'assurance qualité. L'équipe de développement doit contenir l'architecte, quelques concepteurs et des programmeurs spécialisés. Un ou plusieurs représentants des utilisateurs doivent aussi être présents.
- *Discussion* : si l'analyse du problème est réellement menée dans cette phase, elle n'a pas besoin d'être complète à 100 %. Il n'est pas rare de trouver des équipes projets se figer dans la recherche de la perfection alors qu'il suffit de 80 % de l'analyse pour passer à la suite. Par contraste avec le cycle de développement linéaire, cette phase ne se limite pas à la production de documents mais aboutit à la réalisation de prototypes (et non de maquettes). Ces prototypes sont fonctionnels et servent de preuve tangible de l'avancement du projet. L'intégration continue élimine les risques liés au

projet. Prenons comme exemple un projet de construction dans le BTP, la phase d'élaboration se termine lorsque les fondations, la structure du bâtiment (y compris les parkings), les plans d'évacuation et les appartements témoins sont en place. Il s'agit de prouver, non pas uniquement sur papier, mais dans le réel, que l'immeuble est habitable, que les pompiers vont pouvoir éteindre le feu s'il y a un incendie et que les risques majeurs ont été résolus.

Construction

- *Définition* : durant cette phase, il faut compléter le développement du logiciel et fournir une version opérationnelle pour la phase de transition.
- *Livrables* : cette phase produit un modèle complet du comportement du système, des versions intermédiaires exécutables, des prototypes comportementaux, les documents de déploiement, les documents utilisateur, un plan de développement à jour ainsi que les documents d'assurance qualité. Le logiciel résultant de cette phase est considéré prêt à être mis entre les mains des utilisateurs pour qu'ils le testent en situation réelle. Sa qualité n'est pas obligatoirement parfaite. Cette phase s'exécute comme une série d'itérations dont le nombre, le contenu, les objectifs, les plannings sont définis dans le plan de développement de la phase d'élaboration.
- *Durée* : la durée de cette phase dépend de la qualité de la première phase (c'est-à-dire de l'architecture obtenue et des risques traités), des fonctionnalités à développer et de la qualité de préparation de la phase suivante. Pour un développement d'un an, cette phase va durer entre quatre et six mois.
- *Équipe* : l'équipe projet est maintenant complète. Tous les intervenants sont en place. Des montées en charge peuvent être prévues en fonction des itérations et de leurs contenus. Les concepteurs/architectes actifs au cours de la phase d'élaboration prennent la direction de petites équipes de développement, en fonction de thèmes précis. L'architecte reste impliqué dans le projet tout le temps. Une équipe peut être mise en place pour explorer des domaines nouveaux, des technologies nouvelles et réaliser des maquettes conceptuelles.
- *Discussion* : contrairement au cycle traditionnel, la phase de construction démarre lorsque l'architecture est déjà décrite et implémentée. Cette phase consiste donc à implémenter par une succession d'itérations et d'incréments les fonctionnalités de l'application. Normalement, les risques majeurs ont tous été traités lors de la phase précédente. La cadence de développement devient plus importante. Le projet prend son rythme de croisière. Le plan de développement obtenu pendant l'élaboration décrit de manière très précise cette phase en termes de nombre d'itérations, de charge, de constitution de l'équipe de développement, etc. La phase d'élaboration permet de préparer la construction sans trop de surprises et de calibrer l'équipe de développement. L'architecte doit faire en sorte que les équipes de développement puissent travailler en parallèle pour implémenter les itérations. Enfin, la qualité du produit résultant de cette phase doit être suffisante pour qu'il soit mis entre les mains d'utilisateurs. Ces derniers vont l'exploiter « quotidiennement » dans un programme de test lors de la phase de transition. La phase de construction prépare la phase de transition pour qu'elle s'exécute convenablement. Le logiciel fourni doit être d'assez bonne

qualité. Le critère de maturité et de qualité conditionne le passage à la phase de transition ; la complétude du système produit n'intervient pas nécessairement.

Transition

- *Définition* : la phase de transition concerne la mise en œuvre chez les utilisateurs d'une version opérationnelle non finalisée du logiciel. Il s'agit de démarrer des versions préliminaires (« bêta » ou des sites pilotes) de manière à tester en grandeur nature le nouveau système.
- *Livrables* : les activités de cette phase concernent l'assurance qualité, la formation des équipes de support et des utilisateurs, la préparation au déploiement, la transition d'anciens systèmes vers les nouveaux, etc. Les activités de développement ne sont pas arrêtées. Plusieurs versions préliminaires voient le jour avant la livraison d'une version définitive. En plus du logiciel complet, il faut fournir tous les documents relatifs à son étude, à sa maintenance, à son utilisation. Une analyse post-mortem du processus de développement doit être effectuée pour que l'expérience acquise durant ce développement profite aux prochains développements.
- *Durée* : la durée dépend de la nature du développement selon qu'il s'agit de l'installation d'un système propriétaire, de la version bêta d'un produit, d'une nouvelle génération de système de gestion ou d'une nouvelle version de système. Comme l'explique Pierre-Alain Muller [Muller 97], la difficulté de cette phase sera inversement proportionnelle à la qualité et à la complétude de la version intermédiaire, et au degré de préparation des utilisateurs.
- *Équipe* : l'équipe peut être réduite ; cependant, le système n'est pas encore livré. Il ne faut donc pas déplacer tous les effectifs vers un nouveau projet ou entamer un nouveau cycle de développement car les développements continuent pendant cette phase.
- *Discussion* : contrairement au cycle traditionnel, cette phase ne constitue pas le début du test ; l'utilisateur final entre seulement en contact direct avec le système opérationnel. Il s'agit bien de l'utilisateur final en situation réelle. Par exemple, dans le cadre d'un projet de réalisation d'un nouveau système bancaire d'agence, il s'agit d'installer ce système dans une agence pilote, de mettre les utilisateurs et les clients (préalablement avisés) en situation concrète d'utilisation. Dans le cas du système SNEA, il faut mettre le système entre les mains des ingénieurs commerciaux et d'une direction régionale. La durée et la complexité de cette phase ne sont pas très grandes ; cependant, lorsqu'il s'agit du remplacement d'un système en place ou d'un produit destiné au marché, la cohabitation des deux systèmes peut entraîner des activités supplémentaires.

Perspective technique de la vision macroscopique

La perspective technique comporte une succession d'itérations ; chacune fournit une version intermédiaire exécutable du logiciel. Cette perspective relève de la responsabilité de l'architecte du système. Il doit s'assurer que « l'édifice » est bien conforme aux exigences fonctionnelles et présente les qualités requises.

Le cycle de développement d'une itération est en fait la succession des activités traditionnelles du développement menant à un cycle quasi en V. Le chapitre UML décrit la mise en œuvre des concepts d'UML dans le cadre du développement d'une itération, c'est-à-dire de la vision microscopique.

Un cycle en V enchaîne dans la première partie du V les activités de construction (analyse, conception...) et dans la seconde partie, le processus de test quasi parallèle au processus de construction.

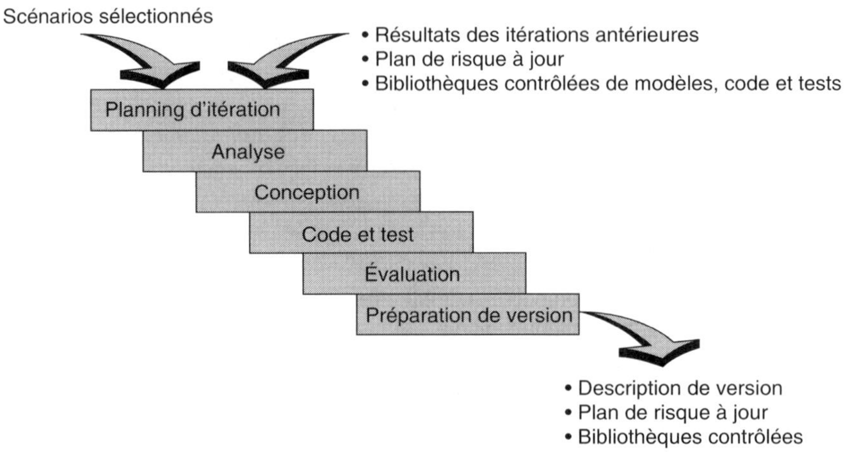

Figure 4-13
Cycle de vie d'une itération

L'existence de deux perspectives complémentaires dans un cycle de développement moderne demande une définition formelle et précise de leur synchronisation. Cette synchronisation s'opère en fin de phase ; il faut alors faire coïncider les livrables précisément attendus à l'état souhaité. Cette opération dépasse en fait la simple coïncidence entre dates du calendrier, mais les deux perspectives contribuent par des livrables précis et de manière complémentaire.

Chaque phase possède son propre objectif ; l'enchaînement des phases guide l'avancement du projet. Les itérations doivent en premier lieu répondre aux objectifs de chaque phase. Si les techniques d'exécution des itérations restent les mêmes, leur contenu et leur nature évoluent au fur et à mesure de l'avancement du projet, pour tenir compte des résultats connus et s'adapter aux objectifs propres à la phase courante.

- Quand elle a lieu, l'itération préliminaire est conceptuelle ; il s'agit de définir une maquette de faisabilité et d'explorer les alternatives d'architecture possibles.
- Au cours des itérations d'architecture, l'architecture est implémentée et les risques majeurs du projet sont éliminés.
- Au cours des itérations fonctionnelles, il faut implémenter de manière incrémentale les fonctionnalités du système au-dessus de l'architecture.
- Durant les itérations de transitions, le logiciel est qualifié et mis en œuvre dans la communauté des utilisateurs finals.

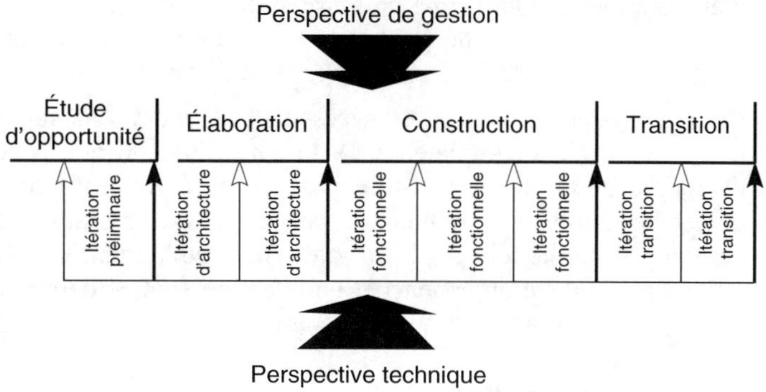

Figure 4-14
Synchronisation des perspectives du cycle de vie

Les itérations sont d'excellents points de mesure et de contrôle de l'avancement réel du projet. Ici, l'avancement se mesure en code réellement développé, intégré et testé, et non en nombre de pages de documentation fournies. Les itérations sont alors un rendez-vous attendu par toute l'équipe du projet et par la maîtrise d'ouvrage. Ces itérations peuvent être internes ou externes ; seules ces dernières sont visibles du point de vue du client.

Le nombre d'itérations dépend de plusieurs facteurs : la complexité de l'architecture, la taille du système, les critères de qualité définis par le projet et la volonté de l'architecte d'avoir ou non des itérations internes. Si la complexité de l'architecture peut conduire à augmenter le nombre d'itérations en phase d'élaboration, sa simplicité ne réduit pas pour autant leur nécessité.

Première itération

Il n'est pas rare de voir une équipe complètement figée lors de la première itération, dans une recherche de complétude (100 %) de l'analyse, en oublier les objectifs de la phase. Pour éviter ce phénomène, il faut que la première itération soit essentiellement guidée par les délais au prix de certaines fonctionnalités choisies par l'architecte : il ne faut pas repousser la date de l'itération. Les objectifs et les critères de succès de l'itération conditionnent dans la pratique la détermination des fonctionnalités représentatives du système.

Cette première itération est critique ; il s'agit de mettre le projet en vitesse de croisière. Lors de cette phase, les équipes mettent réellement en pratique les techniques nouvelles introduites sur le projet, l'atelier de développement est complètement intégré de manière à répondre aux objectifs définis par l'architecte, la politique de test est mise sur pied, certains membres de l'équipe découvrent le problème ou le domaine du projet.

Ces différentes raisons font que la toute première itération en phase d'élaboration doit être de courte durée pour qu'il n'y ait pas de dérapage ; les objectifs doivent être réduits en termes de fonctionnalités développées ; il faut cependant réussir la mise en place de l'équipe.

Itérations d'architecture

Les objectifs réduits et la durée limitée de la première itération rendent l'élaboration d'une architecture incertaine, les éléments connus étant souvent insuffisants. L'élaboration d'une architecture crédible du système n'est effectuée qu'au bout de deux itérations d'élaboration. La deuxième doit être ambitieuse ; c'est l'occasion de démontrer que les bases sont suffisamment solides pour que l'on puisse construire au-dessus sans risque d'effondrement. Il faut juger si les critères de qualité requis sont respectés.

Certains systèmes complexes nécessitent des itérations supplémentaires ; elles permettent de finaliser « complètement » l'architecture . Il faut cependant éviter que le projet dérape en itérations non justifiées. Dans le cas des systèmes complexes pour lesquels quelques itérations d'architecture peuvent être nécessaires, il est recommandé que ces dernières n'impliquent pas l'utilisateur final ou la maîtrise d'ouvrage (elles sont internes à l'équipe de développement) et qu'elles puissent se dérouler en parallèle. Elles préparent alors l'intégration de l'architecture.

Itérations fonctionnelles

Les itérations fonctionnelles ont pour but d'implémenter de manière incrémentale les fonctionnalités du système au-dessus de l'architecture élaborée dans la phase précédente. Les itérations fonctionnelles s'exécutent dans un rythme de quasi-croisière car elles reposent sur une infrastructure implémentée et validée, une structure de développement en place et une équipe « rodée ».

Une itération fonctionnelle externe ne dure pas nécessairement moins longtemps qu'une itération d'architecture. Elle fournit une version intermédiaire exécutable du système. Une itération fonctionnelle est dite visible dans le sens où elle est présentée à l'extérieur de l'équipe de développement et fait l'objet d'une « recette ». Sa validation établit l'état d'avancement du projet. Pour limiter le nombre d'itérations, il est nécessaire d'opposer les gains attendus lors de cette itération (validations fonctionnelles par exemple) et l'effort à fournir pour la préparer. Cette réflexion systématique limite les risques de glissement du projet vers un perfectionnisme dangereux.

Le nombre d'itérations de cette phase est au moins égal à deux sauf s'il s'agit d'un projet simple de très courte durée.

Itérations de transition

Au cours des itérations de transition, il faut préparer la version définitive du logiciel et corriger les erreurs et les problèmes rencontrés pendant la phase de test en grandeur nature. La durée de cette phase dépend de la qualité de préparation de la version « bêta » et de la préparation des utilisateurs. Il est recommandé de préparer au moins une autre version « bêta », c'est-à-dire de procéder à au moins deux itérations.

Vision globale du processus : phases versus composantes

La figure qui suit illustre la relation qui existe entre les phases et les composantes du processus. Les phases et les itérations sont les éléments de gestion de projet dont la fin constitue un jalon ou un point de prise de décision.

Les composantes du processus sont les activités techniques d'ingénierie du processus qui participent à la réalisation du projet. Ces activités ne sont pas discrètes dans le temps : elles sont continues et étalées tout au long du processus de développement.

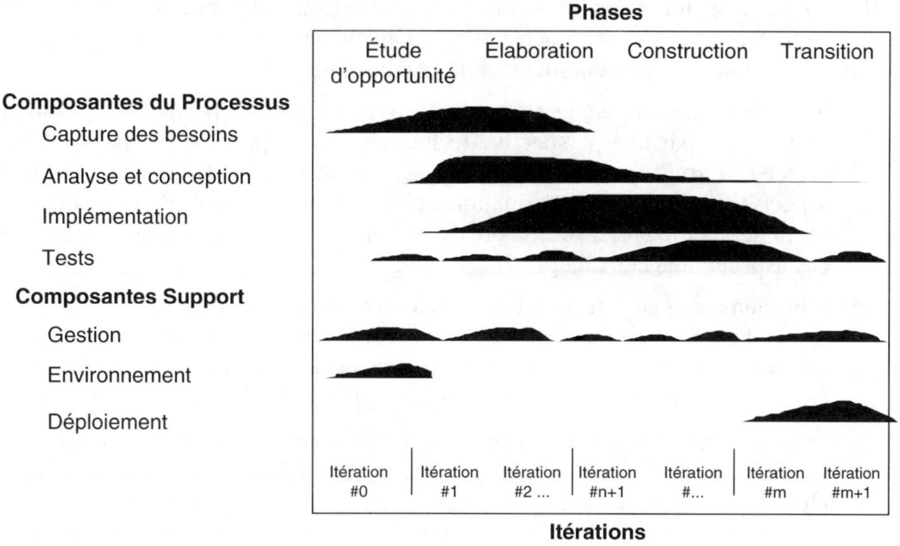

Figure 4-15
Forme globale du processus

Clés de réussite du processus de développement

Le succès d'un processus de développement repose sur la gestion de risques comme élément de contrôle, sur les cas d'utilisation comme élément de suivi, sur l'intégration continue comme élément de mesure et sur l'architecture comme élément d'ingénierie.

Gérer les risques pour contrôler

Ph. Kruchten [Kruchten 96] explique que le processus de développement logiciel traite essentiellement des aspects « connus » du développement logiciel, c'est-à-dire qu'il est possible de décrire, planifier, affecter ou réviser uniquement ce qui est censé l'être. La gestion de risque traite justement des aspects « inconnus » du développement. T. Lister [Lister 96] explique que « tous les projets sans risque ont été effectués ».

Dans la majorité des disciplines de l'ingénieur, la gestion de risques est devenue une composante incontournable. L'informatique ou plus exactement le « génie logiciel » ne déroge pas à la règle. Il est nécessaire que la gestion de risques soit une composante majeure de la gestion de projet de développement logiciel. Malheureusement, les organisations ignorent souvent cet aspect. Les estimations et les plans sont faits comme si toutes les variables étaient connues, le travail mécanique, le personnel interchangeable et l'informatique infaillible.

L'idée clé de la gestion des risques réside dans le fait qu'il ne faut pas prendre de risques ; il faut les traiter, c'est-à-dire ne pas attendre qu'ils se matérialisent pour réagir, mais d'établir à l'avance un plan d'action pour chaque risque identifié.

Il n'est pas question ici de présenter de manière exhaustive la gestion des risques. Des ouvrages entiers y sont consacrés. Il est cependant utile d'analyser la façon dont le processus de développement inclut cette composante.

- Le cycle de développement est piloté aussi bien par une perspective gestion (économique) que par une perspective technique. Cette approche permet d'éviter que le projet soit sous le seul contrôle de la gestion de projet qui ignore la réalité des aspects techniques de l'informatique, ni sous le seul contrôle de l'ingénierie qui laisserait déraper le projet sous la pression d'un perfectionnisme technologique ignorant des aspects financiers du projet.
- L'ordonnancement du projet est totalement lié aux risques. Ainsi, au cours de la phase d'étude d'opportunité, les risques sont identifiés avant le démarrage réel du projet ; durant la phase d'élaboration, les risques majeurs sont traités, et durant la phase de construction, les risques restants guident les itérations fonctionnelles.
- La synchronisation des deux perspectives gestion et technique du processus donne une large place à la gestion de risques. Plus qu'une simple coïncidence de date, la fin d'une phase est aussi dictée par l'analyse des risques traités par les itérations de la phase. La fin d'une phase sera prononcée non seulement une fois les objectifs fonctionnels de la phase atteints, mais aussi une fois que les risques identifiés lors de cette phase sont traités.
- Les risques guident les itérations dans leur contenu et dans leur enchaînement. À chaque itération, il faut identifier les risques importants à traiter, sélectionner les scénarios qui permettent de traiter ces risques, implémenter les scénarios, évaluer les résultats du point de vue des risques traités et des risques nouvellement apparus (éventuellement).

Figure 4-16
L'itération et les risques

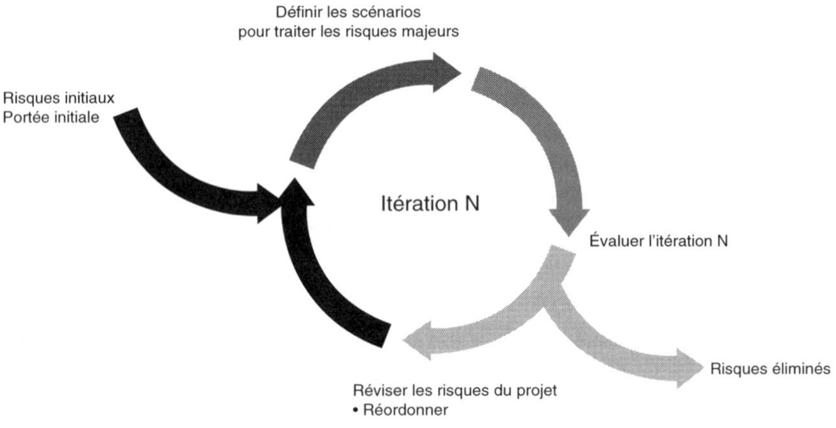

Les cas d'utilisation pour guider

Pour I. Jacobson [Jacobson 92] à l'origine de la méthode OOSE, les cas d'utilisation permettent une approche globale qui guide le processus de développement, et ne sont pas un simple moyen d'exprimer les besoins.

En fait, les cas d'utilisation sont utilisés pour :

- modéliser très tôt les processus métier et l'organisation de l'entreprise ;
- modéliser les processus informatiques qui dérivent des processus métier ;
- analyser les besoins des systèmes sur la base des processus informatiques et donc des cas d'utilisation ;
- exprimer les modèles objet de l'analyse et de la conception ;
- implémenter les modèles ;
- tester le système en utilisant les cas d'utilisation comme spécification des cas de test.

Figure 4-17
Cycle guidé par les cas d'utilisation

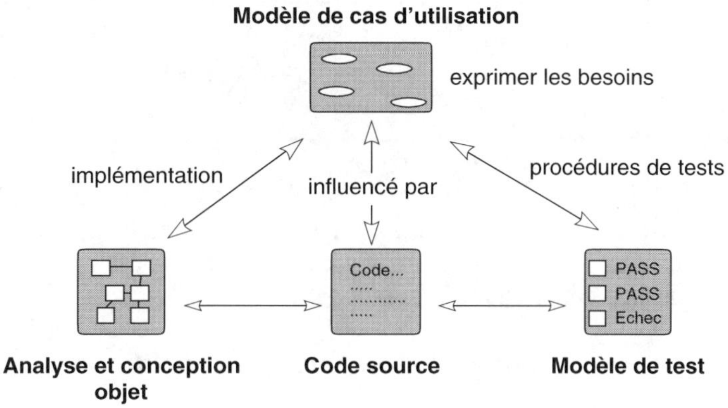

Cette approche garantit la traçabilité des décisions et des réalisations « client aux lignes de code ». En effet, il est possible de tracer complètement pour chaque cas d'utilisation ses scénarios, les classes qui y participent et les lignes de code associées. Cette traçabilité doit pouvoir s'effectuer dans l'autre sens ; chaque classe, chaque ligne de code doit pouvoir être rattachée à un cas d'utilisation grâce à une rétro-analyse des décisions prises. De même, les cas d'utilisation et les scénarios permettent de définir le contenu et l'enchaînement des itérations.

Intégrer pour mesurer

Les itérations forcent les équipes projet à intégrer leur travail à des dates définies et à éviter le fameux « big-bang » de l'intégration finale. P. A. Muller ajoute que cela donne une source de motivation supplémentaire aux équipes.

Les intégrations intermédiaires permettent aux équipes de vérifier et de garantir que les interfaces sont bien définies ; de cette façon, aucune fracture ne se produit lors de l'intégration finale. Cette technique évite l'intégration tardive du processus traditionnel et les problèmes d'architecture et d'interface, voire parfois le bricolage final.

L'intégration est le moyen réel de mesurer l'avancement du projet. Plus révélateur que les pages de documentation fournies, l'intégration montre le nombre de scénarios

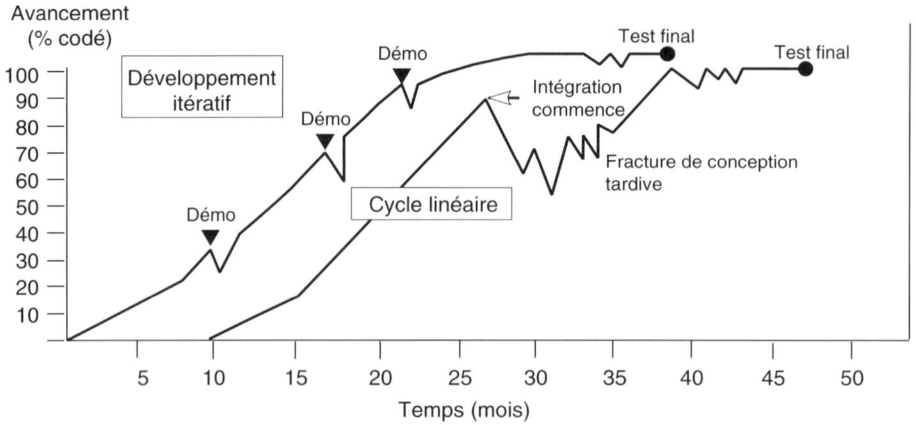

Figure 4-18
Mesurer l'avancement par l'intégration

réalisés, le nombre de classes implémentées et le nombre de risques traités. L'itération constitue l'occasion de l'intégration. Cependant, des intégrations intermédiaires peuvent avoir lieu pour préparer l'itération visible.

L'architecture au centre des préoccupations du projet

Le point fondamental et critique du processus se situe au niveau de l'architecture. Ce processus met l'ingénierie au cœur du développement et l'architecture au cœur de l'activité d'ingénierie.

L'architecture n'est pas un dessin ni même un simple document : c'est un code exécutable qui implémente l'infrastructure ; il est validé, testé et démontré ; il répond aux contraintes de performance, de taille, d'évolutivité et d'adaptabilité. L'architecture assure que les fonctionnalités du système sont implémentables. Commencer par la construction de l'architecture constitue le meilleur moyen de traiter les risques techniques majeurs du projet.

D'un autre côté, le développement orienté architecture est par définition un développement orienté composants et donc un développement orienté « réutilisation ». L'élaboration de l'architecture contribue et force même à adopter un développement qui encourage la réutilisation de composants. D'un côté, la construction de l'architecture utilise en général des composants importants du marché comme un « middleware », un système de gestion de base de données, voire même des composants métier. D'un autre côté, l'approche force à identifier tôt des « patterns » ou mécanismes architecturaux communs qui sont utilisés tout au long du développement. Enfin, les futures évolutions du système constituent en général des évolutions fonctionnelles qui remettent rarement en question l'architecture complète du système ; on capitalise sur l'architecture et les composants déjà développés. La réutilisation en dehors de l'architecture est une utopie et une pure vue de l'esprit.

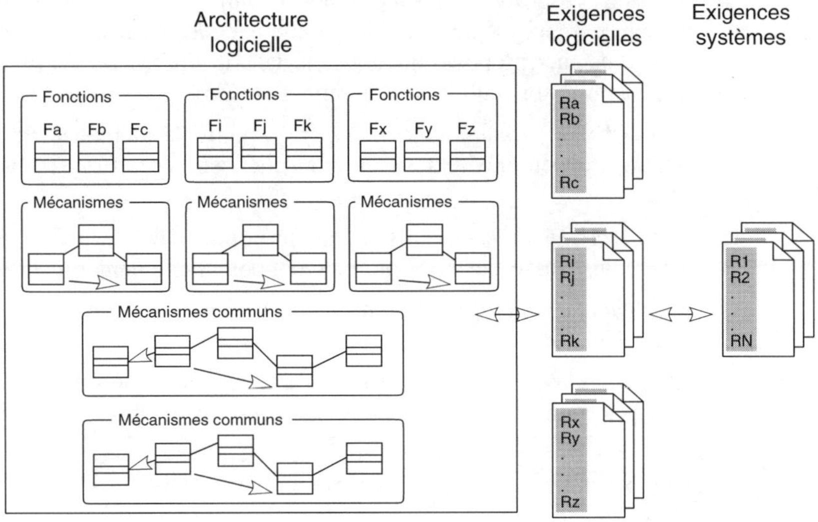

Figure 4-19
Développement orienté architecture

Métriques

Harrington explique que les mesures sont une clé : « si tu ne peux pas le mesurer, tu ne peux pas le contrôler ; si tu ne peux pas le contrôler, tu ne peux pas le gérer ; si tu ne peux pas le gérer, tu ne peux pas l'améliorer. C'est aussi simple que cela ».

Un projet dont on ne mesure pas l'avancement est un projet qui n'est pas sous contrôle. Les métriques sont très importantes ; elles permettent de savoir si le projet est en bonne voie, de détecter les éventuels dérapages et de repérer les points qui ont besoin d'une attention particulière.

Un programme de mesure est à définir très tôt au démarrage du projet ; il faut indiquer ce qui va être mesuré, la façon de le mesurer, l'outillage nécessaire à cet effet, le moment de la mesure et surtout son interprétation. La sélection des métriques est donc essentielle, car tout peut potentiellement être mesuré, mais seules certaines métriques sont des indicateurs pertinents.

Les métriques doivent être comparables d'un projet à l'autre ; de cette façon, il est possible de capitaliser (avancement, qualité, gestion de risque). Si pour le premier projet, aucun point de comparaison n'est disponible, il faut très vite se construire un référentiel de métriques pour les besoins des projets suivants.

Valeurs absolues

Les premières métriques sont des valeurs brutes mesurées directement sur les modèles ou sur le code ; leur interprétation doit permettre de mettre en évidence certains points noirs dans les modèles, tels que des arbres d'héritage trop profonds, des graphes de relation trop complexes, des classes de taille importante par rapport aux autres, etc.

Il n'y a pas de consensus sur les métriques, la plupart d'entre elles sont statiques, c'est-à-dire obtenues par analyse des modèles et non par exécution, ce qui constitue une de leurs faiblesses. Plusieurs propositions existent dans la littérature, les plus connues pour les technologies objet sont celles de Chidamber et Kemerer.

- WMC (*Weighted methods per class*) ou poids de méthodes par classe : mesure le nombre et la complexité des méthodes pour estimer l'effort requis pour implémenter la classe.
- DIT (*Depth of inheritance tree*) ou profondeur de l'arbre d'héritage : mesure le nombre des classes ancêtres qui peuvent potentiellement affecter une classe donnée.
- NOC (*Number of children*) ou nombre d'enfants : mesure le nombre de sous-classes affectées par une classe particulière.
- CBO (*Coupling between objects*) ou couplage entre objets : mesure le nombre de couplages entre classes. Un couple est un appel de méthode ou un accès à une instance.
- RFC (*Response for a class*) ou réponse d'une classe : mesure le nombre de méthodes qui peuvent être appelées en réponse à un message donné.
- LCOM (*Lack of cohesion of methods*) ou manque de cohésion entre méthodes : mesure à quel point les méthodes utilisent les instances dans une classe.

Tendances

D'autres métriques sont des indicateurs réels de l'avancement et de la qualité du projet. Les projets qui suivent le processus doivent se concentrer sur les métriques suivantes : d'un côté l'avancement et la stabilité indiquent une convergence sur les fonctionnalités du système, d'un autre côté l'adaptabilité, la modularité et la maturité qui indiquent une convergence sur la qualité du système.

Tableau 4-1 Métriques dynamiques

Métriques	Signification
Avancement	Taille et complexité
Stabilité	Taux de changement dans la taille ou la complexité du projet
Adaptabilité	Facilité de changement
Modularité	Portée de changement
Qualité	Nombre d'erreurs
Maturité	Fréquence d'erreurs
Ressources	Dépenses de projet selon plan

Ces métriques indiquent des « tendances » : les valeurs collectées sont des valeurs absolues qui doivent être interprétées en tendance (c'est-à-dire la dérivée première). En effet, le nombre de classes implémentées dans une itération donnée a un sens à condition de comparer ce nombe à la mesure prise lors de l'itération précédente.

Tableau 4-2 L'interprétation des mesures

Valeur absolue	Tendance
Travail	Avancement
Trafic de Changement	Stabilité
Effort de Changement	Adaptabilité
Cassure	Modularité
Défauts	Qualité
Pseudo MTBF*	Maturité
Coûts en cours	Profil des dépenses

* MTBF : MeanTime Between Failures.

Mesure et analyse

- *Avancement* : il est mesuré afin de mieux planifier les itérations et de converger vers la complétude. Ainsi, on mesure le nombre de lignes de code, de points de fonctions, de classes, de scénarios et de cas de test. On analyse en particulier le taux de « double travail » par itération.

Figure 4-20 *Mesurer l'avancement*

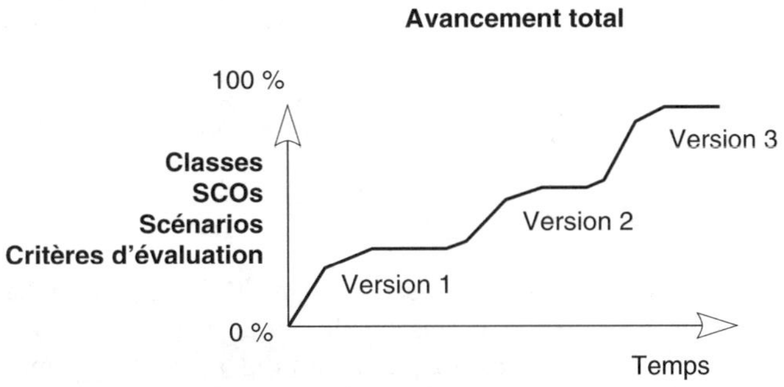

- *Stabilité* : elle est mesurée afin d'étudier la convergence. Ainsi, on mesure le nombre et le type de changements (erreurs vs améliorations, interface vs implémentation). On analyse en particulier le taux de changements par itération. La portée et le type de changement évoluent durant le cycle de vie. Ainsi, lors des premières itérations, les changements architecturaux sont courants : par exemple, la réorganisation d'une hiérarchie de classe ou le changement des contours de paquetages. Dans les dernières itérations, les changements impliquent des évolutions dans l'implémentation de classes individuelles.

Figure 4-21
Mesurer la stabilité

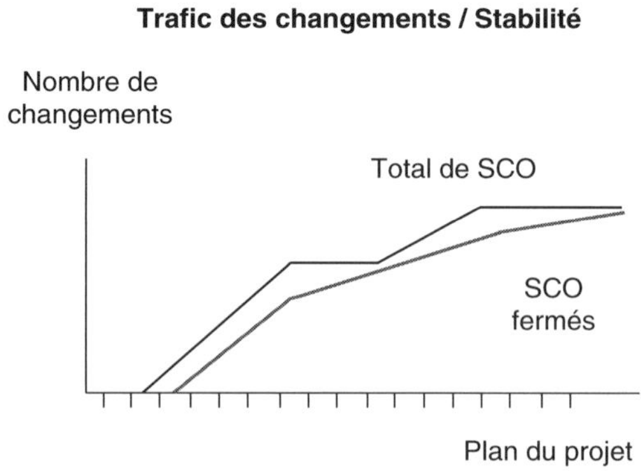

- *Adaptabilité* : elle est mesurée dans l'objectif d'étudier la convergence. Ainsi, on mesure le temps ou la charge nécessaire pour un changement. Le coût par changement doit diminuer ; cette diminution indique une meilleure stabilité architecturale et une plus grande localisation des changements.

Figure 4-22
Mesurer l'adaptabilité

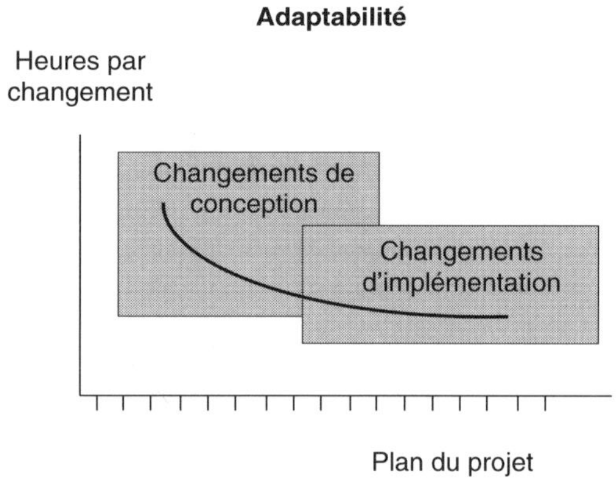

- *Modularité* : elle est mesurée dans l'objectif d'étudier la convergence. Ainsi, il faudra mesurer le temps ou la charge nécessaire pour un changement. Durant le temps le taux de cassure doit diminuer, indiquant une stabilité architecturale et la localisation du changement (figure 4-23).
- *Maturité* : elle est mesurée pour étudier l'adéquation de la couverture de test et la robustesse lors de l'utilisation. Il faut mesurer les heures de test par défaut et le type de défaut. La maturité augmente durant le cycle de développement. Les nouvelles versions causent souvent des dégradations de court terme ; la reprise et l'augmentation de la fiabilité (c'est-à-dire la confiance) doivent être évidentes (figure 4-24).
- *Dépenses* : les graphiques de coût ne signifient rien par eux-mêmes ; ils n'indiquent pas l'avancement. Les coûts s'analysent dans le contexte du travail effectué (figure 4-25).

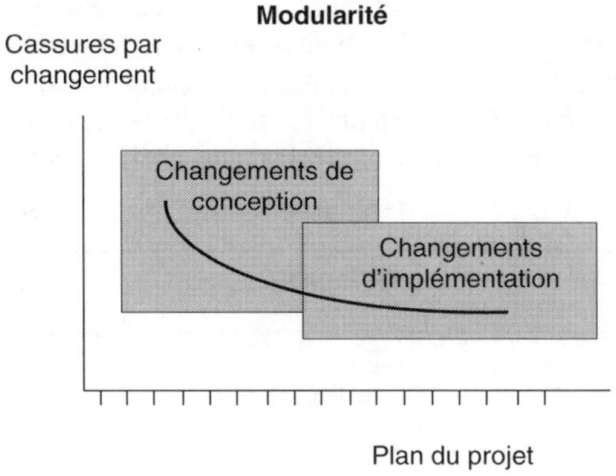

Figure 4-23
Mesurer la modularité

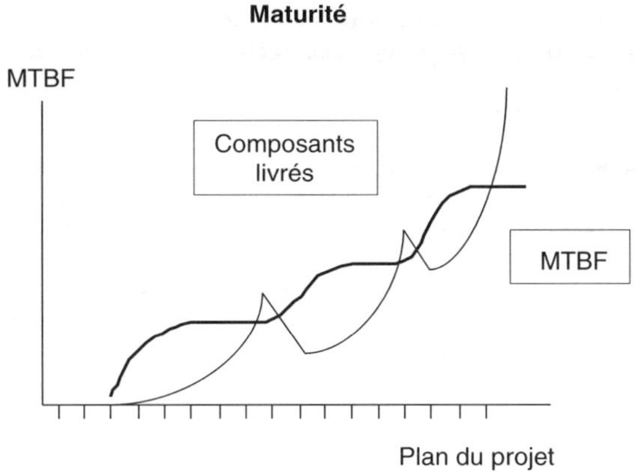

Figure 4-24
Mesurer la maturité

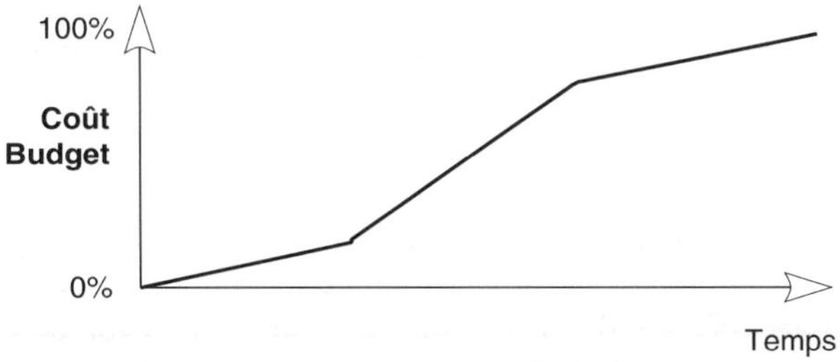

Figure 4-25
Profil des coûts / dépenses

Discussion

Ces métriques ont démontré leur utilité sur des projets réels ; elles ont permis aux équipes de gérer mois par mois l'avancement et de comparer la planification interprojets. D'autre part, elles sont focalisées sur les produits et non sur les artefacts, elles mesurent la complétude du produit (avancement), l'efficacité du processus (casser et refaire) et la qualité (adaptabilité, maturité). Enfin, elles ont l'avantage d'être en général indépendantes du contexte.

On peut comparer les métriques du processus défini ici par rapport à celles qui sont utilisées lors d'un processus plus traditionnel. Ici, les métriques sont essentielles au vu de la fréquence des collectes des mesures (à chaque itération) ; l'automatisation n'est pas un luxe. Elles autorisent la mise en place d'indicateurs qui permettent de prendre des mesures correctives très tôt lorsqu'il y a alerte. De plus, elles servent dès les premières itérations du projet.

Tableau 4-3 Métriques selon les processus

Processus traditionnel	Processus UML
Emphase sur les valeurs	Emphase sur les tendances
Collecte et analyse à des jalons majeurs	Collecte et analyse à chaque itération
Collecte manuelle des métriques et analyse rare	Collecte et analyse automatisée à cause de la fréquence des collectes
Les valeurs sont souvent disponibles alors qu'il est trop tard pour réagir correctement	Les tendances donnent des alertes suffisamment tôt sur des domaines de problèmes ; elles favorisent une meilleure réaction
L'historique des métriques sert aux projets suivants : la corrélation d'erreurs est effectuée quand le projet est déjà très avancé	L'historique des métriques sert le projet en cours ; la corrélation d'erreurs est effectuée dès la première itération

Discriminants du processus de développement

Il est très difficile de définir un processus de développement qui s'adapte à toutes les situations. Celui défini ici s'adapte particulièrement bien à la construction de systèmes d'information. Cependant, chaque organisation et chaque projet ont leurs spécificités. Il est nécessaire de regarder ce processus à la lumière de quelques « discriminants » qui permettront le cas échéant d'instancier ce processus correctement. Le rôle du chef de projet est d'adapter le processus aux objectifs qu'il poursuit, à partir d'un processus type. Les discriminants du processus sont les paramètres qui influencent l'emphase et l'importance des diverses phases, les critères d'entrée et de fin de chaque phase, les objets fabriqués impliqués dans le cycle de développement, le nombre et la longueur des itérations. Quatre discriminants majeurs sont définis :

- Le *type de projet* : le contexte d'un projet varie selon qu'il s'agit d'un développement contractuel sur mesure pour un client externe unique (par exemple, c'est le cas des sociétés de services), d'un développement spéculatif ou commercial dont le résultat est un produit destiné à être mis sur le marché (par exemple, c'est le cas des éditeurs de logiciel) ou d'un développement interne sur mesure, où le client et le développeur appartiennent à la même organisation.
- L'*envergure du projet* : elle correspond à la taille et à l'effort de développement en unités de mesure ; les SLOC[1], les points de fonctions, les classes, les cas d'utilisation. L'envergure peut aussi être indiquée en termes de coût ou de charge.

1. SLOC : Source Line Of Code : unité de mesure de la taille en lignes de code source.

- Le *degré d'innovation* pour l'organisation de développement, en particulier s'il s'agit du premier cycle de développement de ce système ou d'un cycle suivant. Ce discriminant inclut la maturité de l'organisation et du processus, ses acquis, l'ensemble de ses compétences, la formation des équipes, l'acquisition des outils et d'autres ressources.
- Le *type de problème* peut induire des contraintes supplémentaires de sécurité, de performance, d'internationalisation, de ressources, etc.

Ph. Kruchten [Kruchten 97] donne une classification intéressante des systèmes et de leurs projets. Il considère les projets selon deux axes de classification : la complexité technique et la complexité de gestion. Par exemple, une application à base de tableur pour une petite société est d'une complexité technique simple et facile à gérer ; à l'autre extrême, un système d'arme (un missile) est complexe du point de vue technique et du point de vue de la gestion. Ph. Kruchten explique que, en général, la taille du système et le contexte métier affectent la complexité de gestion, alors que la nouveauté, et éventuellement la taille affectent la complexité technique. La complexité de gestion croissante génère plus de cérémonial, de formalisme et d'objets fabriqués alors que la complexité technique engendre l'introduction de nouvelles techniques, de nouveaux rôles, et outils et donc l'augmentation de l'activité.

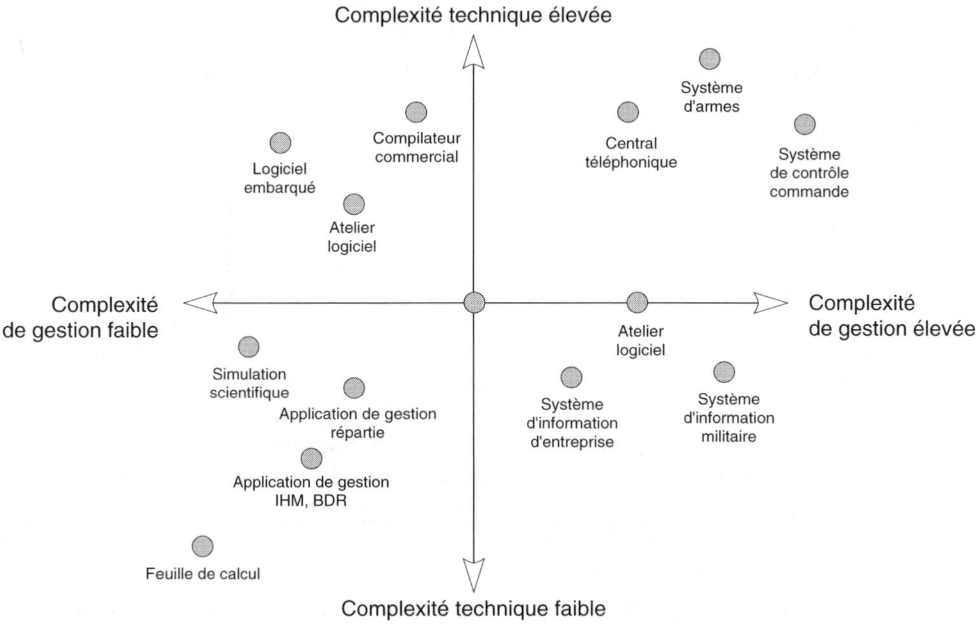

Figure 4-26
Complexités des systèmes (emprunté à Ph. Kruchten)

RAD et processus moderne

Le RAD ou *Rapid Application Development* est un ensemble de techniques qui permettent de développer des applications rapidement. Ces techniques sont apparues à la fin des années 80 en réponse à des problèmes de l'époque. Cette période a vu la naissance des applications utilisant des interfaces homme-machine (IHM) graphiques. La complexité de ces applications a augmenté du jour au lendemain du fait que les techniques d'IHM n'étaient pas très bien maîtrisées, et le poids de l'IHM dans le code est devenu trop important ; plus de 50 % du code final. D'un autre côté, l'informaticien a commencé à impliquer l'utilisateur dans le développement. En particulier, le maquettage de l'IHM est devenu incontournable pour comprendre les besoins de l'utilisateur.

Les techniques du RAD ont donc été une réponse immédiate à un problème de l'époque. Cependant, le problème n'a pas disparu, il est même de plus en plus présent. D'autres problèmes sont apparus, les techniques RAD sont devenues de plus en plus sophistiquées, les outils se sont répandus. Les langages traditionnels L3G (Ada, C, C++, Cobol...) sont restés longtemps de purs langages de programmation sans un environnement adéquat pour répondre aux contraintes de développement rapide d'application à forte composante IHM.

Plusieurs applications, pour ne pas dire de vrais systèmes, ont été développées pendant les cinq dernières années avec les techniques du RAD. Les applications sont nées de maquettes et ont été promues au stade de système final.

La plus grande faiblesse de ces applications réside dans le manque d'architecture. La maquette a souvent été développée rapidement avec l'idée d'explorer le domaine ou le besoin utilisateur ; elle n'en est pas restée là. Elle a évolué au stade de système opérationnel ; elle continue à évoluer quotidiennement pour être adaptée aux processus de l'entreprise. Ces maquettes/systèmes ne supportent plus, ou alors très difficilement, les évolutions ; elles n'ont pas été conçues à cet effet.

Le processus défini ici ne remet pas en question l'utilisation des techniques du RAD. Au contraire, il les préconise pour faire des maquettes jetables. Il les préconise aussi comme environnement de développement de systèmes complexes, au même titre que les langages traditionnels, à la condition nécessaire que la vision architecturale prédomine à l'éditeur de boîte de dialogue. Il ne s'agit pas ici de choisir ou de désigner la technique d'implémentation ; le choix doit s'opérer projet par projet. Cependant, il faut enfin accepter que les techniques du RAD permettent de développer des systèmes d'information critiques, qui ont une longue durée de vie, à la condition que l'esprit du processus présenté soit respecté, c'est-à-dire guidé par les risques et centré autour de l'architecture. Quelle que soit la technique d'implémentation choisie, elle doit répondre aux critères et aux contraintes définis par l'architecture.

UML est le seul langage de modélisation du moment qui tienne compte des apports de ces techniques de programmation ; même s'il en reste indépendant. Il est donc possible grâce à UML de faire des modèles d'analyse et de conception qui seront implémentés par la suite avec des environnements L4G.

UML dans le processus

UML est un langage de modélisation qui ne propose ni démarche ni procédés. UML ne définit pas de démarche : c'est une volonté délibérée de ses auteurs. Les raisons sont multiples ; en premier lieu, UML se veut un standard ; or il est illusoire de prétendre à la normalisation d'un processus ; ensuite, les processus dépendent des organisations et des métiers ; il est difficile de normaliser un processus unique adapté à toutes les situations.

La conception d'UML a été largement guidée et influencée par un processus dont une instanciation à la problématique de l'informatique de gestion a été donnée ici, à savoir « guidé par les cas d'utilisation, centré sur l'architecture, itératif et incrémental ».

Modèles UML et processus

J. Rumbaugh [Rumbaugh 96] définit une étape comme « le degré de concrétisation d'un élément de modèle ou du modèle complet ». Ceci va de l'abstraction « que faire » au modèle concret « comment exactement le faire ». Plusieurs auteurs considèrent les quatre étapes suivantes : analyse, conception, implémentation et déploiement. Ces étapes ou activités ne correspondent pas aux phases du processus du développement logiciel ; de plus les éléments d'un modèle du système ne sont pas tous nécessairement à un instant donné à la même étape, c'est-à-dire au même niveau d'avancement et de concrétisation.

- *L'analyse* est communément connue comme l'activité qui consiste à analyser le système pour comprendre ce qu'il doit faire ; il s'agit de spécifier le « quoi ». Cette activité est centrée sur le point de vue du client / utilisateur et ne fait aucune supposition sur la manière d'implémenter la solution finale. Le modèle décrit les cas d'utilisation et les classes du domaine. Plusieurs autres exigences peuvent être traitées au niveau de la conception telles que des exigences de fiabilité, de performance, matérielles, etc. Pour analyser un système, il faudra utiliser les acteurs, les cas d'utilisation et les diagrammes de cas d'utilisation, les classes et les diagrammes de classes, les diagrammes de séquence (entre les acteurs et le système), les diagrammes d'états-transitions (pour certaines classes ou interactions), les diagrammes de déploiement pour la répartition visible de l'utilisateur.
- *La conception* consiste à décrire le « comment » sans aller jusqu'à la réalisation concrète du système. Certains distinguent la conception générale qui concerne la structure de plus haut niveau (c'est-à-dire l'architecture), de la conception détaillée qui s'occupe du niveau plus élémentaire des composants du modèle. Le modèle de conception décrit les objets, leurs relations, leurs interactions réciproques, l'allocation et la répartition sur les ressources physiques de traitement ainsi que les activités concurrentes, leur ordonnancement et leur synchronisation dans le système.
  - *L'architecture* est la conception de haut niveau. Elle définit les mécanismes communs, l'infrastructure et les choix importants du système. Il faut utiliser les paquetages logiques et les diagrammes de classe (pour illustrer les paquetages et leurs relations de dépendance), les « patterns » architecturaux. La conception de l'architecture est d'une importance cruciale dans un projet.

  - *La conception détaillée* s'intéresse au niveau plus élémentaire (classe, relation...). Il s'agit de finaliser la spécification de chaque élément. Les choix de conception détaillée n'influencent pas la globalité du système et les modifications à ce niveau peuvent être opérées sans crainte de fractures importantes. Il faut utiliser les classes et les diagrammes de classes (en montrant si nécessaire attributs, opérations, visibilité...), les relations de classe avec les rôles complètement spécifiés et les diagrammes d'objet (séquence et collaboration).
- *L'implémentation* s'occupe de transformer les éléments de la conception détaillée en éléments du langage cible (C++, Java, VisualBasic, Forté...).
- *Conception détaillée/programmation* : les langages de programmation imposent de plus en plus de contraintes ; il faut admettre qu'aujourd'hui il est très difficile d'élaborer une conception détaillée en ignorant le langage cible. Les langages sont de haut niveau et intègrent souvent des mécanismes sophistiqués ; ignorer cela revient à sous-employer les langages et à ne pas profiter de leur puissance. D'un autre côté, ne pas utiliser les mécanismes des langages pour élaborer un modèle indépendant suppose un coût qu'il faut être prêt à payer. Au contraire, utiliser pleinement les mécanismes des langages induit une grande souplesse mais aussi une dépendance vis-à-vis du langage et souvent du fournisseur de celui-ci.
- *Le déploiement* est défini par J. Rumbaugh comme « l'instanciation d'une conception implémentable dans un environnement réel ». Il s'agit en fait de spécifier la façon dont une configuration exécutable du système est organisée en traitant tous les aspects de répartition, de concurrence et de communication. Il faut utiliser pour cela les diagrammes de déploiement et les diagrammes de collaboration.

Le choix des éléments de modélisation à utiliser en fonction de l'activité est certes important mais relativement informel. Les diagrammes de classes, les paquetages logiques, les diagrammes d'états-transitions, les diagrammes de séquence et de collaboration sont utilisés aussi bien dans l'analyse que durant la conception. Il n'y a pas une relation directe et unique entre les éléments de modélisation et les activités. UML n'impose pas non plus de démarche de modélisation ; il fournit les ingrédients nécessaires à l'implémentation de plusieurs variétés de processus.

Modèles dans le processus de développement

I. Jacobson définit le développement logiciel comme un processus de construction de plusieurs modèles, allant du modèle des besoins au modèle du code et du test. Selon J. Rumbaugh, quatre modèles se succèdent au fur et à mesure de l'avancement du projet et leur développement n'est pas linéaire. En fait, plusieurs autres modèles peuvent être nécessaires en fonction de la taille du projet, de l'ambition et des objectifs retenus.

Le coût de développement d'un modèle est important ; il n'est pas nécessaire de développer et de maintenir la totalité des modèles cités ; tout dépend du système à réaliser. Un nombre minimal de modèle est cependant nécessaire : analyse, conception, implémentation, test.

Les modèles de métier, de besoin et du domaine sont nécessaires si l'on souhaite refondre un système d'information (ou tout simplement un nouveau développement), ou définir une ligne de produit ou des composants métier réutilisables.

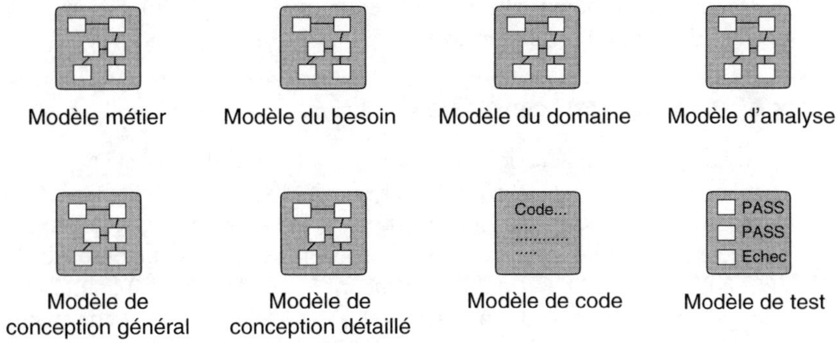

Figure 4-27 *Les modèles possibles*

Le modèle métier s'avère le meilleur moyen de définir les besoins fonctionnels de haut niveau. Le modèle de besoin définit le cahier des charges très détaillé du système ; il reprend et complète le modèle métier. Enfin, le modèle du domaine est une description d'un domaine ou du cadre d'un domaine d'application particulier indépendant de tout développement logiciel ; l'objectif est de définir des composants métier réutilisables.

Deux approches : transformation ou élaboration

Il faut développer les quatre modèles proposés par J. Rumbaugh sous peine de prendre des risques importants. Le modèle d'analyse sert à définir le modèle de conception ; ce dernier sert de point de départ pour le modèle d'implémentation. Un des apports majeurs des technologies objet est qu'ils permettent d'avoir une traçabilité « totale » entre les modèles car un seul paradigme est proposé : « l'objet ».

La conception peut être vue comme un raffinement de l'analyse. Elle consiste à ajouter des éléments de modélisation au modèle issu de l'analyse et à rendre ainsi le système implémentable. UML propose que les concepts et la notation utilisés pour l'analyse continuent à être utilisés pour la conception. Cette approche s'appelle « l'élaboration » ; les modèles de l'analyse et de la conception ne diffèrent que par le niveau de détail des spécifications des éléments utilisés ; il n'y a pas de différence dans les concepts utilisés. Cette approche est saine et simplificatrice. Elle n'introduit pas un langage de modélisation par activité (analyse, conception...), elle permet la traçabilité entre les éléments successifs durant les activités et enfin facilite le passage d'une activité à l'autre. UML ne définit pas de barrière rigide entre les activités d'analyse et de conception : le passage de l'une à l'autre est souple. Enfin, l'approche élaborative permet plus facilement d'implémenter un processus non linéaire et d'opérer au besoin des retours en arrière.

En revanche, l'approche transformationnelle impose une barrière rigide entre l'analyse et la conception car elle introduit tout simplement un langage différent pour chaque activité. Cette approche suppose que les activités de modélisation diffèrent lors de l'analyse et de la conception et empêche la transition souple d'un modèle à un autre ; en particulier, elle rend difficile sinon impraticable des retours en arrière simples entre les activités.

La différence entre ces deux approches réside non pas dans le nombre de modèles mais dans le langage de modélisation : le même pour l'approche élaborative, deux langages différents pour l'approche transformationnelle. UML tranche une fois pour toutes en faveur de l'approche élaborative.

Choix d'un ou de deux modèles

Faire évoluer le modèle de l'analyse vers un modèle de la conception ne signifie pas nécessairement que le modèle de l'analyse va disparaître. L'approche « un seul modèle » propose l'élaboration du modèle de la conception par raffinements successifs dans le modèle de l'analyse ; cette approche est souple et moins coûteuse car il suffit de maintenir un seul modèle. Elle a néanmoins l'inconvénient de faire disparaître le modèle idéal (celui de l'analyse « pure »). L'approche « deux modèles » propose de maintenir le modèle de l'analyse et de construire un autre modèle pour représenter la conception ; cette approche fait payer la conservation d'un modèle « idéal » par un surcoût de maintenance.

Il est difficile de donner un nombre de modèles idéal sans connaître le contexte réel. Dans certains cas, il est préférable de conserver le modèle idéal pour préparer des changements de technologie, d'architecture, voire d'organisation ou explorer plusieurs scénarios de mise en œuvre. Dans d'autres cas, la maintenabilité de l'ensemble sera prépondérante et la simplicité du modèle unique l'emportera. La réponse à cette question n'est donc ni théorique ni religieuse mais technique et économique.

Transformation automatique

La construction du modèle de la conception à partir de celui de l'analyse peut se faire de manière manuelle mais aussi automatisée ou plus exactement assistée. Si l'automatisation est possible il faut en profiter. UML fournit des mécanismes (cf. chapitre 1) qui permettent d'implémenter des processus automatisant ou aidant à l'automatisation de cette transition : les stéréotypes, les propriétés et les contraintes. Les patterns (cf. chapitre 1) constituent un autre bon moyen de procéder à l'automatisation de transformations analyse/conception.

UML fournit ainsi les ingrédients nécessaires à l'implémentation de processus automatisants. Cette automatisation doit être réalisée dans le cadre strict d'UML (fondée sur les stéréotypes et les propriétés) et en même temps guidée par les principes généraux de l'automatisation, à savoir la recherche de la systématisation et de la qualité, le souci de coût et du retour sur investissement. Dans l'absolu, tout informaticien normalement constitué recherche (en tout cas est censé rechercher) l'automatisation de procédés qui s'y prêtent. Malheureusement il n'est pas encore établi qu'il est possible théoriquement et techniquement de tout transformer automatiquement. Certaines décisions liées à l'architecture, aux technologies ou aux interfaces utilisateurs sont de toute évidence non automatisables (en tout cas pas entièrement) ; c'est le cas de la conception de bases de données relationnelles et de la définition d'interfaces utilisateurs, (cf. chapitre 2). Par ailleurs, certaines transformations peuvent s'avérer plus coûteuses à automatiser qu'à faire manuellement.

Nos recommandations dans ce domaine sont très pragmatiques : quand cela s'avère « intéressant » aussi bien techniquement, qu'économiquement, automatisez.

Processus de sous-traitance

Le processus de sous-traitance est le processus qui définit la manière dont une organisation (client) sous-traite la réalisation de tout ou partie d'un système d'information (produit) à une organisation tierce (fournisseur). Ce processus est guidé par des contraintes légales qui ne sont pas traitées ici. En particulier, il ne sera pas fait référence au guide des marchés publics. Seul un cadre est défini, qui pourrait servir le cas échéant à revoir ce guide.

Il est difficile de changer le processus de développement sans réformer sérieusement le processus de sous-traitance. En effet, le processus traditionnel de développement est conçu pour répondre d'abord et surtout à un souci de sous-traitance. Les règles sont a priori simples (assez simplifiées aussi pour les besoins de l'exposé) : chaque phase comporte une activité (analyse, conception...) ; chaque activité fournit un livrable qui joue le rôle du livrable contractuel de la phase. Pour juger de l'avancement, le livrable est révisé pour voir s'il est conforme et l'activité suivante peut commencer. Ce processus fonctionne en théorie mais c'est sans compter sur les contraintes propres au développement logiciel. L'expérience montre que cette approche ne marche plus. Les systèmes développés sont de plus en plus complexes, les coûts associés sont de plus en plus élevés et les budgets ne suivent pas forcément.

Outre les problèmes de coût, le cycle de vie du logiciel a fondamentalement changé, car le post-déploiement n'est plus une simple activité de maintenance. Les systèmes évoluent considérablement depuis la première version/livraison ; il est important d'imaginer un processus de sous-traitance qui tienne compte de cette réalité.

Le processus de sous-traitance n'est pas forcément le même selon qu'il s'agit de l'Administration qui se voit imposée des règles légales assez strictes ou d'une société privée qui peut avoir plus de souplesse dans la passation de ses marchés. Cependant, les idées générales présentées ici valent dans les deux cas de figure, dans la mesure où ce qui est défini est plus un cadre qu'un processus très formel.

Changements induits par le processus de sous-traitance

La réforme du processus de sous-traitance passe d'abord par un changement culturel important. Il faut que le client et le fournisseur acceptent que les règles du jeu aient changé et qu'il faille en définir de nouvelles.

Plusieurs changements doivent être opérés ; le tableau suivant résume les points fondamentaux.

Tableau 4-4 Transition du processus de sous-traitance

Ancien	Nouveau
1. Coût de développement minimal	1. Coût du cycle de vie minimal
2. Guidé par la documentation	2. Guidé par le produit
3. Revue de conception sur papier	3. Démonstrations

Tableau 4-4 Transition du processus de sous-traitance *(Suite)*

Ancien	Nouveau
4. Engagement précoce sur la décomposition détaillée en tâches	4. Structure évolutive de tâches
5. Échange de papier	5. Revue sans papier
6. Parties prenantes adverses	6. Travail en équipe intégrée (partenariat)
7. Profits « fixes »	7. Payer pour la performance
8. Exigences organisées par le sous-système produit	8. Exigences organisées par la chronologie de construction
9. Développement spécifique	9. Développement par composants

1. *Coût du cycle de vie* : le cycle de vie (pas uniquement de développement) a radicalement changé du fait que le logiciel subit des modifications (extensions, améliorations et autres corrections) importantes durant toute sa vie, même après son déploiement. Par conséquent, l'activité de maintenance change radicalement de face et le coût du logiciel doit être évalué en fonction de cela. Il est difficile d'estimer très tôt le coût global du cycle de vie, car il n'existe tout simplement pas de moyens pour le faire. En revanche, réduire les coûts de développement au détriment des coûts du cycle de vie est probablement une erreur. Ce type d'économie a un impact direct sur la manière de construire le logiciel (le rôle de la réutilisabilité) et d'aborder les relations entre clients et fournisseurs. Le rôle du fournisseur et son éventuelle participation ou implication dans la construction des nouvelles versions ont autant d'importance que les livrables.

2. *Guidé par le produit* : dans le processus de développement défini ici, la documentation fait partie des livrables ; elle n'en constitue ni l'élément essentiel ni l'ossature. Le logiciel constitue l'axe principal de la fourniture. L'objectif n'est pas de fabriquer la documentation mais bien de construire le logiciel. Le processus doit se focaliser sur la livraison de produits exécutables assez tôt dans la démarche. Ceci n'élimine en rien la documentation mais seulement lui donne sa place réelle dans le projet. La livraison de versions d'architecture, alpha ou bêta, aux équipes internes démontre que le logiciel fonctionne ; elles mettent en évidence les risques qui restent à traiter.

3. *Démonstrations* : l'avancement du projet doit se mesurer sur des démonstrations du système et non sur le poids ou le volume de la documentation fournie. Ces démonstrations doivent se focaliser initialement sur l'architecture comme preuve de résolution des risques techniques majeurs et sur des incréments plus importants avec l'avancement du projet.

4. *Structure évolutive des tâches* : définir en détail les tâches (WBS ou Work Breakdown Structure) assez tôt dans le projet relève plus de la magie que de l'ingénierie. Il est impossible de prédire avec précision ce qui va arriver et la gestion de risque relève

justement de cela. Ainsi, un engagement ferme et précoce sur la WBS guide l'architecture vers cette WBS, même si cette architecture n'est pas la bonne solution pour le long terme. De même, cet engagement influe sur les coûts de développement et de maintenance. Le manque de flexibilité qui en résulte freine l'architecture du système.

5. *Revue* : la revue des informations du projet ne concerne pas uniquement la documentation papier de l'analyse ou celle de la conception. Un projet logiciel produit plusieurs données comme la gestion de configuration, les procédures de production et le code source, pour ne prendre que quelques exemples. Ne considérer que la revue papier c'est considérer que le développement logiciel est chose simple et se résume à quelques documents bien présentés. Il suffit de regarder comment les bureaux de vérification de travaux de BTP opèrent ; ils ne se limitent pas à la seule lecture des différents plans. La révision nécessite d'utiliser des outils effectivement utilisés par les équipes de développement, des outils plus légers ou des outils spécialisés. Toutes les parties prenantes du projet doivent en disposer pour réviser en ligne les informations du projet. Les retours sont ainsi plus efficaces, arrivent à temps et favorisent le travail en équipe. De même, cela a pour effet de réduire les relations conflictuelles entre toutes les parties prenantes et les orientent vers la réalisation à temps du projet.

6. *Équipe intégrée* : il faut que les clients et les fournisseurs établissent des relations de confiance mutuelle de manière à faire avancer le projet ; cette confiance n'est pas tout à fait de mise sur le terrain même si les deux parties ont intérêt à ce que le projet réussisse. Il est nécessaire que client et fournisseur forment une équipe intégrée dans laquelle le client se sente engagé et le fournisseur soutenu. Le client doit participer aux choix importants et partager la responsabilité, en particulier en cas d'échec. Il doit participer à l'identification et à l'ordonnancement des risques majeurs. Il ne doit pas seulement vérifier que le format des papiers livrés est conforme aux standards en vigueur ; il doit s'impliquer dans le projet.

7. *Payer pour la performance* : les clients ont compris l'intérêt que leurs fournisseurs gagnent dans les projets. Après tout, les fournisseurs sont des sociétés, c'est-à-dire des organisations à but lucratif. Il faut donc encourager les bons fournisseurs qui investissent pour être encore plus performants.

8. *Exigences organisées par exigences de la construction* : il est presque impossible de comprendre complètement et assez tôt les exigences (besoins) du système, le développement doit donc se focaliser sur les 20 % des besoins structurants qui guident l'architecture du système. Ceux-ci doivent être tracés et satisfaits en détail avec les autres 80 % des besoins à prendre en compte plus tard dans les futures itérations.

9. *Développement à base de composants* : comme le précise P.A. Muller [Muller 97], « Si l'informaticien devait faire des meubles, il commencerait par planter des glands, débiterait les arbres en planches, creuserait le sol... », il referait le monde. Ceci est heureusement révolu ; désormais le logiciel est un assemblage de composants. Certains sont achetés, d'autres sont développés. Dans son intérêt, le client (surtout lorsqu'il s'agit de l'administration) doit encourager ces procédés de développement.

Synchroniser le développement et la sous-traitance

Il faut synchroniser le processus de développement et de sous-traitance sur des jalons bien établis dont les livrables sont identifiés. Cette synchronisation ressemble à celle des perspectives techniques et de gestion du processus ; le processus de sous-traitance est assez proche de la perspective gestion de projet ; ils se confondent.

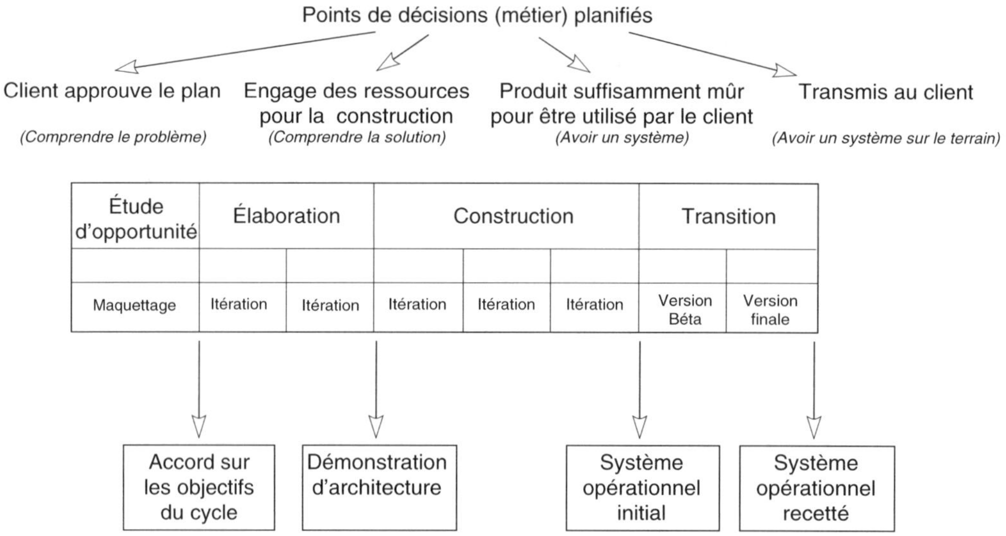

Figure 4-28
Synchroniser les processus de développement et de sous-traitance

Les points de synchronisation

Les quatre points de synchronisation suivants sont nécessaires : accord sur les objectifs généraux (AOG), démonstration d'architecture (DA), système opérationnel initial (SOI), système opérationnel recetté (SOR). Un point de synchronisation se définit par des objectifs clairs et des livrables.

- *Accord sur les objectifs généraux* : l'AOG est le point qui permet au projet de démarrer ; il faut que les parties prenantes (client et fournisseur) soient d'accord sur les risques majeurs à traiter, les objectifs principaux et l'enveloppe pour la durée de la phase d'élaboration. Ils travaillent en équipe dans le but de préparer la prochaine transition de phase et la plus critique. Le client doit être prêt à accepter que l'enveloppe budgétaire et les ressources puissent glisser durant la phase d'élaboration ; c'est à l'issue de cette phase que les risques majeurs sont résolus, ceux qui peuvent justement à tout instant faire déraper le projet.
- *Démonstration d'architecture* : l'étape la plus critique dans ce schéma est la transition de la phase d'élaboration vers la phase de construction, c'est-à-dire la DA. Du point de vue contractuel et de la gestion de projet, cette étape majeure correspond à

l'achèvement d'un état de développement logiciel où la R&D se conclut et la production est lancée. Les caractéristiques d'un projet de développement logiciel prêt à supporter cette transition sont :

– Les cas d'utilisation majeurs et critiques sont définis, acceptés par les parties prenantes, codifiés en un ensemble de scénarios pour évaluer l'architecture.

– Une architecture stable est codée dans le langage de programmation cible (c'est-à-dire elle est sujette à la gestion de configuration). Stable signifie ici que les qualités importantes de l'architecture (performance, robustesse, montée en charge, adaptabilité...) sont démontrées sur les cas d'utilisation critiques de manière suffisamment avancée pour considérer que les risques associés aux exigences majeures, à la conception et au planning ont été résolus.

– Le plan de développement logiciel pour les phases de construction et de transition est défini avec suffisamment de confiance pour que les itérations de construction puissent s'exécuter avec des résultats prédictibles. En d'autres termes, l'organisation de développement (le fournisseur) s'engagera sur des incréments à prix fixe et ferme qui peuvent être mis en œuvre chez ou par l'utilisateur en moins d'un an, de six à neuf mois pour des projets de grande taille et de trois à six mois pour des projets moyens.

- *Système opérationnel initial* : le point SOI permet de définir quand le produit est mûr pour être mis en œuvre chez les utilisateurs. Il s'agit d'un point de livraison de logiciel ; il démarre la phase d'utilisation en situation « réelle » pour préparer les utilisateurs au produit. Ce point ne marque pas forcément la fin des développements mais la réduction de l'équipe et la fin des développements intensifs.
- *Système opérationnel recetté* : le point SOR constitue la recette finale du produit et son déploiement dans la communauté des utilisateurs. Ce point marque la fin du développement de cette version du logiciel (donc du cycle de développement) et déclenche le post-déploiement et la maintenance du produit.
- *Les incréments* de construction comme autres points de synchronisation : durant la phase de construction, les itérations qui aboutissent à des incréments du logiciel font l'objet d'un point de synchronisation pour faire le point sur l'avancement du projet et aussi pour des raisons contractuelles. En effet, le fournisseur a besoin de financement et le client a besoin de preuves de l'avancement. Les incréments sont le meilleur moyen, le plus concret et le plus efficace, de faire le point sur l'avancement réel du projet

Les livrables

Les perspectives gestion et technique font plus que se synchroniser sur des jalons bien identifiés : elles contribuent toutes les deux à un ensemble commun de produits et d'objets fabriqués qui évoluent dans le temps. Certains objets fabriqués sont plus sous le contrôle technique, d'autres dépendent de la gestion. Durant chaque phase du cycle de développement, de nouveaux objets fabriqués sont produits et ceux précédemment produits sont mis à jour. Ils reflètent et incorporent le savoir en cours en termes de planning, d'exigences et de conception.

Tableau 4-5 Livrables du processus

	Perspective gestion	Perspective technique
Étude d'opportunité	Vision du projet Business case Plan de développement	Environnement de développement Architecture Modèles de cas d'utilisation / conception
Élaboration	Évaluation de l'état Critère d'évaluation Description de version Plan de développement Vision du projet Business case	Architecture Manuel utilisateur Modèles de cas d'utilisation / conception Code source
Construction	Évaluation de l'état Critère d'évaluation Description de version Déploiement Plan de développement Vision du projet Business case	Architecture Manuel utilisateur Code source Modèles de cas d'utilisation / conception
Transition	Évaluation de l'état Critère d'évaluation Description de version Déploiement Plan de développement	Environnement de maintenance Architecture Manuel utilisateur Code source

Les objets fabriqués sont de deux types (cf. figure 4-29) :

- Les objets fabriqués techniques incluent le produit en lui-même (c'est-à-dire le logiciel) ainsi que la documentation utilisateur associée et toute autre information d'ingénierie nécessaire pour régénérer et modifier le produit.
- Les objets fabriqués de gestion incluent les informations requises pour exécuter le processus et prendre des décisions tout en étant bien informées de leurs conséquences.

Dictat de la documentation

La documentation, en particulier la documentation papier, a été et est encore pour certains le livrable majeur du projet. D'aucuns s'interrogent sur la forme de la documentation dans le cadre de projets objet. Rappelons que le changement de technologie de construction d'un bâtiment ne dispense pas d'un plan d'architecture. Les technologies utilisées pour produire, diffuser et maintenir la documentation ont changé, mais pas le reste.

Figure 4-29
Artefacts du processus

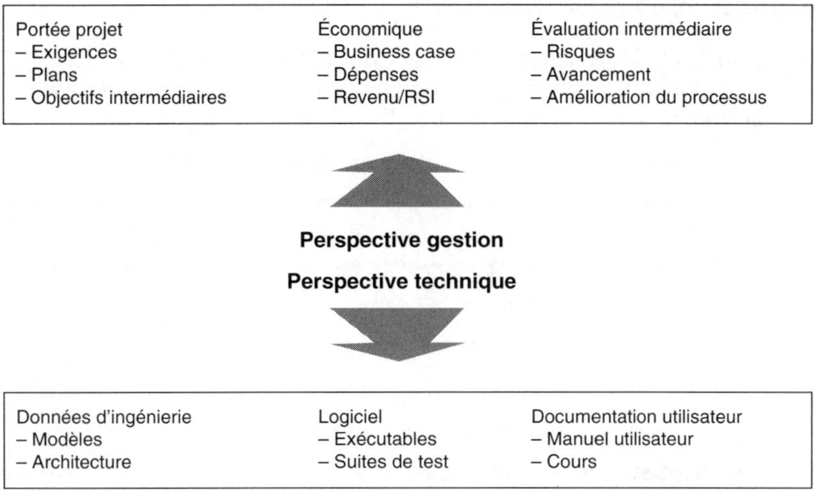

Si la documentation a été considérée longtemps comme critique, c'est parce qu'elle est au cœur du problème contractuel. Elle définit « le livrable » contractuel du projet qui est révisé, corrigé et seul admis pendant les premières phases du projet. Il faut se rappeler que la documentation avait (et continue d'avoir) de l'importance. En effet, le processus traditionnel est fondé sur la livraison de documents comme seuls livrables dans les phases initiales, et la révision se fonde là-dessus. Implémenter un processus fondé sur l'architecture rompt la suprématie de la documentation comme livrable principal ; le produit (c'est-à-dire le logiciel) devient le livrable principal, sa documentation n'est qu'un support.

La documentation doit être en ligne

Les technologies de la documentation ont évolué et apportent beaucoup à la diffusion et à la lecture des documents, en particulier grâce au Web. La documentation papier, quoi qu'on en dise, sert à remplir des placards ; personne ne la lit. Elle est rapidement obsolète, car les évolutions du logiciel ne cessent pas. Il est donc plus important de se concentrer sur les moyens de la produire, de la mettre à jour, de la maintenir en cohérence avec le logiciel et de la gérer. La forme papier (c'est-à-dire imprimée) de la documentation doit être une des formes possibles (probablement la « moins intelligente ») ; l'accent doit être mis sur sa version informatique et sa diffusion en ligne.

La majorité des outils modernes de modélisation, de programmation, de test et de gestion de configuration, et plus généralement les environnements de production de logiciel, fournissent des services qui automatisent la production de documentation. Plus encore, certains environnements produisent même des documents HTML (ou des variantes). C'est le format le plus intelligent dont on dispose aujourd'hui.

La documentation doit être en ligne et directement traçable avec la source d'information qui la produit. C'est-à-dire qu'il doit être possible de lire en toute confiance un document et être sûr qu'il contient l'information la plus à jour, et lorsque ce n'est pas le cas, pouvoir la mettre à jour, là aussi, en toute confiance.

Les documents recommandés

Durant un développement logiciel, plusieurs documents doivent être produits. Il faut se limiter aux documents qui apportent de la valeur ajoutée tant du point de vue technique que du point de vue de la gestion. Les documents suivants sont intéressants :

- un document de vision évolutif qui décrit la portée du cycle de vie ;
- un document relatif au business case, qui décrit les contraintes des ressources financières ;
- un plan de développement logiciel, qui contient le plan global des itérations et le plan des itérations à venir ;
- un document de critère d'évaluation, qui évolue entre les jalons importants ;
- un document d'architecture ;
- des documents de description version pour chaque version ;
- des documents de déploiement ;
- un manuel utilisateur développé tôt dans le cycle ;
- les évaluations d'état, qui contiennent des instantanés périodiques de l'état du projet, avec des métriques de l'avancement, des équipes, des dépenses, des résultats, des risques critiques et des actions.

La majorité de ces documents concernent la gestion de projet. Le principal document technique est celui de l'architecture. Le document d'architecture est bien évidemment un plan au sens plan d'un bâtiment. Ce document doit être suffisamment élaboré pour permettre d'illustrer l'architecture et suffisamment succinct pour être lu. Sa taille ne doit pas dépasser une centaine de page pour un très gros projet. Ce document est évolutif car l'architecture évolue durant le développement. Ce document doit représenter les différentes perspectives de l'architecture, les 4+1 vues. Ce document est suffisant pour la partie technique (il peut être en ligne sur le réseau Intranet de l'entreprise).

Contrats en question

Le processus de développement a un impact direct sur le processus de sous-traitance et en particulier sur les aspects contractuels. Il faut un modèle de sous-traitance qui corresponde directement au processus défini ici, c'est-à-dire un processus dans lequel la sous-traitance se fait sur la base de plusieurs livraisons de versions intermédiaires du logiciel. On distingue deux variantes dont les différences résident essentiellement sur la première phase : soit le même fournisseur se voit confier les deux premières phases soit deux fournisseurs distincts se voient confier une phase chacun.

Le changement principal réside dans le fait que le client doit acheter l'architecture d'abord ; puis il se procure les fonctionnalités suivantes de manière incrémentale. L'architecture est définie comme un logiciel exécutable qui démontre la faisabilité de la solution ; elle lève les points d'ombre (les risques techniques) et prouve que « l'édifice » répond aux exigences de performance, d'adaptabilité, de qualité et d'évolutivité. Il ne s'agit donc pas d'un simple dessin. Les incréments fonctionnels peuvent être sous-traités

Figure 4-30
Processus de sous-traitance -1-

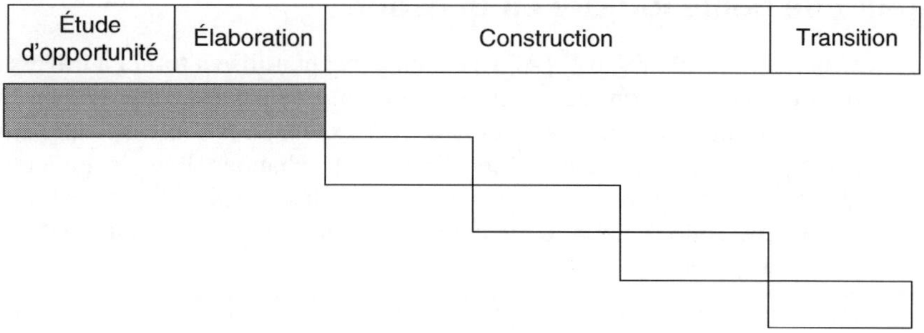

Figure 4-31
Processus de sous-traitance -2-

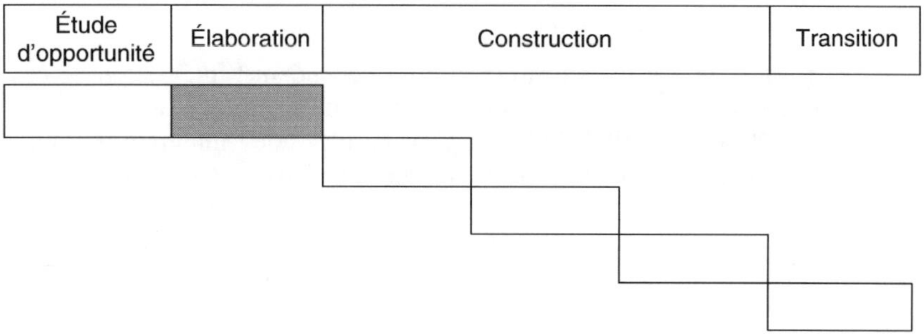

de façon incrémentale ; il est possible ainsi d'évaluer l'impact d'éventuels changements survenus au cours du développement.

Le but des phases d'étude d'opportunité et d'élaboration est d'identifier les risques et de traiter les risques majeurs liés au développement. Le contrat relatif à cette phase pourrait être à « prix non fixe » car en définitive c'est la phase la moins définie, les risques sont tout à fait inconnus (il s'agit justement de les identifier) et son coût est assez réduit par rapport au coût global. La phase d'élaboration peut être à « prix non fixe » avec éventuellement une technique de « récompense » établie pendant la phase d'étude d'opportunité. Une fois les risques minimisés et l'espace du problème bien compris, il est possible de passer à la phase de construction. Une série de contrats incrémentaux à « prix fixe » doivent alors être établis pour les incréments fonctionnels de la construction. La durée d'un incrément ne doit pas dépasser neuf mois pour un très grand projet.

Apports et limites de l'automatisation

Les environnements de production de logiciel ont fait une avancée assez considérable depuis ces dernières années et qui se poursuit à grande vitesse. Nous savons aujourd'hui plus que jamais construire des environnements sophistiqués qui répondent aux réels besoins des développeurs. L'objectif de cette section est de décrire la forme générale d'un environnement de développement complet pour les applications de gestion.

Atelier de génie logiciel en question

L'atelier de génie logiciel (AGL) est un concept utilisé à tort et à travers ; n'importe quel outil de modélisation, de programmation ou de tests est présenté comme un atelier. La réalité est tout autre et il faut dénoncer ces excès. Pour construire un bâtiment, la grue ne suffit pas et ne constitue en rien l'atelier du chantier. Pour le logiciel, c'est la même chose ; pour produire, il faut plusieurs outils chacun spécialisé dans un thème particulier. En résumé donc, l'atelier de génie logiciel ou l'AGL ne se limite pas à l'environnement de modélisation.

De même, le couteau suisse de l'informatique n'existe pas et à notre avis ne devrait pas exister, car il n'apporterait rien de bien sérieux à la production de logiciel. Après tout, le plombier, l'électricien ou le menuisier n'utilisent pas un couteau suisse mais une trousse avec des outils bien adaptés.

Il en est de même dans l'informatique ; cependant l'intégration de ces outils est nécessaire. Les outils existent depuis longtemps mais l'intégration tarde à venir. O. Roubine, père de PCTE[1], a défini il y a vingt ans les bases de l'intégration des outils de génie logiciel, à savoir la structure d'accueil pour bâtir l'AGL. Ce projet n'a pas eu le succès que son auteur escomptait, même si c'est une norme ISO. Il n'en demeure pas moins que cette structure va exister sous d'autres formes.

Pour qu'il y ait intégrabilité des outils, il faut qu'il y ait des standards, de facto ou de jure. Ainsi, certains standards qui permettent cette intégration ont émergé ; citons pour exemple :

- la plate-forme Microsoft Windows 95 et NT avec les produits COM/DCOM, OLE, ActiveX, et VBA. Cette plate-forme fournit une structure d'accueil d'une richesse rarement égalée pour développer des produits qui s'intègrent facilement.
- la plate-forme Unix avec CORBA : développée par des fournisseurs regroupés au sein de l'OMG (Object Management Group), elle constitue une structure intéressante sur les systèmes à base d'Unix et offre des mécanismes d'intégrabilité des outils.
- UML qui est un langage de modélisation orienté objet standard : il permet le développement et l'intégration d'outils qui manipulent ce langage comme des outils de modélisation, de simulation de modèles, d'analyse de la complexité, et des générateurs de code.

Topologie de l'atelier de génie logiciel

On peut aujourd'hui parler de tournant parce que non seulement les outils existent, mais aussi les plates-formes d'intégration, la volonté et le marché.

L'environnement de production de logiciel doit être constitué de plusieurs éléments qui couvrent la totalité du cycle de vie et pas simplement du cycle de développement, ni d'ailleurs d'une seule de ses activités ; en effet, il faut admettre enfin que le cycle de vie ne s'arrête pas à la livraison de la première version du produit, mais quand le dernier utilisateur a disparu.

1. Portable Common Tool Environment.

L'informaticien a une fâcheuse tendance à penser qu'un éditeur de code source du programme et un compilateur suffisent pour développer. Ce type de développement reste artisanal et tout indique que le compilateur ne suffit pas à développer.

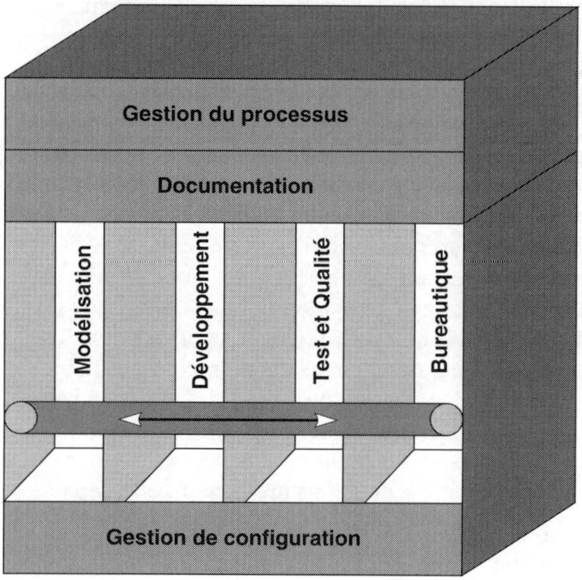

Figure 4-32
Topologie de l'atelier de développement de logiciel : AGL

Gestion de configuration

Le principal outil à considérer, à étudier, à évaluer et à acquérir en premier est l'environnement de gestion de configuration. Cet environnement est critiquc, car il représente le moteur et l'âme du projet. En effet, il est de la responsabilité de cet environnement de :

- stocker et gérer toutes les informations du projet sans aucune exception. Il maintient toutes les données aussi bien d'ingénierie (besoins, modèles, programmes, tests...) que les données de gestion de projet (plannings, ressources, plans de développement...) ;
- maintenir en cohérence toutes les informations, en particulier garder la traçabilité entre elles ;
- permettre de reproduire à tout instant n'importe quelle version (intermédiaire, de test ou finale) du produit ou de l'un de ses objets fabriqués en toute confiance et toute simplicité ;
- permettre à plusieurs équipes de travailler en parallèle sur le même projet, en leur garantissant la productivité (travailler en parallèle sans se gêner) et la cohérence des informations qu'ils manipulent.

Les outils constituant l'atelier, qui sont décrits par la suite, doivent tous être intégrés dans l'environnement de gestion de configuration et doivent tous reposer sur celui-ci pour le travail parallèle, la gestion des autorisations d'accès, la gestion des versions et de configuration, le stockage des données, etc.

Le terme « référentiel » n'est pas utilisé au profit de « gestion de configuration », car le mot « référentiel » renvoie aujourd'hui souvent (et malheureusement) trop à la technique de stockage des informations. Quand on parle de référentiel, on pense tout de suite à base de données, ce qui constitue une manière parmi d'autres de stocker les données. De plus, les produits de référentiel se limitent essentiellement au simple stockage, or, c'est aussi et surtout la gestion du cycle de vie et des évolutions des objets fabriqués qui importe. Ceci nécessite que ces outils servent de support au processus de développement et de production et non comme un moyen sophistiqué et limité de stockage des données.

Gestion de besoins

Le système à développer répond à des besoins qui doivent être rigoureusement suivis de manière à s'assurer que ce qui est développé, testé et livré répond à un cahier des charges identifié. La gestion des besoins est donc affaire de tous dans une organisation, de l'équipe commerciale et marketing, aux équipes de production en passant par le chef de projet, l'architecte, le développeur et le testeur. Tous travaillent comme une équipe autour d'un cahier des charges qui contient l'ensemble des besoins, leur priorité, leur état d'avancement, leur statut, leurs relations et dépendances… La gestion des besoins ne se résume pas à la simple expression des besoins, ce serait une simplification bien dangereuse. La gestion des besoins commence par la prise en compte des besoins et se poursuit tout au long du cycle de vie ; autrement dit elle dépasse le cycle de développement.

Un outil de gestion des besoins est donc avant tout un « groupware », qui permet à toute cette équipe d'effectuer un suivi très précis des besoins et de fournir à chacun selon son rôle les outils dont il a besoin en termes de reporting, de suivi, d'analyse d'impact et de pilotage. Cet outil doit être intégré avec tout le reste de l'environnement, à savoir modélisation, programmation, test et gestion de configuration. Par exemple, il doit être possible de connecter les besoins aux éléments de modélisation (cas d'utilisation, scénario, classe…), au code (composant, module, opération…) et enfin aux scénarios et procédures de tests.

Modélisation graphique

La modélisation graphique ou visuelle est fondée sur l'utilisation d'outils qui supportent la modélisation avec le langage UML. Il ne s'agit pas de donner (ni d'ailleurs de favoriser) l'architecture d'un outil par rapport à un autre, mais il est important de définir les fonctionnalités importantes d'un tel outil dans un environnement global de développement :

- Il faut qu'il soit un support d'UML, en d'autres termes, qu'il inclue les concepts, la notation, l'extensibilité offerte par les concepts d'UML (propriétés, stéréotypes). En particulier, il doit se comporter comme un compilateur du langage UML qui vérifie que ce qui est saisi est conforme à UML.
- Il doit offrir plusieurs perspectives cohérentes sur le modèle. En effet, montrer dans un même diagramme toutes les classes et toutes leurs relations est sans intérêt. Plusieurs vues sont nécessaires pour appréhender et comprendre un modèle. Le maintien de la cohérence des différentes vues et leur synchronisation avec le modèle est une fonction de l'outil de modélisation.

- Il faut ajouter à cela toutes les fonctionnalités de navigation, d'intégration des concepts de modélisation et autres contrôles.

Par ailleurs, plusieurs autres fonctionnalités peuvent y être rattachées :

- *Simulation des modèles*. Elle permet d'animer des modèles avant de les implémenter. Elle ne constitue en rien une preuve formelle des modèles. La simulation permet dans certains cas de faire des prototypes rapidement.
- *Génération de code*. Cette possibilité est déjà offerte par la majorité des outils du marché et n'est pas un luxe. Les difficultés de la génération de code résident d'un côté dans le décalage entre UML et les langages d'implémentation : comment implémenter l'héritage multiple en Java ou VisualBasic ? La source d'information nécessaire pour produire le code est importante ; toutes les informations d'un modèle ne peuvent être exploitées pour générer du code. La vraie difficulté réside dans la nécessité absolue de générer le code de manière incrémentale, c'est-à-dire de pouvoir enrichir en toute confiance le code sans qu'une nouvelle génération détruise ces enrichissements. Enfin, il faut que le code soit généré directement dans l'environnement de codage pour permettre la navigation bidirectionnelle entre les modèles et le code associé.
- *Rétro-conception de code*. Cette fonctionnalité est de plus en plus intégrée dans les outils du marché. En analysant le code dans un langage de programmation cible, il est possible de retrouver des modèles de conception UML. La rétroconception de code pose les mêmes problèmes que la génération de code ; le problème se complexifie lorsque l'utilisateur veut une ingénierie complète (« Round Trip Engineering », ou Ingénierie aller-retour). Cette technique consiste à garantir que le code et le modèle de conception soient synchronisés à tout instant. Par conséquent, la rétroconception doit aussi être incrémentale pour permettre la mise à jour d'un modèle déjà existant.
- *Transformations* diverses et variées. Il est aujourd'hui possible d'imaginer toutes sortes de transformations qui produisent une analyse de la qualité, des mesures statiques en tous genres, des règles de modélisation maison, la génération de scripts de création de bases de données relationnelles, la fabrication de HTML (HyperText Markup Language), de RTF (Rich Text Format), de PostScript, ou de PDF pour une diffusion spécialisée, etc.

Pour développer ces générateurs ou pour étendre les outils de modélisation, certains fournisseurs ont soit intégré des langages de script du marché, soit développé des langages de script propriétaires. Dans les deux cas, la solution se fonde sur l'utilisation d'un langage de programmation qui donne accès au métamodèle de l'outil et qui permette de générer des transformations.

Si la génération de code est possible dans la théorie, il n'est pas établi que 100 % du code sera générable à partir de modèles UML. Mis à part cet aspect purement théorique, il est en revanche certain que la génération 100 % de code a un intérêt économique limité à certains secteurs d'activités, dans le sens où il est souvent plus économique de développer des algorithmes simples que de les modéliser complètement en UML et de générer ensuite le code associé.

L'automatisation est largement souhaitée, mais le retour sur investissement doit se justifier. Ainsi, il est possible théoriquement d'écrire des scripts grâce à ces langages de

« scripting » et d'automatiser certaines tâches, patterns et autres règles. Le développement de ces scripts peut dans certains cas s'avérer très long et coûteux pour un retour sur investissement insuffisant.

Développement de code

Il s'agit ici de l'environnement nécessaire pour produire le code dans le langage de programmation cible. Il y a aujourd'hui plusieurs types de langages :

- L3G traditionnels orientés objet ou non. Les langages de programmation orientés objet qui fournissent la majorité des mécanismes objet tels que abstraction, encapsulation, héritage, etc., sont préférés. Ces langages se distinguent par le fait qu'ils sont indépendants de l'environnement de programmation et généralement d'un fournisseur de technologie particulier.
- L4G plus récents. Alors que ces langages ont ignoré longtemps les technologies objet, ils s'en rapprochent aujourd'hui de manière très rapide et volontariste. Cela semble constituer un axe stratégique pour les fournisseurs de ces technologies. Ces langages se distinguent souvent parce qu'ils sont confondus avec les environnements de programmation : ce sont des environnements propriétaires. Le choix de la solution impose le choix du fournisseur.
- Langages spécialisés pour la programmation logique, fonctionnelle ou langages de l'intelligence artificielle. Ces langages peuvent aussi être utilisés mais dans une moindre mesure, pour le développement de sous-systèmes et non du système complet.

Dans tous les cas, il y a pléthore de langages et de solutions ; le choix de l'un ou l'autre dépend du contexte du projet. Les langages se valent aujourd'hui et il est difficile d'en choisir un dans l'absolu. Avoir recours à plusieurs langages de programmation doit être considéré comme une éventualité.

Nous recommandons de ne pas faire de ce choix une religion. Le choix du langage relève d'abord de la gestion des risques techniques, c'est-à-dire qu'il fait partie intégrante de l'architecture logicielle ; certains langages ne permettront pas forcément d'obtenir les résultats voulus. Des maquettes de faisabilité sont le meilleur moyen de lever le doute. De plus, il faut considérer, dans le choix, les aspects de pérennité, d'ouverture, les coûts de sous-traitance et de formation. Enfin, ne considérez pas forcément qu'un seul langage ; choisissez le langage pour ce qu'il sait faire.

Test

D'après toutes les études, l'activité de test représente le parent pauvre du développement logiciel. D'un autre côté, elle est reconnue comme l'activité la plus coûteuse : l'effort de test représente 50 % de l'effort global.

Le test peut avoir plusieurs facettes. La bonne nouvelle est que le test représente une des activités dans laquelle l'automatisation apporte énormément. Les outils de test ne sont pas là pour remplacer des équipes de tests, mais pour leur permettre d'introduire de l'ingénierie dans le processus de test, de tester plus, donc d'augmenter la qualité des produits et enfin de réduire de manière considérable les coûts associés aux tests.

On distingue plusieurs catégories de tests :

- Les tests en boîte blanche réalisés par des outils qui travaillent au niveau du code source ou binaire. Il s'agit d'analyser la couverture, les branches mortes, les fuites mémoires, etc. Ce type de tests est tout simplement impossible à faire par des humains.
- Les tests fonctionnels en boîte noire réalisés par des outils qui vérifient si l'application se comporte comme spécifiée. Cette partie est assez difficile à automatiser complètement. On commence cependant à savoir construire ces outils.
- Les tests fonctionnels de non-régression qui enregistrent des scénarios de test, les rejouent, comparent les résultats avec ceux déjà enregistrés et font état des erreurs si les comparaisons échouent. Cette catégorie d'outils est aujourd'hui assez mûre.
- Les tests de performance, de charge ou de stress réalisés par des outils de plus en plus au point. Le test virtuel qui est une des techniques les plus avancées aujourd'hui permet d'enregistrer un scénario de test et de le rejouer en l'amplifiant comme s'il y avait plusieurs milliers d'utilisateurs et autant de postes de travail connectés. Les gains financiers sont ici souvent très importants.

Les outils de test doivent complètement prendre en charge le processus de test, de la planification aux comptes rendus de résultats, en passant par la conception et la programmation des tests. De plus, ils doivent intégrer la composante de suivi des faits techniques et être intégrés dans l'environnement de génie logiciel complet. En particulier, ils doivent permettre de générer de la documentation sur les tests et des scénarios de test à partir des modèles UML d'analyse et de conception. Par exemple, les cas d'utilisation et les scénarios d'UML doivent constituer les premiers éléments de conception des tests.

Documentation

L'automatisation de la documentation peut représenter une part importante de l'activité, jusqu'à 80-90 % ; elle est efficace et apporte un retour sur investissement réel. Cette activité ne peut malheureusement pas être complètement automatisée, car les documents produits contiennent des informations supplémentaires qu'il n'est pas possible de traiter par des outils de production de logiciel mais directement avec un traitement de texte.

La documentation intéresse tout le cycle de développement et n'est pas limitée à une activité particulière du développement. Les outils de l'atelier de développement intégrés constituent tous (en fait à travers le référentiel partagé) des sources d'informations qu'il suffit d'extraire et de présenter dans les formats souhaités en fonction des standards définis par l'entreprise. L'extraction et la mise à jour d'informations doivent être automatisées car ces tâches sont laborieuses sans réelle valeur ajoutée. Un outil unique et uniforme de documentation assure cette fonctionnalité à moindre coût.

Gestion de processus

Certaines organisations désirent définir leur propre processus et faire suivre son application. Des outils commencent à faire leur apparition sur le marché ; l'objectif est de modéliser formellement le processus de développement. Les outils s'inscrivent ensuite dans le cadre du processus défini ; il s'agit d'appliquer strictement les règles définies dans le processus (c'est-à-dire de contrôler la bonne application du processus) et surtout de collecter les informations permettant d'analyser ensuite le processus.

Conclusion

Règle des 80 - 20 appliquée au logiciel

- 80 % de l'ingénierie est consommé par 20 % des besoins ;
- 80 % du coût du développement est consommé par 20 % des composants ;
- 80 % des erreurs sont provoquées par 20 % des composants ;
- 80 % des cassures et de retravail du développement est provoqué par 20 % des erreurs ;
- 80 % des ressources consommées (temps d'exécution, espace disque, mémoire) sont consommées par 20 % des composants ;
- 80 % de l'ingénierie se réalise avec 20 % des outils ;
- 80 % de l'avancement est fait avec 20 % des personnes ;

La différence fondamentale entre le processus traditionnel et le processus défini ici est que le premier s'occupe de la complétude totale à chaque étape du cycle alors que le second traite 20 % des points structurants sans s'occuper de la complétude.

La réussite des projets passe par la gestion des risques et leur prise en compte précoce dans le cycle de développement. La règle des 80/20 qui veut que 80 % des risques du projet nécessitent 20 % des ressources relatives à ce risque est de mise.

Dans le processus défini ici, le développement se concentre tôt sur les 20 % des besoins structurants. L'équipe est alors de taille réduite ; une fois que l'architecture a été validée et démontrée, une équipe plus importante peut se mettre en place pour traiter les 80 % restants avec un cadre architectural prouvé.

Gains importants

Le point le plus critique dans le processus défini ici est la transition d'objets fabriqués intangibles, tels que la conception papier, vers des objets fabriqués tangibles et des démonstrations. Il faut rapidement établir et valider une architecture exécutable qui représente ce qui sera finalement livré. Ces objets fabriqués évolutifs devraient se concentrer sur les 20 % clés du système, qui mèneront au succès ou à l'échec du projet. Une fois ces éléments clés validés, le projet va suivre une série d'itérations vers une solution 100 % fondée sur ces guides clés.

Dans un tel processus, la livraison d'objets fabriqués papier retarde de manière significative l'avancement du projet et fournit un faible retour sur investissement. Ces objets fabriqués sont développés dans un environnement « sans papier » ; grâce à l'utilisation des pratiques modernes de gestion de configuration, il n'y a pas besoin d'établir de processus de revue de papier. Le temps des itérations s'en trouve réduit et les organisations de développement se concentrent sur les guides clés en lieu et place de livraison papier. Le client doit avoir accès aux environnements de production de logiciel de manière à évaluer rapidement les objets fabriqués. Cela signifie que le client doit posséder le même outil de modélisation, le même environnement de gestion de configuration, le même environnement de programmation que son sous-traitant. Il n'achète pas la documentation papier produite dans le projet mais le vrai contenu des environnements de production. Il doit être capable d'évaluer et de s'assurer que les procédures de production (scripts de compilation, génération de documentation, suivi des corrections, techniques de mesure,...) sont correctes ; ce qui est plus important que les résultats de ces procédures.

Les fameux 20 % critiques du système sont généralement aussi les risques clés qui guident le développement. S'occuper de ces points réduit assez tôt voire élimine les risques, quand les coûts et l'impact sur les plannings sont faibles. Par ailleurs, l'équipe peut faire des choix coût/performance fondés sur une architecture exécutable.

Une fois la base architecturale établie et les risques réduits, voire éliminés, l'équipe de développement peut devenir plus importante. Du moment qu'un cadre a été développé et validé, les risques associés aux équipes de développement sont réduits. Ceci contraste avec l'intégration « big-bang » repoussée en fin de programme qui crée des effets de surprise et des échecs spectaculaires.

Le rôle du client devient primordial et plus efficace. Durant les phases d'étude d'opportunité et d'élaboration, les équipes sont petites, communiquent efficacement et développent des architectures performantes. Très peu de représentants du client sont requis ; cette équipe intégrée travaille étroitement pour aboutir aux objectifs communs. L'intégration et le test continus éliminent l'effet « big-bang » qui a causé l'échec de plusieurs projets et réduisent les coûts de développement, de maintenance et d'évolution.

Bibliographie

[Bell 95] R. Bell, « Tools to Engineer New Technlologies into Applications », *IEEE Software*, vol. 12, N°2, mars 1995.

[Berard 96] E.V. Berard, « Bringing Testing Into the Fold », *IEEE Software*, vol. 13, N°3, mai 1996.

[Boehm 88] B.W. Boehm, « A Spiral Model of Software Development and Enhancement », *IEEE Software*, vol. 21n, N°5, mai 1988.

[Boehm 96] B.W. Boehm, « Anchoring the Software Process », *IEEE Software*, vol. 13, N°4, juillet 1996.

[Boehm 96] B.W. Boehm, H. In, « Identifying Quality-Requirements Conflicts », *IEEE Software*, vol. 13, N°2, mars 1996.

[Booch 94] G. Booch, *Object-Oriented Analysis and Design with Applications*, 2e édition, Addison-Wesley, 1994.

[Booch 96] G. Booch, *Object Solutions : Managing the Object-Oriented Project,* Addison-Wesley , Redwood City, California, 1996.

[Booch 98] G. Booch, « Leaving Texas », *IEEE Software*, vol. 15, N°1, janvier-février 1998.

[Brown 96] N. Brown, « Industrial-Strength Management Strategies », *IEEE Software*, vol. 13, N°4, juillet 1996.

[Bruckauss 96] T. Bruckauss, N. H. Madhavji, I. Janssen, J. Henshaw, « The Impact of Tools on Software Productivity », *IEEE Software*, vol. 13, N°5, septembre 1996.

[Charrette 96] R. Charette, « Large-Scale Project Management Is Risk Management », *IEEE Software*, vol. 13, N°4, juillet 1996.

[Demarco 96] T. Demarco, « Personal Approach to Improving Software Development », *IEEE Software*, vol. 13, N°6, novembre 1996.

[Devlin 97] M.T. Devlin, « New Trends in Software Development », *Actes des conférences SIGS ObjectExpo*, Paris, Novembre, 1997.

[Forte 97] G. Forte, « Managing Change for Rapid Development », *IEEE Software*, vol. 14, N°2, Mars-Avril 1997.

[Furey 97] S. Furey, « Why We should Use Function Points », *IEEE Software*, vol. 14, N°2, mars-avril 1997.

[Haley 96] T.J. Haley, « Software process Improvment At Raytheon », *IEEE Software*, vol. 13, N°6, novembre 1996.

[Hall 97] T. Hall, « Implementing Effective Software Metrics Programs », *IEEE Software*, vol. 14, N°2, mars-avril 1997.

[Hsia 96] P. Hsia, « Making Software Development Visible », *IEEE Software*, vol. 13, N°3, mai 1996.

[Hudepohl 96] J.P. Hudepohl, S.J. Aud, T.M. Khoshgoftaar, EB. Allen, J. Mayrand, « Emerald : Sofwater Metrics and Models on the Desktop », *IEEE Software*, vol. 13, N°5, septembre 1996.

[Humphrey 96] W.S. Humphrey, « Using a Defined and Measured Personal Software Process », *IEEE Software*, vol. 13, N°3, mai 1996.

[Hunt 96] N. Hunt, « Testing Object Oriented Code : Unit Testing », *JOOP*, vol. 8, N°6, février 96.

[Jackson 98] M. Jackson, « Will There Ever Be Software Engineering », *IEEE Software*, vol. 15, N°1, janvier-février 1998.

[Jacobson 92] I. Jacobson, M. Christerson, P. Jonsson, G. Overgaard, *Object-Oriented Software Engineering : A Use Case Driven Approach*, Addison-Wesley, 1992.

[Jacobson 94] I. Jacobson, M. Ericsson, A. Jacobson, *The object advantage : Business process reengineering with object technology*, Addison-Wesley, 1994.

[Jacobson 97] I. Jacobson, L. Griss Martin, P. Jonsson, *Software Reuse, Architecture, Process and Organisation for Busines Success*, Addison-Wesley, 1997.

[Kitchenham 96] B. Kitchenham, S.L. Pfleeger, « Software Quality : The Elusive Target », *IEEE Software*, vol. 13, N°1, janvier 1996.

[Kitchenham 97] B. Kitchenham, « The Problem With Function Points », *IEEE Software*, vol. 14, N°2, mars-avril 1997.

[Kruchten 96] Ph. Kruchten, « Rational Risk management », *Le mouton*, Editions Rational Software, 1996.

[Kruchten 97] Ph. Kruchten, « Les Nouvelles Tendances du Développement Logiciel », *Actes de la conférence Solutions for Software Development*, Paris, 1997.

[Lehman 98] M.M. Lehman, « Software's Future : Managing Evolution », *IEEE Software*, vol. 15, N°1, janvier-février 1998.

[Lister 96] T. Lister, *Software Risk Management is Software Project Management,* Tutorial handout, mai 1996.

[Macala 96] R.R. Macala, L.D. Stuckey, D.C. Gross, « Managing Domain-Specific, Product-Line Development », *IEEE Software*, vol. 13, N°3, mai 1996.

[Mackey 96] K. Mackey, « Why Bad Things Happen to Good Projects », *IEEE Software*, vol. 13, N°3, mai 1996.

[Maring 96] B. Maring, « Object-Oriented Development of Large Applications », *IEEE Software*, vol. 13, N°3, mai 1996.

[Muller 97] P.A. Muller, *Modélisation objet avec UML*, Eyrolles, 1997.

[Nusenoff 96] R. Nusenoff, « Software Success : Microsoft's Method », *IEEE Software*, vol. 13, N°3, mai 1996.

[Offen 97] R.J. Offen, R. Jeffery, « Establoshing Software Measurment », *IEEE Software*, vol. 14, N°2, mars-avril 1997.

[Parris 96] K.V.C. Parros, « Implementing Accountability », *IEEE Software*, vol. 13, N°4, juillet 1996.

[Pfleeger 97] S.L. Pfleeger, « Assessing Measurement », *IEEE Software*, vol. 14, N°2, mars-avril 1997.

[Pfleeger 97] S.L. Pfleeger, R. Jeffery, B . Curtis, B. Kitchenham, « Status Report on Software Measurment », *IEEE Software*, vol. 14, N°2, mars-avril 1997.

[Rational 97] Rational Software Corp., *The Rational Objectory Process*, 1997.

[Rumbaugh 96] J. Rumbaugh, *OMT Insights,* Perspective Modeling from the SIGS JOOP, SIGS Reference Library, 1996.

[Sharon 95] D. Sharon, « Tools that Bind : Creating Integrated Environments », *IEEE Software*, vol. 12, N°2, mars 1995.

[Siddiqi 96] J. Siddiqi, M.C. Shekaran, « Requirements Engineering : The Emerging Wisdom », *IEEE Software*, vol. 13, N°2, mars 1996.

[Simmons 96] P. Simmons, « Quality Outcomes : Determining Business Value », *IEEE Software*, vol. 13, N°1, janvier 1996.

[Wasserman 96] T.I. Wasserman, « Toward a Discipline of Software Engineering », *IEEE Software*, vol. 13, N°6, novembre 1996.

CHAPITRE 5

L'utilisateur au cœur de la démarche

Ce chapitre met l'accent sur l'utilisateur final du nouveau système informatique et sur l'importance de son implication dans le processus de développement de ce système. La première section est centrée sur la place de l'utilisateur final au sein du processus de développement du système ; UML et les processus décrits dans le chapitre précédent sont présentés du point de vue des intervenants, et plus particulièrement de l'utilisateur final. La deuxième section analyse le concept d'« interfaces homme-machine » (IHM) et la façon dont UML appréhende ce concept. Enfin la troisième section fournit des ouvertures vers l'ingénierie des connaissances ; cette dernière propose des concepts et des techniques permettant de modéliser et d'acquérir les connaissances dans les domaines difficiles à formaliser. La phase d'analyse du problème et des besoins est complexe ; pour l'appréhender, il peut être utile de faire appel à diverses techniques dont celles qui sont issues de l'intelligence artificielle. Pour concevoir les futurs systèmes informatiques, il faudra construire des ponts entre les travaux en ingénierie des connaissances, en gestion et en systèmes d'information.

Implication de l'utilisateur final

Cette première section présente les arguments d'un processus de développement centré sur l'utilisateur : pourquoi est-il nécessaire d'impliquer l'utilisateur final, quand l'impliquer, quels sont ses interlocuteurs et enfin comment l'utilisateur intervient-il dans la démarche de développement ?

Pourquoi impliquer l'utilisateur final

Donner une Ferrari à une vielle dame pour faire ses courses dans Paris, ou encore, offrir une superbe robe en taille 44 à quelqu'un qui fait du 38 vous semble des idées saugrenues : alors pourquoi concevoir un système informatique sans avoir ciblé son utilisateur final ? C'est hélas une pratique très fréquente.

Les dépenses et les investissements informatiques réalisés depuis plus de trente ans n'ont pas toujours apporté les fruits escomptés, et ce pour plusieurs raisons : faiblesse de la conduite de projet, méthodologie peu adaptée, mauvaise gestion des risques, aveuglement par les technologies, systèmes de plus en plus complexes et ouverts sur une organisation qui tend à s'élargir (internationalisation, ouverture sur l'Internet), utilisateurs de plus en plus exigeants. Cependant une mauvaise analyse des véritables besoins des futurs utilisateurs reste une cause fréquente d'échec.

Concevoir un système informatique devient un pari très difficile à tenir. Pour le réussir, il faut placer l'utilisateur final et l'organisation au cœur du processus de développement. Le taux d'utilisation du nouveau système est directement lié à l'implication des futurs utilisateurs lors du processus de développement informatique.

Le temps est révolu où les informaticiens imposaient le système d'information aux futurs utilisateurs ; pourtant, l'implication de ces derniers n'est pas encore une réalité. Les contraintes de temps et de disponibilité sont à mettre en cause. Par ailleurs, les utilisateurs supportent des contraintes opérationnelles fortes, une implication dans le projet leur demande un effort important. Il faut trouver le bon levier pour leur faire produire cet effort. Actuellement, les chefs de projets informatique parlent beaucoup de l'implication des futurs utilisateurs, mais ne la mettent pas réellement et sérieusement en place.

De nombreux auteurs, sociologues, économistes ou informaticiens, montrent que cette implication est l'un des facteurs de réussite d'un projet d'informatisation. [Agro 95], [Alter 90], [Ives 84], [Landauer 95, [Moisdon 97], [Scott 95], [Mumford 83], [Robey 82], [Rosenthal 96]. Leurs arguments sont d'ordre économique, technique et psychosociologique : limitation des coûts, meilleure adéquation aux besoins, motivation des employés et meilleure acceptation du nouveau système. « Tout se passe donc comme si le thème de l'implication était en quelque sorte un scénario, désormais connu, ne réservant plus guère de surprise à la lecture, mais que l'on verrait rarement représenté sur scène par des acteurs » [Agro 95]. Il est vrai que le terme « implication » admet une grande variété de sens. « Implication » signifie « action d'impliquer, d'engager, avec une forte connotation de compromission, faisant référence à une véritable collaboration ». L'implication des utilisateurs est synonyme d'une participation forte et active. Les auteurs cités plus haut concluent : « Cette recherche montre à quel point l'implication des utilisateurs dans les projets informatique est un processus incertain et conflictuel [...]. En d'autres termes, la prise en compte des préoccupations des utilisateurs n'est pas une simple étape dans un processus linéaire d'informatisation, une sorte d'obligation contractuelle ou de formalité dont on peut s'acquitter avant de passer à d'autres activités de développement. Elle doit avoir sa place à chacune des étapes du processus [...]. Les chefs de projets sont rarement préparés à la prise en compte de ces aspects humains et organisationnels [...]. Sans doute cela a-t-il un coût : mais n'est-ce pas le prix à payer pour que le scénario de l'implication ne reste pas lettre morte, pour qu'il trouve des acteurs prêts à l'interprétation et qu'il contribue ainsi à une meilleure efficience organisationnelle des systèmes d'information ? » [Agro 95] Les utilisateurs finals d'un système sont nombreux : la saisie des données, leur consultation, leur exploitation, la recherche de statistiques sont des tâches effectuées par différentes personnes. Chaque utilisateur joue un rôle particulier vis-à-vis du système.

L'environnement (contexte économique, nouvelle technologie, concurrence exacerbée, le diktat des clients) oblige l'entreprise à réagir sur les produits et services qu'elle met à disposition et qui lui permettent de vivre. La mise en œuvre des changements organisationnels induit une modification voire une reconfiguration de son organisation (du processus métier) et du système informatique.

Selon l'importance de ce changement, la nature et la dimension du nouveau système informatique varie également. En tout état de cause, ce changement exige un accompagnement, et nécessite une volonté de la part des gestionnaires et une participation de la part de tous les exécutants. Une conception et une mise en place efficace du nouveau système consistent donc à gérer ce changement en impliquant les personnes de l'entreprise. J. Chaize montre bien que la porte du changement ne peut s'ouvrir que de l'intérieur. Pour cela il faut s'assurer que les choix organisationnels sont en harmonie avec les choix technologiques et stratégiques, et que les utilisateurs du futur système sont informés et impliqués. Une réingénierie de l'organisation suppose un changement ; il est nécessaire de le penser avant de concevoir le nouveau système informatique (cf. chapitre 3), afin de réduire la résistance au changement. La meilleure façon d'y arriver est de communiquer avec les hommes et les femmes concernés, afin qu'ils comprennent et s'approprient l'organisation cible. S'agissant de la qualité de service, l'argumentation est également centrée sur l'approche utilisateur ; il ne faut pas confondre la qualité de fonctionnement vue par l'informaticien avec la qualité de services, appréciée par l'utilisateur. La qualité de service est fonction des besoins de l'utilisateur : il s'agit d'une vue métier qui repose sur des indicateurs métier ; c'est une vision très différente de celle de l'informatique. Il faut établir un dialogue entre les utilisateurs et les informaticiens. Le vrai juge de la qualité est l'utilisateur. Tout peut sembler bien fonctionner au niveau des systèmes sans que l'utilisateur ait les informations voulues au moment voulu.

L'idée de communication et de coopération entre tous les individus impliqués peut être illustrée par un autre exemple. Considérons une troupe de théâtre, un orchestre ou une chorale, respectivement composés d'acteurs, de musiciens et de chanteurs, chaque artiste doit bien connaître son texte ou sa partition et même s'il est individuellement excellent, l'ensemble n'est pas forcément harmonieux. Pour arriver à une harmonie, il convient que ces professionnels s'accordent entre eux, qu'ils coopèrent. Ensuite, il faut qu'ils sachent pourquoi et pour qui ils jouent ensemble. Est-ce uniquement pour le plaisir de jouer, ou est-ce pour se produire en public ? Dans ce dernier cas, ils doivent cibler leur public, s'adapter au contexte. Par exemple, le groupe musical, ne joue pas de la même façon, ni les mêmes morceaux, pour un club de troisième âge, ou à l'occasion d'un mariage ou d'un gala. Le système informatique est en quelque sorte un spectacle, et l'utilisateur du système un spectateur ; concevoir un système revient à préparer ce spectacle. Pour que l'organisation, le système et ses utilisateurs potentiels interagissent en harmonie, il faut agir en ce sens dès la phase de business process reengineering (BPR) s'il y a lieu (cf. chapitre 3). Cette recherche d'harmonie doit se poursuivre lors du lancement du processus de conception du système informatique. L'utilisateur du système est un acteur du système au même titre qu'un spectateur est un acteur du spectacle, dans la mesure où il interagit avec lui. Ainsi, un metteur en scène ne conçoit pas le spectacle de la même manière selon le lieu (petite salle, grande salle, extérieur, intérieur...), le type de spectateurs et les moyens alloués.

Comment s'y prendre pour concevoir un système informatique correspondant aux exigences énoncées précédemment ?

Quand intégrer l'utilisateur final dans la démarche

Il faut établir un dialogue entre les utilisateurs et les constructeurs de la nouvelle organisation. La démarche de développement définie précédemment (cf. chapitres 3 et 4); comprend la construction de deux types de systèmes : le système d'information et le système informatique. Il est très important de bien faire la distinction entre le système d'information (métier de l'organisation au sens systémique et organisationnel) et le système informatique à concevoir. Il est très fréquent que les deux termes soient confondus; la confusion est source de mésentente et de non-communication entre les différents intervenants.

Un système se définit comme un ensemble structuré d'éléments ou d'objets qui coopèrent. « Le système d'information d'une entreprise est le sous-système qui englobe tous les composants de l'entreprise dont les interactions sont de type informationnel. Il a pour objectif de fournir aux différents niveaux de l'organisation les informations permettant d'accompagner et de contrôler le fonctionnement de l'entreprise » [Ermine 94]. Le système d'information ainsi défini ne se réduit pas à un système informatisé ; en effet, on distingue le système d'information organisationnel qui exprime l'activité organisée, associée au fonctionnement du système d'information, et le système d'information informatisé, qui concerne uniquement le contenu informatisé. L'analyse métier permet de déterminer l'organisation, les différents processus métiers et les objectifs. Le système informatique est conçu à partir de cette analyse.

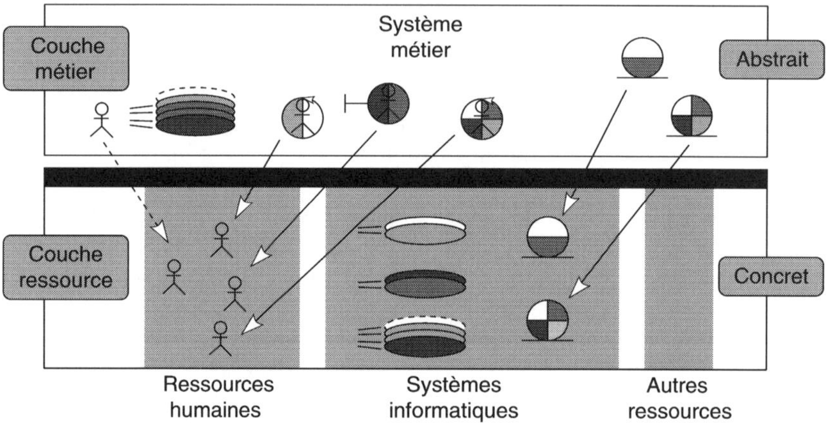

Figure 5-1
Les éléments d'un système informatique sont structurés en vue d'une utilisation et, plus précisément, de plusieurs utilisateurs qui doivent effectuer une ou plusieurs tâches

Deux processus sont spécifiés dans la démarche. Le premier processus consiste à repenser le nouveau système d'information de l'organisation, le second processus à développer le système informatique.

Les utilisateurs finals sont indispensables pour bien comprendre les deux systèmes (le système d'information et le système informatique). Ils sont placés au centre de la démarche d'analyse et doivent être impliqués dans les deux processus : celui d'ingénierie métier et celui de développement du système informatique. Il est important de noter que les utilisateurs finals des deux systèmes sont nombreux et appartiennent à des catégories différentes. Si l'implication de l'utilisateur final est nécessaire, il n'est pas indispensable que tous les utilisateurs finals d'un système informatique soient présents ; il faut qu'il y ait un représentant par catégorie d'utilisateur. Ce représentant est le porte-parole de tous les autres de sa catégorie, il sera de son devoir de retransmettre les informations aux autres utilisateurs. Pour instaurer le dialogue entre l'utilisateur final et les autres intervenants du processus de conception, il est nécessaire d'identifier ces intervenants. Qui sont ces derniers ?

Intervenants dans le processus ingénierie métier et utilisateurs finals du système informatique

Les différents intervenants impliqués dans le processus d'ingénierie métier sont les constructeurs de cette nouvelle organisation et les utilisateurs du futur système d'information métier. Parmi ces derniers nous trouvons les utilisateurs finals du système informatique. L'implication de ces derniers réduit le risque d'abandon du projet.

Constructeurs

Le maître d'ouvrage correspond au service ou à la direction qui commande l'étude. Le maître d'ouvrage commence l'opération et s'engage sur sa rentabilité, définit ses besoins, élabore le dossier d'évaluation financière et, après accord, passe commande au maître d'œuvre. Le maître d'ouvrage participe à la conceptualisation du nouveau système d'information métier en fournissant les règles de gestion. Il suit la réalisation du produit et procède à sa recette.

Le maître d'œuvre est un service technique ou une direction informatique et technique ou encore un sous-traitant. Différents rôles sont assurés par le maître d'œuvre sur un tel processus d'ingénierie métier :

- Le *chef de projet* qui représente le secteur et la direction. Il est responsable de la conception du système informatique et de la qualité technique du projet. Il est responsable de l'équipe de développement du système informatique.
- L'*architecte* a le même rôle qu'un architecte du bâtiment, il est responsable technique du projet.

Les *spécialistes en organisation* (qualité, ingénieurs système...) sont également présents ; leur participation confirme ce que suggère Moisdon [Moisdon 97] : « Un système d'information est aussi un modèle simplifié de l'organisation. Il suppose un ensemble de relations entre les membres de l'organisation et propose des hypothèses sur les missions et le fonctionnement de cette dernière ».

Pendant le processus d'ingénierie métier, le maître d'ouvrage et le maître d'œuvre doivent s'accorder sur la nouvelle stratégie.

Ils ont en charge d'impliquer les utilisateurs directs finals ou leurs représentants pour :

- *expliquer* la nouvelle stratégie et son enjeu ;

- *informer* et *former* sur la nouvelle organisation ;
- *demander* et *comprendre* les besoins ;
- *expliciter* les contraintes ;
- *extraire* leur savoir.

Utilisateurs du futur système d'information

Les utilisateurs doivent s'approprier la nouvelle organisation ; et en tirer parti. Deux types d'utilisateurs sont définis :

- Les *utilisateurs directs* sont les utilisateurs finals du futur système informatique, ils doivent s'approprier ce nouveau système. Pour une réussite du projet et une mise en œuvre efficace, les systèmes informatiques doivent être tirés par les utilisateurs et non l'inverse. Cela signifie que les utilisateurs ont un désir accru de cohérence et de maîtrise de leur système informatiques. À l'aube du XXIe siècle l'homme ne s'adapte plus à la technologie mais c'est la technologie qui doit s'adapter à l'homme. Le système informatique doit être conçu pour son utilisateur.
- Les *utilisateurs indirects* sont aussi directement concernés par le nouveau système d'information métier mais ne vont pas utiliser le nouveau système informatique. En revanche, ils ont un savoir-faire et des connaissances qu'il faut intégrer dans le développement du système informatique.

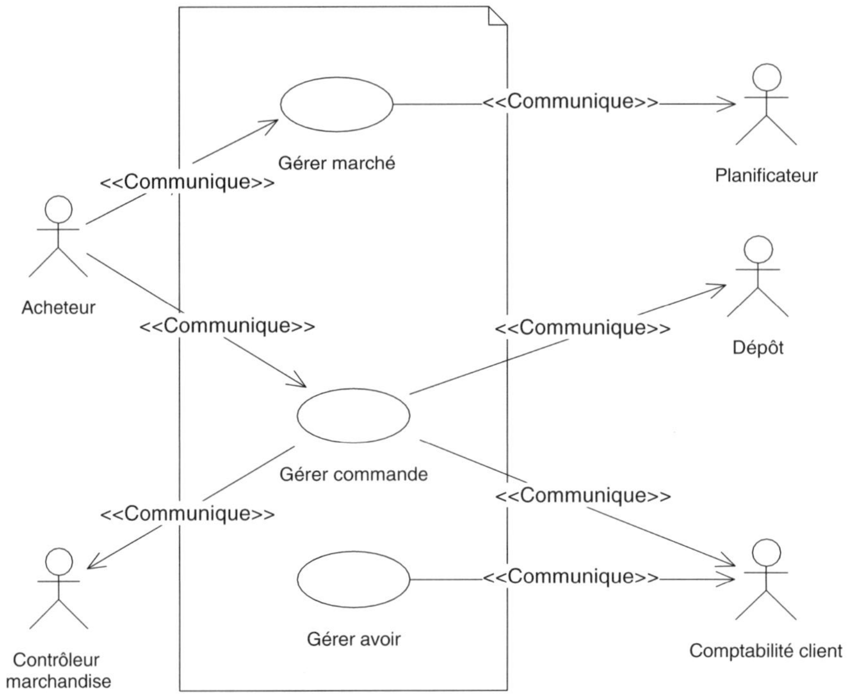

Figure 5-2 *Utilisateurs des processus métier*

Dans l'exemple de la SNEA, les utilisateurs finals du système informatique se composent :

- des utilisateurs directs du système d'information (`Acheteur`), des travailleurs d'interface (`Ingénieur commercial`) et des travailleurs de contrôle (`Directeur régional`) ;
- des utilisateurs indirects du système informatique (`Planificateur` et `Expert qualité`). Ils sont affectés par la nouvelle structuration du système d'information métier mais ils n'utilisent pas le système informatique.

Les acteurs définis lors de la conception des processus métier sont des utilisateurs de ces processus métier. Chaque utilisateur a un rôle précis. L'important est d'identifier ces rôles, vis-à-vis du système d'information puis, vis-à-vis du système informatique qui sous-tendra le système d'information. Il est important d'identifier ces utilisateurs et donc les différents rôles afin de mieux les impliquer dans le processus de développement du système informatique. Par exemple, le rôle de l'utilisateur `Comptabilité client` permet de mieux comprendre son interaction avec les processus métier `Gérer avoir` et `Gérer commande`. Si les processus métier de l'organisation évoluent, le rôle de l'utilisateur `Comptabilité client` peut également changer.

Intervenants dans le processus d'ingénierie logicielle et utilisateurs finals du système informatique

- Les concepteurs (au sens large du terme : maître d'ouvrage, maître d'œuvre et informaticiens) traditionnels ont une mauvaise intuition de l'utilisabilité du système, ils prennent souvent un point de vue centré sur le système, sur la technologie et sont très peu formés à la psychologie ou aux autres disciplines comportementales. Une alternative à la pratique courante est la conception centrée sur l'utilisateur ; « User Center Design » ou « UCD » [Landauer 96] ; conception conduite, informée et façonnée par l'évaluation empirique d'utilité et d'utilisabilité. La conception centrée utilisateur entraîne des gains d'efficacité du travail des utilisateurs, cc qui contribue indirectement à accroître la productivité sur ordinateur. La conception centrée utilisateur du système informatique met en présence le maître d'œuvre (le chef de projet et les développeurs) et les représentants utilisateurs. L'utilisateur doit valider avec les développeurs chaque phase du processus de développement du système informatique et, à l'intérieur de chaque phase, chaque itération (cf. chapitre 4). La conception centrée utilisateur a également d'autres effets :
  - *réduction des erreurs humaines ;*
  - *réduction du turnover des employés ;*
  - *augmentation de la valeur de service ;*
  - *réduction de la maintenance ;*
  - *augmentation de la satisfaction ;*
  - *synergie de l'amélioration des processus métier et de la réingénierie ;*
  - *production de nouvelles utilisations efficaces.*

Une fois les utilisateurs du système d'information et les intervenants des deux processus identifiés, nous allons examiner comment les intégrer.

Comment intégrer les utilisateurs dans la démarche

Les utilisateurs sont intégrés dans la démarche par les cas d'utilisation et par la démarche participative.

Cas d'utilisation

Les cas d'utilisation d'UML permettent de recentrer l'expression des besoins sur les utilisateurs, conformément à la démarche de conception dirigée vers l'utilisateur final. La plus grosse difficulté lors de la conception d'un système est de cibler l'analyse des besoins. Les cas d'utilisation permettent aux utilisateurs de structurer et d'articuler leurs aspirations. Les utilisateurs du système sont ainsi obligés de définir la manière dont ils voudraient interagir avec le système. Le dialogue entre les utilisateurs et les concepteurs du système se situe dans un premier temps à un niveau conceptuel élevé ; il est mené en langage naturel, compris de tous les intervenants, sans intermédiaire de modélisation complexe. Dans un deuxième temps, il est nécessaire de préciser les informations qu'ils entendent échanger et de décrire ce qui doit être fait pour obtenir le résultat escompté. Le formalisme des cas d'utilisation basé sur le langage naturel présente un certain intérêt : il est accessible aux utilisateurs sans formation particulière ; ces derniers peuvent exprimer leurs besoins en communiquant avec les analystes, les ingénieurs et les cogniticiens. Dans l'exemple de la SNEA, le cas d'utilisation `Créer commande` (ce processus est utilisé par l'ingénieur commercial local pour créer des commandes normales) se décrit comme suit :

Dans un premier temps, il s'agit de s'assurer que la personne qui se présente devant le système est un ingénieur commercial local autorisé à se connecter au système et à créer des nouvelles commandes (authentification, contrôle d'habilitation à l'application, contrôle d'habilitation à la création de commande normale). Dans un deuxième temps, il s'agit d'identifier le client. L'ingénieur commercial local sélectionne le client qui veut passer une commande. Le système lui propose de rechercher le client selon plusieurs critères (numéro, nom, nom incomplet...). Le système recherche l'identité du client et son adresse ; il vérifie que le client n'est pas interdit et appartient au portefeuille de l'ingénieur commercial local connecté. Ainsi de suite, la description du cas d'utilisation `Créer commande` continue sur la saisie de la commande, du produit commandé, des dates, livraison, du mode de transport, etc.

Les cas d'utilisation ont l'avantage d'être compréhensibles par tous les intervenants et de replacer le futur système dans un contexte d'usage ; les concepteurs échappent ainsi à la tentation de construire un système informatique attrayant, mais en dehors de toute réalité.

Un modèle de cas d'utilisation (également appelé « modèle d'usage ») comprend les acteurs, le système et les cas d'utilisation. Tout ce qui est extérieur au système est un acteur. Ce n'est pas l'acteur en tant que personne qui est pris en compte, mais son rôle. Chaque acteur a un rôle. Un acteur peut participer à plusieurs processus. Dans un même processus, il peut y avoir plusieurs rôles à jouer. Différents procédés sont utilisés pour décrire les processus : le plus simple consiste à les écrire en langage naturel de sorte que l'utilisateur comprenne ; les diagrammes états/transitions sont plus formels, mieux adaptés aux processus qui donnent lieu à beaucoup d'interactions ; les diagrammes d'activités sont plutôt destinés aux processus plus automatisés. Le formalisme adopté est fonction du contexte et de l'interlocuteur.

La première étape pour concevoir des cas d'utilisation consiste à définir les utilisateurs du système. L'étude des utilisateurs du système informatique relève de la réponse aux questions :

- *Quels sont les utilisateurs* qui ont besoin du système pour réaliser leur travail ?
- *Quels sont les utilisateurs* qui exécutent les fonctions principales du système ?
- *Quels sont les utilisateurs* qui exécutent les fonctions secondaires du système (maintenance et administration) ?
- *Est-ce que le système interagit* avec du matériel ou d'autres logiciels ?

Dans l'exemple de la SNEA, l'acheteur de la société cliente a un accès direct au système (via Internet). Les utilisateurs du système informatique déterminés lors de l'analyse des processus métier sont les suivants :

Figure 5-3
Utilisateurs du système informatique

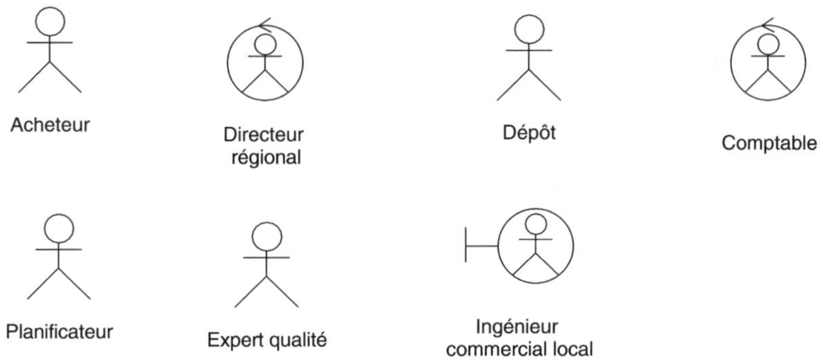

Après avoir identifié les premiers utilisateurs, les cas d'utilisation du système doivent être mis en évidence. Ce travail est itératif, dans le sens où l'analyse détaillée des cas d'utilisation permet de retravailler sur les utilisateurs. La recherche des cas d'utilisation du système relève de la réponse aux questions :

- *Quelles sont les tâches primaires* que l'utilisateur veut faire faire au système ?
- *Est-ce que l'utilisateur* va créer, stocker, changer, enlever ou lire des données dans le système ?
- *Est-ce que l'utilisateur* a besoin d'informer le système de changements externes ?
- *Est-ce que l'utilisateur* a besoin d'être informé des occurrences dans le système ?
- *Est-ce que l'utilisateur* va exécuter le démarrage et l'arrêt du système ?

L'analyste essaie de faire exprimer aux utilisateurs leurs besoins, un peu comme un psychanalyste, afin de bien comprendre les différents processus. Il les traduit en cas d'utilisation et tous les cas d'utilisation possibles sont ainsi décrits. Un cas d'utilisation comprend un ensemble de scénarios d'utilisation. Un scénario est donc une instance d'un cas d'utilisation particulier. Chaque fois qu'un acteur utilise le système, le cas d'utilisation instancie un scénario[1]. Le concepteur doit se poser certaines questions pour construire un cas d'utilisation :

- *Qu'attend l'utilisateur* du système ?
- *Comment l'utilisateur* va-t-il communiquer avec le système ?
- *Quelles sont les données* dont l'utilisateur a besoin ?
- *Quelles sont les tâches* que l'utilisateur doit accomplir ?
- *Quelles sont les interactions* entre l'utilisateur et le système ?

UML se propose de se soucier du contexte réel d'utilisation et de rendre compte des besoins avec les cas d'utilisation. Cela permet d'établir des liens entre les informaticiens et les utilisateurs. L'informaticien écrit les cas d'utilisation avec les utilisateurs. Ainsi, l'informaticien est plus dans la réalité et la rigueur. En effet, décrire les cas d'utilisation avec les utilisateurs oblige les intervenants du processus de développement à mieux coller à la réalité et à faire preuve d'une rigueur accrue. La démarche participative permet également d'accroître la communication entre les utilisateurs et les différents intervenants. C'est une coconstruction.

Démarche participative

Les pratiques actuelles sont différentes de celles qui sont exposées ci-dessus : aujourd'hui la communication entre les intervenants impliqués dans le processus de développement est linéaire. Le processus est amorcé par le maître d'ouvrage qui analyse les besoins des utilisateurs et les transmet au maître d'œuvre ; ce dernier sollicite les développeurs.

Figure 5-4
Cheminement de la communication entre intervenants dans un processus de développement classique de système informatique

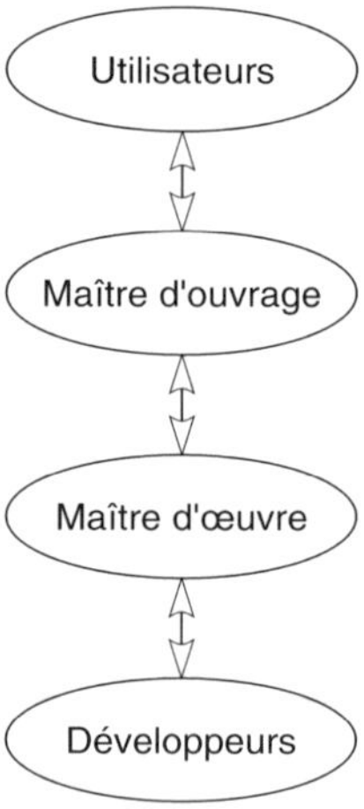

En pratique, les utilisateurs sont rarement consultés, faute de temps. Le positionnement du problème et de la situation n'est pas toujours pertinent car la démarche est centrée sur la solution du problème et non sur le problème lui-même. Les faiblesses viennent du

1. Les interactions entre l'acteur et un autre acteur à l'extérieur du système ne sont pas prises en compte.

processus de développement et de la vision des dirigeants qui souhaitent parfois éviter les rencontres avec les utilisateurs. Il manque souvent une prise en compte efficace et active de l'utilisateur final dans le processus de développement, même si les méthodes comme Merise le préconisent. Par conséquent, l'interprétation des besoins des utilisateurs n'est pas toujours réussie. L'analyse du problème et des besoins nécessitent plus d'éclaircissements.

- La prise en compte des besoins de l'organisation implique une démarche non linéaire et plutôt itérative. En réalité, les besoins ne sont jamais énoncés une fois pour toutes. En effet, les utilisateurs expriment rarement la totalité de leurs besoins ; ils y reviennent une fois qu'ils ont entre les mains une première ébauche de système. Par ailleurs, les besoins évoluent : le contexte est mouvant et l'introduction du système fait également évoluer l'organisation. La prise en compte du caractère itératif de la démarche de développement reste un facteur de succès pour concevoir un système informatique.
- L'évolution de la théorie et des technologies permet de s'adapter à l'organisation, au projet et au développeur par une démarche de conception appropriée qui se sert précisément des nouvelles technologies et des nouveaux outils de modélisation disponibles.

Actuellement, les activités de modélisation deviennent prépondérantes par rapport aux activités de codage. En effet, une mauvaise modélisation du problème conduit à un système inadapté, même si le codage du modèle est bon. Le modèle est un outil de communication avec l'utilisateur. En élaborant à chaque phase un exécutable que les utilisateurs peuvent manipuler, les développeurs du nouveau système informatique sont plus à même de cibler les besoins. Par ailleurs, l'utilisateur final arrive rarement à formuler ses besoins définitivement et revient souvent sur le modèle.

Le tableau suivant réunit les outils de communication, entre l'utilisateur final et l'équipe de développement, disponibles durant les différentes phases d'un cycle de développement dans la démarche d'ingénierie logicielle participative.

Tableau 5-1 Moyens de communication entre les utilisateurs et les développeurs

Phase	Aide à la communication
Étude d'opportunité	Maquette jetable
Élaboration	Version préalable
Construction	Version bêta
Transition	Version finale

Il y a également un phénomène psychologique qui rentre en ligne de compte : parce que les utilisateurs sont impliqués dans le processus, ils se sentent écoutés et donc valorisés. Des essais ont été faits dans un atelier d'usine ; la diffusion de la musique a permis d'augmenter la productivité ; lorsque la musique a été supprimée, la productivité a encore augmenté. L'explication est simple ; le fait de tenir compte de l'avis des ouvriers, de les écouter, même sur un sujet mineur, les a valorisés ; cette valorisation se traduit en termes de rendement. Si les utilisateurs sont impliqués, ils sont responsabilisés vis-à-vis de ce nouveau système. Il existe une boucle rétroactive entre l'utilisateur et l'outil.

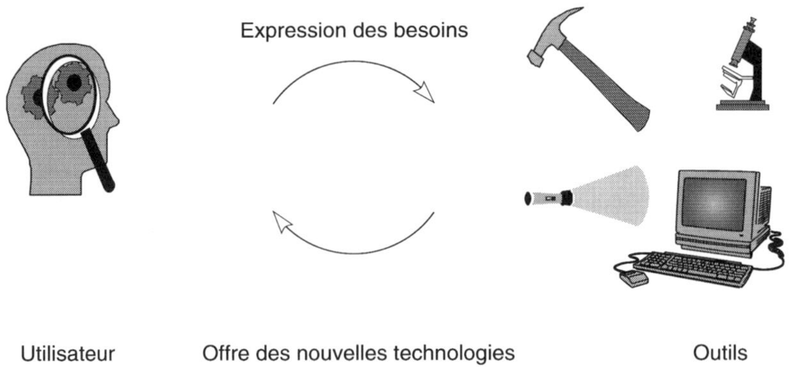

Figure 5-5
Expression des besoins

Le circuit de la communication entre tous les intervenants dans le processus de développement se trouve modifié. La démarche participative définie dans cet ouvrage consiste à réaliser une communication circulaire entre la maîtrise d'ouvrage, la maîtrise d'œuvre, l'équipe de développement, et les utilisateurs au centre du processus de conception.

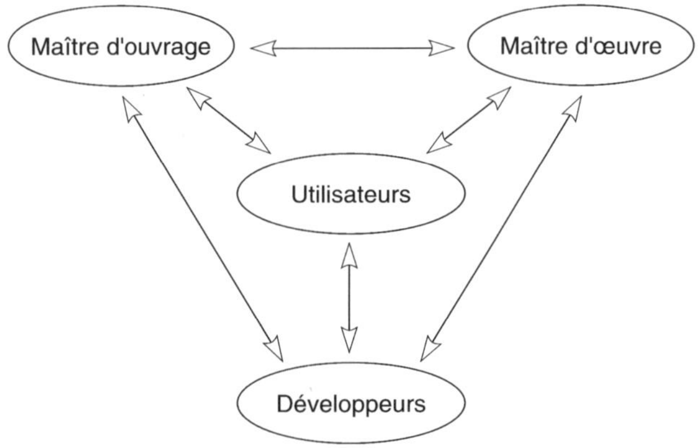

Figure 5-6
Cheminement de la communication entre intervenants dans la démarche de développement

Pour illustrer l'idée de changement et de rétroaction qu'induit un nouvel outil de travail, prenons l'exemple de la voiture. Un conducteur achète un nouveau véhicule en fonction de l'utilisation qu'il va en faire. S'il est représentant de commerce, il prend une voiture sûre et confortable. Son choix varie selon qu'il roule à la campagne, sur des routes de montagne ou sur des grands axes. Il doit s'adapter aux nouvelles technologies qui font évoluer la façon de conduire et aux nouveaux types de voitures (électrique, automatique ou de sport, par exemple). Il s'approprie sa nouvelle voiture d'autant plus facilement que la convivialité, l'ergonomie du véhicule le satisfont.

Nous avons présenté dans cette section la nécessité d'impliquer les utilisateurs finals du système informatique lors de la conception, nous avons identifié les relations des utilisateurs et des intervenants, enfin nous avons montré comment les cas d'utilisation d'UML et la démarche itérative permettent de répondre à cette nécessité.

Afin de tendre vers la meilleure symbiose possible entre l'homme et le système informatique, il convient d'analyser plus en profondeur l'ergonomie informatique : l'interface homme-machine, support de l'intégration entre le système informatique et ses utilisateurs finals.

Interface homme-machine

La communication homme-machine met en relation deux acteurs, l'utilisateur et la machine, via un moyen de communication : l'interface. L'interface utilisateur est définie comme le moyen de communication entre le système informatique et son utilisateur. Ce moyen de communication est un élément incontournable du système informatique. L'interface homme-machine prend de plus en plus d'importance. Ceci rejoint le concept d'utilisabilité des systèmes développé précédemment.

Dans cette section, nous présentons le concept des interfaces avec les principes fondamentaux et l'historique de l'évolution des interfaces, le concept d'ergonomie central pour la conception des interfaces adaptées à l'utilisateur et la façon dont UML appréhende la communication homme-machine.

Interface

L'interface Macintosh a été acclamée comme une grande percée, elle est considérée comme le point de départ d'une nouvelle ère dans l'interaction homme-machine. Différents principes de conception, idées d'interfaces et de manipulation directe ont été inspirés de cette interface. Macintosh a été le premier à lancer une conception centrée utilisateur par son interface.

Concepts fondamentaux

Le concept d'interface est aujourd'hui en pleine évolution ; l'interface n'est plus une fenêtre passive entre l'homme et la machine : elle s'insère plus directement dans le monde de l'utilisateur et dans le monde qui l'environne. Dans l'ouvrage édité par l'observatoire français des techniques avancées [OFTA 96], les différents types d'interfaces homme-machine sont étudiés et leurs formes futures sont envisagées. Les problèmes de conception et d'évaluation d'interfaces homme-machine sont soulevés. Ce rapport dresse un état de l'art complet en communication homme-machine et indique les nouvelles tendances dans ce domaine, en particulier les nouveaux médias et les nouveaux modes de communication. Il est clair que le domaine des interfaces homme-machine jouera dans les années à venir un rôle prépondérant dans l'industrie, l'économie et la société.

La conception des interfaces nécessite une prise en compte de plus en plus importante des utilisateurs, une homogénéité dans la structure générale des écrans, une adaptabilité à différents types d'utilisateurs et une facilité d'utilisation et d'apprentissage des objets graphiques manipulés.

- Une *prise en compte des utilisateurs* : cela signifie mettre l'utilisateur au cœur du processus de développement du système informatique et plus particulièrement des interfaces.

- Une *homogénéité des interfaces* : cela signifie un mode d'emploi standard et une homogénéité des écrans (écrans semblables pour un traitement de texte, Word par exemple, et un jeu comme le solitaire). Pour le cas SNEA, la mise à jour des marchés sera présentée toujours avec le même écran.
- Une *adaptabilité* : cela signifie plusieurs cheminements possibles pour une même action. D'une part, l'utilisateur peut avoir à accéder à certaines informations par des points d'entrée différents selon la situation dans laquelle il se trouve, et d'autre part, différents types d'utilisateur peuvent coexister : des experts et des débutants. Les experts doivent pouvoir emprunter des raccourcis.
- Une *facilité d'utilisation et d'apprentissage* : cela signifie des images claires et non ambiguës, utilisées dans la vie de tous les jours : les boutons [Quitter] ou [Pause] analogues à celui de la télévision.

L'objectif est donc de concevoir des interfaces intelligentes et intuitives. Mais qu'est-ce qu'une interface intuitive et intelligente ?

Interfaces intuitives et intelligentes

Une interface intelligente est une interface adaptée à l'utilisateur, qui répond autant que faire se peut à son problème. Une interface intuitive est une interface qui ne demande pas de formation particulière. Ces interfaces intuitives doivent être guidées par le bon sens ; pour cela on utilise des métaphores relatives au monde réel (par exemple la corbeille, les onglets faisant penser aux classeurs, les magnétoscopes, etc.). Le concept d'intuition est très lié à une référence culturelle. Les conséquences d'une mauvaise interprétation de certains signaux dits *intuitifs* peuvent être terribles : l'accident aérien du mont Sainte-Odile en est un exemple regrettable. Les causes de l'accident venaient d'une erreur d'interprétation, car le même écran numérique visualisait de façon identique deux informations différentes, l'angle de pente et la vitesse [Ganascia 96]. Il faut donc définir une interface en fonction d'un savoir, d'une situation sociale et pour une tâche déterminée.

Les interfaces actuelles sont graphiques, avec un gestionnaire de fenêtres. La fenêtre est l'élément de base d'une interface graphique ; chacune des fenêtres correspond à un document de travail. Il est possible d'afficher et de consulter une base de données dans une fenêtre ou de préparer un rapport en l'enrichissant de commentaires et de calculs. En général, le nom de la fenêtre est affiché.

L'icône est une composante importante de l'interface, elle se présente à l'écran sous la forme d'un pictogramme et véhicule une idée facilement identifiable par l'utilisateur. La signification du pictogramme doit être immédiatement compréhensible. L'intérêt du recours aux icônes réside dans le fait qu'il n'y a pratiquement aucun apprentissage ; encore faut-il que l'icône soit convenablement choisie, et transmette le « bon » message comme l'icône de la poubelle qui traduit parfaitement le processus d'effacement. La compréhension d'un signe peut poser problème, car le concepteur de l'application ne donne pas toujours à un pictogramme le même sens que l'utilisateur. Certaines icônes peuvent être explicites pour les uns et non pour les autres. Si les ciseaux, le sablier, le doigt pointé, la loupe, le stop appartiennent au langage commun, le sens interdit ou la bombe sont plus ambigus. Au départ, les jeunes développeurs ont tendance à abuser des métaphores, des couleurs ; il faut s'en garder car « après digestion des commandes, des libellés, des pictogrammes et des icônes, la magie métaphorique peut nous enfermer dans son labyrinthe... Le rôle de l'ergonomie sera de tendre, aux uns et aux autres, des images aussi peu déformées que possible de la réalité humaine » [OFT 96].

Les jeux CD-Rom ou les applications PC maison ne sont plus fournis avec un manuel utilisateur, il n'y a plus que deux pages pour expliquer comment les installer, c'est tout ! Toute la documentation est en ligne et l'apprentissage se fait par essais et erreurs. Le guidage et l'aide en ligne sont essentiels. Ils doivent être intuitifs car ils permettent d'éclairer l'utilisateur et de le conseiller. Le parcours de l'application peut être implicite si les informations sont proposées et organisées de telle sorte qu'elles ne présentent aucune ambiguïté possible pour l'utilisateur. Il est pourtant très difficile de réussir à présenter une interface ayant un système de guidage implicite complet. Les erreurs affichées par le système sont une autre façon de guider l'utilisateur dans sa navigation dans le système. Les faiblesses d'ergonomie sont souvent considérées comme des erreurs informatique par l'utilisateur. Comprendre les problèmes d'interface en informatique suppose une compréhension de l'évolution de l'informatique.

Historique des interfaces

Pour comprendre l'évolution des interfaces homme-machine des systèmes informatiques, il est nécessaire de comprendre l'évolution de l'informatisation des entreprises.

Les années 60 et 70 sont celles d'une informatique centralisée et des traitements de masse des données, avec des méthodes de conception structurées et fonctionnelles. L'informatique est alors essentiellement destinée à la gestion des circuits administratifs. Pour ce type de systèmes informatiques, l'ergonomie des interfaces était limitée. Les terminaux de l'époque, alphanumériques et très proches de la machine à écrire, n'offrent aucune subtilité de communication avec l'utilisateur, ni de convivialité. Il s'agit juste de traitement en *batch* ; aucune interface n'est développée. L'utilisateur disposait de cartes perforées, de listings énormes sur lesquels les erreurs étaient signalées. Si pour l'époque, la productivité est bonne (suppression de personnels administratifs), les systèmes informatiques de ces années sont extrêmement pauvres sur le plan ergonomique même si les règles de présentation de listings énoncées alors sont encore valables. Ces systèmes sont d'apprentissage et d'usage difficiles, très rigides, peu évolutifs, hétérogènes et présentent des temps de réponse souvent très longs.

Les années 80 voient naître les ordinateurs personnels et la micro-informatique. L'informatisation des entreprises a évolué, les utilisateurs sont devenus plus exigeants. L'interface utilisateur des postes de travail s'est enrichie avec l'apport des interfaces bureautiques de Xerox et du Macintosh. Les interfaces graphiques se standardisent.

Les années 90 sont celles d'une informatique répartie et distribuée. C'est l'ère de la standardisation des échanges. Le poste informatique doit offrir de plus en plus de potentialités et de facilités d'utilisation, tant en modes opératoires qu'en assistance à la navigation dans les réseaux de type Internet, Intranet. Les interfaces deviennent complexes, ouvertes sur des domaines intéressant le grand public ou des utilisateurs spécifiques ; il s'agit par exemple du transport aérien et/ou de l'aide aux handicapés. Les interfaces se diversifient. Dans un avenir très proche, elles seront multimodales ; l'association du son à l'image est un facteur d'efficacité certain.

Landauer s'est interrogé sur les relations existant entre la façon dont les ordinateurs sont conçus et leurs effets sur l'efficacité des utilisateurs [Landauer 95]. Il explique dans quelles conditions la technologie peut gaspiller des ressources et échouer quant à aider les organisations à produire davantage. Landauer prouve par ailleurs que les technologies de l'information n'apportent pas beaucoup à la productivité et propose des solutions. Ces solutions passent par une conception centrée sur l'utilisateur. La difficulté de mise en œuvre et la mauvaise utilisation de certains systèmes informatiques posent problème. Les applications informatiques sont souvent complexes, leur apprentissage apparaît retardé. Dans la plupart des systèmes informatiques des entreprises, l'interface utilisateur reste pauvre sur le plan ergonomique, difficile à apprendre et à utiliser. L'utilisateur accepte d'autant plus facilement un nouveau système informatique que son ergonomie a été prise en compte dès l'analyse des besoins. Il est important de remarquer que la facilité d'utilisation n'est pas uniquement attribuée à son interface utilisateur graphique (fenêtres, menus, icônes, aide en ligne). Aussi, il est possible de combiner les composants graphiques et de rendre une application difficile à utiliser, inefficace et imprécise, comme il est possible de concevoir une application pour laquelle une excellente utilisabilité est obtenue sans l'usage de composants d'interface graphique. Cela revient très cher aux entreprises de prendre le temps de rendre l'interface utilisateur aussi conviviale et créatrice que possible. La construction d'interfaces n'est pas indépendante des fonctionnalités d'un système informatique (ce qu'il fait et comment il le fait). L'utilité et l'utilisabilité d'une application informatique dépend fortement de ses fonctionnalités. Cela nécessite des itérations successives pour arriver à comprendre ce que la machine doit faire et comment l'utilisateur doit faire fonctionner la machine. Les choix de traitements sont limités par les fonctions que le programme de base supporte. Bien que les fonctionnalités d'un logiciel doivent rester indépendantes de l'interface homme-machine, analyser et concevoir les fonctionnalités avant de concevoir l'interface est une grave erreur. Il faut que l'interface soit conviviale et que les systèmes informatiques répondent à l'ensemble des besoins. Les entreprises n'ont plus le choix : l'informatisation du poste de travail est une urgence absolue. L'ordinateur remplace l'attaché-case : un cadre travaille à son domicile, au bureau ou dans les transports. Cela est possible si l'interface utilisateur lui permet de le faire facilement et efficacement. La prise en compte de l'interface utilisateur sur la forme et sur le fond est un choix stratégique dans un processus de développement de systèmes informatiques. Lors de l'analyse, les utilisateurs et les développeurs vont chercher un compromis. Par exemple, dans un premier temps, les cas d'utilisation majeurs et les scénarios les plus fréquents sont formalisés, pour dans un second temps, spécialiser certains postes de travail avec des scénarios moins nombreux.

Pour Scapin [Scapin 86], le concept d'interface en ergonomie englobe tous les aspects des systèmes informatiques qui influent sur la participation de l'utilisateur à des tâches informatisées, ce qui nous amène à définir le concept d'ergonomie.

Ergonomie des interfaces

L'ergonomie s'intéresse, de manière générale, à l'amélioration des conditions de travail, et l'ergonomie du logiciel concentre plus particulièrement son attention sur les conditions de travail liées à l'utilisation par l'homme de logiciels interactifs [Barthet 88]. Pour cet auteur, le niveau ergonomique est « l'ensemble des opérations nécessaires à l'utilisateur pour qu'il puisse réaliser sa tâche avec le plus de facilité possible, ou encore celui de la logique d'utilisation de son poste de travail ». À ce niveau, l'utilisation du système est décrite en termes d'interfaces et de résolution coopérative du problème impliquant le système et l'utilisateur. Dans une méthode de conception d'un système quel qu'il soit, la place qui doit être dévolue à l'ergonomie et le moment où l'on doit s'en préoccuper sont fondamentaux. Ce ne doit en aucun cas être une préoccupation de dernière minute. Il faut intégrer la question de l'ergonomie à la démarche de développement, dès les premières phases d'analyse. La démarche itérative répond à cette exigence avec la présentation à l'utilisateur d'une version de l'application, l'ergonomie est intégrée. Les interfaces homme-machine doivent synthétiser l'état de l'application et aider l'être humain lors de ses activités. Lors de la conception d'un système informatique, il faut être très attentif au fait que l'interface doit, d'une part, satisfaire les utilisateurs tout en respectant les normes de l'entreprise et, d'autre part, servir à une tâche précise et à des utilisateurs ciblés. Il est indispensable que les entreprises définissent une charte ergonomique pour leurs interfaces, a priori pour le premier grand projet. Cette charte doit permettre à un utilisateur de savoir utiliser facilement n'importe quelle application de l'entreprise. L'entreprise doit donc avoir des normes, ce qui est indispensable au vu des nouveaux types d'organisation. Il n'existe pas de méthode ergonomique pour construire un système informatique mais, d'après M.F. Barthet [Barthet 88], certaines règles ergonomiques sont à respecter.

Tableau 5-2 Règles à respecter, relatives à l'ergonomie

Critères	Règles à respecter
Contrôle d'adéquation 1	Offrir un éventail de signes suffisant pour l'information à gérer Offrir plusieurs moyens d'accès pour chercher l'information Permettre l'exploration visuelle de la base documentaire
Contrôle d'adéquation 2	Permettre à l'utilisateur de feuilleter un document Autoriser des corrections à tout moment sur n'importe quelle page Proposer une visualisation immédiate des modifications Proposer des procédures de corrections simples Maintenir une similitude entre le texte figurant à l'écran et sa mise en page définitive Éviter l'utilisation de codes ou de symboles ésotériques
Contrôle de diffusion	Autoriser tous contrôles à la demande de l'utilisateur Garder la similitude du texte présenté à l'écran et du texte communiqué Proposer des essais partiels d'impression Ne pas autoriser d'ajustements automatiques Garder la maîtrise de la mise en pages
Contrôle d'accès	Permettre à l'utilisateur de feuilleter un document Faciliter l'accès à la partie utile Faciliter la consultation à partir de plusieurs critères Permettre l'actualisation, la modification et éventuellement l'impression

Tableau 5-2 Règles à respecter, relatives à l'ergonomie *(Suite)*

Critères	Règles à respecter
Cohérence de langage	Une expression a toujours le même contenu Chaque terme utilisé a une signification particulière
Cohérence de l'information	Avoir une cohérence entre la représentation mentale des utilisateurs et l'information représentée Les informations de même nature sont présentées dans la même zone de l'écran Les touches affichées sur l'écran calquent l'organisation logique du clavier Utiliser les couleurs pour le repérage et l'identification Tenir compte de l'ensemble des informations utiles et pertinentes
Flexibilité des modes opératoires	Proposer une procédure guidée ou non selon la fréquence d'utilisation du logiciel Proposer un accès à l'information soit par des menus, soit par commande directe Autoriser la navigation dans la procédure selon les besoins Faciliter le repérage et l'identification des informations Faciliter la consultation et la mise à jour de tout ou partie de l'information recherchée
Souplesse des modes opératoires	Permettre l'interruption de la tâche en cours et un retour à un état antérieur Faciliter la modification, la création de paramètres de la mise en page initiale en cours de traitement
Les attributs vidéo	À un attribut, une seule signification Clignotement : arrêt dès l'accusé de réception par l'utilisateur Vidéo inverse : surfaces de petites dimensions, apparition éphémère (messages d'erreurs...) À utiliser pour des informations peu consultées Cinq niveaux maximum de couleurs, pas plus de trois ou quatre niveaux de grisés, respect des stéréotypes personnels et professionnels
Assistance à l'utilisateur	À chaque situation, une aide adéquate Procédure de confirmation : contrôle et confirmation avant exécution Signalisation des erreurs : • Être systématiquement signalées (sans ambiguïté) et clairement distinguées • Être renouvelée et renforcée s'il n'y a pas de réponse dans un délai défini

Tableau 5-2 Règles à respecter, relatives à l'ergonomie *(Suite)*

Critères	Règles à respecter
Assistance à l'utilisateur *(suite)*	Messages d'aide : • Apparaître et disparaître à la demande • Être permanents ou ponctuels • Être affichés dans une zone réservée ou une page écran séparée • Préserver et éviter d'occulter les informations déjà présentes • Être conformes à l'aide demandée dans une situation donnée • Comporter une partie explicative et un choix de solutions possibles
Temps de réponse	Une attente supérieure à cinq secondes appelle un message d'information Attente supérieure à dix ou quinze secondes appelle une restructuration de la tâche, une modification ou un renforcement du réseau Temps de réponse stable pour une même fonction

Un système est même souvent assimilé à son interface : l'un et l'autre ne doivent pas être dissociés au moment du développement du système. L'acceptabilité du système est souvent liée à la réussite de l'interface. La redéfinition de l'organisation, de la place des différents intervenants, y compris de celle du nouveau système informatique, induit une structuration différente, un nouveau mode de communication et de coordination. Cette évolution suppose une certaine coopération entre tous les intervenants. Pour favoriser les interactions entre eux, et avec le système informatique, il est indispensable d'établir un climat de confiance. Il ne faut pas perdre de vue la finalité de l'application. Les enjeux d'une nouvelle informatisation sont liés aux performances de l'entreprise. Les nouvelles organisations sont désormais structurées en réseaux, dans lesquels il faut coordonner savoirs, savoir-faire et compétences. Les nouveaux systèmes d'information permettent soit de gérer des opérations structurées (factures, commandes, payes...), soit d'apporter une information supplémentaire qui devient alors un construit.

Les premières applications étaient utilisées à l'automatisation des tâches, destinées à un type d'utilisateur spécialisé. Ces tâches s'inscrivaient dans un processus répétitif, de routine. Ils s'agissait surtout d'exécution d'opérations numériques et logiques. Les nouvelles applications sont conçues pour agir en tant qu'assistant. Elles correspondent à des tâches qui ne peuvent pas être réalisées complètement par une machine numérique : écrire, créer, négocier, décider, organiser, etc. Les utilisateurs sont distribués dans l'espace et dans le temps ; une même application sert à plusieurs types d'utilisateurs, et un même utilisateur accède à plusieurs types d'applications. L'entreprise transforme l'ensemble de ses processus métier en un flot électronique avec des bases de données communes qui utilisent des logiciels communs. Ces logiciels doivent fonctionner ensemble, il est indispensable de les harmoniser avec les normes ergonomiques de l'entreprise, afin que chaque utilisateur d'une application à l'autre s'y retrouve.

Figure 5-7
Évolution de l'organisation des applications informatiques

Ancienne organisation : chaque utilisateur est spécialisé et finit par connaître parfaitement son application. Dans les cas exceptionnels, il consulte le manuel d'utilisation.

Nouvelle organisation : chaque utilisateur accède aux différentes aplications à partir de son poste de travail. En cas de question sur l'utilisation, il consulte l'aide incluse dans l'application.

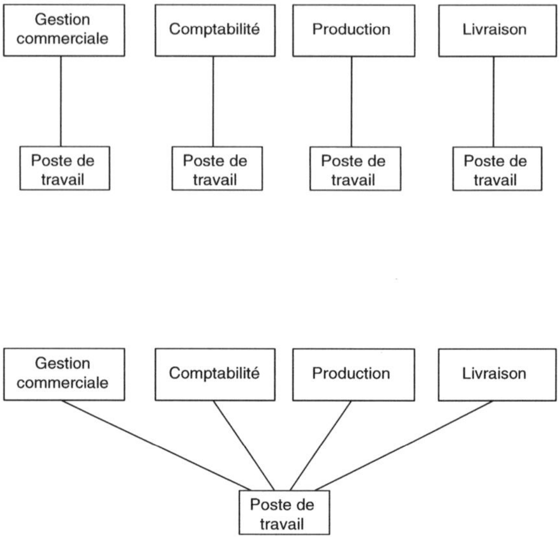

Afin de gagner cette confiance, le développeur de système informatique doit dépasser la résistance aux changements qui peut surgir à tous les niveaux hiérarchiques : du directeur informatique qui a peur de perdre du pouvoir, à l'employé qui a peur de perdre son emploi. L'idée principale gravitant autour de la concertation et de la coopération est celle de la transparence. La transparence par l'explication et la compréhension de la transformation organisationnelle en cours exige une bonne coordination des hommes qui gèrent quotidiennement l'information. L'homme participe d'autant mieux qu'il comprend le processus dans lequel il est impliqué. Il est à noter que, jusque-là, l'implication des utilisateurs consistait à être consultés sur la partie visible de l'iceberg (couleur des écrans, fontes, forme...). Aujourd'hui, des nouvelles méthodes d'évaluation d'interfaces existent. D. Scapin et J.M. Christian Bastien en proposent certaines. « Elles ne reposent pas directement sur des performances ou des opinions d'utilisateurs recueillies en situation réelle ou en laboratoire, mais sur l'examen, plus ou moins guidé, plus ou moins automatisé, d'interfaces spécifiées, simulées, ou opérationnelles, à partir de théories, de modèles de l'interaction homme-ordinateur, ou de guides, de check-lists, d'heuristiques » [Scapin 96]. Ces deux auteurs examinent diverses méthodes dites d'inspection ergonomique qui « consistent en un examen d'interfaces par des spécialistes (évaluation experte) ou des non-spécialistes au moyen de diverses techniques d'inspection, essentiellement basées sur diverses dimensions de l'utilisabilité ». Dans ce travail, les dimensions de l'utilisabilité sont établies et appelées « critères ergonomiques ». Dans le rapport de l'observatoire français des techniques avancées [OFTA 96], les critères d'évaluation des interfaces sont au nombre de dix :

- la *vitesse d'exécution* de la tâche et l'attente de la réponse qui dépendent de la granularité de décomposition de la tâche ;
- le *taux d'erreurs* ; il s'agit d'erreurs de perception, et donc d'interprétation des icônes, d'erreurs de commande, etc. ;

- les *mécanismes de correction d'erreurs* qui sont des mécanismes de récupération et de gestion des ambiguïtés ;
- la *vitesse et la facilité d'apprentissage* qui dépendent du type d'utilisateur ;
- la *rétention des apprentissages* pour des utilisateurs épisodiques ;
- la *transférabilité des apprentissages* facilitée par la cohérence des diverses composantes de l'interface ;
- la *fonctionnalité du système* telle qu'elle est prévue et représentée en fonction des objectifs ;
- la *souplesse du système*, obtenue par un dialogue adapté, avec des règles de bonne coopérativité ;
- l'*acceptabilité ou la cohérence* avec les procédures qui précèdent, et avec l'environnement ;
- l'*utilité et l'adéquation* avec l'usage réel.

Cette liste n'est pas exhaustive : elle doit être adaptée à l'application et à son contexte d'utilisation. L'évolution des interfaces appelle une concertation et une implication vraie de tous les intervenants du processus de développement. Dans toutes ces approches, l'utilisabilité et l'utilité du système sont les objectifs de la démarche de conception.

UML et l'interface homme-machine

S'il faut séparer l'IHM du métier, ceci pour des raisons de stabilité et d'adaptabilité aux nouvelles utilisations, cela n'est pas en contradiction avec une analyse de l'interface et une compréhension des fonctionnalités du système en parallèle. L'IHM doit rendre l'outil métier réellement utilisable.

Jacobson [Jacobson 96] parle de l'ingénierie de l'utilisabilité comme d'un sous-processus optionnel du processus de développement « Objectory ». Jacobson s'interroge sur les situations dans lesquelles ce sous-processus d'ingénierie de l'utilisabilité est efficace. Pour cela, il faut que les deux rapports, utilisabilité/coût et coût de l'utilisabilité/coût, de développement soient favorables. Lorsqu'ils le sont, Jacobson préconise de développer trois objets fabriqués : un modèle essentiel du cas d'utilisation (un modèle idéal des besoins), un modèle contractuel d'interface (un modèle idéal de l'interface utilisateur graphique représentant la structure plutôt que les détails), et enfin un prototype de ce qui est habituellement appelé « Grafic User Interface » (GUI) ; ce prototype est un modèle réel de l'interface utilisateur générale.

Les modèles d'interface sont déterminés à partir des objets identifiés dans tous les scénarios des cas d'utilisation. Dans l'analyse des besoins, la description des cas d'utilisation définit comment un acteur va réaliser le cas d'utilisation en interagissant avec le modèle d'interface. Une fois les modèles d'interface identifiés et présentés selon les différentes vues, il faut décrire la responsabilité de chaque modèle. Un modèle participe à plusieurs cas d'utilisation. Un modèle d'interface représente une partie des fonctions que le système doit réaliser. Lors de l'ingénierie de l'utilisabilité, l'accent est mis une fois de plus sur l'utilisation du système et, par conséquent, le modèle d'interface doit modéliser la façon dont les modèles d'interface sont reliés entre eux, pour assurer non pas la fonction d'implémentation, mais la fonction d'utilisabilité pour l'utilisateur. Chaque modèle d'interface peut jouer un ou plusieurs rôles dans au moins un cas d'utilisation.

Figure 5-8
Diagramme de séquence d'interface homme- machine

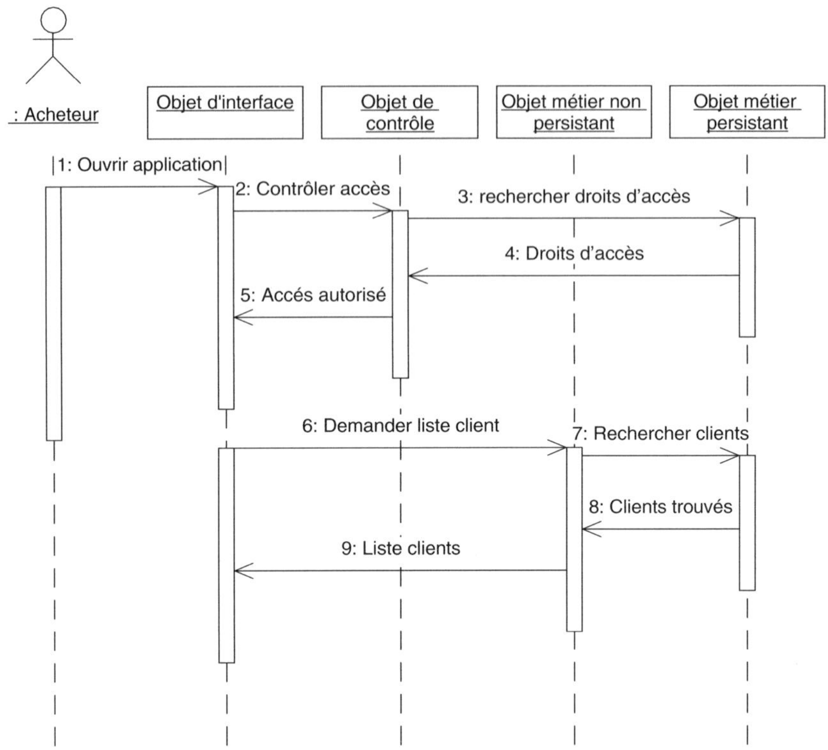

Cela revient à décrire un diagramme homme-machine dans lequel l'affectation des tâches est spécifiée. Chaque fois que la machine effectue une opération (contrôle, traitement ou consultation base de données), elle renvoie à l'utilisateur un objet d'interface ou objet de présentation. Cet objet d'interface est différent selon les utilisateurs, il sera analysé, conçu et validé avec l'utilisateur.

À leur tour, les objets d'interface `Icône saisie d'un marché`, `Fenêtre marché` et `Fenêtre ligne de marché` deviennent des acteurs dans la description des interfaces. L'acteur `Fenêtre ligne de marché` est ainsi décrit dans le même formalisme UML avec des objets d'interface, des objets de contrôle et des entités. Les objets d'interface sont déterminés lors de l'élaboration du diagramme statique ; ils représentent les objets qui sont manipulés sur les écrans. Les cas d'utilisation et les scénarios donnent l'enchaînement des écrans. En fonction de l'usage, les fenêtres sont plus ou moins sophistiquées et font appel à des techniques plus ou moins raffinées. Par exemple, l'ingénieur commercial local travaille avec des écrans complexes qui demandent des techniques élaborées d'un point de vue ergonomique. En revanche, le directeur régional demande une vue plus synthétique, claire et fonctionnelle avec des écrans qui nécessitent des techniques élaborées

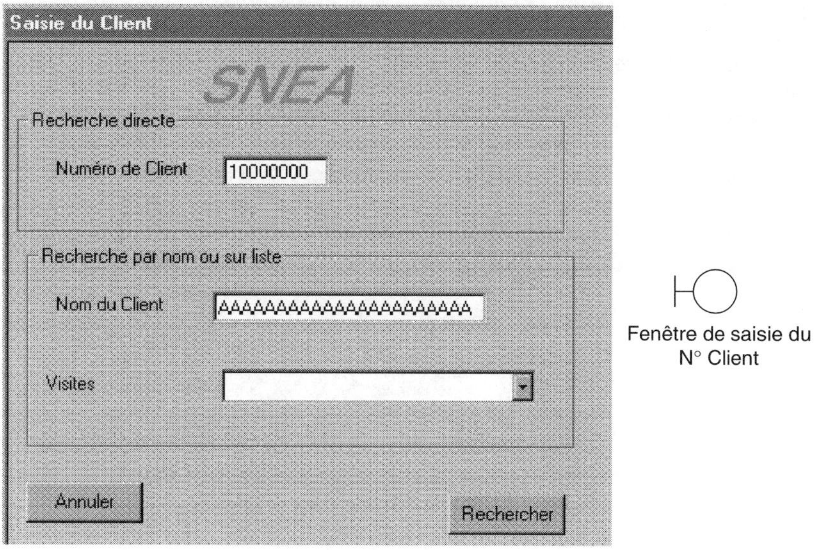

Figure 5-9
Exemple d'objet d'interface

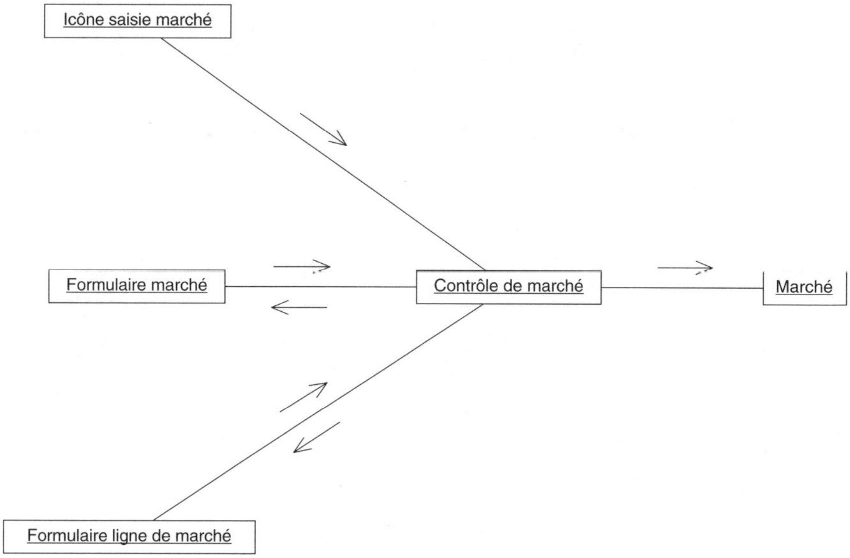

Figure 5-10
Exemple de relation entre objets d'interface, objet de contrôle et entité

d'un point de vue du modèle. Les attentes varient selon l'utilisateur. Les images d'écran suivantes s'adressent à deux types d'utilisateurs : l'ingénieur commercial local et le directeur régional.

Ces deux écrans diffèrent par les informations qu'ils présentent : l'ingénieur commercial a besoin de données sur les clients et sur les marchés autres que le directeur régional ; ce dernier doit avoir une vue plus synthétique, plus globale. Ce sont des points de vue différents

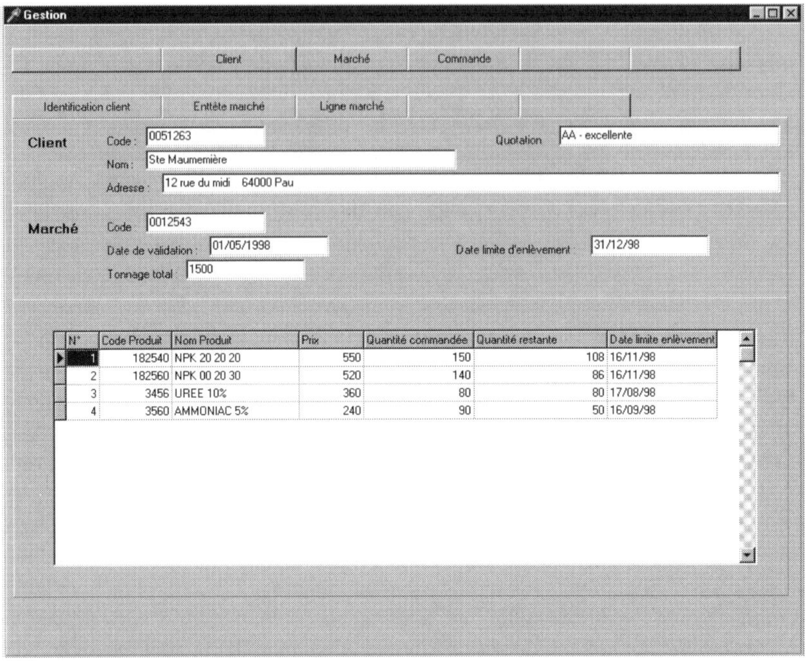

Figure 5-11
Exemple d'interface « Fenêtre ligne de marché » pour l'ingénieur commercial

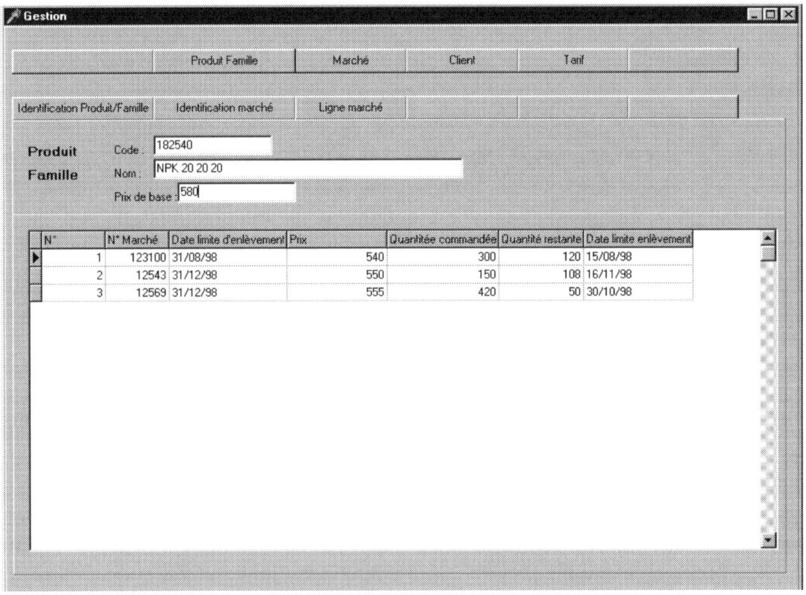

Figure 5-12
Exemple d'interface « Fenêtre ligne de marché » pour le directeur régional

avec une optique métier. Il faut raisonner ici en termes de tâches et de rôles à accomplir ; c'est le rôle de l'ingénieur commercial qui est important, en pratique son assistant peut s'en acquitter mais l'interface peut être différente selon l'acteur qui utilise le système.

Dès la phase d'analyse, il faut adapter le système à l'utilisateur par l'intermédiaire d'interfaces appropriées. L'homme communique au système les informations nécessaires et décide des actions à entreprendre. « L'ensemble des moyens permettant la communication homme-machine sont les éléments permettant l'interaction avec l'utilisateur via l'interface. La satisfaction des utilisateurs et, par voie de conséquence, à long terme, la qualité de service rendu par le Système d'Information Automatisé (SIA) dans l'organisation, dépendent de la qualité de cette interface. [...] Nous situons l'interface dans le processus de communication homme-machine et montrons que, pour réaliser une interface conviviale, il faut connaître un acteur important de communication : l'utilisateur. [...] Une interface homme-machine est un ensemble de règles (dont certaines de pur bon sens) gérant un espace de communication et permettant à deux acteurs de nature différente, l'homme et la machine, d'échanger des données » [Kolski 93]. Le projet mal conduit est représenté comme un tunnel dont l'utilisateur voit l'entrée, mais non la sortie. Un projet conduit selon le processus défini avec UML se présente comme un tuyau d'orgue percé de trous par lequel l'utilisateur peut voir la progression du projet au moyen de maquettes, de prototypes et de versions ; l'interface du système informatique est validée à chaque itération avec les utilisateurs. Pour rester fidèle à l'objectif d'aide au développement de systèmes homme-machine, il est indispensable de valider les modèles avec les acteurs impliqués dans le processus de développement. Lors de la conception, il faut non seulement trouver un dénominateur commun entre les différents types d'utilisateurs, mais également envisager de donner le choix à l'utilisateur de sélectionner le type d'interface qu'il désire. Avec les cas d'utilisation d'UML et le processus de développement itératif et incrémental développé au chapitre 3, l'utilisateur final est rivé au cœur de la démarche.

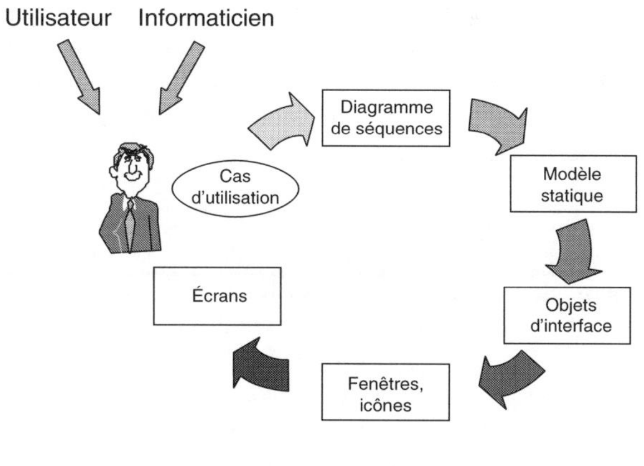

Figure 5-13
Fil conducteur du cas d'application à l'interface utilisateur

Les fonctions de l'ordinateur et son utilisation ont beaucoup changé depuis une trentaine d'années. La relation homme-machine a évolué, la machine doit s'adapter à l'homme même si l'homme a plus de capacité d'adaptation qu'une machine ! L'homme a besoin de systèmes faciles à utiliser. Les systèmes actuels sont de plus en plus puissants ; ils traitent un nombre important de données et d'opérations. Les informations doivent être pertinentes, claires, fiables et personnalisées. Dans tout le processus de développement, l'acteur principal, à savoir l'utilisateur final du système informatique, garde une place centrale. La mobilité de l'utilisateur final rend nécessaire la normalisation des interfaces, afin qu'il ne doive pas tout réapprendre. La mise en place de nouveaux processus de développement induit toutefois des modifications dans les échanges de connaissances entre les différents intervenants. De nouveaux problèmes se posent notamment en termes de représentation, de formalisation et de partage des connaissances. Il ne s'agit plus d'information mais de connaissances. Les travaux en ingénierie des connaissances peuvent apporter une aide considérable.

Ingénierie des connaissances

Pour aller au-delà du langage de modélisation unifié UML, et du processus de développement défini, il faut exploiter le potentiel offert par les résultats obtenus en intelligence artificielle, et plus précisément en ingénierie des connaissances. L'expérience montre que, sur certains problèmes réels, aucune approche, aucune modélisation, aussi sophistiquée soit-elle, ne peut prétendre appréhender seule, de manière satisfaisante, l'ensemble des possibles. Il est donc indispensable de combiner plusieurs approches et différents points de vue. Le langage unifié est déjà un premier pas dans cette direction, mais il convient de persévérer. Il faut pouvoir identifier le plus clairement possible les besoins des utilisateurs, impliquer dans le processus de développement tous les intervenants, évaluer les changements dans l'organisation dus à l'insertion de ce nouvel outil. La conception centrée sur l'utilisateur favorise une meilleure efficacité du travail de celui-ci et entraîne par là-même un gain de productivité pour l'entreprise. Pour améliorer la conception des systèmes informatiques il convient d'aller plus loin. Dans cette section, trois axes de recherche sont développés pour répondre aux exigences de qualité et de productivité : la communication et la coopération ; l'intelligence artificielle et l'ingénierie des connaissances enfin ; la capitalisation et la rationalisation des connaissances acquises. « Ainsi, au lieu d'un mouvement général qui verrait les organisations se plier aux prescriptions issues des outils de la rationalité, ou pire qui solderait le choc entre outils et organisations par l'abandon des premiers, on assiste plutôt à l'émergence d'une philosophie de l'action organisée qui lie de façon continue la construction de l'instrumentation à celle de l'organisation elle-même. Élaborer un outil signifie alors avant tout intervenir dans l'organisation, et les principes d'une telle élaboration sont inséparables de ceux qui structurent les représentations conceptuelles que nous avons des organisations et de ceux qui règlent les actes de l'intervention » [Moisdon 97]. Le système informatique doit être analysé dans son interaction avec l'utilisateur en tant que couple homme-machine, intégré dans une organisation. Certains suggèrent qu'une démarche de l'analyse cognitive de la tâche, issue de l'intelligence artificielle, puisse servir la phase d'analyse des besoins et d'acquisition des connaissances. Une démarche fondée sur la communication et la coopération entre tous les intervenants est propice à la conception de systèmes informatiques.

Communication et coopération

Les organisations changent de paradigme, elles passent de l'ère de l'information à celle de la communication. La communication et la coopération sont les fondements d'une organisation. L'efficacité des entreprises aujourd'hui dépend autant des technologies que des mécanismes de coordination et de coopération mis en œuvre pour satisfaire leurs clients (par exemple La redoute). Les systèmes d'information doivent de plus en plus tenir compte de la dimension collective des processus métier. L'analyse des différents circuits et modèles de communication permet au concepteur du système informatique de mieux comprendre et de connaître les véritables besoins des utilisateurs. Ces besoins prennent de plus en plus une dimension coopérative. Les systèmes informatiques passent de l'ère de l'interaction homme-machine sans intelligence à celle de la coopération homme-machine. La façon de poser le problème (savoir formuler les attentes de tous les intervenants) conditionne la solution. La solution passe par l'interaction et la coopération des différents intervenants. C'est ce qui constitue l'intelligence distribuée, en termes d'interactions entre ces intervenants. Un système informatique est un système basé sur des relations homme-machine et sur un contexte organisationnel ; l'un et l'autre doivent être pris en compte dès la conception du système. Grâce à l'évolution continue des technologies, les ordinateurs actuels offrent de nouvelles perspectives en termes de communication, de simulation et de résolution de problèmes. Ces technologies effacent les distances et les frontières mais sont aussi à l'origine de quelques difficultés. Elles permettent d'orienter la conception vers l'utilisateur. Il faut donc concevoir en ciblant non seulement l'utilisateur, mais surtout le couple système-utilisateur.

Dans une relation homme-machine coopérative, chaque intervention de l'un des protagonistes doit tenir compte de l'intervention précédente. Le raisonnement ou la réaction de l'un (homme ou système) doit s'adapter au raisonnement ou à la réaction de l'autre. La plupart des systèmes informatiques ont un rôle plutôt « passif » dans la relation homme-machine. En effet, lors de leur conception, l'accent est mis sur la décomposition en modules, les spécifications, voire la programmation. En général, ces systèmes ne sont pas réactifs à leurs environnements (matériel et/ou organisationnels) et à leurs utilisateurs. En revanche, les nouveaux systèmes informatiques ont un rôle plus actif dans la relation homme-machine et dans l'organisation.

Il s'agit donc de concevoir un système qui soit perçu comme un collaborateur, un véritable partenaire par l'utilisateur. Cela revient à mettre à la disposition de l'utilisateur un système qui contribue à l'efficacité et à l'approfondissement de sa réflexion avec également une possibilité de délégation pour certaines tâches.

Les hommes travaillent de plus en plus en groupe pour réaliser une tâche, un projet ou un processus de gestion. Il faut donc adapter la théorie à l'organisation, au projet et au développeur en adoptant une démarche de conception appropriée et en se servant des nouvelles technologies et des nouveaux outils de modélisation, de prototypage et de maquettage disponibles. Les faiblesses de la plupart des démarches de conception des systèmes informatiques se situent dans la phase amont de la démarche, à savoir l'analyse des besoins : utilisateurs, organisation et interaction homme-machine ne sont pas toujours pris en compte. Les nouvelles formes de travail impliquent un grand nombre d'exécutants dans les organisations. Le travail collectif demande une coopération à la fois entre l'homme et la machine, et entre tous les intervenants.

Les hommes se trouvent face à des situations dans lesquelles la prise de décision et la résolution de problème reposent sur des activités cognitives complexes. Un système informatique doit être adapté à son utilisateur : « adapté à » signifie entre autre « compréhensible par », non seulement sur la forme, mais également sur le fond. Les deux acteurs (l'homme et le système) vont construire ensemble une solution du problème par des interactions successives dans leur raisonnement. Les informations fournies par le système vont faire évoluer le raisonnement de l'homme. Dans les systèmes informatiques classiques, les informations sont figées et ne tiennent pas vraiment compte du raisonnement de l'homme. L'utilisateur, en tant que partenaire dans cette relation homme/système, doit être au cœur du processus de développement. Il faut lui donner la possibilité de s'exprimer comme il en a l'habitude, avec son langage et sa culture, tout en respectant la nature du problème traité. La coopération homme-machine est de plus en plus indispensable. L'homme a besoin d'un outil qui soit en interaction avec lui. « L'utilisateur final se doit de comprendre les enjeux de la partie du système d'information avec laquelle il est amené à interagir. [...] Il ne doit pas non plus se considérer comme un consommateur passif de logiciels micro-informatiques : seules des méthodes de travail rigoureuses lui permettent d'en faire un usage approprié » [Courbon 93].

La dimension collective du travail tient au fait que les informations sont réparties en réseaux plus ou moins proches ; les nouvelles technologies de travail de groupe disponibles sur le marché en sont la preuve. [Courbon 97]

Il convient donc d'ajouter un modèle de coordination afin de prendre en compte des activités coopératives. On dispose désormais de travaux de recherche analysant l'activité coopérative et les ressources nécessaires au bon déroulement des processus coopératifs d'activités. Les Computer Support Cooperative Work (CSCW) et les méthodes de modélisation de la coopération homme-machine [Schmidt 96], [Rosenthal 96] s'inscrivent dans ces courants de recherche. Ce nouveau cadre d'interprétation permet de répondre à un certain nombre de manques ressentis par les concepteurs, surtout en termes d'analyse des besoins des systèmes informatiques ; le logiciel peut être alors conçu comme un collaborateur, proche de son partenaire, malgré toutes les contraintes.

Ces approches proposent de porter un autre regard sur l'analyse du problème lors de la conception du système informatique ; il s'agit d'analyser les interactions entre les partenaires humains et le système informatique.

Il faut réduire l'écart entre le monde réel de l'utilisateur et le monde abstrait de l'application, qui n'ont pas nécessairement la même logique de fonctionnement. Il faut s'intéresser aux situations où l'homme et la machine doivent coopérer pour réaliser une tâche précise.

Une méthode d'ingénierie des connaissances est constituée d'un ensemble de concepts, de règles et de formalismes mis en œuvre selon une séquence déterminée, pour acquérir des connaissances qui sont difficiles à obtenir. Si une donnée est un signifiant susceptible d'être capté, enregistré, transmis ou modifié par un agent cognitif de traitement de l'information, naturel ou artificiel, et une information « un signifié transporté par une donnée », alors une connaissance est « le mode d'emploi permettant de transformer les données en informations. C'est donc ce qui est associé au passage entre le signifiant et le signifié » [Prince 96]. Les méthodes d'ingénierie des connaissances se placent en amont du processus de développement. La combinaison de plusieurs techniques permet une meilleure compréhension des spécificités des problèmes complexes ; les attentes des utilisateurs sont ainsi satisfaites. Les travaux de conception de systèmes informatiques combinant des techniques d'intelligence artificielle sont très prometteurs. D'un autre côté, la juxtaposition des techniques, sans finalité précise, est vouée à l'échec. Le cheminement préconisé ici illustre une tendance qui semble s'affirmer : l'intelligence artificielle se met au service des applications. L'intelligence artificielle change de visage : elle devient une technique parmi d'autres.

Intelligence artificielle et ingénierie des connaissances

En intelligence artificielle, la voie de recherche passe par les connaissances et la conception de systèmes à base de connaissances. La distinction entre information donnée et connaissance est difficile à formaliser, et ne fait pas l'objet d'un consensus. Les systèmes d'information saisissent, mémorisent, traitent, restituent des informations. Le mot « information » prend ici le sens le plus simple : celui de « donnée contextualisée ». En effet, une donnée devient une information si elle est contextualisée : par exemple, Ø567A a un sens si l'on sait que c'est le code d'entrée d'un immeuble. Cette information devient une connaissance si elle est combinée à une explication, à un raisonnement ou à une démarche cognitive : 05 l'arrondissement dans lequel est situé l'immeuble, 67 son année de construction et A l'initial de son promoteur. Une donnée aussi peut être sémantisée, dans la mesure où elle a un sens. Le concept de connaissance recouvre de façon implicite une structuration des données, avec des règles et une possibilité de corrélation et d'explication des données [Prince 96]. Le système d'information manipule de plus en plus des connaissances et sa conception fait sans aucun doute appel à des disciplines très diverses : en organisation, en sociologie, en psychologie, en informatique (l'acquisition des connaissances issue de l'intelligence artificielle n'est qu'une première brique). Pour comprendre ce domaine nous présenterons succinctement son histoire, quelques définitions, les intervenants du processus de conception et la démarche de conception pour les systèmes à base de connaissances.

Historique

L'acquisition des connaissances est née avec l'avènement des systèmes à base de connaissances, deuxième génération des systèmes experts pour lesquels le goulet d'étranglement était l'élicitation des connaissances de l'expert. L'acquisition des connaissances structurées est basée sur une représentation intermédiaire et généralement guidée par des modèles.

Depuis l'apparition, vers les années 80, des systèmes à base de connaissances, un nouveau métier est né : « l'ingénieur de la connaissance » ou le « cogniticien ».

La conception de systèmes à base de connaissances exige un travail de transfert de connaissances entre les sources d'expertise (experts humains ou documents) et l'outil informatique, de façon à disposer ensuite d'un système pouvant être consulté. Dès lors, la démarche de conception des systèmes à base de connaissances s'est plutôt focalisée sur la phase d'analyse et d'acquisition des connaissances.

Définition

La conception des systèmes à base de connaissances est appelée « génie cognitif ». Le génie cognitif fait référence aux sciences cognitives. La connaissance est au cœur des sciences cognitives. « Plusieurs disciplines scientifiques se rejoignent pour étudier la façon dont l'esprit humain perçoit, apprend et utilise ses connaissances, notamment dans les relations avec les systèmes informatisés et les machines. La psychologie, l'ingénierie des systèmes, l'intelligence artificielle, les neurosciences, l'anthropologie appliquée, la linguistique, l'épistémologie, la philosophie de la pensée et du langage concourent à ces études. À l'intersection de ces champs se constitue aujourd'hui un nouveau domaine scientifique : celui des « sciences cognitives » [Boy 92]. Le génie cognitif est un bel exemple d'interdisciplinarité ; cette dernière se retrouve également dans l'usage qui est fait des sciences cognitives : « Les sciences cognitives vont porter sur la représentation, l'acquisition et l'utilisation de connaissances par des hommes et par des machines, et leurs applications concernent l'analyse, la conception et l'évaluation des interactions entre agents naturels et artificiels » [Boy 92]. Enfin, l'objectif de ces sciences est grand : « Les sciences cognitives sont constituées de disciplines scientifiques dont le but est de parvenir à une meilleure connaissance de l'homme, du monde et des rapports de l'homme au monde » [Ganascia 95]. La prise en compte de l'ergonomie cognitive au sein des sciences cognitives a émergé dans les années 80 : il s'agissait de chercher de nouvelles solutions au problème des interfaces de logiciels et donc du dialogue homme-machine. Le but des recherches actuellement menées dans le domaine de l'acquisition des connaissances est précisément de fournir au cogniticien les moyens de mener à bien le développement d'un système manipulant de la connaissance. Le génie cognitif est la science de l'élaboration des logiciels informatiques à base de connaissances. L'ingénierie des connaissances est devenue l'un des principaux domaines d'application de l'intelligence artificielle, avec des méthodes telles que Kads (Knowledge Analysis and Design Support) [De Greef 92], Kod (Knowledge Oriented Design) [Vogel 88], Macao [Aussenac89], les tâches génériques [Bylander 87] ou encore Commet [Steels 90]. Ces méthodes servent à formaliser et à structurer les connaissances et les informations qui circulent de façon informelle dans une entreprise ou dans un métier.

Intervenants du processus de développement

Les intervenants impliqués dans le processus de développement des systèmes à base de connaissances sont l'ingénieur cogniticien, l'expert et l'informaticien. Les utilisateurs sont rarement évoqués. Le plus souvent, cinq groupes d'acteurs sont définis : un groupe d'experts, un groupe d'utilisateurs, un groupe de concepteurs, un groupe de maintenance et un groupe de décideurs. Chaque groupe a un leader. Il est important de souligner le rôle capital du cogniticien : sa responsabilité dans la genèse de cette « nouvelle connaissance » est particulièrement engagée. Une connaissance nouvelle est produite, après une telle expérience l'expert n'est plus tout à fait le même, et le système non plus. Il est intéressant de remarquer que, quel que soit le type de système, il faut réduire la distance entre tous les intervenants impliqués dans le processus de conception. En effet, plus les individus sont proches les uns des autres, plus le système a des chances d'aboutir et d'être utilisé. Si les différents intervenants sont une seule et même personne, la situation est idéale ; la distance conceptuelle entre les différents intervenants est alors minimale. Rapprocher les différents intervenants est possible : il suffit d'une meilleure communication entre eux ; la communication est le ciment de l'organisation.

Démarche

Une caractéristique importante des systèmes à base de connaissances est qu'ils distinguent les connaissances (knowledge level) de la manière dont ces connaissances sont implémentées. Le terme « knowledge level » a été introduit par Newell pour décrire un système en termes de connaissances [Newell 82]. L'approche knowledge level est une approche descendante : elle se décompose en trois étapes ; les deux premières sont généralement désignées comme la phase d'acquisition des connaissances :

- une étape d'élicitation des connaissances qui a pour but d'extraire les connaissances afin de construire le modèle conceptuel ;
- une étape de modélisation qui a pour but de construire le modèle conceptuel du système à partir des concepts de tâche, de méthode, et de modèle du domaine ;
- une étape d'opérationalisation du modèle conceptuel, ce dernier servant de point de départ pour une implémentation.

Kads [De Greef 92] repose sur des phases de modélisation successives effectuées à un niveau abstrait : un modèle conceptuel décrivant l'expertise du domaine, avec une spécification du comportement de l'objet fabriqué à construire, un modèle fonctionnel et un modèle de conception détaillée.

Kod [Vogel 88] repose sur la construction de trois modèles : le modèle pratique, le modèle cognitif et le modèle informatique.

Macao [Aussenac 89] repose sur un processus à quatre étapes : identification de l'expertise, recueil des protocoles de résolution de problèmes, conceptualisation, élaboration d'un modèle cognitif (analyse et formalisation de la connaissance, validation interactive des connaissances par l'expert).

Les tâches génériques [Bylander 87] reposent sur un processus d'abstraction et d'identification de briques génériques. Ces briques sont réutilisables selon les différents domaines d'application : diagnostic, classification, conception.

Commet [Steels 90] décrit une application selon trois axes : les tâches, les modèles du domaine et les méthodes.

Ces approches sont adoptées dans des projets d'envergure ; des outils s'appuyant sur ces méthodes sont désormais disponibles.

Les points forts de cette démarche sont l'acquisition, la représentation, le traitement de la connaissance, la démarche incrémentale et la capacité d'explication du raisonnement suivi, autant d'apports pour la conception des systèmes à base de connaissances. Les points faibles restent essentiellement la lourdeur de la mise en œuvre et l'abstraction des techniques d'acquisition et de formalisation des connaissances. Le coût de développement est également important. Il convient d'identifier la classe du problème que l'on cherche à résoudre, puisque des approches sont mieux adaptées à certains types de problèmes. L'acquisition des connaissances, considérée dans Kads comme une activité de modélisation, est certes guidée par les modèles, mais il n'y a pas d'aide pour reconnaître le bon modèle, pour adapter un modèle, ou pour en combiner plusieurs existant. [Courbon 93] écrit : « Quant aux systèmes intelligents, ils se heurtent à deux problèmes fondamentaux : celui d'extraire la connaissance de l'expert, et celui de déterminer qui est véritablement un expert. [...] En définitive, l'ambition de ces derniers systèmes (les systèmes à base de connaissances) se heurte à une méconnaissance de l'attente réelle des managers en matière d'aide à la décision. Une approche centrée sur la coopération homme-machine a plus de chance de se voir concrétisée ». La limite de tels systèmes est inhérente à l'hypothèse selon laquelle les connaissances à acquérir doivent avant tout être extraites ; cela suppose une préexistence et laisse peu de place à la création et à la construction qui permettent de s'adapter à des situations qui évoluent. Les connaissances mobilisées par l'expert, la manière dont il les structure, dont il les conçoit, peuvent être inadaptées à la manière dont on veut travailler par la suite, mais peuvent aussi laisser de côté de multiples facettes que l'on pourrait souhaiter vouloir prendre en compte dans un système d'information informatisé.

La limitation des démarches de conception est leur incapacité à capitaliser la connaissance acquise par expérience. La réutilisation, dans un nouveau projet, des connaissances méthodologiques acquises au cours de projets précédents est un acte individuel du concepteur, alors qu'elle devrait être prise en charge dans la démarche.

Capitalisation et rationalisation de la démarche de conception

Une nouvelle gestion s'installe, dominée par les échanges de savoirs et la production de connaissances. La gestion des connaissances devient un des impératifs majeurs de l'entreprise ; c'est une composante reconnue du capital des entreprises. Le Commissariat à l'énergie atomique (CEA) apparaît comme l'un des pionniers dans le domaine de la gestion des connaissances, puisque dès 1994, dans son manuel qualité, la gestion des connaissances devient une des priorités. La gestion des connaissances dans une organisation est étudiée par Ermine, qui conclut : « Quoi qu'il en soit, il est essentiel de garder en mémoire les expériences du passé et de ne pas promettre n'importe quoi. Car, de toute façon, il est un fait acquis : indépendamment des supports technologiques, la réussite d'un projet de gestion et de valorisation des connaissances d'une organisation sera avant tout la réussite des acteurs de l'organisation et dépendra donc de leur motivation à faire aboutir ce type de projet. C'est à ce prix que se développeront des organisations *apprenantes* pour lesquelles les connaissances constituent des ressources importantes à gérer et à valoriser pour assurer leur devenir » [Ermine 96]. Dans un processus de développement de systèmes informatiques, deux idées fortes plaident en faveur d'une capitalisation des connaissances : garder la trace de certaines activités ou actions sur lesquelles le chef de projet, l'architecte et les développeurs peuvent avoir à rendre des comptes plus tard, préserver les connaissances (dans la mesure où l'on reconnaît que les individus sont détenteurs de connaissances) afin de les réutiliser. Cette problématique rejoint les recherches en Design Rationale (rationalisation des choix de conception) dont le but est de développer des méthodes et des représentations assistées par ordinateur pour obtenir, maintenir et réutiliser des informations à partir desquelles des décisions de conception ont été prises. L'idée est de mémoriser les raisonnements d'une façon réaliste, structurée et claire ; une personne extérieure doit pouvoir comprendre le processus de conception, en particulier l'argumentation des choix de conception. Ces travaux sont à relier à certaines techniques du BPR exposées au chapitre 3, comme la traçabilité.

Conclusion

Les nouveaux systèmes informatiques doivent s'intégrer dans l'organisation et prendre en compte un certain nombre de contraintes. Ces nouveaux systèmes sont un des enjeux majeurs de la société industrielle ; ils sont capables de gérer des situations complexes. Pour concevoir un système informatique, les efforts sont portés sur la compréhension du problème et de la situation : elle est essentielle. Dans une première section, nous avons démontré l'intérêt de mettre au centre du processus de développement l'utilisateur final. UML, par son approche tournée vers l'utilisabilité, centre l'élaboration du système vers son utilisateur. La deuxième section a mis en évidence le rôle prépondérant des interfaces homme-machine au sein des systèmes informatiques interactifs. Enfin, la dernière section consacrée aux recherches universitaires, par exemple en ingénierie des connaissances, ouvre des horizons nouveaux dans le domaine de la conception des systèmes informatiques. Le renforcement des liens entre la recherche universitaire et l'industrie est fondamental : il permet de pallier les difficultés rencontrées jusqu'alors. Il faut améliorer les synergies entre les différents intervenants qui participent à la conception de systèmes informatiques. La difficulté de conception du système informatique ne se trouve pas toujours dans une recherche de solution à un problème, mais plutôt en amont du processus de résolution : identification du problème, du contexte, des acteurs qui vont interagir (de près et de loin) avec le système et son environnement. Un problème bien posé est à moitié résolu. Mais qu'est-ce qu'un problème bien posé ? L'originalité du processus de développement de système informatique présenté dans cet ouvrage se trouve dans la façon de poser le problème (formuler les attentes des différents acteurs impliqués dans le processus de conception du système), de rechercher la solution. La modélisation du problème est un construit collectif. Les utilisateurs du système informatique ne sont pas nécessairement les développeurs.

- Un *système informatique a toujours un ou plusieurs objectifs*, mais ces objectifs ne sont pas toujours bien définis et formalisés. Il faut assister l'utilisateur final dans sa formulation. À cet effet, il faut adopter une démarche de développement qui passe par des étapes d'acquisition, de formalisation des connaissances, et des outils de communication, à savoir les cas d'utilisation et la démarche participative. Cela aide à renforcer la partie amont des méthodes de conception en incitant le concepteur à bien positionner le métier, déterminer les acteurs concernés, l'organisation et les interactions entre les acteurs et le système informatique. Le BPR (cf. le chapitre 3) intervient dans la démarche de développement.
- Les *utilisateurs préfèrent employer certains outils, et travaillent dans différents contextes*. Le système informatique doit tenir compte des différents contextes d'utilisation. Les postes de travail doivent être souples et personnalisés. Les interfaces adaptables témoignent de cette préoccupation.

- Un *système informatique peut être composé de sous-systèmes, chacun avec leurs propres objectifs*. Ces objectifs ne sont pas toujours les mêmes selon les points de vue des différents utilisateurs. L'homogénéité des interfaces est un souci qui va dans ce sens. Mais l'analyse du comportement du système avec la vue de l'architecte est également fondamentale (cf. le chapitre 5) dans ce cadre.
- Les *contraintes de l'environnement influent sur le système informatique*. Un système informatique peut changer d'environnement : un tel changement permet d'évaluer sa robustesse, et de mesurer sa résistance aux changements. Un système doit être robuste et évolutif.
- Un *système informatique doit être vérifié et testé*. Cette vérification doit être centrée sur l'utilisateur.

« À l'origine, les systèmes informatiques cherchaient à automatiser certaines tâches complexes ou fastidieuses ; aujourd'hui, les nouveaux systèmes tendent plutôt à ouvrir les frontières et à donner aux utilisateurs les moyens d'élever le contenu intellectuel de tout travail. Progressivement, le travail fait appel aux capacités de compréhension, de réaction, d'organisation et de valorisation de l'information ». [Zuboff 95].

Un système informatique est alors un système qui répond aux besoins de son utilisateur, tant par ses composantes ergonomiques que par ses capacités de résolution de problèmes. Le développement, la validation et la maintenance d'un tel système nécessitent une approche interdisciplinaire mettant l'accent sur la coopération entre l'homme et le système. De cette façon, l'exigence croissante des utilisateurs des systèmes informatiques est satisfaite. Les chefs de projets de systèmes informatiques doivent affronter des situations complexes et des facteurs internes et externes fluctuants.

La mesure des performances suppose l'appropriation du système par son partenaire, et donc une mesure de la confiance en l'outil. L'échelle de temps peut aider à cette évaluation (une bonne décision sur un temps relativement bref, peut s'avérer désastreuse sur une plus longue durée). Le taux ou la fréquence d'utilisation du système constitue une première mesure de sa performance. Si elle est élevée, le système doit être considéré comme un assistant efficace.

Le but sous-jacent de cette démarche n'est pas uniquement de rendre les machines plus « intelligentes », mais surtout de rendre les hommes plus efficaces lorsqu'ils coopèrent avec les machines. La nouvelle situation de coopération entre l'homme et le système peut transformer l'homme et sa façon de travailler. « Les employés transformeront plus efficacement l'information en richesses s'ils sont autorisés à en savoir plus et à en faire plus au sein de leur entreprise. Les entreprises ne tireront donc pleinement parti des richesses informatiques que si elles percent le cœur de l'ancienne division du travail. Elles exploiteront pleinement leur environnement informatisé lorsqu'elles mettront à la disposition de chaque employé l'information, lui prodiguant les connaissances, le savoir-faire et l'autorité nécessaires à sa productivité. Ce nouveau contrat social redéfinira la position des travailleurs, ce qu'ils peuvent savoir et ce qu'ils peuvent faire » [Zuboff 95]. La conception de systèmes informatiques ne peut se faire sans les sciences de l'homme et des organisations.

Bibliographie

[Agro 95] L. Agro, A. Cornet, F. Pichault, « L'implication des utilisateurs dans les projets informatiques : un scénario en quête d'acteurs », *Gérer et Comprendre,* n°41, décembre 1995.

[Alter 90] N. Alter, *La gestion du désordre en entreprise*, L'Harmattan, 1990.

[Aussenac 89] N. Aussenac, *Conception d'une méthodologie et d'un outil d'acquisition des connaissances expertes*, Thèse de doctorat en informatique, Université de Toulouse, 1989.

[Barthet 88] M.F. Barthet, *Logiciels interactifs et ergonomie*, Dunod, 1988.

[Boy 92] G. Boy, *Méthodologies et outils pour l'interaction homme-machine*. Habilitation à Diriger des Recherches, Laforia, Université de Paris VI.

[Bylander 87] T. Bylander, B. Chandrasekaran, « Generic Tasks for Knowledge-based reasoning : the "right" level of abstraction for knowledge acquisition », *Int. J. Man-Machine Studies*, vol. 26, pp. 231-243, 1987.

[Courbon 93] J.C. Courbon, *Systèmes d'information : structuration, modélisation et communication,* InterÉditions, France, 1993.

[Courbon 97] J.C. Courbon, S. Tajan, *Groupware et Intranet,* InterÉditions, Masson, France, 1997.

[De Greef 92] H. De Greef et J. Breuker, « Analysing System-user Cooperation in KADS », *Knowledge Acquisition*, n° 4, pp. 89-108, 1992.

[Ermine 96] J.L. Ermine, *Les systèmes de connaissances,* Hermès, France, 1996.

[Ganascia 95] J.G. Ganascia, *Les sciences cognitives*, Dominos, Flammarion, 1995.

[Hatchuel 94] A. Hatchuel, « Apprentissage collectifs et activités de conception », *La revue française de gestion*, France, 1994.

[Ives 84] B. Ives et M.H. Olson, « User involvement and MIS sucess : A review of research », *Management Science*, vol. 30, N° 5, pp. 586-603, 1984.

[Jacobson 96] I. Jacobson, *Objectory-Usability Engineering*, Rational Software Scandinavia AB, juin 1996.

[Kolski 93] C. Kolski, *Ingénierie des interfaces homme-machine,* Hermès, France, 1993.

[Landauer 95] T. K. Landauer, *The trouble with computers,* The MIT Press Cambridge, Massachussetts London, England, 1995.

[Meinardier 91] J.P. Meinardier, *L'interface utilisateur*, Dunod, Paris, 1991.

[Moisdon 97] J.C. Moisdon, *Du mode d'existence des outils de gestion,* Seli Arslan, France, 1997.

[Mumford 83] E. Mumford, « Participative Systems Design : Practice and Theory », *Journal of Occupational Behaviour*, vol. 4, pp. 47-57, 1983.

[Newell 82] A. Newell, « The Knowledge Level », *Journal Of Artificial Intelligence*, vol. 18, pp. 87-127, 1982.

[Ofta 96] Observatoire Français des Techniques Avancées (Ofta), *Nouvelles interfaces homme-machine*, ARAGO 18, Paris, décembre 1996.

[OMG 97] Object Management Group, *The Unified Modeling Language,* Release 1.1, Reference Manual, 1997.

[Prince 96] V. Prince, *Vers une informatique cognitive dans les organisations*, Masson, 1996.

[Robey 82] D. Robey, D. Farrow, « User Involvement in Information System development : A Conflict Model and Empirical Test », *Management Science,* vol. 28, N°1, pp. 73-85, 1982.

[Rosenthal 96] C. Rosenthal-Sabroux, *Contribution méthodologique à la conception de systèmes d'information coopératifs : prise en compte de la coopération homme-machine,* Habilitation à Diriger des Recherches, Université Paris-Dauphine, décembre 1996.

[Scapin 86] D.L. Scapin, *Guide ergonomique de conception d'interfaces homme-machine*. Rapport de recherche INRIA, 1986.

[Schmidt 96] K. Schmidt et C. Simone, « Coordination mechanisms : towards a conceptual foundation of CSCW systems design », COOP Group, *The Design of Cooperative Systems. JCSCW Special Issue*, vol. 5, n° 2-3, 1996.

[Scott 97] M.S. Scott Morton, *L'entreprise compétitive au futur*, Les Éditions d'Organisation, 1997.

[Steels 90] L. Steels, « Components of Expertise », *AI Magazine,* 1990.

[Vogel 88] C. Vogel, *Le génie cognitif,* Masson, France, 1988.

[Zarifian 95] P. Zarifian, « Le travail : de l'opération à l'action ». *In* J. Bidet, J. Texier, *La crise du travail*, PUF, Paris, 1995.

[Zuboff 95] S. Zuboff, « Le nouveau contrat social », *Pour la science*, N° 217, pp. 170-171, 1995.

PARTIE 3

De Merise à UML

CHAPITRE 6

Merise et UML en parallèle

L'objectif de ce chapitre est de comparer les concepts, les formalismes, les modèles mais surtout les fondements de Merise et d'UML. Il est essentiel de bien comprendre les différences et les ressemblances pour passer d'une approche à l'autre et élaborer une démarche de transition. Il ne s'agit pas d'expliquer tous les concepts, le formalisme et la démarche de Merise, mais de reprendre les points clés de Merise et de les comparer avec ceux d'UML. Les points clés sont les suivants :

- les principes ;
- la modélisation du métier ;
- la modélisation du système informatique ;
- la démarche.

Pour chacun de ces sujets, les avantages et les faiblesses (les écueils) des deux approches sont mis en évidence. L'objectif est d'appréhender les difficultés du passage de Merise à UML. Par ailleurs, les utilisateurs d'UML apprendront les points forts de Merise qui sont compatibles.

Les composants de Merise présentés dans ce chapitre sont clairement décrits et expliqués dans les trois ouvrages de base de la méthode [Tardieu 83], [Tardieu 85], [Rochefeld 89] et dans l'ouvrage complémentaire Merise/2[1] [Panet 94]. Ce dernier présente les avancées de Merise en termes de concepts et d'approche objet. Pour en savoir plus, il est possible de se reporter à la bibliographie présentée en fin de chapitre. Pour comprendre les pages suivantes, il est nécessaire d'avoir pris connaissance du chapitre 1. Un lexique des abréviations est proposé en annexe.

Principes

Cinq principes fondamentaux ont présidé à l'élaboration de Merise : l'approche systémique, les cycles de construction du système d'information, l'approche fonctionnelle, la vision duale données-traitements et l'approche qui part du général pour atteindre le particulier.

1. Merise/2 constitue une avancée proposée par certains auteurs de la méthode Merise. Chaque spécificité de Merise/2 intégrée dans l'exposé est indiquée.

Approche systémique

L'approche systémique retenue dans Merise est une réponse à l'échec relatif des approches existant dans les années 70-80 (Corig, Minos). Il est apparu impossible de construire un système d'information centré sur la base de données en délaissant la problématique du pourquoi du système. Cette problématique se décline au niveau de chaque information et est constituée par la synthèse de l'ensemble des réponses apportées au niveau élémentaire. Un constat similaire a été fait pour les méthodes centrées sur les traitements ; un système d'information ne peut être élaboré par la juxtaposition de traitements quand bien même ils répondent aux besoins élémentaires du processus et sont optimisés.

Les méthodes de l'époque proposaient déjà des étapes avec des validations de la part des décideurs ; elles séparaient l'analyse fonctionnelle et l'analyse organique. En revanche, elles ne proposaient aucun formalisme rigoureux. Elles étaient liées à une technologie de fichier et de traitement par lots ; elles donnaient satisfaction pour l'automatisation de processus définis (par exemple la méthode Warnier ou la méthode structurée). L'automatisation de l'ensemble de l'entreprise posait problème. La mise au point de la méthode Merise répond au besoin de généralisation de l'automatisation de l'ensemble des informations de l'entreprise.

La méthode Merise s'intéresse aux systèmes ouverts qui sont en relation permanente avec leur environnement [1]. Les systèmes ouverts sont caractérisés par trois propriétés :

- La *globalité*. Un système n'est pas la simple agrégation de ses parties indépendantes. Son comportement dépasse la somme des comportements de ses éléments. Il forme un tout cohérent et indivisible.
- La *rétroaction*. Le fonctionnement du système est basé sur le principe d'interactions entre les composants du système, et entre le système et son environnement. Mais compte tenu de la complexité des relations, le principe de causalité simple ne s'applique pas directement. Le système réagit à toute simulation en émettant des résultats générés selon des boucles d'action/réaction mises en œuvre au sein de ces composants et entre ces mêmes composants.
- La *finalité*. Le système réagit à court terme aux sollicitations en y cherchant à ramener ses variables fondamentales dans des plages de valeurs qui lui assurent sa survie ; il économise au maximum les moyens disponibles (phénomène d'homéostasie). Au-delà des valeurs acceptables, le système disparaît ou il évolue vers un autre état stable, non accessible dans les conditions initiales. Cette évolution à long terme peut être le fait des circonstances ou le résultat d'actions volontaires au niveau du pilotage ; il suffit de guider cette évolution et de faire évoluer volontairement le système vers un état estimé acceptable.

Merise propose d'aborder tout problème d'automatisation, d'analyse dans un but de réingénierie, selon une approche qui considère l'entreprise comme un système vivant dans

1. Un système est dit « ouvert » par opposition au système dit « fermé » lorsqu'il est réputé totalement coupé des influences externes et qu'il évolue sous les seules modifications internes (notions de thermodynamique).

un environnement. En ce sens Merise est une approche orientée. L'approche systémique constitue une étape supplémentaire vis-à-vis de l'approche analytique. Cette dernière consiste à réduire le système en ses composants les plus simples (atomiques) et à les analyser individuellement ainsi que leurs interactions. Cette approche est suffisante pour les systèmes présentant des interactions faibles, mais elle néglige les aspects plus complexes de rétroaction, de finalité. L'approche systémique reprend les principes de définition des limites du système à étudier, de découpage en sous-ensembles, mais y ajoute les notions de finalité[1], de but[2] et d'objectif[3] ainsi que les interactions.

Les outils de l'approche systémique sont les modèles et la simulation. L'objet réel à étudier est représenté sous la forme d'une image (modèle) qui intègre l'ensemble des composants du système, leurs interactions, les finalités, les buts et les objectifs. Cette image peut être manipulée par l'observateur qui vérifie ainsi la conformité des comportements du modèle (ou objet artificiel) avec ceux de l'objet naturel. Le modèle doit donc intégrer l'intention de l'objet naturel, ses caractéristiques (composants, variables descriptives, règles d'action et de réaction) ainsi que l'environnement, ou du moins des plages de conditions externes dans lesquelles l'objet naturel peut s'exprimer.

L'approche UML

L'approche par les cas d'utilisation constitue de fait une approche de type systémique. En effet, le système étudié est considéré de façon externe comme une boîte noire qui réagit à des sollicitations extérieures qui sont formalisées par des flèches dont l'origine est l'acteur[4].

L'ensemble des cas d'utilisation traduit le comportement du système à modéliser (aspect externe du système vu comme une boîte noire). Dans un deuxième temps, chacun d'eux est modélisé par des collaborations qui décrivent la structure interne composée d'objets, la dynamique entre ces objets lorsqu'ils sont sollicités par l'acteur et les résultats émis en retour.

Discussion

La connaissance et la maîtrise de l'approche systémique apportent un éclairage intéressant et indispensable des cas d'utilisation et des scénarios; elles facilitent la détermination des cas d'utilisation et leur vérification dans les scénarios selon un processus top-down ou en fluidifient l'apparition à partir des scénarios selon un processus bottom-up. En résumé, UML offre cependant tous les ingrédients nécessaires pour modéliser le système d'information (processus métier et organisation) et le système informatique de l'entreprise.

1. Finalité : raison d'être, vocation d'un organisme, reflet des missions économiques, éthiques ou sociales. Les finalités sont non opératoires et constituent néanmoins les fondements de la survie du système (par exemple : aider les entreprises à élaborer et faire vivre leur système d'information).
2. But : formalisation des finalités ; elles deviennent opératoires même si les buts restent qualitatifs (par exemple : devenir leader sur tel marché).
3. Objectif : concrétisation des buts sur la base de critères d'évaluation auxquels sont affectés des niveaux quantifiés à atteindre.
4. Acteur : « classe stéréotypée représentant une abstraction qui réside juste en dehors du système à modéliser ». Cf. description dans chapitre 1.

Cycles du processus de construction d'un système d'information

La méthode Merise adosse la construction de tout système d'information à trois cycles : le cycle de vie, le cycle de décision et le cycle d'abstraction. Le préalable à la construction de la méthode Merise sur la base de ces trois cycles a fourni les lignes directrices pour la décrire, la compléter et la faire évoluer.

Figure 6-1
Les cycles de Merise

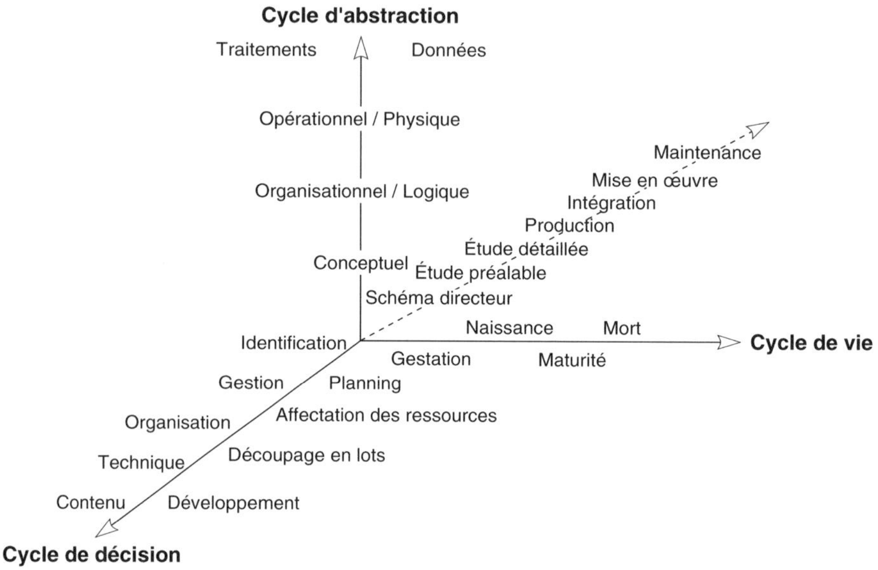

Cycle de vie

La création d'un objet artificiel, reflet d'un objet naturel, suit une séquence formelle : une gestation, une naissance, une maturité, une obsolescence, une mort. Le cycle de vie en rend compte. La gestation correspond à l'analyse et à la conception de spécifications fonctionnelles et techniques. La naissance consiste à produire les composants du système et à le mettre entre les mains des utilisateurs. Avec la maturité, le système s'enrichit de composants et évolue dans les bornes fixées aux niveaux d'abstraction. La mort correspond au moment où le système est atteint d'obsolescence conceptuelle, organisationnelle et technique ; il ne peut évoluer sans remise en cause des fondements qui ont présidé à sa naissance et sa maintenance.

L'approche UML

UML ne définit pas de cycle de vie. Le cycle de développement sous-jacent à UML est itératif et incrémental, guidé par les cas d'utilisation et centré vers l'architecture. Un cycle de vie et de développement adapté aux systèmes d'information relatifs à la gestion est décrit dans le chapitre 4.

Cycle d'abstraction

Le cycle d'abstraction permet de sérier les niveaux de préoccupations lors de la description ou de l'analyse du système ; de cette façon, seules les caractéristiques et orientations homogènes sont intégrées. Les trois niveaux retenus correspondent à des degrés de stabilité et d'invariance de moins en moins élevés. On peut ainsi présenter le système progressivement en allant du général vers le particulier dans le cas de la description et assurer la meilleure pérennité au système lors des phases de conception.

Ces niveaux d'abstraction constituent un outil permettant de vérifier la cohérence du système d'information à chaque étape, d'effectuer des simulations progressives pour évaluer la dérive entre l'objet naturel et l'objet artificiel, de classifier les problématiques. Il est possible de définir un langage commun, avec une sémantique et une syntaxe, admis par l'ensemble des interlocuteurs qui interviennent sur le projet. Ce langage facilite les simulations et la vérification de la convergence entre l'objet réel et l'objet artificiel.

Merise propose trois niveaux d'abstraction, voire quatre dans Merise/2[1] :

- Le *niveau conceptuel* se préoccupe des éléments fondamentaux constituant l'activité à modéliser. Ces éléments fondamentaux reprennent les finalités, les buts et objectifs définis par les décideurs ainsi que les acteurs du système, les notions (objets) manipulées et les règles de gestion à mettre en œuvre. Tous ces concepts sont comparés à ceux utilisés dans UML.
- Le *niveau organisationnel* prend en considération les ressources (homme, machine et la combinaison des deux). Cette macro-organisation intègre les contraintes économiques, techniques et humaines (sécurité, intégrité, rentabilité, performances, qualité, coûts de réalisation et de maintenance). Ce niveau fait apparaître la partie du système d'information qui doit être automatisée.
- Le *niveau logique* permet d'affiner le niveau organisationnel et en plus de localiser les données et les traitements en tenant compte de l'état de l'art. Ce niveau donne lieu à une méthode particulière (TACT[2] [Alakl 89]) totalement compatible et ouvre le passage vers le niveau technique et physique.
- Au *niveau physique* il faut effectuer les choix techniques en prenant en considération les besoins et les contraintes des utilisateurs, des machines, des logiciels, des outils de développement.

L'approche UML

UML permet de modéliser les différents niveaux du système (conceptuel, organisationnel logique et physique). UML propose différentes notions (cas d'utilisation, paquetage, classes, composant, nœud) et différents diagrammes pour modéliser le système aux différents niveaux d'abstraction. Le formalisme est le même tout au long du processus de fabrication. UML laisse le soin au développeur de présenter des diagrammes cohérents qui contiennent des objets de même niveau de préoccupations.

1. Séparation du niveau organisationnel et du niveau logique, pour mieux intégrer les contraintes d'architecture technique.
2. TACT est une méthode de construction d'architecture technique qui s'appuie sur Merise en reprenant les concepts, le formalisme et les principes de base (systémique, cycles...).

Discussion

Il apparaît indispensable dans un projet de ne pas mélanger les genres et les préoccupations conceptuelles et physiques, ou du moins de maîtriser l'intégration des préoccupations. La propreté des diagrammes constitue d'ailleurs un indicateur de maîtrise des projets, en particulier des délais et des coûts. Sur ce sujet, il y a matière à innovations dans la mise en œuvre d'UML. Il reste à élaborer des recommandations pour faire correspondre les niveaux de préoccupations aux étapes du processus et à expliquer les conséquences sur les diagrammes (critères d'arrêt et de vérification). Il s'agit que les versions successives des diagrammes comportent uniquement les éléments qui correspondent au niveau concerné de préoccupations, soit pour répondre aux normes de l'étape, soit pour réaliser des supports de présentation qui tiennent compte des centres d'intérêt des utilisateurs.

Cycle de décision

Le cycle de décision permet d'organiser l'intervention des personnes de l'entreprise en fonction de la hiérarchie des décisions à prendre à propos du contenu du système et de son mode de développement. Merise est une méthode participative où chaque acteur de l'entreprise qui intervient sur le développement du système (choix d'orientations stratégiques ou tactiques, choix d'organisation, expression de besoins logiques, contraintes physiques) est amené à formuler ses besoins, à effectuer les compromis éventuellement nécessaires et à vérifier leur prise en compte au niveau de l'objet artificiel. Le cycle de décision décrit les points de passage et de contrôle dont la mise en œuvre (organisation de projet, fréquence...) est matérialisée dans le découpage en étapes ou en tâches du processus de développement.

L'approche UML et discussion

Comme Merise, UML se soucie d'associer étroitement les utilisateurs dans les tâches d'analyse et de conception. La mise en œuvre d'UML doit s'accompagner d'un cycle complet de décision (cf. chapitre 4).

Approche fonctionnelle

Merise propose une approche descendante où le système réel est décomposé en activités, elles-mêmes déclinées en fonctions. Les fonctions sont composées de règles de gestion, elles-mêmes regroupées en opérations. Ces règles de gestion au niveau conceptuel génèrent des modules (mis en œuvre dans les procédures) décomposés en modules plus simples et ainsi de suite jusqu'à obtenir des modules élémentaires. Un partage des modules (élémentaires ou de plus haut niveau) est possible. Cependant la réutilisation nécessite de disposer d'un environnement et d'un processus spécifiques. L'analyse fonctionnelle descendante permet de vérifier facilement que les besoins des utilisateurs sont pris en compte. Les limites d'une telle approche résident dans le fait que les modules sont difficilement extensibles et exploitables pour de nouveaux systèmes. Il y a une différence entre modules « fonctions utilisateurs » (calcul de dates, calcul de validité de compte via une clé, etc.) et modules « fonctions techniques » (module d'accès à un SGBD, module de création d'une liste sur un écran...).

L'approche UML et discussion

L'approche fonctionnelle est une spécificité de Merise dont UML se démarque. Dans UML les fonctions cèdent la place aux cas d'utilisation qui permettent de situer les besoins de l'utilisateur dans le contexte réel. À chaque scénario correspondent des diagrammes d'interaction (séquence et collaboration) entre les objets du système et non pas un diagramme de fonction. Pour compléter la modélisation des besoins de l'utilisateur, UML introduit des diagrammes d'activités pour décrire les activités des intervenants des processus métier. Par la suite, les besoins sont répartis sous forme de responsabilités sur les classes selon une architecture qui rend le système le plus indépendant possible des besoins, où les classes donnent naissance à des composants réutilisables dans différents contextes de besoins

Approche données - traitements

Merise propose de considérer le système réel selon deux points de vue : un point de vue statique (les données), un point de vue dynamique (les traitements). Il s'agit d'avoir une vision duale du système réel pour bénéficier de l'impression de relief qui en résulte, et donc consolider et valider le système final. Cette validation se réalise concurremment et parallèlement au processus itératif de validation programmé avec les utilisateurs. Cette validation technique permet de contrôler que les besoins exprimés par les utilisateurs sont traduits en termes d'informations et que les informations recensées sont bien utilisées par les utilisateurs. Le processus se décompose en validation des données conceptuelles par les modèles externes des opérations et des procédures. La validation consiste à vérifier l'existence des informations, des entités et des relations, la cohérence des cardinalités et des contraintes ainsi que l'exhaustivité des actions élémentaires sur les composants cités. En quelque sorte, seuls les éléments du modèle conceptuel des données dignes d'intérêt dans le champ de l'étude doivent figurer. Tout composant supplémentaire qui n'apparaît pas dans les traitements doit être analysé.

Figure 6-2
Validation données / traitements

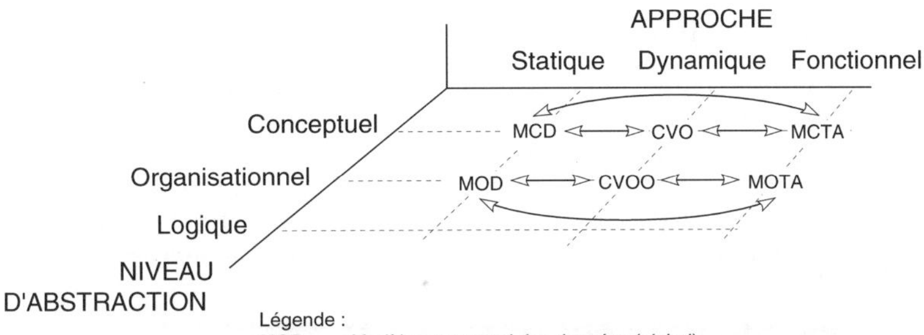

Légende :
MCD : Modèle conceptuel des données (global)
MCTA : Modèle externe des opérations associées au MCTA (MERISE/2)
MOD : Modèle organisationnel des données (global)
MOTA : Modèle externe des procédures associées au MOTA (MERISE/2)
CVO : Cycle de vie des objets (MERISE 2)
CVOO : Cycle de vie organisationnel des objets (MERISE 2)

L'approche UML et discussion

L'approche objet associe les informations et les traitements. De cette façon, elle assure un certain niveau de cohérence. Toutefois, il est possible de proposer des tâches de contrôle interne au sein du processus de fabrication pour consolider le modèle et s'assurer que l'expression des besoins des utilisateurs est intégralement traitée. L'intégration des scénarios pour former un modèle de classe global permet de s'assurer de la validité des modèles de classe spécifiques de chacun et de vérifier la cohérence d'ensemble. Cela est d'autant plus important que le domaine d'étude est grand et nécessite une équipe de développement importante.

À l'instar des méthodes objet, la démarche associée à UML propose une approche différente de Merise, qui associe données et traitements et qui décrit la dynamique du système d'information comme un ensemble d'opérations attachées aux objets du système [Bouzeghoub 95]. Cette approche objet est renforcée par les cas d'utilisation qui en constituent le « chef d'orchestre ». Les cas d'utilisation se traduisent par des collaborations entre les objets préalablement trouvés. L'approche par les cas d'utilisation vient en complément de l'approche objet pour l'analyse des besoins.

Il s'agit là d'un autre point clé de l'approche objet. En effet, cette approche permet de modéliser les systèmes complexes, d'exprimer de façon intégrée la structure et la dynamique avec un même concept plus proche de la réalité.

Approche par les échanges

Dans Merise, les premières tâches de définition et de détermination du champ de l'étude utilisent les notions de flux entre acteurs. Les modèles de flux mettent en jeu les acteurs et leurs échanges avec le sujet du projet vu de l'extérieur. Les acteurs permettent de discerner les processus de l'activité à étudier qui donnent lieu à des échanges extérieurs. Les flux supportent les informations échangées au niveau conceptuel indépendamment de toute notion de support. L'analyse permet de concevoir la structure interne en prenant en compte successivement les différents niveaux organisationnels et physiques. Ces mêmes flux au niveau organisationnel sont déclinés sur les supports types, puis sur des vecteurs physiques.

L'approche UML et discussion

Dans UML, l'entreprise est décrite d'abord sous forme de processus de métier et ensuite sous forme de travailleurs (de rôles) qui interagissent dans l'exécution de ces processus. Les activités des travailleurs sont ensuite décrites dans les diagrammes d'activités. Ceci permet de fournir une vision simplifiée et de haut niveau de l'organisation tout en décrivant les détails des activités et des échanges séparément. Cette formalisation permet de fournir une vision globale tout spécialement dans le cadre de schéma directeur et d'étude préalable.

Approche du général vers le particulier

Merise est une méthode de type descendante : la vision globale du système doit être affinée par intégrations successives des différentes orientations retenues, classées selon le cycle d'abstraction.

Dans les faits, les première étapes du cycle de développement s'appuient sur l'étude de l'existant (à partir d'interviews, des documentations). Merise propose de modéliser cet existant en utilisant les concepts et le formalisme ; les modèles synthétisent le résultat de ces travaux. À partir des modèles physiques des traitements et des données, on induit des modèles organisationnels, puis des modèles conceptuels qui peuvent être utilisés pour établir les diagnostics et démarrer la phase de conception.

L'approche UML et discussion

UML permet aussi bien une approche descendante qu'une approche ascendante. Les différents diagrammes fournissent les supports pour matérialiser une démarche progressive, allant du global vers le détaillé, pour passer du système d'information au système informatique. Un avantage d'UML réside dans le fait que le concept objet peut être décliné sur tout le cycle d'abstraction.

Modélisation du métier

Après avoir abordé les principes, la comparaison entre Merise et UML peut se poursuivre par la façon d'aborder la modélisation métier. Merise s'appuie sur les concepts de domaine, d'acteur, de flux, de modèles liés aux niveaux conceptuel et organisationnel pour décrire le métier de l'entreprise indépendamment de ses structures.

Domaine d'étude

Le domaine peut être défini comme le processus ou l'ensemble des processus de l'entreprise candidats à l'étude. Ces processus s'appuient sur des informations formant des ensembles homogènes ; ils présentent des échanges précis d'informations avec d'autres processus de l'entreprise ou des acteurs externes. Dans l'exemple de la SNEA, le domaine étudié est celui de la gestion commerciale, lui-même en relation avec les domaines de la fabrication, de la comptabilité et avec les clients. Le domaine de la gestion commerciale peut être subdivisé en processus : gestion des tarifs, gestion des clients, gestion des ventes, gestion du budget et des prévisions, etc.

Selon l'approche systémique, il est possible de définir le contenu du domaine par rapport au système opérant et au système de pilotage. Le domaine peut être inclus dans un seul système ou être présent sur les deux. Dans ce cas, un sous-processus opérationnel alimente le système d'information en données de base ; elles sont reprises et synthétisées dans le cadre d'un sous-processus de pilotage dont les conclusions peuvent être utilisées au niveau opérant.

Il est possible de calquer la définition du domaine d'étude sur les activités de l'entreprise, comme dans le cas de la SNEA, l'activité « engrais » et l'activité « produits industriels ». Il est également envisageable de diviser le domaine d'étude en fonction des entités structurelles de l'entreprise.

L'approche UML et discussion

Pour UML, la définition du domaine est un préalable. Elle doit être proposée dès l'étude d'opportunité et peut évoluer jusqu'à la fin de la phase d'élaboration.

Quelle que soit l'approche, la définition du domaine doit s'appuyer sur des critères qui présentent un bon niveau de stabilité. Cette tâche de définition doit permettre de déterminer facilement des scénarios de développement, les acteurs (décideurs et utilisateurs), et de clarifier et maîtriser les degrés de dépendance avec les autres domaines.

Acteurs

Le concept d'« acteur » apparaît au démarrage de l'étude du système d'information, lors de la définition du champ de l'étude. Les acteurs sont les réalisateurs du projet ou les entités étudiées et modélisées dans le cadre du champ de l'étude.

Les différents acteurs impliqués dans le processus de fabrication du système d'information agissent soit au niveau du pilotage du projet (chef de projet), soit au niveau des décisions (direction de l'entreprise), soit au niveau de la fabrication des produits finis ou composants (utilisateur final, analyste, développeur, expert...). Le rôle de ces différents acteurs doit être défini lors du démarrage du projet. Ces acteurs sont collectifs ou individuels et doivent être personnalisés lors de la constitution des équipes du projet.

On distingue les acteurs externes et les acteurs internes. L'acteur externe émet ou reçoit des informations. L'« externalité » se définit par rapport au sujet étudié : l'acteur externe peut être un domaine connexe (composant du système d'information interagissant avec le domaine étudié), une fonction de l'entreprise liée au domaine étudié, une personne physique ou morale externe à l'entreprise. L'acteur externe ne faisant pas partie du champ de l'étude, seules ses principales caractéristiques sont décrites. Dans un premier temps, le système d'information constitue l'acteur interne global qui dialogue et échange avec les acteurs externes. Cependant, cette vision parfois globale conduit à faire apparaître des acteurs internes spécialement lorsque le champ de l'étude couvre un nombre très important de fonctions ou d'activités de l'entreprise. Le tableau suivant résume les liaisons entre les acteurs, les niveaux d'abstraction et les modèles de flux.

Tableau 6-1 Croisement entre les niveaux, les modèles de flux et les acteurs

Niveau d'abstraction	Niveau conceptuel		Niveau organisationnel
Modèle de flux	Modèle de contexte	Modèle de flux conceptuel	Modèle de flux organisationnel
Acteurs			
Externes	• Personne physique ou morale externe à l'entreprise • Fonction de l'entreprise associée • Domaine connexe	• Personne physique ou morale externe à l'entreprise • Fonction de l'entreprise associée • Domaine connexe	• Personne physique ou morale externe à l'entreprise • Service de l'entreprise associé • Domaine connexe
Internes	• Système d'information	• Processus • Opération	• Système informatique • Poste de travail (type d'acteur logique)

Les acteurs sont analysés globalement dans Merise. Ainsi l'acteur externe client peut être soit l'acheteur soit le contrôleur marchandise. Le système d'information est envisagé de façon globale dans un premier temps, puis détaillé de façon à ce que les directions régionales et les agences locales apparaissent. Au niveau conceptuel, il s'agit d'un macro-découpage qui s'affine au niveau logique ou organisationnel en termes de postes de travail avec des fonctions précises reflétant l'organisation exacte de l'entreprise.

L'approche UML

Pour UML, au niveau métier, le concept d'acteur signifie de fait acteur externe. Cependant, dans UML, les acteurs sont analysés du point de vue du rôle qu'ils jouent vis-à-vis du périmètre. Ainsi, dans l'exemple SNEA on cherche `Acheteur` et `Comptable` qui sont des rôles différents du client. Les acteurs peuvent être du matériel ou logiciel. Au niveau du système informatique, les acteurs sont constitués de tout ce qui est externe et interagit avec les systèmes; les travailleurs d'interface et de contrôle du niveau métier deviennent des acteurs à part entière au niveau système informatique.

Discussion

En résumé, la différence essentielle entre Merise et UML réside dans l'analyse des acteurs par les rôles qu'ils jouent vis-à-vis du périmètre. Les acteurs internes se rapprochent des notions de travailleurs d'interface et de contrôle. Au niveau du système informatique, il y a équivalence entre le profil d'utilisateur et les acteurs d'UML.

Tableau 6-2 Correspondance entre Merise et UML sur la notion d'acteur

Niveau	Merise		UML
Métier	Conceptuel	Acteur externe	Acteur
	Organisationnel	Type d'acteur	Travailleur d'interface Travailleur de contrôle
Informatique	Logique	Profil utilisateur	Acteur

Flux

Les flux constituent un support d'analyse décliné et affiné tout au long du cycle d'abstraction. Les flux matérialisent les échanges d'information entre les composants du système d'information constitué des acteurs externes et du domaine. Ainsi, selon l'approche descendante de Merise, il faut d'abord considérer les échanges entre les acteurs au sein d'un modèle de contexte (MC). Le MC est essentiellement utilisé au démarrage du projet; il permet à l'équipe de définir le périmètre du système d'information.

Cette première modélisation des flux est précisée dans le modèle de flux conceptuel (MFC). L'affinage du MFC par itérations successives permet de :

- décomposer progressivement le champ de l'étude en activités puis en des processus homogènes ;
- faciliter le passage au modèle conceptuel des traitements ;
- constituer un support de communication auprès des utilisateurs.

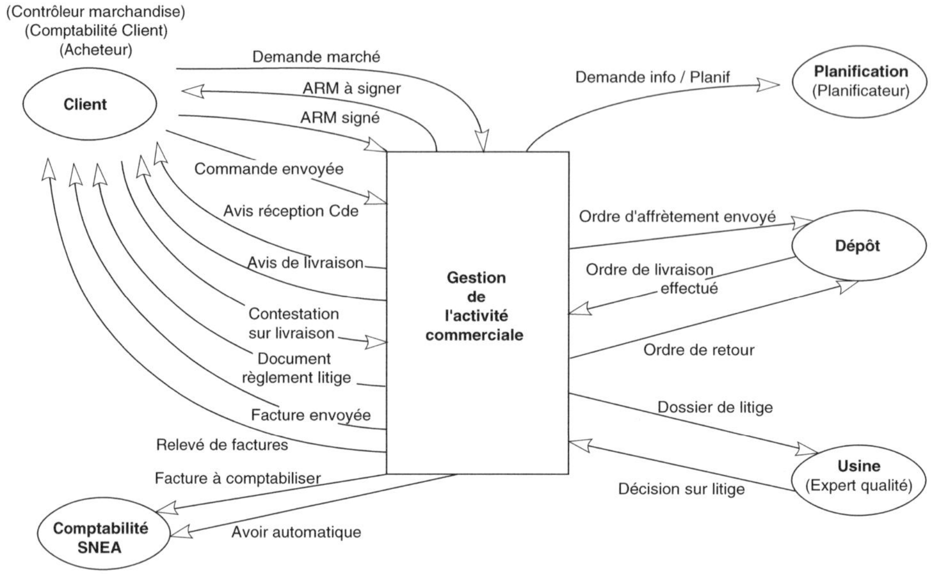

Figure 6-3
Modèle de contexte

La règle d'arrêt correspond à la vérification du modèle conceptuel des traitements (MCT) (concept de non-interruption).

À chaque itération, il faut identifier les flux entrant et sortant ainsi que les acteurs. Lors du passage à un niveau inférieur, il faut détailler les processus sans oublier de faire apparaître les événements de type temps

Les flux qui apparaissent dans Merise traduisent un dialogue avec les acteurs. Ainsi, dans l'exemple de la SNEA, le flux du planificateur vers l'activité commerciale n'est pas pris en compte car il s'agit de consultation d'informations mises à disposition de la gestion de l'activité commerciale (aucune attente conceptuelle). Les échanges vers l'acteur planificateur sont formalisés car ils impliquent une réaction de la part de cet acteur dans son propre système. Les échanges avec le dépôt et l'usine nécessitent une réponse (flux entrant) qui conditionne le déroulement des processus du domaine.

L'approche UML

Dans UML, le diagramme de cas d'utilisation est une représentation externe qui ne montre que les liens de haut niveau sans expliciter le détail des échanges; c'est-à-dire que seule l'existence de la relation est montrée. Au niveau interne, les diagrammes de séquence et les diagrammes d'activités permettent de représenter les flux.

Discussion

Le modèle de flux constitue un outil puissant dans l'analyse et la reconfiguration des processus. L'analogie entre le modèle de flux conceptuel et le diagramme des cas d'utilisation est trompeuse. Des différences apparaissent tant sur la forme entre les acteurs et le

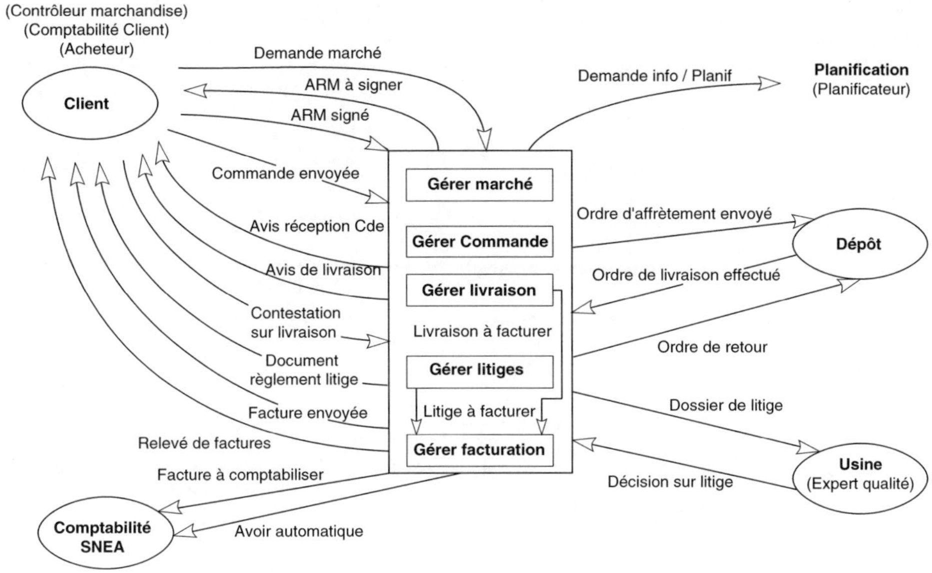

Figure 6-4
Modèle de flux conceptuel de niveau 1

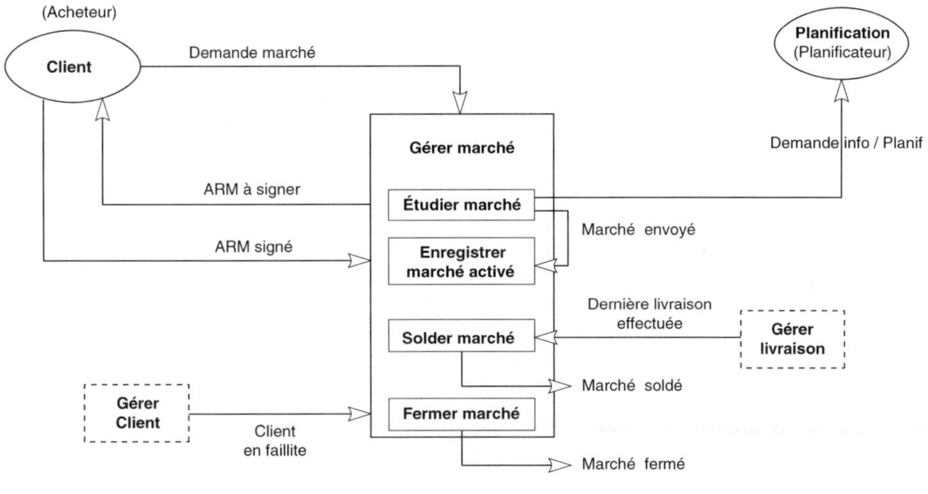

Figure 6-5
Modèle de flux conceptuel de niveau 2

domaine (absence de flux), qu'au niveau des processus. UML détaille les rôles des acteurs, ce qui n'est pas le cas de Merise. UML globalise l'interaction entre acteurs et cas d'utilisation. Merise détaille les échanges selon les divers niveaux de maille du modèle. Le diagramme des cas d'utilisation traduit une relation entre l'acteur et le domaine, mais il

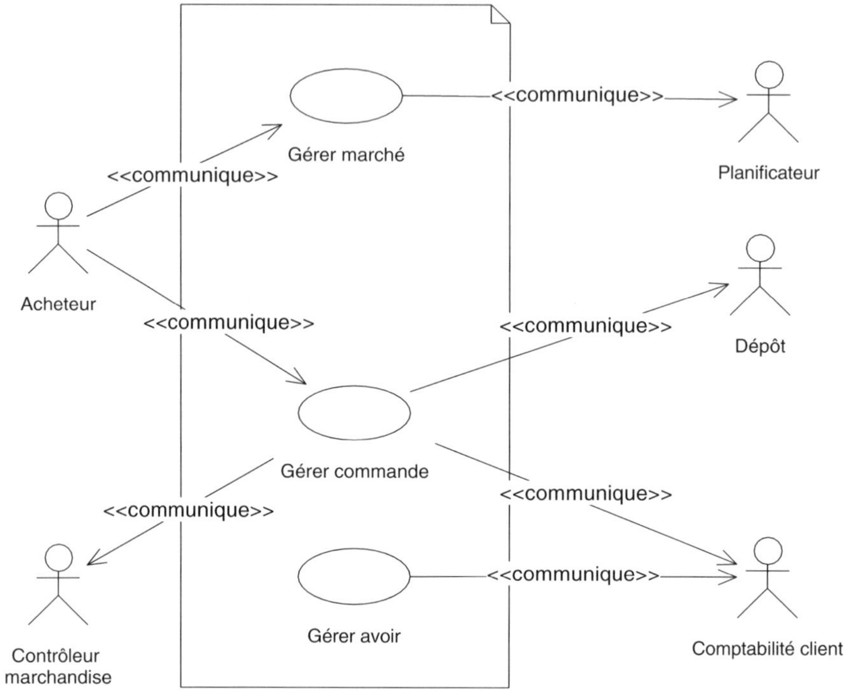

Figure 6-6
UML - Cas d'utilisation

est construit dans une optique de relation entre objets collaborant alors que le modèle de flux conceptuel est élaboré dans une optique de décomposition en fonctions. Si un rapprochement doit être effectué, il faut rapprocher le diagramme de flux du diagramme d'activités qui fait apparaître les flux entre les activités affectées aux objets étudiés.

Niveau conceptuel

Le niveau conceptuel constitue le premier niveau d'abstraction. Il prend en compte les orientations gestion dans le modèle conceptuel des données et le modèle conceptuel des traitements. Il permet de décrire le cycle de vie des principales entités métier et de faire émerger les processus du système métier.

Modèle conceptuel des données

Les constituants du modèle conceptuel des données sont composés des propriétés (atomes d'information), des entités, des associations et des cardinalités. L'ensemble permet de créer le schéma, appelé modèle conceptuel des données, qui doit satisfaire un certain nombre de règles de validation.

Propriétés

À partir de la masse des informations contenue dans le domaine d'étude, il faut extraire les propriétés qui constituent les composants élémentaires manipulés par les utilisateurs au cours de leurs travaux. Un premier travail de structuration consiste à affecter à ces composants élémentaires une sémantique précise et un ensemble de caractéristiques (identifiant, critères de format, plage de valeurs, règle de construction, origine). Les propriétés mises en évidence sont individualisées. Les sources des informations sont diverses : les bases de données des applications existantes à renouveler ou les applications connexes, les supports de communication internes ou externes, les interviews réalisées au cours des travaux d'analyse, etc. Cette tâche est importante : à partir de ce résultat, il faut construire le modèle de données conceptuel, future base de données physique. Un tel travail nécessite la plupart du temps des ressources informatiques. L'équipe doit constituer et gérer un dictionnaire de données.

Il faut étudier les propriétés pour détecter les synonymes[1] et les polysèmes[2] et les faire disparaître.

Quelles sont les propriétés à faire figurer dans le modèle ? Il faut retenir les propriétés présentant un intérêt dans le cadre du champ de l'étude. Par ailleurs, il est possible de distinguer les propriété stables et les propriétés calculées.

- Une propriété est dite stable lorsque la valeur n'est pas sujette à modification quand elle est connue (voir la notion d'identifiant).
- Une propriété est dite calculée lorsqu'il faut appliquer une règle de calcul pour connaître la valeur. A priori, les propriétés calculées sont modélisées et inscrites dans le modèle s'il est impossible de retrouver leur valeur ou si elles constituent une information de base pour un autre processus ou un autre système (système opérant et système de pilotage).

Il faut analyser les contraintes inhérentes aux propriétés, à savoir les contraintes dites d'intégrité et les dépendances fonctionnelles.

- Les contraintes d'intégrité sur les propriétés concernent les valeurs qu'elles peuvent prendre. On distingue celles liées au format, celles qualifiées de statiques, liées à une plage de valeurs, à une liste de valeurs[3] ou à une valeur d'une autre propriété, et enfin celles correspondant à une évolution dans le temps. Plusieurs présentations des contraintes sont proposées. Il s'agit d'un commentaire intégré à la description de la propriété dans le dictionnaire de données, d'une indication sur le MCD renvoyant à une note jointe. Les mêmes supports peuvent être utilisés pour les contraintes liées aux changements de valeur mais il est aussi possible d'employer le diagramme d'états-transitions, tout particulièrement lorsque les modifications de la propriété correspondent aux différents états de l'entité associée.
- Un autre type de contrainte est celui de la dépendance fonctionnelle ; il y a dépendance fonctionnelle lorsqu'à une valeur d'une propriété P1 correspond une valeur unique de la propriété P2. Cette notion est reprise lors de la description des formes normales.

---

1. Synonymie : deux informations (ou plus) ont le même sens. Il faut créer une seule propriété.
2. Polysémie : une information a deux sens différents (ou plus). Il faut créer deux propriétés (ou plus).
3. Par habitude, on emploie le terme « propriété » à la place de « propriété-type » qui désigne le « contenant » sachant que les valeurs constituent le « contenu ». La même remarque vaut pour les entités et les relations.

Tableau 6-3 Prise en compte des contraintes par le formalisme

	Contraintes	Formalisme
Statique	• Format	Dictionnaire de données
	• Plage de valeurs • Liste de valeurs • Valeur d'une autre propriété	Dictionnaire de données ou note de renvoi
Dynamique	• Changement de valeur	Dictionnaire de données ou note de renvoi ou diagramme d'états-transitions

L'approche UML et discussion

UML propose la même démarche de structuration pour les attributs des objets. Cette technique qui s'applique aussi bien pour les données métier que pour les données techniques doit être conservée.

Entités

L'objet ou entité (objet type ou entité-type) correspond à un composant concret ou abstrait, utilisé par l'entreprise et présentant un intérêt dans le cadre du champ de l'étude. Il est composé d'une liste de propriétés types ; en ce sens, il constitue un deuxième niveau de structuration dans la démarche. La recherche des entités peut se faire de façon ascendante par agrégation des propriétés, ou de façon descendante en recensant les structures de données permanentes ou structurelles du champ de l'étude.

La notion de sous-type d'entité correspond à un sous-ensemble d'occurrences de l'entité ayant des propriétés spécifiques. Cette approche permet de travailler à différents niveaux de détail. Le macromodèle du niveau global permet de simplifier le schéma et sert au cours des séances de travail avec les utilisateurs. À un niveau détaillé, il constitue un outil de travail pour valider la compréhension du sujet. La notion de sous-type ne doit pas être confondue avec l'approche cycle de vie des entités ; un cycle de vie décrit des états successifs de l'entité. Par ailleurs, le nombre de niveaux de sous-types doit être limité.

Au sujet de la généralisation/spécialisation, Merise/2 propose un formalisme pour décrire les contraintes de partition, d'exclusion, de totalité entre les sous-types. Il s'agit de la combinaison entre les notions de couverture et de disjonction appliquées aux occurrences des entités-types :

- couverture : chaque occurrence de l'entité-type doit appartenir à l'un des sous-types ;
- disjonction : chaque occurrence de l'entité-type doit appartenir à un seul sous-type (voir tableau 6-4).
- La *contrainte de partition*. La contrainte de partition traduit le fait que chaque occurrence de l'entité-type `Marché` se décompose systématiquement dans un des deux sous-types `Marché produit`, `Marché famille`.

Tableau 6-4 Croisement entre les notions de couverture et de disjonction

	Couverture	Non-couverture
Disjonction	Partition - P	Exclusion - X
Non-disjonction	Totalité - T	Absence de contraintes

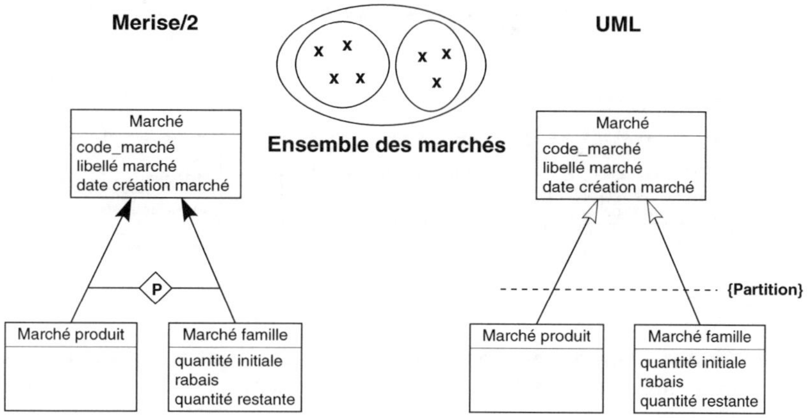

Figure 6-7 *Contrainte de partition*

- La *contrainte d'exclusion*. La contrainte d'exclusion met en évidence que certaines occurrences de l'entité-type `Employé` n'ont pas de sous-type `Directeur régional`, `Ingénieur commercial`.

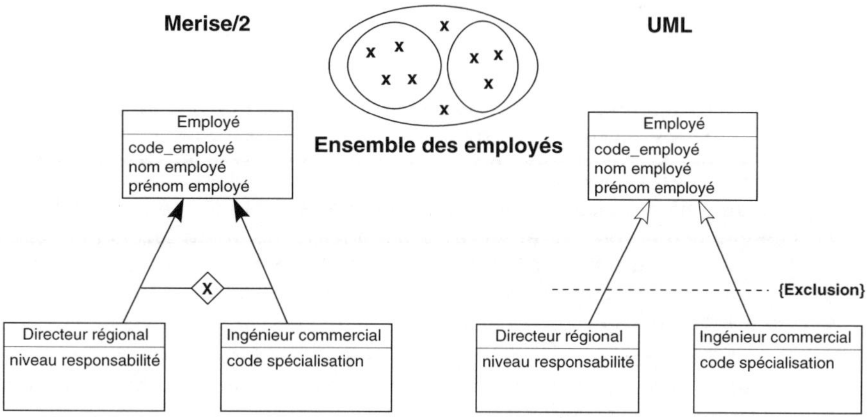

Figure 6-8 *Contrainte d'exclusion*

- La *contrainte de totalité*. La contrainte de totalité spécifie que toutes les occurrences de l'entité-type `Produit` possèdent au moins un sous-type `Engrais`, `Produit industriel`.

Figure 6-9
Contrainte de totalité

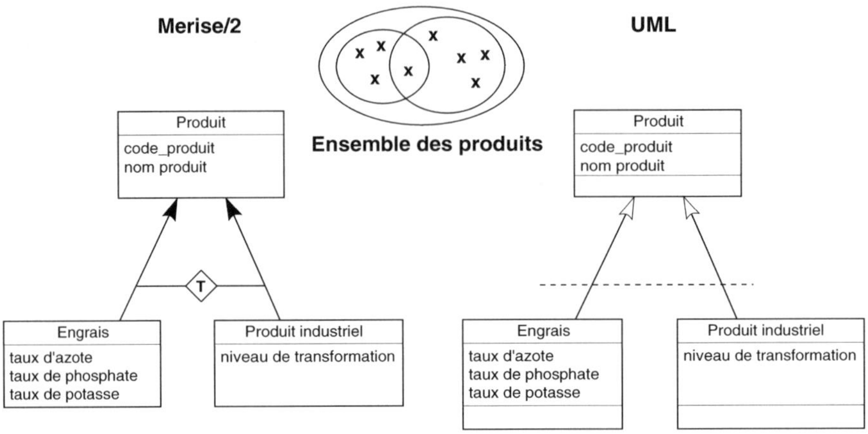

L'approche UML

La notion d'entité correspond à la composante statique de la notion de classe dans le diagramme de classes. Le tableau suivant présente les équivalences entre Merise et UML.

Tableau 6-5 Comparaison entre Merise et UML sur les notions de type et d'instance

Équivalence sur les types		Équivalence sur les instances	
Merise	**UML**	**Merise**	**UML**
Entité (objet)	Classe	Occurrence d'entité	Instance
Association (relation)	Association	Occurrence d'association	Lien
Modèle conceptuel des données (MCD)	Diagramme de classes	Schéma d'occurrences d'entités	Diagramme d'objets

Le diagramme de classes ne se cantonne pas aux objets métier; il est utilisé au cours de l'ensemble du processus et sert aussi à modéliser les objets techniques. Les classes contiennent des opérations, ce qui n'est pas le cas des entités du MCD; la notion d'objet est un concept plus large que celui d'« entité ». De plus les classes sont analysées du point de vue des responsabilités.

Les attributs (terme équivalent à propriété dans Merise) sont caractérisés par les notions de *public*, *protégé*, *privé* qui apparaissent dans Merise/2 au niveau du modèle organisationnel des données (MOD).

Les classes ont un comportement qui résultent de l'analyse de leur responsabilités, offrent des services qui sont réalisés par des méthodes et des opérations; les instances de classes communiquent grâce à des messages. Il s'agit d'autant de notions inconnues dans Merise.

UML formalise les contraintes entre les sous-types; il les enregistre sous forme d'expression d'un langage de contrainte (OCL). UML propose pour les classes la notion de stéréotype qui est une méta-classification des classes (classe paramétrable, classe utilitaire, classe abstraite) et, au niveau des objets, des types à connotation physique (objets miroirs, objets transmis).

Discussion

Le formalisme est voisin. L'aspect macromodèle de Merise correspond à un mode d'utilisation et de communication qu'il est tout à fait possible d'employer dans UML même si cela n'est pas exposé dans la notation.

Il faut insister sur le fait que l'introduction des méthodes dans les classes est fondamentale; c'est le résultat de l'approche objet qui, au cours de la démarche d'analyse, associe au sein du même concept les aspects statiques et les aspects dynamiques. Il s'agit là d'un point clé qu'il faut comprendre et maîtriser. Ensuite, si le MCD de Merise peut être transformé en diagramme de classes, l'inverse n'est pas vrai car les classes incorporent des caractéristiques supplémentaires (méthodes, comportements...) et le diagramme de classes est utilisé tout au long du cycle de développement pour modéliser d'autres aspects du système d'information que le modèle métier des données (cf. chapitre 1 : « Un diagramme de classes peut contenir aussi des interfaces de paquetages, des relations et même des instances telles que des objets ou des liens ».)

Identifiant

À chaque occurrence de l'entité correspond une et une seule valeur de chaque propriété ; en revanche, une valeur de propriété type peut se retrouver dans plusieurs occurrences de l'entité-type qui la contient. Une des propriétés de chaque entité est appelée « identifiant » et présente la caractéristique suivante : à chaque valeur de l'identifiant correspond une et une seule occurrence de l'entité. En d'autres termes, à chaque occurrence de l'entité correspond une valeur différente de l'identifiant. Dans un formalisme réduit, on fait apparaître uniquement l'identifiant dans l'entité.

L'identifiant est stable et non nul. Sa valeur est fixée lors de l'apparition de l'occurrence de l'entité ; elle ne change pas tout au long de la vie de l'entité. L'identifiant peut être composé et relatif par rapport à une autre entité (`Adresse de client` : `Code client` + `Numéro d'ordre`).

L'approche UML

Chaque objet d'UML possède implicitement une identité qui permet de le distinguer de tous les autres. Il n'y a pas de support ou de justification par rapport à la notion de dépendance fonctionnelle ou aux formes normales.

Discussion

Il faut mettre l'accent sur la notion d'identifiant car il contribue à assurer la cohérence et la validité du modèle de données.

Relations (associations)

Les liaisons qui peuvent exister entre les entités se traduisent par le concept de relation et constituent le troisième niveau de structuration de la démarche. L'existence de l'intance de la relation est conditionnée par l'existence des instances des entités qui la composent.

L'identifiant de la relation est constitué par la concaténation des identifiants des entités constitutives.

Merise/2 propose un formalisme pour décrire les contraintes de partition, d'exclusion, de totalité. Il s'agit de la combinaison entre les notions de couverture et de disjonction appliquées aux occurrences des entités-types.

- La *contrainte de partition*. La contrainte de partition indique que toutes les occurrences de l'entité `Commande` participent à une et à une seule des relations-types concernées, à savoir `référencer`, `commander`.

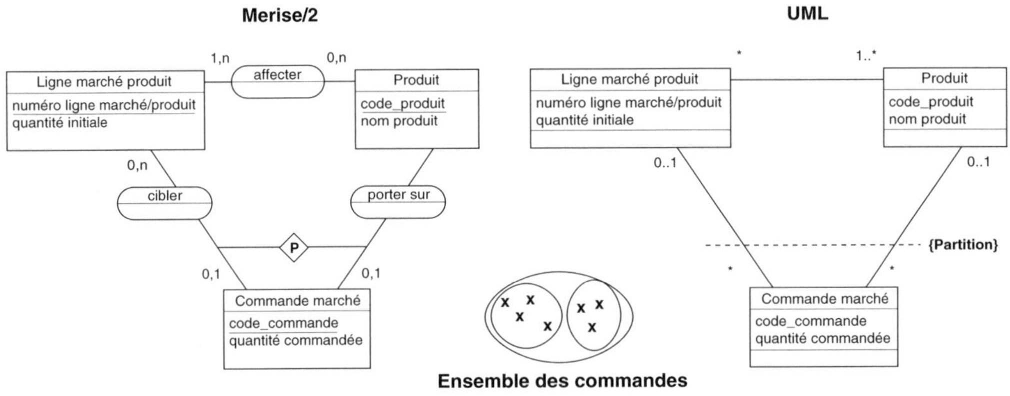

Figure 6-10
Contrainte de partition

- La *contrainte d'exclusion*. La contrainte d'exclusion formalise le fait que chaque occurrence de l'entité `Client` est impliquée dans au plus une des relation-types concernées, à savoir `passer`, `engager`.

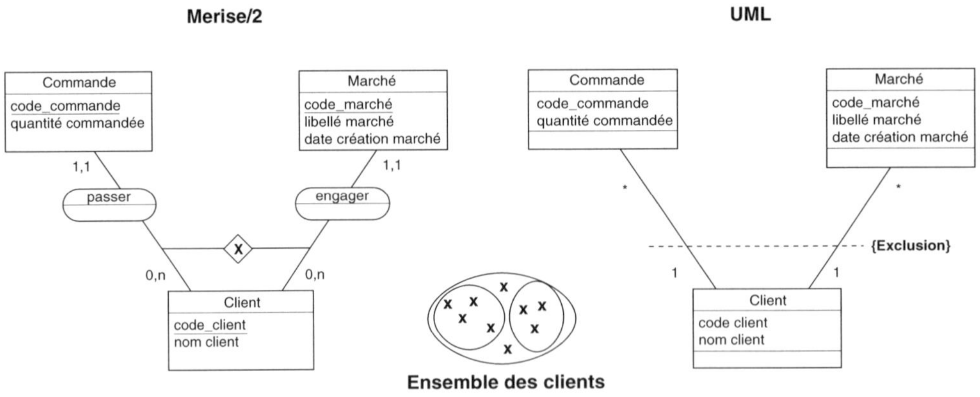

Figure 6-11
Contrainte d'exclusion

- La *contrainte de totalité*. La contrainte de totalité spécifie que toutes les occurrences de l'entité `Matière première` participent au moins à une des relations-types `fabriquer_1`, `fabriquer_2`.

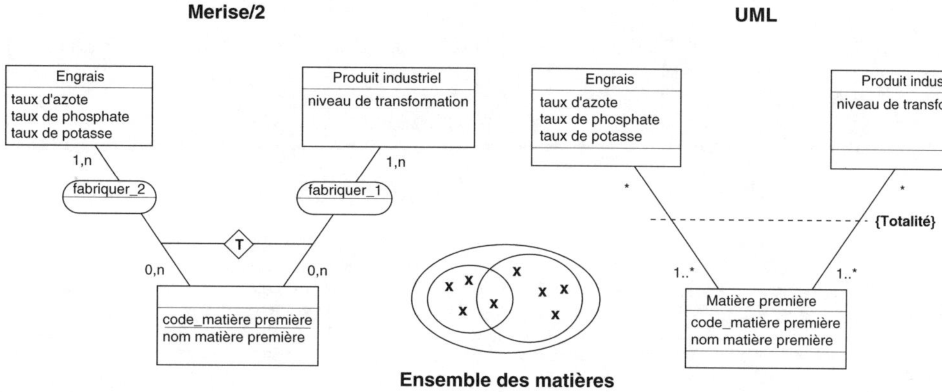

Figure 6-12
Contrainte de totalité

Merise/2 propose un formalisme pour décrire les contraintes d'inclusion et d'unicité :

- La *contrainte d'inclusion*. Les occurrences des relations `commander` et `enregistrer` doivent mettre en jeu des occurrences des entités `Ingénieur commercial` et `Engrais` ; ces entités qui doivent par ailleurs être associées par des occurrences de la relation `spécialiser`.

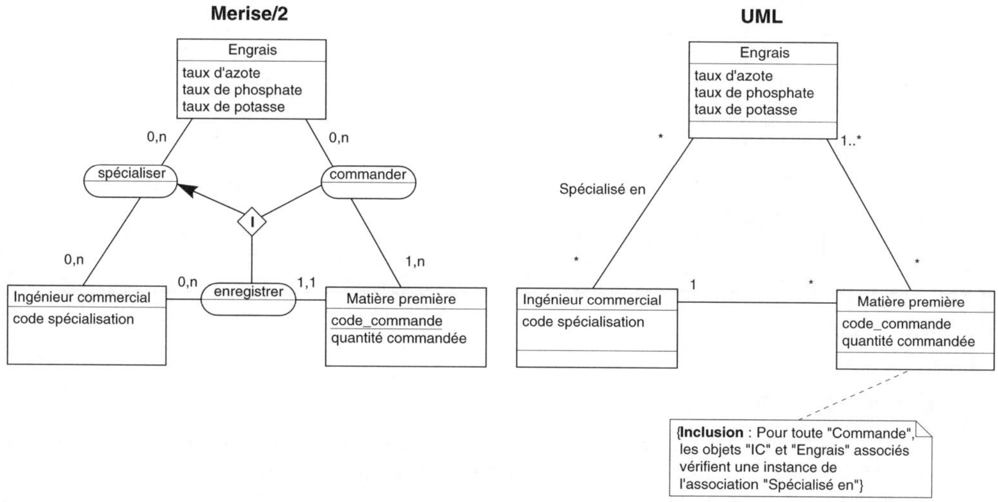

Figure 6-13
Contrainte d'inclusion

- La *contrainte d'unicité*. Pour un couple d'occurrences des entités `Ingénieur commercial` et `Date`, il y a une seule occurrence de la troisième entité `Secteur`.

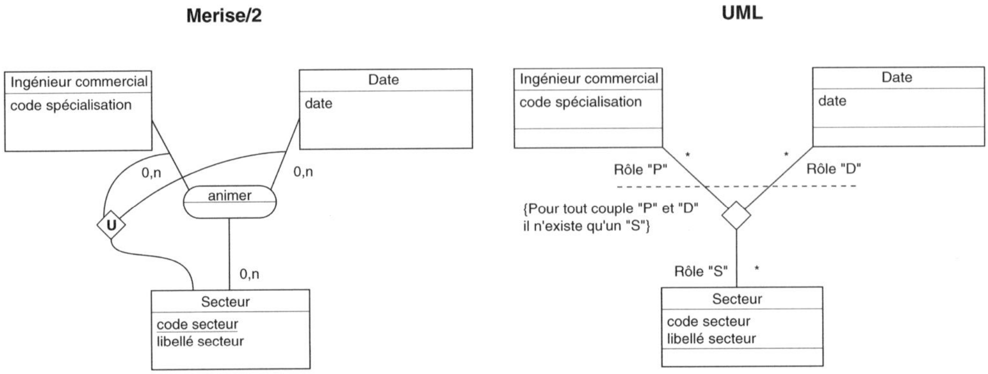

Figure 6-14
Contrainte d'unicité

- Les *associations d'associations*. Merise/2 propose une représentation des associations d'associations ; il devient inutile de transformer la relation cible en une pseudo-entité.

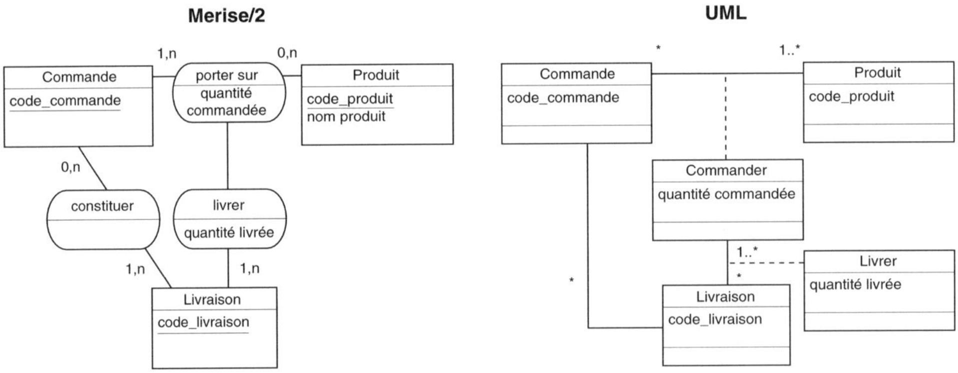

Figure 6-15
Association d'associations

L'approche UML

Pour UML, les associations peuvent aussi être des classes qui possèdent des caractéristiques ; comme c'est le cas des classes-association. Comme pour les sous-types, les contraintes sur les relations sont enregistrées sous la forme du langage OCL. UML distingue la relation dite d'agrégation qui peut être considérée comme une généralisation de la relation composé/composant.

Le nommage des rôles est plus généralisé dans UML que dans Merise où il est limité aux associations réflexives.

Les relations peuvent être caractérisées par la notion de navigation (sens de circulation entre les classes de la relation) et la notion de tri. Ces notions sont intégrées aux niveaux logique et physique dans Merise.

Discussion

UML ne distingue pas de niveaux d'abstraction; les notions relatives au métier et les notions plus techniques (navigation, tri) ont la même importance. La progressivité d'introduction des contraintes dans le processus de fabrication est à conserver.

Cardinalités

Les cardinalités Merise et les multiplicités d'UML ainsi que leur modélisation (composé/composant et spécialisation/généralisation) sont présentées dans le tableau suivant.

Tableau 6-6 Comparaison entre Merise et UML sur la notion de cardinalité

Merise	UML
0.1	0..1
1,1	1
0,n	0..* ou *
1,n	1..*

Les cardinalités (0,1) et (1,1) correspondent à la notion de contrainte d'intégrité fonctionnelle (CIF). La cardinalité (1,1) induit une contrainte forte car l'occurrence de la relation est étroitement liée à la vie de l'entité. La cardinalité (0,1) est synonyme d'une contrainte faible en raison de son caractère facultatif et modifiable.

L'approche UML et discussion

En plus des notions de composé/composant qui existent dans Merise/2 (notation spéciale), UML propose la notion d'agrégation qui est une généralisation des notions précédentes et un formalisme particulier.

L'expression des cardinalités dans Merise et UML diffère; cela ne pose pas de problème sauf dans le cas d'association n-aires (n>2). La notion de dépendance fonctionnelle qui permet de valider le diagramme n'est pas développée dans UML.

Discussion

En dehors des relations n-aires (n>2), il y a peu de différence. UML permet d'enregistrer les valeurs précises des multiplicités dès le niveau conceptuel.

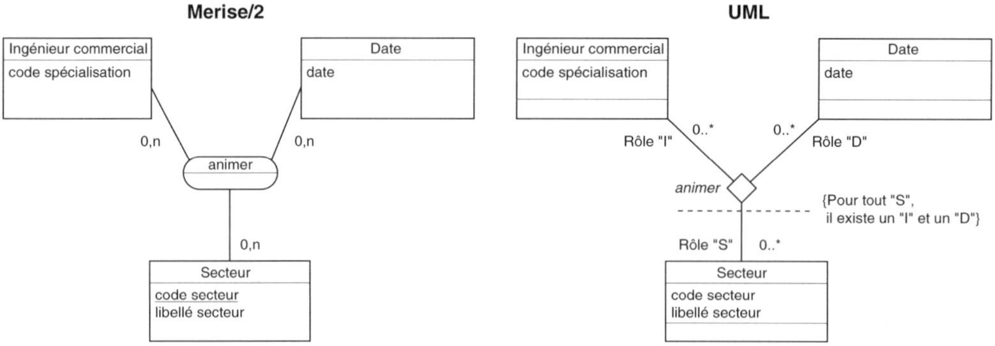

Figure 6-16
Comparaison des cardinalités Merise / UML

Règles de validation

Merise propose des règles de validation du modèle de données. Tout d'abord, une propriété ne peut apparaître que dans une seule entité ou une seule association. Ensuite, le modèle doit respecter au moins les trois premières formes normales de Codd.

- *Première forme normale (1FN).* Chaque entité ou association est dotée d'un identifiant ; ses propriétés sont atomiques dans le sens où, au sein de l'occurrence de l'entité ou de la relation à laquelle les propriétés appartiennent, elles ne possèdent qu'une seule valeur à un instant T. Une propriété multivaluée doit être extraite de l'entité ou de l'association.

Figure 6-17
Première forme normale

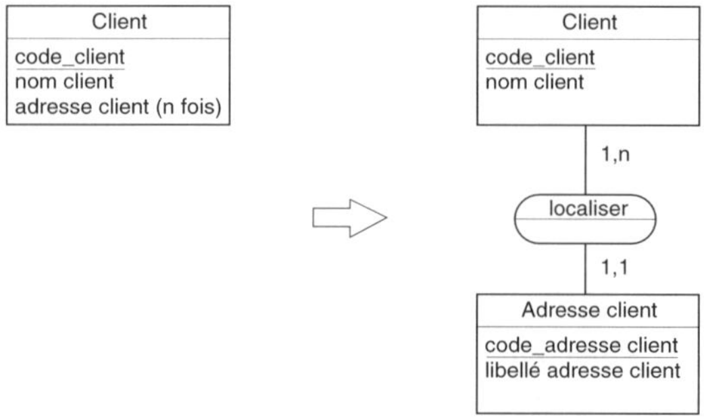

- *Deuxième forme normale (2FN).* Chaque entité ou association étant en 1FN, toutes les dépendances fonctionnelles entre les propriétés sont élémentaires. Chaque propriété dépend de la totalité des composants de l'identifiant et non pas d'une partie.

  Dans l'exemple suivant, la quantité commandée varie pour chaque couple [`Commande - Produit`] ; en revanche, le `taux de rabais` est spécifique à la `commande` et s'applique sur chacun des produits commandés.

Figure 6-18
Deuxième forme normale

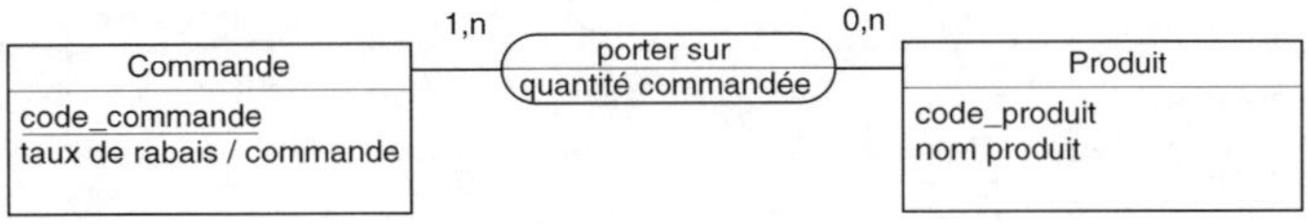

- *Troisième forme normale (3FN)*. Chaque entité ou association étant en 2FN, toutes les dépendances fonctionnelles entre les propriétés sont directes. Chaque propriété dépend directement de l'identifiant et non pas d'une autre propriété elle-même en dépendance fonctionnelle par rapport à l'identifiant. En d'autres termes, l'identifiant de l'entité ou de l'association est la seule source de dépendance fonctionnelle.

Figure 6-19
roisième forme normale

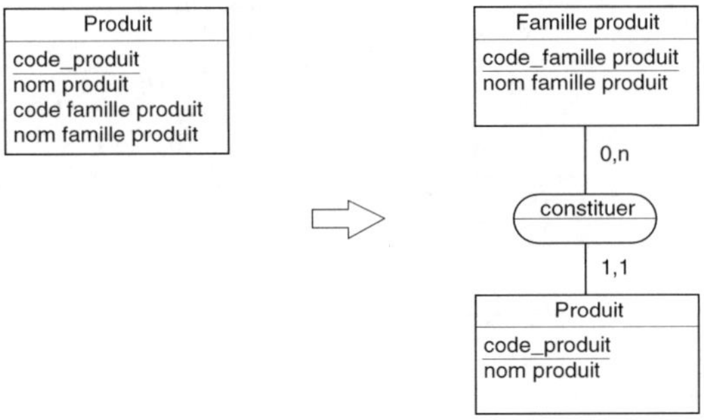

L'approche UML

Indépendamment du formalisme, il faut retenir qu'UML ne se préoccupe pas de normaliser le diagramme de classes. Les propriétés multivaluées sont autorisées.

Discussion

Les règles de validation du modèle conceptuel de données apparaissent comme un point fort du modèle entité-relation en général et de Merise en particulier. Ces règles peuvent être mises en œuvre dans UML pour éviter des erreurs de modélisation lourdes de conséquences et assurer les bases du système informatique.

Modèle conceptuel des données

La combinaison des concepts décrits constitue le modèle conceptuel des données (MCD). Une gamme opératoire préside à la construction du MCD. Pour le valider, il suffit de contrôler que les règles décrites précédemment sont vérifiées. La représentation du modèle conceptuel de données se matérialise dans le schéma suivant.

L'approche UML

Le diagramme de classes d'UML ressemble à première vue au MCD; en fait, il s'en distingue fondamentalement par plusieurs aspects. Chaque classe contient les données (attributs) et les opérations. Le schéma contient des classes de nature fonctionnelle ou « objet métier » et des classes de nature physique ou liées aux outils techniques employés; ainsi le diagramme de classes est utilisé tout au long des étapes du projet.

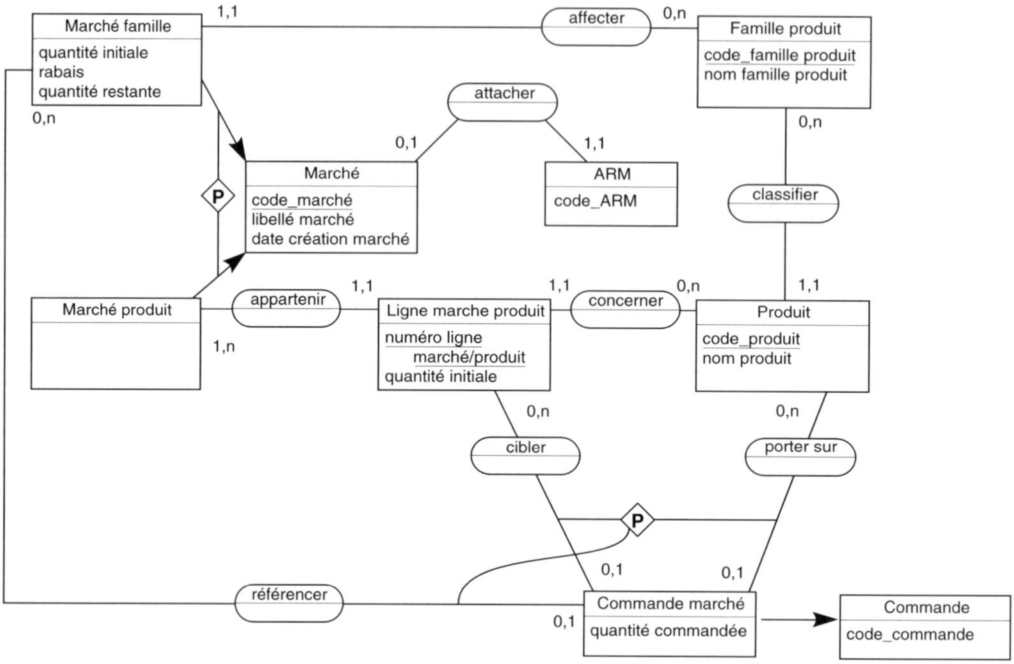

Figure 6-20
Modèle conceptuel des données

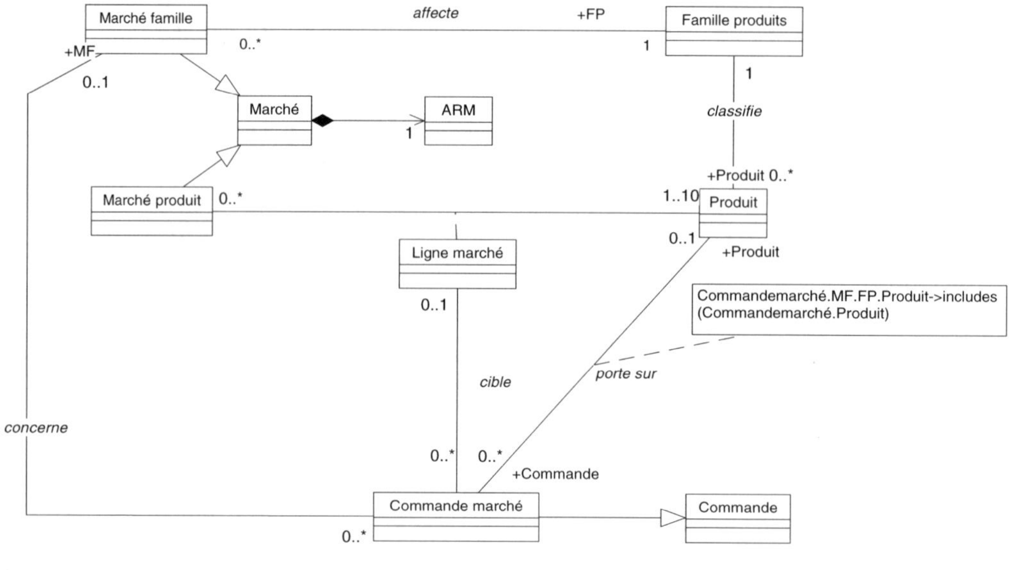

Figure 6-21
UML - Diagramme de classes

Discussion

Dans Merise, il existe un diagramme au niveau fonctionnel, réservé aux entités métier. Ce diagramme se transforme en un modèle physique qui prend en compte, avec un formalisme différent, les résultats des contraintes de logiciel et intègre les entités techniques. Par ailleurs, certaines notions au niveau conceptuel, par exemple les notions de paramétrage, sont individualisées comme des entités dans le modèle conceptuel de données; dans UML, elles peuvent être modélisées grâce aux classes paramétrées. La conception objet implique de considérer chaque objet avec ses données et ses méthodes; cette approche n'est pas contradictoire avec une approche progressive dans laquelle la constitution du diagramme se fait en fonction de l'étape du projet et des destinataires.

Pour UML, le modèle constitue la représentation de l'exhaustivité du réel perçu, le diagramme n'étant qu'une vue partielle du modèle. Cette distinction n'est pas aussi évidente pour Merise qui toutefois utilise des modèles (schémas) partiels dans les cas complexes.

États-transitions – cycle de vie (comportement)

Le cycle de vie d'une entité ou d'un objet (CVO) traduit les différents états que peut prendre l'entité, leur succession et les événements qui déclenchent le passage d'un état à l'autre (ou transition). Le cycle de vie se caractérise par un état initial (parfois plusieurs), plusieurs états intermédiaires et un état final (parfois plusieurs). L'ensemble de ces notions est utilisé dans Merise/2.

Les états d'un objet sont le plus souvent matérialisés par les différentes valeurs d'une des propriétés de l'objet. Les états sont dépendants non seulement des propriétés de l'objet lui-même, mais aussi des propriétés des objets auxquels l'objet est lié, des relations et des propriétés de ces relations. La notion d'état qui présente un caractère temporaire et transitoire est différente de la notion de sous-type qui correspond à une spécialisation de l'objet. La propriété décrivant les états successifs est le plus souvent affectée au type.

Les événements qui déclenchent les transitions sont équivalents aux événements utilisés dans l'approche des traitements qui sont eux-mêmes une déclinaison des flux du modèle conceptuel de communication. Il apparaît donc que la modélisation du cycle de vie des différentes entités permet de faire un lien entre les comportements des objets et les fonctions décrites dans le modèle conceptuel de traitements.

Le CVO est construit sur la base du concept des réseaux de Petri. On retrouve les mêmes caractéristiques de combinaison d'événements, d'itérations, d'alternatives et de connexions avec d'autres modèles états-transitions.

Les CVO sont associés aux processus et au modèle conceptuel des traitements. Les événements du CVO se retrouvent dans ces modèles ; les changements d'états sont associés aux opérations qui correspondent aux transitions.

L'approche UML et discussion

Merise/2 et UML proposent un diagramme d'états-transitions. Cependant, le concept est plus étudié dans UML qui propose des notions de sous-états, de macro-états, d'états parallèles et qui détaille les actions ou opérations associées à chaque état. Le diagramme d'états-transitions est étroitement lié au diagramme de classes.

Il s'agit des modèles les plus proches tant par leur formalisme que par les concepts manipulés.

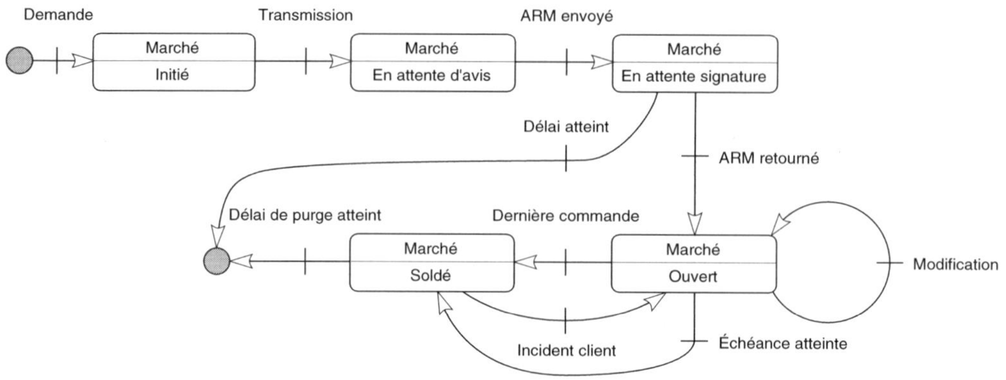

Figure 6-22
Merise - Cycle de vie de l'objet Marché

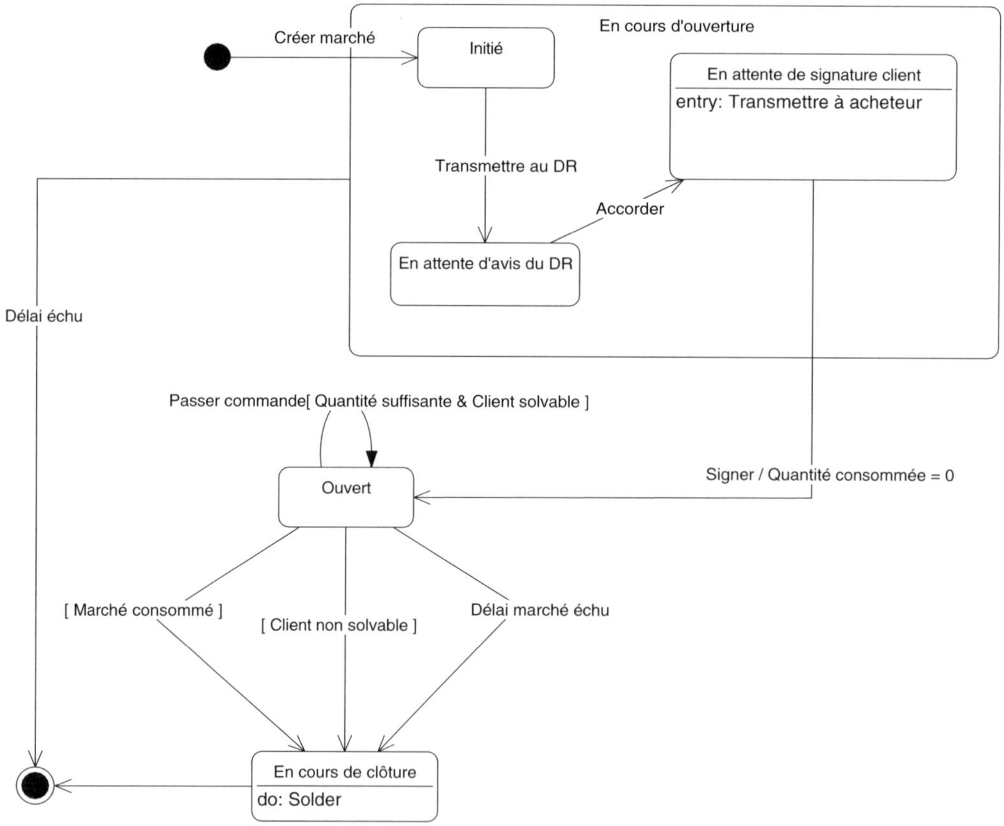

Figure 6-23
UML - Diagramme d'états-transitions de l'objet Marché

Processus métier

Les processus sont le résultat de l'approche de décomposition fonctionnelle du champ de l'étude. Ils regroupent un ensemble de traitements qui concourent à la même finalité. Ainsi, dans l'exemple de la gestion opérationnelle des marchés, les processus apparaissent lors du premier niveau d'affinage du modèle conceptuel de communication. Ils constituent une étape transitoire dans la démarche de modélisation. Ils sont utiles pour la communication avec les utilisateurs et lorsqu'un niveau de représentation globale du champ de l'étude est suffisant ou nécessaire comme dans le cas de schéma directeur.

Un processus représente un sous-système dans le champ de l'étude ; il est doté d'une existence propre (donc avec des échanges bien définis), qui pourrait justifier un développement particulier. Lorsque le processus est activé, le système est dans un état stable ; à la fin du processus, le système se trouve dans un autre état stable. Dans une approche ascendante, il s'agit d'étudier les processus en faisant varier les paramètres des événements initiateurs types ; il faut montrer les traitements mis en œuvre. Ceci correspond à des « vues externes » du fonctionnement du processus. Elles sont aussi appelées « configurations » ou « instances de processus ». Le processus est donc le type de l'ensemble de ces instances. Il fédère l'ensemble des règles de gestion communes (réutilisation) et localise les particularités des instances.

Cette façon de procéder peut être mise en œuvre aussi bien dans une approche descendante que dans une approche ascendante ; elle permet de valider la consistance des processus candidats et de retenir les instances de processus qui serviront pour des études ponctuelles de faisabilité logique et physique. On met en évidence les processus à partir de MFC.

L'approche UML et discussion

Le processus constitue un concept clé pour UML. Il est représenté par un cas d'utilisation. UML propose une vision transversale des processus par rapport à l'organisation de l'entreprise. Il s'agit là de la différence essentielle.

Modèle conceptuel des traitements

Les composants du modèle conceptuel des traitements sont constitués des événements, des règles de gestion, des synchronisations et des opérations dont l'ensemble permet de créer le schéma appelé modèle conceptuel des traitements.

Événements internes et externes

Les flux sont repris dans le modèle conceptuel des traitements lorsqu'ils sont complètement décrits. Ils sont ordonnancés ; il apparaît ainsi une séquentialité entre les flux entrants et les flux sortants. Les flux entrants sont autant d'événements externes, d'activateurs du système qui se trouve dans un état défini. Le système réagit à ces stimuli en déclenchant des traitements qui permettent de générer les flux sortants, à l'origine d'un nouvel état du système.

La notion d'événement interne correspond aussi à un changement d'état du système mais il est produit par le système lui-même selon des règles inhérentes à son mode de fonctionnement : par exemple la création périodique des relevés de factures, la gestion des avoirs de fin de campagne pour faire bénéficier les clients de la baisse des cours des matières premières.

Les événements se décomposent en informations ; ces dernières se transforment en propriétés et en agrégats de propriétés qui constituent le message reçu ou émis.

L'approche UML et discussion

Les événements internes et externes apparaissent au niveau des diagrammes de séquence et d'activités. Les concepts sont peu différents de ceux de Merise.

Règles de gestion

Au niveau conceptuel, les règles de gestion concernent les traitements et les orientations qui régissent l'activité indépendamment des conditions matérielles, géographiques et techniques. Elles marquent les transitions qui permettent les changements d'états du système et agissent donc sur les entités/relations de l'approche statique.

L'approche UML

Pour UML, les règles de gestion apparaissent dans la description des traitements rédigés en langage OCL. Il n'y a pas de règle d'arrêt permettant de décomposer les traitements par niveaux d'abstraction. Les règles de gestion se trouvent aussi au niveau des méthodes des classes et dans les diagrammes d'interaction. Ceci est un des points clés de l'approche objet.

Discussion

La notion de niveau de préoccupation est à conserver car elle permet de classer les idées, de les hiérarchiser ; elle facilite donc la gestion du projet.

Synchronisations

Les règles de gestion sont déclenchées lorsque les événements externes ou internes se présentent selon la configuration formalisée dans la notion de synchronisation. Cette notion est identique à celle utilisée dans le CVO ; il s'agit, dans le CVO, d'exprimer le déclenchement de la transition sous l'action des événements.

L'approche UML

Dans UML, les synchronisations peuvent apparaître dans les diagrammes d'activités et d'états-transitions.

Opérations

L'ensemble des règles de gestion est regroupé dans le concept d'opération. L'opération est activée quand la synchronisation est vérifiée. Selon des conditions précisées, l'opération émet un ou plusieurs résultats.

La constitution des opérations doit vérifier quelques règles : non-redondance des règles entre opérations et non-interruption d'une opération en cours.

Le formalisme fait apparaître l'association entre l'opération et les entités qui, sous l'action des règles de gestion, voient leur état changer.

L'approche UML

Dans UML, on représente les opérations dans des diagrammes d'activités. Les activités sont hiérarchiques et donc se décrivent elles-mêmes par des diagrammes d'activités.

Modèle conceptuel des traitements analytique (MCTA)

La combinaison des concepts précédents fournit le modèle conceptuel des traitements analytique dans lequel sont associés les traitements et les informations. Cette association est développée dans Merise/2. Traditionnellement le couplage entre les deux approches données-traitements est effectué au cours d'une tâche de validation.

Une gamme opératoire préside à la construction du MCTA. Pour vérifier ce modèle, il faut s'assurer du respect de quelques règles ; les principales sont les suivantes :

- conflit entre opérations sur un événement commun ;
- absence de cycle vertueux ;
- déclenchement possible de toutes les synchronisations ;
- toute propriété des événements ou des résultats doit se retrouver dans un modèle externe propre au modèle.

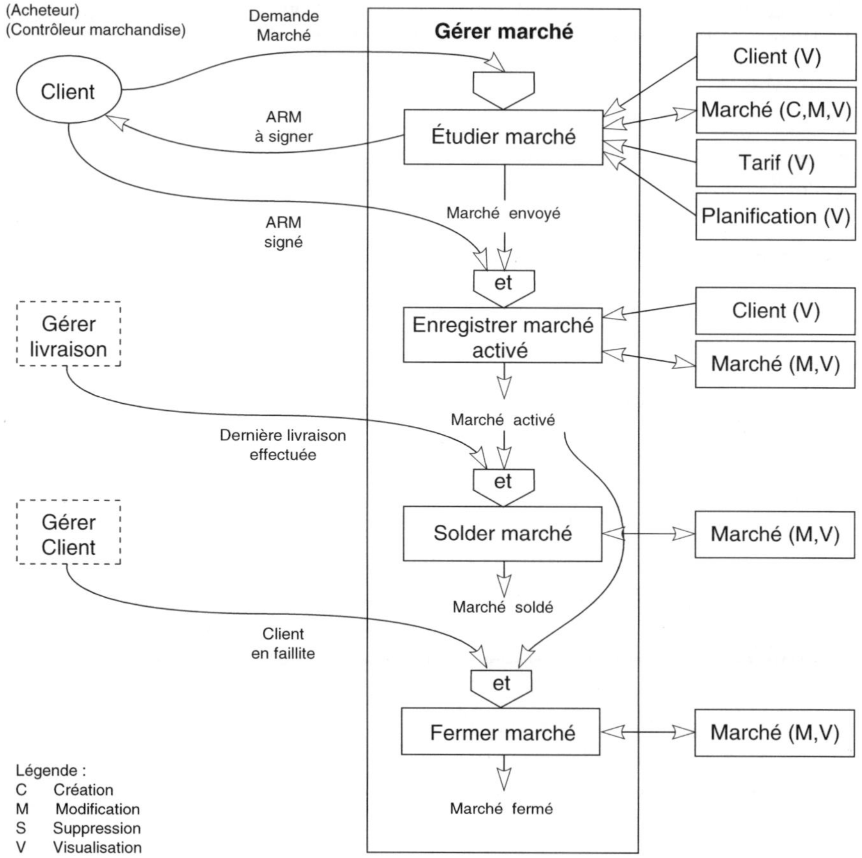

Figure 6-24
MCTA Gérer marché

Il existe un parallélisme évident au niveau des concepts manipulés dans le MCTA et dans le cycle de vie.

Tableau 6-7 Comparaison entre CVO et MCTA

CVO (1 entité)	MCTA (N entités)	Notions complémentaires
État de départ de l'entité	État initial du système	
Flux externe	Événement externe	Événement interne Résultat interne/externe
Règle de déclenchement	Synchronisation	
Transition	Opération	Règles de gestion
État final de l'entité	État d'arrivée du système	

L'approche UML et discussion

Dans le MCTA, les opérations sont associées aux objets métier sur lesquels les règles de gestion mises en œuvre ont une action. Ce modèle se rapproche du diagramme de séquence, plus encore au niveau organisationnel.

Niveau organisationnel

Le niveau organisationnel constitue le second niveau d'abstraction. Il prend en compte les orientations organisationnelles et conduit à faire émerger le système informatique du système d'information. À ce niveau, on peut connaître qui (type d'acteurs) agit (fonctions), sur quelles données (modèle externe de données), de quelle façon (procédure fonctionnelle), et où (type de site). Le niveau organisationnel est indépendant de toute considération de répartition technique. Il intègre des besoins de performance, de sécurité, d'intégrité, de coûts de réalisation et de maintenance (besoins appelés parfois « spécifications non fonctionnelles »).

Le niveau organisationnel des traitements s'appuie sur les concepts suivants : les règles de calcul, le site, l'acteur, le poste de travail, les procédures avec leur profil et le modèle externe. Ce modèle organisationnel des traitements analytique s'appuie sur le même formalisme que le modèle logique des traitements.

Parallèlement, le MCD se transforme en modèle organisationnel des données (MOD) qui est un stade transitoire facilitant la transition vers le logiciel de gestion de données retenu.

Modèle organisationnel des traitements

Fonctions

Les règles de gestion sont décomposées en fonctions ; ces fonctions sont des traitements éventuellement sous forme d'algorithmes. Elles sont complétées de fonctions de type infrastructure (répondant le plus souvent à des besoins implicites de l'utilisateur). Il s'agit par exemple de fonctions de sécurité (identification, authentification, habilitation, confidentialité), des fonctions de gestion des impressions, etc. Chaque fonction se caractérise par un point d'entrée unique, activé par un message d'entrée ; elle fournit un ou plusieurs résultats et un modèle de données spécifique. On distingue les données accessibles par l'extérieur (publiques) à travers les messages d'entrée et de sortie (résultats), et des données privées, non partagées. Les messages sont le support des données fonctionnelles et techniques.

La décomposition et la description des fonctions concernent uniquement les fonctions élémentaires de création, de modification, de suppression et de visualisation (CMSV) des entités et des relations du MOD et du cycle de vie des objets organisationnels (CVOO). Il est possible de mettre en œuvre une démarche ascendante en partant du MOD et du CVOO. Pour chaque entité et relation doivent exister des fonctions CMSV. À ces fonctions élémentaires, s'ajoutent des fonctions supplémentaires pour gérer la cohérence et l'intégrité des données.

Flux organisationnels

Les événements et les résultats sont détaillés et décomposés en fonction de leur consommation, de leur utilisation et de leur mise à disposition par le système informatique. Le modèle organisationnel de communication (MOC) reprend la partie spécifique du MFC qui doit être automatisée.

Procédure fonctionnelle

La procédure fonctionnelle correspond à un ensemble cohérent de fonctions[1] assurant l'obtention d'un ou plusieurs objectifs précis. Elle est affectée à des types d'acteurs. À chaque procédure correspond un profil : degré d'automatisation, délai de réponse, fréquence, périodicité, rapidité d'exécution, niveau de confidentialité, degré de compétence et de connaissance, contact humain.

À chaque procédure correspond un modèle externe de données ; seules les entités et les relations manipulées par les fonctions apparaissent dans ce modèle. Pour chacune des entités et des relations, il faut indiquer les actions ou les opérations effectuées. Le sens de la circulation sur les relations et l'indication de tri sont mentionnés (figure 6-25).

Type d'acteur

Le type d'acteur est un ensemble de personnes ou de processeurs exerçant les mêmes actions sur le système informatique, ayant les mêmes prérogatives sur les entités relations du système informatique.

Modèle organisationnel des traitements analytique

La combinaison des concepts précédents constitue le modèle organisationnel des traitements analytique (MOTA) qui associe les traitements et les informations. Le couplage données-traitements au niveau de chaque procédure fonctionnelle constitue la différence entre le MOTA introduit par Merise/2 et le MOT traditionnel.

1. La fonction est utilisée ou réutilisée par plusieurs procédures fonctionnelles.

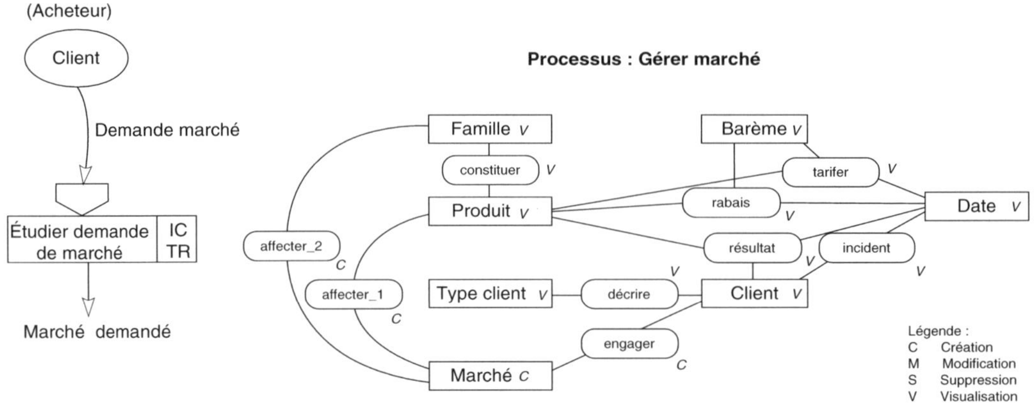

Figure 6-25
Procédure Étudier demande de marché *du processus* Gérer marché

Tableau 6-8 Les procédures fonctionnelles effectuées par les différents types d'acteurs

Procédures fonctionnelles / Type d'acteur	Étudier demande de marché	Valider proposition de marché	Supprimer marché	Créer litige	Donner avis sur litige
Ingénieur commercial	X		X	X	
Assistante d'IC	X		X	X	
Directeur régional		X	X	X	
Assistante de DR		X	X	X	
Directeur commercial					
Assistante de DC					
Responsable chargement				X	
Ingénieur qualité					X
Comptable					

Une gamme opératoire préside à la construction du MOTA. Pour vérifier ce modèle, il suffit de s'assurer du respect de quelques règles ; les principales sont les suivantes :

- cohérence du système informatique en cas de dysfonctionnement ou d'interruption ;
- absence de cycle vertueux ;
- déclenchement possible de toutes les synchronisations ;

- toute propriété des événements ou des résultats doit se retrouver dans un modèle externe propre aux procédures fonctionnelles ;
- existence des procédures d'exception et de traitements des erreurs.

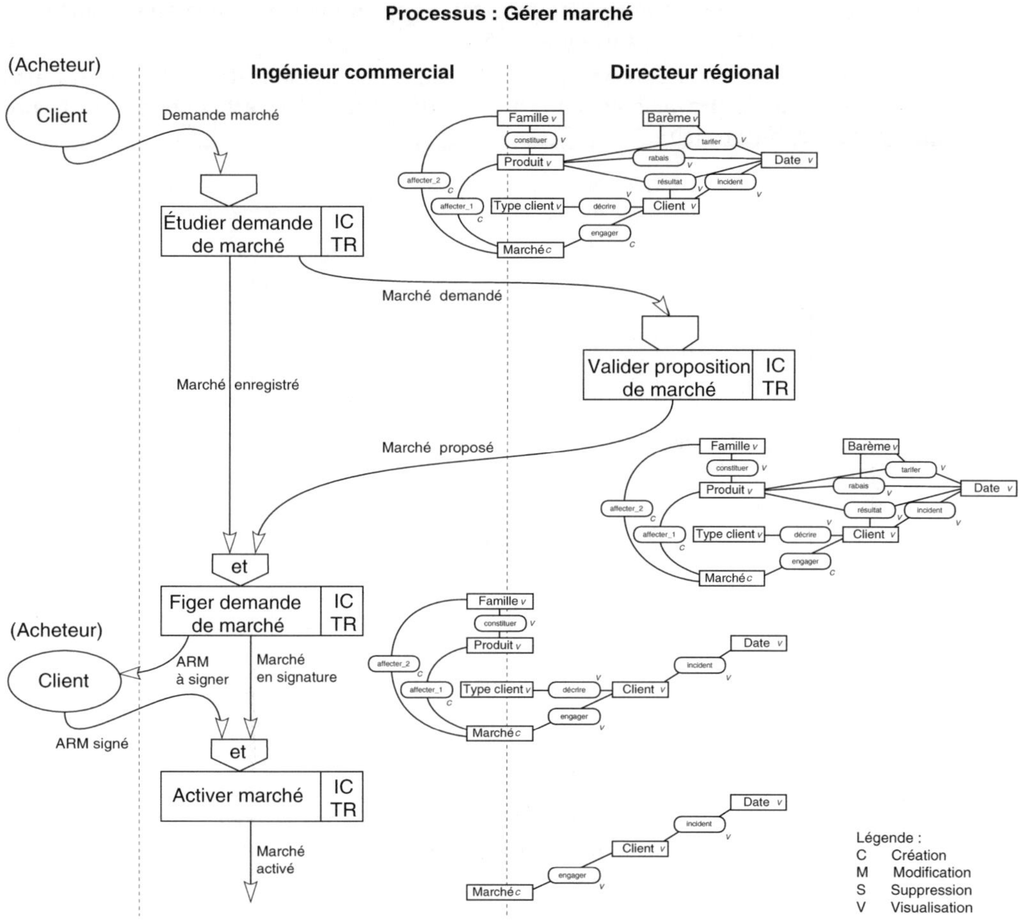

Figure 6-26
MOTA Gérer marché

Dans l'exemple de la SNEA, le directeur régional peut déjà disposer d'une procédure de consultation des tarifs et d'une procédure de consultation de la planification. Si ce n'est pas le cas, il devient nécessaire d'étudier l'interface pour les deux procédures en question. Enfin, il faut vérifier que le directeur dispose d'une procédure de demande de modification de la planification, sinon il faut étudier l'interface correspondante.

L'approche UML

Pour UML, les aspects dynamiques de l'organisation sont étudiés par des diagrammes de séquence et des diagrammes d'activités. Par ailleurs, ces diagrammes servent au passage du modèle métier au système informatique en reprenant comme acteurs du cas d'utilisation du système informatique les acteurs externes ayant un accès direct au système et les travailleurs d'interface et de contrôle.

Le diagramme d'activités permet de visualiser le séquencement des tâches en les attribuant aux acteurs et travailleurs d'interface et de contrôle. Les échanges et les attentes apparaissent de façon claire.

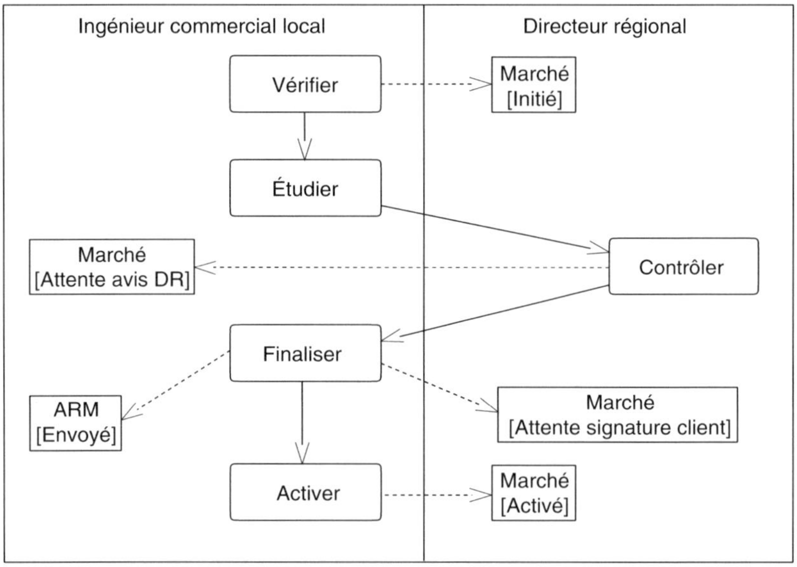

Figure 6-27
UML - diagramme d'activités

Le diagramme de séquence peut être utilisé pour le passage du modèle métier au système informatique en reprenant comme acteurs du cas d'utilisation du système informatique les acteurs externes ayant un accès direct au système et les travailleurs d'interface et de contrôle.

Discussion

De prime abord, le MOT se rapprocherait du diagramme d'activités sous l'angle de l'enchaînement de tâches affectées, alors que le MOTA rejoindrait le diagramme de séquence dans la mesure où les objets entités sont représentés.

Dans Merise, les procédures sont découpées et s'enchaînent en fonction des échanges entre `l'Acheteur`, `l'Ingénieur commercial local` et le `Directeur régional`, c'est-à-dire les acteurs, les travailleurs d'interface et les travailleurs de contrôle. Les modèles externes de chaque procédure permettent de voir les actions sur les objets entités. La séquence des procédures correspond au processus décrit par le diagramme de séquence ou le diagramme d'activités. Le découpage se calque sur les travailleurs d'interface et de contrôle. Les flux conceptuels et organisationnels sont assimilables aux messages entre

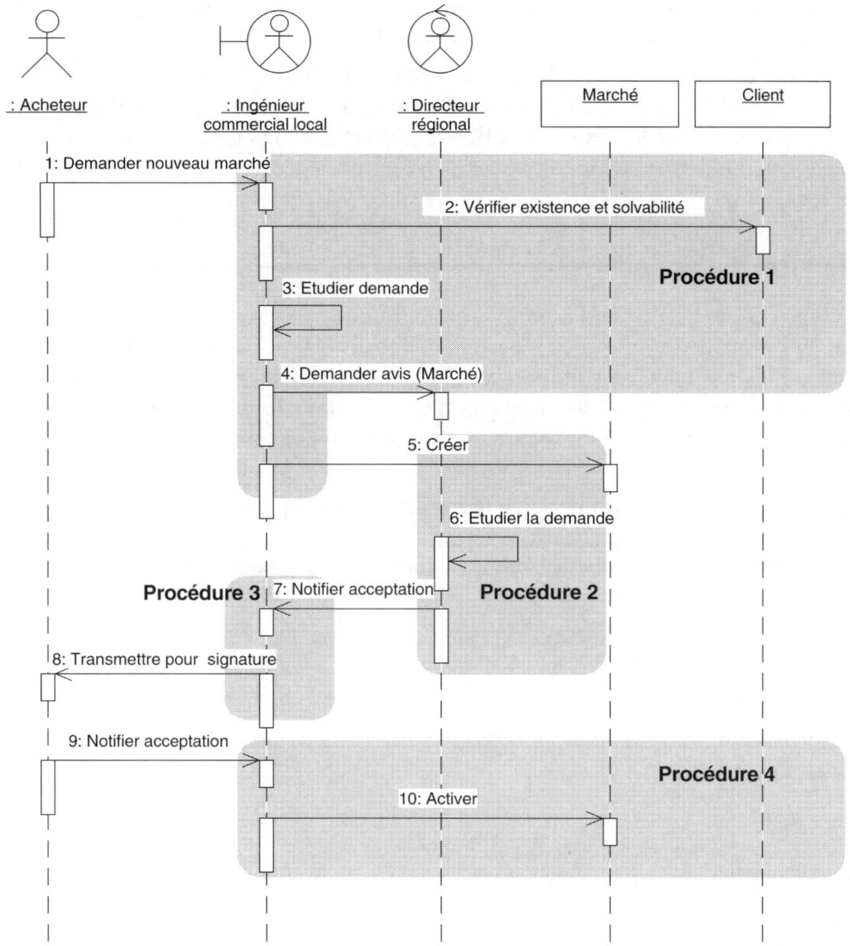

Figure 6-28
Comparaison MOTA - diagramme de séquence

l'acteur et les travailleurs. Les entités/relations des modèles externes de données correspondent aux objets entités du diagramme de séquence.

Au niveau UML le même type de diagramme est utilisé pour modéliser le métier et le système informatique. Le modèle organisationnel des traitements qui offre une vision plus globale de l'organisation est voisin du diagramme d'activités.

Modèle organisationnel des données

Le modèle organisationnel des données (MOD) utilise les mêmes concepts et le même formalisme que le MCD. Contrairement à ce dernier, il comporte uniquement les données qui doivent être informatisées et les données associées aux fonctions organisationnelles ajoutées au cours de la construction du MOTA. Le MOD constitue la synthèse des modèles externes des procédures fonctionnelles.

Les caractéristiques de chaque donnée sont enrichies par des notions de confidentialité, de sécurité, d'intégrité, de besoin d'historique. Les liens avec les fonctions (actions sur les propriétés et sur les entités/relations) et donc avec les types d'acteurs et de sites sont consignés. On distingue les données privées, protégées et partagées. Les volumes sont évalués.

Type de site

Le type de site correspond à un ensemble d'unités géographiques et fonctionnelles dans l'organisation de l'entreprise. Il permet de localiser l'utilisation des données et des traitements mais pas leur implantation sur des ressources matérielles et logicielles. À un type de site correspond une liste de types d'acteur. Dans la démarche, l'utilisation de cette notion prépare les travaux d'architecture logicielle qui sont menés au niveau logique.

Tableau 6-9 Les différents types de sites sur lesquels interviennent les acteurs

Type de site / Type d'acteur	Groupe de secteurs locaux	Direction régionale	Direction commerciale	Usine	Dépôt
Ingénieur commercial	X	X			
Assistante d'IC	X	X			
Directeur régional		X			
Assistante de DR		X			
Directeur commercial			X		
Assistante de DC			X		
Responsable chargement				X	X
Ingénieur qualité				X	
Comptable		X			

Discussion

Le type d'acteur se rapproche de la notion de travailleur d'interface ou de contrôle et le type de site est comparable à l'approche architecture logicielle avec UML décrite dans le chapitre 2.

Modélisation du système informatique

Niveau logique

Le niveau logique constitue une transition avant la solution physique. La prise en compte des choix techniques liés à l'état de l'art permet d'obtenir un modèle logique. Ce modèle rend compte de la localisation des données et des traitements sur les différents moyens matériels prévus (poste de travail, serveurs locaux, départementaux, centraux). Le modèle logique est indépendant des machines et des logiciels. Il propose une architecture d'application pour les procédures fonctionnelles (présentation, dialogue, guidage fonctionnel, noyau interactif) et la répartition des données et des traitements sur des serveurs logiques (notion incluant le poste de travail). Il spécifie les traitements liés aux échanges entre serveurs logiques. Le niveau logique quantifie les solutions proposées en termes de performances, de sécurité, d'intégrité, de coûts de réalisation et de maintenance, et les compare aux besoins exprimés.

L'affectation des fonctions sur les types de sites permet de définir des serveurs logiques auxquels sont liés des vues, ou sous-ensembles du modèle logique des données. Les données sont donc réparties (modèles organisationnels de données) sur les serveurs logiques (machines virtuelles) qui sont implémentés sur des machines physiques. Ainsi, les données et les traitements sont progressivement répartis en fonction des types d'acteurs, du volume, de la complexité. La solution retenue constitue le meilleur compromis entre le volume des données, la puissance des machines, les performances de communication.

Modèle logique des données

Le modèle logique des données (MOL) permet de consolider les vues externes des procédures fonctionnelles attribuées à un même site logique. Il permet de décrire les données (ainsi que leurs liens) qui doivent être conservées sur des supports informatiques dans un formalisme spécifique compatible avec le SGBD (réseau, relationnel...) choisi ou selon un formalisme générique. Il existe un modèle logique par serveur logique et un modèle logique global au niveau du projet, indépendant de la localisation des données.

Les concepts utilisés au niveau du formalisme générique sont les suivants :

Tableau 6-10 Passage du MOD au MLD

MOD	MLD
Entité	Segment logique
Association binaire avec CIF Association autre, avec ou sans données	Lien logique Segment logique et autant de liens logiques que d'entités impliquées dans l'association
Propriétés	Data
Identifiant	Clé logique

La répartition des données sur les serveurs logiques fait apparaître clairement les composants types, répartis et/ou dupliqués, ainsi que la répartition et/ou la duplication des occurrences. Le mécanisme de duplication doit être indiqué ainsi que les mécanismes de mise à jour de réplication à partir du serveur logique de référence. Il s'agit de prendre en compte les caractères de confidentialité, de sécurité, d'intégrité, de la nature privée, protégée et partagée des données.

Les volumes (historiques inclus) et les accès (selon leur nature CMSV) sont quantifiés.

Modèle logique de traitements

Le modèle logique des traitements (MLT) transforme les fonctions des procédures fonctionnelles en fonctions logiques ; il traduit leur implémentation sur les serveurs logiques.

Les événements du MOTA sont traduits sous forme de fenêtres, de boîtes de dialogue, de boutons, etc. Une gamme opératoire guide la construction du modèle logique ; il faut :

- intégrer les traitements liés à l'interface utilisateur, valider les aspects ergonomiques ;
- préciser la localisation des traitements ;
- intégrer les échanges entre les machines logiques d'une part, et entre les serveurs logiques d'autre part ;
- évaluer les performances prévisibles ;
- prendre en compte le caractère interruptible des fonctions ;
- découper les fonctions en fonctions logiques selon l'architecture d'application.

Architecture d'application

Selon le modèle de Deeheim, l'architecture de l'application présente les composants suivants :

- La *présentation* : partie visible et audible (objets graphiques et sonores) et leur affichage au niveau de l'interface utilisateur.
- Le *dialogue* : composant de l'interface utilisateur qui assure les échanges d'information avec l'utilisateur. Il s'agit des traitements de contrôle liés à l'affichage (contrôle de surface...) et de l'activation du noyau applicatif.
- Le *service* : liaison avec les autres applications (service d'habilitation, d'impression, de journalisation...), éventuellement via les couches de communication (cas d'appel à une application distante).
- Le *noyau applicatif* : activé par le guidage fonctionnel, il appelle les accès aux données et aux services, il effectue les calculs, les contrôles de cohérence et d'intégrité non assurés par le guidage fonctionnel.
- L'*accès base de données* : couche permettant d'isoler les primitives d'accès pour assurer la portabilité en cas de changement de SGBD.

Figure 6-29
Architecture d'application

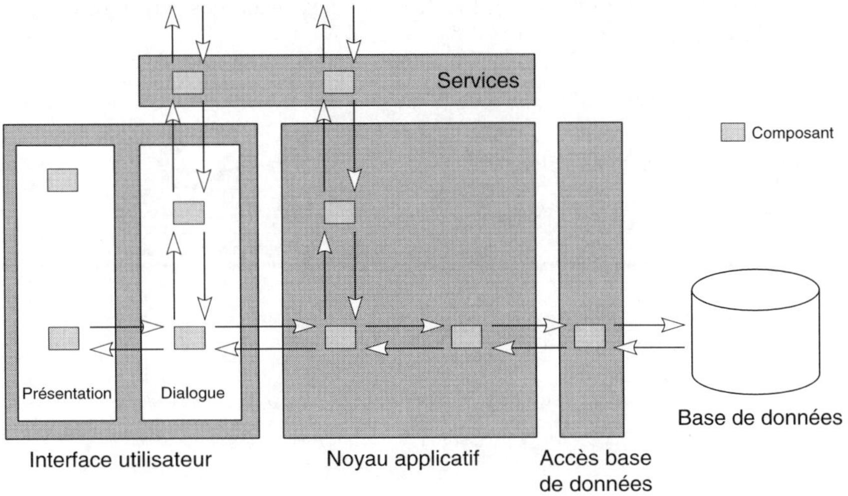

Fonction logique

Les fonctions du MOT sont transformées en fonctions logiques conformément à l'architecture d'application. On obtient des composants de présentation, de dialogue (contrôles de surface, pilotage des IHM), de calcul, d'accès aux données.

Machine logique

La machine logique se définit comme l'ensemble des moyens de données et de traitements dont doit disposer un type d'acteur sur un type de site. Les machines logiques échangent entre elles leurs informations par l'intermédiaire de flux logique du modèle logique de communication (MLC).

Figure 6-30
Architecture de machines logiques

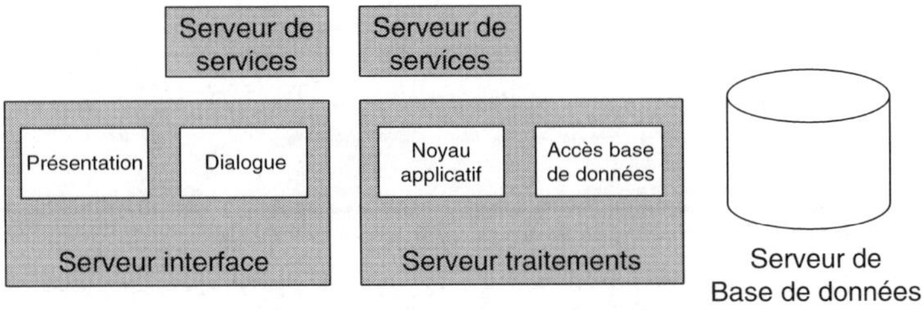

Serveur logique

Les serveurs de données et de traitements de différentes machines logiques peuvent être réunis sur des critères de proximité, de partage des moyens [Alakl 89]. Les échanges entre machines logiques s'en trouvent simplifiés.

Les serveurs logiques sont localisés sur des machines physiques qui peuvent regrouper plusieurs serveurs logiques.

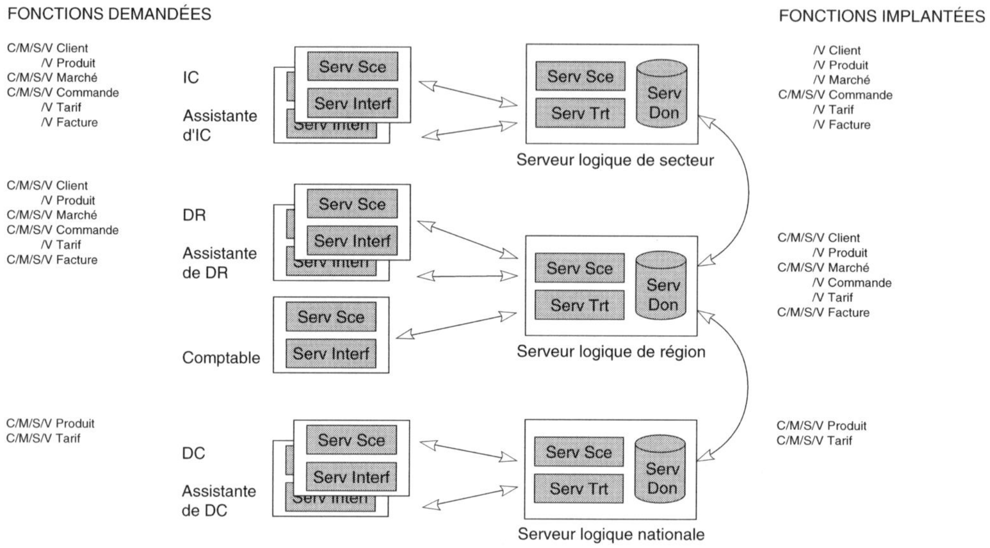

Figure 6-31
Serveurs logiques

L'approche UML

UML propose d'aborder l'architecture d'un système informatique selon 4+1 vues telle que décrite dans les chapitres 1 et 2.

Figure 6-32
Approche 4+1 vues d'UML

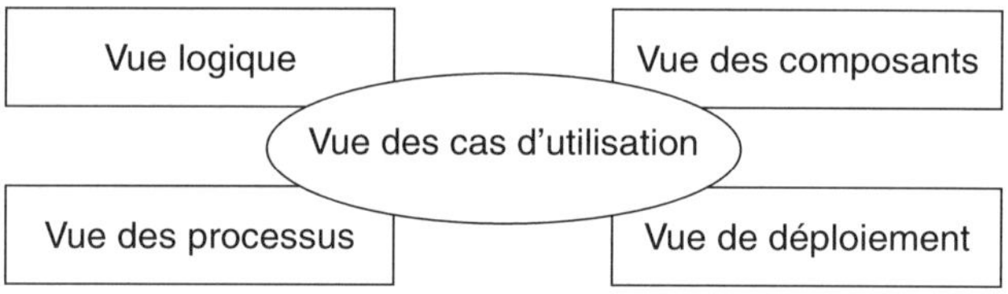

Discussion

La conception de l'architecture logique et physique est intégrée dans Merise avec la méthode TACT [Alakl 89]. La démarche proposée dans le chapitre 2 se rapproche de celle-ci. On y retrouve les mêmes préoccupations stratégiques, économiques, fonctionnelles et techniques.

Tableau 6-11 Répartition des paquetages par types d'établissement

Type d'établissement	Paquetages d'application	Paquetages métiers	Paquetages d'infrastructure
Siège	Outils DC engrais Outils DC produits Industriels Outils acheteur	Tarifs Produits Structure commerciale	Interface EDI Base de données
Dépôt	Outils dépôt	Stocks	Base de données
Direction régionale	Outils DR Outils comptable Outils de l'assistante	Clients Marchés Historiques	Impression Base de données
Secteur	Outils de l'IC Outils de l'assistante	Commandes	Base de données

Tableau 6-12 Synthèse des préoccupations de la démarche de construction de l'architecture

	Préoccupations de la démarche de construction
Axes	**Désignation**
Stratégique	Amélioration de la productivité Disponibilité Autonomie en local Image de marque de l'entreprise
Économique	Impact sur les développements Environnement d'exploitation Transition Sécurité additive
Fonctionnel	Accessibilité aux données entre les utilisateurs Sécurité, confidentialité Synchronisation des données et redondance Niveau de service aux utilisateurs (saisie unique, autonomie d'exploitation, fiabilité, disponibilité)
Technique	Applications : facilité de développement et de maintenance évolutivité indépendance vis-à-vis des équipements Matériel et réseau : souplesse, facilité d'exploitation et de maintenance Performances d'ensemble et fonctionnement dégradé

d'après [Alakl 95]

Démarche

Après avoir comparé les fondements, les concepts et les formalismes de Merise et d'UML, il reste à étudier la démarche proposée par Merise et celle associée à UML dans cet ouvrage, et qui sera appelée démarche UML dans les pages suivantes. Trois aspects sont analysés : les modèles, les étapes du processus de construction et l'association modèles/étapes.

Modèles

Merise travaille avec quatre modèles fondamentaux : données, états-transitions, traitements, flux. Par modèle, il faut comprendre un schéma illustrant des concepts respectant un formalisme et associé à une documentation. Chaque modèle se caractérise par son approche statique, dynamique, fonctionnelle et son implication dans l'architecture. Les modèles de flux (pour tous les niveaux d'abstraction) et les modèles du niveau logique (pour toutes les approches) sont utilisés pour définir l'architecture (cases grisées dans le tableau ci-après).

Tableau 6-13 Les niveaux d'abstraction et les approches des modèles de Merise

Niveaux d'abstraction		Modèles			
		Données	États-transitions	Traitements	Flux
	Approche	Statique	Dynamique	Fonctionnels	Fonctionnels
Conceptuel		MCD	CVO	MCTA	MC / MFC
Organisationnel		MOD	CVOO	MOTA	MOC
Logique		MLD		MLT	MLC
Physique		Base de données		Composants	

Merise ne propose aucun formalisme au niveau physique et adopte les formalismes utilisés par les logiciels de base. Pour les autres niveaux, Merise présente six formalismes :

- le *formalisme conceptuel des données* (entités et relations métier) utilisé dans le MCD et le MOD ;
- le *formalisme logique des données* utilisé dans le MLD ;
- le *formalisme des états-transitions* utilisé dans le CVO et CVOO ;
- le *formalisme conceptuel des traitements* utilisé dans le MCTA ;
- le *formalisme organisationnel des traitements* utilisé dans le MOTA et le MLT ;
- le *formalisme des flux* utilisé dans le MC, le MFC, le MOC, le MLC.

L'approche données offre une rupture dans le formalisme entre le niveau organisationnel et le niveau logique. La différence de formalisme est faible dans l'approche traitement. Entre le niveau conceptuel et le niveau organisationnel, le formalisme intègre des préoccupations d'organisation.

Le schéma suivant présente le déroulement de la méthode selon les niveaux d'abstraction, les approches, et la caractéristique d'architecture ; de simples flèches décrivent le sens de passage d'un modèle à l'autre lorsqu'ils sont mis en œuvre dans les étapes du projet. Les doubles flèches indiquent des tâches de consolidation ou de validation entre les vues données, traitements, flux, états-transitions.

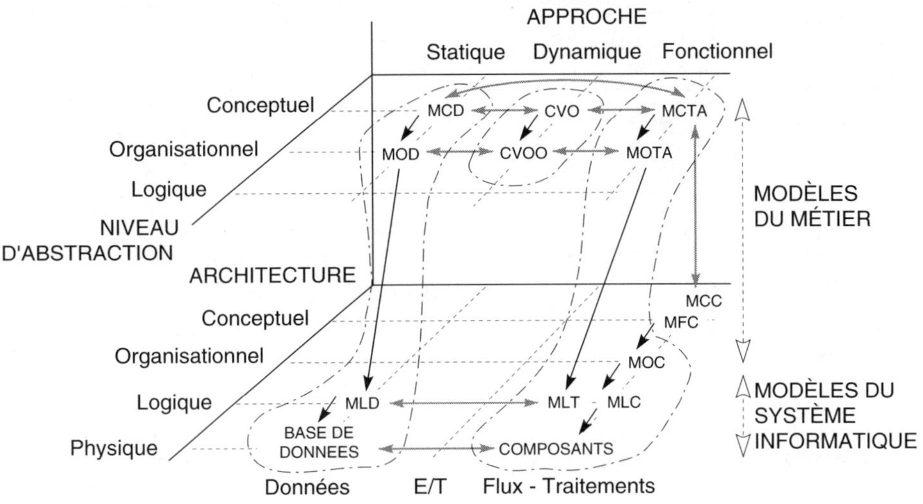

Figure 6-33
Schéma des relations entre les modèles

Les approches fonctionnelle, statique, dynamique correspondent à autant de vues. Les liaisons entre elles apparaissent clairement dans le tableau suivant. Les principaux composants constitutifs des modèles y sont mentionnés. Les concepts de processus, d'entité, d'acteur, de type d'acteur et de flux assurent les liens entre les différents modèles et les niveaux d'abstraction (tableau 6-14).

L'approche UML

UML propose une approche en deux temps; la couche métier se rapproche des niveaux conceptuel et organisationnel ; la couche ressource se rapproche des niveaux logique et physique. Les diagrammes de la couche métier sont complétés dans la couche ressource sans changement de formalisme. Deux nouveaux diagrammes (composant et déploiement) sont utilisés pour modéliser les composants et le déploiement (figure 6-34).

Discussion

Il existe certaines équivalences entre les modèles de Merise et les diagrammes UML.

- Le *diagramme de cas d'utilisation* ne montre que les acteurs, les cas d'utilisation et leur relation ; il ne matérialise pas les flux et les échanges. Il ne faut donc pas le confondre avec MC et avec MFC. Les échanges et les flux sont décrits dans les diagrammes d'interaction et d'activités.

Tableau 6-14 Utilisation des concepts de base dans les modèles de Merise

	Métier								Système Informatique		
Niveau d'abstraction	**Conceptuel**				**Organisationnel**				**Logique**		
Modèles	**Flux**	**Trai.**	**E/T**	**Do.**	**Flux**	**Trai.**	**E/T**	**Do.**	**Flux**	**Trai.**	**Do.**
Concepts de base											
Domaine d'étude	X	X		X							
Acteurs (conceptuels)	X	X									
Flux	X	X			X				X		
Processus	X	X			X	X			X	X	
Règle gestion / Fonctions						X				X	
Procédure fonctionnelle						X				X	
États-transitions			X				X				
Entités / Relations		X	X	X		X	X	X			
Segments / Liens										X	X
Type d'acteur						X		X		X	X
Type de site										X	X
Serveur logique									X	X	X
Site logique									X	X	X

Figure 6-34
Le concept de couche d'UML

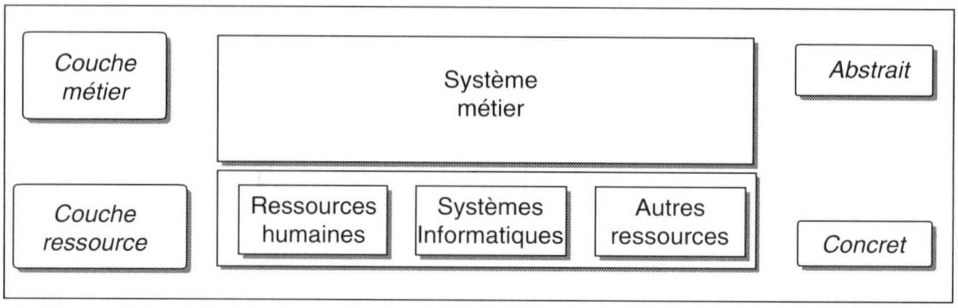

- Le *diagramme de classes et le diagramme d'objets* sont proches des MCD et MOD. Les différences fondamentales résident dans l'intégration des méthodes dans les classes et les objets. Par ailleurs, le diagramme de classes ne se limite pas aux seules entités métier

comme les MCD et MOD. Enfin, le diagramme de classes contient aussi des paquetages et des interfaces.

- Le *diagramme de collaboration* n'a pas d'équivalence.
- Le *diagramme de séquence* possède des points communs avec le MC et le MFC pour ce qui concerne les échanges d'information au niveau métier. D'autre part, il est voisin du MOTA dans la mesure où il montre l'affectation des responsabilités aux travailleurs et les liens avec les objets métiers.
- Le *diagramme d'états-transitions* est quasi identique aux CVO et CVOO. Cette approche est plus poussée dans UML.
- Le *diagramme d'activités* présente des similitudes avec les diagrammes de flux et se rapproche du MCTA et du MOTA pour fournir une vue globale de l'organisation.
- Le *diagramme de composants* montre la mise en œuvre physique des modèles logiques avec l'environnement de développement. Elle tient compte des problématiques de programmation, compilation, dépendance, réutilisation.
- Le *diagramme de déploiement* présente des similitudes avec le modèle d'architecture de TACT, les nœuds pouvant être assimilés aux serveurs logiques.

Tableau 6-15 Comparaison entre les modèles de Merise et les diagrammes d'UML

Modèles Merise/2	**Flux**			**Traitements**			**Données**			**États-trans.**	
Niveaux d'abstract.	**Conc.**	**Orga.**	**Logi.**	**Conc.**	**Orga.**	**Logi.**	**Conc.**	**Orga.**	**Logi.**	**Conc.**	**Orga.**
Diagrammes UML											
Cas d'utilisation											
Diag. de classes							X	X			
Diag. d'objets							X	X			
Diag de collaboration											
Diag. de séquence	x			x	X						
Diag. États-transitions										X	X
Diag. d'activités	x			x	X						
Diag. de composants						X					
Diag. de déploiement											

L'intérêt n'est pas d'établir la correspondance entre modèles et diagrammes. Il existe des différences fondamentales entre Merise ou Merise/2 et UML. Ces différences essentielles en dehors du paradigme objet résident dans les faits suivants :

- les mêmes formalismes sont utilisés du début à la fin du projet ;
- les actions et les informations sont regroupées dans les objets.

Étapes du processus de construction d'un système d'information

Les étapes de construction se déclinent sur les cycles de vie, d'abstraction et de décision. Pour décrire les gammes opératoires, il faut indiquer les niveaux de chaque cycle auxquels elles font référence. Dans le cadre d'un cycle de référence, Merise propose un certain nombre d'étapes listées et décrites par la suite. Ce cycle de référence doit être adapté au projet. La maintenance correspond à une variante du cycle de référence. Il en est de même dans le cas d'une approche progiciel. On reproche à Merise d'être lourd à mettre en œuvre ; il s'agit d'une mauvaise utilisation.

Le processus de développement comprend les étapes suivantes :

- L'étude préliminaire avec le schéma directeur, l'étude préalable, la constitution de version.
- La construction avec l'étude générale, l'étude détaillée, la réalisation et l'intégration.
- La mise en œuvre avec la conduite du changement, la préparation, la vérification, le démarrage.

Chaque étape se double d'une étape équivalente chez l'utilisateur. Ceci permet d'associer étroitement l'utilisateur tout au long du cycle de développement aussi bien au cours de l'analyse et de la conception que dans les tâches de validation et de décision.

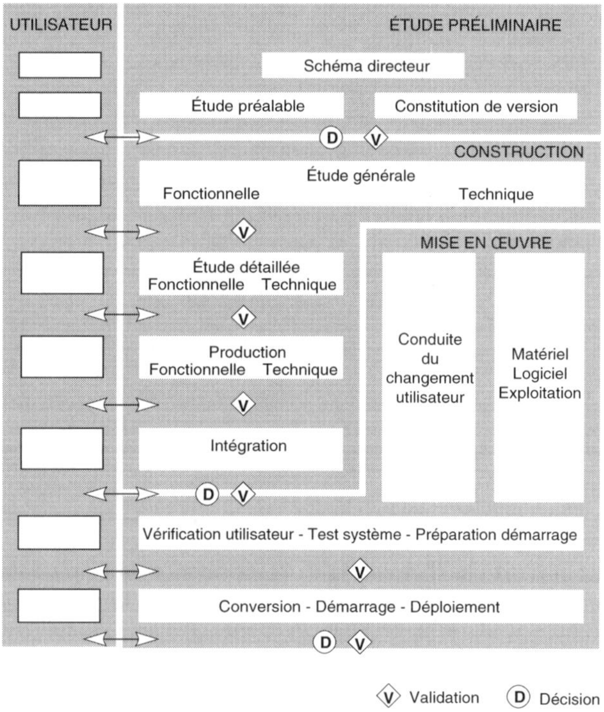

Figure 6-35
Les étapes du processus de développement

La mise en œuvre des étapes peut se faire selon différents modèles :

- Le modèle de la cascade et le modèle en V : validation d'une étape avant de passer à la suivante. C'est le cycle le plus utilisé.
- Le modèle en W : variante du modèle en V qui intègre l'activité de maquettage et/ou de prototypage, et permet de s'assurer que les besoins des utilisateurs sont correctement satisfaits. Le maquettage permet de minimiser les risques tant fonctionnels que techniques ; le nombre d'itérations doit néanmoins être maîtrisé sinon il devient une source de débordement des délais.
- Le modèle de la spirale : certains opposent la méthode Merise à des techniques comme le RAD (Rapid Application Development), alors qu'il n'y a pas lieu de le faire.

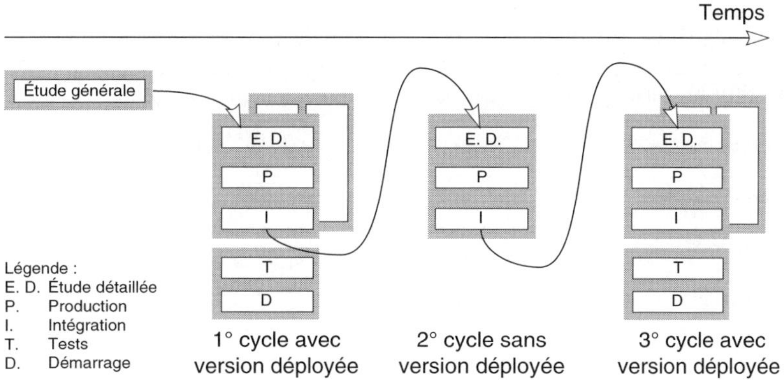

Figure 6-36
Modèle en spirale avec Merise

Une vision globale de départ permet de constituer des versions de l'application compatibles entre elles. Chaque version, déployée ou non, déroule une partie du cycle dans des délais courts. Pour la constituer, il faut associer étroitement l'utilisateur tout au long des étapes. Chaque étape peut elle-même être structurée de la façon suivante :

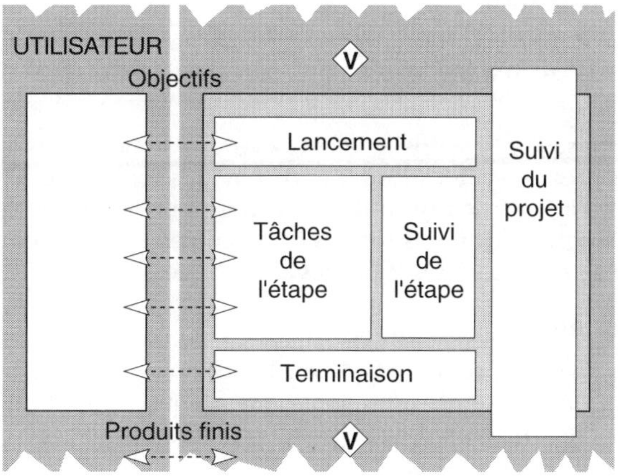

Figure 6-37
Structure type d'une étape

Le cycle de référence proposé doit être adapté au type de projet. Certaines étapes sont facultatives ou nécessaires. Dans le cas d'un projet avec progiciel, l'étude générale, l'étude détaillée, la production, l'intégration doivent intégrer les spécificités du progiciel pour constituer un projet cohérent fonctionnellement et techniquement. Il existe quasiment autant de variantes que de progiciels, compte tenu des spécificités fonctionnelles et techniques mêmes de chaque progiciel.

Tableau 6-16 Les différentes étapes selon le type de projet

Type de projet / Étapes	Grand projet	Petit projet	Version	Corrections	Progiciel
Schéma directeur	X				
Étude préalable	X	Facultatif			Choix progiciel
Constitution version			X		
Étude générale	X	X	Facultatif		Spécifique
Étude détaillée	X	X	X	X	Spécifique
Production	X	X	X	X	Spécifique
Intégration	X	X	X	X	Spécifique
MO Conduite changement	X	X	selon le cas		X
MO Matériel	X	selon le cas	selon le cas		Spécifique
Test système	X	X	X	X	X
Démarrage/déploiement	X	X	X	X	X

L'approche UML

UML ne définit pas de cycle précis : les organisations sont libres de choisir le cycle qui leur convient. Le chapitre 4 présente un processus adapté à la problématique de l'informatique de gestion.

La figure suivante rappelle les deux visions du processus de développement associé à UML. Dès les premières itérations, des prototypes sont élaborés. Très tôt des versions d'architecture et d'infrastructure sont construites pour réduire les risques techniques et augmenter la réutilisation. Une fois testées et qualifiées, elles servent de base au développement des versions déployées et des parties applicatives.

Discussion

Merise ne s'oppose pas à UML sur la notion d'itération. L'emploi du sous-ensemble représentatif de Merise est assimilable à la première itération; cette itération permet de vérifier fonctionnellement et techniquement la faisabilité de la solution cible et d'obtenir le consensus des utilisateurs.

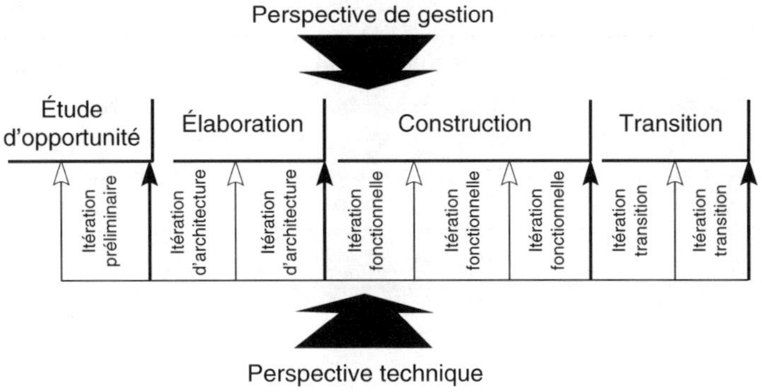

Figure 6-38
Les étapes d'UML

Dans Merise, il est possible d'utiliser un sous-ensemble représentatif lors de la phase d'étude préalable. Ce sous-ensemble du système permet de déterminer les grands choix de gestion d'organisation et les options techniques qui seront généralisées dans les étapes ultérieures. L'architecture s'élabore avec les processus les plus structurants, en parallèle et en collaboration étroite avec l'analyse du système. Le principe est le même, mais les étapes sont remplacées par des itérations.

L'intérêt de la comparaison est qu'elle met en évidence la place prépondérante accordée à la définition de l'architecture logicielle et de l'infrastructure, très en amont dans le cycle de développement.

Les vraies différences sont les suivantes :

- dans UML, l'avancement du projet est mesuré par le nombre de cas d'utilisation, de classes... réellement implémentés et non par la documentation produite.
- dans UML, la gestion de risque est un élément essentiel de la gestion de projet; les itérations constituent l'outil de gestion de risque.
- dans UML, les itérations servent aussi à répartir l'intégration et le test tout au long du cycle de développement; on intègre et on teste à chaque itération.

Modèles et étapes

Il est possible d'associer des modèles à chaque étape du cycle de vie du projet (tableau 6-17).

Il est possible de résumer les activités du cycle de développement UML selon le diagramme suivant (figure 6-39) :

Ce tableau reste théorique car, au cours des premières étapes (schéma directeur, étude préalable, étude générale), la compréhension de l'existant conduit à étudier les applications informatiques et l'organisation du système d'information. Merise propose de partir des niveaux physique et organisationnel, de les formaliser par les modèles correspondants pour faire émerger les invariants conceptuels et les comparer à la mission de l'entreprise.

Tableau 6-17 Les modèles de Merise utilisés lors des différentes étapes

Modèles / Etapes	Conceptuel				Organisationnel				Logique		
	Flux	**Trai.**	**Do.**	**E/T**	**Flux**	**Trai.**	**Do.**	**E/T**	**Flux**	**Trai.**	**Do.**
Schéma directeur	O	o	o	o							
Étude préalable	I/O	i/O	i/O	i/O	o	o	o	o			
Constitution version											
Étude générale	I/O	I/O	I/O	I/O	i/O	i/O	i/O	i/O	o	o	o
Étude détaillée	i	i	i	i	I/O	I/O	I/O	I/O	i/O	i/O	i/O
Production									I	I	I
Intégration											
MO Conduite changt.	i	i	i	i	i	I	I	I			
MO Matériel									I	I	I
Test système											
Démarrage/déploiement											

Légende : I - Input, O - Output, majuscule pour une modélisation complète, minuscule pour une modélisation partielle.

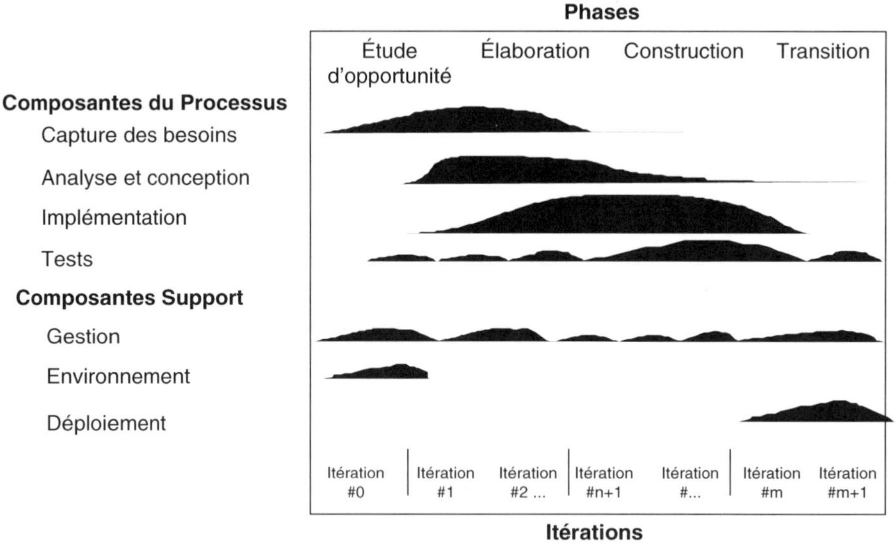

Figure 6-39
Modèle global de cycle de développement UML

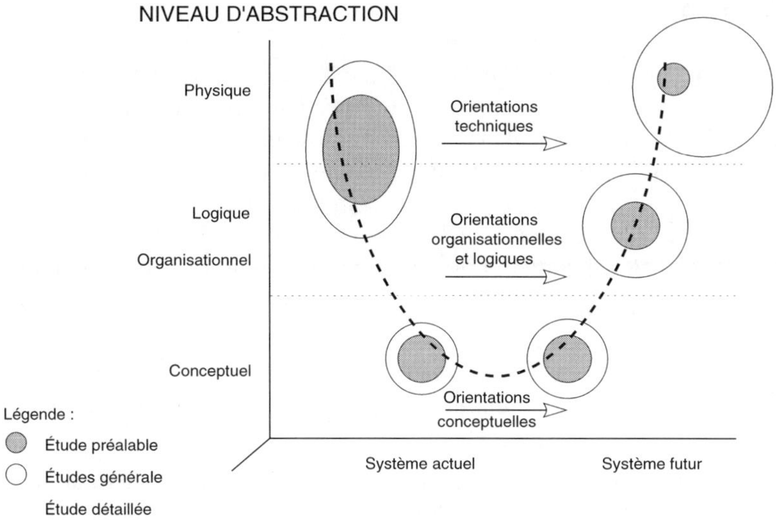

Figure 6-40
Schéma des relations entre les niveaux et les étapes du cycle de référence

L'approche UML

UML insiste sur le support de dialogue avec l'utilisateur qui doit être facilement compréhensible. Les notions et le formalisme sont plus accessibles. Toutefois, comme toute nouveauté, UML demande de la part du concepteur un effort d'appréhension si l'on ne veut aboutir à des contresens. UML prône l'utilisation du prototypage dès le démarrage du projet pour réduire les risques, valider les orientations prises et conforter les utilisateurs vis-à-vis du futur système.

Discussion

Les diagrammes proposés par UML peuvent être utilisés dans une étape de formalisation d'un existant (reverse engeneering). Le démarrage de travaux de prototypage est possible pendant l'étude préalable, dès qu'une vision globale et cohérente est obtenue.

Par ailleurs, UML propose l'approche 4+1 vues qui se rapproche par certains points des niveaux d'abstraction de Merise.

Tableau 6-18 Comparaison entre les niveaux de Merise et les vues d'UML

Merise/2	UML - approche 4+1 vues
Niveau domaine et processus	Vue des cas d'utilisation
Niveaux conceptuel et organisationnel	Vue logique
Niveau logique (ou d'architecture)	Vue de déploiement
Niveau physique	Vue des composants (ou de réalisation)
Sans équivalent	Vue des processus (ou modèle d'exploitation)

Conclusion

Les principes de base de la méthode Merise sont ses points forts. Merise permet de modéliser le métier de l'entreprise indépendamment des techniques, aux niveaux conceptuel et organisationnel ; le système informatique est un sous-ensemble du système d'information. Les modèles en nombre limité (six) sont progressivement élaborés et enrichis, et constituent des supports de communication et de participation pour les utilisateurs ; leur implication dans le déroulement dépend de leurs envies de comprendre leur métier et de le reconfigurer dans une approche tournée vers le client.

UML présente des caractéristiques voisines. Les modèles basés sur un nombre déterminé de diagrammes en fonction de la vue sont progressivement enrichis. Grâce aux stéréotypes et à OCL, l'adaptation à la diversité des entreprises est plus aisée. Par ailleurs, UML est incontournable si l'entreprise veut adopter les techniques actuelles qui utilisent l'objet.

Les points de convergence sur les concepts et le formalisme montrent que le passage de Merise à UML est possible. Une réutilisation de certaines notions de Merise est envisageable (formes normales, modèle global d'organisation...). Cependant il serait faux de croire que le passage peut se résumer à un simple dictionnaire de traduction. Il ne faut pas essayer de retrouver systématiquement des concepts Merise dans les concepts UML. Pour une entreprise ayant décidé de passer de Merise à UML, la vraie problématique est de réussir la transition et de se donner tous les moyens pour qu'UML soit considéré comme faisant partie de sa culture.

Bibliographie

[Alakl 89] N. Alakl, J.C. Lalanne, *Architecture technologique des systèmes d'information, la méthode TACT*, Les Éditions d'Organisation, 1989.

[Bertalanffy 68] L. von Bertalanffy, *General System Theory,* Braziller, New York, 1968.

[Bouzeghoub 95] M. Bouzeghoub, G. Gardarin, P. Valduriez, *Du C++ à Merise Objet,* Eyrolles, 2e édition, 1995.

[Coad 91] P. Coad, E. Yourdon, *Analyse orientée objet*, Masson, Paris, 1991.

[Hall 56] A.D. Hall, R.C. Fagen, *Definition of System*, General System Yearbook, 1956.

[Hugues 96] J.B. Hugues, Leblanc, C. Morley, *RAD, Une méthode pour développer plus vite*, InterÉditions, 1996.

[Jacobson 97] I. Jacobson, L. Griss Martin, P. Jonsson, *Software Reuse, Architecture, Process and Organisation for Busines Success,* Addison-Wesley, 1997.

[Le Moigne 76] J.L. Le Moigne, *La théorie du système général*, PUF, Paris, 1976.

[Martin 91] J. Martin, *Rapid Application Developpement*, Macmillan Publishing Company, 1991.

[Meleze 84] J. Meleze, *Analyse modulaire des systèmes*, Les Éditions d'Organisation, 1984.

[Meleze 92] J. Meleze, *Approches systémiques des organisations*, Les Éditions d'organisation, 1992.

[Morejon 94] J. Morejon, *Merise Vers une modélisation orientée objet*, Les Éditions d'Organisation, 1994.

[Muller 97] P.A. Muller, *Modélisation objet avec UML*, Eyrolles, 1997.

[OMG 97] Object Management Group, *The Unified Modeling Language,* Release 1.1, Reference Manual, 1997.

[Panet 94] G. Panet, R. Letouche, *Merise/2 : Modèles et Techniques Merise avancées*, Les Éditions d'Organisation, 1994.

[Rochefeld 89] A. Rochefeld, J. Morejon, *Méthode Merise Tome 3 (Gamme opératoire),* Les Éditions d'Organisation, 1989.

[Rosnay 75] J. de Rosnay, *Le macroscope*, Éditions du Seuil, 1975.

[Tardieu 83] H. Tardieu, A. Rochefeld, R. Coletti, *Méthode Merise Tome 1 (Principes et Outils),* Les Éditions d'Organisation, 1983.

[Tardieu 85] H. Tardieu, A. Rochefeld, Coletti, P. Panet, *Méthode Merise Tome 2 (Démarches et pratiques),* Les Éditions d'Organisation, 1985.

CHAPITRE 7

La transition

Ce chapitre est un guide et un support de réflexion pour les décideurs qui ont choisi de passer d'un fonctionnement Merisien à un fonctionnement utilisant UML.

Les avis concernant les chances de réussite de l'opération sont partagés. Certains affirment que le passage de Merise à UML ne pose pas de problèmes fondamentaux ; il s'agit en quelque sorte d'un simple changement de formalisme. La transition à UML se limite ainsi à un changement d'outil assorti de la formation adéquate ; elle ne remet pas en question l'organisation de la direction des systèmes d'information et demande un investissement minimum. Il reste à évaluer les gains qui découlent de ce changement de formalisme. D'autres disent que le mécanisme de réflexion mis en œuvre dans une approche à base d'UML est fondamentalement différent de celui lié à l'approche classique ; peu d'informaticiens sont susceptibles de s'adapter, tant le niveau d'abstraction demandé par la réflexion objet est élevé. Un décideur informatique a cherché à s'initier à l'approche objet à travers la lecture d'un manuel de programmation C++, confondant ainsi les outils et les concepts. Sa conclusion était : « Ils n'y arriveront jamais ». Il est certain que quelques auteurs pèchent par excès d'optimisme tandis que d'autres sont exagérément pessimistes.

La réalité se situe entre ces deux extrêmes. L'informatique a connu un nombre important d'innovations. L'apparition du transactionnel a été par exemple un changement de paradigme comparable à celui de l'objet. Il existe encore aujourd'hui des traitements par lots et la majorité de la population informatique s'est mise à concevoir et à réaliser des systèmes transactionnels.

Toutefois, le passage au développement itératif, au développement à base de composants et à l'objet présente quelques particularités dont il faut tenir compte. Il s'agit ici d'une modification des méthodes, des techniques et des procédures de travail de l'équipe informatique. L'impact sur la manière de travailler avec les utilisateurs est direct. Par ailleurs, cette transition accompagne souvent la migration vers de nouvelles architectures (exemple client-serveur) et la mise en place d'interfaces homme-machine modernes.

UML est ici traité comme une méthode complète, associant au langage de modélisation le mode de fonctionnement décrit dans le chapitre 4 du présent ouvrage. La transition de Merise vers cette nouvelle approche impose un changement de vision du système, demande une évolution de la structure de la direction des systèmes d'information (DSI) et confirme l'intérêt de la mise en œuvre d'un processus de développement itératif centré vers l'architecture et impliquant pleinement les utilisateurs. UML demande donc la mise en œuvre de nouveaux comportements.

La concrétisation des gains espérés lors de la mise en place de ces technologies (objet, composants…) suppose l'alignement de la technique à mettre en place et du processus de développement. Dès lors, diverses stratégies d'introduction de la méthode dans l'entreprise peuvent être envisagées, suivant les objectifs poursuivis par l'entreprise, sa culture ou le caractère obligatoire ou non de la mise en place de ces techniques. Dans la première stratégie, la technique est introduite en premier, précédant le changement de processus de développement : UML sera dite poussée dans l'entreprise. Dans la seconde, le changement de processus de développement permet de préparer l'introduction du langage et des techniques associées : UML sera dite tirée par l'organisation. Enfin une stratégie d'introduction coordonnée de ces deux éléments reste possible et constitue la dernière des stratégies types. Dans la pratique, ces dernières doivent s'apprécier au regard des divers scénarios de migration technique que peut adopter une entreprise. Les scénarios proposés par le Gartner-Group [Gartner 93] servent de référence et les stratégies optimales d'introduction de la méthode seront différentes dans le cadre d'un scénario d'encerclement, d'un scénario de rupture ou de la transition progressive.

Les apports des études récentes sur les changements technologiques permettent de dégager quelques conditions de réussite lors de la mise en place de la méthode et de mettre en garde contre quelques écueils. En premier lieu, la culture de l'entreprise et le regard qu'elle pose sur ses informaticiens et ses utilisateurs aura une importance particulière dans la mise en place réussie de la méthode. Le rôle de la direction informatique de l'entreprise sera par ailleurs essentiel ; elle devra mettre en œuvre une politique adaptée de gestion des ressources humaines propre à faciliter la transition. Les décideurs doivent bien comprendre les impacts de l'introduction de cette méthode. Du personnel supplémentaire est nécessaire lors de cette transition. Le besoin de s'appuyer sur un promoteur comme de faire participer les diverses fonctions de la DSI à cette mutation sont autant éléments à prendre en compte pour réussir la transition d'une démarche traditionnelle vers celle qui est définie ici.

Caractéristiques du passage à UML

Les points les plus importants liés à l'arrivée de l'objet et à l'effort de transition à accomplir sont les changements nécessaires de vision du système, l'évolution inéluctable de l'organisation des études informatiques et la confirmation d'un nouveau mode de développement plus itératif.

Changement de vision du système

Le changement de la vision du système à développer par les différents intervenants sur le projet est un des points cruciaux de la réussite du passage à l'objet. La différence entre la vision classique qu'ont les informaticiens d'un système et celle apportée par l'objet à travers UML peut s'illustrer en comparant les premiers modèles utilisés par les deux approches.

La démarche habituelle, fonctionnelle et Merisienne est ici illustrée par le modèle conceptuel de communication dans lequel, une fois les acteurs externes représentés, le système est vu de l'extérieur comme un automate complexe devant répondre à des sollicitations provenant de ses acteurs. Il faut alors concevoir la structure interne du système en suivant une démarche guidée par l'élaboration d'une succession de modèles à des niveaux d'abstraction différents, et séparant les données et les traitements.

Figure 7-1
Illustration de la différence des visions du système

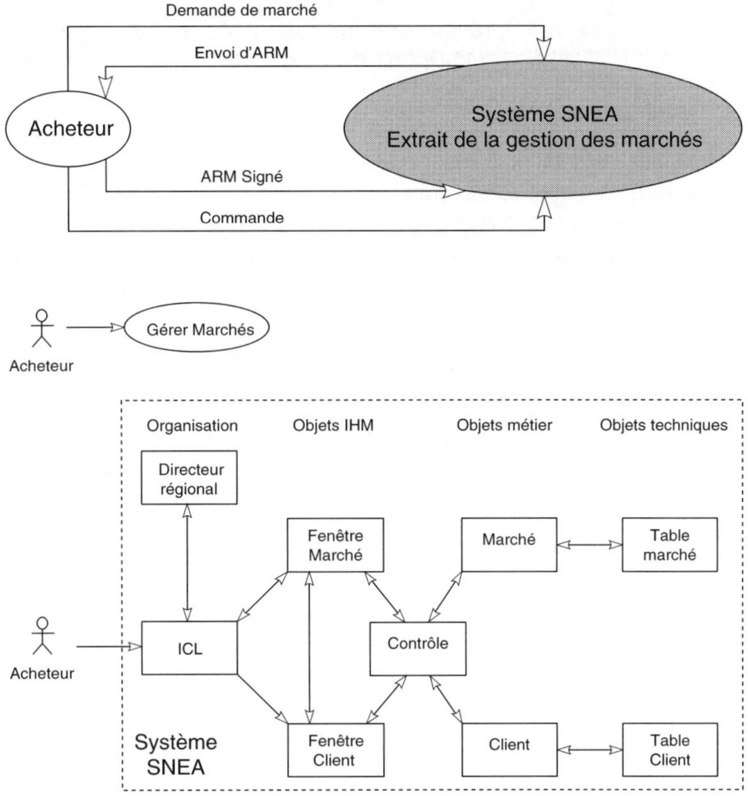

L'approche objet, au-delà des cas d'utilisation qui permettent de modéliser les processus à partir de leur finalité et non des sollicitations auxquelles doit répondre le système, trouve sa meilleure illustration dans un diagramme de collaboration. Un système y est vu comme un ensemble d'objets (regroupant données et traitements) qui coopèrent grâce à l'envoi de messages. L'analyse doit alors permettre de structurer le système, de découvrir les différents objets qui participent à son fonctionnement et de concevoir leur implantation.

Il est alors facile de concevoir que l'approche objet, si elle est plus souple, est moins guidée qu'une approche fonctionnelle classique ou qu'une approche Merisienne. À moins d'avoir une expérience suffisante, il est difficile de découvrir a priori quelle doit être la structure d'un système et quels sont les objets qui le composent. La méthode apporte à travers sa démarche moins de solutions types facilitant l'analyse et la conception du système. Cet aspect particulier d'UML est un facteur de difficulté lors de l'implantation d'une telle méthode en entreprise mais aussi une garantie de pérennité, grâce à une adaptation très souple à des contextes ou à des technologies diverses. Pour réussir l'implantation d'UML en entreprise, il faut apporter en complément des guides, des « micro-solutions techniques » qui facilitent le travail des analystes et des développeurs du système et qui viennent remplacer les raisonnements inclus dans la démarche des méthodes fonctionnelles. Ces guides consistent d'une part en un modèle d'architecture, d'autre part en l'utilisation de patterns ou patrons d'analyse ou de conception. Le chapitre 1 définit une micro-démarche de modélisation à base d'UML pour les métiers et l'informatique.

La notion de modèle d'architecture a été introduite dans le chapitre 2. Elle apporte un canevas de système, composé d'objets types à découvrir et des relations attendues entre ces objets types. L'informaticien sait alors quelle structure donner à son système, quels objets il faut rechercher et éventuellement dans quel ordre il faut les concevoir ; un modèle d'architecture est donc bien un guide de conception. Il peut être complété par un ensemble de règles permettant, sur la base du modèle proposé, de concevoir l'architecture du logiciel à construire.

Pour réussir la transition d'un fonctionnement classique vers un fonctionnement UML, l'élaboration et la mise en œuvre d'un modèle d'architecture s'avèrent indispensables et les développeurs devront être formés à ce modèle, voire aux règles d'élaboration qui l'accompagnent. Gérer ce modèle d'architecture, le faire évoluer en fonction de la stratégie de l'entreprise, des avancées technologiques et de l'expérience de l'équipe est une activité à part entière. Les entreprises qui ont mis en œuvre une démarche d'urbanisation des systèmes d'information ont de ce point de vue un avantage certain. Cette définition d'un modèle d'architecture et sa mise en œuvre est un préalable à la réussite de l'implantation d'une démarche objet.

Figure 7-2
Un modèle d'architecture améliore la lisibilité d'un système objet et en facilite la conception

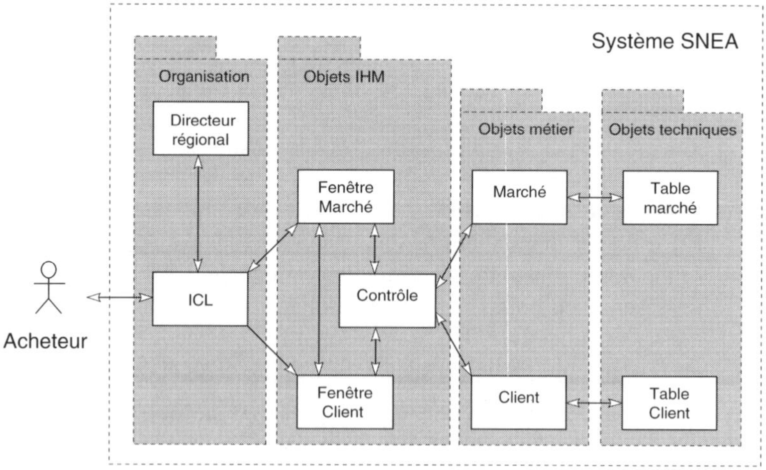

Un patron, ou « pattern » est une micro-architecture type à utiliser de manière locale. Elle représente une solution type de structuration du système que l'on peut utiliser pour résoudre certains problèmes. Face à la multiplicité des choix qui s'offrent à l'architecte, ces patrons ont l'avantage de privilégier des solutions qui ont par ailleurs pu montrer leur efficacité. Ils représentent, dans un contexte fonctionnel et technique particulier, la matérialisation d'un savoir-faire, d'une connaissance qui peut être ainsi réutilisée par l'ensemble des développeurs de l'entreprise. Les entreprises gagnent donc à mettre en place un système de gestion et de mise en œuvre de patrons au sein de leur direction des systèmes d'information.

Pour un Merisien, l'utilisation d'un même concept (la notion de classe) tout au long de la démarche, peut être source de confusion. Il est important de bien démontrer, exemples à l'appui, que si le même concept est employé, il l'est pour représenter des éléments différents (classes métier, classes techniques, classes IHM). La sensibilisation à la notion d'architecture dès les premières approches de l'objet est un excellent outil pour faire comprendre cela. Le fait que les concepts retenus (par exemple le concept de classe) soient proches du concept d'objet Merise utilisé pour la représentation des modèles conceptuels de données présente par ailleurs un danger. Il est en effet tentant de reprendre, tels quels, ces modèles pour déterminer les classes métier. Cette approche est trop réductrice et risque d'amener à concevoir en UML des systèmes qui ne possèdent pas les avantages d'évolutivité et de réutilisation apportés par la conception objet. S'il est évident que les objets Merise peuvent être une bonne première approche des classes métier d'un système, il faut être conscient qu'une nouvelle analyse du sujet avec une vision objet est indispensable.

Évolution de l'organisation des études

Pour les lecteurs de cet ouvrage, l'évolution nécessaire de l'organisation des études informatiques est devenue une évidence. Ces évolutions sont liées d'une part aux caractéristiques de l'objet, d'autre part au nouveau cycle de développement plus itératif et enfin au fait que le développement et la maintenance convergent en un nouveau cycle de vie composé de versions successives du logiciel, comme cela est expliqué au chapitre 4.

La première caractéristique de l'objet est qu'il n'y a pas de séparation des données et des traitements. Un système est un ensemble d'objets qui coopèrent et dont certains sont conçus pour être réutilisables. L'administrateur des données, point central jusqu'à présent des études, disparaît et avec lui le dictionnaire des données. La DSI doit par contre gérer, faire évoluer, faire connaître, en un mot administrer tout un ensemble d'objets. Il lui est donc nécessaire d'envisager la mise en place d'une administration dotée d'un outil adapté. Les objets s'appelant les uns les autres et la direction des systèmes d'information gérant diverses versions d'applications, cet outil doit gérer les objets en configuration. Le rôle de cette administration des objets est primordial, d'autant que l'effort d'intégration et de communication est plus grand dans les organisations s'appuyant sur l'objet. Cet effort est la contrepartie de la possibilité qu'offre l'objet de pouvoir travailler sur des sous-systèmes en parallèle et de façon asynchrone. Un tel fonctionnement rend bien entendu nécessaire de disposer d'un outil permettant de gérer, en configuration, un référentiel commun de classes. Le rôle de la cellule d'administration des objets est d'autant plus importante qu'elle assume de fait l'intégration du système.

Avec toutes les couches logicielles superposées, la problématique technique s'impose très tôt aux projets. Il est donc nécessaire de communiquer sur les normes et sur l'architecture technique en place très en amont des développements. Les objets d'infrastructure doivent être connus de tous. Alors qu'une démarche classique relègue aux phases aval et tard les aspects technologiques, ces derniers sont pris en compte tôt dans la démarche itérative définie ici. Ce rôle peut être attribué à une cellule particulière dont les compétences sont extrêmement variées. Ces dernières vont de la gestion des objets du réseau à l'administration des bases de données. Cette cellule est responsable de la gestion des paquetages d'infrastructure définis par l'architecture.

Nous avons vu au chapitre 2 la nécessité de définir et de gérer une architecture fonctionnelle. La responsabilité du maintien de cette architecture et de l'urbanisation du système appartient naturellement à la DSI. Une cellule d'architecture fonctionnelle doit être mise en place. L'architecture fonctionnelle permet globalement de définir deux types de paquetages à développer ou à gérer : il s'agit des paquetages de type métier et des paquetages de type IHM. Une spécialisation des développeurs permet de définir deux types de cellules. Un premier type de cellule est centré sur l'élaboration, la réalisation et les évolutions des paquetages métier, et une ou un ensemble de cellules sont dédiées à l'élaboration, la réalisation et l'évolution des paquetages d'interfaces, en particulier d'interfaces homme-machine.

Un premier type de cellule conçoit et met à disposition de l'entreprise des composants qui, basés sur le métier de cette dernière, sont particulièrement stables. Leur évolution est liée à celle de la réglementation ou à des évolutions de règles de gestion permettant à l'entreprise d'obtenir des gains significatifs. Hormis quelques entreprises appartenant à des domaines particuliers, les objets produits sont peu évolutifs. Ils sont utilisés par les autres développeurs et doivent donc être conçus dans ce but. L'équipe chargée de ces objets recherche systématiquement la réutilisation et travaille à un degré important d'abstraction. Comme les objets gérés sont stables, le personnel à affecter à ce type de cellule est moins nombreux que celui affecté aux cellules de type IHM. Des bibliothèques de composants métier sont déjà disponibles sur le marché dans certains domaines très réglementés ou connus ; c'est le cas par exemple du domaine de l'assurance. La cellule gérant les objets métier peut alors se comporter en acheteuse d'une bibliothèque de composants que l'entreprise doit s'approprier et personnaliser.

Les cellules dédiées à l'élaboration, à la réalisation et à l'évolution des paquetages d'interfaces, en particulier d'interfaces homme-machine, utilisent les objets du métier définis par la cellule précédente. Leur rôle consiste à concevoir et à réaliser, en liaison étroite avec les utilisateurs finals, les interfaces permettant à ces derniers d'accéder aux objets métier dans les meilleures conditions d'utilisation possible. Cet aspect important du développement est traité dans le chapitre 5. La figure suivante, déjà présentée dans le chapitre sur les utilisateurs, met en évidence la charge de travail demandée par l'élaboration d'interfaces graphiques modernes. Le personnel de la cellule dédiée aux interfaces homme-machine est donc en général plus nombreux, vu l'importance croissante que prennent actuellement ces aspects dans les développements informatiques, malgré la simplification de ce domaine apportée par les outils de programmation visuelle et les générateurs d'IHM.

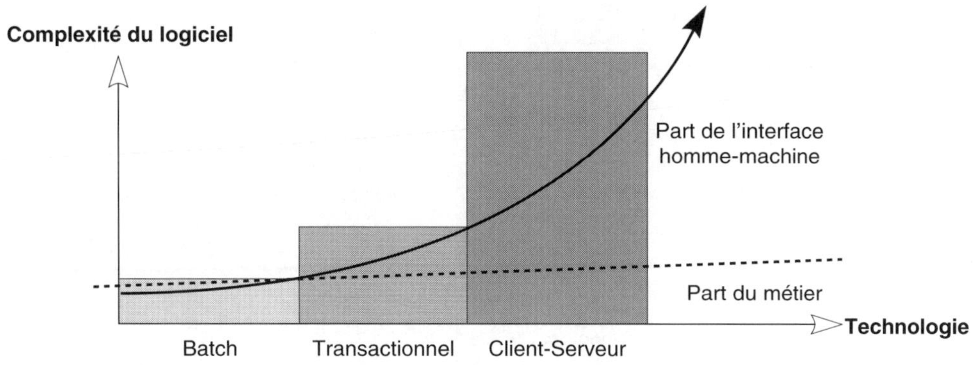

Figure 7-3
Charges relatives de travail entre les cellules métier et IHM

Les membres de l'équipe de développement spécialisés dans les IHM utilisent les paquetages métier qui sont mis à leur disposition par les cellules décrites précédemment. Ils disposent aussi d'outils de génération ou de programmation graphique qui leur permettent de dessiner directement les interfaces. Ces derniers s'appuient sur des bibliothèques d'objets graphiques qu'il est courant aujourd'hui de trouver sur le marché. Ainsi, les personnes des cellules dédiées aux IHM sont plus des assembleurs de solutions que des concepteurs d'objets réutilisables. Ils travaillent directement avec les utilisateurs, utilisant des outils demandant un moindre degré d'abstraction, pour se consacrer à la logique d'utilisation des applications. Leur compétence est axée sur l'ergonomie, la relation avec l'utilisateur, la connaissance de leurs procédures et des outils à utiliser.

Enfin le développement informatique étant itératif, les modes d'intervention des utilisateurs dans la démarche évoluent. La présentation de prototypes demande que la qualification soit une préoccupation constante et donc qu'elle soit mise en œuvre dès la première version du prototype, en parallèle avec l'expression affinée de nouveaux besoins. Le concept de scénario présente ici un intérêt particulier, compte tenu de sa capacité de représentation de besoins d'une part et de sa facilité de transformation en scénarios de recette et en jeux d'essais d'autre part. La mise en œuvre de cette qualification parallèlement au développement et le besoin particulier d'intégration font que la qualification logicielle, continue au cours du projet, prend une importance particulière. La mise en œuvre d'une cellule qualification pour vérifier et intégrer les logiciels s'avère pertinente.

La figure suivante représente la structure d'un service études tenant compte des cellules décrites précédemment. Elle a été construite sur la base des travaux du CIGREF et complétée sur la base des réflexions ci-dessus [CIGREF 95].

Il va de soi qu'une telle transformation de la structure de la DSI doit être préparée. Elle ne peut l'être a priori et les choix d'outils faits par la DSI sont déterminants. Une telle évolution doit être fermement appuyée par la direction de l'informatique et dans certains cas par la direction de l'entreprise. L'impact de ce changement de structure sur les relations avec les divers utilisateurs est en effet très important.

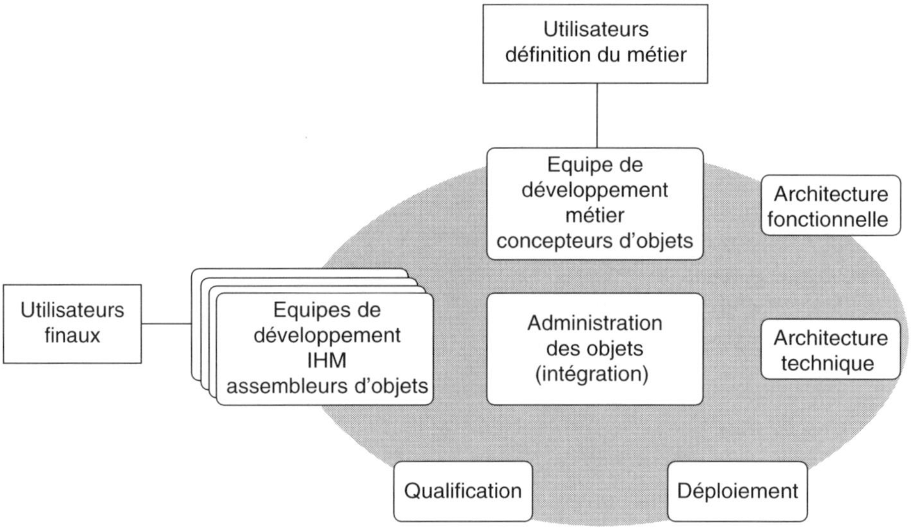

Figure 7-4
Représentation de la structure d'une DSI dans un cadre tout objet

Confirmation d'un mode de développement itératif

La mise en place d'un mode de développement itératif et incrémental des applications, après un fonctionnement de type classique basé sur l'élaboration de dossiers de spécifications et sur la réalisation des applications sur la base des dossiers précédents, est un facteur important de changement qui réclame une attention particulière. Les évolutions induites par cette mutation concernent le comportement des équipes, tant en termes de relations entre les utilisateurs et les informaticiens qu'en termes de management de projet.

Il s'agit aujourd'hui d'impliquer plus l'utilisateur dans le développement de son système, en dialoguant sur la base de prototypes évolutifs. Ce nouveau mode de fonctionnement implique une bonne qualité de dialogue entre les deux parties. Il est alors préférable d'expliquer aux utilisateurs la nouvelle démarche de développement et de leur faire connaître les contraintes et l'organisation de l'informatique. Pour éviter toute dérive du projet et toute instabilité au niveau de l'expression des besoins, les objectifs du projet sont nécessairement biens définis et clairement expliqués aux utilisateurs concernés, en fonction de leur niveau d'intervention. L'utilisateur doit donc correctement assimiler la mission et l'objectif du projet, ce qu'est un développement itératif.

La transition d'un fonctionnement classique vers le fonctionnement défini dans cet ouvrage demande donc un effort de communication avec les utilisateurs. Cet effort doit être fait à deux niveaux.

Le premier niveau de communication concerne la mise en place d'une démarche s'appuyant sur UML. Il doit être axé sur le nouveau mode de développement itératif, la participation indispensable des utilisateurs et leurs nouvelles obligations au sein du projet. Cette communication pourra s'appuyer sur l'un des objectifs de cette mutation qui est de mieux prendre en compte la logique d'utilisation du système et de centrer le développement sur les besoins concrets des utilisateurs ; la communication porte surtout sur la démarche. Les utilisateurs travaillant sur la base de prototypes, il n'est pas indispensable de faire porter la communication sur le formalisme. Le cas échéant, les cas d'utilisation et les scénarios, qui utilisent des formalismes simples et concrets, peuvent être détaillés. L'explication aux utilisateurs des diagrammes de séquence et des diagrammes de collaboration leur permet de représenter ou de comprendre la représentation d'une organisation. Ils jouent le rôle du modèle organisationnel des traitements de Merise et permettent aux organisateurs de travailler en parallèle sur le même système que les informaticiens. Il faut donc former les organisateurs de l'entreprise à cet aspect particulier d'UML, décrit plus en détail dans le chapitre 1.

Le second niveau de communication concerne chacun des projets de développement d'application lancés. L'utilisateur, considéré comme un membre de l'équipe de projet, doit connaître parfaitement les objectifs propres au projet, l'architecture mise en œuvre et la structure de l'équipe de projet en charge du développement. Cette connaissance lui permet de mieux jouer son rôle au sein de cette équipe et de contribuer plus efficacement à son résultat. Leur projet est probablement découpé en sous-projets relativement indépendants et l'utilisateur en fonction de son niveau doit pouvoir trouver sans problème sa place au sein du dispositif. Il doit devenir un véritable acteur de la conception et non un simple émetteur de besoins et un contrôleur de dossiers.

L'importance de cette communication vers les utilisateurs et les organisateurs impose une adhésion de ces derniers au projet UML, qui doit donc être activement soutenu à un niveau suffisant de direction de l'entreprise.

Le deuxième point important lié au développement itératif et incrémental concerne la mise en œuvre de nouveaux comportements de management de projet. Le chapitre 4 décrit en détail les caractéristiques du nouveau cycle de développement. Les caractéristiques du processus sont d'être itératif, incrémental, centré sur l'architecture et guidé par les cas d'utilisation. Il s'applique à un projet qui est largement parallélisé et fait communiquer plusieurs petites équipes. Dans un tel cadre, les réflexes habituels du chef de projet expérimenté en technologie transactionnelle risquent de se trouver pris en défaut. Alors que je sais dire si un dossier est terminé (donc gérer mon planning en fonction des fins de dossiers, compte tenu des validations nécessaires et en déduire les fins d'étape) il est beaucoup plus difficile de prononcer la fin de l'élaboration d'un prototype incrémental convergent ; le risque est que l'utilisateur fasse sans arrêt de nouvelles demandes de détail et souhaite que le prototype puisse traiter automatiquement tous les cas. Comment positionner sûrement les fins de phases ? Ainsi, au lieu de demander à l'utilisateur de valider un dossier, le chef de projet va lui demander, par exemple en fin de phase de construction, si le produit peut en l'état être mis entre les mains des utilisateurs pour la phase bêta. Ainsi, l'utilisateur participe lui-même aux décisions importantes concernant les fins de phase, la priorité des risques, etc. L'utilisateur est responsable et impliqué dans le projet.

Un projet réalisé en parallèle par de nombreuses petites équipes impose à l'architecte d'instaurer une communication rapide et performante au sein de son projet, une réactivité très forte des équipes et l'oblige au final à développer un effort de coordination beaucoup

Figure 7-5
Difficulté de déterminer les fins de tâches en démarche itérative

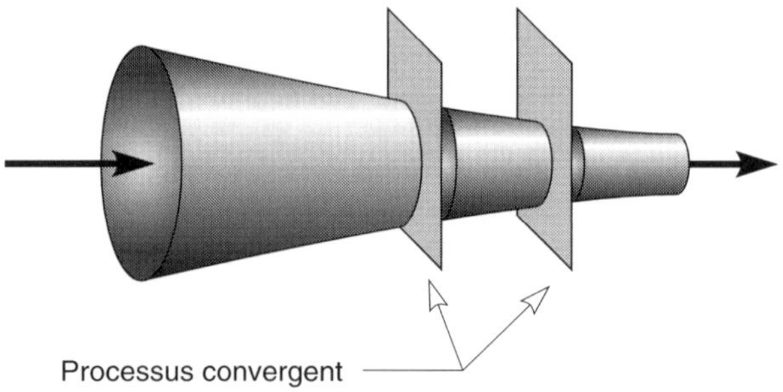

plus important. Il doit alors mettre en œuvre les mêmes techniques que celles des industriels qui conçoivent une nouvelle voiture en trois ans : s'appuyer sur une architecture vivante et un système d'information performant.

Le système d'information du projet est un outil fondamental, bien qu'il puisse ne pas être totalement automatisé. Il est important que tout membre de l'équipe connaisse presque en temps réel les objets publics et leurs interfaces mis à sa disposition par les autres membres de l'équipe. En ce sens, le développement d'un projet de quelque importance impose d'être outillé, et l'administration du projet est primordiale. Par ailleurs, le flux de communication entre les sous-projets menés en parallèle est très important, et son interruption source de dysfonctionnement du prototype. L'architecte doit donc vérifier soigneusement la fluidité de l'information au sein du projet et maintenir l'état d'esprit facilitant cette fluidité. Il est donc autant un animateur qu'un chef d'équipe.

L'architecte doit enfin s'appuyer sur une architecture vivante et réactive. C'est l'architecture qui permet de dresser les frontières entre les différents sous-projets. De nouveaux objets et éventuellement de nouveaux paquetages apparaissent immanquablement. S'appuyant sur l'architecture, l'architecte contrôle à tout moment la complétude de son produit logiciel, attribue de nouvelles responsabilités, s'assure qu'elles sont acceptées et que l'information circule de manière fluide. Le chef de projet est souvent amené à arbitrer entre les demandes des différents sous-projets en fonction des objectifs assignés au logiciel ou à la phase. Guidé par les objectifs du système, le chef de projet doit sans arrêt recentrer le projet sur ces derniers. Ainsi, il ne peut en aucun cas être un distributeur de programmes à développer. Il est décideur, coordinateur et animateur sans pour autant être l'architecte. La gamme de compétences demandées par le développement d'un projet utilisant les technologies modernes oblige le chef de projet à déléguer une partie des tâches de contrôle à l'architecte. Il doit donc avoir appris à le faire.

Parmi les points qui viennent d'être étudiés précédemment, le changement de vision du système et l'installation d'une démarche itérative de développement supposent des changements dans le comportement des intervenants du projet. Ces changements débordent largement le cadre de l'informatique, malgré leur aspect technique, pour toucher organisateurs et utilisateurs. Une simple formation ne peut donc suffire. Il est nécessaire de vérifier que les décideurs appuient activement le projet et de prévoir, outre les formations

Figure 7-6
Le chef de projet devient un coordinateur

indispensables, un accompagnement des premiers projets. Cet accompagnement doit aider à faire évoluer les comportements sur le terrain.

Les paragraphes précédents ne tiennent pas compte du fonctionnement actuel de l'entreprise, ni de sa stratégie technique, alors que la mise en place d'un fonctionnement objet est dans la plupart des cas liée à la mise en œuvre de technologies modernes. La suite de ce chapitre va placer les réflexions précédentes dans un cadre plus stratégique.

Stratégies de migration vers l'objet

L'utilisation d'UML accompagne souvent la mise en œuvre de technologies objet au sein de l'entreprise. La mise en place d'un processus de développement itératif et centré vers l'utilisateur facilité par UML permet d'en exprimer tous les avantages. Les différentes possibilités de mise en place des éléments précédents permettent d'élaborer des stratégies types de transition, ces dernières devant être rapportées au scénario de migration technologique choisi par l'entreprise.

Alignement des technologies et du processus de développement

Dans tout processus de changement technologique, il est fondamental d'obtenir une bonne cohérence entre les technologies mises en œuvre et les processus de développement. Plusieurs chemins peuvent conduire à l'alignement. En premier lieu, l'organisation de la DSI et ses procédures ont pu développer des éléments favorables à la mise en place de l'objet. En deuxième lieu, les technologies et les procédures peuvent être développées en même temps, chacune s'adaptant à l'autre. Enfin, la DSI peut se borner à mettre les technologies en place, leur laissant le loisir d'exercer les pressions nécessaires à l'évolution des pratiques liées au développement et à la maintenance des systèmes d'information. La technologie objet est alors poussée dans la DSI et dans l'entreprise. Ce scénario est le plus immédiat, et aussi le plus risqué vis-à-vis des résultats à obtenir.

En pratique, l'utilisation de technologies objet conduit à des gains de performance à condition qu'une nouvelle organisation du travail soit proposée. Ces technologies se caractérisent par une plus grande interdépendance des tâches d'analyse, de conception et de réalisation, au niveau de l'administration de base de données, de la gestion de l'infrastructure, de l'architecture, etc. Les conséquences, en cas de dysfonctionnement d'une des parties du processus, sont plus immédiates et plus coûteuses. Les personnels concernés doivent impérativement savoir communiquer entre eux et coordonner leurs activités. L'importance, pour une partie du personnel, de la réflexion analytique et abstraite est encore accrue. Il faut mettre l'accent sur la flexibilité des postes, le recyclage permanent et les politiques nécessaires pour que jaillissent les motivations et les coordinations indispensables à l'emploi de ces technologies.

L'expérience montre que l'utilisation des outils et de la technologie objet ne suffisent pas à améliorer le développement des systèmes d'information. Il est tout à fait possible d'obtenir de bons résultats par une évolution adéquate du processus de développement logiciel. Un auteur ayant à diriger les évolutions d'une application traditionnelle, développée et maintenue par une petite équipe, se trouve un jour face à une application, ancienne, très évolutive. D'après les techniciens concernés, son état technique est très mauvais. De fait, les utilisateurs se plaignent énormément du manque de qualité de cette application et des lenteurs de son évolution. Les informaticiens ne rencontrent les utilisateurs que lors de quelques réunions de mise au point. Avant d'arriver au développeur, l'expression d'un défaut passe par deux intermédiaires, de manière informelle et sans éléments propres à faciliter le diagnostic. Les actions menées sans changement des technologies en place permettent de revoir le mode de management de l'application et les processus de maintenance. Les réunions de mises au point avec le chef de projet informatique sont systématiques et formelles. Les demandes d'évolutions ou de corrections sont formalisées, en termes d'objectif mais non dans le détail. Les développeurs sont invités à rencontrer l'utilisateur le plus souvent possible pour approfondir un détail, examiner une pratique de travail ou soumettre une maquette, etc. Une présentation à quelques utilisateurs finals tient parfois lieu de recette. Du fait de la meilleure communication entre les acteurs, de la meilleure appréhension des besoins et des priorités de l'utilisateur, et de la compréhension par l'utilisateur de certaines contraintes techniques, la qualité de l'application s'est, de l'avis de tous, considérablement améliorée. Ce résultat, obtenu en facilitant la coordination et la motivation, ne nécessite aucun apport technologique externe. L'équipe en question est aujourd'hui passée aux techniques modernes.

Éléments de base et stratégies types

L'introduction d'UML dans une entreprise est souvent la continuité de changements préalables, à savoir l'introduction du client-serveur ou d'Internet et la mise en place des technologies liées à la micro-informatique telles que la programmation événementielle. Ces changements vont souvent de pair avec la mise en place de technologies objet grâce à une méthode adaptée. Le cas relatif à l'introduction d'UML sans évolution concomitante de l'infrastructure technique, soit qu'elle ait eu lieu, soit qu'elle soit repoussée, ne doit bien évidemment pas être exclu.

Chaque entreprise met en œuvre les technologies décrites dans cet ouvrage en fonction de sa stratégie technique et de l'ampleur d'une réingénierie de la fonction informatique éventuellement nécessaire. Les divers cas possibles sont analysés à travers la grille ci-dessous, dans laquelle le processus de développement servant de référence est le cycle de Merise, le processus centré sur les utilisateurs est celui décrit dans cet ouvrage, accompagné de l'organisation nécessaire. De même, le terme UML signifie ici l'utilisation du langage UML en fonctionnement objet, comprenant les outils, l'administration des objets et la gestion de l'architecture. Les cas de passage à UML se déclinent en fonction des scénarios possibles de transition vers les technologies nouvelles, et des changements de relations entre l'entreprise et son informatique. Il appartient à chaque entreprise de se positionner par rapport à ces stratégies, et d'étudier les risques et les avantages qu'il peut y avoir à combiner plusieurs changements.

Figure 7-7
Grille d'analyse du passage à UML

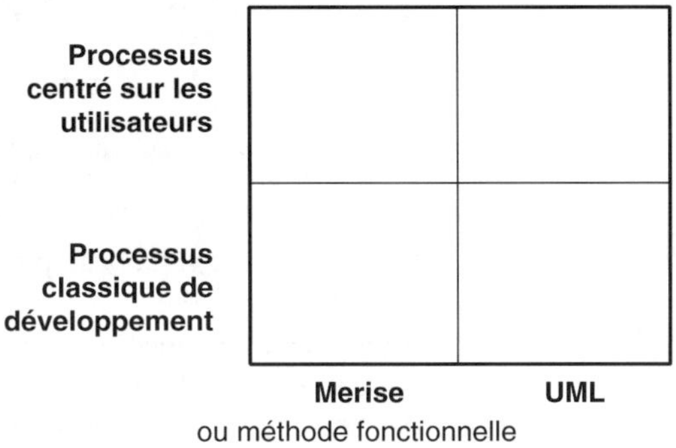

Les travaux sur la gestion des changements dans les organisations ont montré que lors de chaque introduction d'un nouvel outil ou d'une nouvelle technologie (UML et l'objet en sont), l'organisation et les modes de fonctionnement de l'entreprise doivent évoluer pour assurer la réussite de l'introduction de cette technologie et un retour sur l'investissement consenti. Les gains les plus importants sont en fait apportés par le changement d'organisation permis par la nouvelle technique. Suivant que le changement d'organisation suivra, précédera ou sera concomitant à l'introduction du langage de modélisation, cette introduction sera dite poussée, tirée, ou coordonnée.

- La mise en place d'UML est dite poussée si, dans un premier temps, seul le langage et les outils associés sont introduits dans l'entreprise. L'introduction de l'outil suscite moins de résistance et est plus facilement acceptée, l'objectif étant qu'il induise à l'intérieur de l'entreprise des pressions qui amènent les acteurs à vouloir modifier l'organisation. Cette technique est utilisée lorsque les résistances liées à la mise en place d'une approche centrée sur les utilisateurs sont trop fortes pour être combattues ; elle est alors la seule stratégie réaliste. La technologie sert ensuite de catalyseur pour faire évoluer l'organisation. Cette stratégie est aussi utilisée lorsque la mise en place de la technologie objet et d'UML présente un caractère obligatoire. Le danger d'une telle approche est de s'arrêter en chemin et de laisser l'entreprise s'installer avec le nouvel outil dans un mode de fonctionnement proche de l'ancien et de ne pas obtenir les gains espérés. Dans un tel scénario, l'objet et UML sont introduits dans l'entreprise, dans un premier temps sans modifier le processus de développement et le mode de travail avec les utilisateurs. Dans un deuxième temps, l'utilisation des outils fait naître des pressions qui diminuent les résistances et permettent la mise en place du nouveau processus de développement.

Figure 7-8
UML poussée dans l'entreprise

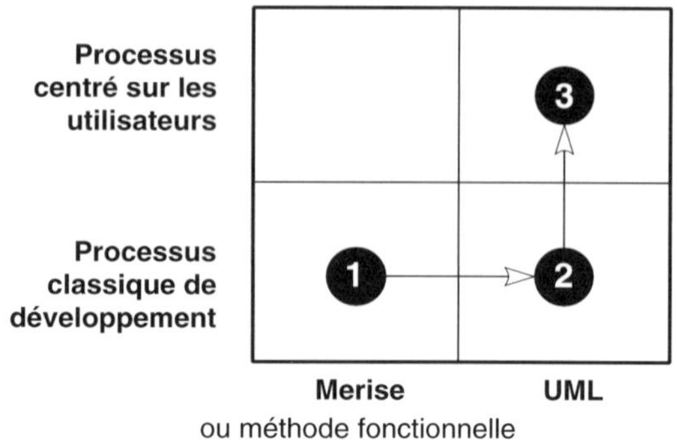

- L'introduction d'UML est dite tirée si dans un premier temps seuls l'organisation et le mode de fonctionnement du service étude évoluent. Les pratiques qui en résultent font que le service est naturellement demandeur des technologies et des outils associés ; la transition en est alors facilitée. Introduire en premier lieu un nouveau mode d'organisation peut susciter des résistances fortes au sein de l'entreprise. Il est nécessaire de réaliser une étude de la culture actuelle de l'entreprise et du regard qu'elle pose sur son informatique avant tout changement. Dans un premier temps, l'entreprise fait évoluer son processus de développement pour le centrer vers l'utilisateur, sans mettre en place ni UML, ni les outils associés. Le passage des technologies classiques vers l'objet et UML suscite ensuite moins de résistance. Une technologie objet tirée par les développeurs et par l'organisation a tendance à donner de meilleurs résultats. Son utilisation est alors plus facilement en adéquation avec les particularités de l'organisme que si elle était simplement poussée par un groupe de personnes.

Figure 7-9
UML tirée par l'organisation

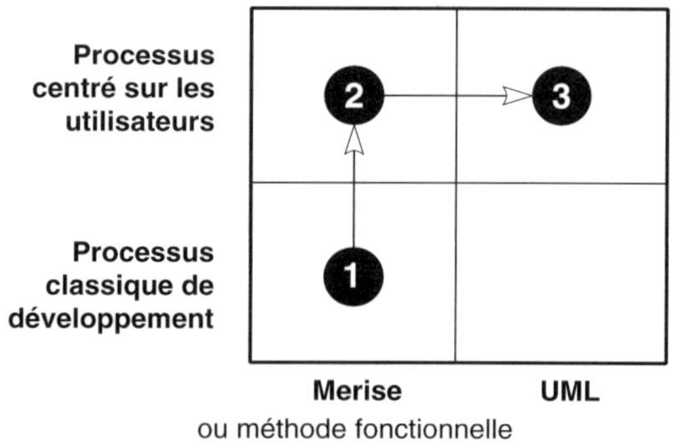

- L'introduction d'UML est coordonnée quand la mise en place du langage UML et des outils associés s'accompagne, dans l'entreprise, d'une évolution concomitante du processus de développement employé par le service étude et de l'organisation de la DSI. Ce mode d'introduction est en général préférable, car il permet d'obtenir plus rapidement et plus sûrement la totalité des gains escomptés. Il permet une adaptation mutuelle de l'organisation, des pratiques et des outils ; il est donc a priori recommandé. En revanche, en faisant coïncider les changements, il risque de déstabiliser le service études et de susciter au sein de l'organisation des résistances plus fortes. Une étude de la culture actuelle de l'entreprise, comme pour le scénario précédent, est donc nécessaire.

Figure 7-10
Introduction coordonnée d'UML

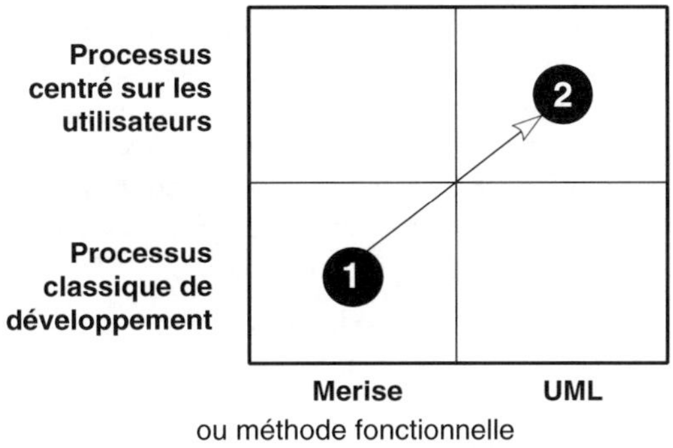

L'ampleur du changement concernant la relation entre l'entreprise et son informatique dépend de la culture actuelle de l'entreprise et des moyens qu'elle veut se donner pour modifier le schéma de vie de ses applications. Ainsi, l'ampleur de la réingénierie informatique va-t-elle conditionner dans la pratique les gains que l'entreprise peut attendre de la mise en place de l'objet. Deux cas sont possibles selon la culture de l'entreprise :

- Soit l'entreprise base sa démarche sur une méthodologie s'appuyant sur un cycle de vie classique ; elle fait élaborer et valider plusieurs niveaux de dossiers avant de lancer les réalisations et quelquefois sépare les fonctions, une partie du personnel réalisant les cahiers des charges, une autre partie réalisant les applications sur la base des spécifications précédentes. Dans certains cas, la réalisation est sous-traitée à une ou plusieurs sociétés externes. Dans ces conditions, le changement organisationnel est important lors de la mise en place du processus décrit. Il touche l'ensemble de la population de l'entreprise et chacun se voit affecter un rôle différent du précédent, depuis les utilisateurs jusqu'aux développeurs. Un appui actif des décideurs et parfois de la direction de l'entreprise est alors absolument nécessaire.
- Soit le fonctionnement beaucoup plus souple de la direction des systèmes d'information s'apparente au processus « idéal » décrit dans le chapitre 4. L'entreprise a déjà expérimenté la technique du RAD ; elle utilise régulièrement la technique du prototypage et les informaticiens rencontrent régulièrement les utilisateurs. Les modifications à prendre en compte par rapport au RAD sont l'introduction de la vision architecture et la gestion des risques ; l'adoption des technologies objet et d'UML ne suscite que peu de résistance.

La stratégie éventuellement adoptée par l'entreprise pour migrer vers les nouvelles technologies doit être prise en compte. Les scénarios cités sont ceux du Gartner-Group [Gartner 93] dont il a déjà été question dans le chapitre 2. Le scénario dit « agree to desagree » n'est pas traité, car, dans le cas d'un passage à UML et aux méthodes objet, il ressemble au scénario dit de transition progressive.

Cas d'application des stratégies

Scénario d'encerclement

La stratégie de l'encerclement ne remet pas en cause les noyaux applicatifs existants. Elle consiste principalement à adapter les nouvelles technologies aux interfaces utilisateur. L'architecture du système n'évoluant pas fondamentalement, l'objet permet surtout de gérer l'aspect événementiel des nouvelles interfaces et d'utiliser les outils de réalisation d'interfaces modernes. L'élaboration d'une architecture fonctionnelle n'est pas nécessaire et les objets métier ne devront pas être réétudiés, ces derniers existant sous une autre forme dans l'ancien système.

Dans un tel contexte, l'introduction d'UML n'a pas d'impact fondamental sur le développement des systèmes d'information. La situation se prête plus à une anticipation du passage global à l'objet. Ainsi, si l'entreprise met en œuvre un processus de développement basé sur un cycle de vie classique, l'introduction des interfaces homme-machine basées sur le fenêtrage peut permettre de pousser dans l'entreprise une technologie qui va contribuer à exercer les pressions favorables au changement de processus de développement et à réduire la résistance à ce type de changement. L'introduction de L4G objet suppose que les développeurs soient en contact avec les utilisateurs directs et facilite la mise en place de démarches itératives basées sur le prototypage des applications. Cette évolution par les outils suscite moins de résistance qu'une modification volontariste du processus. Il faut toutefois veiller à ce qu'elle se déroule correctement et donc l'accompagner. Il est important de ne pas pérenniser un mode de fonctionnement dans lequel des équipes de correspondants élaborent des maquettes avec des L4G, maquettes qui servent ensuite de spécifications à l'équipe qui réalise le logiciel final.

Simultanément ou successivement, les techniques d'urbanisation des systèmes d'information permettent de préparer efficacement la migration du système classique vers un nouveau système. Ces techniques apportent un premier modèle d'architecture et proposent un premier découpage séparant les interfaces du métier. Les préalables nécessaires à la prise de décision concernant la migration et la stratégie à adopter seront ainsi en place lorsque se posera la question de la migration vers UML.

En conclusion, si la stratégie technique dite d'encerclement, qui permet de migrer vers un fonctionnement de type client-serveur ou Internet, n'impose pas la mise en place immédiate d'un fonctionnement objet ni de la méthode UML, elle peut se révéler une excellente occasion de préparer l'organisation aux nouveaux modes de fonctionnement sous-tendus par ces technologies. Dans les cas où la culture actuelle de l'entreprise ne permet pas de passer simplement aux processus itératifs de développement, cette stratégie offre la possibilité, en poussant dans l'entreprise les interfaces homme-machine basées sur le fenêtrage, d'amener l'organisation à évoluer vers les modes de fonctionnements souhaités.

Scénario de rupture

Le scénario de rupture suppose une refonte complète du système d'information. Cette refonte suppose des équipes formées, l'élaboration d'une architecture fonctionnelle et technique qui est celle sur laquelle s'appuie l'ensemble du système tout au long de sa vie. Il s'agit d'un projet important, qui mobilise d'importantes ressources tant internes qu'externes à l'entreprise et qui doit être soigneusement préparé.

Dans ce contexte, la mise en place de l'ensemble des outils permettant de tirer parti d'un fonctionnement moderne est indispensable. L'introduction d'UML, la mise en œuvre des outils associés, le changement de structure du service études, voire de la DSI, sont indispensables. Les seules stratégies envisageables ici sont soit de pousser UML dans l'entreprise, soit de faire une mise en place coordonnée. Cette dernière stratégie est la plus souhaitable si la culture et le fonctionnement actuel de l'entreprise l'autorisent. La stratégie consistant à pousser UML dans l'entreprise présente le risque très fort de conforter l'entreprise dans ses modes de fonctionnement habituels, de perdre l'occasion d'exprimer complètement les potentialités de la technologie et de ne pas obtenir les gains escomptés. Selon la culture actuelle de l'entreprise, plusieurs stratégies peuvent être envisagées.

Si l'analyse de la culture et du fonctionnement existants montre que les résistances au changement de mode de fonctionnement sont faibles et que les nouveaux processus de développement s'intègrent bien dans l'organisation, alors, la stratégie à mettre en œuvre est de toute évidence l'introduction coordonnée d'UML dans l'organisation. Si cette analyse met en avant l'existence de fortes résistances au changement de processus dans l'entreprise, deux réactions sont alors envisageables :

- La première consiste à pousser UML dans l'entreprise, sans changer les modes de fonctionnement actuels. Les gains escomptés par cette introduction auront alors du mal à se concrétiser. Il faudra veiller à accompagner ensuite les pressions apportées dans l'organisation par l'utilisation des outils pour amener à faire évoluer les modes de fonctionnement de l'informatique et enfin pouvoir concrétiser ces gains. Les systèmes auront malgré tout été développés suivant un processus dépassé et plus éloigné de l'utilisateur, ce qui risque de pénaliser l'organisation.
- La seconde consiste à préparer le changement d'organisation en poussant dans l'entreprise une technologie intermédiaire qui exerce les pressions nécessaires sur le mode de fonctionnement de l'informatique : c'est le cas des nouvelles interfaces homme-machine. Ces dernières favorisent l'émergence du nouveau mode de fonctionnement. Il est alors intéressant de passer par une première phase de mise en œuvre de cette technologie, soit globalement pour se retrouver alors dans le cadre de la stratégie d'encerclement, soit sur un projet pilote UML. L'organisation est ensuite prête à faire évoluer son processus de développement, et l'introduction coordonnée d'UML peut être envisagée.

En conclusion, la mise en œuvre d'un scénario de rupture pour passer aux technologies modernes impose aujourd'hui un passage à l'objet et un développement à base de composants et centré sur l'architecture, ce que facilite UML. La mise en œuvre nécessaire d'une architecture, le changement d'organisation sous-tendu, font que seules les stratégies de mise en œuvre d'UML dites poussée ou coordonnée sont à envisager, cette dernière étant de loin préférable. L'entreprise peut trouver avantageux, pour vaincre de fortes résistances au changement, de passer par une première phase d'encerclement (voir plus haut) pour préparer son organisation aux changements nécessaires.

Scénario de transition progressive

Ce scénario consiste à figer les anciennes applications sur l'ancien système et à développer toute nouvelle application sur la nouvelle infrastructure. Ainsi, au fur et à mesure des refontes, le système informatique migre peu à peu d'un fonctionnement classique vers un fonctionnement utilisant les technologies modernes. Ce type de migration est de toute évidence très souple ; il autorise les différents modes étudiés dans le paragraphe précédent. La culture et le fonctionnement actuel de l'entreprise étant étudiés, les différentes stratégies peuvent alors être utilisées en fonction de l'avancement dans le temps de la migration. Ainsi, si des résistances fortes se font jour, il est possible de pousser UML dans l'organisation pour la ou les premières applications, sans changement de processus de développement. L'accompagnement des pressions ainsi exercées dans l'organisation permet alors de modifier le mode de fonctionnement de l'informatique, ce qui permet de terminer la migration en mode coordonné.

Le scénario de transition progressive offre aussi la possibilité, le cas échéant, de traiter différemment des parties d'entreprise ayant des cultures différentes. Les structures dont la culture se prête plus facilement aux nouveaux modes de fonctionnement font alors l'objet des premières migrations. La migration de l'ancien vers le nouveau système peut s'effectuer en mode totalement coordonné, faisant peu à peu évoluer la culture de l'ensemble de l'entreprise en généralisant celle de la partie de l'entreprise la plus proche de la cible visée.

En revanche, cette stratégie oblige à faire fonctionner l'entreprise suivant deux modes : le mode traditionnel pour la partie du système n'ayant pas encore migré et le nouveau mode pour le reste du système. Il faut donc soigneusement veiller à ce que l'évolution puisse se faire et qu'il n'y ait pas de « laissés pour compte » au sein des études. Cette stratégie impose donc une politique de ressources humaines clairement affirmée annonçant cette migration. La solution de l'out-sourcing reste bien entendu possible.

Lors du passage aux nouvelles technologies d'une partie du système, l'interfaçage de l'application développée grâce aux nouvelles technologies et le reste du système risque de poser des problèmes particuliers. Les logiques de fonctionnement différentes peuvent amener quelques difficultés d'intégration. Le problème le plus fréquent est lié à la confrontation d'un mode de fonctionnement habituellement synchrone des systèmes classiques à celui souvent asynchrone des nouveaux systèmes. Il est en effet fréquent que là ou un système classique fonctionne en mode batch (traitements de lots en temps différé), un système moderne envoie des messages qui sont traités au fil de l'eau sur un serveur particulier. D'autre part, là où le système classique effectue un certain nombre de traitements au sein d'une transaction, un mode de fonctionnement moderne pourra « sortir » quelques traitements de la transaction pour les faire traiter par ailleurs au fil de l'eau, tout en conservant un fonctionnement suffisamment sûr. Cette différence de logique ne va pas sans poser des problèmes d'interface, qui doivent être examinés dès les premières itérations de développement. La construction d'une couche d'interface particulière, permettant l'intégration avec l'existant, est généralement nécessaire.

Le scénario de transition progressive est le plus souple, en ce sens qu'il permet d'implanter les nouvelles technologies au sein de l'entreprise en prenant en compte sa culture. Comme ce scénario s'étale dans le temps et qu'il va imposer à l'entreprise un double mode de fonctionnement, il faut particulièrement veiller à conserver une politique de gestion des ressources humaines motivante pour l'ensemble du personnel.

Synthèse des scénarios de passage

Pour introduire UML, les technologies modernes (à base de composants et de développement itératif) dans une organisation et obtenir un retour sur investissement, deux changements sont à opérer au sein de la DSI. D'une part le langage UML, permettant de manipuler et de concevoir les systèmes objet, doit être introduit dans l'entreprise. Avec lui les techniques d'architecture, d'urbanisation, ainsi que les outils permettant de gérer des référentiels objet doivent être mis en place, ce qui induit des évolutions dans la structure de la DSI. D'autre part, pour profiter des avantages des technologies objet et à base de composants, un nouveau processus de développement, centré sur l'architecture et intégrant complètement les utilisateurs, doit permettre à l'entreprise d'améliorer l'efficacité de son informatique. Trois stratégies d'introduction d'UML dans l'entreprise sont alors possibles et leur mise en œuvre dépend de la culture actuelle de l'entreprise et des résistances éventuelles à la mise en place d'un nouveau processus de développement. UML peut être tirée par l'organisation, si le nouveau processus de développement est d'abord mis en place. La mise en œuvre du langage est ensuite plus simple. Cette stratégie impose que les résistances au premier type de changement soient faibles.

UML peut être poussée dans l'organisation. Les technologies associées sont alors mises en place au sein d'un processus de développement classique. L'entreprise s'appuie alors sur l'introduction de ces technologies pour achever les changements culturels qui facilitent ensuite la mise en place d'un processus de développement adéquat. Cette stratégie repousse la concrétisation des gains attendus de ces technologies ; elle peut être mise en place dans un cadre tel que l'introduction de l'objet semble obligatoire ou si les résistances au changement de mode de fonctionnement semblent trop fortes. Le risque de l'entreprise est alors de s'enliser dans l'ancien mode de fonctionnement et de ne pas obtenir de retour sur l'investissement engagé. Il n'est pas judicieux de se laisser aveugler par les technologies. Croire qu'il suffisait de développer en C++ ou en client/serveur pour réussir a été pendant les dernières années un des risques majeurs d'échec des projets logiciels.

La dernière stratégie de mise en œuvre, qui permet une mise en place coordonnée d'UML et du nouveau processus de développement, est préférable, car elle permet une adaptation réciproque du processus de développement et des outils utilisés. Une telle stratégie ne peut être mise en œuvre que si la culture de l'entreprise l'autorise et que les résistances au changement sont suffisamment faibles.

La mise en place d'UML, des technologies à base de composants et du processus itératif au sein d'une entreprise accompagne dans certains cas la migration d'un système centralisé classique vers une architecture décentralisée de type client-serveur. Ainsi, les stratégies précédentes ne peuvent qu'être confrontées aux scénarios de migration technologique choisis par l'entreprise. Les scénarios proposés par le Gartner-Group [Gartner 93] servent ici de référence.

Le scénario d'encerclement est ainsi favorable à une préparation de l'organisation permettant plus tard de faire tirer UML et les technologies à base composants par l'organisation. Elle permet par exemple, en introduisant les interfaces homme-machine de type fenêtrage, d'induire dans l'entreprise les pressions favorables à la mise en place d'un processus de développement intégrant l'utilisateur.

Le scénario de rupture sera mieux accompagné par une stratégie coordonnée d'introduction d'UML dans l'entreprise. Les éventuelles résistances devront alors avoir été traitées précédemment. Si le scénario de transition progressive est le plus souple et permet d'adapter très finement la stratégie d'introduction d'UML à la complexité de l'entreprise, son étalement dans le temps impose la mise en place d'une politique suivie, claire et affirmée de gestion des ressources humaines permettant de maintenir la motivation pendant la migration.

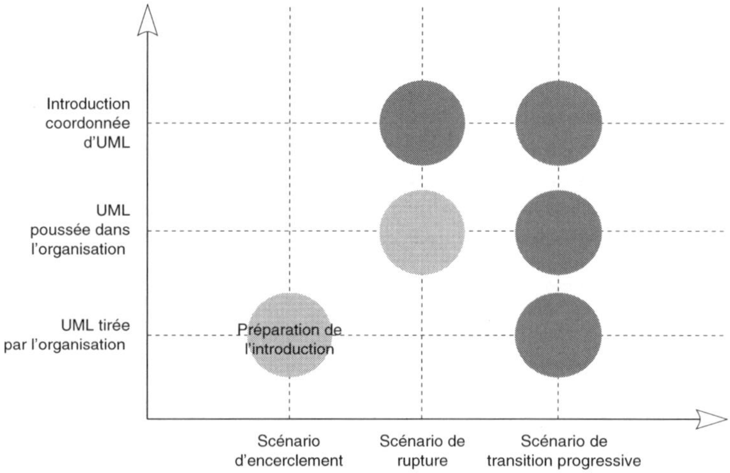

Figure 7-11 *Adéquation des stratégies de migration vers UML et des scénarios proposés par le Gartner-Group*

Implantation d'UML en entreprise

Au sein de la société, de nombreux groupes ont un rôle essentiel à jouer pour assurer une mise en place efficace des technologies décrites précédemment ; en premier lieu, la direction des systèmes d'information. L'introduction de ces technologies consiste en fait en une profonde réingénierie du processus de développement et d'évolution des applications informatiques.

L'implantation d'UML, du processus de développement itératif et à base de composants doit être considérée comme un vrai projet. Elle peut être découpée en différentes phases comportant des tâches bien précises, poursuit un objectif et possède ses propres conditions de réussite. Un chef de projet bien choisi, le promoteur, et une succession de décisions intelligentes permettent d'assurer un succès obtenu d'abord sur un projet pilote puis généralisé à l'ensemble de l'entreprise.

Conditions de réussite

Les politiques de ressources humaines jouent un rôle clé dans le développement d'une culture de développement itérative, incrémentale, centrée sur l'architecture et intégrant l'utilisateur, à condition que les directions des ressources humaines, en liaison étroite avec les responsables de la DSI adoptent une position active.

Faire des choix concernant les outils et l'organisation à mettre en œuvre nécessite une vision claire des changements à effectuer. Ces choix ont une influence sur les conditions de réussite du projet d'implantation de la méthode que sont la motivation des équipes, leur compétence et la coordination du projet de mise en œuvre.

- Le niveau de motivation de ceux qui ont une influence sur la réussite de l'opération peut aller de l'opposition à un fort degré de participation, en passant par la résignation.
- La compétence de ceux qui exploitent ces technologies peut correspondre à d'étroites connaissances de mise en œuvre ou s'étendre à une maîtrise complète de ces technologies.
- La coordination peut aller de la simple démarche individuelle au travail d'une équipe bien soudée.

Les premières formes d'automatisation des processus de développement (générateurs de programmes, dictionnaires de données par exemple) pouvaient être efficaces avec des développeurs formés à l'exécution de tâches limitées (parfois d'anciens employés aux écritures massivement reconvertis à l'informatique), dont l'action était coordonnée lors des projets. En revanche, l'emploi des technologies modernes nécessite des développeurs qualifiés, capables de se lancer dans des diagnostics complexes et de travailler en équipe.

Figure 7-12
Les conditions de réussite

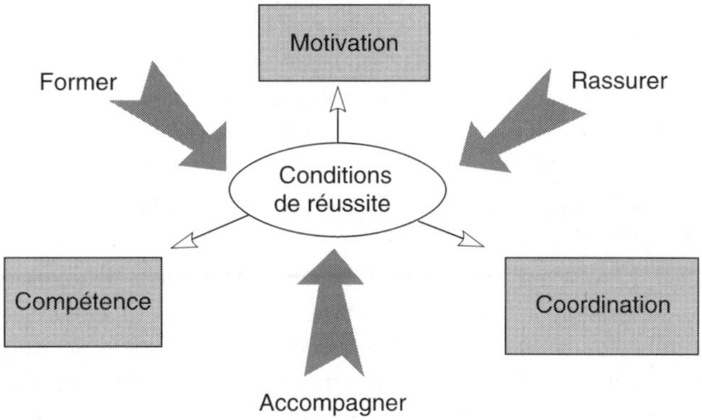

Trois types d'actions permettent de faire émerger les conditions de réussite précédemment évoquées de l'introduction d'UML dans l'organisation. Il s'agit de mettre en place une politique de gestion des ressources humaines propre à rassurer les populations visées, de mettre en œuvre des actions coordonnées de formation et de prévoir un accompagnement sur les premiers projets.

La mise en place d'une politique de gestion de ressources humaines propre à rassurer les populations concernées est primordiale. Les technologies objet sont souvent vendues au décideur comme permettant de réduire délais et charges d'études. Les informaticiens classiques, particulièrement ceux qui ne participent pas à la première vague de migration, risquent de se sentir menacés, et la motivation et la coopération de ces personnes peuvent baisser de manière importante. Or, le passage à l'objet va demander un effort important aux équipes, et il est important que cet effort puisse s'effectuer en dehors de tout état d'âme. Pour cela, l'affirmation claire et forte d'une politique de ressources humaines permettant de les rassurer sur leur sort est importante.

La mise œuvre d'une politique de formation du personnel est indispensable. Il s'agit de changer ici sa vision du système, de lui apprendre à utiliser les technologies objet et de composants, la méthode UML, le développement itératif et les outils mis en place. Cette politique de formation vise à augmenter sa compétence technique et sa motivation. La formation tient compte bien évidemment de la culture et du mode de fonctionnement actuel de l'entreprise.

Il est utile de prévoir un accompagnement des projets. Le déploiement des technologies objet et du langage UML réclame en effet de la part du personnel des études de nouveaux comportements vis-à-vis des utilisateurs, vis-à-vis des autres développeurs et de management de projet. Une simple formation ne suffit pas à faire évoluer des comportements ; l'accompagnement permet de mettre en pratique les acquis théoriques.

Implantation en trois phases

Normalement la décision de changer de méthode, voire d'outils, avec ou sans changement de technologie, est prise par la direction informatique de l'entreprise. Or, certains directeurs comprennent mal parfois les diverses implications de l'introduction d'un langage de modélisation tel qu'UML et du processus de développement associé. Les consultants externes ou les intervenants internes ont tendance à adopter une démarche marketing pour vendre la technologie objet et UML aux décideurs. Ils peuvent utiliser le caractère novateur de l'objet en faisant miroiter des gains importants, liés à la baisse de maintenance, à une évolutivité et une réutilisabilité des systèmes. Les décideurs se focalisent alors sur l'avancée technologique et sur les concepts, en mettant de côté les aspects soi-disant mineurs de l'introduction.

Ainsi, la mise en place d'UML est parfois source de déception, car les gains attendus ont été surévalués, et seule une partie de la mise en place a été effectuée. Pour éviter ces écueils, les directeurs des systèmes d'information ne doivent pas centrer leur analyse uniquement sur les aspects financiers de l'introduction d'UML. Il faut qu'ils se mettent au courant des possibilités et des impacts des technologies objet pour prendre les bonnes décisions lors de leur introduction dans l'entreprise.

Chaque entreprise a sa propre histoire. Certaines ont commencé à mettre en place tout ou partie des technologies décrites dans cet ouvrage. L'introduction d'UML et des technologies modernes est un vrai projet qui doit être adapté à l'entreprise, aux objectifs visés et à la stratégie d'introduction choisie. La démarche proposée dans le tableau qui suit est donc un canevas qui doit être personnalisé. Elle utilise la technique du projet pilote ; cette technique sert souvent dans les cas d'introduction dans l'entreprise de changements organisationnels ou technologiques importants. Le projet pilote permet de lancer l'effet d'apprentissage dans de bonnes conditions, en limitant les risques pour l'entreprise, et en mettant le projet sous observation pour en tirer des enseignements avant de le généraliser à l'entreprise. Cette technique est d'autant plus utilisée que les changements à effectuer dans l'organisation sont nombreux. À contrario, si dans une entreprise qui a déjà mis en œuvre l'objet et les démarches itératives de développement, l'introduction d'UML se limite à l'adoption d'un simple formalisme, un projet pilote est inutile et de simples formations peuvent suffire.

La démarche comporte trois phases : la phase de préparation, la phase pilote et la phase de généralisation.

Tableau 7-1 Les trois phases de l'implantation d'UML

Phase	Tâches
Phase de préparation	Détermination des objectifs et de la stratégie d'introduction Choix du promoteur Urbanisation du système d'information Choix de l'infrastructure et des outils Choix du projet pilote Information
Phase pilote	Formation des équipes pilotes Lancement et suivi du projet pilote Bilan du projet pilote
Phase de généralisation	Établissement du planning de généralisation Lancement des formations Mise en place de l'organisation Lancement des projets suivants Suivi de la mise en place

Phase de préparation

La première phase consiste à préparer l'introduction des technologies décrites dans l'entreprise. Elle est importante dans la mesure ou elle permet de préciser les besoins de l'entreprise et de déterminer la stratégie à adopter.

- *Détermination des objectifs*. Il faut en premier lieu définir quels sont les objectifs recherchés à travers la mise en place de ces technologies. Les paragraphes précédents ont montré que les raisons qui peuvent pousser les entreprises à mettre en place UML, les technologies objet et à base de composants, et les démarches itératives de développement sont nombreuses. Il n'est peut-être pas nécessaire de mettre en place l'ensemble des techniques : il convient donc de définir avec précision ce que l'entreprise attend de ce projet. La confrontation de la culture et de l'organisation actuelle de l'entreprise avec le fonctionnement recherché permet alors de déterminer laquelle des stratégies précédemment évoquées est la mieux adaptée à l'entreprise.

- *Choix d'un promoteur*. Ce dernier a d'une part un rôle de coordination de la mise en place de la méthode, d'autre part un rôle de « facilitateur » ou de catalyseur. Le promoteur ne doit pas trop s'investir dans les détails d'organisation ou les questions techniques mais avoir une vue globale de l'organisation et de la gestion du projet. Il lui faut pour cela bien connaître le processus actuel et les technologies visées. Si, au sein de l'organisation, il n'est pas possible de trouver un individu ayant le profil et les qualités nécessaires, il est possible de désigner un comité directeur regroupant les différentes compétences nécessaires au promoteur du projet.
- *Urbanisation du système*. Il n'est pas obligatoire d'urbaniser le système d'information avant de lancer les tâches suivantes de l'introduction. Cette action peut apporter cependant une aide précieuse à l'entreprise, tant pour le choix d'un projet pilote que pour l'établissement du planning de généralisation des technologies prévu dans la dernière phase. Par ailleurs, l'urbanisation du système pousse à une réflexion qui peut se révéler utile lors du choix des objets d'infrastructure puis des outils de développement.
- *Choix du projet pilote*. Il convient de choisir avec soin le projet pilote. Ce dernier doit être un projet réel, sa taille ne doit pas être trop importante, et ce ne doit pas être un projet critique pour l'entreprise. Il est par ailleurs suffisamment indépendant du reste du système d'information pour ne pas générer trop de charges d'interfaçage de part et d'autre. Les objectifs de l'introduction, rapportés au projet pilote, permettent de déterminer les conditions de réussite de ce projet.
- *Information*. Une information régulière des équipes qui ne participent pas au projet pilote est nécessaire. Elles sont généralement demandeuses d'informations sur le déroulement du projet. Elles seront à terme directement touchées lorsqu'il faudra généraliser les techniques et les outils adoptés. L'information peut prendre plusieurs formes suivant les entreprises. Certaines entreprises n'hésitent pas à réaliser une information institutionnelle, accompagnée parfois d'une sensibilisation des équipes aux diverses technologies employées. L'information des équipes doit être continue jusqu'à la phase de généralisation.

Le projet pilote doit d'abord être un projet réel : la motivation des équipes s'en trouve renforcée pour le faire aboutir. Les développeurs se focalisent sur les résultats à atteindre, et non sur la technique à utiliser; un projet pilote n'est ni un projet de recherche ni une veille technologique. Un projet réel permet d'observer tous les aspects liés à l'utilisation des technologies mises en œuvre, sans autoriser les impasses qu'un projet fictif rend possibles.

Le projet pilote utilise une nouvelle technologie, de nouveaux outils, un nouveau processus de développement ainsi qu'une nouvelle organisation du projet. Il ne bénéficie ni des repères habituels, ni de l'expérience acquise. Les risques de dépassement des délais et des coûts sur ce projet sont donc élevés. Aussi doit-il être de taille suffisamment petite et ne pas présenter de caractère critique pour l'entreprise.

Enfin, il devra être suffisamment déconnecté du reste du système d'information, pour minimiser les interfaces à réaliser, et éviter que les choix fonctionnels ou techniques faits lors du développement n'aient trop d'impacts sur le reste du système.

Il convient enfin d'obtenir l'accord des intervenants du projet pour en faire un projet pilote. Les utilisateurs potentiels et leurs responsables doivent connaître et accepter le fait que leur projet permette de tester les méthodes de développement itératives, à base de composants, centrées sur l'architecture et intégrant l'utilisateur. La motivation des responsables utilisateurs concernés est de ce point de vue un excellent critère de choix de ce type de projets.

La mise en place d'un groupe de travail pluridisciplinaire peut dans certains cas faciliter la mise en œuvre d'UML dans l'entreprise. Ce groupe contient les différents intervenants participant au développement des systèmes d'information, au besoin hors de la DSI comme les maîtres d'ouvrage ou les correspondants utilisateur. Les travaux de ce groupe permettent au cours de la mise en place de revoir l'organisation, d'adapter le processus de développement et d'anticiper les changements structurels. Il permet, en faisant participer les populations concernées, d'adapter la méthode et le processus de développement aux caractéristiques de l'organisation et sert tout au long de la mise en place à détecter les dysfonctionnements et à proposer des solutions. Ce groupe de travail peut être chargé d'étudier les indicateurs basés sur les gains attendus qui permettent d'effectuer un suivi de l'effet d'apprentissage.

Phase pilote

La deuxième phase consiste essentiellement à lancer et à suivre le projet pilote. Elle comprend la formation de l'équipe, le choix de l'infrastructure et des outils, enfin le lancement, le suivi et le bilan de l'opération.

- *Formation des équipes pilotes.* L'équipe doit acquérir un niveau suffisant de compétence technique au travers d'une formation adaptée. Il faut aussi choisir un spécialiste pour accompagner le projet. Les paragraphes précédents ont montré la nécessité de prévoir une formation des équipes et un accompagnement des projets. Les postes liés à l'architecture et à l'administration des objets sont cruciaux pour la réussite du projet : il faut donc veiller à y placer les personnes les plus compétentes.
- *Choix de l'infrastructure et des outils.* Le choix des outils de développement et des objets d'infrastructure qui serviront de base technologique au projet pilote, et qui ont vocation à être généralisés plus tard à l'ensemble de l'entreprise, doit être effectué à ce moment. La politique technique de l'entreprise conditionne fortement ces choix (il n'entre pas dans le cadre de cet ouvrage de détailler ce sujet).
- *Lancement et suivi du projet.* Pour concrétiser les décisions techniques ou fonctionnelles prises, il convient, lors du projet pilote, de vérifier systématiquement les hypothèses de travail en créant des prototypes. Ces derniers permettent d'augmenter les connaissances de l'équipe. Toutefois, créer un prototype ne signifie pas programmer directement sans réfléchir. Le nouveau mode de développement centré sur l'architecture réclame un niveau de réflexion suffisant pour isoler les objets pertinents et pour découvrir les composants réellement réutilisables. Ainsi

l'activité d'analyse ne doit pas être minorée lors des itérations : il est tentant pour l'équipe de se rassurer en plongeant rapidement dans la programmation. Le projet pilote doit faire l'objet d'un suivi systématique. Les mesures définies pour suivre la progression de l'apprentissage sont effectuées. Chaque incident, chaque problème est identifié et suivi, les solutions retenues tracées. Ce projet est la première source d'information concrète que l'entreprise peut avoir sur les modalités d'introduction en son sein des technologies choisies.

- *Bilan du projet pilote.* Il est particulièrement recommandé d'établir un bilan formel de l'expérience pilote. Les connaissances obtenues doivent être matérialisées, les techniques mises en places pour contourner tel problème particulier lié aux outils ou à l'infrastructure doivent pouvoir être transmises aux autres développeurs lors de la phase de généralisation. Le bilan du projet pilote ne doit pas être fait sous un angle purement technique ; il doit concerner l'application de la méthode, l'architecture du système, le processus de développement suivi. Les points qui sont alors traités permettent d'établir les ajustements techniques et méthodologiques nécessaires à l'amélioration du processus lors des projets suivants.

Phase de généralisation

La stratégie de migration technologique éventuellement choisie par l'entreprise, le résultat de la démarche d'urbanisation des systèmes d'information de l'entreprise permettent de définir puis de mettre en œuvre un planning de généralisation des technologies modernes de développement logiciel dans l'entreprise. Le planning de formation est déduit du précédent et les projets suivants peuvent être lancés. Il faut cependant faire attention au fait que le projet pilote n'a pas obligatoirement mis au jour tous les problèmes techniques d'outils ou d'infrastructure pouvant se présenter. Un suivi particulier de chaque projet reste nécessaire, de même qu'une surveillance de la courbe d'apprentissage.

L'introduction réussie d'une technologie objet demande en général une augmentation temporaire du personnel. Cette augmentation favorise la transition et permet de lancer dans de bonnes conditions l'effet d'apprentissage. L'appel à des sociétés de services peut être une solution. Certaines sociétés font ainsi migrer leur personnel vers les nouvelles technologies, en utilisant celui des SSII qui maintient leurs systèmes en place. Une alternative consiste à externaliser la maintenance ; l'ensemble des ressources est alors consacré à la migration. Si le personnel en place est en surnombre et utilisé à répondre à des demandes de maintenance qu'il est possible de différer, il n'y a pas lieu de l'augmenter.

Il faut surveiller la continuité de la courbe d'apprentissage lors de la migration vers les processus modernes de développement. Il s'agit de regarder la progression des résultats obtenus par les équipes mettant en œuvre UML. Le but est d'obtenir tous les résultats attendus de la méthode. À cet effet, il faut mettre en place un système permanent d'adaptation de l'organisation et de résolution des difficultés. Ce système doit s'appuyer sur des métriques liées aux gains attendus. Les éléments à mesurer ne sont pas liés à la productivité de programmation, mais au nombre de problèmes rencontrés (bogues, maintenance évolutive) et à la rapidité de résolution (délai). La rapidité de convergence des prototypes vers les besoins des utilisateurs est aussi un bon indicateur de la réussite de l'implantation d'une méthode. Un système permettant d'isoler les difficultés rencontrées et d'apporter des solutions assure une progression continue des indicateurs précédents et l'obtention des gains initialement recherchés.

La généralisation du projet pilote à l'ensemble de l'entreprise peut parfois poser problème. Les difficultés jaillissent au moment où il faut transposer les nouvelles pratiques testées sur le projet pilote au reste des études. Le principal danger est de figer dans le projet pilote un mode d'organisation que le reste des développeurs est obligé d'accepter. Le risque est alors de limiter les évolutions à la seule équipe pilote et de confiner le reste des informaticiens dans leurs pratiques habituelles. Dès le début du projet d'introduction, il faut garder à l'esprit la diffusion de ces technologies à l'ensemble de la DSI. Un autre danger du projet pilote est de mettre en place une équipe à deux vitesses : des personnes formées sur le projet pilote se voient confier toutes les missions intéressantes relevant des nouvelles technologies, tandis que les autres se voient cantonnées dans la maintenance traditionnelle de l'ancien système. Il ne faut pas perdre de vue que l'objectif est de former l'ensemble du personnel aux nouvelles technologies et au processus de développement adapté.

Une solution consiste à favoriser de manière volontariste les mouvements de personnels entre l'équipe du projet pilote et le reste des équipes. Si cette technique permet une diffusion douce des nouvelles technologies, elle a l'inconvénient d'être lente ; par ailleurs, elle ne convient pas à tous les modes de migration. En particulier, cette technique ne peut s'appliquer lors de la mise en place d'UML et d'un changement complet de technologie du système d'information. Une seconde solution consiste à lancer des projets successifs mettant en œuvre UML avec des équipes différentes. Si cette technique peut être extrêmement efficace, car source d'émulation, il faut veiller à l'homogénéisation des pratiques ; en d'autres termes, il faut mettre en place un système permettant de comparer les expériences entre les diverses équipes et mettre en commun les solutions apportées.

Concrètement, vous venez de suivre la démarche de migration d'une informatique au fonctionnement Merisien vers un processus de développement itératif, à base de composants, centré sur l'architecture et utilisant UML. Cette démarche doit être adaptée à chaque entreprise en fonction de ses objectifs et de sa culture et conformément à la stratégie d'introduction du processus UML définie lors de la phase de préparation.

Conclusion

La transition d'un fonctionnement traditionnel d'une équipe informatique vers le processus et les techniques décrits dans cet ouvrage constitue un changement important au sein d'une entreprise. Les impacts de ce changement dépassent dans certains cas la simple DSI et invitent les parties prenantes à modifier leur vision du système. Au lieu de concevoir leur application comme un automate complexe qui réagit à des événements d'entrée par des résultats et dont le fonctionnement est décrit par des traitements s'appuyant sur une mémoire collective, les protagonistes doivent concevoir cette application comme un ensemble de composants qui interagissent. La mise en œuvre d'un modèle d'architecture et d'une démarche d'urbanisation aide les informaticiens classiques à s'adapter à ces nouveaux raisonnements. La mise en œuvre des technologies de développement itératif et à base de composants introduit une modification de la DSI, avec la disparition de l'administration des données, l'apparition de structures dédiées aux architectures techniques et fonctionnelles et la création d'équipes spécialisées dans les composants du métier et les objets d'interfaces. En mettant en place un processus itératif intégrant les utilisateurs, l'implantation d'UML exige une modification du comportement des informaticiens, particulièrement dans le management de projet. Au regard de tels changements, l'entreprise doit adopter une stratégie adaptée à sa culture et à ses objectifs.

L'entreprise adoptant UML doit suivre l'une des trois stratégies proposées. Leur principe commun est de chercher à aligner la mise en œuvre des technologies objet avec le processus de développement des applications. La première stratégie consiste à pousser UML dans l'organisation et donc à exercer une pression qui favorise l'évolution du processus de développement. Dans la seconde, le langage UML est tiré par une organisation dont le fonctionnement est proche du processus « idéal » cité dans cet ouvrage. Enfin, la troisième procède à une mise en place simultanée du processus de développement et des techniques à base de composants. Le scénario de migration technologique, qui permet à l'entreprise de passer d'un système centralisé à un système de type client-serveur par exemple, mettant en œuvre les technologies objet, est un paramètre important dans un choix de stratégie de migration vers UML.

Les trois scénarios de migration proposés par le Gartner-Group ont servi de référence. Le scénario dit d'encerclement favorise une préparation de l'organisation à l'objet, en poussant dans l'organisation une technologie à même d'exercer les pressions propres à faire évoluer le processus de développement. Le scénario de rupture se marie mieux avec une stratégie coordonnée de mise en place d'UML, si les résistances à cette mise en place ne sont pas trop fortes. Le scénario de transition progressive permet d'adapter de manière très fine la stratégie de migration vers l'objet, mais l'étalement dans le temps de la migration demande la mise en œuvre d'une politique adaptée de gestion des ressources humaines.

Le passage d'un fonctionnement classique vers un fonctionnement objet est un changement technologique comme un autre. La culture de l'entreprise et son mode de management sont les pivots de la réussite de la mise en œuvre de ces technologies dans l'entreprise. Il est nécessaire que les dirigeants de l'entreprise aient une vision claire des changements recherchés. Les critères de réussite de cette mise en œuvre en entreprise sont la motivation des équipes, la qualité de leur coordination et leur compétence. Pour assurer la présence de ces critères, la mise en place d'une politique de formation et d'accompagnement des projets est indispensable. Enfin la mise en œuvre d'une politique de ressources humaines permet de rassurer les parties prenantes et contribue à la réussite de l'opération.

Les dirigeants doivent, avant de prendre leur décision, bien comprendre les diverses implications de l'introduction des nouvelles technologies au sein de leur organisation, pour ne pas se laisser aveugler par la technologie, par les gains annoncés et pour prendre en compte les aspects moins techniques mais indispensables à la concrétisation des gains espérés. Le démarrage de la transition d'une équipe « classique » demande aussi une augmentation temporaire de personnel. Cette augmentation facilite la transition et permet de lancer dans de bonnes conditions un effet d'apprentissage dont il faut surveiller la continuité. Enfin si la mise en place d'un projet pilote est une bonne solution dans un tel cadre, il est important de s'assurer que les nouveaux modes de fonctionnement se diffusent harmonieusement au reste de l'entreprise.

La désignation d'un coordinateur, d'un promoteur du projet, est un élément important pour réussir la mise en œuvre du passage vers ces technologies. Il est le coordinateur du projet et un « faciliteur ». Il doit posséder un certain nombre de compétences en termes de développement, de management et de techniques. Ce promoteur peut s'appuyer sur un groupe de travail regroupant les différentes fonctions au sein de la DSI voire des organisateurs et des correspondants utilisateurs. Il doit avoir une mission et les moyens de l'appliquer, être pragmatique et aimer travailler en équipe. En prenant en compte tous ces éléments, l'organisation qui souhaite mettre en œuvre ces technologies met tous les atouts de son côté pour réussir son projet et, à travers les gains escomptés, avoir un retour sur investissement.

Bibliographie

[CIGREF 95] *Approche objet, ingénierie, technologie et organisation,* rapport du groupe de travail CIGREF, septembre 1995.

[Crozier 77] M. Crozier, E. Friedberg, *L'acteur et le système,* Éditions du Seuil, 1977.

[Gartner 93] Gartner-Group, *Transition Strategies,* 1993.

[Mckersie 97] R. Mckersie et R. E. Walton, *Entreprise compétitive au futur,* Les Éditions d'organisation, 1997.

[Morin 89] P. Morin, *Organisation et motivations,* Les Éditions d'organisation, 1989.

[Raimbault 83] M. Raimbault, J. M. Saussois, *Organiser le changement,* Les Éditions d'organisation, 1983.

Annexes

ANNEXE 1

Les méthodes

Méthodes fonctionnelles/méthodes objet

Si Merise se classe dans les méthodes, UML[1] se définit comme un langage de modélisation qui se veut universel. UML doit être utilisé dans le cadre d'un processus de fabrication qui, de façon implicite ou explicite, se déroule selon des règles. Ces règles constituent les fondements d'une méthode qui est formalisée ou non. Le but recherché est d'améliorer le produit fini. La mesure de la progression de cette amélioration peut se décliner selon les trois axes : qualité, coût, délai.

Le développement des méthodes est continu. En se contentant de quelques noms connus, on peut citer la méthode Warnier et la méthode structurée, apparues au cours des années 70, Merise et Axial pendant les années 80 et 90, BOOCH, OMT, OOSE depuis moins de dix ans et, aujourd'hui, UML.

Il est intéressant de faire le parallèle avec les technologies de l'information. On s'aperçoit que la méthode Warnier et la méthode structurée sont associées à la période de gloire du batch, que Merise et Axial correspondent à l'apparition et l'expansion des bases de données. Il paraît naturel qu'avec les technologies client-serveur, Internet, objet et les composants, émergent les outils conceptuels et les techniques appropriées. Un autre constat peut être effectué. Les méthodes se succèdent ; les plus récentes proposent des concepts nouveaux, retenant quelques concepts anciens dérivés ou non. Les impératifs commerciaux font que les promoteurs des nouvelles méthodes insistent sur leur originalité, leurs différences et leurs caractères irréversibles (voir figure A-1).

Caractéristiques d'une méthode

Les caractéristiques qui étayent la décision de retenir ou non une méthode sont :

- la présence de concepts et d'un formalisme puissant et simple ;
- la couverture du cycle de vie des applications ;

1. UML est un standard de l'OMG. Cet organisme créé en avril 1989 à l'initiative de sociétés américaines s'est donné comme objectif de créer des standards d'interopérabilité entre les applications orientées objet. Parmi les résultats des travaux antérieurs figurent l'architecture distribuée CORBA (1992) ainsi que le langage de définition d'interface objet IDL.

Figure A1-1
Chronologie des méthodes

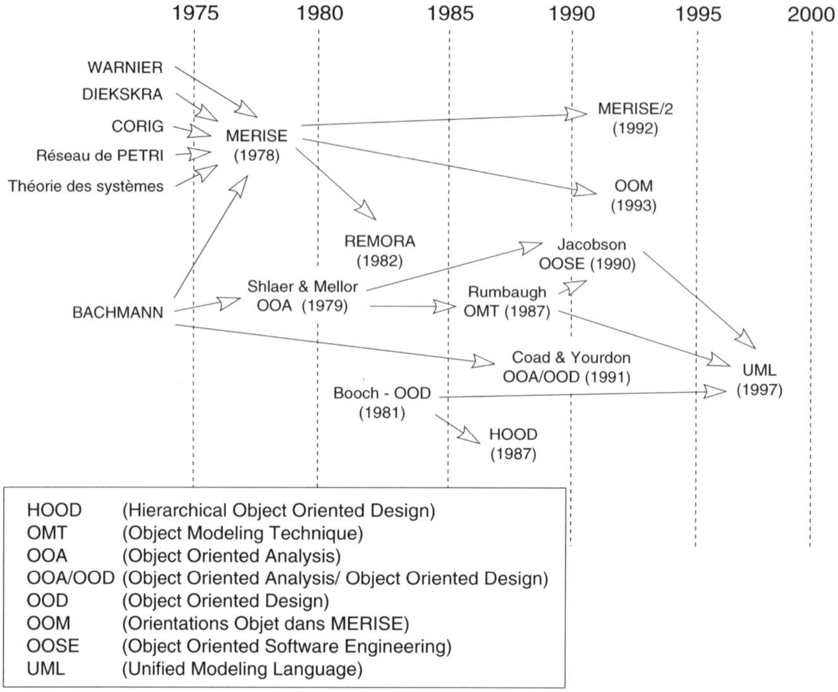

- la présence d'un processus associé ;
- la présence de ratios ;
- une utilisation simple et une facilité de mise en œuvre ;
- une souplesse d'adaptation aux circonstances d'emploi ;
- la fourniture de produits finis de qualité, robustes, évolutifs ;
- l'existence d'un outillage support des concepts et du formalisme.

Les concepts et le formalisme associés doivent être sémantiquement puissants, en nombre limité. Ils doivent se présenter de façon structurée pour pouvoir être appréhendés et facilement mis en œuvre au cours du cycle de vie des applications informatiques.[1]

La méthode doit aussi être dotée des outils permettant de prévoir et de réaliser des extrapolations des phases ou des étapes de développement. Elle doit donc proposer des ratios en précisant les caractéristiques des environnements.

Il faut que la méthode présente des caractéristiques de souplesse et d'adaptabilité. Elle doit se montrer suffisamment protéiforme pour pouvoir être utilisée dans des circons-

1. La méthode doit présenter la particularité de pouvoir être son propre objet d'étude. Dans son cycle de vie, les caractéristiques du produit méthode subissent des aménagements. Ces améliorations peuvent être apportées par la méthode elle-même, jusqu'à un certain point ; au-delà, des raisons externes sous forme de nouveaux schémas de pensée ou de nouvelles techniques provoquent une rupture totale sur le fond et la forme.

tances diverses. Il importe qu'elle affiche clairement ses limites d'utilisation. Ce point est plus difficile à appréhender car les méthodologistes et leurs disciples ont du mal à indiquer les faiblesses de leur création. Leur mise en évidence est le plus souvent le fruit de l'expérience de l'utilisateur de la méthode.

La méthode doit être analysée vis-à-vis de son efficacité. Il faut pouvoir obtenir des produits comportant un faible nombre d'erreurs, faciles à détecter dans les délais fixés. Les coûts des produits et les temps de développement sont réduits par rapport à ceux obtenus sans méthode ou avec les méthodes précédemment employées.

La méthode doit permettre d'obtenir des produits de qualité. Cette qualité peut être déclinée en termes de conformité aux besoins des utilisateurs, de robustesse vis-à-vis de dysfonctionnements. Les produits doivent être évolutifs ; un effort minime suffit pour les modifier en cas de variation des besoins des utilisateurs.

La méthode doit s'appuyer sur des outils qui permettent de formaliser les résultats de l'analyse et/ou de la conception. Apparaît alors la problématique de la largeur du spectre couvert par la méthode relativement au cycle de vie du projet et de celui de l'outil associé. En effet, en supposant que la méthode couvre la totalité du cycle (du schéma directeur à la maintenance), il est intéressant que le même outil soit utilisé. Toutefois, ce constat vaut plus dans le milieu de l'informatique que dans l'industrie. Par exemple, les outils de conception d'un véhicule automobile ne sont pas les mêmes que les outils de fabrication du même véhicule. La force et l'espérance de vie d'une méthode sont étroitement liées aux outils disponibles pour sa mise en œuvre. Ce point doit être particulièrement pris en compte lors d'un choix de méthode. Les outils logiciels supports d'une méthode objet doivent assurer le passage du besoin au composant logiciel, la traçabilité de ce passage et la complétude des besoins à travers les modèles. Il faut que les outils logiciels permettent de gérer un nombre de composants élevés en parallèle des versions successives des objets.

Position de l'entreprise vis-à-vis des méthodes

Utilisation en fonction de la taille de l'entreprise

Les travaux de Capers Jones [Capers 89] montrent que le langage de programmation est sept fois plus important et l'utilisation d'un atelier trois fois plus. Les études réalisées [Cerveny 88] sur le développement de projets comparables dans des banques américaines indiquent (en simplifiant les informations) que seules les plus grandes banques utilisent des méthodes pour le développement de leur système d'information. Les plus petites font appel aux progiciels. Les banques moyennes travaillent sans méthode particulière. Les projets des grandes banques présentent des coûts supérieurs. Le coût de développement des banques moyennes est voisin de la mise en place de progiciel selon des règles structurellement incluses au progiciel. Avant de choisir un progiciel, il faut effectuer un certain nombre de tâches dans un ordre précis en suivant une méthode.

Dans les faits, au-delà d'une certaine taille de l'entreprise, le choix de méthodes repose sur d'autres motivations et sur des problématiques nouvelles qui apparaissent avec les phénomènes d'échelle.

Les méthodes constituent les habitudes de l'esprit. Elles permettent de formaliser un savoir-faire, une expérience, une agilité intellectuelle. Elles nécessitent des travaux de réflexion, d'abstraction et donc de capitalisation. Les entreprises trouvent plusieurs avantages à un tel investissement intellectuel : la formation, la diffusion de la culture d'entreprise, l'animation des équipes, un processus de fabrication, un moyen de maîtriser des systèmes complexes, la mise en œuvre de la réutilisation.

- La formation des collaborateurs permet à l'entreprise de bénéficier des avancées et du savoir-faire de quelques-uns. Il est ainsi possible de diffuser au sein de l'entreprise le même esprit, la même culture, les mêmes concepts en faisant partager les mêmes langages, de diminuer les barrières entre les collaborateurs et donc de renforcer les synergies, de diminuer globalement les coûts, les délais et d'augmenter la qualité.
- Il s'agit pour l'entreprise de se doter d'outils de diffusion de la culture d'entreprise. La méthode doit fournir les moyens, les outils de mesure des processus de fabrication ; il faut constituer des référentiels à partir desquels il est possible de prévoir les coûts et les délais des futurs projets.
- Les équipes sollicitées sont plus nombreuses et nécessitent d'être coordonnées. L'organisation des travaux ne peut être laissée à la discrétion des intervenants. Une structuration et une formalisation sont indispensables pour permettre l'animation des équipes et le contrôle de ces travaux intellectuels par nature artisanaux.
- La méthode peut être considérée comme un processus de fabrication ; disposer d'une méthode plus efficace revient à donner à l'entreprise un avantage concurrentiel sur les produits en cours de fabrication et à renforcer cet avantage sur les futurs produits[1]. La méthode fait partie des systèmes qui supportent la stratégie de l'entreprise.
- Les systèmes sont plus complexes à maîtriser du fait des volumes traités et/ou de la diversité plus importante des cas à traiter. Il est évident que l'on ne peut extrapoler un petit projet pour en piloter un grand.
- La réutilisation permet d'aborder d'autres problèmes complexes de même nature ou de nature voisine. Il en résulte une diminution des facteurs de production et des gains en termes de qualité de produit, de coût et de délai.

En revanche, l'utilisation d'une méthode présente un certain nombre de risques qui peuvent diminuer, voire annuler, les avantages décrits précédemment :

- une formalisation excessive ;
- une augmentation du nombre de documents, de points de décision, de niveaux d'abstraction ;
- une augmentation des tâches de coordination et d'autorégulation ; les équipes passent plus de temps à gérer la méthode qu'à faire progresser le projet.

---

1. Si la méthode est considérée comme un produit fini destiné à être commercialisé (cas des sociétés de conseil et des SSII), la problématique redevient celle de toute entreprise proposant des produits ou des services. Il faut analyser le marché selon les cinq forces concurrentielles constituées par les nouveaux entrants, les concurrents, les nouveaux produits, les fournisseurs, les clients, avec des stratégies de différenciation, de domination, de concentration.

Percée des méthodes orientées objet

L'AFCET analyse régulièrement la pratique du génie logiciel auprès d'un échantillon d'entreprises. Le cycle de vie des applications informatiques est découpé en onze activités ; on retiendra plus particulièrement la spécification, la conception technique, le codage et le test validation.

L'enquête de 1996 révèle que l'activité de codage est considérée comme la mieux couverte par les outils utilisés (57 %) ; d'un autre côté, elle se situe seulement au quatrième rang de priorité, alors que l'activité de spécification placée au deuxième rang est couverte à 38 % par les outils de génie logiciel disponibles sur le marché. Les utilisateurs ne semblent pas trouver d'outils pour répondre à leurs besoins dans les activités de maquettage et de prototypage (premier rang avec 22 % de couverture) et de test validation (troisième rang avec 17 % de couverture) (tableau A1-1).

Tableau A1-1 Spectre d'utilisation des outils de génie logiciel

Activités	Couvertes par les outils utilisés	Rang de priorité
Maquettage et prototypage	22 %	1
Spécification	38 %	2
Test validation	17 %	3
Codage génération	57 %	4
Conception technique	35 %	5
Gestion de configuration	15 %	6
Assurance contrôle qualité	9 %	7
Documentation	36 %	8
Gestion de projet	9 %	9
Administration de données	17 %	10
Rétroconception	11 %	11

Source AFCET [Barbou 97] % de citations

En considérant uniquement les unités informatiques des entreprises de l'échantillon classées dans la gestion, le classement reste le même (tableau A1-2).

Les pourcentages du tableau expriment le rapport entre le nombre de citations de l'activité concernée et le nombre d'unités informatiques du secteur gestion ayant répondu.

Il apparaît qu'entre 1992 et 1995 les activités de maquettage/prototypage et de spécification prennent une importance considérable, passant respectivement des rangs 9 et 6 aux rangs 1 et 2. Cette évolution se fait au détriment du test validation, du codage et de la

Tableau A1-2 Évolution de la perception des outils de génie logiciel

Activités prioritaires	1992 % citations	Rang	1996 % citations	Rang	Évolution 92 - 96
Maquettage et prototypage	12 %	9	62 %	1	↑ continu
Spécification	20 %	6	43 %	2	↑ continu
Test validation	80 %	1	30 %	3	↓ continu
Codage génération	58 %	3	25 %	4	↓ continu
Conception technique	78 %	2	22 %	5	↓ continu
Gestion de configuration	18 %	7	21 %	6	
Assurance contrôle qualité	3 %	10	19 %	7	
Documentation	13 %	8	19 %	8	
Gestion de projet	25 %	5	19 %	9	→ continu
Administration de données	43 %	4	19 %	10	↓ continu
Rétroconception	0 %	11	5 %	11	

Source AFCET [Barbou 97]

conception technique. On peut en déduire que les attentes de l'entreprise sur les deux premières activités ont progressé et que les outils disponibles sur le marché n'y répondent plus. Ceci correspond à un besoin d'IHM plus sophistiquées et à un processus de spécification en évolution : implication accrue des utilisateurs finaux, réduction des délais de mise sur le marché, accroissement de la complexité des sujets de gestion traités.

Les pourcentages de citation de méthodes utilisées au cours des trois phases du cycle de développement (analyse et spécification, conception technique, test et validation) sont présentés dans le tableau A1-3.

Tableau A1-3 Taux d'utilisation d'une méthode (toutes méthodes confondues) selon les activités du cycle de développement

Activités	Domaine gestion
Analyse et spécification	75 %
Conception technique	40 %
Test et validation	25 %

Source AFCET [Barbou 97]

Tableau A1-4 Taux d'utilisation des méthodes selon les activités du cycle de développement (année 1996)

Activités / Méthode	Analyse et spécification	Conception technique
Merise	69 %	13 %
OMT	34 %	53 %
Shlaer-Mellor	10 %	13 %
SA-RT	7 %	
Booch	3 %	
Divers OO	10 %	7 %
SD		13 %
Divers	14 %	20 %
Méthodes internes	3 %	

Source AFCET [Barbou 97]

Les pourcentages des tableaux précédents expriment le rapport entre le nombre de citations de la méthode concernée et le nombre d'unités informatiques du secteur gestion ayant répondu.

Parmi les méthodes citées par les unités informatiques de gestion, Merise reste en tête avec 69 % de citation pour les activités d'analyse et de spécification. Toutefois, la méthode Merise, leader incontesté en 1994, perd en 1996 sa position dominante au profit d'OMT dans le cadre de l'activité de conception technique. Les méthodes orientées objet font une nette percée. Ce succès va de pair avec l'utilisation des langages objet au cours de ces dernières années.

Il faut noter que les deux tiers des entreprises de l'échantillon 1996 possèdent une équipe méthode de petite taille (moins de dix intervenants) le plus souvent unie à la structure qualité. La tendance observée est une généralisation de la présence d'une cellule méthode séparée de la cellule qualité.[1]

Les méthodes de spécification et de conception sont aujourd'hui indissociables des outils[2] qui les supportent. Les deux types de méthodes (orientée fonction et orientée objet) sont couverts par de nombreux outils, mais la nécessité de passer à des méthodes orientées objet n'est pas encore évidente pour de nombreux utilisateurs.

1. En ce qui concerne la qualité, plus de la moitié des entreprises du secteur gestion de l'échantillon de l'étude de l'AFCET de 1996 dispose d'une cellule qualité. Cette dernière est de taille faible, de une à quelques personnes, dix en progression constante depuis 1992. Les normes utilisées sont le Plan qualité IEEE 730, puis ISO 9000 et Afnor Z67-130 150.

2. Atelier de Génie Logiciel : progiciel aidant à l'automatisation d'un grand nombre d'activités du cycle de vie logiciel. Outil de Génie Logiciel : progiciel n'aidant à l'automatisation que d'une ou deux activités du cycle de vie du logiciel.

Conciliation des deux types de méthodes

Plusieurs stratégies se présentent à l'entreprise utilisatrice de méthode fonctionnelle et/ou de méthode objet. Certaines entreprises choisissent de conserver les applications développées sur la base de méthode fonctionnelle et de développer les nouvelles applications avec une méthode objet ; elles disposent en définitive simultanément des deux méthodes. D'autres préfèrent basculer progressivement de la méthode fonctionnelle vers la méthode objet. Les deux options se traduisent par une cohabitation définitive ou temporaire de méthodes. La cohabitation de deux méthodes posent des problèmes limités surtout à l'emploi des logiciels associés. Le passage d'une méthode fonctionnelle à une méthode objet ajoute des difficultés supplémentaires relatives aux divergences sémantiques, de concepts, de formalisme et de processus de mise en œuvre.

Le passage d'une application d'une méthode fonctionnelle à une méthode objet est plutôt bien maîtrisé, voire formalisé ; par ailleurs, certains logiciels associés aux méthodes objet proposent des mécanismes plus ou moins automatisés.

Apports d'UML et de l'approche l'objet

Avant de refondre tous les systèmes d'information de l'entreprise sur la base du concept objet, il est raisonnable de se poser des questions relatives aux risques encourus, à la pérennité de ce concept et d'évaluer s'il s'agit d'une lubie ou d'un effet de mode. Par ailleurs, les gains escomptés sont différents selon la stratégie poursuivie : l'entreprise veut soit rattraper un retard, soit acquérir une avance ou encore renforcer une position. Un certain nombre d'autres questions se posent concernant la réduction des coûts, des délais, l'augmentation de la qualité, l'importance des risques. Le changement de méthode peut par ailleurs correspondre à une opportunité stratégique pour le système d'information.

Les avantages apportés par UML tiennent en partie au fait que le langage s'appuie sur le concept objet : la réactivité, une plus grande évolutivité des applications, la réutilisation des composants, des gains de productivité en développement et en maintenance, une meilleure communication avec les utilisateurs, des IHM plus sophistiquées apportant de réelles plus-values aux utilisateurs.

Réactivité

Dans un système objet, la prise en compte d'une évolution fonctionnelle est plus rapide. En effet, les éléments concernés sont très vite identifiés. La problématique ne réside pas dans le choix de tel ou tel langage objet, mais plutôt dans une modélisation du sujet de l'étude. Il doit être possible de modifier les modèles et de leur ajouter des fonctions nouvelles. Il s'agit de supprimer les étapes de passage des modèles au code en utilisant le même concept tout au long du cycle de vie du projet.

Les modifications à apporter sont faibles (il y a peu d'éléments concernés et peu de lignes de code à modifier) ; dans le cas d'un langage interprété, les modifications peuvent être apportées en temps réel.

La réutilisation est souvent décrite comme le principal retour sur investissement de l'utilisation de l'objet. Cette assertion est très peu explicitée dans les méthodes. Toutefois, l'architecture flexible est le seul moyen qui permette un haut niveau de réutilisation.

Plus grande évolutivité des applications

Les systèmes développés avec UML bénéficient des avantages de l'approche objet : une structuration forte du logiciel, une grande modularité, les mécanismes d'abstraction et d'encapsulation. L'abstraction et l'encapsulation fournissent les bases idéales pour la réutilisation. Il faut déterminer les objets réutilisables et les construire en conséquence. L'emploi d'une méthode orientée objet tout au long du projet constitue une assurance de réussite.

Gains de productivité en développement et en maintenance

Pour tirer profit de l'approche objet et du développement à base de composants, il faut accepter de remettre en cause l'organisation et le management des projets de système d'information, en particulier en mettant en œuvre un processus de développement itératif et incrémental. L'approche par objet et par composants demande des compétences nouvelles pour maîtriser les méthodes et pour assurer la traçabilité et la complétude. Une fois la problématique de l'objet et d'UML comprise, la productivité des équipes s'améliore au fur et à mesure que les investissements se mettent en place en vue de la réutilisation et qu'ils deviennent opérationnels. Les développeurs changent de mentalité : ils recherchent ce qui est disponible avant de réinventer. La réutilisation passe par l'emploi de méthodes objet, par le développement à base de composants, par la mise en place d'un processus de développement adapté et par l'utilisation des outils adéquats.

Intégration plus aisée de pièces rapportées

Associé à une architecture en couches, l'emploi de l'objet (abstraction, informations cachées...) permet d'obtenir souplesse et robustesse. Grâce à l'encapsulation, il est possible de conserver et d'intégrer des pièces rapportées au système.

UML permet de modéliser et de décrire des architectures de systèmes développés à base d'objet et de composants. L'intégration et le couplage avec des technologies comme CORBA ou COM est primordiale ; ces technologies constituent le point de passage obligé du développement à base de composants ; elles en sont l'infrastructure technique.

Meilleure communication avec les utilisateurs

Les concepts manipulés en objet correspondent à des réalités concrètes pour l'utilisateur. L'écart entre les concepts modélisés et les concepts implémentés est réduit par rapport aux méthodes précédentes. Les distorsions entre les attentes des utilisateurs et les résultats sont minimisées. L'approche par les cas d'utilisation remet l'utilisateur au centre de l'analyse et de la conception.

Le prototypage est le moyen de faire le pont entre la difficulté de l'utilisateur à spécifier ses besoins et celle de l'analyste à les comprendre. Dès le début du projet, il faut présenter des versions du système aux futurs utilisateurs et récolter leurs commentaires sur leurs besoins et les premières ébauches. Les utilisateurs finaux sont ainsi plus impliqués dans le projet. Le prototypage précoce réduit les risques d'échec en révélant les problèmes et les besoins en compétences techniques. La complexité du problème diminue progressivement. D'autre part, UML suggère l'utilisation d'un cycle de vie itératif et incrémental.

IHM plus sophistiquées apportant de réelles plus-values aux utilisateurs

L'utilisation du concept d'objet et de composant va au-delà de la phase de développement. Elle concerne les étapes en amont et en aval, de l'expression des besoins à la maintenance de l'application.

L'approche par objet et par composant se prête de manière naturelle à la réutilisation des interfaces homme-machine sophistiquées. Il existe de nombreuses bibliothèques de composants réutilisables de type IHM disponibles sur le marché et de nombreux logiciels de construction des IHM utilisant cette approche.

Précurseurs d'UML

Nous présentons ici les principales méthodes objet. Chacune d'elle est synthétisée selon le plan suivant : origine (date et auteurs), date de diffusion réelle dans le monde professionnel, bibliographie (ouvrage de référence), particularités, modèles utilisés, niveaux employés, démarches préconisées, formalisme, langages associés. Cette présentation succincte met simplement en avant quelques points clés de comparaison ; pour découvrir plus en détail chacune des méthodes, le lecteur est invité à se reporter aux ouvrages cités.

Méthode OOD (Object Oriented Design) - G. Booch

Origine : créée au début des années 80 afin de rationaliser les développements des applications en Ada.

Date de diffusion réelle : 1985.

Ouvrages de référence :

G. Booch, *Software Engineering with Ada,* Benjamin Cummings, 1983.

G. Booch, *Software Componants with Ada,* Benjamin Cummings, 1988.

G. Booch, *Object Oriented Design with application,* Benjamin Cummings, 1991.

G. Booch, *Object Oriented Analysis and Design with application,* Benjamin Cummings, 1993.

Particularités : méthode de développement (spécification technique et implémentation).

Modèles : modèle statique (objet, association), modèle dynamique (états/transitions).

Niveaux : niveau logique et niveau physique pour le modèle statique.

Démarches : cycle de développement itératif et incrémental. L'analyse n'est couverte que depuis 1993.

Formalisme : objet représenté par des nuages, association représentée par des arcs reliant les nuages.

Langages associés : Ada, C++, SmallTalk, Eiffel.

Méthode HOOD (Hierarchical Object Oriented Design)

Origine : créée en 1987 pour l'ESA (Agence Spatiale Européenne) par un consortium composé par CISI Ingénierie, Matra Espace et CRI.

Date de diffusion réelle : 1991.

Ouvrage de référence : B. Delatte, M. Heitz, J.F. Muller, *HOOD Reference manual 3.1*, Masson, 1993.

Particularités : méthode qui est un sous-ensemble de la méthode de Booch. Elle fournit des règles de conception sur la définition des classes d'objets. Elle est uniquement orientée vers les systèmes utilisant le langage Ada.

Modèles : modèle statique (objet, association).

Niveaux : niveau logique pour le modèle statique.

Démarches : par décomposition hiérarchique (démarche descendante).

Formalisme : objet représenté par des boîtes, association représentée par des arcs reliant les boîtes.

Langage associé : Ada.

Méthode OOA (Object Oriented Analysis) – Shlaer & Mellors

Origine : créée en 1979 par S. Shlaer et S.J. Mellors au Lawrence Berkeley Laboratory.

Date de diffusion réelle : 1988.

Ouvrage de référence : S. Shlaer et S.J. Mellors, *Object lifecycles : Modeling the world in states*, Yourdon Press, Prentice Hall, 1988.

Particularités : méthode conçue au départ pour le temps réel, succès à partir de 1992 en Europe.

Modèles : modèle statique (relationnel avec le concept de généralisation), dynamique (diagramme états/transitions), fonctionnel (diagramme de flux et de processus).

Niveaux : niveau conceptuel (les trois modèles ci-dessus) et niveau logique où l'approche objet est réellement intégrée.

Démarches : deux démarches, à savoir la construction des modèles et la démarche d'analyse ; l'application est découpée en quatre catégories de domaines disjoints mais complémentaires : les domaines d'application, les services, l'architecture et l'implémentation.

Formalisme : le modèle statique est une synthèse des diagrammes de Bachmann et du modèle entités-associations. Le diagramme états/transitions est celui de Remora.

Langages associés : aucun en particulier.

Méthode OOA/OOD (Object Oriented Analysis/Object Oriented Design) – Coad & Yourdon

Origine : créée en 1991 par P. Coad et E. Yourdon.

Date de diffusion réelle : 1991.

Ouvrage de référence : P. Coad, E. Yourdon, *Object Oriented Analysis,* second edition, Yourdon Press, Prentice Hall, 1991.

Particularités : la méthode se démarque de la méthode d'analyse structurée de Yourdon.

Modèles : modèle statique uniquement. Il est composé de classes et associations (binaire, agrégation, généralisation et spécialisation). Décomposition du modèle en sous-schémas regroupant les objets par sujets (domaines).

Niveaux : niveau conceptuel et niveau logique utilisant le même formalisme.

Démarches : le niveau conceptuel intègre les domaines, les objets, les associations entre objets, les attributs des objets et les opérations sur les objets. Le niveau logique permet d'introduire les objets techniques relatifs aux interactions homme-machine, à la gestion des tâches et au stockage des données.

Formalisme : le modèle statique est une extension du modèle entités-associations.

Langages associés : aucun en particulier.

Méthode OMT (Object Modeling Technique) – Rumbaugh

Origine : Créée en 1987/89 par le centre de recherche et de développement de General Electric.

Date de diffusion réelle : 1991

Ouvrage de référence : J. Rumbaugh, M. Blaha, W. Premerlani, F. Eddy, *Object Oriented Modeling and Design*, Prentice Hall International, 1991.

Particularités : suit OOA, mais est plus riche en concepts et sa démarche permet de travailler sur des cas complexes.

Modèles : modèles statique, dynamique et fonctionnel. Le modèle statique est dérivé du modèle entités-associations (concepts et graphisme). Les associations peuvent être n-aires et porteuses de données. Les notions d'agrégation et de généralisation sont gérées. Les cardinalités sont utilisées pour préciser les relations ; il est possible de spécifier des contraintes supplémentaires comme la disjonction et l'intersection. Le modèle dynamique est présenté sous la forme de diagrammes états/transitions. La transition est caractérisée par l'événement déclencheur, les conditions et l'action à réaliser. Pour faciliter le recensement des événements, OMT propose l'emploi de scénarios qui retracent une succession particulière d'événements entre les acteurs et les classes d'objets (notion de sujet dans OOA/OOD ou de cas d'utilisation dans OOSE).

Le modèle fonctionnel utilise le diagramme des flux qui relie les acteurs et les classes d'objets pour décrire les processus de l'application (fonction). Le processus est une autre formalisation du scénario.

Niveaux : niveau conceptuel qui correspond au trois modèles précités. Le niveau logique permet de faire le lien entre les trois modèles et de réaliser l'implémentation des composants.

Démarches : le cycle en cascade classique.

Formalisme : le modèle statique est dérivé du modèle entités-associations. Les modèles états/transitions, de scénarios et fonctionnel sont basés sur les diagrammes de flux.

Langages associés : aucun en particulier.

Méthode OOSE (Object Oriented Software Engineering) – Jacobson

Origine : créée en 1980 à partir d'une méthode suédoise.

Date de diffusion réelle : 1992.

Ouvrage de référence : I. Jacobson, M. Christerson, P. Jonson, G. Ôvergaard, *Object Oriented Software Engineering : A use case driven approach,* Addison-Wesley, 1992.

Particularités : OOSE accorde une place importante aux objets d'interface qui constituent une première étape de la modélisation.

Modèles : au nombre de cinq ; il s'agit du modèle des besoins (délimitation des frontières du système), du modèle d'analyse (niveau conceptuel), du modèle de conception (niveau logique), du modèle d'implémentation (niveau physique), du modèle de test (vérification de la cohérence).

Les modèles d'analyse prennent en charge des cas d'utilisation ; l'ensemble intégré grâce à des liens intervues donne une vue globale du système. Chaque cas d'utilisation peut comporter des entités (aspect statique), des objets d'interface (aspect fonctionnel), des objets de contrôle (aspect dynamique).

Niveaux : conceptuel, logique, physique.

Démarches : OOSE comporte trois phases formant un cycle complet ; la phase d'analyse fournit un modèle des besoins et un modèle d'analyse, la phase de construction un modèle de spécification (logique) et un modèle d'implémentation (physique), une phase de test.

Formalisme : cas d'utilisation, trois types d'objet (entité, interface, contrôle).

Langages associés : aucun en particulier.

Méthode OOM (Orientation Objet dans Merise)

Origine : créée en 1993 à partir de la méthode Merise par A. Rochfeld, M. Bouzeghoub.

Date de diffusion réelle : 1993.

Ouvrage de référence : A. Rochfeld, M. Bouzeghoub, « From Merise to OOM », *Revue ISI*, vol. 1, N°2, Afcet-Hermès, Paris, 1993.

Particularités : la méthode conserve les trois cycles, à savoir le vie du système d'information (ensemble des n versions successives), le cycle de vie du projet (les phases et les étapes de la planification à la maintenance), le cycle d'abstraction (les niveaux). Une place particulière est accordée à l'architecture qui est considérée comme une représentation abstraite de l'organisation spatiale des composants du SI et de ses supports logiciels et matériels [Bouzeghoub 95]. On distingue ainsi la démarche de résolution du problème, de la démarche de réalisation. Globalement, la méthode réalise une meilleure intégration entre l'approche donnée et l'approche traitement.

Modèles : selon les niveaux,

- au niveau des besoins : le diagramme des flux et les principaux objets, le réseau de Pétri pour les traitements ;
- au niveau conceptuel : le modèle entités-associations (quasi identique à celui de Merise/2). Les traitements ou fonctions du SI sont représentés par des scénarios (plusieurs par fonction) agissant sur des objets contenus dans le modèle entités-associations. Chaque scénario est décrit par un réseau de Pétri.
- au niveau logique : le modèle (relationnel ou objet) pris en charge par le SGBD retenu ; les traitements sont décrits en langage algorithmique ;
- au niveau physique : les outils d'implémentation du SGBD et un langage de programmation adéquat.

Niveaux : Aux trois niveaux conceptuel, logique et physique s'ajoute le niveau des besoins situé en amont et qui correspond à une spécification informelle du réel. Un niveau externe orthogonal aux précédents permet de décrire les différentes vues des utilisateurs sur ces quatre niveaux. Enfin, un niveau architecture compile les ressources, les processeurs, la répartition des données et des traitements, et décrit l'organisation de ces éléments pour une exploitation optimale. Ce niveau se décline sur les niveaux conceptuel, logique et physique.

Démarches : les premiers modèles statiques et dynamiques sont élaborés par identification des objets et des processus à partir du modèle de flux décrivant les besoins. Pour chaque processus, on détermine les objets nécessaires et l'ordre dans lequel ils sont sollicités à travers les services offerts. Le modèle d'architecture est ensuite élaboré. Cette démarche se répète sur les niveaux suivants.

Formalisme : le modèle statique est basé sur le formalisme entités-associations en intégrant les notions de méthode, d'interaction entre objets et d'association. Le modèle dynamique « quand faire l'opération » est basé sur le réseau de Pétri qui décrit en même temps l'aspect fonctionnel « comment faire l'opération ».

Langages associés : aucun en particulier.

Comparatif des différentes méthodes

Les différentes méthodes sont comparées sur les thèmes suivants : les modèles et le processus de développement. Il apparaît qu'au fil des années, les méthodes s'enrichissent et sont de plus en plus complètes.

Modèles

Tableau A1-5 Comparaison des méthodes objet vis-à-vis des modèles

Modèles	Booch OOD	HOOD	Shlaer OOA	OOA/ OOD	Rumbaugh OMT	Jacobson OOSE	OOM	UML
Statique	oui	oui	oui	oui	oui	oui	oui	oui
Dynamique	oui		oui		oui	oui	oui	oui
Fonctionnel			oui		oui	oui	oui	oui

D'après [Bouzeghoub 95]

Processus

Tableau A1-6 Comparaison des méthodes objet vis-à-vis du processus

Modèles	Booch OOD	HOOD	Shlaer OOA	OOA/ OOD	Rumbaugh OMT	Jacobson OOSE	OOM	UML
Analyse de besoin						oui	oui	oui
Conceptuel		oui	oui	oui	oui	oui	oui	oui
Logique	oui	oui	oui	oui	oui	oui	oui	oui
Physique	oui	oui			oui	oui	oui	oui
Intégration/test	oui	oui		oui		oui		oui
Maintenance	oui					oui		oui

D'après [Bouzeghoub 95]

ANNEXE 2

Glossaire UML

Le glossaire UML est issu de *Notation guide Version 1.1*, 17/01/1997

Abstract class	Classe abstraite	Classe qui ne peut pas être directement instanciée.
Action	Action	Spécification d'une instruction exécutable qui forme une abstraction d'une procédure de calcul. Une action résulte en un changement dans l'état du modèle et est réalisée par l'envoi d'un message à un objet ou en modifiant une valeur d'un attribut.
Action expression	Expression d'action	Expression qui représente une collection d'actions.
Action state	État action	État qui représente l'exécution d'une action atomique, typiquement l'appel d'une opération.
Activation	Activation	Exécution d'une action.
Active class	Classe active	Classe dont les instances sont des objets actifs. Voir : *Objet actif.*
Active object	Objet actif	Objet qui possède un fil et peut initier une activité de contrôle. Une instance d'une classe active. Voir : *Classe active, fil.*
Activity diagram	Diagramme d'activités	Cas particulier de diagramme d'états dans lequel tous tous les états ou presque sont des états actions et dans lequel toutes les transitions ou presque sont déclenchées par la fin des actions dans les états sources.
Actor	Acteur	Ensemble cohérent de rôles que des utilisateurs des cas d'utilisation jouent quand ils interagissent avec ces cas d'utilisation. Un acteur possède un rôle pour chaque cas d'utilisation avec lequel il communique.
Aggregate	Agrégat	Classe qui représente le « tout » dans une relation d'agrégation (tout-partie). Voir : *agrégation*.
Aggregation	Agrégation	Forme particulière d'association qui spécifie une relation tout-partie entre l'agrégat (tout) et une partie composante.

Architecture	Architecture	La structure organisationnelle d'un système. Une architecture peut être décomposée de manière récursive en parties qui interagissent à travers des interfaces, des relations qui connectent les parties et des contraintes d'assemblage des parties.
Argument	Argument	Valeur spécifique correspondant à un paramètre. Synonyme : *paramètre actuel*.
Association	Association	Relation sémantique entre deux ou plusieurs classificateurs qui implique des connexions parmi leurs instances.
Association class	Classe association	Élément de modélisation qui a les propriétés d'une association et d'une classe. Une classe association peut être vue comme une association qui a aussi les propriétés d'une classe ou comme une classe qui a les propriétés d'une association.
Association end	Terminaison d'association	Point terminal d'une association, qui connecte l'association à un classificateur.
Asynchronous action	Action asynchrone	Requête où l'objet émetteur n'attend pas les résultats. Synonyme : *requête asynchrone*.
Attribute	Attribut	Propriété nommée dans un classificateur qui décrit un ensemble de valeurs que les instances du classificateur peuvent prendre.
Behavior	Comportement	Effets observables d'une opération ou d'un événement, y compris les résultats.
Behavior feature	Caractéristique de comportement	Caractéristique dynamique d'un élément de modélisation, telle qu'une opération ou une méthode.
Behavioral model aspect	Aspect de modèle de comportement	Aspect de modèle qui met l'emphase sur le comportement des instances dans un système y compris leurs méthodes, collaborations et historiques d'état.
Binary association	Association binaire	Association entre deux classes. Cas particulier d'une association n-aire.
Binding	Instanciation	Création d'un élément modèle à partir d'un patron en fournissant des arguments pour les paramètres du patron.
Cardinality	Cardinalité	Nombre d'éléments dans un ensemble.
Class	Classe	Description d'un ensemble d'objets qui partagent les mêmes attributs, opérations, méthodes, relations et sémantiques. Une classe peut utiliser un ensemble d'interfaces pour spécifier des collections d'opérations qu'elle fournit à son environnement. Voir : *interface*.
Classifier	Classificateur	Mécanisme qui décrit des caractéristiques de comportement et de structure. Les classificateurs incluent les interfaces, les classes, les types de données et les composants.

Class diagram	Diagramme de classes	Diagramme qui montre une collection d'éléments de modèles déclaratifs (statique), tels que classes, types, leurs contenus et leurs relations.
Client	Client	Un classificateur qui requiert un service d'un autre classificateur.
Collaboration	Collaboration	Spécification de la façon dont un classificateur, tel un cas d'utilisation ou une opération, est réalisé par un ensemble de classificateurs et d'associations jouant des rôles spécifiques et utilisés d'une manière particulière. La collaboration définit une interaction. Voir : *interaction*.
Collaboration diagram	Diagramme de collaboration	Diagramme qui montre les interactions organisées autour des instances et leurs liens. À l'inverse d'un diagramme de séquence, un diagramme de collaboration montre les relations entre les instances. Les diagrammes de séquence et les diagrammes de collaboration expriment une information similaire, mais la montrent de différentes manières. Voir : *diagramme de séquence*.
Comment	Commentaire	Annotation attachée à un élément ou à une collection d'éléments. Une note n'a pas de sémantique.
Communication association	Association de communication	Dans un diagramme de déploiement, association entre nœuds qui implique une communication. Voir : *diagramme de déploiement*.
Compile time	Moment de compilation	Se réfère à quelque chose qui se produit pendant la compilation d'un module logiciel. Voir : *moment de modélisation*, *moment d'exécution*.
Component	Composant	Module logiciel exécutable ayant une identité et une interface bien définies.
Component diagram	Diagramme de composants	Diagramme qui montre les organisations et les dépendances entre les composants.
Composite	Composée	Définit une classe qui est en relation avec une ou plusieurs autres classes par une relation de composition. Voir : *composition*.
Composite aggregation	Agrégation de composition	Synonyme : *composition*.
Composite state	État composé	État qui consiste soit en sous-états concurrents soit en sous-états disjoints.
Composition	Composition	Forme d'agrégation ayant une forte propriété et une vie coïncidente comme partie du tout. Les parties avec des multiplicités non fixes peuvent être créées après le composé lui-même, mais une fois créées, elles vivent et meurent avec lui (i.e., ils partagent la ligne de vie). De telles parties peuvent aussi être explicitement enlevées avant la mort du composé. La composition peut être récursive.

Concrete class	Classe concrète	Classe qui peut être directement instanciée.
Concurrency	Concurrence	Occurrence de deux ou plusieurs activités pendant le même intervalle de temps. La concurrence peut être obtenue en exécutant simultanément des fils. Voir : *fil*.
Concurrent substate	Sous-état concurrent	Sous-état qui peut exister simultanément avec d'autres sous-états contenus dans le même état composé. Voir : *état composé*.
Constraint	Contrainte	Condition sémantique ou restriction. Certaines contraintes sont prédéfinies dans UML, d'autres peuvent être définies par l'utilisateur. Les contraintes sont un des trois mécanismes d'extensibilité d'UML. Voir : *tagged valeur, stéréotype*.
Container	Conteneur	1. Instance qui existe pour contenir d'autres instances et qui fournit des opérations pour accéder ou itérer sur son contenu. Par exemple, tableaux, listes, ensembles. 2. Composant qui existe pour contenir d'autres composants.
Containment hierarchy	Hiérarchie de contenance	Hiérarchie d'espace de nom consistant en éléments de modèle et les relations de contenance qui existent entre elles. Une hiérarchie de contenance forme un graphe acyclique.
Context	Contexte	Vue d'un ensemble d'éléments de modèle en relation pour un objectif particulier, tel que spécifier une opération.
Datatype	Type de donnée	Type dont les valeurs n'ont pas d'identité. Les types de données incluent les types primitifs prédéfinis (tels que nombres et chaînes de caractères) ainsi que les types énumérés (tel que booléen).
Delegation	Délégation	Capacité qu'a un objet d'envoyer un message à un autre objet en réponse à un message. La délégation peut être utilisée comme une alternative à l'héritage. Synonyme : *délégation*.
Dependency	Dépendance	Relation entre deux éléments de modèle, dans laquelle un changement dans un élément de modèle (l'élément indépendant) va affecter l'autre élément de modèle (l'élément dépendant).
Deployment diagram	Diagramme de déploiement	Diagramme qui montre la configuration des nœuds d'exécution, les composants, les processus et les objets qui y vivent. Les composants représentent les manifestations d'exécution des unités de code. Voir : *diagramme de composants*.
Derived element	Élément dérivé	Élément modèle qui peut être calculé à partir d'un autre élément, mais qui est montré pour la clarté ou qui est inclus pour des besoins de conception même s'il n'ajoute aucune information sémantique.

Diagram	Diagramme	Représentation graphique d'une collection d'éléments de modèle, le plus souvent présentés comme un graphe connexe d'arcs (relations) et vertices (d'autres éléments de modèle). UML supporte les diagrammes suivants : diagramme de classes, diagramme d'objets, diagramme de cas d'utilisation, diagramme de séquence, diagramme de collaboration, diagramme d'états, diagramme d'activités, diagramme de composants, et diagramme de déploiement.
Disjoint substate	Sous-état disjoint	Sous-état qui ne peut pas être maintenu simultanément avec d'autres sous-états contenus dans le même état composite. Voir : *état composite*.
Distribution unit	Unité de distribution	Ensemble d'objets ou de composants qui sont attribués à un processus ou à un processeur en tant que groupe. Une unité de distribution peut être représentée par un temps d'exécution composite ou un agrégat.
Domain	Domaine	Un domaine de connaissance ou d'activité est caractérisé par un ensemble de concepts et de terminologies compris par les praticiens.
Dynamic classification	Classification dynamique	Variation sémantique de généralisation dans laquelle un objet peut changer de type ou de rôle.
Element	Élément	Constituant atomique d'un modèle.
Enumeration	Énumération	Liste de valeurs prises par un attribut type donné. Par exemple, les valeurs du code d'état civil : célibataire, marié, divorcée... Un booléen possède une liste prédéfinie de valeurs : vrai, faux.
Event	Événement	Description d'une occurrence significative localisée dans le temps et dans l'espace. Dans le cadre d'un diagramme d'états, un événement est une occurrence qui peut déclencher une transition.
Export	Export	Dans le cadre de paquetages, utilisé pour rendre un élément visible à l'extérieur de l'espace de nom dans lequel il est inclus. Voir : *visibilité.*
Expression	Expression	Chaîne de caractères qui évalue une valeur d'un type particulier. Par exemple, « (7 + 5 * 3) » évalue une valeur de type numérique.
Extend	Étend	Relation d'un cas d'utilisation à un autre, spécifiant comment le comportement défini pour le premier cas d'utilisation peut être inclus dans le comportement défini pour le second cas d'utilisation.
Feature	Caractéristique	Propriété, telle qu'une opération ou un attribut, encapsulée à l'intérieur d'une autre entité, comme par exemple une interface, une classe ou un type de donnée.
Fire	Déclencher	Exécuter une transition. Voir : *transition*.

Focus of control	Focus de contrôle	Symbole sur le diagramme de séquence qui met l'accent sur la période de temps durant laquelle un objet effectue une action, soit directement soit par l'intermédiaire d'une procédure subordonnée.
Formal parameter	Paramètre formel	Synonyme : *paramètre*.
Framework	Cadre	Micro-architecture qui fournit une structure type pour les applications à l'intérieur d'un domaine précis.
Generalizable element	Élément généralisable	Élément d'un modèle qui peut participer à une relation de généralisation. Voir : *généralisation*.
Generalization	Généralisation	Relation taxonomique entre un élément plus général et un élément plus spécifique. L'élément spécifique contient l'élément général et des informations additionnelles. Une instance de l'élément spécifique peut être employée là où un élément général est admis. Voir : *héritage*.
Guard condition	Condition de garde	Condition qui doit être satisfaite pour permettre le déclenchement d'une transition associée. (à relier aux machines à états).
Implementation	Implémentation	Description de la façon dont quelque chose est construit ou calculé. Par exemple, une classe est une implémentation d'un type, une méthode est l'implémentation d'une opération.
Implementation inheritance	Héritage d'implémentation	Héritage de l'implémentation d'un élément spécifique, incluant l'héritage d'interface.
Import	Import	Dans le cadre de paquetages, dépendance qui met l'accent sur les paquetages dont les classes peuvent être référencées à l'intérieur d'un paquetage donné (inclut les paquetages fixés récursivement à l'intérieur).
Inheritance	Héritage	Mécanisme par lequel des éléments spécifiques incorporent la structure et le comportement d'éléments généraux. Voir : *généralisation*.
Instance	Instance	Entité à laquelle peut s'appliquer un ensemble d'opérations et dont un état contient les résultats des opérations. Voir : *objet*.
Interaction	Interaction	Description de l'envoi des messages entre instances en vue de réaliser une tâche précise. L'interaction est définie dans le cadre d'une collaboration. Voir : *collaboration*.
Interaction diagram	Diagramme d'interaction	Terme générique qui s'applique à différents types de diagrammes qui mettent l'accent sur les interactions entre objets. Sont inclus diagramme de collaboration, diagramme de séquence, et diagramme d'activités.
Interface	Interface	Collection d'opérations qui peut être utilisée pour décrire un service proposé par une instance.

Interface inheritance	Héritage d'interface	Héritage de l'interface d'un élément plus spécifique qui ne comprend pas l'héritage d'implémentation (réalisation). Opposé : *héritage d'implémentation*.
Layer	Niveau	Façon particulière de regrouper des paquetages dans un modèle à un même niveau d'abstraction.
Link	Lien	Connexion sémantique entre un tuple d'objets. Une instance d'association. Voir : *association*.
Link end	Terminaison de lien	Instance de terminaison dans une association. Voir : *terminaison d'association*.
Message	Message	Description dans une communication entre instances qui transmet de l'information en prévoyant que l'activité sera menée à bien. La réception de l'instance du message est normalement considérée comme une instance d'un événement.
Metaclass	Métaclasse	Classe dont les instances sont des classes. Les métaclasses sont habituellement utilisées pour construire des métamodèles.
Meta-metamodel	Méta-métamodèle	Modèle qui définit le langage de description du métamodèle. La relation entre un méta-métamodèle et un métamodèle est analogue à la relation entre un métamodèle et un modèle.
Metamodel	Métamodèle	Modèle qui définit un langage pour décrire un modèle. Instance du méta-métamodèle.
Metaobject	Méta-objet	Terme générique pour toute méta-entité dans un langage de métamodélisation.
Method	Méthode	Implémentation d'une opération. Elle décrit l'algorithme ou la procédure qui traite les résultats d'une opération.
Model	Modèle	Abstraction sémantiquement fermée d'un système. Voir : *système*.
Model aspect	Aspect de modèle	Une dimension de la modélisation qui met l'accent sur des qualités particulières du métamodèle. Par exemple, l'aspect structurel du modèle met l'accent sur les qualités structurelles du métamodèle.
Model element	Élément de modèle	Élément qui est une abstraction dessinée à partir du système modélisé. Opposé : *élément de vue*.
Modeling time	Moment de modélisation	Se réfère à quelque chose qui apparaît pendant la phase de modélisation du processus de développement du système informatique. Cela inclut le moment d'analyse et le moment de conception. Note : lorsque les systèmes *objet* sont discutés, il est souvent important de distinguer le moment de modélisation et le moment d'exploitation. Voir : *moment d'analyse*, *moment de conception*. Opposé : *temps d'exécution*.

Module	Module	Unité de mémoire et de manipulation du logiciel. Les modules incluent les modules du code source, les modules de code binaire et les modules de code exécutable. Voir : *composant*.
Multiple classification	Classification multiple	Variation sémantique de généralisation dans laquelle un objet peut appartenir directement à plus d'une classe. Voir : *classification dynamique*.
Multiple inheritance	Héritage multiple	Variation sémantique de généralisation dans laquelle un type peut appartenir directement à plus d'un supertype. Opposé : *héritage simple*.
Multiplicity	Multiplicité	Spécification d'échelle qui précise les cardinalités permises qu'un ensemble peut prendre. Les spécifications de multiplicité peuvent être données pour des rôles à l'intérieur même des associations, parties à l'intérieur de composites, répétitions et autres propos. Fondamentalement une multiplicité est un sous-ensemble (peut-être infini) d'entiers non négatifs. Opposé : *cardinalité*.
N-ary association	Association n-aire	Association entre trois classes ou plus. Chaque instance de l'association est un n-uple des valeurs des classes respectives. Opposé : *association binaire*.
Name	Nom	Chaîne utilisée pour identifier un élément du modèle.
Name space	Espace de nom	Partie du modèle dans lequel les noms doivent être définis et utilisés. À l'intérieur d'un espace de nom, chaque nom a une signification unique. Voir : *nom*.
Node	Nœud	Objet physique exécutable qui représente une ressource de calcul, possédant généralement au moins de la mémoire et ayant souvent des capacités de traitement. Les objets exécutables et les composants peuvent être localisés sur des nœuds.
Object	Objet	Entité ayant une frontière et une identité bien définies qui encapsule un état et un comportement. L'état est représenté par des attributs et des relations, le comportement est représenté par des opérations, des méthodes et des machines à états. Un objet est une instance d'une classe. Voir : *classe*, *instance*.
Object diagram	Diagramme d'objets	Diagramme qui contient les objets et leurs relations en un point donné et à un moment donné. Un diagramme d'objet peut être considéré comme un cas particulier d'un diagramme de classes ou un diagramme de collaboration. Voir : *diagramme de classes*, *diagramme de collaboration*.
Object life line	Ligne de vie d'objet	Ligne, dans un diagramme de séquence, qui représente l'existence d'un objet sur une période de temps. Voir : *diagramme de séquence*.

Operation	Opération	Service qui peut être demandé à un objet pour qu'il effectue une action précise. Une opération possède une signature qui peut restreindre les paramètres actuels possibles.
Package	Paquetage	Mécanisme général pour organiser des éléments dans des groupes. Les paquetages peuvent s'emboîter à l'intérieur d'autres paquetages. Un système peut être pensé comme un simple paquetage à un haut niveau avec d'autres objets contenus dans le système.
Parameter	Paramètre	Spécification d'une variable qui peut être changée, passée ou renvoyée. Un paramètre peut inclure un nom, un type et une direction. Les paramètres sont utilisés pour des opérations, des messages et des événements. Synonymes : *paramètre, paramètre formel*.
Parameterized element	Élément paramétré	Descripteur pour une classe avec un ou plusieurs paramètres non bornés. Synonyme : *patron*.
Participates	Participe	Relation qui indique le rôle qu'une instance joue dans un élément modélisé. Par exemple, une classe participe dans une association, un acteur participe dans un cas d'utilisation.
Persistent object	Objet persistant	Objet qui continue à exister après un traitement ou fil qui l'a créé.
Post condition	Postcondition	Contrainte qui doit être vraie à la fin d'une opération.
Precondition	Précondition	Contrainte qui doit être vraie au début d'une opération.
Primitive type	Type primitif	Type basique prédéfini, comme un entier ou une chaîne.
Process	Processus	Fil qui peut s'exécuter en même temps que d'autres fils.
Product	Produit	Artefacts de développement, comme des modèles, du code, de la documentation ou des plans de travail.
Projection	Projection	Trace d'un ensemble et d'un sous-ensemble reliés.
Property	Propriété	Valeur nommée représentant une caractéristique d'un élément. Une propriété a un impact sémantique. Certaines propriétés sont prédéfinies dans UML; d'autres peuvent être définies par l'utilisateur. Voir : *valeur étiquetée.*
Pseudo-state	Pseudo-état	Sommet dans un diagramme d'état qui a la forme d'un état mais qui ne se comporte pas comme un état. Les pseudo-états incluent l'historique, l'état initial et l'état final des sommets.
Qualifier	Qualificateur	Attribut d'association ou tuple d'attributs pour lequel les valeurs partitionnent l'ensemble des objets reliés à un autre objet par une association.
Receive a message	Recevoir un message	Fait de recevoir une instance d'un message en provenance d'un objet émetteur. Voir : *émetteur, récepteur.*

Receiver	Récepteur	Objet qui reçoit une instance de message en provenance d'un objet émetteur.
Reference	Référence	1. Désignation d'un élément d'un modèle. 2. Slot nommé à l'intérieur d'un classificateur qui facilite la navigation vers d'autres classificateurs.
Refinement	Raffinement	Relation qui représente une spécification complète de quelque chose qui a déjà été spécifié à un certain niveau de détail. Par exemple, une classe de conception est un raffinement d'une classe d'analyse.
Relationship	Relation	Connexion sémantique entre des éléments d'un modèle. Des exemples de relations incluent des associations et des généralisations.
Request	Requête	Spécification d'un stimulus envoyé aux instances. Cela peut être une opération ou un signal.
Requirement	Exigence, besoin	Caractéristique, propriété ou comportement voulu d'un système.
Responsability	Responsabilité	Contrat ou obligation d'un type ou d'une classe.
Rôle	Rôle	Comportement spécifique d'une entité participante dans un contexte particulier. Un rôle peut être statique (une terminaison d'association) ou dynamique (un rôle de collaboration).
Run time	Exécution	Période de temps durant laquelle un programme s'exécute.
Scenario	Scénario	Séquence spécifique d'actions qui illustre des comportements. Un scénario peut être utilisé pour illustrer une interaction. Voir : *interaction*.
Semantic variation point	Point de variation de sémantique	Un point de variation dans la sémantique du métamodèle fournit un degré de liberté intentionnel pour l'interprétation de la sémantique du métamodèle.
Send a message	Émettre un message	Passage d'une instance d'un message de l'objet envoyeur à celui qui le reçoit. Voir : *envoyeur, receveur.*
Sender	Émetteur	Objet passant une instance d'un message à un objet receveur.
Sequence diagram	Diagramme de séquence	Diagramme qui montre les interactions arrangées dans une séquence de temps. En particulier, le diagramme de séquence montre les objets qui participent à l'interaction et les séquences de messages échangées. Contrairement à un diagramme de collaboration, un diagramme de séquence comprend les séquences de temps mais ne comprend pas les relations entre les objets. Un diagramme de séquence peut exister sous une forme générique (en décrivant tous les scénarios possibles) et sous une forme instanciée (en décrivant un scénario concret). Les diagrammes de séquence et les diagrammes de collaboration expriment des informations semblables, mais les montrent de façon différente. Voir : *diagramme de collaboration*.

Signal	Signal	Spécification d'un stimulus asynchrone communiqué entre instances. Les signaux peuvent avoir des paramètres.
Signature	Signature	Le nom et les paramètres d'une caractéristique comportementale. Une signature peut comprendre un paramètre retourné optionnel.
Single inheritance	Héritage simple	Variation sémantique d'une généralisation dans laquelle un type peut avoir un et un seul supertype. Opposé : *héritage multiple*.
Specification	Spécification	Description déclarative de quelque chose qui est ou qui doit être. Opposé : *implémentation*.
State	État	Une condition ou une situation de la vie d'un objet qui satisfait certaines conditions, accomplit certaines activités, ou est en attente de certains événements.
State diagram	Diagramme d'états	Diagramme qui montre une machine à états. Voir : *machine à états*.
State machine	Machine à états	Comportement qui spécifie les séquences d'états qu'un objet ou une interaction peut avoir durant son cycle de vie en réponse à des événements avec leur réponses et leurs actions.
Static classification	Classification statique	Variation sémantique de la généralisation dans laquelle un objet ne peut changer ni de type, ni de rôle. Opposé : *classification dynamique.*
Stereotype	Stéréotype	Nouveau type d'un élément modélisé qui étend la sémantique du métamodèle. Les stéréotypes doivent être basés sur des types ou des classes déjà existants du métamodèle. Les stéréotypes peuvent étendre la sémantique mais non la structure des types et des classes préexistants. Certains stéréotypes sont prédéfinis dans UML, d'autres peuvent être définis par l'utilisateur. Les stéréotypes sont un des trois mécanismes d'extensibilité dans UML. Voir : *contrainte*, *valeur marquée*.
String	Chaîne	Séquence de caractères texte. Les détails d'une représentation d'une chaîne dépendent de son implémentation et peuvent comprendre des ensembles de caractères qui supportent des caractères internationaux et graphiques.
Structural feature	Caractéristique de structure	Caractéristique statique d'un élément du modèle, comme un attribut.
Structural model aspect	Aspect de modèle de structure	Aspect du modèle qui souligne la structure des objets du système, y compris leurs types, classes, relations, attributs et opérations.
Subclass	Sous-classe	Dans une relation de généralisation, la sous-classe est une spécialisation d'une autre classe, la superclasse. Voir : *généralisation*.

Substate	Sous-état	État qui fait partie d'un état composé. Voir : *état concourant*, *état disjoint*.
Subsystem	Sous-système	Ensemble d'éléments de modèle groupés qui constituent une spécification du comportement présenté par les autres éléments contenus dans le modèle. Voir *paquetage*.
Subtype	Sous-type	Dans une relation de généralisation, le sous-type est la spécialisation d'un autre type, le supertype. Voir : *généralisation*.
Superclass	Superclasse	Dans une relation de généralisation, la superclasse est la généralisation d'une autre classe, la sous-classe. Voir : *généralisation*.
Super-type	Supertype	Dans une relation de généralisation, le supertype est la généralisation d'un autre type, le sous-type. Voir : *généralisation*.
Supplier	Fournisseur	Type, classe ou composant qui fournit des services qui peuvent être demandés par d'autres. Synonyme : *objet serveur.*
Swimlane	Couloir	Partition sur les diagrammes d'interaction pour organiser les responsabilités des actions. Elle correspond souvent à des unités organisationnelles dans un modèle métier.
Synchronous action	Action synchrone	Requête pour laquelle l'objet envoyé marque un temps d'arrêt pour attendre les résultats. Synonyme : *requête synchrone*.
System	Système	Ensemble d'objets connectés qui sont organisés pour atteindre un but spécifique. Un système peut être décrit par un ou plusieurs modèles, si possible de différents points de vue.
Tagged value	Valeur marquée	Définition explicite d'une propriété en tant que nom-valeur attribuée. Dans une valeur marquée, le nom est soumis à la marque. Certaines marques sont prédéfinies dans UML, d'autres peuvent être définies par l'utilisateur. Les valeurs marquées sont un des trois mécanismes d'extensibilité dans UML. Voir : *contrainte*, *stéréotype*.
Template	Patron	*Élément paramétré.*
Thread [of control]	Fil [de contrôle] - Thread	Simple chemin d'exécution durant un programme, un modèle dynamique ou une autre représentation de contrôle de flux. Voir : *processus.*
Time	Temps	Valeur représentant un moment de temps absolu ou relatif.
Time event	Événement temporel	Événement qui indique le temps écoulé depuis que l'état courant est entré. Voir : *événement.*
Time expression	Expression de temps	Expression qui ramène à une valeur absolue ou relative du temps.

Timing mark	Marque de temps	Désignation du temps pour lequel un événement ou un message se produit. Les marques de temps peuvent être utilisées dans des contraintes.
Trace	Trace	Dépendance qui indique une relation historique ou procédurale entre deux éléments représentant le même concept sans spécifier de règles pour dériver l'un de l'autre.
Transient object	Objet transitoire	Objet qui existe seulement durant l'exécution d'un processus ou du cheminement qui l'a créé. Synonyme : *objet éphémère*.
Transition	Transition	Relation entre deux états indiquant qu'un objet dans un premier état va accomplir certaines actions spécifiées et qu'il va rentrer dans un deuxième état lorsqu'un événement se produit et lorsque certaines conditions sont satisfaites. Dans un tel changement d'état, la transition est dite déclenchée.
Type	Type	Stéréotype de classe qui est utilisé pour spécifier à la fois les instances d'un domaine et les opérations applicables aux objets. Un type peut ne contenir aucune méthode. Voir : *classe*, *instance*. Opposé : *interface*.
Type expression	Expression de type	Expression qui évalue la référence à un ou plusieurs types.
Usage	Utilisation	Dépendance dans laquelle un élément (le client) nécessite la présence d'un autre élément (le fournisseur) pour son bon fonctionnement ou son implémentation.
Use case	Cas d'utilisation	Spécification d'une séquence d'actions, incluant des variantes que le système (ou une autre entité) peut exécuter en interagissant avec les acteurs du système. Voir : *cas d'utilisation, instances*.
Use case diagram	Diagramme de cas d'utilisation	Diagramme qui montre les relations entre les acteurs et les cas d'utilisation à l'intérieur du système.
Use case instance	Instance de cas d'utilisation	Représentation d'une séquence d'actions précisée dans un cas d'utilisation. Voir : *cas d'utilisation, classe*.
Use case model	Modèle de cas d'utilisation	Modèle qui décrit les besoins fonctionnels du système en terme de cas d'utilisation.
Uses	Utilise	Relation entre deux cas d'utilisation dans lequel le comportement défini par le premier cas d'utilisation a recours à celui défini par le second.
Utility	Utilitaire	Stéréotype qui groupe des variables globales et des procédures sous une forme de déclaration de classes. Les attributs et opérations utilitaires deviennent respectivement des variables et des procédures globales. Un utilitaire n'est pas un élément de modélisation fondamental mais plutôt une commodité programmée.

Value	Valeur	Élément d'un domaine type.
Vertex	Vertex	Source ou but pour une transition dans une machine à états. Un vertex peut être soit un état soit un pseudo-état. Voir : *état*, *pseudo-état*.
View	Vue	Projection du modèle, vue selon une certaine perspective ou selon une position avantageuse qui néglige les entités qui ne sont pas pertinentes pour cette perspective.
View element	Élément de vue	Projection textuelle et/ou graphique d'un ensemble d'éléments du modèle.
View projection	Projection de vue	Projection d'éléments du modèle dans des éléments de vue. Une projection de vue fournit un emplacement et un style pour chaque élément de vue.
Visibility	Visibilité	Énumération dont la valeur (publique, protégée ou privée) indique comment l'élément auquel elle se réfère peut être vu en dehors de son espace d'appel.

ANNEXE 3

Glossaire général

Abstraction	Processus consistant à identifier une entité en mettant en évidence ses caractéristiques pertinentes du point de vue de son utilisation.
Analyse	Activité consistant à mettre en évidence ce que doit faire un système sans tenir compte de la manière de le réaliser.
Application	Ensemble logiciel complet doté d'une finalité.
Architecte	Rôle dans l'organisation, tenu par une personne chargée de développer l'architecture du système et qui rapporte au chef de projet.
Architecture	L'architecture logicielle concerne l'abstraction, la décomposition, la composition, le style et l'esthétique. Elle traite aussi de la conception technique et de l'implémentation de structures logicielles de haut niveau.
Benchmarking	Démarche d'entreprise selon laquelle les processus sont comparés avec ceux d'autres entreprises d'un point de vue qualitatif et quantitatif. La démarche débouche sur un comparatif et un plan d'action suite à l'exploitation des résultats.
Business process reengineering	Remise en cause fondamentale et reconfiguration radicale des processus métier, dans l'objectif d'améliorer de façon importante les performances critiques de l'organisation autour du client.
Cognition	Connaissance.
Conception	Définition de la manière de mettre en œuvre le système.
Connaissance	Le concept de connaissance recouvre de façon implicite une structuration des données, avec des règles et une possibilité de corrélation et d'explication des données [Prince 96].
Construction	Phase du processus de développement logiciel, dont l'objectif est de construire par des prototypes itératifs et incrémentaux les fonctionnalités du système final. Son objectif est de fournir une version préliminaire du système pour la faire migrer dans la communauté des utilisateurs.
Cycle de développement	Succession ordonnée d'étapes de la construction d'un projet dont chacune se décline sur les cycles de vie, d'abstraction et de décision.
Cycle de vie	Succession de phénomènes que subit un système depuis sa conception jusqu'à sa disparition en passant par sa création et sa maintenance.

Datamining	Ensemble de technologies appliquées sur des bases de données, permettant de segmenter, d'analyser les valeurs pour faire émerger des corrélations entre les informations.
Datawarehouse	« Entrepôt de données ». Base de données constituée à partir des données opérationnelles par application de fonctions de transformation, et mise à disposition du monde du pilotage et du décisionnel.
Design Rationale	Développer des méthodes et des représentations assistées par ordinateurs pour obtenir, maintenir et réutiliser les raisons pour lesquelles les décisions de conception ont été prises.
Développement	Activité consistant à implémenter les résultats de la conception d'un système.
Diagramme	Projection partielle sur le modèle du système, présentée sous forme graphique. Les graphiques sont un des fondements d'UML qui est un langage visuel.
Discriminant de processus	Caractéristique essentielle définissant un contexte particulier et permettant de distinguer des instanciations de processus.
Donnée	Représentation conventionnelle d'une information.
Élaboration	Phase du cycle de développement logiciel qui précède la phase de construction et dont les principaux objectifs sont de construire et de valider l'architecture et d'éliminer les risques majeurs du développement.
Encapsulation	L'encapsulation permet de présenter une abstraction de manière à n'en voir que les caractéristiques essentielles et surtout à ignorer les détails de sa réalisation.
Ergonomie	De manière générale, l'ergonomie s'intéresse à l'amélioration des conditions de travail. L'ergonomie du logiciel concerne plus particulièrement les conditions de travail liées à l'utilisation par l'homme de logiciels interactifs [Barthet 88].
Étude d'opportunité	Première phase du cycle de développement logiciel dans laquelle la décision de construire le système est prise en toute connaissance des besoins principaux et des risques majeurs.
Extensibilité	Qualité d'un système, d'un composant ou d'une architecture permettant l'adjonction aisée de nouvelles fonctionnalités sans remettre en question l'existant.
Génie logiciel	Application d'une approche systématique, disciplinée et mesurable au développement, à la mise en œuvre et à la maintenance du logiciel (IEEE).
Information	Renseignements sur quelque chose ou sur quelqu'un ; qualifie ce qui peut être transmis par un signal ou une combinaison de signaux.
Informatisation	Introduction de moyens informatiques pour supporter tout ou partie des activités d'une organisation.
Ingénierie des connaissances	Une méthode d'ingénierie des connaissances est constituée d'un ensemble de concepts, de règles et de formalismes mis en œuvre selon une séquence déterminée, pour acquérir des connaissances qui sont difficiles à obtenir.

Interaction homme-machine	Étude de la manière dont l'être humain dialogue avec un ordinateur.
Interface homme-machine	Ensemble des aspects d'un système informatique perceptible par un utilisateur et que celui-ci utilise pour communiquer avec le système.
Itération	C'est l'exécution de toutes les activités du développement allant de l'analyse des besoins jusqu'à l'implémentation et se terminant par une validation systématique et essentielle. Le résultat d'une itération est un logiciel exécutable pas nécessairement complet.
Itération intermédiaire	Se dit d'une itération qui se situe au début ou au milieu d'un cycle de développement logiciel. Le résultat est un système partiel.
Itération préliminaire	La toute première itération.
Livrable	Se dit de toute chose qui peut être livrée comme résultat de l'exécution d'une phase du cycle. Un livrable peut être la documentation, le code, un manuel utilisateur, etc.
Maintenance	Activité de développement dont l'objectif est de corriger des erreurs dans le logiciel (on parle alors de maintenance corrective) ou de rajouter des fonctionnalités au logiciel (on parle alors de maintenance évolutive).
Maître d'œuvre	Responsable chargé par le maître d'ouvrage de concevoir techniquement, de conduire et réaliser les travaux, de contrôler les résultats et préparer l'exploitation.
Maître d'ouvrage	Représentant du client qui exprime les besoins et effectue la recette des travaux. D'autres rôles lui sont dévolus tels que la formalisation des objectifs, le choix des moyens, le suivi de la réalisation et le pilotage de l'exploitation.
Maquette	Ensemble logiciel qui a pour vocation de démontrer la faisabilité d'une application, d'en matérialiser certaines caractéristiques ou en illustrer certaines fonctionnalités d'un point de vue externe (celui de l'utilisateur final). La technique de développement de la maquette n'est pas représentative de la technique réelle de développement.
Métamodèle	Description d'un modèle sur la base du formalisme de ce dernier.
Méthode	Description de la manière d'atteindre un but fixé. La méthode est constituée d'un ensemble de concepts, de règles, de formalismes et de savoir-faire qu'elle met en œuvre selon une séquence déterminée.
Méthodologie	Science de la méthode ou ensemble de méthodes rassemblées dans le cadre d'une activité.
Métriques	Résultat de l'application et de la collecte de mesures dans dans le but d'évaluer la qualité du produit (métriques statiques) ou de mesurer certains aspects du processus de développement (métriques dynamiques).
Modèle	Abstraction de la réalité qui, pour un domaine, est prise comme représentation d'une classe de phénomènes plus ou moins habilement dégagés de leur contexte par un observateu,r pour servir de support à l'investigation et/ou à la communication. Un système est décrit par plusieurs modèles ; chacun d'entre eux définit un aspect spécifique de ce système. Un modèle se décrit en utilisant plusieurs diagrammes et/ou documents.

Modèle métier	Représentation de l'organisation d'une entreprise en termes de travailleurs et de structures organisationnelles ainsi que des informations qui y circulent.
Modélisation	Art d'élaborer des modèles.
Modéliser	Choisir de privilégier certains aspects du réel que l'on décrit de manière formalisée pour faire apparaître des relations d'interdépendance.
Modularité	Qualité d'un système ou d'un logiciel qui en permet la partition en éléments relativement indépendants.
Notation	Représentation. La notation d'UML est graphique ou visuelle.
Objet Métier	Objet du cœur du système et représentatif d'une partie du métier de l'entreprise, indépendamment de son implantation technique ou de son utilisation.
Portabilité	Aptitude d'un système ou d'un logiciel à fonctionner sur différents systèmes d'exploitation et sur différents matériels.
Processus	Enchaînement d'activités dans le temps, dans le but de satisfaire un objectif.
Processus d'ingénierie métier	Processus consistant à organiser et mettre en œuvre un métier autour des processus métier.
Processus de développement	Succession formalisée d'étapes et d'activités de développement qui transforme un besoin en un logiciel.
Processus métier	Ensemble des activités internes d'un métier dont l'objectif est de fournir un résultat observable et mesurable pour un utilisateur individuel du métier.
Processus opérationnel	Suite d'activités qui, à partir d'une ou plusieurs entrées (input), produit un résultat (output) représentant une valeur pour le client (définition de M. Hammer et J. Champy). Il présente donc deux aspects : une vision externe de type boîte noire et une vision interne de type boîte blanche.
Projet	Ensemble organisé de moyens humains et matériels réunis pendant une durée déterminée pour imaginer, concevoir, réaliser et mettre en œuvre des systèmes d'information.
Prototype	Logiciel intégrant tout ou partie des fonctionnalités réelles à développer et tout ou partie des données manipulées. Le point de vue pris en compte est le point de vue interne, la technique de développement utilisée est celle qui le sera pour l'ensemble applicatif final.
Réification	« Chosification », transformation en objet.
Rétroconception	Action consistant à reconstituer un modèle en partant d'une solution existante et implémentée (organisation humaine, code...).
Réutilisabilité	Possibilité de réemployer quelque chose (un composant, une classe, un cas d'utilisation...) dans différents contextes.
Risque	Événement inconnu qui augmente la probabilité d'échec d'un projet, que la conduite de projet tend à minimiser en l'analysant et le contrôlant.
Rôle	Eengagement d'un acteur à exécuter un travail.

Schéma directeur	Processus d'élaboration de la stratégie ou de la tactique de développement du système d'information de l'entreprise.
Sous-système	Partie d'un système considérée comme un tout cohérent. Stéréotype de paquetage utilisé dans la vue de réalisation. Il contient des composants du système. Il est le pendant de la catégorie de la vue logique.
Spécification	Description exhaustive d'un système ou d'un élément de modélisation. Activité aboutissant à la description exhaustive d'un système.
Système	Ensemble possédant une structure constituant un tout organique. Un système est quelque chose (n'importe quoi, identifiable) qui fait quelque chose (activité, fonction), qui est doté d'une structure, qui évolue dans le temps, dans quelque chose (environnement) et pour quelque chose (finalité) ; (définition de J.L. Le Moigne). Un système est un ensemble d'objets, et les relations entre ces objets et entre leurs attributs (A.D. Hall et R.C. Fagen). Un système est un ensemble d'éléments en interaction dynamique, organisés en fonction d'un but. Interaction dynamique des éléments, idée de finalité (J. de Rosnay).
Système d'information	Représentation systémique de l'entreprise (domaine d'étude et les activités) qui décrit les actions suivantes sur les informations : collecte, mémorisation, traitement, communication et diffusion.
Système informatique	Déclinaison du concept de système d'information sur des supports physiques : ordinateurs, périphériques, réseau..., permettant de réaliser les actions sur les informations.
Test	Activité du développement logiciel dont l'objectif est de vérifier si le système se comporte conformément à un besoin.
Transition	Moyen de faire passer un objet d'un état à un autre. La réalisation d'une transition s'effectue par le biais d'une méthode (Diagramme états-transitions). Dernière phase du développement d'une version d'un système ou d'un logiciel. Elle permet de généraliser à l'ensemble des utilisateurs du système une version approuvée. Le mot transition est employé aussi pour caractériser la période de passage de l'utilisation de Merise à celle d'UML.
Utilisateur final	Toute personne qui utilise directement (donc interagit avec) un système informatique.
Version	Numéro permettant d'identifier un état stable et correct d'un système, apportant un certain nombre d'évolutions par rapport à un état stable précédent. La stabilité de ces états permet de généraliser le système en question.
Version logicielle	Résultat de l'exécution d'un cycle de développement complet.
Visibilité	Caractéristique d'une classe, d'une opération ou d'un attribut rendant celle-ci accessible d'une classe cliente.

Vue | Manière de regarder des éléments de modélisation éventuellement issus de modèles différents (Pierre-Alain MULLER).

Représentation d'une partie d'un système tenant compte d'une préoccupation particulière, éventuellement à l'aide d'un modèle adapté.

Valeur | Jugement porté sur le produit par l'utilisateur, sur la base de ses attentes et de ses motivations. Plus spécialement, c'est une grandeur qui croît lorsque la satisfaction de l'utilisateur augmente ou que la dépense y afférent diminue (Norme AFNOR - X50-150).

ANNEXE 4

Lexique

Sigles	Signification
AFCET	Association française des sciences et technologies de l'information et des systèmes
BI	Business Improvement
BPR	Business Process Reengineering
CBO	Coupling Between Objects (Couplage entre objets)
CIF	Contrainte d'intégrité fonctionnelle
CMM	Capability Maturity Model
CORBA	Common Object Request Brocker Architecture
CVO	Cycle de vie des objets
CVOO	Cycle de vie organisationnel des objets
DIT	Depth of inheritance tree (profondeur de l'arbre d'héritage)
DRH	Direction des ressources humaines
DSI	Direction des systèmes d'information
EIS	Executive Information System
GUI	Graphic User Interface (interface homme-machine)
HTML	Hyper-Text Markup Language
IEEE	Institute of Electrical and Electronical Engineers
IDL	Interface Definition Language
IHM	Interface homme-machine
ISO	International Standard Organization
IT	Information Technology
L3G	Langage de troisième génération
L4G	Langage de quatrième génération
LCOM	Lack of Cohesion Of Methods (Manque de cohésion entre méthodes)
MCC	Modèle conceptuel de communication
MCD	Modèle conceptuel des données
MCTA	Modèle conceptuel des traitements analytique
MFC	Modèle des flux conceptuels
MIT	Massachussets Institute of Technology

Sigles	Signification
MLC	Modèle logique de communication
MLD	Modèle logique des données
MLT	Modèle logique des traitements
MOC	Modèle organisationnel de communication
MOD	Modèle organisationnel des données
MOTA	Modèle organisationnel des traitements analytique
NOC	Number of children (Nombre d'enfants)
OCL	Object Constraint Language
OLE	Object Linking and Embedding
OMG	Object Manager Group
OMT	Object Modeling Technic
OOSE	Object Oriented Software Engineering
PCTE	Portable Common Tool Environment
PDF	Portable Distribution Format
RAD	Rapid Application Development
RFC	Response For Class (Réponse d'une classe)
ROI	Return On Investment
RTF	Rich Text Format
SCO	Software Charge Order
SEI	Software Engineering Institute
SI	Système d'information
SIAD	Système interactif d'aide à la décision
SLOC	Source Line Of Code
UML	Unified Modeling Language
VBA	Visual Basic for Application
WBS	Work Breakdown Structure
WMC	Weighted Method per Class (Poids de méthodes par classe)

ANNEXE 5

Bibliographie

[Agro 95] L. Agro, A. Cornet, F. Pichault, « L'implication des utilisateurs dans les projets informatiques : un scénario en quête d'acteurs », *Gérer et Comprendre,* n°41, décembre 1995.

[Alakl 89] N. Alakl, J.C. Lalanne, *Architecture technologique des systèmes d'information, la méthode TACT,* Les Éditions d'Organisation, 1989.

[Alexander 77] C. Alexander, S. Ishikawa, M. Silverstein, M. Jacobson, I. Fiskdahl-King, S. Angel, *A Pattern Language*, Oxford University Press, 1977.

[Alter 88] N. Alter, « Informatiques et management : la crise », *Documentation Française*, 1988.

[Alter 90] N. Alter, *La gestion du désordre en entreprise*, L'Harmattan, 1990.

[Aussenac 89] N. Aussenac, *Conception d'une méthodologie et d'un outil d'acquisition des connaissances expertes*, Thèse de doctorat en informatique, Université de Toulouse, 1989.

[Barbou 97] J. Barbou des Courières, P. de Bondeli, L. Dutouquet, G. Renault, D. Talandier, N. Treves, *Enquête sur la pratique du génie logiciel en France en 1996*, AFCET, 1997.

[Barthet 88] M.F. Barthet, *Logiciels interactifs et ergonomie*, Dunod, 1988.

[Bartoli 96] J.A. Bartoli, J.L. Le Moigne, *Organisation intelligente et système d'information stratégique*, Économica, 1996.

[Beck 89] K. Beck, W. Cunningham, « A Laboratory for Teaching Object Oriented Thinking », *SIGPLAN Notices*, vol. 24(10), octobre 1989.

[Bell 95] R. Bell, « Tools to Engineer New Technlologies into Applications », *IEEE Software*, vol. 12, N°2, mars 1995.

[Benard 95] P. Benard, A. Dang Van Mien, *L'architecture des services*, Addison-Wesley, France, juillet 1995.

[Berard 96] E.V. Berard, « Bringing Testing Into the Fold », *IEEE Software*, vol. 13, N°3, mai 1996.

[Bertalanffy 68] L. von Bertalanffy, *General System Theory,* Braziller, New York, 1968.

[Birrel 85] N.D. Birrel, M.A. Ould, *A Practical Handbook for Software Development*, Cambridge University Press, 1985.

[Boasson 95] M. Boasson, « The artistry of software architecture », *IEEE Software*, novembre 1995.

[Boehm 88] B.W. Boehm, « A Spiral Model of Software Development and Enhancement », *IEEE Software*, vol. 21n, N°5, mai 1988.

[Boehm 91] B.W. Boehm, « Software Risk Management : Principles and Practices », *IEEE Software*, pp. 32-41, janvier 1991.

[Boehm 96] B.W. Boehm, « Anchoring the Software Process », *IEEE Software*, vol. 13, N°4, juillet 1996.

[Boehm 96] B.W. Boehm, H. In, « Identifying Quality-Requirements Conflicts », *IEEE Software*, vol. 13, N°2, mars 1996.

[Booch 91] G. Booch, *Analyse et conception orientées objets*, Addison-Wesley, 1991.

[Booch 94] G. Booch, *Object-Oriented Analysis and Design with Applications*, 2e édition, Addison-Wesley, 1994.

[Booch 96] G. Booch, *Object Solutions : Managing the Object-Oriented Project,* Addison-Wesley , Redwood City, California, 1996.

[Booch 97] G. Booch, *Object Solutions*, Addison-Wesley, 1996. [Traduction française : *Des solutions objets : gérer les projets orientés objets*, ITP France, 1997].

[Booch 98] G. Booch, « Leaving Texas », *IEEE Software*, vol. 15, N°1, janvier-février 1998.

[Bouzeghoub 95] M. Bouzeghoub, G. Gardarin, P. Valduriez, *Du C++ à Merise Objet,* Eyrolles, 2e édition, 1995.

[Bouzeghoub 97] M. Bouzeghoub, G. Gardarin, P. Valduriez, *Les Objets,* Eyrolles, 1997.

[Boy 92] G. Boy, *Méthodologies et outils pour l'interaction homme-machine*. Habilitation à Diriger des Recherches, Laforia, Université de Paris VI, 1992.

[Brocks 95] F.P. Brooks, *The Mythical Man-Month*, 2e édition, Addison-Wesley, 1995.

[Brown 96] N. Brown, « Industrial-Strength Management Strategies », *IEEE Software*, vol. 13, N°4, juillet 1996.

[Bruckauss 96] T. Bruckauss, N. H. Madhavji, I. Janssen, J. Henshaw, « The Impact of Tools on Software Productivity », *IEEE Software*, vol. 13, N°5, septembre 1996.

[Brunet 95] S. Brunet, H. Gardin, *Pratiques du reengineering*, ESF éditeur, Paris, 1995.

[BTE 91] Bureau de Transfert d'Expertise (BTE), *Maîtriser la conception par l'analyse de la valeur,* Édition BTE - conseil formation, 1991.

[Buschmann 96] F. Buschmann et al., *Pattern-Oriented Software Architecture : A System of Patterns*, Wiley, 1996.

[Bylander 87] T. Bylander, B. Chandrasekaran, « Generic Tasks for Knowledge-based reasoning : the "right" level of abstraction for knowledge acquisition », *Int. J. Man-Machine Studies*, vol. 26, pp. 231-243, 1987.

[Capers 89] J. Capers, *La productivité en génie logiciel*, Les Éditions d'Organisation, 1989.

[Capers 94] J. Capers, *Assessment and Control of Software Risks,* Yourdon Press, Englewood Cliffs, NJ, 1994.

[Capers 95] J. Capers, *Patterns of Software Systems Failure and Success,* International Thomson Computer Press, Boston, MA, 1995.

[Carra 93] M. Carra et al., *Taxonomy Based Risk Identification*, Technical report #93-TR-006, Software Engineering Institute, Pittsburg, PA, juin 1993.

[Cerveny 88] R.P. Cerveny, D.A. Joseph, « A study of effects of three common used software engeneering strategies on software enhancement productivity », *Information and management*, vol. 14, N° 5, 1988.

[CGP 92] « L'informatique de l'état, évaluation du développement de l'informatique et de son impact sur l'efficacité de l'administration » - Premier ministre - Commissariat général du plan, Comité interministériel de l'évaluation des politiques publiques, *Documentation française*, avril 1992.

[Charrette 89] R. Charette, *Software Engineering Risk Analysis and Management,* McGraw-Hill, New York, NY, 1989.

[Charrette 96] R. Charette, « Large-Scale Project Management Is Risk Management », *IEEE Software*, vol. 13, N°4, juillet 1996.

[CIGREF 95] *Approche Objet, Ingénierie, technologie et organisation*, rapport du groupe de travail CIGREF, septembre 1995.

[Coad 91] P. Coad, E. Yourdon, *Analyse orientée objet*, Masson, Paris, 1991.

[Coplien 97] J. Coplien, « Idioms and Patterns as Architecture Literature », *IEEE Software*, vol. 14, N°1, janvier 1997.

[Courbon 93] J.C. Courbon, *Systèmes d'information : structuration, modélisation et communication,* InterÉditions, France, 1993.

[Courbon 97] J.C. Courbon, S. Tajan, *Groupware et Intranet,* InterÉditions, Masson, France, 1997.

[Crozier 77] M. Crozier, E. Friedberg, *L'acteur et le système*, Éditions du seuil, 1977.

[Davis 97] S.R. Davis, *Formation à JAVA*, Microsoft Press, 1997.

[De Greef 92] H. De Greef et J. Breuker, « Analysing System-user Cooperation in KADS », *Knowledge Acquisition*, N° 4, pp. 89-108, 1992.

[Demarco 96] T. Demarco, « Personal Approach to Improving Software Development », *IEEE Software*, vol. 13, N°6, novembre 1996.

[Deming 82] W.E. Deming, *Quality, Productivity, and Competitive Position*, Massachusetts Institute of Technology, 1982.

[Desfray 92] P. Desfray, *Ingénierie des Objets - Approche Classe-Relation / Application à C++*, Masson, 1992.

[Desfray 96] P. Desfray, *Modélisation par objets*, Masson, 1996.

[Després 92] S. Després, C. Rosenthal-Sabroux, « Designing Decision Support Systems and Expert Systems with a better End-User Involvement : A promising Approach », *European Journal of Operational Research*, vol. 61, pp. 145-153, 1992.

[Devlin 95] M.T. Devlin, W. E. Royce, « Improving Software Economics in the Aerospace and Defense Industry », Technical paper TP-46, Rational Software Corp., Santa Clara, CA, 1995.

[Devlin 97] M.T. Devlin, « New Trends in Software Development », *Actes des conférences SIGS ObjectExpo*, Paris, Novembre, 1997.

[Dumoulin 94] J.L. Dumoulin, *Clients satisfaits, entreprise gagnante*, Les Éditions d'organisation, 1994.

[Embley 95] D. Embley, S.N. Woodfield, « OO Systems Analysis : Is It or Isn't It ? », *IEEE Software*, vol. 12, N°4, juillet 1995.

[Ermès 94] Ermès, *Système d'information : la perspective du management,* Masson, 1994.

[Ermine 96] J.L. Ermine, *Les systèmes de connaissances*, Hermès, France, 1996.

[Fairley 94] R. Fairley, « Risk Management for Software Project », *IEEE Software*, N°11 (3), pp. 57-67, mai 1994.

[Forte 97] G. Forte, « Managing Change for Rapid Development », *IEEE Software*, vol. 14, N°2, Mars-Avril 1997.

[Furey 97] S. Furey, « Why We should Use Function Points », *IEEE Software*, vol. 14, N°2, mars-avril 1997.

[Gamma 96] E. Gamma, R. Helm, R. Johnson, J. Vlissides, *Design Patterns : Elements of Reusable Object-Oriented Software*, Addison-Wesley, 1995. [Traduction française : *Design patterns : catalogue de modèles de conception réutilisables*, ITP France, 1996].

[Ganascia 95] J.G. Ganascia, *Les sciences cognitives*, Dominos, Flammarion, 1995.

[Garlan 95] D. Garlan, R. Allen, J. Ackerbloom, « Architecture Mismatch : Why Reuse Is So Hard », *IEEE Software*, vol. 12, N°6, novembre 1995.

[Gartner 93] Gartner-Group, *Transition Strategies*, 1993.

[Graham 94] I. Graham, *Object Oriented Methods*, 2e édition, Addison-Wesley, 1994.

[Haley 96] T.J. Haley, « Software process ImprovEment At Raytheon », *IEEE Software*, vol. 13, N°6, novembre 1996.

[Hall 56] A.D. Hall, R.C. Fagen, *Definition of System*, General System Yearbook, 1956.

[Hall 97] T. Hall, « Implementing Effective Software Metrics Programs », *IEEE Software*, vol. 14, N°2, mars-avril 1997.

[Hammer 93] M. Hammer, J. Champy, *Le reengineering*, Dunod, 1993.

[Hatchuel 92] A. Hatchuel, B. Weil., *Le système et l'expert*, Économica, France, 1992.

[Hatchuel 94] A. Hatchuel, « Apprentissage collectifs et activités de conception », *La revue française de gestion*, France, 1994.

[Hsia 96] P. Hsia, « Making Software Development Visible », *IEEE Software*, vol. 13, N°3, mai 1996.

[Hudepohl 96] J.P. Hudepohl, S.J. Aud, T.M. Khoshgoftaar, EB. Allen, J. Mayrand, « Emerald : Sofwater Metrics and Models on the Desktop », *IEEE Software*, vol. 13, N°5, septembre 1996.

[Hugues 96] J.B. Hugues, Leblanc, C. Morley, *RAD, Une méthode pour développer plus vite*, InterÉditions, 1996.

[Humphrey 89] W.S. Humphrey, *Managing the Software Process*, Addison-Wesley, 1989.

[Humphrey 96] W.S. Humphrey, « Using a Defined and Measured Personal Software Process », *IEEE Software*, vol. 13, N°3, mai 1996.

[Hunt 96] N. Hunt, « Testing Object Oriented Code : Unit Testing », JOOP, vol. 8, N°6, février 96.

[Immai 97] M. Immai, *Gemba Kaizen, l'art de manager avec bon sens*, Éditions JVDS, 1997.

[Ives 84] B. Ives et M.H. Olson, « User involvement and MIS success : A review of research », *Management Science*, vol. 30, N° 5, pp. 586-603, 1984.

[Jackson 98] M. Jackson, « Will There Ever Be Software Engineering », *IEEE Software*, vol. 15, N°1, janvier-février 1998.

[Jacobson 92] I. Jacobson, M. Christerson, P. Jonsson, G. Overgaard, *Object-Oriented Software Engineering : A Use Case Driven Approach*, Addison-Wesley, 1992.

[Jacobson 94] I. Jacobson, M. Ericsson, A. Jacobson, *The object advantage : Business process reengineering with object technology*, Addison-Wesley, 1994.

[Jacobson 96] I. Jacobson, *Objectory-Usability Engineering*, Rational Software Scandinavia AB, juin 1996.

[Jacobson 97] I. Jacobson, L. Griss Martin, P. Jonsson, *Software Reuse, Architecture, Process and Organisation for Busines Success*, Addison-Wesley, 1997.

[Karolak 96] D. Karolak, « Software engineering risk management », IEEE Computer Society Press, 1996.

[Kazman 96] R. Kazman, G. Abowd, L. Bass et P. Clements, « Scenario-Based Analysis of Software Architecture », *IEEE Software*, vol. 13, N°6, novembre 1996.

[Kerth 97] N.L. Kerth, W. Cunningham, « Using Patterns to Improve Our Architectural Vision », *IEEE Software*, vol. 14, N°1, janvier 1997.

[Kitchenham 96] B. Kitchenham, S.L. Pfleeger, « Software Quality : The Elusive Target », *IEEE Software*, vol. 13, N°1, janvier 1996.

[Kitchenham 97] B. Kitchenham, « The Problem With Function Points », *IEEE Software*, vol. 14, N°2, mars-avril 1997.

[Kolski 93] C. Kolski, *Ingénierie des interfaces homme-machine,* Hermès, France, 1993.

[Kruchten 91] Ph. Kruchten, « Un processus de développement de logiciel itératif et centré sur l'architecture », *Actes de la IVe conférence internationale sur le Génie Logiciel*, EC2, Toulouse, France, décembre 1991.

[Kruchten 95] Ph. Kruchten - « The 4 + 1 View Model of Architecture », *IEEE Software*, vol. 12, N°6, novembre 1995.

[Kruchten 96] Ph. Kruchten, « Rational Risk management », *Le mouton*, Editions Rational Software, 1996.

[Kruchten 97] Ph. Kruchten, « Les nouvelles tendances du développement logiciel », *Actes de la conférence Solutions for Software Development*, Paris, 1997.

[Landauer 95] T. K. Landauer, *The trouble with computers,* The MIT Press Cambridge, Massachussetts London, England, 1995.

[Le Moigne 76] J.L. Le Moigne, *La théorie du système général*, PUF, Paris, 1976.

[Lehman 98] M.M. Lehman, « Software's Future : Managing Evolution », *IEEE Software*, vol. 15, N°1, janvier-février 1998.

[Linden 95] F.J.V.D. Linden, J.K. Müller, « Creating Architectures with Building Blocks », *IEEE Software*, vol. 12, N°6, novembre 1995.

[Lister 96] T. Lister, *Software Risk Management is Software Project Management,* Tutorial handout, mai 1996.

[Macala 96] R.R. Macala, L.D. Stuckey, D.C. Gross, « Managing Domain-Specific, Product-Line Development », *IEEE Software*, vol. 13, N°3, mai 1996.

[Macary 97] J.F. Macary, C. Nicolas, *Programmation JAVA*, Eyrolles, 1997.

[Mackey 96] K. Mackey, « Why Bad Things Happen to Good Projects », *IEEE Software*, vol. 13, N°3, mai 1996.

[Maring 96] B. Maring, « Object-Oriented Development of Large Applications », *IEEE Software*, vol. 13, N°3, mai 1996.

[Markus 83] M.L. Markus, « Power, Politics and MIS Implementation », *Communication of the ACM*, vol. 26, N° 6, pp. 30-44, 1983.

[Martin 91] J. Martin, *Rapid Application Development*, Macmillan Publishing Company, 1991.

[Martin 94] D. Martin, *Démocratie industrielle. La participation directe dans les entreprises*, PUF, Paris, 1994.

[Martin 96] J. Martin, J.J. Odell, *Object-Oriented Methods : Pragmatic Considerations*, Prentice Hall, 1996.

[Meinardier 91] J.P. Meinardier, *L'interface utilisateur*, Dunod, Paris, 1991.

[Meleze 84] J. Meleze, *Analyse modulaire des systèmes*, Les Éditions d'Organisation, 1984.

[Meleze 92] J. Meleze, *Approches systémiques des organisations*, Les Éditions d'organisation, 1992.

[Mellor 97] S.J. Mellor, R. Johnson, « Why Explore Object Methods, Patterns and Architectures », *IEEE Software*, vol. 14, N°1, janvier 1997.

[Meyer 90] B. Meyer, *Object-Oriented Software Construction*, 2e édition, Prentice Hall, 1997. [Traduction française de la 1re édition : *Conception et programmation par objets*, InterÉdition, 1990].

[Moisdon 97] J.C. Moisdon, *Du mode d'existence des outils de gestion*, Seli Arslan, France, 1997.

[Monroe 97] R.T. Monroe, A. Kompanek, R. Melon et D. Garlan, « Architectural Styles, Design Patterns and Objects », *IEEE Software*, vol. 14, N°1, janvier 1997.

[Monroe 97] R.T. Monroe, A. Kompanek, R. Melton, D. Garlan, « Architectural Styles, Design Patterns, and Objects », *IEEE Software*, février 1997.

[Morejon 94] J. Morejon, *Merise : vers une modélisation orientée objet*, Les Editions d'Organisation, 1994.

[Morin 89] P. Morin, *Organisation et motivations*, Les Éditions d'organisation, 1989.

[Muller 97] P.A. Muller, *Modélisation objet avec UML*, Eyrolles, 1997.

[Mumford 83] E. Mumford, « Participative Systems Design : Practice and Theory », *Journal of Occupational Behaviour*, vol. 4, pp. 47-57, 1983.

[Negros 97] P. Negros, *Architecture générique : l'ère de la réutilisation*, Génie Logiciel, mars 97.

[Newcomb 95] P. Newcomb, « Web-Based Business Process Engineering », *IEEE Software*, vol. 12, N°6, novembre 1995.

[Newell 82] A. Newell, « The Knowledge Level », *Journal Of Artificial Intelligence*, vol. 18, pp.87-127, 1982.

[Nusenoff 96] R. Nusenoff, « Software Success : Microsoft's Method », *IEEE Software*, vol. 13, N°3, mai 1996.

[Offen 97] R.J. Offen, R. Jeffery, « Establishing Software Measurement », *IEEE Software*, vol. 14, N°2, mars-avril 1997.

[Ofta 96] Observatoire Français des Techniques Avancées (Ofta), *Nouvelles interfaces homme-machine*, ARAGO 18, Paris, décembre 1996.

[OMG 97] Object Management Group, *The Unified Modeling Language*, Release 1.1, Reference Manual, 1997.

[Ould 90] M.A. Ould, *Strategies for Software Engineering-The Management of Risk and Quality*, New York, Wiley & Sons, 1990.

[Panet 94] G. Panet, R. Letouche, *Merise/2 : Modèles et techniques Merise avancées*, Les Éditions d'Organisation, 1994.

[Parris 96] K.V.C. Parros, « Implementing Accountability », *IEEE Software*, vol. 13, N°4, juillet 1996.

[Pavard 94] B. Pavard, *Systèmes coopératifs : de la modélisation à la conception*, Octares, France, 1994.

[Peaucelle 90] J.L. Peaucelle, « Le vrai coût des méthodes informatiques professionnelles », *Informatique professionnelle*, N° 89, décembre 1990.

[Perry 92] D.E. Perry, A.L. Wolf, « Foundations for the study of software architecture », *ACM Sofware eng*. Notes, octobre 1992.

[Peter 85] T. Peter, N. Austin, *La passion de l'excellence*, InterÉditions, Paris, 1985.

[Pfleeger 97] S.L. Pfleeger, « Assessing Measurement », *IEEE Software*, vol. 14, N°2, mars-avril 1997.

[Pfleeger 97] S.L. Pfleeger, R. Jeffery, B . Curtis, B. Kitchenham, « Status Report on Software Measurement », *IEEE Software*, vol. 14, N°2, mars-avril 1997.

[Pomerol 94] J.C. Pomerol, « Systèmes experts et SIAD : enjeux et conséquences pour les organisations », *TIS*, vol. 3, N°1, pp. 37-63, France, 1994.

[Porter 82] M. Porter, *Choix stratégiques et concurrences : techniques d'analyse des secteurs de la concurrence dans l'industrie*, Économica, Paris, 1982.

[Porter 86] M. Porter, *L'avantage concurrentiel. Comment devancer ses concurrents maintenir son avance*, InterÉditions, Paris, 1986.

[Prince 96] V. Prince, *Vers une informatique cognitive dans les organisations*, Masson, 1996.

[Raimbault 83] M. Raimbault, J.M. Saussois, *Organiser le changement*, les Éditions d'organisation, 1983.

[Rational 97] Rational Software Corp., *The Rational Objectory Process*, 1997.

[Robey 82] D. Robey, D. Farrow, « User Involvement in Information System development : A Conflict Model and Empirical Test », *Management Science*, vol. 28, N°1, pp. 73-85, 1982.

[Rochefeld 89] A. Rochefeld, J. Morejon, *Méthode Merise Tome 3 (Gamme opératoire)*, Les Éditions d'Organisation, 1989.

[Rolland 88] C. Rolland, O. Foucault, G. Benci, *Conception des systèmes d'information « La méthode REMORA »*, Eyrolles, 1988.

[Rosenthal 96] C. Rosenthal-Sabroux, *Contribution méthodologique à la conception de systèmes d'information coopératifs : prise en compte de la coopération homme/machine*, Habilitation à Diriger des Recherches, Université Paris-Dauphine, décembre 1996.

[Rosnay 75] J. de Rosnay, *Le macroscope*, Éditions du Seuil, 1975.

[Roy 93] B. Roy, D. Bouyssou, *Aide multicritère à la décision : méthodes et cas*, Économica, France, 1993.

[Rumbaugh 96] J. Rumbaugh et al., *Object Oriented Modeling and Design*, Prentice Hall, 1991. [Traduction française : OMT – Tome 1 : *Modélisation et conception orientées objet*, Masson, 1996].

[Rumbaugh 96] J. Rumbaugh, *OMT Insights,* Perspective Modeling from the SIGS JOOP, SIGS Reference Library, 1996.

[Scapin 86] D.L. Scapin, *Guide ergonomique de conception d'interfaces homme-machine*. Rapport de recherche INRIA, 1986.

[Schmid 96] H.A. Schmid, « Creating Applications From Components : A Manufacturing Framework Design », *IEEE Software*, vol. 13, N°6, novembre 1996.

[Schmidt 96] K. Schmidt et C. Simone, « Coordination mechanisms : towards a conceptual foundation of CSCW systems design », COOP Group, *The Design of Cooperative Systems. JCSCW Special Issue*, vol. 5, N° 2-3, 1996.

[Scott 97] M.S. Scott Morton, *L'entreprise compétitive au futur*, Les Éditions d'Organisation, 1997.

[Sharon 95] D. Sharon, « Tools that Bind : Creating Integrated Environments », *IEEE Software*, vol. 12, N°2, mars 1995.

[Siddiqi 96] J. Siddiqi, M.C. Shekaran, « Requirements Engineering : The Emerging Wisdom », *IEEE Software*, vol. 13, N°2, mars 1996.

[Simmons 96] P. Simmons, « Quality Outcomes : Determining Business Value », *IEEE Software*, vol. 13, N°1, janvier 1996.

[Sisti 94] J. Frank, J. Sujoe, Software Risk Evaluation Method, Version 1.0, Technical report CMU/SEI-94-TR-19, SEI, Pittsburg, PA, décembre 1994.

[Steels 90] L. Steels, « Components of Expertise », *AI Magazine,* 1990.

[Tardieu 83] H. Tardieu, A. Rochefeld, R. Coletti, *Méthode Merise Tome 1 (Principes et outils),* Les Éditions d'Organisation, 1983.

[Tardieu 85] H. Tardieu, A. Rochefeld, Coletti, P. Panet, *Méthode Merise Tome 2 (Démarches et pratiques),* Les Éditions d'Organisation, 1985.

[Tardieu 91] H. Tardieu, B. Guthmann, *Le triangle stratégique*, Les Éditions d'Organisation, 1991.

[Vogel 88] C. Vogel, *Le génie cognitif,* Masson, France, 1988.

[Wasserman 96] T.I. Wasserman, « Toward a Discipline of Software Engineering », *IEEE Software*, vol. 13, N°6, novembre 1996.

[Wirfs 92] R. Wirfs-Brock, B. Wikerson, L. Wiener, *Designing Object Oriented Software*, Prentice Hall, NJ, 1992.

[Wisemann 87] C. Wiseman, *L'informatique stratégique, nouvel atout de la compétitivité*, Les Éditions d'Organisation, 1987.

[Zarifian 95] P. Zarifian, « Le travail : de l'opération à l'action ». *In* J. Bidet, J. Texier, *La crise du travail*, PUF, Paris, 1995.

[Zuboff 95] S. Zuboff, « Le nouveau contrat social », *Pour la science*, N° 217, pp. 170-171, 1995.

Index alphabétique

D

J

K

L

M

Q

R

S

Composition : Typao
Imprimé en France. - JOUVE, 18, rue Saint-Denis, 75001 PARIS
N° 299502D. - Dépôt légal : octobre 2001
N° d'éditeur : 6693

ATE DE RETOUR